TRE´
DE LA PREUVE
PAR TE´MOINS
EN MATIERE CIVILE.
CONTENANT

Le Commentaire de Me Jean Boiceau, Sieur de la Borderie, Avocat au Presidial de Poitiers, sur l'Article 54. de l'Ordonnance de Moulins.

EN LATIN ET EN FRANCOIS.

Auquel sont ajoûtées sur chaque Chapitre plusieurs Questions tirées des plus celebres Jurisconsultes, & decidées par les Arrests des Cours Souveraines.

Ensemble des Observations sur l'Article 55. de l'Ordonnance de Moulins, & sur le Titre vingtiéme de l'Ordonnance de 1667.

Le tout conferé avec l'Edit Perpetuel des Archiducs, les Ordonnances, Statuts & Coûtumes de Milan, Bologne la Grasse, Naples, Portugal, & autres Païs qui ont rapport à l'usage du Droit François sur cette Matiere.

Par M. DANTY, *Avocat en Parlement.*

A PARIS, AU PALAIS;
Chez GUILLAUME CAVELIER, au quatriéme Pilier, vis à vis les Enquestes, du costé de la Chapelle, à la Palme.

M. DC. XCVII.
AVEC PRIVILEGE DU ROY.

A MESSIRE
ARNAUD DE LA BRIFFE
CHEVALIER MARQUIS
DE FERRIERES,
SEIGNEUR DE PASSY,

Conseiller ordinaire du Roy en son Conseil d'Etat, & son Procureur General au Parlement de Paris.

ONSEIGNEUR,

Si l'Auteur du Traité dont je vous presente la Traduction, vivoit encore, il se feroit un devoir

ã ij

EPISTRE.

de vous offrir son Ouvrage. Dans ce concours unanime d'estime & de veneration que toute la France s'empresse de vous marquer, ce sçavant homme eust aisément compris qu'il n'y avoit point de chemin plus seur pour arriver à l'approbation du public, que de meriter la vôtre. Pour moy, MONSEIGNEUR, j'ay si peu de part à ce Livre, qui ne tient de moy qu'un nouveau langage & des Notes, que l'on ne peut me soupçonner d'amour propre, lors que j'ose vous le consacrer. C'est un tribut que mon inclination paye à des vertus universellement reconnuës, & si vôtre Charge semble vous acquerir un droit legitime sur tous les Livres qui ont rapport à l'interpretation des Ordonnances, les rares qualitez qui vous y ont élevé, vous en donnent un beaucoup plus naturel sur le cœur de ceux qui composent ces Ouvrages ; car qui pourroit ne pas admirer cette rapidité avec laquelle vous avez passé par tous les degrez qui conduisent aux grandes Magistratures. Ne vous a-t'on pas veu dans un âge plus propre à recevoir des leçons qu'à rendre des Jugemens, découvrir le veritable esprit de la Loy à ceux que leur Tribunal en rend les premiers Interpretes ; entrez-vous ensuite dans le sanctuaire de la Justice, vous y tenez aussi-tost le premier rang, & ces Juges Souverains des biens & de la vie des autres hommes, sont surpris de trouver en vous toute la maturité d'un Magistrat consommé ; Estes-vous enfin admis dans les Conseils

EPISTRE.

du Roy? Là, dans cette foule de dignes Concurrens que les promesses de la gloire y attirent, & que les recompenses du merite y distinguent, vous brillez sans peine. On vous charge des affaires les plus épineuses, elles fleurissent & deviennent faciles entre vos mains. Le Prince veut plus d'une fois vous entendre, & ce juste estimateur des hommes vous destine déja les plus hautes places. On diroit que dans l'impatience de faire goûter à ses Peuples les biens qu'il leur préparoit par vôtre elevation, il ne vous eust choisi entre les Magistrats qu'il chargea du soin de reformer la Justice dans les Provinces, pour une Charge semblable à celle où nous vous voyons aujourd'huy, que pour annoncer & justifier tout à la fois ses desseins sur vous; ils éclaterent bien-tost aprés, vôtre âge sembloit au moins les éloigner, mais on oublia les années, on ne compta que vos services & vos talens; quelle joye le public ne témoigna-t'il pas de cette élevation? quelles esperances n'en conceut-il pas? il forma des vœux, & des vœux que vous ne cessez de remplir dans toute leur étenduë, toûjours au dessus du rang où vôtre merite vous a placé; plus vous estes élevé, plus vous paroissez digne de l'estre : vous avez changé de titre sans changer de caractere, la bonté, la douceur, la moderation vous suivent fidellement par tout, & comme vôtre dignité ne vous a rien fait perdre de ces qualitez aimables, elles

EPISTRE.

ne vous font auſſi rien perdre de vôtre dignité. En vain vôtre modeſtie naturelle tempere l'éclat de vos vertus & de vôtre rang: certaine majeſté inſeparable de tout ce que vous dites & de tout ce que vous faites, exige le reſpect dont vôtre affabilité voudroit nous diſpenſer. Faut-il écouter les malheureux, vôtre patience charme leurs maux; écoutez-vous les coupables, il ne ſemble pas que vous ſoyez leur Partie, vous entrez dans les intereſts des uns, & dans le malheur des autres, avec une bonté ingenieuſe à les ſoulager, inacceſſible toutefois à cette fauſſe compaſſion, qui viole les Loix de la Juſtice, pour ſatisfaire à celles de l'humanité: vous plaignez les hommes, mais vous puniſſez les crimes. Comme vous refuſez ſans aigreur; on vous ſollicite ſans crainte, imitateur fidele du Heros qui vous a confié la deffenſe de ſes droits; vôtre juſtice eſt grave ſans fierté, ſerieuſe ſans chagrin, toujours inflexible, jamais amere; ceux qui ſont accoûtumez à vous entendre traiter les Queſtions de Droit les plus embaraſſées, ne peuvent s'empêcher de dire, ou que la nature a pris plaiſir à vous donner le même tour d'eſprit qu'à ces premiers Oracles de la Juriſprudence Romaine, ou qu'une incroyable application a rendu naturelle en vous, cette même maniere de penſer dont elle les avoit favoriſez. Et ce fond de droiture & d'équité qui vous eſt commun avec eux, n'éclate pas

EPISTRE.

moins dans vos mœurs & dans vôtre conduite que dans vos décisions; une probité à l'épreuve de l'envie, une égalité qui ne se dément point, une fidelité inviolable pour ceux que vous honorez de vôtre amitié, une familiarité toûjours noble & toûjours soûtenuë, une candeur, une franchise qui vous laissent toûjours voir à tous ceux qui vous approchent, & qui vous font sans cesse retrouver tel que voulez qu'on vous croye. Doit-on s'étonner aprés cela du succez de ces actions éloquentes, où vous ranimez la glorieuse émulation dont les Juges doivent estre remplis ? penetré de ces grands sentimens que la souveraine vertu peut seule inspirer, vous les insinuez dans le cœur de ceux qui vous écoutent, & sans prendre le ton de Censeur public, vous peignez la vertu avec des couleurs si vives & si brillantes, que vous ramenez enfin à leur devoir ceux qui s'en étoient écartez; & pendant que les uns admirent la solidité de vos raisonnemens, la justesse de vos expressions, & ce tour naturel qui regne dans tout ce que vous dites, le public vous reconnoît dans le modele que vous venez de tracer d'un Magistrat accomply, & met vôtre Nom sur la baze de la Statuë que vous avez élevée. Je n'entreprends pas, MONSEIGNEUR, d'ériger à vôtre vertu tous les monumens qu'elle merite : mais dussay-je la blesser, cette modestie si delicate, qui sçait si bien

EPISTRE

vous dérober à nos yeux ; j'ose esperer, du moins à la faveur de vôtre Nom, de transmettre à la posterité le témoignage sincere du profond respect avec lequel je suis,

MONSEIGNEUR,

Vostre très-humble & très-
obeïssant serviteur
DANTY.

PREFACE.

PREFACE.

CE n'est pas seulement parce que l'Edition du Commentaire de Maistre Jean Boiceau Avocat au Presidial de Poitiers sur l'Article 54. de l'Ordonnance de Moulins devient rare, que cette nouvelle Edition paroist au jour : mais aussi parce que depuis un Siecle que cette Ordonnance a esté publiée, il est survenu plusieurs changemens dans la Jurisprudence sur la Preuve par Témoins en Matiere Civile, qui meritoient des observations particulieres.

Le Titre 20. de l'Ordonnance de 1667. a ajoûté plusieurs dispositions à celle de l'Article 54. de Moulins, touchant le Depost & le commencement de Preuve par écrit, & le Concile de Trente & l'Ordonnance de 1639. ont introduit des Maximes toutes differentes de celles qui estoient receuës dans l'usage du temps de Boiceau, touchant les Mariages présumez ou clandestins.

Les Arrests qui sont intervenus depuis, ont decidé plusieurs especes, que cet Auteur n'avoit pas mesme préveuës, notamment à l'égard des Testamens, ausquels il n'avoit pas osé étendre la prohibition de la preuve par Témoins, parce que cette Ordonnance ne parle que des Conventions.

Et pour ce qui est de l'Article 55. de l'Ordonnance de Moulins, touchant la Preuve des Tonsures, de l'E-

é

PRÉFACE.

miſſion des Vœux & des Reproches des Témoins, quoy que ces diſpoſitions concernent auſſi la Preuve par Témoins en Matière Civile, Boiceau ne nous en a rien laiſſé par écrit, & l'Ordonnance de 1667 y a beaucoup ajoûté.

Il eſt donc aiſé de voir, que quoy que le Commentaire de Boiceau ait paſſé de ſon temps pour un Ouvrage achevé, & auquel il ne reſtoit rien à ajoûter, il eſtoit neceſſaire d'y retoucher aujourd'huy, à cauſe de tous ces changemens ; parce que rien n'eſt plus frequent dans l'uſage, ny plus important, que la matière des preuves, quoy qu'il n'y en ait point de plus obſcure, ny de plus arbitraire, au ſentiment de la Loy même, & il eſtoit même neceſſaire de donner une nouvelle traduction de cet Ouvrage, parce que celle qui a eſté faite en 1599. commence à vieillir. Il eſt vray que Boiceau a donné d'excellens principes ſur ce ſujet, & des diſtinctions fort judicieuſes ; il eſtoit fort verſé dans le Droit Romain, & il ne l'étoit pas moins dans le Droit Coutumier. Il avoit commencé à travailler ſur la Coutume de Poitou, & c'eſt en partie ſur ſes Memoires que Maiſtre Conſtant ſon Neveu, & M. Conſtant ſon fils, Avocat du Roy à Poitiers, l'ont donnée depuis au public. Et dans le grand nombre d'éloges de ces deux Commentateurs, qui ſont imprimez à la teſte de ce Commentaire, il y en a un de Boiceau même, qui marque qu'il eut le malheur de devenir aveugle ſur la fin de ſes jours, mais que cela ne l'empeſcha pas de conſulter comme auparavant, ce qui donna occaſion de luy appliquer avec juſtice, l'éloge que Valere Maxime donne à Appius Claudius, à qui le même accident eſtoit arrivé dans ſa vieilleſſe : *Hunc cœcum*

PREFACE.

aliquis nominet, à quo patria quod rectum, & justum erat, per se parum cernens, coacta est providere.

Il paroît par ce Commentaire sur l'Ordonnance de Moulins, qu'il ne s'estoit attaché qu'aux anciens Glossateurs du Droit, dont l'experience du Bareau luy avoit appris à faire un bon usage : mais il avoit negligé, ce semble, la lecture de nos Jurisconsultes François, qu'il cite fort peu, & qui auroient pû pourtant luy fournir plusieurs Decisions sur ce sujet ; il n'a même rapporté que les especes qui se sont presentées dans son Presidial, & qui y ont esté jugées ; il n'a point rapporté celles jugées par les Arrests des Cours Souveraines, dont l'autorité peut beaucoup servir à fixer les Maximes.

Ces Additions ne sont donc proprement qu'une continuation de l'Ouvrage de Boiceau, suivant le même Plan qu'il s'est formé, & suivant ses mêmes principes ; car elles ne contiennent que des Observations sur les nouvelles dispositions de l'Ordonnance de 1667. des reflexions sur les especes qui ont esté decidées par les Arrests depuis l'Edition du Commentaire de Boiceau, & plusieurs Questions frequentes dans l'usage dont il n'a point parlé : & parce qu'il estoit inutile de grossir ce Livre d'une Table particuliere de tous les Sommaires des Additions sur chaque Chapitre, & que le Lecteur pourra aisément en les parcourant, connoistre en détail toutes les matieres qui y sont traitées. Il est necessaire d'en donner seulement ici une idée generale, & de remarquer en gros les plus importantes, sur tout celles dont Boiceau n'a point parlé.

Ces Additions commencent par des Observations generales sur la Preuve par Témoins en Matiere Civile, on y rapporte la definition, la division des Preuves, & *Observations generales sur la Preuve par Témoins.*

PREFACE.

la distinction qu'il faut faire touchant la qualité des faits dans lesquels elles sont admissibles, ou non, elles finissent par une comparaison entre l'Article 54. de l'Ordonnance de Moulins & ceux de l'Ordonnance de 1667. sur la même matiere, laquelle sert à faire voir le rapport & les differences qui sont entre ces deux Ordonnances.

Additions sur la Preface de Boiceau. Ce que rapporte Boiceau dans sa Preface, touchant l'ancien usage de la Preuve par Témoins & de la Preuve par écrit, a donné lieu dans les Additions, à une Dissertation historique sur l'origine & l'usage de ces deux preuves chez les Juifs, les Grecs, les Romains & parmi nous, depuis le commencement de la Monarchie jusqu'à present.

Chap. 1. de la Premiere Partie. Les Additions sur le Chapitre Premier expliquent les cas ausquels la preuve par le serment est receuë.

Chap. 3. Boiceau dans le Chapitre 2. n'a traité du dépost necessaire qu'en passant, l'Art. 4. du T. 20. de l'Ordonnance de 1667. parle encore du dépost fait par ceux qui voyagent, entre les mains des Hostes; c'est ce qui a engagé d'examiner la Jurisprudence du Droit Romain sur ce sujet, & plusieurs Questions qui peuvent arriver tous les jours à cette occasion.

Chap. 4. La nouvelle Jurisprudence introduite par le Concile de Trente, & par l'Ordonnance de 1639. touchant les Mariage présumez, forme la matiere des Additions sur le Chapitre 4. aussi bien que celle des Additions *Chap. 5.* sur le Chapitre 5. touchant les Mariages clandestins; & parce que cette matiere est tres-importante, il a esté necessaire aussi de s'y étendre davantage.

Chap. 6 Boiceau dans le Chapitre 6. n'a parlé qu'en general de la Preuve par Témoins des Conventions Matrimoniales. Il n'a rien dit des Questions qui concernent l'e-

PREFACE.

xecution de ces Conventions: notamment le payement de la dot, elles y sont examinées, & on y a ajoûté celles qui regardent la Communauté dans les Coutumes qui l'introduisent aprés un certain temps entre les conjoints, quand ils ne l'ont pas stipulée, ce qui a donné occasion de traiter aussi celles qui regardent les Societez.

La matiere des Contrats simulez estant une des plus frequentes & des plus difficiles, il a falu pour l'éclaircir, expliquer ce que c'est que Dol & simulation, & qu'elle difference les Jurisconsultes font entre les présomptions, les indices, les conjectures, les signes, la suspicion, l'adminicule. Quelles circonstances doivent faire présumer la simulation, il a falu même établir des regles dans cette matiere qui ne doit pas estre entierement arbitraire. Sur la fin on examine plusieurs autres Questions que celles dont parle Boiceau, touchant les Contrats passez par crainte ou par force. *Chap. 7.*

Les Additions du Chapitre 8. expliquent entr'autres choses, le sentiment de Maistre Charles du Moulin sur la nullité des Actes, & quelles distinctions il faut faire sur ce sujet. *Chap. 8.*

Il y a quelques Observations dans le Chapitre 9. touchant l'origine des Foires, & quelques Questions dont Boiceau n'a point parlé. *Chap. 9.*

A l'occasion de ce que dit Boiceau dans le Chapitre 10. sur les quasi-Contrats, on a traité des gageures dans les Additions, pour sçavoir si elles sont obligatoires; on examine ensuite les Questions qui peuvent naistre pour sçavoir en quel cas la preuve par témoins est recevable de l'argent gagné, perdu ou presté au jeu. *Chap. 10.*

Le Chapitre 11. de Boiceau qui traite du Retrait & *Chap. 11.*

PRÉFACE.

des fraudes qui s'y pratiquent, a donné lieu de parler des différentes dispositions des Coutumes sur ce sujet, ce qui forme plusieurs Questions dont Boiceau n'a rien dit.

Chap. 12. Sur le Chapitre 12. des Procureurs *ad lites*, & des Procureurs *ad negotia*, on a ajoûté quelques especes particulieres à celle dont Boiceau a parlé.

Chap. 13. Dans le Chapitre 13. Boiceau explique la Loy *Labeo*, & quelles sont les présomptions du payement en faveur du debiteur; il en a oublié quelques-unes que l'on a essayé d'éclaircir.

Chap. 14. Aux Observations que Boiceau a faite dans le Chapitre 14. sur le Bail à loyer, il estoit naturel d'ajoûter celles qui concernent les prestations annuelles pendant dix ans sans titre, pour sçavoir en quels cas elles font présumer qu'il y en a un, & quand la preuve par témoins y est recevable.

Chap. 16. Dans le Chapitre 16. Boiceau n'ayant osé appliquer la decision de l'Ordonnance de Moulins aux Testamens, n'a pas eu lieu de traiter plusiurs Questions qui se présentent tous les jours sur ce sujet, il estoit de necessité de les examiner, parce que les Arrests y ont étendu la prohibition de cette Ordonnance. Ces Questions sont de sçavoir si la preuve par témoins est receuë des declarations & des reconnoissances faites par un Testateur verbalement avant, lors ou depuis son Testament, de l'empeschement de tester, de la revocation, de la suppression, de la suggestion des Testamens, des dispositions captatoires, & la Question qui a esté plaidée l'année derniere en la Grand'-Chambre; sçavoir si nonobstant que le Notaire ait exprimé que le Testateur estoit sain d'esprit, la preuve du contraire

PRÉFACE.

eſt recevable. On y a encore renfermé les difficultez qui peuvent naiſtre touchant la preuve des formalitez du Teſtament nuncupatif, de celuy fait en temps de peſte, du Teſtament myſtique & du Teſtament militaire.

Le Lecteur trouvera dans les Additions du Chapitre 17. pluſieurs Queſtions ſur la preuve de l'inveſtiture des Fiefs, des droits honorifiques & de Patronage, de la Nobleſſe, & ſi les inſcriptions & monumens publics font foy en Juſtice, Boiceau n'avoit rien dit de cette derniere Queſtion. *Chap. 17.*

Les Additions ſur le Chapitre 18. ne traitent que des reſtrictions au premier ou ſecond chef de l'Edit. *Chap. 18.*

Boiceau dans le Chapitre premier de ſon Commentaire ſur la Seconde Partie de l'Article 54. de l'Ordonnance de Moulins, parle des écritures privées. Ainſi il eſtoit naturel d'expliquer en cet endroit, ce que l'Ordonnance de 1667. T. 20. Art. 3. & 5. appelle un commencement de preuve par écrit, parce qu'aucun de nos Auteurs François n'a traité cette matiere à fonds; & il a eſté neceſſaire d'en rapporter des eſpeces ſur leſquelles ſont intervenus des Arreſts. On en rapporte entr'autres un recent du 29. May 1696. plaidant M. Thevart pour la Dame Marquiſe du Freſnoy, & M. Vezins pour François Odoüart, ſieur du Hazey, ſur les Conclusions de Monſieur d'Agueſſeau Avocat General, qui decide auſſi que la preuve par témoins eſt admiſe contre les Actes ſimulez, & même contre les Decrets. *Seconde Partie. Chap. 1.*

Il y a dans les Additions ſur le Chapitre 2. des Queſtions particulieres, touchant les receus écrits au bas d'une Promeſſe ou d'une Obligation, par le Creancier qui ne les a point ſignez, touchant le bordereau des *Chap. 2.*

PREFACE.

especes payées ou receuës, & quelques autres qui concernent les Lettres Missives & les Lettres de créance.

Chap. 3.   Dans le Chapitre 3. Boiceau a traité des écritures privées qui ne sont point causées, ce qui a donné lieu de parler des blancs-signez dans les Additions.

Chap. 4.   Il y a quelques Questions ajoûtées sur le Chapitre 4. qui traite des Actes nuls ; & quelques-autres sur le
Chap. 5.   Chapitre 5. qui parle de la comparaison d'écritures.

Chap. 6.   Boiceau examine dans le Chapitre 6. sçavoir si un Acte soussigné par erreur fait foy : il parle aussi de la numeration simulée dans un Contrat ; cela a donné lieu d'expliquer en cet endroit l'exception *Pecunia non numerata*, dont plusieurs de nos Coutumes ont parlé differemment du Droit Romain.

Chap. 7.   Le Prest civil est fort bien expliqué par Boiceau dans le Chapitre 7. mais il a oublié de parler du Prest à usage, appellé en Latin *Commedatum*, & cette derniere sorte de Prest estant encore bien plus frequent que le premier, on a creu important d'éclaircir si la preuve par témoins y est recevable, c'est ce qui fait la matiere des Additions sur ce Chapitre.

Chap. 8.   Le Chapitre 8. de Boiceau examine quelle foy doivent faire les Livres des Marchands, & parlent de ceux nommez à Rome *Argentarii*. Pour bien entendre les applications qu'on peut tirer des Loix Romaines sur cette Question, il a fallu expliquer qu'elles estoient les fonctions differentes de ces sortes de personnes à Rome, & comment le commerce de l'argent s'y faisoit ; ensuite on a rapporté tout ce que les Auteurs ont dit en faveur & contre les Livres des Marchands, dans les especes differentes qui peuvent se presenter sur ce sujet.

Boiceau

PREFACE.

Boiceau dans le Chapitre 9. a expliqué ce que c'é- Chap. 9. toit que *Tessera*, en parlant des *Tailles & Mereaux*, on y a ajoûté toutes les significations de ce mot, qui en renferme d'assez curieuses.

Enfin Boiceau dans le Chapitre 10. examine si la Chap. 10. preuve par témoins est receuë d'un payement ; cette Question importante a donné lieu à plusieurs distinctions qui sont rapportées dans les Additions.

Outre ces Additions, à chaque Chapitre de Boiceau, dont il vient d'estre parlé, le Lecteur trouvera des Observations sur la Jurisprudence des Païs Etrangers touchant la Preuve par Témoins, en ce qu'elle est conforme à nos mœurs, notamment sur l'Article 19. de l'Edit Perpetuel des Archiducs, observé en Flandres & dans la plufpart des Païs nouvellement conquis, lequel Article 19. a esté tiré presque mot à mot de l'Article 54. de l'Ordonnance de Moulins, & sur lequel Antonius Anselmo & Joannes Romelius, ont fait des Commentaires fort estimez, dont les principales Decisions sont aussi rapportées sur chaque Chapitre de Boiceau, selon les matieres, aussi bien que celles de plusieurs autres Auteurs celebres qui ont commenté les Ordonnances, les Statuts & les Coutumes de Naples, de Milan, de Bologne la Grasse en Italie & de Portugal, qui ont des dispositions particulieres sur la Preuve par Témoins. On a crû que cette recherche pourroit n'estre pas inutile, pour marquer le Droit Commun de toutes les Nations de l'Europe sur l'usage de la Preuve par Témoins. Outre que l'on a trouvé même dans ces Auteurs étrangers des Decisions qui peuvent nous servir beaucoup, il euft esté facile d'y en ajoûter plusieurs autres; la seule Biblioteque du Roy, dans laquelle on a choisi

PREFACE.

ceux qui sont citez dans cet Ouvrage, renferme presque tous les Jurisconsultes des Païs Etrangers qui ont écrit sur les Loix de leur Païs : mais il a fallu se borner à quelques-uns. Le Lecteur trouvera aussi une partie des Observations que Maistre Louis Vrevin a fait sur cet Article 54. de l'Ordonnance de Moulins, lesquelles ont esté imprimées avec plusieurs petits Traitez, en l'année 1639. Enfin à la suite du Commentaire de Boiceau, il y a des Observations sur l'Article 55. de l'Ordonnance de Moulins, dont il n'avoit rien dit, & sur les Articles 8. & suivans du Titre 20. de l'Ordonnance de 1667. particulierement touchant la preuve de la naissance.

TABLE
DES CHAPITRES
ET DES ADDITIONS.

OBSERVATIONS *generales sur la Preuve par Témoins.* Page 3

Preface de Boiceau, dans laquelle il explique la cause qui a donné lieu à l'article 54. de l'Ordonnance de Moulins, & la division de son Ouvrage. 13

Additions sur la Preface. 23

Chapitre I. *Du Commentaire de Boiceau sur l'article 54. de l'Ordonnance de Moulins, dans lequel il est prouvé que cette Ordonnance a eu lieu du jour qu'elle a esté publiée.* 41

Additions sur le Chapitre premier. 43

Chap. II. *En quels cas & en quelles obligations l'Ordonnance de Moulins a lieu.* 60

Additions sur le second Chapitre. 64

Chap. III. *Du Dépost.* 64

Additions sur le Chapitre troisiéme. 70

Chap. IV. *Du Mariage.* 86

Additions sur le Chapitre quatriéme. 94

Chap. V. *Du Mariage clandestin.* 110

Additions sur le Chapitre cinquiéme. 118

Chap. VI. *Des Promesses de Mariages.* 126

Additions sur le sixiéme Chapitre. 130

Chap. VII. *Des Contrats simulez.* 153

Additions sur le septiéme Chapitre. 161

Chap. VIII. *Des Contrats nuls en la forme.* 192

Additions sur le huitiéme Chapitre. 198

Chap. IX. *Des marchez faits durant les Foires.* 204

Additions sur le neuviéme Chapitre. 211

Chap. X. *Des quasi Contrats qui procedent du delit ou quasi-delit, & des Actes faits en Jugement ou hors Jugement.* 214

TABLE

Additions sur le dixiéme Chapitre. 222

Chap. XI. *Des Obligations dont l'Original ne se trouve pas, & autres Actes semblables.* 242

Chap. XII. *Du Procureur qui n'a point de charge par écrit, & qui est desavoüé par ses Parties.* 266

Additions sur le douziéme Chapitre. 273

Chap. XIII. *Des Pactes tacites introduits par la Loy, ou par le fait de l'homme.* 280

Additions sur le treiziéme Chapitre. 292

Chap. XIV. *Des Conventions tacites qui concernent le Bail à loyer.* 305

Additions sur le quatorziéme Chapitre. 312

Chap. XV. *Des Titres perdus & consommez par le temps.* 322

Additions sur le quinziéme Chapitre. 327

Chap. XVI. *Des Testamens, Codiciles, Donations à cause de mort, & autres Actes de derniere volonté.* 335

Additions sur le seiziéme Chapitre. 343

Chap. XVII. *Des qualitez accidentelles des choses qui sont demandées en Justice.* 398

Additions sur le dix-septiéme Chapitre. 416

Chap. XVIII. *Des demandes indéfinies, & qui ne sont point fixées à une somme certaine.* 435

Additions sur le dix-huitiéme Chapitre. 441

Seconde Partie de l'Article 54. de l'Ordonnance de Moulins.

Chapitre I. *Des Ecritures privées en general.* 444

Additions sur le premier Chapitre. 449

Chap. II. *Des Cedules & Promesses.* 467

Additions sur le second Chapitre. 472

Chap. III. *Des écritures privées non causées.* 478

Additions sur le troisiéme Chapitre. 482

Chap. IV. *Des Contrats receus par un Notaire qui a instrumenté hors son ressort.* 486

Additions sur le quatriéme Chapitre. 489

Chap. V. *De la verification des écritures.* 491

Additions sur le cinquiéme Chapitre. 495

Chap. VI. *Des Promesses soussignées par erreur.* 497

DES CHAPITRES.

Additions sur le sixième Chapitre. 507
Chap. VII. Du Prest Civil. 520
Additions sur le septième Chapitre. 525
Chap. VIII. Des Livres des Marchands. 530
Additions sur le huitième Chapitre. 540
Chap. IX. Des Obligations qui ne sont point redigées par écrit, & qui se contractent pour raison des choses prises en détail, par de certaines marques appellées vulgairement, Coches, Tailles & Merceaux. 575
Additions sur le neuvième Chapitre. 583
Chap. X. De ce qui se fait en execution des Contrats ou Obligations par écrit. 587
Additions sur le dixième Chapitre. 592
Chap. XI. Des Quittances. 595
Additions sur le onzième Chapitre. 605
Article LV. de l'Ordonnance de Moulins, avec des Observations. 616

Fin de la Table des Chapitres.

Fautes à corriger.

PAge 4. Sommaire 17. *lisez*, Addition à l'Ordonnance de Moulins par celle de 1667. P. 5. numero 6. *lisez*, l'ont appellée simplement présomption de Droit, & ne luy. Page 9. en marge, *lisez*, *factum negantis*. P. 10 n. 16. par l'une & par l'autre, *effacez*, article. P. 12. n. 19. par la facilité de, *effacez*, que l'on trouveroit. P. 27. n. 3. sans entrer ici, *lisez*, il faudroit en ont usé, *ajoutez*, mais. P. 21. *Hermenopul. in promp.* rayez, *pomp.* P. 41. à l'heritier de la Donataire, *lisez*, du. P. 47. n. 4. ce qu'ils ont voulu, *lisez*, ce qu'elles, ibid. ils ont pu, *lisez*, elles. P. 48. *in fine*, parce qu'il est de maxime, *lisez*, des maximes. P. 50. n. 12. Jurisconsultes qui les ont commenté, *lisez*, commentées. n. 13. ibid. art. 99. *lisez*, 19. P. 54. n. 21. lisez, *Manifeste turpitudinis est, nolle jurare, nec jusjurandum referre.* P. 55. n. 23. Brodeau en rapporte d'autres, *ajoutez*, qui ont jugé que cette preuve estoit recevable; & *plus bas*, quoy que l'une des Parties ait juré qu'il, *lisez*, qu'elle. P. 60. n. 36. lisez, *insurgit*. P. 139. n. 28. *lisez*, Bacquet. P. 142. n. 38. il ne faut pas obmettre qu'en Droit Romain, *ajoûtez*, si. P. 151. n. 63. en marge, lisez, *quod debet esse à principio certum quod*, & sur la fin du latin qui est en marge *ibid.* lisez, *reddo*, au lieu de *reddeo*. P. 169. n. 19. le Contrat acculé, *lisez*, accusé. P. 171. en marge, lisez, *quia æqualitas contractus non est Mathematica*. P. 174. au commencement, car outre que la preuve, *lisez*, car on ne peut prétendre. P. 175. en marge, lisez, *conjectura ex probabilibus & non necessariis orta*. P. 181. *rayez la quatriéme ligne*. P. 186. n. 78. possible, *ajoûtez*, outre que. P. 189. n. 91. il parut que l'interpretation du Deffendeur, *lisez*, Demandeur. P. 225. n. 2. *in fine*, *lisez*, quelles affaires elle a faites pour cet absent si elle. P. 241. n. 43. quoy que cette restitution n'a, *lisez*, n'ait. P. 317. n. 14. *in fine*, qui jugea que la preuve par témoins ayant esté *admise*, lisez, *refusée*. P. 327. Sommaire 9. *lisez*, Loy 5. Cod. P. 345. Sommaire 31. *lisez*, *Goveanus*. P. 353. *in fine* en marge, lisez. *extorserit*. P. 388. n. 52. solemnitez n'ont pû estre, *lisez*, n'ont pas esté. P. 422. n. 17. qualité, lisez, quotité. P. 430. n. 43. *in fine*, *lisez*, & des marques visibles. P. 444. dans le Titre, lisez, *Seconde Partie de l'article 54. de l'Ordonnance de Moulins*. P. 456. n. 11. *in fine*, se ménageroient ainsi un commencement de preuve par écrit, *rayez*, *sur la deposition de deux témoins apostez*. P. 489. Sommaire, *lisez*, si quand un des Contractans refuse de signer, *ajoûtez*, un Renvoy ou un Apostille dans un Acte. P. 585. ligne 3. lisez, *Tesseram frumentariam*.

ARTICLE LIV.

De l'Ordonnance de Moulins.

POUR obvier à la multiplication des Faits que l'on a veu cy-devant estre mis en avant en Jugement, sujets à preuve de témoins & reproches d'iceux, dont adviennent plusieurs inconveniens & involutions de Procez ; Avons Ordonné & Ordonnons, que doresnavant de toutes choses excedans la somme ou valeur de cent livres, pour une fois payer, seront passez Contrats pardevant Notaires & témoins, par lesquels Contrats seulement sera faite & receuë toute preuve desdites Matieres, sans recevoir aucune preuve par témoins, outre le contenu audit Contrat, ny sur ce qui seroit allegué avoir esté dit ou convenu avant iceluy, lors & depuis ; en quoy n'entendons exclure les Conventions particulieres, & autres qui seroient faites par les Parties, sous leurs Seings, Seaux & Ecritures privées.

Févriet 1566.

L'Article 55. de la même Ordonnance de Moulins, qui a du rapport, & qui concerne la même matiere que l'Article cy-dessus, est à la fin de ce Livre, page 616. où le Lecteur pourra y avoir recours.

ORDONNANCE DE M· DC· LXVII·

TITRE XX.

Des Faits qui gisent en preuve vocale ou litterale.

L'Article I. de ce Titre ne concerne que la procedure.

ARTICLE II.

SEront passez Actes pardevant Notaires, ou sous signature privée, de toutes choses excedant la somme ou valeur de cent livres, même pour dépost volontaire, & ne sera receu aucune preuve par témoins contre, & outre le contenu aux Actes, ny sur ce qui seroit allegué avoir esté dit avant, lors ou depuis les Actes, encore qu'il s'agît d'une somme ou valeur moindre de cent livres, sans toutefois rien innover pour ce regard, en ce qui s'observe en la Justice des Juge & Consuls des Matchands.

ARTICLE III.

N'entendons exclure la preuve par témoins pour Dépost necessaire, en cas d'incendie, ruïne, tumulte, ou naufrage, ny en cas d'accidens impréveus, où on ne pourroit avoir fait des Actes, & aussi lors qu'il y aura un commencement de preuve par écrit.

ARTICLE IV.

N'entendons pareillement exclure la preuve par témoins pour Déposts faits en logeant dans une Hostellerie, entre les mains de l'Hoste ou de l'Hostesse, qui pourra estre ordonnée par le Juge, suivant la qualité des personnes & les circonstances du Fait.

ARTICLE V.

Si dans une même Instance la Partie fait plusieurs demandes, dont il n'y ait point de preuve, ou commencement de preuve par écrit, & que jointes ensemble, elles soient au dessus de cent livres, elles ne pourront estre verifiées par témoins, encore
que

que ce soit diverses sommes qui viennent de differentes causes, & en differens temps, si ce n'estoit que les droits procedassent par succession, donation ou autrement, de personnes differentes.

Les autres Articles de ce Titre, qui ont du rapport à l'Article 55. de l'Ordonnance de Moulins, sont à la fin de ce Livre, page 616.

Les Articles des Coutumes qui concernent la preuve par écrit ou par témoins, sont rapportez en differens endroits de ce Livre, marquez dans les Sommaires des Chapitres.

EDIT PERPETUEL
des Archiducs de Flandres.

ARTICLE XIX.

COMME plusieurs Procez se meuvent entre nos Sujets, à cause de la multiplication des Faits qu'on pose estre venus és Conventions & Contrats en vertu desquels on agit, comme si plus y avoit esté dit, & pourparlé, que ne contiennent les instrumens sur ce faits, soit sous leur signature, ou pardevant Notaires & témoins, comme de même au fait des dispositions Testamentaires, Contrats de Mariage, & toutes especes de Conventions ou Dispositions, causant une grande incertitude, & par fois diversité, voire contrarieté de preuve & involution de procedures, au tres-grand interest des Parties ; Nous pour obvier à ce, avons ordonné & ordonnons par cette, que de toutes choses dont nos Sujets voudront traiter ou disposer, excedant la valeur de trois cent livres Arthois une fois, soit par Ordonnance de derniere volonté, Donations, Contrats de Mariage, Venditions, ou autres Contrats quelconques, fut de chose réelle ou pecuniaire de la valeur que dessus, ils ayent à le faire par écrit, soit sous leurs signatures ou pardevant Notaires & témoins, ou autres personnes publiques, selon la qualité & importance desdits Contrats & Dispositions, qui en dépescheront les instrumens en forme, lesquels seuls serviront de toute preuve esdites matieres, sans que les Juges pourront recevoir aucune preuve par témoins outre le contenu iceux.

12. Juillet 1611.

STATUTUM	STATUT
BONONIÆ.	DE BOLOGNE.
De probationibus solutionum.	*De la preuve des Payemens.*

Statuta Bononiæ approbata sūt à Cardinali Bisarion Cardinalis Nicenus nuncupatus Sedis Apostol. Legatus à Latere Nicolai V. Papæ. ann. 1454.

AD obviandum ne infra scriptis casibus falsi testes producantur in quibus facile produci consueverunt, statuimus & firmamus quod si quis fuerit debitor alicujus ex aliqua causa pro quantitate, re vel facto de cujus quantitatis rei vel facti obligatione fuerit publicum instrumentum, vel alia scriptura publica vel privata, cui fides de jure debeat adhiberi, excedente summam seu æstimationem quinquaginta librarum Bononenorum non possit probari per testes, restitutionem solutionem, seu satisfactionem, vel dationem in solutum talis debiti quod peteretur ab eo, In totum vel pro parte, nec etiam quod creditor confessus fuerit sibi restitutum vel solutum debitum, vel quod fecerit ipsi debitori de ipso debito vel ejus parte finem, quietationem, remissionem, absolutionem, refutationem, liberationem vel pactum de ulterius non petendo perpetuo vel ad tempus, vel quod cum ipso debitore super prædictis transegerit, vel ipsi debitori reddiderit instrumentum prædictum vel talem scripturam publicam vel privatam cancellatum, sin cancellatam, incisum vel incisam, vel non, vel quod ipsum vel ipsam cancellaverit vel inciserit,

POur empescher que dans le cas cy-aprés mentionné, dans lequel on a coutume de produire souvent de faux témoins, on n'en produise encore à l'avenir. Nous voulons & ordonnons que si quelqu'un est debiteur d'un autre pour quelque cause, soit pour raison d'une chose, ou pour raison de quelque fait, en vertu d'une Obligation en forme, ou de quelqu'autre écrit public ou privé, auquel de droit foy doit estre ajoûtée, & qu'il s'agisse d'une somme, ou de l'estimation d'une chose dont la valeur excede cinquante livres, monnoye de Bologne, il ne puisse prouver par témoins qu'il a restitué cette chose, qu'il l'a payée, ou qu'il y a satisfait, ou qu'il a donné quelque chose en payement de cette dette qu'on luy demande, en tout, ou en partie, ny que son Creancier a reconnu qu'il luy a restitué ou payé la somme qu'il luy doit, ou que son Creancier luy a quitté ou remis la dette, & l'en a déchargé en tout ou en partie, ou luy a promis de ne luy en demander jamais rien, ou du moins pendant un certain temps, ou qu'il a transigé & composé de la dette avec luy, ou que le Creancier luy.

a luy-même rendu l'Original de son Obligation en forme, ou autre écrit public, ou sous signature privée (qui est le titre de cette dette) cancellé, ou non, ou que le Creancier l'a luy-même cancellée, si ce n'est que celuy qui luy demande le payement de cette somme, ne fût un usurier, & que ce fait fût prouvé par la voix publique, & la commune renommée par la déposition de quatre témoins, gens d'honneur & dignes de foy, majeurs de vingt-cinq ans, & au dessus de tout reproche, & possedans chacun la valeur de deux cens livres, monnoye de Bologne, auquel cas ces sortes de preuves par témoins doivent estre admises de quelque somme, de quelque chose, ou de quelque fait qu'il s'agisse, à concurrence de cinq cens livres, & non au dessus.

nisi talis petens esset usurarius & hoc probaretur per publicam vocem & famam seu communem opinionem per quatuor testes legales & fide dignos majores viginti quinque annis ex omni exceptione majores. Habentes in bonis pro quolibet eorum valorem saltem ducentarum librarum Bononeriorum quo casu tales probationes per testes debeant admitti pro quacumque quantitate, re vel facto usque ad quantitatem librarum quingentarum, & non ultra.

§. Et au contraire, quoy que quelqu'un soûtienne qu'un autre est son debiteur pour raison d'une certaine chose, soit d'une certaine quantité, ou d'une chose en espece excedant la somme ou la valeur de cent livres, monnoye de Bologne, ou parce qu'il soûtient que cette personne luy a promis par un Contrat ou par une Promesse, de faire pour luy une certaine chose, dont l'estimation ou les dommages interests (faute de l'avoir fait) excedent la somme cy-dessus marquée, il ne luy soit pas permis de prouver par témoins cette dette en tout ou en partie, & que cette preuve, si elle luy a esté permise, soit nulle de plein droit; & neanmoins que cette preuve luy soit permise, même dans les cas où

§. Et ex adverso etiam si quis dicere voluerit aliquem suum debitorem esse ex aliqua causa pro quantitate vel re excedente summam vel æstimationem centum librarum Bononenorum vel facto principaliter in contractu, sub promissione deducto, cujus facti æstimatio seu interesse, excedat summam prædictam, non possit tale debitum in totum vel pro parte probari per testes & talis probatio facta vel admissa non valeat ipso jure, possint tamen testes ultra dictas summas ad coadjuvationem scripturæ publicæ vel alterius cui de jure vel ex forma Statutorum Civitatis Bononiensis, Fides debeat adhiberi, admitti pro ut alias de jure admitterentur.

il s'agira de sommes qui excedent celle cy-dessus, quand cette preuve ne servira qu'à fortifier & qu'à appuyer le commencement de preuve par écrit qu'il aura de sa dette par le moyen de quelque écrit, soit public ou autre, auquel foy doit estre ajoûtée, suivant le Statut de cette Cité de Bologne, comme foy y seroit ajoûtée suivant le Droit commun.

§. Salvo quod si de jure fuerit dos promissa de dando vel restituendo, vel ejus augmentum, vel alius contractus, seu casus de quo vel quibus debeat solvi gabella, vel cujus cognitio spectaret ad dominos de gabella, etiam si dictam summam vel æstimationem excedat possit probari per testes, & super eis testes produci possint, pro ut in Statuto quod loquitur de officio dominorum officialium de Gabella, continetur, & salvo si tale instrumentum Notarium amisisse legitime probaretur, quo casu absolutio vel debitum probari posset per tres testes omni exceptione majores.

§. Excepté aussi que s'il s'agit de prouver qu'une personne a promis de constituer une dot ou un augment de dot, ou de les restituer, ou de quelqu'autre Convention ou cas, pour raison duquel on est tenu de payer une certaine taxe, ou dont la connoissance appartienne à ceux qui sont préposez pour lever ce Droit, quoy qu'il s'agisse de chose qui excede la somme cy-dessus ou la valeur, la preuve par témoins sera admise, & permis de faire entendre des témoins en ce cas; ainsi qu'il est porté expressément dans le Statut qui concerne les Officiers établis pour faire le recouvrement de ce Droit. Excepté encore le cas auquel il seroit prouvé que le Notaire a perdu l'Acte qu'il a passé, sans qu'il y ait eu de sa faute, auquel cas la dette, ou la décharge de la dette, se pourra prouver par trois témoins de probité & au dessus de tout reproche.

§. Possit etiam probari per testes ubi petatur reddi ratio administrationis alicujus super quibuscunque ipsam administrationem tangentibus ab utraque parte vel ab altera tantum, & etiam per testes probatio admittatur in casibus omnibus in quibus ex aliquo Statuto talis probatio permittatur.

§. De plus, l'une & l'autre Partie pourront aussi prouver par témoins leur gestion, & tout ce qui regarde l'administration qu'elles ont euë de quelque chose que ce soit, ou le Demandeur, ou le Deffendeur seulement y seront admis separément, & la preuve par témoins sera aussi admise dans tous les cas dans lesquels cette preuve est admise par quelque Statut.

§. Præterea dicimus quod nulla cessio alicujus juris vel actio-

§. De p'us, nous deffendons d'admettre la preuve par témoins d'aucune cession ou transport de droits ou action, soit réelle, personnelle ou mixte, ou de quelqu'autre que ce puisse estre, en vertu de quelque Titre, Contrat ou quasi Contrat que ce soit, ny d'aucun Testament ou Ordonnance de derniere volonté, quoy qu'il s'agisse de peu de chose ou d'une somme modique, & si cette preuve a esté faite, ou admise; nous voulons qu'elle n'ait aucun effet, si ce n'est qu'il fût question d'un legs pieux.

§. Que si on articule que ce legs a esté laissé par le Testateur, après qu'il a eu fait son Codicille ou son Testament, la preuve par témoins y pourra estre receuë. Mais si on met en fait que ce legs a esté promis ou fait avant que le Testateur eust disposé de ses biens par sa derniere volonté, & qu'ensuite il a fait son Testament, & n'y a point fait mention de ce legs, en ce cas il ne soit pas permis d'en faire la preuve par témoins, ny même d'en intenter la demande.

§. Excepté neanmoins que si à l'égard de cette cession ou transport de droits & actions, & des Testamens ou de tout autre cas compris dans ce Statut, il a esté passé quelque écrit public (qui fasse un commencement de preuve) il soit permis pour la fortifier & pour l'appuyer, d'en prouver la verité par la déposition des témoins, ainsi qu'ils auroient esté admis de Droit commun (cessant la prohibition de ce Statut.)

§. Et parce que souvent il y a plusieurs personnes, lesquelles sans aucune conscience, & contre Dieu & verité, ne craignent point de faire un faux serment, nous ordonnons

nis realis vel personalis seu mixtæ, vel alterius cujuscunque, quæ facta diceretur ex quacunque causa, titulo vel contractu seu quasi, vel aliquod testamentum vel ultima voluntas per testes probari possit cujuscunque summæ vel æstimationis existant, & talis probatio facta vel admissa non valeat ipso jure, nisi esset aliquod legatum ad pias causas.

§. Quod legatum ad pias causas si post ultimam voluntatem Testantis vel Codicillantis esset relictum, per testes probari possit. Si vero ante conditam ultimam voluntatem fuisset promissum vel conventum aut legatum, & demum esset facta ultima voluntas & in ea non fieret mentio de tali legato; probari non possit per testes, vel peti.

§. Salvo quod si de tali cessione, Testamento, vel ultima voluntate ab alio casu in hoc Statuto comprehenso, fuerit facta publica scriptura, ad ipsius scripturæ, quæ produceretur, corroborationem & coadjuvationem, testes produci valeant qui alias de jure admitterentur.

§. Et quia nonnulli frequenter & sine conscientia contra Deum & veritatem non jurare verentur, Statuimus quod ubi lis, vel quæstio seu causa sit quantitatis rei, vel facti excedentis summam vel æstimationem viginti quinque librarum Bononenorum, non possit deferri juramentum necessarium vel possit causa tali juramento decidi, & delatum & præstitum contra prædicta non teneat quoquomodo & pro non delato & præstito habeatur & sit.

que s'il s'agit dans le Procés d'une chose ou d'un fait qui excede la somme ou l'estimation de vingt-cinq livres monnoye de Bologne, en ce cas il ne sera pas permis (aux Parties ny aux Juges) de déferer le serment, de telle sorte que celuy à qui on le défere, soit tenu nécessairement de le prester, & s'il a esté presté par celuy à qui il a esté déferé, contre la prohibition de ce Statut, il soit regardé comme s'il n'avoit pas esté presté ny déferé.

STATUTUM LXXXVIII.
DUCATUS MEDIOLANENSIS.

STATUT LXXXVIII.
DE LA DUCHÉ DE MILAN.

Statuta Mediolanensia Ludovicus Sfortia Anglus Dux Mediolanensis Reformavit & publicavit. an. 1498. 20. Octob. Eadem Statuta denuo reformata sunt per Cardinalem de Anbasia, jussu Ludovici Duodecimi Francorum Regis & Ducis Mediolanensis 23 April. 1552.

PEr testes non possit probari bannum, vel emancipatio, nec interdictum administrationis bonorum nec quod res sit libellaria seu feudataria, nec aliquid fore sententiatum, nec generalis alienatio bonorum, seu quotæ partis.

ON ne pourra prouver par témoins, qu'une personne a esté bannie, ny qu'elle a esté émancipée, ny que l'administration de ses biens luy a esté interdite, ny qu'un fond est tenu à emphiteose, ou en Fief, ou qu'il est intervenu une Sentence, ou qu'une personne a aliené generalement tous ses biens, ou seulement une partie.

STATUTUM XCV.
Ejusdem Ducatus.
De probatione liberationis contra publicum instrumentum.

STATUT XCV.
Du même Duché.
De la preuve de la liberation contre une Obligation autentique.

SI debitum redactum fuerit in publico instrumento non possit debitor, nec alius probare per testes liberationem cujuscunque generis nisi fuerint nu-

SI la dette a esté contractée par une Obligation en forme, autentique ou publique, le debiteur ny autre ne seront recevables à prouver la décharge de cette dette, quelle qu'elle soit, si ce n'est par la déposition de trois témoins; & si, ce titre de la dette qui n'a pas esté fait double, se trouve entre les mains du debiteur, on présumera qu'elle a esté acquitée, en jurant par le debiteur qu'il l'a effectivement payée; supposé que ce soit le debiteur principal ou la caution (auquel on en demande le payement) & si c'est leur heritier ou leur successeur même à titre singulier, il suffira qu'ils fassent serment qu'ils croyent que la dette a esté acquittée.

mero tres, & si instrumentum debiti, quod instrumentum non sit commune, sit penes debitorem præsumatur debitum esse solutum debitore jurante quod debitum est solutum si fuerit principalis debitor vel fidejussor, si vero fuerit hæres vel successor etiam singularis, sufficiat jurare de credulitate, ipsum debitum esse solutum.

STATUT XCVI.

Du même Duché.

Des écritures faites par la main du Debiteur.

TOut ce qui se trouvera écrit ou souscrit par les Banquiers ou par les Marchands de Milan, ou par quelqu'autre personne que ce soit, concernant leurs dettes passives, & tout ce qui aura esté écrit, donné ou souscrit par eux en faveur de leur Creancier, sera valable & obligatoire au profit du Creancier, & foy y sera ajoutée, soit que la cause de la dette ait esté par eux exprimée, ou non; & quoy que ces reconnoissances par écrit ayent esté faites en l'absence de celuy qui y a interest, elles feront préjudice à ceux qui les auront écrites ou souscrites; & le Magistrat (appelle *Potestat*) les Conseillers de son Siege, les Consuls de la Ville de Milan & des Marchands, pourront en vertu de ces reconnoissances, les condamner sommairement de payer, sans qu'il soit besoin d'aucun Exploit de demande, ny d'aucune formalité de Justice.

STATUTUM XCVI.

Ejusdem Ducatus.

De scriptis manu debitoris factis.

OMnes scripturæ factæ vel subscriptæ per Campsores, Mercatores Mediolani vel alios quoscunque in debitis suis, & omnia scripta data vel subscripta manibus eorum alicui suo creditori, Valeant & teneant, & eis fides adhibeatur cum causa & sine causa, etiam si dicantur esse factæ vel subscriptæ in absentia partis, quantum est in præjudicium eorum scribentium vel subscribentium & Potestas & ejus Judices & Consules justitiæ Mediolani & negotiatorum possint & teneantur eos summarie compellere ad solutionem faciendam sine datione libelli & strepitu & figura judicii.

STATUTUM REGNI NEAPOLITANI.

De Jure Quartæ.

Dos & quarta seu quarta peti non possunt absque instrumento dotali & instrumento quod Neapoli *quartula* nuncupatur.

Contra instrumentum autem dotale probatio nulla admittitur præterquam si mulier dotata decedens testata, illud quod secundum consuetudinem Neapolitanam relinquere potest, in ipsa ultima reliquerit & probetur, illud esse solutum.

3 Contra instrumenta venditionum, donationum, oblationum, in emphyteusim concessionum, quietationum, transactionum, compositionum, & instrumenta (quæ Neapoli vocantur, Psalliæ) probatio per testes nulla recipitur facienda per aliquem contrahentium vel successorem eorum universalem vel singularem, quod res videlicet aliter gesta sit quam quæ continentur in instrumento, dum tamen in possessione rei ex aliqua ex prædictis causis translatæ, reperiatur ille cui instrumentum factum est, reservata alteri contrahentium potestate arguendi ipsum de falso si voluerit.

STATUT DU ROYAUME DE NAPLES.

Du Droit de Quarte.

LE payement de la Dot, & la Quarte, ne pourra point estre demandé en Justice (par la femme ou ses heritiers) quand il n'y aura point eu d'instrument dotal, & que l'Acte (appellé *quartula* à Naples) n'aura point esté passé.

On n'admettra aucune preuve contre ce qui est porté dans l'instrument dotal (dans lequel il n'est point dit que la femme a apporté aucune dot) si ce n'est que la femme, que l'on soûtient avoir esté dotée, n'ait laissé par son Testament à quelqu'un, ce dont il luy est permis de disposer par son Testament, suivant la Coutume de Naples, & qu'il y ait preuve que ce legs a esté effectivement payé.

La preuve par témoins ne sera point admise contre ce qui se trouvera écrit dans les Contrats qui concernent une vente, une donation, des offres, des quittances, des transactions ou Actes, où l'on a composé de quelque different, de Bail emphyteutique, & des Actes appellez à Naples *Psalliæ*, soit que ce soit un de ceux qui est Partie dans ces Actes, ou leur heritier universel, ou à titre singulier, qui demandent à faire cette preuve; pourveu neanmoins que celuy au profit duquel est cet Acte, se trouve estre en possession en execution d'iceux, reservant neanmoins la faculté aux autres qui sont Parties dans ces Actes, de se pourvoir par inscription de faux, si bon leur semble.

TRAITÉ

TRAITÉ
DE
LA PREUVE
PAR TEMOINS
EN MATIERE CIVILE.

A Justice & la verité sont inséparables, & s'il est necessaire de connoistre la verité pour rendre la justice, ce n'est qu'en suivant les regles de la Justice, qu'il est aisé de trouver la verité. Que si quelquefois dans les Questions de Droit, quelques Loix paroissent obscures ; pour en trouver le veritable sens, il n'y a qu'à leur donner celuy qui paroist le plus équitable. Il n'en est pas de même dans les Questions de Fait, ce n'est pas assez d'estre juste pour en découvrir la verité, parce qu'elle ne dépend point de l'équité de la Loy, mais de l'évidence du Fait, dont les circonstances sont presque toûjours obscures & incertaines. Ce n'est pas que les Legislateurs & les Jurisconsultes, ne se soient efforcez de nous marquer le chemin que nous devons tenir dans ces occasions pour suivre la verité qui nous échappe : mais ce chemin se divise en plusieurs routes, les guides les plus

A

éclairez ont peine à démefler qu'elle eft la plus feure, & la chicane a plus inventé de détours pour la cacher aux yeux des Juges, qu'ils ne leur ont donné de regles pour la découvrir. Ces regles même font fi bornées & fi peu folides, que la Loy leur a permis de s'en écarter, quand ils le jugent à propos ; en un mot c'eft parce qu'elle n'a pû prévoir tous les cas qui arrivent chaque jour, qu'elle a efté obligée d'abandonner les Juges à leurs propres lumieres dans les affaires épineufes, où l'artifice & la fraude ne les trompent que trop fouvent ; cependant c'eft principalement dans ces Queftions de Fait, que l'intereft, ce feducteur habile, qui entre fi adroitement dans tout ce que nous faifons, nous engage à foûtenir de mauvaifes conteftations, par l'efperance d'un gain imaginaire. Ingenieux à nous flater, il n'a pas de peine à donner aux chofes douteufes, telle face qu'il luy plaift, & il fçait fi bien nous faire valoir ce qu'il y remarque d'avantageux pour nous, qu'en nous tirant toûjours de la thefe generale, il nous fait prendre quelques circonftances fingulieres pour de juftes raifons de douter des maximes les plus communes & les plus certaines.

Ce fut auffi pour prévenir le defordre que pouvoit caufer dans la focieté civile l'incertitude des faits, que Moyfe, le premier des Legiflateurs, prefcrivit aux hommes la maniere de faire la preuve de la verité par la dépofition de deux témoins, & l'on ne peut difconvenir, que cette preuve, comme la plus fimple & la plus naturelle, ne fût auffi la meilleure en ce temps-là, parce qu'il y avoit de la bonne-foy parmy les hommes ; mais les mœurs fe font tellement corrompuës dans la fuite des fiecles, le menfonge & la calomnie y font devenus fi frequens, que c'eft avec raifon, que cette preuve ne trouve plus la même créance. Et s'il n'a pas efté poffible de la rejetter entierement en matiere de crimes, parce qu'ils ne fe peuvent prouver d'ordinaire que par témoins, c'eft avec beaucoup de fageffe, qu'elle n'a efté admife en France en matiere de conventions, que dans celles de peu de confequence, ou feulement dans les cas où elle fert à fortifier la preuve par écrit. L'abus même qu'on en faifoit paffa jufqu'à un tel excés dans le dernier fiecle, que les Parlemens envoyerent des Deputez au Roy Charles IX. pour s'en plaindre, ce qui l'obligea de la reftraindre par l'article 54. de l'Ordonnance de Moulins, dont la difpofition a efté renouvellée depuis par celle de 1667.

Et parce que ces deux Ordonnances n'ont efté faites que pour

Le Parlement de Tholoze deputa à l'Affemblée des Etats tenus à Moulins, M. Daffis Premier Prefident, & le fieur

prévenir la multiplicité des Faits que les Parties avoient coutume d'articuler, ce qui causoit une infinité de Procés, & troubloit la tranquillité publique. Il est évident que pour prévenir encore aujourd'huy les mêmes desordres, que la chicane essaye de faire renaistre, les Juges qui sont préposez pour décider de semblables contestations, & ceux que l'on consulte les premiers, pour sçavoir si on doit les entreprendre, doivent s'atacher à conoistre à fonds quel est le veritable esprit & l'étenduë de ces deux Ordonnances, & les exceptions qu'on leur peut donner, puisque dans les cas où la preuve par écrit vient à manquer, il est d'une necessité indispensable pour eux de sçavoir bien distinguer quand la preuve par témoins doit estre admise, & quand elle doit estre rejettée.

Sabatier, ancien Conseiller, au sujet de l'abus de la preuve par témoins, & sur leurs remontrances fut dressé l'art. 54 de l'Ordonnance de Moulins. Maynard Liv. 6. ch. 76.

Mais avant d'entrer plus avant dans l'explication de cette matiere, il est à propos de faire deux choses.

La premiere, est de donner une notion de quelques termes generaux qui regardent la preuve par témoins, dont la connoissance est absolument necessaire pour l'intelligence de ce Traité.

La seconde est d'examiner sommairement quel rapport & quelles differences il y a entre les dispositions de l'article 54. de l'Ordonnance de Moulins & les dispositions des articles 2. 3. 4. & 5. du Titre 20. de l'Ordonnance de 1667. qui concernent la même matiere. On connoistra par cette comparaison, quelle est l'étenduë & le veritable esprit de ces deux Ordonnances; & il sera plus aisé ensuite d'en faire l'application dans les differentes especes qui seront proposées dans ce Traité.

OBSERVATIONS GENERALES
SUR LA PREUVE PAR TE'MOINS.

SOMMAIRE.

1. *Deux sortes de veritez.*
2. *Verité de principe.*
3. *Verité de fait.*
4. *Definition de la preuve en ge-* *neral.*
5. *Division, en vocale, litterale & muette.*
6. *Deux sortes de preuves muet-*

tes appellées présomptions.
7. Autre division de la preuve en general, en directe & oblique.
8. Subdivision de la preuve oblique en trois autres especes.
9. Trois sortes de faits à distinguer.
10. Faits notoires.
11. Faits incertains.
12. Faits impertinens.
13. Autre distinction des Faits en Affirmatifs & negatifs.
14. Trois sortes de propositions negatives.
15. Même motif de l'Ordonnance de Moulins & de celle de 1667.
16. Mêmes Termes.
17. Addition à l'Ordonnance de Moulin par celle de 1667.
18. Premiere difference au sujet de la Jurisdiction Consulaire.
19. Seconde difference concernant le dépost en general.
20. Troisiéme difference pour le dépost necessaire.
21. Quatriéme difference, touchant le commencement de Preuve par écrit.
22. Cinquiéme difference, touchant une Question décidée par l'art. 5. de l'Ordonnance de 1667.
23. L'Ordonnance de 1667. doit estre observée préferablement à celle de Moulins.

LA verité est une & simple en elle-même, neanmoins on peut la considerer par deux veuës fort differentes.

Il y en a une qu'on peut appeller *verité de principe*, qui porte sa preuve avec elle, parce qu'elle est évidente par elle-même, & indépendamment d'aucun fait de l'homme. C'est cette évidence qui fait la certitude des principes des Sciences & des Arts, & ce n'est point de cette verité, dont il s'agit de faire la preuve en Justice.

L'autre se peut nommer *verité de Fait*, laquelle est certaine aussi par elle-même, parce qu'un fait ne peut arriver que d'une seule maniere, si l'on en retranche les moindres circonstances, ce n'est plus le même fait. Mais la certitude de cette verité n'est pas toûjours également connuë, parce qu'elle dépend de l'évidence des circonstances, dont les apparences peuvent nous tromper. C'est à cause de cette incertitude des Faits que la Loy a esté obligée d'avoir recours à des preuves pour en trouver la verité. Par exemple, un homme d'une probité connuë soûtient qu'il a presté une somme à son amy. Ce fait est probable : mais si cet amy, qui est aussi en reputation d'estre honnête homme, dénie ce prest, alors ce premier Fait devient douteux ; & parce que le prest est une action libre, qui peut avoir esté ou n'avoir pas esté faite, il faut des preuves qui justifient lequel de ces deux Faits, articulé par ces deux personnes, est veritable.

4 Il faut donc connoistre ce que c'est qu'une preuve en Justice, & il semble qu'on peut la définir en general, *une consequence legitime qui resulte d'un Fait évident, dont la certitude fait conclure qu'un autre Fait, dont on ignoroit la verité, est veritable ou ne l'est pas.*

5 On la divise communement en trois especes; la preuve vocale, qui se tire de la déposition des témoins; la preuve litterale, qui est fondée sur des actes solemnels & authentiques; & la preuve muette, qui n'est appuyée que sur les présomptions qui resultent des circonstances du Fait : mais il faut observer qu'aucune de ces preuves n'est demonstrative, quoy que la Loy les regarde comme certaines & indubitables.

Ainsi un Acte autentique passé pardevant deux Notaires, est une preuve incontestable en Justice de la verité de la convention faite entre deux Parties, laquelle sans cet Acte pourroit estre revoquée en doute, & cependant cet Acte peut estre faux.

Ainsi quand deux témoins déposent, qu'ils ont veû une certaine personne en tuer une autre en leur présence, la Loy condamne le meurtrier à la mort, quoy que le témoignage de ces deux témoins puisse estre faux.

6 A l'égard de la preuve muette qui n'est fondée que sur des présomptions, parce que toutes celles dont la Loy se sert, ne sont pas d'une égale certitude; les Jurisconsultes en distinguent de deux especes.

La premiere est une présomption necessaire fondée sur l'autorité de la Loy, contre laquelle on n'admet point la preuve du contraire, c'est celle que les Jurisconsultes ont appellé, *Présomption de Droit, & autorisée par le Droit.* Et elle s'appelle proprement une Preuve. *Præsumptiones Juris, & de Jure.*

La seconde est une présomption dont la certitude n'est fondée que sur le raisonnement ou sur des faits étrangers, dont la liaison avec le fait qu'il s'agit de prouver, n'est pas tellement necessaire que la verité de l'un, soit une consequence de la verité de l'autre, & les Jurisconsultes les ont appellées simplement, *Présomptions de Droit,* & ne leur donnent jamais le nom de Preuve. *Præsumptiones Juris.*

Il y a un exemple *des Présomptions de Droit, & autorisées par le Droit,* dans une des Loix du Code Justinien. Deux person- *L. 34. C ad Leg. Jul. de adult.*

nes accusées d'adultere, s'étoient fait décharger de cette accusation en prouvant qu'elles estoient proches parentes, & qu'ainsi on ne devoit pas présumer qu'elles eussent commis un si grand crime. Dans la suite ces deux personnes se marierent ensemble, cette Loy regarde ce mariage comme une *Présomption de Droit & autorisée par le Droit*, c'est-à-dire comme une preuve parfaite de la verité de l'accusation intentée contre elles, & elle decide qu'on doit les punir comme adulteres sur cette seule présomption; de telle sorte que la preuve du contraire n'auroit pas esté admise en cette espece.

_{Pater est, quem nuptiæ demonstrant.}

Il y a un exemple *de la Preuve imparfaite, ou simple présomption de Droit*, dans la Loy 5. ff. de in jus voc. elle decide qu'un enfant né durant le mariage de deux personnes, est leur fils legitime; mais parce que cette présomption en faveur de l'enfant, n'est établie que sur d'autres présomptions, qui sont l'honnesteté du mariage, & la fidelité que la Loy présume entre les conjoints, lesquelles présomptions sont incertaines, & peuvent aisément estre détruites par la preuve de faits contraires (comme par l'absence du mary pendant plusieurs années du lieu où demeuroit sa femme) &c. Cette présomption de la Loy ne doit pas estre mise au nombre de celles qui sont certaines & infaillibles.

_{Mathaus de tribut. cap. 3. n. 43. & suivans, examine les présomptions de la filiation legitime. L. filium. ff. l. 1. T. 1.}

On peut dire que l'Ordonnance de 1556. ne se détermine que par une simple présomption de Droit, quand elle ordonne qu'une fille qui a celé sa grossesse & la naissance de son enfant, qu'elle ne represente point, soit punie de mort; car c'est sur la seule présomption qu'elle tire de ces deux faits, qu'elle conclut que cette fille luy a osté la vie. Cependant il faut convenir que cette présomption, quoy qu'écrite dans l'Ordonnance, n'est pas toûjours infaillible, puisqu'il pourroit y avoir une preuve, même par écrit que cet enfant est mort dans le ventre de sa mere, ou qu'il est décedé depuis sa naissance d'une mort naturelle.

Duaren *Disp. anniverf. l. 1. ch. 27.* fait une autre division des 7 preuves en deux especes, qu'il ne faut pas obmettre. *La preuve directe* qui prouve precisément le fait dont il s'agit, soit par des Actes autentiques, ou par témoins, & *la preuve oblique ou indirecte*, quand le fait dont il s'agit n'est pas prouvé precisément par les Actes, ou par la déposition des témoins, mais un autre fait, de la preuve duquel on peut tirer une consequence de la verité de celuy dont il s'agit. Il divise cette derniere 8 espece de preuve, en trois autres.

La preuve necessairement veritable ; Par exemple, qu'une personne n'a point passé une Obligation à Paris un certain jour, quand il est prouvé que ce même jour elle estoit à Bourges.

La preuve qui n'est que vray-semblable, comme celle fondée sur une présomption de Droit ; Par exemple, que celuy-là est fils de Titius, qui est né de sa femme durant son mariage, ou que la Promesse qui se trouve rayée & cancellée, est acquitée : car dans ces deux cas, cette preuve resulte d'une consequence que tire la Loy d'un fait certain, c'est-à-dire de la naissance d'un fils pendant le mariage, & de ce que la Promesse se trouve rayée & cancellée.

Et *la preuve qui ne repugne pas*, c'est-à-dire celle qui n'est fondée que sur une legere conjecture ; Par exemple, qu'un vol a esté commis par celuy qui demeuroit dans le logis où la chose a esté volée, surquoy Duaren remarque, que ces sortes de preuves fondées sur des conjectures legeres, ne rejettent point la preuve sur celuy auquel elles sont contraires, quoy qu'elles puissent estre de consequence, quand elles sont jointes à d'autres présomptions plus fortes, & il ajoûte avec raison, que c'est au Juge à faire la difference entre ces trois sortes de preuves, parce qu'il n'y a aucune Loy qui ait déterminé precisément en quoy consistoient ces differens degrez de preuve.

Et hæc quidem signa, tametsi per se admodum infirma sünt nec onus probandi rejiciunt in adversarii. Quæ argumenta ad quem modum probanda cuique rei sufficiant nullo certo modo satis definiri potest l. Testiū ff. de Testib.

Il faut observer encore, qu'il arrive quelquefois certains cas où la verité est si difficile à découvrir, que la Loy nous dispense d'en rapporter, non seulement des preuves certaines, qu'elle appelle, comme il vient d'estre dit, *des Présomptions de Droit & autorisées par le Droit* : mais même elle n'exige pas les preuves qu'elle nomme *de simples Présomptions de Droit*, & elle se contente d'indices & de conjectures, qui ne font qu'une legere présomption, & qui ne meritent pas le nom de preuves.

Ainsi quand il s'agit de la filiation, elle decide que si un Testateur, par exemple, a institué Titius pour son heritier, à la charge qu'il seroit tenu de faire preuve qu'il est son fils legitime, cette condition apposée dans son Testament, le rend nul, parce qu'elle n'est pas possible dans son execution. En un mot elle établit pour maxime, qu'il y a des cas dans lesquels on ne peut prouver les faits, & dans lesquels neanmoins on ne doit pas laisser de se determiner par des conjectures. On ne s'étendra pas ici sur les qualitez differentes que doivent avoir ces differentes preuves, il en sera parlé plus amplement dans le Chapitre 4. de

L. Lucius Titius ff. de conditio.

L. non omnis ff. de re militari. Sed licet hoc liquido constare non

Traité de la Preuve par Témoins

pofsit, argumento tamen cognoscendum est.

la premiere Partie de ce Commentaire, qui traite des Contrats simulez.

Il ne reste plus qu'à distinguer trois sortes de faits en general, qui comprennent tous ceux dont on peut demander à faire la preuve par témoins.

Notorium est quod omnibus constare potest & colore nullo officiatur nec probatione indiget, dit Alciat. de rer. sig. Lege 33.
La maxime, Judex debet judicare secundum allegata & probata, est tirée de la L. illi cita. ff. de offic. præsid.

Les *faits notoires*, c'est-à-dire *évidents*, qui n'ont pas besoin de preuve & de la verité, desquels chacun est convaincu par soy-même. On en distingue de trois sortes, *Notorium facti, juris, & presumptionis*. Il ne s'agit ici que de ce qui est notoire de fait ; Par exemple, un meurtre fait dans une Place publique en plein jour, en presence de tout le peuple, & aux yeux même du Juge, est un fait notoire, parce qu'il ne peut pas estre revoqué en doute ; cependant le Juge qui a veû commettre ce meurtre, ne peut condamner le coupable à la mort sur la propre certitude qu'il a de son crime, il faut qu'il y ait un accusateur, qu'il entende des témoins, & qu'il garde les mêmes formalitez que si ce meurtre n'estoit pas notoire, parce que ce crime ne luy est connu qu'en qualité de témoin, & non pas en qualité de Juge.

Millæus in pract. crim. de notorio. Quia quando delictum committitur in præsentia judicum extra tribunali, non est ei notorium crimen ut judici sed ut privato, & tunc est necessaria probatio, &c.

In dubio securius judico ordinem judiciarium observari ne forte reputetur notoriū quod non est & annihilaretur processus nisi esset ita notorium evidenter quod esset ridiculum ordinē judiciarium observare.

Jean Faber, qui a expliqué dans la Preface sur les Instituts n. XI. ce que l'on doit tenir pour notoire, donne une regle generale sur cette matiere, pour sçavoir quand la preuve & l'instruction judiciaire sont requises en ce cas, où quand elles ne le sont pas. Dans le doute, dit-il, si la chose doit estre reputée notoire ou non. Il est plus à propos d'ordonner la preuve, & de faire l'instruction à l'ordinaire, mais si la chose est tellement notoire qu'il fut ridicule de la prouver, en ce cas il faut s'en dispenser. Cette opinion est celle de Jean ancien Glossateur du Droit, contraire à celle de Martin, qui soûtenoit que le Juge devoit juger suivant ce qu'il sçavoit en conscience, Voyez Perezius *l. 1. Cod. T. 40. n. 9.*

Il y a des *faits incertains* où la preuve est necessaire. Tels sont tous ceux qui dépendent de la volonté de l'homme, & ceux qui dépendent du hazard.

Il y a des *faits* que l'on appelle *impertinens*, c'est-à-dire superflus & étrangers à la contestation, dont la preuve ne doit jamais estre admise, parce que c'est une maxime certaine sur cette matiere, qu'il est inutile de prouver un fait dont la verité, quand elle seroit prouvée, ne pourroit servir pour decider la contestation.

13. Enfin il faut distinguer deux autres sortes de faits, dont on peut demander la preuve ; sçavoir, *les faits affirmatifs* & *les faits negatifs* : par exemple, si je soûtiens que j'ay fait une chose, c'est un *fait affirmatif*, qui peut estre prouvé ; au contraire si je soûtiens que je n'ay pas fait une chose, c'est un fait negatif dont la preuve n'est pas même possible. Il n'y a pas de difficulté que les faits affirmatifs ne puissent estre prouvez, soit par témoins, soit par écrit : l'Ordonnance n'ayant deffendu la preuve que des conventions ; mais pour ce qui est des faits negatifs, la preuve n'en peut estre admise, parce qu'une negation n'ayant rien de réel par elle-même qui tombe sous les sens, elle ne se peut prouver ny par témoins, ny par écrit. C'est ce qui est decidé par la Loy *Actor C. de Test.*

Il faut neanmoins distinguer trois sortes de propositions negatives ; l'une *de fait*, l'autre *de droit*, & celle que les Docteurs appellent *de qualité*.

14. La negative *de fait*, regulierement ne se peut prouver, comme il vient d'estre dit, si ce n'est qu'avec cette negative on articule un fait réel & positif ; par exemple, si je ne demande pas seulement à faire preuve que je n'ay point promis verbalement de payer une certaine somme, mais que j'ajoûte que je ne l'ay point promis un tel jour, & en un tel lieu ; en ce cas, parce que je reduis le fait negatif que j'avance, à deux circonstances particulieres du temps & du lieu, qui sont des faits positifs, je puis estre receû à faire la preuve que ce même jour j'estois éloigné de ce lieu-là de cent licuës, à l'effet de conclure que je n'ay point promis cette somme.

La negative de *droit*, ou la proposition par laquelle on nie qu'un Acte soit legitime, ou qu'une personne ait droit sur une certaine chose, se peut aussi prouver.

La negative *de qualité*, ou la proposition par laquelle on nie qu'une certaine chose soit de la qualité qu'on luy attribuë ; par exemple, si on nie qu'un fond soit tenu en roture ou en Fief, ou qu'une personne soit heritier, ainsi qu'on l'articule, peut aussi estre prouvée, quoy que ce soit une proposition negative.

Ces distinctions sont établies par les Docteurs sur la Loy *Actor* cy-dessus citée ; il suffit de les avoir marquées en passant com-

Frustra probatur quod probatum non relevat. Cette Maxime est fondée sur la Loy 11. C. de Probat.

Actor quod asseverat probare se non posse profitendo, reum necessitate monstrandi côtrarium non adstringit cum per rerû naturam factum neganti probatio nulla sit.

Petrus de Ferrariis in praxi Gloss. 8. T. 12.

me des exceptions de la Maxime generale, qu'une negative ne se peut prouver.

Peretius C. T. 19 de prob. Et Godefroy sur la Loy Actor. & Zazius de actton.

A l'égard de la conformité & de la difference qu'il y a entre les dispositions de l'Ordonnance de Moulins & de l'Ordonnance de 1667. touchant la preuve par témoins.

15 Il faut observer 1. Qu'elles ont esté toutes deux conceuës par le même motif; c'est-à-dire pour éviter la multiplicité des faits dont on pourroit demander à faire la preuve, & la facilité des témoins à se laisser corrompre; car quoy que ce motif ne soit pas repeté dans l'Ordonnance de 1667. il est pourtant évident qu'elle n'a renouvellé les deffences portées par l'article 54. de l'Ordonnance de Moulins que dans la même veuë, parce qu'il est certain que si la preuve par témoins estoit receuë indifferemment, la chicanne ne manqueroit pas de s'en servir encore pour surprendre la religion des Juges, comme elle faisoit avant l'Ordonnance de Moulins.

16 2. Ces deux Ordonnances conviennent aussi dans les termes de leur disposition, en ce qu'il est ordonné par l'une & par l'autre article que de *toutes choses excedant la somme ou valeur de cent livres, il sera passé Acte pardevant Notaire*. Il est vray que l'Ordonnance de Moulins n'a point mis ces mots, *ou Actes sous signature privée*, comme celle de 1667. mais elle a ajoûté qu'elle *n'exclut point les preuves des conventions particulieres, & autres, qui seront faites par les Parties sous leur seing, sceaux & écritures privées;* par lesquels mots elle a entendu dire la même chose que celle de 1667.

Enfin l'une & l'autre Ordonnance se sont expliquées en termes également précis, quand elles ont deffendu la preuve par témoins; *outre le contenu au Contrat ou Actes, & sur ce qui seroit allegué avoir esté dit, avant, lors ou depuis*.

17 L'Ordonnance de 1667. a ajoûté seulement ces mots: *Encore qu'il s'agit d'une somme ou valeur moindre de cent livres;* ce qu'elle n'a fait que pour prévenir la fraude que l'on pouvoit faire à la disposition de l'Ordonnance de Moulins, en articulant, par exemple, contre une Obligation plusieurs payemens au dessous de cent livres, à l'effet de demander d'en faire la preuve par témoins, ce qui seroit contrevenir à l'esprit de l'Ordonnance de Moulins, & au principe de Droit qui y est conforme; sçavoir que la preuve par témoins n'est point receuë contre un Acte par écrit. Ainsi ce que dit le Grand sur la C. de Troyes art. 164.

n. 28. que la liberation eſtant favorable, le debiteur doit eſtre receu à verifier par témoins le payement de pluſieurs ſommes particulieres, ne doit pas avoir lieu, ſi ce n'eſt qu'il y euſt fraude viſible dans la dénegation que feroit le creancier des payemens, & cette queſtion touchant la Quittance, ſera traitée dans le dernier Chapitre de cet Ouvrage.

Quant aux differences que l'on peut remarquer entre ces deux Ordonnances.

18   La premiere eſt en ce que l'Ordonnance de 1667. ajoûte une exception à celle de Moulins, en declarant par l'article 2. du T. 20. qu'elle n'entend rien innover en ce qui s'obſerve en la Juſtice des Juge & Conſuls des Marchands. Surquoy on peut remarquer qu'avant de publier cet Ordonnance, les Juge & Conſuls furent mandez par Meſſieurs les Commiſſaires, pour ſçavoir d'eux quel eſtoit leur uſage au ſujet de l'Ordonnance de Moulins dans leur Juriſdiction. Le procés verbal de redaction de cette Ordonnance porte, qu'ils répondirent que cette Ordonnance n'y eſtoit point obſervée à la rigueur, mais que neanmoins ils ne permettoient pas indifferemment la preuve par témoins, ce qui ſe regloit par la qualité des perſonnes & des circonſtances du fait, ils en uſent encore à preſent de la même maniere depuis cette Ordonnance, & cet uſage eſt toleré à cauſe de la bonnefoy du Commerce, qui ne permet pas de rediger par écrit toutes les conventions qui ſe paſſent entre Marchands, leſquelles ſe conſomment en un moment par le conſentement verbal de ceux qui negotient enſemble, & par la tradition: neanmoins il y a des exceptions particulieres de cet uſage pour ce qui concerne les Lettres & Billets de Change, qui doivent eſtre redigez par écrit & autres cas, dont il ne s'agit pas à preſent, & dont il ſera parlé au Chapitre qui traitte des Livres des Marchands.

19   La ſeconde difference entre ces deux Ordonnances, eſt en ce que la derniere par l'article 3. comprend dans ſa prohibition le dépoſt volontaire, dont la premiere n'avoit point parlé. La raiſon de l'Ordonnance eſt que ce dépoſt ſe fait en pleine liberté, & qu'ainſi celuy qui le fait, ſans le rediger par écrit, eſt preſumé avoir voulu ſuivre aveuglement la foy du depoſitaire, qui eſt d'ordinaire ſon intime ami.

Lors qu'on publia cette Ordonnance on oppoſa à cette diſpoſition le ſentiment de M. Cujas en ſes *Paratitles*, T. *Depoſit.*

lequel a crû qu'on en devoit excepter le dépoſt, parce qu'en obligeant ainſi celuy qui le fait de prendre une reconnoiſſance du dépoſitaire, c'eſt l'obliger de bleſſer la foy qu'il doit à ſon amy, & violer le ſecret du dépoſt.

Cependant il eſt certain que c'eſt avec beaucoup de raiſon que l'Ordonnance de 1667. a compris nommément le dépoſt dans ſa prohibition, parce que ſi cette preuve eſtoit permiſe, ce ſeroit expoſer au pillage les biens des particuliers, par la facilité que l'on trouveroit à trouver des témoins corrompus, qui dépoſeroient fauſſement avoir veu faire le dépoſt ; & le motif de l'Ordonnance n'a eſté en cela que de prévenir les inconveniens de cette bonne foy, dont il n'arrive encore que trop d'exemples.

La troiſiéme difference ſe peut tirer des articles 3. & 4. de la nouvelle Ordonnance, qui font la diſtinction du dépoſt neceſſaire d'avec le dépoſt volontaire ; celle de Moulins n'exceptoit ny l'un, ny l'autre, & cette obmiſſion n'eſtoit pas juſte, puiſque celuy qui fait un dépoſt neceſſaire dans le peril éminent d'une ruïne, d'un incendie ou d'un naufrage, ſe trouvoit ainſi tacitement obligé par cette Ordonnance de prendre une reconnoiſſance par écrit de celuy auquel il eſtoit forcé de le confier, ſinon elle luy refuſoit tacitement la preuve par témoins, en ne l'exceptant pas de la prohibition generale. Cependant il eſt certain que dans de ſemblables conjonctures, perſonne ne choiſit le dépoſitaire ; celuy que la neceſſité preſſe, ne fait en quelque ſorte ny ce qu'il veut, ny ce qu'il peut, la crainte trouble ſa raiſon, & comme il n'a pas le loiſir de déliberer, il eſt contraint de confier ce qu'il a de plus précieux au premier qui s'offre à luy pour le garder, ſans diſtinguer s'il eſt amy ou ennemy, & ſans qu'il ait le temps de prendre de luy aucune ſeureté. Auſſi l'Ordonnance de Moulins n'a pas même eſté obſervée en ce cas, & la preuve par témoins n'eſtoit point refuſée à ceux qu'un accident imprévû avoit obligé de ſe fier malgré eux au premier venu ; ainſi que remarque Boiceau dans le Chapitre qui parle du dépoſt.

L'article 4. de l'Ordonnance de 1667. met au nombre des dépoſts neceſſaires, celuy fait dans une Hoſtellerie par un Voyageur, parce qu'il le fait par une eſpece de neceſſité & ſans choix de la perſonne du dépoſitaire.

L'Ordonnance de 1667. excepte auſſi en general tous les cas

en Matiere Civile.

d'accidens imprèveus, aufquels on ne pourroit avoir fait des Actes, ce que celle de Moulins n'avoit point expliqué.

21. L'Ordonnance de 1667. ajoûte encore que lors qu'il y aura un commencement de preuve par écrit, la preuve par témoins fera receuë, celle de Moulins n'avoit pas fait cette reſtriction importante en termes ſi précis : mais elle n'excluoit pas auſſi, comme il a eſté dit, la preuve des conventions ſous ſignature privée.

22. Enfin l'article 5. de l'Ordonnance de 1667. a décidé une queſtion que celle de Moulins avoit laiſſé indeciſe, & dont Boiceau a formé la difficulté dans le Chapitre dernier de la premiere partie, pour ſçavoir ſi la preuve par témoins eſt admiſſible quand une perſonne par un ſeul exploit, fait demande de pluſieurs ſommes, dont aucune n'excede celle de cent livres, ce qui ſera examiné dans le Chapitre cy-deſſus marqué.

23. Au reſte, l'Ordonnance de 1667. doit eſtre obſervée préferablement à celle de Moulins dans les choſes qu'elle y a ajoûté, ou dans leſquelles elle n'y eſt pas conforme, parce qu'elle eſt poſterieure, & qu'elle eſt verifiée dans tous les Parlemens du Royaume.

PREFACE

DE MAISTRE JEAN BOICEAU, dans laquelle il explique la cauſe qui a donné lieu à l'article 54. de l'Ordonnance de Moulins, & la diviſion de ſon Ouvrage.

SOMMAIRE.

1. *L'Ordonnance de Moulins parut d'abord odieuſe.*
2. *Excellence de la preuve par témoins.*
3. *Ancienne forme des Actes.*
4. *A Rome les Parties & les Avocats interrogeoient les témoins.*

5. *Noſtre uſage en matiere criminelle.*
6. *Difference entre les perſonnes des témoins.*
7. *L'Ordonnance de Moulins receuë favorablement dans la ſuite.*
8. *Motif de cette Ordonnance.*
9. *Foy des témoins devenuë ſuſpecte.*
10. *Diviſion de ce Commentaire en deux Parties.*

Pour obvier à la mult. &c.

CUM primùm nata & promulgata fuit hæc Caroli IX. Regia Sanctio, pleriſque viſa eſt, & dura, & odioſa, & Juri contraria.

Dura, quòd hominum mercimonia, alioqui inter plebeios libera, *a* ad certam limitatamque contrahendi formam reſtringere videretur : ſcilicet, ut non niſi circumducto ubique locorum Tabellione, de re quacumque centum libras excedente, paciſci liceat. Quod certè adeò difficile videtur, ut impoſſibilitati comparari debeat, *b* cujus nulla eſt obligatio. *c* Cui rei convenit quod Plato dicebat *d* Legiſlatorem non tantùm potentia & ſapientia uti debere, ſed & temperantia : duritia enim & ſeveritas optimis legibus adverſari ſemper viſæ ſunt, humanitatique Principum contrariæ : *e* unde Draconis leges ob duritiem antiquatæ fuerunt, inquit Plutarchus. *f*

a L. Nobiliores. C. de Commerc. & Mercat.
b L. Cum hæres. §. primo. ff. de ſtat. liber. l. Cum ſane. ff. de his qui dejec. vel effud.
c L. Impoſſibilium. De reg. jur.
d Lib. 4. de Legibus.
e Notatur in l. Leges ſacratiſſimæ. C. de leg. l. nulla. ff. eodem.
f In vita Solonis.

CETTE Ordonnance de Charles IX. ne fut pas plûtoſt publiée, qu'elle parut à pluſieurs dure, odieuſe, & contraire au Droit Civil.

Dure en ce qu'elle ſembloit rejetter les marchez qui ſe paſſent entre les perſonnes du menu peuple, s'ils n'eſtoient paſſez par écrit; quoy que ces ſortes de marchez ſe ſoient toûjours faits librement, (& ſans aucune ſolemnité) de telle ſorte qu'elle oblige ceux qui font quelque convention, de mener (pour ainſi dire) par tout un Notaire avec eux, en leur deffendant d'en faire aucune qui excede cent livres, ſi ce n'eſt en ſa preſence, ce qui certes paroiſt ſi difficile, qu'il doit eſtre regardé comme une choſe impoſſible, laquelle perſonne ne peut eſtre obligée d'executer. A quoy ſe peut rapporter ce que diſoit Platon, que le Legiſlateur en établiſſant des Loix, ne devoit pas ſeulement uſer d'autorité & de ſageſſe, mais encore de moderation & de prudence; car les bonnes Loix ne doivent point eſtre dures ny ſeveres, & la ſeverité eſt oppoſée à l'humanité qui doit faire le caractere du Legiſlateur; C'eſt par cette raiſon que les Loix de Dracò ne furent pas longtemps obſervées, dit Plutarque, parce qu'elles eſtoient trop rigoureuſes.

Odieuse, en ce qu'elle restraint de telle sorte les preuves (que tous les Legislateurs ont essayé d'étendre autant qu'ils ont pû) qu'en deffendant la preuve par témoins, elle leur a ce semble deffendu de se fier les uns aux autres, comme s'il n'y avoit plus de bonne-foy parmy eux.

Contraire à la disposition du Droit Civil, parce qu'il est vulgaire en Droit que dans toutes les contestations qui surviennent entre les hommes, & particulierement dans les Procés qu'ils ont ensemble, les témoins font autant de foy que les Actes par écrit.

2 Nous voyons même que suivant le droit observé chez toutes les Nations, la déposition de deux ou trois témoins fait foy en Justice. Ce que nous voyons avoir toûjours esté autorisé, non seulement par le Droit Civil & par le Droit Canon, mais encore par la Loy divine, qui admet la preuve par témoins en toutes sortes d'occasions, même en ce qui concerne la conduite que Jesus-Christ ordonne à l'Eglise de tenir dans la correction fraternelle, & c'est par cette raison que tous nos Jurisconsultes, tant anciens que modernes, ont soûtenu par l'autorité d'une infinité de Loix, & de Canons des Papes, que la preuve par témoins estoit un moyen tres-sûr pour conserver à chacun le droit qui luy appartient. Bien plus, il semble qu'anciennement on faisoit plus d'état de la foy des témoins, que de celle des Titres & des Actes par écrit. Particulie-

Odiosa, cùm probationes, quas semper ampliandas censuit Legislator, *a* ita coarctare videatur, ut nulla amplius fides inter homines relinquatur.

Juri contraria, cùm omni jure vulgatum sit, in omnibus controversiis, & maximè in exercendis litibus, parem esse Testium & Instrumentorum fidem. *b* Imò omni Jure firmum videmus, in ore duorum vel trium stare omne verbum. *c* Quod indifferenter, & in omni negotio, semper traditum & sequutum esse conspicimus, non tantùm Civili lege, & Canonica, *d* sed etiam divina, passim commune videtur, omnem probationem à testibus pendere, etiam in disciplina Ecclesiastica, quam ad fraternam emendationem Servator noster adhiberi voluerit. *e* Et hac ratione Jurisconsulti nostri, tam antiqui quàm moderni, infinitis penè legibus, Principum constitutionibus, & Pontificum canonibus, *f* testium probationes tractarunt & introduxerunt, tanquam firmissima jurium conservandorum fundamenta. Imò videntur Majores nostri, sanctioremque certioremque existimasse testium fidem, quàm instrumentorum: maximè, quando certabatur inter Instrumenta & Testes, quæ esset fortior probatio: nempe Testes Instrumentis præferebant, ut velle videtur Justinianus in Novellis, *g* his verbis: *Nos quidem existimavimus ea qua dicuntur viva voce, & cum jurejurando, hac digniora fide,*

a L. ult. C. de hæret. & Manich. l. Generaliter, C. de reb. cred. l. Servi. ff. de Testib.

b L. In exercendis, C. de fid. instr. l. Proprietatis. C. de prob. c L. Ubi numerus. ff de test. Cap. cum esses. extr. de testament.

d Cap. Notavit. extr. de judic.

e Matth. 18.

f Tit. de Test. ff. & C. & extr.

g In Auth. de instr. cau. & fid. § si vero. coll. 8.

quàm scripturam ipsam secundùm se subsistere. Hac potissimùm ratione ducti, quòd instrumentorum testatio sit muta, & quæ interrogata, non respondeat. Testium verò probatio semper loquatur, ratiocinetur, & sæpius interrogata, respondeat, inquit Cynus. *a* Hinc antiquum de instrumentis adagium ab Erasmo relatum, *Surda testimonia*. *b* Præterea huic Legi objici poterat, longè faciliorem esse Judicibus Testium quàm Instrumentorum distinctionem & cognitionem: quòd Instrumenta omnia eadem penè forma consistant: ut pote signo cujusdam Notarii, penitùs forsan ignoti, nec sciri potest, an redemptus fuerit necne: vel cujusdam sigilli appensione, quæ olim sola erat Instrumentorum cautio, absque Tabellionum subscriptione: ut notari potest ex Innocentio, cùm de sigilli authentici forma imperfectà loquitur. *c* Et infinita penè vidi antiqua instrumenta, quæ nullo Tabellionis signo, sed sola cujusdam antiqui sigilli appensione munita erant. Quis ergo non dicet incertam omnino esse talium instrumentorum fidem, & falsitati longè magis obnoxiam, cùm surda sit & muta, quàm ipsorum testium, vivâ voce testantium, ac de rebus testatis rationem reddentium, Judicibus iterum atque iterum interrogantibus, ne nuda maneat testium depositio ? *d* Imò antiquitus tam libera erat testium interrogatio, ut nedum Judices, sed etiam partes, & eorum patroni, testes coram Judice interrogare poterant: ut eje-

a In l. in exercendis. C. de fide instr.
b Chiliad. 3. Centur. 105. Adag. 76.

c Incipit. Inter dilectos ext. de fide instr.

d l. Solam. C. de testibus.

rement quand il s'agissoit de sçavoir laquelle de ces deux preuves devoit prévaloir, comme Justinien semble l'avoir décidé dans sa Novelle: *Nous avons estimé que ce qui se dit de vive voix, & avec serment, merite qu'on y ajoûte plus de foy, qu'à ce qui est redigé par écrit.* Et ils se fondoient sur cette raison que le témoignage des Actes par écrit, est muet, & ne peut satisfaire aux demandes qu'on peut faire, au lieu que le témoin parle, rend raison de ce qu'il dit, & à force de l'interroger, répond enfin à tout ce qu'on luy demande, comme dit Cynus. De là est venu cet ancien Proverbe rapporté par Erasme, touchant les Actes par écrit, *témoignages sourds*.

De plus, on pouvoit objecter contre cette Ordonnance, qu'il est plus aisé aux Juges de connoistre la qualité des témoins, & quelle foy on y doit ajoûter, que de juger qu'elle foy il faut ajoûter à un Acte par écrit. Parce que tous les Actes autentiques sont presque tous redigez en la même forme, c'est-à-dire signez d'un seul Notaire, qui peut leur estre entierement inconnû, & qu'il ne peuvent sçavoir s'il a esté suborné ou non, où ils sont scellez de quelque sceau qui y est attaché, lequel anciennement estoit la seule preuve d'un Acte autentique, sans qu'il fût souscrit d'aucun Notaire, comme rapporte le Pape Innocent, quand il parle de la forme imparfaite du
Seel

Scel autentique; & j'ay veu une infinité de tels Actes & Titres qui n'estoient point signez d'aucun Notaire, mais qui estoient seulement scellez de quelque vieil Sceau. Qui pourra donc s'empescher de dire, que la foy de tels Actes est entierement suspecte, & plus sujette à estre falsifiée parce que c'est une preuve sourde & muette que celle qui resulte de la déposition des témoins, lesquels donnent leur témoignage de vive voix, & rendent raison de ce qu'ils disent sur les differens interrogatoires des Juges; en telle sorte que leur déposition n'est pas une preuve nuë & simple (mais fait une conviction entiere de la verité.) Et même anciennement ces interrogatoires des témoins estoient tellement en usage, que non seulement les Juges, mais même les Parties & leurs Avocats pouvoient les interroger en presence du Juge, comme a fort bien remarqué Budée, contre l'opinion de Bartole, ainsi qu'il le prouve par plusieurs exemples des Anciens, & principalement par le témoignage de Quintilien & de Ciceron: *Est-ce là un si grand sujet de loüange pour un Avocat* (dit-il) *il a interrogé le témoin à propos, il l'a engagé avec tant d'adresse à luy répondre, qu'il s'est entrecoupé dans ses réponses, il luy a fait dire la verité malgré luy, il l'a convaincu, il l'a rendu muet.* Ce qui marque que l'ancien usage estoit de permettre aux Avo-

ganter annotat Budæus noster contra Bartol. a Illudque probat multis antiquorum exemplis, & maximè ex Quintiliano b & Cicerone: c *Ubi enim est illa laus Patroni* (inquit Cicero) *Bene testem interrogavit, callidè accessit, reprehendit, quò voluit adduxit, convicit, & elinguem reddidit.* Ex quibus elicitur priscum morem fuisse, in testibus exactè interrogandis, ut etiam partis adversæ Advocatis id licitum foret. Quod itidem observatum à Justiniano Imperatore putat idem Budæus. d Hoc tamen usus Gallicus nunquam recepit in civilibus: in capitalibus autem, sæpè visum fuit accusatum, cum ei testis, præsentatur, post testem objectionibus elevatum & refutatum, supplicare Judicem, perlecto testimonio, ut liceat ei testem interrogare, qua die, qua hora, cum qua veste, quo loco, quibus præsentibus id, quo de agitur, actum sit, ac de aliis circumstantiis. Vel petit à Judice, eo præsente, per eum interrogata fieri, ut videatur titubet testis necne. Imò aliquando postulat reus, alios homines secum testi monstrandos, ut deprehendatur, an testis reum dijudicabit, vel falsò unum pro alio accusabit. Quæ omnia pro judicantium arbitrio fieri aut denegari possunt, secundum subjectam criminis causam. Hæc ergo dicta sint, ut probemus Judices pro sua industria, testes à testibus longè differre, facillimè dijudicare posse, secundum dignitates, facultates, paupertates, & vilitates eorum: nam digniorem esse testationem putabit nobilis,

a *In l. si stipulaverit. ff. ad leg. Jul. de adul.*
b *Lib. 5. Inst. orator.*
c *In orati. pro Flacco.*

d *Ex L. Si quando. C. de Testib.*

sapientis, divitis, seu potentis, & eorum hominum, quos inter Classicos adnumerat idem Budæus, *a* qui integrioris famæ, dignitatis & honoris in civitate vel regione habentur, quàm eorum qui de communi plebe fuerint, quos Proletarios vocat Gellius, *b* & iterum plebeios à vilioribus & vilissimis personis distinguet, quos Capite-censos, & Diobolares nominat ibidem Budæus, quosque ob paupertatem, fames magis quàm fama commovere creditur. Ergo prudens Judex, pro animi sui sententia, testes Classicos, idest, omni exceptione majores, à Proletariis sapienter dijudicabit : & iterum Proletarios, id est, vulgares, & exceptionibus sæpe subditos, à Capite censis & Diobolaribus : quos viliores & redemptos, & semper ferè suspectos dicimus, ut infames, vel publicè diffamatos : & ex his omnibus testimonia ponderare. *Tu magis scire potes* (scribebat divus Adrianus Varo legato Ciliciæ *c*) *quanta fides habenda sit testibus, qui, & cujus dignitatis & existimationis sint, & qui simpliciter visi sunt dicere, utrum unum, eundemque præmeditatum, sermonem attulerint: an ad ea quæ interrogaveris, ex tempore, verisimilia responderint.* Sanctior ergo videbatur testium probatio, cùm certior, Judicis prudentia, fieri possit, quàm instrumentorum, quæ absentium probatio videtur : ideoque præsentium testium fidei anteponi non debeat, cùm absentium fides longè distet à præsentibus, ut refert Callistratus : *d* & vulgari proverbio jacte-

a Adl. ult. de pig. act.

b Lib. 16. cap. 10. Noct. Atticar.

c L. Testiũ. §. primo ff. de t. stibus.

d In dist. l. Testium.

cats des Parties d'interroger les témoins, ce que le même Budée estime avoir esté aussi observé par Justinien. Toutefois cet usage n'a jamais esté reçû en France, en matiere Civile, mais en matiere Criminelle, on a veû souvent qu'aprés que l'accusé avoit fourny de reproches contre le témoin qui luy estoit confronté, sa déposition luy ayant esté leuë, il demandoit permission au Juge d'interroger le témoin, à quel jour, à quelle heure, avec quel habit, en presence de quelles personnes le delit dont il estoit question avoit esté commis, & autres circonstances. Ou il requeroit le Juge d'interroger le témoin sur toutes ces choses en sa presence, afin qu'il pust connoistre si le témoin estoit ferme, & ne varioit point dans sa déposition ; Quelquefois même l'accusé demandoit lors de la confrontation, que l'on fist venir d'autres personnes à sa place devant le témoin, pour sçavoir s'il le connoissoit veritablement, ou s'il n'en accusoit point un autre pour luy, ce que le Juge pouvoit luy accorder ou luy refuser, ainsi qu'il le jugeoit à propos, suivant la qualité du crime dont il s'agissoit.

Ce qui vient d'estre dit, suffit donc pour faire voir qu'il est fort aisé aux Juges par leur prudence, de juger quelle distinction ils doivent mettre entre les dépositions de plusieurs témoins, soit par la consideration qu'ils sont élevez en dignité, ou qu'ils sont riches, ou qu'au contraire ce sont personnes pauvres & viles ; car il doit ajoûter plus de foy à la déposition d'un homme noble, sage, riche & puissant ; & de ceux que Budée met au nombre des témoins appellez *Classiques* en Droit Romain, ou du premier Rang, qui sont d'une probité reconnuë, ou qui sont élevez en dignité, qu'à ceux qui sont du menu peuple, qu'Aulugelle appelle *Proletarios*, c'est-à-dire qui sont vils & reprochables. Il fera plus de cas même du témoignage d'un homme du commun du peuple que de celuy des personnes les plus viles, que le même Budée appelle *Capitecensos* & *Diobolares*, (c'est-à-dire qui sont si pauvres qu'ils n'ont pas dequoy contribuer aux Charges publiques) & qui à cause de leur extrême pauvreté, songent plûtost à gagner dequoy rassasier leur faim, (en vendant leur témoignage pour de l'argent) qu'à ménager leur reputation. Donc le Juge prudent, selon qu'il se sentira poussé de le faire, fera distinction entre les témoins *Classiques*, c'est-à-dire irreprochables, & ceux appellez *Proletarios*, où vils & reprochables, & il distinguera encore ceux-là de ceux qu'on appelle *Capite Censos* & *Diobolares*, c'est-à-dire qui n'ont pas dequoy contribuer la moindre somme aux Charges publiques, qui sont les plus vils de tous, & qui s'achetent à prix d'argent, lesquels sont toûjours reputez suspects, comme le sont ceux qui sont infames, ou diffamez publiquement, & il pesera suivant cela leur témoignage : *Vous pouvez mieux sçavoir que moy*, dit l'Empereur Adrien, dans une Lettre qu'il écrit à Varus, Lieutenant en Cilicie, *qu'elle foy vous devez ajoûter aux témoins dont il s'agit, quels ils sont, de quel rang, de quelle reputation, & ceux qui semblent parler le plus ingenuement, ou ceux qui paroissent avoir prémédité leur déposition, & s'ils ont répondu sur le champ des choses qui soient vray-semblables sur les interrogations que vous leur avez faites*. D'où on peut conclure que la preuve par témoins a paru la plus seure, parce que le Juge peut éclaircir sa Religion (par l'interrogatoire

tur, Chartam vel hœdinam pellem omnia perpeti. Ideoque falsandorum testium occasionem prudentes Judices cavere semper poterunt, testium facilitatem corrigendo, vel ad concordiam reducendo, secundum negotii qualitatem, ut falsitatibus locus non sit, ut passim in jure traditur : *a* vel si ambiguè testentur, eos iterum atque iterum Judices repetere poterunt. *b* Atqui hæc omnia de instrumentis mutis, surdis, & mortuis, facere non poterunt : adeo ut magis quidem instrumentorum antiquitati alligati videantur Judices, quàm ratiocinantium testium genuinæ veritati.

a In L. Testium facilitatem, & ibi not. C. de test.
b Cap. cum clamor extr. eod.

des témoins) au lieu que la preuve par écrit, est une preuve qui resulte du témoignage des personnes absentes, & que celle qui se fait par la déposition de ceux qui sont presens doit prévaloir, parce que, comme dit le Jurisconsulte Callistrate, il faut plûtost ajoûter foy aux presens qu'aux absens, suivant le Proverbe vulgaire : *Le papier & le parchemin souffrent tout.* C'est pourquoy les Juges prudens pourront éviter d'estre surpris par la subornation des témoins, en les reprenant de cette facilité qu'ils ont de déposer, ou en conciliant leurs dépositions suivant la qualité de l'affaire dont il s'agit ; ensorte qu'il n'y aura rien à craindre de leur témoignage, comme il est marqué en Droit, & s'ils parlent ambiguëment, ils pourront les repeter & les interroger plusieurs fois ; or ils ne peuvent faire toutes ces choses, quand il s'agit d'instrumens ou Actes par écrit, qui sont des témoins sourds & muets, & comme morts ; ensorte qu'en les obligeant de suivre la foy d'un Acte, c'est les contraindre de déferer plûtost à l'antiquité de cet Acte, qu'à la verité qui resulte naturellement de la déposition raisonnée des témoins.

Supradictis tamen non obstantibus, quæ pro dubitandi ratione ad Legem istam afferri poterant, nulla toto hoc sæculo Constitutio, aut Lex Regia sanctior ac probatior visa fuit amplissimo nostræ Galliæ Senatui : nam infinitis fermè judiciis jamjam confirmata fuit. Quæ fuerit autem ejus Legis condendæ ratio, & occasio, demonstrat Princeps in principio suæ Constitutionis, in his verbis, *Pour obvier*. Quod in omnibus veris Legibus condendis semper observatum fuit, ut summa ratione, quæ semper a *L. Cum* Legis anima dicitur, e vel summa necessitate, prout rerum eventus & occasio ferebat, Lex induceretur. Ratio ergo hujus Legis est, ut obviam iretur pluribus & diversis factorum positionibus : quæ non nisi testibus probari poterant, è quibus infinitæ litium implicationes ac multiplicatio-

a *L. Cum ratio. ff. de bon. damn.*

b *L. Ergo. ff. de Leg.*

Neanmoins nonobstant tout ce 7 qui vient d'estre dit cy-dessus, qui ne sont que des raisons de douter que l'on pouvoit alleguer contre cette Ordonnance, il ne s'en est point fait dans ce siecle qui ait esté plus favorablement receuë que celle-là par le Parlement de Paris, qui l'a déja confirmée par une infinité d'Arrests. Et nostre Prince marque assez au commencement de cette Ordonnance, à quelle occasion & par qu'elle raison il l'a faite, en ces mots : *Pour obvier, &c.* 8 Ce qui a toûjours esté observé quand on a fait les meilleures Loix, en marquant la raison (qui est l'ame de la Loy) & la necessité indispensable qu'il y a eu de la faire. Le Motif donc pour lequel cette Ordonnance a esté faite, est afin d'obvier à la multiplicité des faits que l'on avoit coûtume d'articuler en Justice, qui ne pouvoient estre prouvez que par témoins; d'où il s'ensuivoit une involution de Procés que les Plaideurs essayoient de faire naistre, plûtost pour embarasser l'affaire que dans le dessein de se servir de cette preuve pour conserver leurs droits, ce qu'ils pratiquoient souvent en subornant les témoins. Et ce sont les raisons pour lesquelles cette preuve par témoins a esté abolie; par consequent cette Loy ne doit paroistre ny dure, ny odieuse, ny contraire au Droit Civil; & si la preuve par témoins, dont la foy estoit simple & inviolable autrefois, est devenuë suspecte & dangereuse dans la suite des temps, il ne faut pas faire un reproche à l'antiquité de ce qu'elle s'en est servie, ny imputer au Prince ce changement, parce qu'il n'a agi en cela que par un mouvement d'équité, mais il faut en accuser plûtost les mœurs corrompuës de nostre siecle, suivant la pensée d'Horace: *Y a-t'il quelque chose qui ne devienne pire avec le temps, le siecle de nos Ancestres n'estoit pas si corrompu que celuy de nos Peres, & nous qui sommes encore plus méchans qu'eux, laisserons des enfans encore plus vitieux que nous.* C'est pourquoy on pourroit en cet endroit s'écrier avec Ciceron: O temps, ô mœurs, tant il est vray que la bonne foy & cette innocence des premiers siecles est rare à present, & que l'homme est devenu si diffe-

nes quotidie nascebantur: quæ non tam juris verè conservandi animo, quàm vitilitigatorum technis & artibus exquirebantur, quod ut plurimùm cum falsorum testium subornatione factitatum est. His, inquam, rationibus abrogata est testium probatio. Igitur nec dura, nec odiosa, nec juri contraria videri debet hæc Lex, si, quod olim sanctum & innocuum erat, ut pote vocale testimonium, nunc periculosum & reprobum videatur. Quod non antiquæ sanctitati imputandum, nec Principis æquitati, sed magis corruptissimis hujus seculi moribus tribuendum est. *Damnosa enim*, inquit Horatius, g *quid non imminuit dies: ætas parentum pejor avis, tulit nos nequiores, mox daturos progeniem vitiosiorem.* Quo fit, ut liceret hoc loci, solita à Tullio h exclamatione uti, O tempora! ô mores! adeò exolevit priscorum hominum fides & pietas, suique ipsius ita nunc factus est homo dissimilis, ut quem Deus, ipsissima veritas, ad sui imaginem fecerat, erecto semper vultu ad supernam veritatem, qua etiam ratione à Græcis ἄνθρωπος, hoc est, sursum vergens, vel erectus, dicitur (quod non minus piè quàm eleganter disserit Lactantius i) nunc ita à veritate sit alienus, ut ejus testimonium, olim sanctissimum, nunc corruptissimum in omnibus quasi negotiis experiatur. Quæ Principem eò adduxerunt, ut abrogare testium probationes certis casibus hac Lege expressis cogeretur. Quod idem ferè suo tempore evenisse testatus videtur ipse Justinianus, cùm de

a *Lib. 3. Carm.*

b *In orat. 1. in Catilin.*

c *Libr. 2. cap. 1. Divin Instit.*

testium facilitate loquitur. *a* Non debet ergo reprehensibile judicari, ut dicebant Innocentius *b* & Honorius, *c* si secundum varietatem temporum, varientur statuta rerum humanarum : & si ob frequentiam sceleratorum testium, vel calumniatorum litigantium, arctentur & restringantur probationum facultates : quemadmodum & pœnæ ob frequentiam delictorum exacerbari solet, inquit Claudius Saturninus. *d* Ex ratione ergo supradicta, qua motus fuit Princeps ad Legem condendam, planè dijudicari poterunt omnes ferè quæstiones, & omnia dubia, quæ huic Legi quotidiè occurrunt : quæ secundùm Legem judicabuntur, si Legis rationi conveniant : vel à Lege excipientur, si à Legis intentione vel ratione dissideant. *e* Quod ut magis per species cognoscatur, venio ad Legis dispositionem : quæ incipit ab illis verbis, *Avons ordonné que doresnavant.* Quæ dispositio ut seriatim & faciliùs discutiatur, in duas partes scindetur. Prima, ab iis verbis, *Avons ordonné.* Et in hac prima parte, in qua tractatur de publicorum instrumentorum fide, & testium abrogata probatione, consistit intentio præcipua totius Legis : à qua infinitæ quotidiè nascuntur quæstiones. Secunda, ab illis verbis, *En quoy n'entendons.* In qua parte, de privatorum instrumentorum scriptura tantùm agi videtur, à quibus etiam nonnullæ oriuntur quæstiones, quæ explicationem mereri possunt : de quibus infra suo ordine dicetur.

a In auth. de Test. col. 7.
b Cap. Non debet. ext de consang. & aff.
c Cap. ult. de Transf. ext.

d L. Aut facta, in si- ne. ff. de pœn.

e L. Metum §. animadvertendum. ff. Quod met. c.

Generalis Opusculi divisio.

rent de ce qu'il estoit en ce temps-là, que luy qui avoit esté créé à l'Image de Dieu, qui est la Verité même, & auquel il a donné une teste droite & élevée pour contempler la Verité, & qui par cette raison, est nommé par les Grecs ἄνθρωπος, c'est-à-dire tourné vers le Ciel, suivant ce que dit Lactance, est à present si éloigné de cette verité, que son témoignage qui estoit autrefois tres-religieux, se trouve entierement corrompu dans les moindres affaires dans lesquelles on est obligé de s'en rapporter à luy ; ce qui a obligé le Prince d'abroger la preuve par témoins en certains cas specifiez par cette Ordonnance ; & il semble que l'Empereur Justinien a marqué dans ses Constitutions, que la même chose estoit arrivée de son temps, quand il a parlé de la corruption & de la facilité des témoins de son siecle. Il ne faut donc pas trouver à redire, ainsi que disent les Papes Innocent & Honoré, si suivant la diversité des temps les Loix humaines changent, & si on a restraint les moyens de faire la preuve des faits, à cause la multitude des faux témoins, & de la calomnie devenuë si familiere aux Plaideurs. De même qu'on augmentoit autrefois les peines, dit le Jurisconsulte Claudius, à proportion que les crimes devenoient plus frequens. Ce sera donc par cette raison, qui a servi de motif au Prince pour faire cette Loy, que l'on pourra decider presque toutes

les Questions & les difficultez qui se presentent tous les jours sur l'interpretation qu'on luy donne, lesquelles il faut décider suivant la prohibition de l'Ordonnance, si elles conviennent avec cette raison, qui en est l'ame, où il faut les en excepter, si la raison de la Loy est differente, & ne peut leur estre appliquée. Et afin d'éclaircir cela par des exemples, je viens à l'explication de cette Loy, qui commence en ses termes : *Avons ordonné que doresnavant*, &c. Et pour l'examiner mot à mot, & plus commodement, ce Commentaire sera divisé en deux Parties. La premiere com-
10 mencera à ces mots : *Avons ordonné que doresnavant*, & dans cette Premiere Partie qui traite de la foy des instrumens & Actes publics, & de l'abrogation de la preuve par témoins, consiste la principale intention de la Loy, qui donne lieu chaque jour à une infinité de Questions. La seconde commence à ces mots : *En quoy n'entendons*, dans laquelle Partie de l'Ordonnance, il semble qu'il n'est parlé que des écritures privées, ce qui donne lieu aussi à quelques Questions qui meritent d'estre traitées, & dont il sera parlé en leur ordre.

ADDITIONS SUR LA PREFACE.

SOMMAIRES.

1. *Observations sur la faveur & les motifs de l'Ordonnance de Moulins.*
2. *Distinction des noms & des qualitez des témoins en Droit Romain.*
3. *De l'usage de la preuve par témoins & de la preuve par écrit chez les anciens.*
4. *Usage de la preuve par témoins chez les Juifs.*
5. *De la forme des Contrats parmy eux.*
6. *Usage de la preuve par témoins chez les Grecs, & notamment chez les Atheniens.*
7. *De la forme de leurs Contrats.*
8. *Usage des Romains à l'égard de la preuve par témoins.*
9. *Cas où l'écriture estoit requise en Droit.*
10. *La preuve par témoins n'y estoit pas receuë contre un Acte par écrit.*
11. *De la forme des Actes des Romains & de leurs Notaires.*
12. *Quatre Officiers differens qui expedioient les Actes.*
13. *Insinuations des Actes, pourquoy introduites.*

14. Ce que la Novelle 44. entend par ce mot Protocolle.
15. Des Actes privez, & leur difference d'avec les Actes publics.
16. De l'usage de la preuve par témoins en France.
17. De la preuve Vulgaire & Canonique.
18. La purgation vulgaire se faisoit en six manieres.
19. Du combat en champ clos.
20. Question si la representation devoit avoir lieu en ligne directe, decidée par le combat de deux Champions en champ clos.
21. A quelles conditions on estoit declaré vainqueur dans ce combat.
22. Ces combats souvent permis & souvent deffendus, Duels abolis par la Declaration de 1673.
23. Purgation canonique par le serment.
24. De l'usage de la preuve par écrit en France.
25. Ce qu'on appelloit Notitiæ authenticæ, & Notitiæ privatæ.
26. Ce qu'on appelloit, Charta paricla, ou paricula. Origine de l'usage de ces sortes d'Actes.
27. Notitiæ privatæ, à quelle occasion introduites.
28. Forme des Lettres Patentes de nos Rois.
29. Des Greffiers, des Tabellions, Notaires, Gardenotes, & Garde des Sceaux aux Contrats.
30. De la signature des Actes privez en France, & pourquoy on se servoit de Sceaux.
31. Disposition de l'art. 84. de l'Ordonnance d'Orleans, & de l'art. 175. de Blois, touchant la signature des Actes.
32. Art. 166. de celle de Blois sur la signature de témoins.
33. Quand l'Acte est en forme autentique, & signé, la declaration contraire du Notaire a témoins ne le peut détruire.
34. La preuve par témoins preferée en France à celle par écrit.
35. Le Parlement de Toulouze n'a pas étendu l'Ordonnance de Moulins aux Testamens, comme les autres Parlemens.
36. L'Ordonnance de 1667. a derogé à l'Ordonnance de Moulins.

Maistre Louis Vrevin, qui a fait des Observations sur l'art. 54. de l'Ordonnance de Moulins, agite la même Question que Boiceau dans sa Preface, touchant la faveur de cette Ordonnance, qui paroist odieuse, en ce qu'elle restraint les preuves qui devroient estre libres ; & il demeure d'accord (aussi bien que tous ceux qui ont écrit sur cet article) que le motif de cette Ordonnance estant d'éviter la facilité des témoins, elle est entierement favorable, il ajoûte un Passage tiré de l'Oraison de Ciceron pour Cælius, pour faire voir combien on faisoit peu d'état de son temps à Rome de la déposition des témoins,

De pretendus témoins ne decideront pas noſtre Cauſe, dit Ciceron, *je ne puis ſouffrir que l'on commette la verité toûjours immuable & toûjours uniforme, à la diſcretion & à la volonté des témoins ; toûjours changeante & toûjours incertaine. L'on ſçait combien il eſt aiſé de tourner l'eſprit des témoins pour leur faire dire tout ce qu'on veut, nous nous deffendrons par de bons moyens, par des raiſons invincibles ; nous nous juſtifierons par des preuves plus claires que le jour.*

Vrevin appuye ce Paſſage du ſentiment d'Oldrade, en ſes Conſ. 105. & de ce celuy de Felin c. 9. *de fide inſt.*

Au reſte aprés les Obſervations generales que l'on a fait d'abord ſur l'Ordonnance de Moulins & ſur celle de 1667. & tout ce que dit Boiceau dans cette Preface, du motif & de la faveur de cette premiere Ordonnance, il ſuffit d'ajoûter que celle de 1667. en renouvellant la diſpoſition de celle de Moulins, a marqué de quelle neceſſité eſtoit cette prohibition de la preuve par témoins, pour remedier aux abus que l'on en peut faire & l'experience fait connoître tous les jours combien l'obſervation de ces deux Ordonnances eſt utile au public.

2 Mais ce qui merite quelque recherche dans cette Preface, eſt la difference des noms & des qualitez des témoins, dont Boiceau fait mention, & que le droit Romain diſtingue en pluſieurs eſpeces.

La Loy des douze Tables diſtingue les témoins par rapport aux biens qu'ils poſſedent. Elle nomme ceux qui ſont riches, *aſſiduos* ; *Aſſiduo vindex aſſiduus eſto*. Et comme ils eſtoient reputez les plus honneſtes gens, & dont le témoignage eſtoit moins ſuſpect, *honeſtiores plerumque aſtimantur ex divitiis*, comme a remarqué M. Cujas *C. de Teſtib*. On les appelloit auſſi plus ſouvent en témoignage.

La même Loy des douze Tables, leur oppoſe *teſtes Proletarios*, c'eſt-à-dire ceux qui eſtoient pauvres, & qui contribuoient le moins aux Charges publiques. Et la Loy *nonnulli ff. de accuſ.* appelle pauvres ceux qui n'avoient pas vaillant cinquante écus de la monnoye de ce temps-là, & elle ne recevoit pas leur témoignage.

Il y en avoit encore d'autres plus pauvres, qui ne contribuoient rien, ou preſque rien, aux Charges publiques, que l'on appelloit *Capite cenſos* ; on les appelloit auſſi *Diobolares, Conductos, Redemptos*, parce qu'on préſumoit qu'ils vendoient leur témoignage pour avoir dequoy vivre.

D

La Loy des douze Tables appelloit aussi les témoins en general, *Superstites, superstitibus præsentibus vindiciæ sumuntor.* On les a appellé aussi, *Antistites, Antestati, & Antistititores,* ce qui est tiré du verbe *antestari. Qui denunciabant litem antestatos habebant, idest Testes, & aures eorum tertio vellebant dicentes, memento quod tu mihi in illa causa Testis eris.*

<small>*eoque prolis edendæ quod cum re familiari parvâ minus possent rem publicâ juvare, sobolis tamen gignendæ copia civitatis frequentarent Gellius L.16.c.10.*</small>

La principale division des témoins est en ceux que l'on appelle *idoneos, & intestabiles, idonei,* estoient en general ceux qui estoient receus en témoignage, mais ce mot s'appliquoit dans sa signification particuliere à ceux qui estoient riches, & quelquefois aussi à ceux qui avoient le plus de probité, quoy qu'ils ne fussent pas riches. Il y avoit même des témoins qu'on appelloit, *omni exceptione majores,* contre la personne desquels il n'estoit pas permis d'alleguer aucun reproche ; la Loy les appelle, *undique idoneos ;* c'est-à-dire, *vita dignitate, & moribus.*

<small>Optimam c. l 8.</small>

Intestabiles en general, estoient ceux ausquels il n'estoit pas permis de porter témoignage, ny de faire un Testament ; car ces deux choses se suivoient souvent : tels estoient les furieux, les infames. Ceux qui avoient esté condamnez pour avoir fait des libelles diffamatoires, &c.

<small>*Voluntarii. Coacti.*</small>

Il y avoit aussi des témoins volontaires, qui portoient leur témoignage librement, & d'autres qui estoient forcez de rendre témoignage, comme les esclaves ; quand il s'agissoit de découvrir la verité d'un meurtre, ou de quelqu'autre crime, commis dans la maison de leur Maistre ; & ceux qu'on nommoit *alligatos* en matiere Civile, *quos quisque ante judicium sibi placitis alligat, ne cui postea libitum sit, aut dissimulare, aut substrahere se.* Et suivant la Loy *si quando C. de Testit.* ils estoient obligez d'attendre quinze jours par Ordonnance de Juge, après lequel il leur estoit permis de se retirer, & on ne pouvoit plus les réassigner une seconde fois pour déposer en Matiere Civile.

<small>Festus & Budée les appellent *primæ authoritatis homines & idoneos veritatis sponsores.*</small>

Testes Classici, estoient ceux de la premiere consideration, que l'on choisissoit pour témoins dans le Testament ; on les appelloit aussi *rogati,* parce qu'ils devoient estre requis d'assister au Testament, à la difference de ceux qui signoient les Contrats qui s'appelloient *fortuiti,* parce que ceux qui se rencontroient fortuitement lors de la passation du Contrat, suffisoient pour cela.

<small>Plautus in *Pænulo,* tertiæ advoca-</small>

Les témoins sont encore appellez *advocati* dans l'Oraison de

Ciceron *pro Cæcinna, qui in rem præsentem deducebantur, ut de vi moribus facienda Testes essent.* *tis præsentibus, id est Testibus deprehendit pecuniam apud tenoat.*

Enfin on appelloit *Testes Reprobatorii*, les témoins qui estoient produits par l'accusateur ou par l'accusé, pour détruire le témoignage des témoins qui avoient esté entendus avant eux, & quand on produisoit d'autres témoins pour détruire aussi le témoignage de ceux-là, ces derniers s'appelloient *Reprobatorii, reprobatoriorum.*

3   Boiceau dans cette Preface, touche encore en passant quelque chose de l'origine & de l'histoire de la preuve par témoins, de son usage en matiere Civile, de l'avantage qu'elle a sur la preuve par écrit, & de la maniere de recevoir les dépositions des témoins à Rome; il dit aussi quelque chose de la foy des instrumens publics, des Sceaux qui tenoient lieu autrefois en France de signature dans les Actes privez, & de la fonction des Notaires : mais comme cette matiere est touchée legerement, & qu'on ne peut la bien connoistre sans remonter jusqu'aux premiers siecle, & sans approfondir quel a esté l'usage de la preuve par témoins, & de la preuve par écrit, chez les Hebreux, les Grecs, les Romains & en France depuis le commencement de la Monarchie jusqu'à present. Sans entrer ici dans une longue Dissertation, pour sçavoir precisément de qu'elle maniere tous ces peuples en ont usé, on se contentera d'en donner ici une idée generale, en ramassant en peu de mots; ce qui paroist de plus important sur ce sujet, & ce qui paroist le mieux prouvé dans les Auteurs qui en ont parlé.

4   Il faut observer d'abord qu'à l'égard des Juifs, Moyse leur premier Legislateur ne leur prescrivit la preuve par témoins, qu'à l'occasion des crimes qui meritoient condamnation de mort; & lorsqu'il ne se trouvoit point de témoins, on eût recours à une espece de divination, qu'on appelloit *exploratio*. Le Chap. 5. des Nombres, parle de l'épreuve que l'on faisoit *par les Eaux ameres,* dans les cas d'adultere, & Josephe l. 4. ch. 8. de l'Histoire des Juifs, en rapporte une autre espece dans le cas d'un homicide.

Dans les matieres Civiles, il est certain que chez les Juifs dans les premiers siecles, les Contrats se passoient devant des témoins, & publiquement à la porte des Villes, qui estoit le lieu ou se rendoit la Justice. Il y en a un exemple dans la personne d'Abraham, qui acquit une Piece de Terre dans le territoire de Chanaan, en presence de tous ceux qui entroient dans la Ville

D ij

d'Hebron, pour y faire son sepulcre & celuy de Sara sa femme.

Confirmatúque est ager, quondam Ephronis in quo erat spelunca duplex respiciens, Mambre, tam ipsa quam spelunca & omnes arbores ejus in cunctis terminis ejus per circuitum Abrahæ in possessionem, videntibus filiis Seth, & cunctis qui intrabant portam civitatis illius. Gen. c.23.v.18.

L'Histoire de Ruth marque encore la même chose. Il est neanmoins parlé d'Actes par écrit ; dans Tobie 1. 19. &c. & dans Jeremie ch. 32. 10. il est fait mention d'un Contrat de vente dont la forme a quelque rapport aux nostres, mais la Loy de Moyse n'avoit ordonné l'écriture que pour l'Acte du divorce, lequel, suivant saint Augustin, l. 19. ch. 26. contre Faustum, devoit estre écrit par un Scribe, ou Ecrivain public ; d'où on peut conclure que dans les matieres Civiles, aussi bien que dans les affaires Criminelles, les Juifs se servoient de la preuve par témoins, parce que les Actes estant rarement redigez par écrit, on ne pouvoit y avoir recours. On peut ajoûter que les Juifs plaidoient peu dans les premiers temps, parce qu'outre leur simplicité & leur bonne foy ; la Loy de Moyse, dont ils estoient religieux observateurs, regloit tous leurs differens ; d'ailleurs ils ne possedoient en proprieté aucuns immeubles, Dieu s'en estant reservé la proprieté, comme il est marqué au Levitique 25. 23. & il leur estoit deffendu même de vendre, & de transmettre la possession qu'ils avoient, à ceux qui n'estoient pas de leur Tribu ; & à l'égard des successions, la Genealogie de chaque Tribu estoit inscrite sur des Tables publiques. Enfin les emprunts estoient

Deuteron. ch.15.2.

fort difficiles, à cause de l'année du Jubilé, qui revoquoit toutes les alienations, & deffendoit d'exiger les dettes contractées auparavant, ainsi ils avoient peu d'occasions de plaider. Quoy qu'il en soit, l'Ecriture Sainte nous marque, Deutero. ch. 19. 10. & 21. que le faux témoin estoit puni de la peine du Talion : mais elle ne parle ce semble en cet endroit que dans le cas d'une accusation capitale.

Et emi agrum ab Hanameel filio patrui mei & appendi ei argentum, septem stateres & decem argenteos, & scripsi in libro & signavi, & adhibui testes & appendi argentum in statera, & ac-

Quant à la forme des Actes, lors qu'ils estoient redigez par écrit chez les Juifs ; elle est precisément marquée dans le Contrat de vente dont il est parlé au ch. 32. de Jeremie v. 10. cy-dessus cité. J'achetay de d'Hanameel, fils de mon oncle, dit ce Prophete, le Champ qui est situé à Anathoth, & je luy donnay l'argent au poids, sept sicles & dix pieces d'argent, j'en écrivis le Contrat, & le cachetay en presence des témoins, & luy pesay l'argent dans la balance, & je pris le Contrat de l'acquisition cacheté, avec ses clauses, selon les Ordonnances de la Loy, & les Sceaux qu'on avoit mis au dehors, & je donnay ce Contrat d'acquisition à Baruch fils de Neri, fils de Mansias, en presence d'Hanameel mon cousin germain, & des témoins dont les noms estoient écrits dans le Contrat d'acquisition.

Vatable sur ce Passage, dit qu'il fût fait deux Actes; un qui fut plié & cacheté, ou scellé, & l'autre qui demeura ouvert. Dans le premier qui tenoit lieu d'Original, outre le nom de la chose venduë & le prix, on insera les conditions de la vente & le temps du rachat ou remeré, & pour les tenir secretes & éviter toute sorte de fraude, on cacheta cet Acte d'un Sceau public, *annulo publico*. Et après qu'il fut cacheté, les Parties & les témoins le signerent au dos; à l'égard de l'autre double de l'Acte on le presenta ouvert aux témoins, qui le signerent aussi avec les contractans comme on avoit coutume de faire en pareille occasion.

Vatable ajoûte que quand il y avoit contestation en Justice pour raison d'un pareil Acte, les Juges n'avoient égard qu'à celuy qui estoit cacheté, & qu'au reste on ne se servoit point de Tabellions en ce temps-là, mais que les Contractans écrivoient eux-mêmes le Contrat & le signoient avec les témoins; il dit pourtant ensuite que quelquefois on se servoit d'Ecrivains ou Tabellions publics; & c'est ainsi qu'il explique ce Passage: *Lingua mea calamus scribæ velociter scribentis*. Mais ce nom *scriba* avoit plusieurs autres significations, ce qui seroit trop long d'éclaircir en cet endroit.

cepi librum possessionis signatum & stipulationes & rata, & signa scrinisecus & dedi librum possessionis Baruch filio Neri, filio Manssa in oculis Hanameel patruelis mei, & in oculis testium qui scripti erant in libro emptionis in oculis omnium Judæorum qui sedebant in atrio carceris. v 9. 10. 11. 12.

Munsterus, Clarius, Grotius, sont du sentiment de Vatable, To. criticorum sacr. Script.

6   Les Grecs qui ont emprunté leurs principales Loix de celles des Hebreux, ont aussi receû la preuve par témoins en matiere Criminelle & en matiere Civile.

Joachim Estienne en son Traité *de Jurisdict. l. 2. ch. 5. de Judicio Heliastico*, observe qu'entre les Atheniens, ceux qui estoient choisis pour Juges, dans l'assemblée appellée *Judicium Heliasticum*, nommez *Arcontes* & *Thesmothetæ*, faisoient la même fonction que les Preteurs faisoient à Rome; & examinoient si la demande qu'on vouloit intenter, meritoit d'estre portée en Justice, & si la Cause consistoit en fait, ils examinoient si elle se devoit prouver par écrit ou par témoins, & si l'action estoit admise, on donnoit aux Parties des Juges que l'on tiroit au sort. Ils pratiquoient la même chose en matiere Criminelle, & ils faisoient faire le serment aux témoins sur l'Autel de Minerve, aprés avoir receu leurs dépositions, que l'on redigeoit par écrit, & que l'on mettoit ensuite en dépost dans les Archives pour s'en servir quand on jugeoit le Procés. Enfin quand l'affaire estoit trop obscure, soit en matiere Civile, soit en matiere Criminelle, on avoit recours à l'Oracle de Delphes.

Judicium Heliasticum sic dictum à multitudine judicii. Joa. Steph. ibid.

7   Les Atheniens passoient aussi leurs Contrats devant des per-

sonnes publiques, que l'on appelloit comme à Rome, *argentarii*, dont il sera parlé au ch. 8. de la Seconde Partie de ce Traité. Ces Actes par écrit avoient execution parée, & l'on n'admettoit pas même la preuve du contraire.

Joach. Stephanus l. 2. ch. 10. n. 24.

Les Romains, qui ont emprunté leurs Loix des Grecs (comme les Grecs les ont emprunté des Juifs) apprirent aussi d'eux l'usage de la preuve par témoins, il en est parlé dans la Loy des douze Tables, qui condamne les faux témoins à estre précipitez du haut de la Montagne Tarpeienne. Ils avoient aussi des Juges, qu'ils nommoient *Quæsitores* & *Cognitores*, qui recevoient les dépositions des témoins en matiere Criminelle, comme a remarqué Rosinus *Antiq. Rom. l. 9. ch. 14.* ce qu'il prouve par la Loy *Manilia*, & par ce qui est rapporté par Probus, *De recuperatorio judicio*; & Sigonius fait mention de certains témoins appellez *Laudatores*, lesquels n'ayant point esté témoins du Fait en question, déposoient seulement de la probité de l'accusé.

Joach. Steph. l. 3. de Juris. Rom. ch. 3. n. 11.

Sigonius l. 2. de judiciis Rom. ch. 19.

Testimoniorum usus frequens & necessarius est.

Dans les matieres Civiles les Titres du Digeste & du Code, *de Testib. de fide instr. de Probat.* marquent évidemment que la preuve par témoins y estoit fort en usage, & même que l'on ne s'en peut passer: mais il n'y avoit point d'autres preuves que celle par témoins & celle par écrit, comme dit Ciceron en sa troisiéme Oraison contre Verres.

Ubi aliquid ereptum aut ablatum à quo piam dicitur, nõne aut in tabulis aut in testibus omnis expectatio judicum est.

Valla *de reb. dubiis ch. 13.* fait une enumeration de tous les cas ou les Loix Romaines requeroient des Actes par écrit; Par exemple, quand il s'agissoit de prouver qu'une personne estoit ingenuë & libre, ou qu'il s'agissoit de prouver l'adoption, l'artogation, la manumission, le payement du cens, & de l'argent presté ou receu de ceux qu'on nommoit argentiers, ou s'il s'agissoit de Sentence interlocutoire ou diffinitive, & des Actes qui devoient estre insinuez, comme des Donations, & sur tout à l'égard des Baux emphyteotiques.

Ce qu'il faut remarquer, est qu'en Droit Romain, comme parmy nous, la preuve par témoins n'estoit point receuë contre un Acte par écrit: *Testes cum de fide tabularum nihil dicitur, adversus scripturam interrogari non possunt*, dit le Jurisc. Paulus *l. 5. sentent. T. 13. de Testib.* laquelle Loy n'ayant point esté inserée dans les Loix de Justinien, a donné lieu aux Interpretes du Droit de soûtenir la maxime contraire, comme a remarqué M. Cujas sur la *L. Testium C. de Testibus. Quibus*, dit-il, *ut certamini finem imponam, hic locus judicandus est.*

L'Autentique citée par Boiceau en cette Preface, marque precisément que chez les Romains la preuve par témoins l'emportoit sur la preuve par écrit. Neanmoins la *L. in exercendis C. de fide inst.* qu'il cite auparavant, prouve que la foy des témoins & celle des Actes par écrit, estoient de pareille autorité parmy eux, l'écriture même n'y estoit pas regardée comme estant de l'essence de l'Acte, mais seulement comme estant necessaire pour faire preuve de ce qui avoit esté convenu entre les Parties. C'est pourquoy la Loy dit que l'hypoteque se pouvoit contracter sans écrit, aussi bien que le Mariage. La *L. 9. C. eod. tit.* dit qu'un partage ne laisse pas d'estre valable, quoy qu'il ne soit pas redigé par écrit, & la Loy suivante dit la même chose du Contrat de vente. Aussi Harmenopule *in promp. pomp. Ju. Ci. l. 1. T. 6.* dit que la preuve par témoins & celle par écrit, sont d'une égale autorité, & que quand il n'y a point d'Acte, la preuve par témoins supplée & a le même effet; que si ces deux preuves sont contraires l'une à l'autre, c'est au Juge à décider laquelle des deux il doit suivre.

Quant à la forme des Actes chez les Romains, elle est décrite en la Loy *Contractus, C. de fide inst.* qui dit que le Contrat n'est point parfait, s'il n'a esté mis au net & souscrit par les Parties, & que s'il a esté écrit par un Tabellion, il n'est point accomply s'il ne l'a entierement achevé; & s'il n'est signé aussi des Parties. Surquoy il faut remarquer que d'abord le Notaire à Rome, ne prenoit qu'une note ou memoire de la substance de l'Acte qu'on vouloit passer, ce qui s'appelloit *Scheda, Nota, prima exceptio; informis præscriptio.* Ensuite il transcrivoit ce Memoire sur son Registre & en étendoit les clauses. Or cette premiere Note ou Memoire ne faisoit aucune foy en Justice ; ce n'estoit point la minute de l'Acte, & elle n'estoit signée de personne. Le Notaire expedioit seulement une Grosse de cet Acte telle qu'il l'avoit redigé & étendu dans son Registre, laquelle estoit signée des Parties. Loyseau des Offices l. 2. ch. 5. n. 81. observe que le Tabellion n'estoit pas tenu de souscrire cet Acte, mais seulement de l'écrire tout au long, il n'estoit pas necessaire aussi que les témoins signassent, il suffisoit que leurs noms fussent inscrits dans l'Acte comme presens, & au lieu de cela les Parties & les témoins apposoient leurs Sceaux sur la Grosse du Contrat, ce qui s'appelloit suivant la Loy *Contract. Completio actus.* Quand il y avoit erreur dans cette Grosse, on avoit recours au

In exercendis judiciis, eamdé vim obtineret tam fides instrumentorum quam depositio testium. Fiunt enim scripturæ ut quid actum est, per eas facilius probari possit & sine his autem valet quod actum est, si habeat probationem. L. 4. ff. de instru. ead. lege. Perinde valet testimonium quo res gestæ sine scriptura attestatione comprobatur ne scriptura ipsa nec ideo minoris est autoritatis, quod nulli ea de re testimonium intercessit. Non aliter vires habere, nisi instrumenta in mandatis recepta subscripti o-bus que partium confirmata & si per Tabellionem conscribantur etiam ab ipso completa, & postremo à partibus absolutio sint.

Regiſtre du Tabellion, pourveu qu'il ſe fut chargé de garder un double du Contrat, mais il n'y avoit que les Notaires des Villes, ou ceux commis par le Preſident de la Province pour recevoir ces Actes, qui eſtoient tenus d'avoir de ces Regiſtres, & non pas les autres Notaires.

Il faut encore obſerver avec Loyſeau, que les Preſidens des Provinces avoient avec eux quatre Officiers, qui ſervoient auſſi à recevoir differens Actes. *Exceptores* eſtoient ceux qui écrivoient les minutes des Sentences ſous le Juge. *Regerendarii*, eſtoient ceux qui mettoient au net les expeditions dans les Regiſtres. *Cancellarii*, ceux qui mettoient en forme tous les Actes & les Sentences, qui les ſouſcrivoient & les délivroient aux Parties. Et *Actuarii ſeu ab actis*, qui recevoient les Actes de Juriſdiction volontaire, comme les emancipations, les adoptions, &c. & notamment les Contrats & les Donations qu'on vouloit faire inſinuer, ce qui fut mis en uſage à Rome, parce que les Contrats ne faiſoient pas pleine foy comme parmy nous, il falloit auparavant qu'ils fuſſent verifiez par témoins; c'eſt-à-dire que les témoins dont les noms y eſtoient inſcrits, euſſent eſté entendus devant le Juge ſur la verité de l'Acte, ou qu'ils fuſſent verifiez par comparaiſon d'écriture, comme il paroiſt par la Novelle 73. qui en preſcrit la forme; & pour s'exempter de cette verification, on les publioit & on les inſinuoit, *apud acta*, c'eſt-à-dire en preſence du Juge & des Parties contractantes, *Geſta autem, quæ translata ſunt in publica monumenta, habebant firmitatem perpetuam. l. ult. C. de re judic.* & on appelloit les Actes ainſi inſinuez, *Scripturas publicas*, au lieu que les Actes paſſez ſeulement devant les Tabellions ſe nommoient *Forenſes*, quoy que quelque-fois on les appellaſt auſſi Publics.

Cujas Nov. 49. & 73.

Il faut encore expliquer la Novelle 44. qui deffend de couper les Protocolles d'un Acte; ce terme a trompé Accurſe, qui a crû qu'il ſignifioit la Minute de l'Acte, comme remarque M. Cujas ſur cette Novelle. *Mathæus de prob. ch. 3. n. 27.* dit que *Protocolle* eſtoit une ſimple Note ou Titre au commencement de chaque cahier de papier, qui marquoit en quel temps le papier avoit eſté fait, & par quel Ouvrier; & Loyſeau des Offices l. 2. ch. 5. n. 81. obſerve que quoy que l'Ordonnance de 1512. & celle d'Orleans art. 83. ayent entendu par le mot *Protocolle*, les Minutes des Notaires; ce n'eſtoit pourtant à Rome, que la marque du Papier ou Parchemin qui eſtoit au haut de la

en Matiere Civile.

la feüille, & non pas au milieu, comme celle du nostre, où estoit inscrite l'année en laquelle il avoit esté fait.

15 Enfin il faut remarquer qu'à Rome, les Actes qu'on appelloit privez, estoient ceux qui estoient souscrits par les Contractans sans témoins, ou en presence de témoins, mais avec moins de trois témoins, & ces Actes ne valoient que quand il s'agissoit d'action personnelle entre creanciers chirographaires; car quand il s'agissoit d'action hypotecaire, les Creanciers en vertu d'Actes publics leur estoient preferez, quoy que posterieurs en date ; & ces Actes publics, comme il a esté dit, estoient ceux qui avoient esté signez par trois témoins. La Novelle 73. veut que lors qu'un des Contractans ne sçait pas écrire, il y ait cinq témoins au lieu de trois, dont l'un signe pour luy, supposé que l'Acte soit passé à la Campagne, & qu'il s'agisse de plus d'une livre d'or.

16 En France, dans les commencemens de la Monarchie, l'ignorance estoit si grande, que peu de personnes sçavoient écrire; ainsi on passoit fort peu d'Actes, ce qui rendit la preuve par témoins fort commune, mais comme on mettoit tout en usage pour les corrompre, leur foy devint si suspecte, que ces peuples grossiers & barbares eurent recours aux superstitions dans les matieres Civiles, aussi bien que dans les matieres Criminelles, pour connoistre la verité ou le bon droit des Parties, & les Juges peu éclairez, se laisserent entraisner à l'usage. Ces preuves

17 superstitieuses devinrent même d'une si grande autorité, qu'on les appella *Jugemens de Dieu*, comme si Dieu eust esté obligé de faire un miracle pour aider leur ignorance: on en distingua de deux sortes, *La purgation vulgaire*, que l'abus des peuples avoit introduite; *& la purgation canonique*, qui estoit autorisée par les Canons. Hottoman l. 4. *de Feudis* ch. 41. observe que la purga-

18 tion vulgaire se faisoit en six manieres differentes, par l'eau froide, par l'eau boüillante, par le feu, par le fer ardent, par le combat en Champ clos, par la Croix, & par l'Eucharistie. Il seroit trop long d'expliquer ici de quelle maniere, & avec combien de ceremonies & de prieres, se faisoient ses épreuves. Il suffit d'observer que celle par le combat en Champ clos, estoit la plus frequente, & qu'elle a duré jusqu'au quatorziéme siecle. C'est

19 ce que Bouteiller en sa Somme Rurale, appelle le champ de bataille mortel. L'ancienne Coûtume d'Amiens, dont M. du Cange a transcrit le texte dans son Glossaire *Media & infima Latinitatis*, rapporte toutes les solemnitez qui y estoient observées. *In verbo campio.*

Joannes d. Ligianio de duello, & Belisarius de certamine singulari, in Tract. tractat. & Decretal T. de par Can. & vulg.

Le Concile de Trente, Sess. 25. ch. 19. deffendit de permettre le combat en champ clos. Theuneau T. 7. des Crimes art. 7. qui répond à du Moulin, qui dit ce qu'il a écrit sur ce Concile, improuve cette deffense, comme faite au préjudice de l'Ordonnance de 1306. qui les permettoit.

Veterū duellorum institutum hoc fuit, ut prius quam adversarii decertarent constitueretur utri prius & quoties utrique feriendi potestas fieret, non enim antiquitas, in edendis agonibus crebra ictuū vicissitudi-

Guy Pape Decis. 617. & suivantes. Hottoman dans l'endroit cy-dessus cité; l'ancien Style du Parlement; Jean le Coq en ses Questions, & M. Charles du Moulin en ses Notes sur ces deux Ouvrages, en parlent amplement. Au reste l'on usoit de cette preuve en matiere Civile, & Pasquier l. 4. de ses Recherches de la France ch. 10. en rapporte un exemple fort singulier qu'il a tiré de l'Histoire de witichind Saxo l. 2. dont Ant. Mathæus rapporte les termes en son Traité *de Probat.* ch. 2. n. 101. lequel est aussi rapporté par Sigebert in Chron. ad an. 942.

La Question s'estant presentée, dit cet Historien, devant l'Empereur Othon premier, de sçavoir si en succession directe la représentation avoit lieu entre enfans, & les Docteurs s'étant trouvez partagez sur cette difficulté, cet Empereur ordonna que l'on en remit la décision au jugement des armes. On choisit pour cet effet deux vaillans Champions, & ce combat succeda si heureusement, que celuy qui combattoit en faveur de ceux qui soûtenoient que la representation devoit avoir lieu, remporta la victoire sur celuy qui soûtenoit le party contraire, en consequence dequoy l'Empereur ordonna qu'à l'avenir les petits fils & petites filles succederoient à leurs ayeuls & ayeules avec leurs oncles & tantes, comme eussent fait leurs peres & meres, s'ils eussent vécu.

La précaution de ces Loix barbares, fut même si avant sur 21 ce sujet, que selon le rapport de Saxo Grammaticus en son Histoire de Dannemarc, où le champ clos estoit aussi en usage, elles vouloient que les Juges du combat reglassent lequel des deux combatans fraperoit le premier; combien de coups ils se porteroient l'un à l'autre; quel intervale il devoit y avoir entre les coups de chacun des combatans, & ce n'estoit pas par le nombre des playes, mais par la qualité & la grandeur, que l'on jugeoit lequel des deux estoit vainqueur. Ces sortes de combats furent souvent permis & souvent deffendus par nos Rois.

Philippe le Bel par son Edit de 1306. rapporté par Guy Pape de- 22 cis. 617. fut obligé de les permettre pour empescher les duels, quoy qu'il les eust deffendus trois ans auparavant. François I. en 1547. ayant permis un pareil combat entre Jarnac & la Chastaigneraye, qui y fut tué, Henry II. dont il estoit le favory, fit serment de n'en accorder plus la permission à personne, & par cette deffense ouvrit, sans y penser, la porte aux duels, chacun croyant qu'il estoit permis de se faire justice soy-même. Les Edits d'Henry IV. à Blois en 1602. & de Louis XIII. en 1611. 613. 1614. 1623. & 1629. furent inutils pour reprimer une telle fureur, cette gloire estoit reservée à nostre siecle. L'Edit de 1643. ceux qui ont suivi, & enfin l'Edit de 1679. les ont enfin abolis, & leur rigueur, toute excessive qu'elle paroist, est l'ouvrage de la sagesse consommée d'un Prince, qui en desarmant une infinité de furieux, a trouvé par ce moyen le secret de devenir une seconde fois le Pere de son peuple par sa justice, comme il l'estoit déja par sa bonté & par sa clemence.

nes petebantur, sed erat cum intervallo temporis, etiam feriendi distinctà successio, rarisque sed atrocibus plagis certamina gerebant, ut gloria potius percussionû magnitudine, quam numero decerretur.

23 Quant à la purgation Canonique, elle se faisoit par le serment, l'accusé faisoit jurer en sa faveur plusieurs personnes, qu'elles le croyoient innocent du crime dont on l'accusoit. L'accusateur en produisoit de son costé, qui juroient que son accusation estoit juste, & celuy des deux qui avoit un plus grand nombre de témoins, gagnoit sa Cause. La Loy Salique T. de *Chrenecruda*, n. 61. parle du nombre de douze témoins, que la Loy des Frisons appelle *plenum Sacramentum*, & Monsieur Bignon sur le Ch. 38. du L. 1. des Formules de Marculphe, dit que Fredegonde accusée d'adultere par Chilperic son mari, fit jurer trois Evesques & trois cens Seigneurs de sa Cour, qu'ils croyoient que l'enfant né d'elle, estoit legitime.

On appelle ces témoins: *Conjuratores, Consacramentales, & Compurgatores.*

24 Pour ce qui est de l'usage de la preuve par écrit observé en France; il faut distinguer ce qui s'observoit dans les premiers temps de la Monarchie, de ce qui s'est observé dans la suite. L'Auteur de l'excellent Traité *De re diplomatica* l. 3. ch. 4. dis-
25 tingue les Actes publics & autentiques de ce temps-là, *Notitias publicas*, des Actes privez, *Notitias privatas*. Les premiers, dit-il, se faisoient devant les Juges ou devant les Evesques; les autres estoient passez devant un Notaire (qui lors estoit une personne privée) & devant des témoins qui signoient l'Acte: mais l'origine de ces Actes privez, est de beaucoup posterieure à celle des Actes publics; car on en trouve fort peu, dit-il, qui ayent esté passez devant Notaire avant l'onziéme siecle. Le même Auteur l. 2. ch. 1. observe que dans les premiers temps quand on vouloit passer un Contrat on l'écrivoit sur deux peaux de Parchemin d'une égale grandeur, & on en donnoit une à chacun des Contractans.
26 Ce qu'ils appelloient *Chartas pariclas*, ou *Pariculas*, ces mots sont tirez du mot latin *Par*, à cause que ces deux peaux estoient entierement pareilles.

Monsieur Bignon sur les Formules de Marculphe, dit que ce mot *Charta Paricla*, signifioit aussi en ce temps-là, une double expedition° de la Sentence du Juge que l'on délivroit à chacune des Parties, quand elle estoit également avantageuse à l'une & à l'autre, & il en rapporte un exemple.

Cette premiere précaution d'écrire l'Acte sur deux peaux de Parchemin, & d'en donner une à chacune des Parties pour éviter les surprises, n'ayant pas paru dans la suite assez seure, n'y ayant rien de plus aisé que de supposer une Copie falsifiée à la place de la veritable qui n'estoit signée de personne, & dont il ne restoit point de minutes dans les Archives quand les Actes n'estoient pas d'une certaine consequence.

On s'avisa pour une plus grande seureté, d'écrire le même Acte deux fois sur la même peau de Parchemin, en deux colomnes separées, & on remplissoit l'intervalle qui estoit entre ces deux colomnes, des Lettres de l'alphabet, ou de quelque Passage de l'Ecriture Sainte, que l'on écrivoit en gros caracteres. On coupoit ensuite cette peau en deux Parties égales, de telle sorte que les lettres écrites dans l'intervalle de ces deux colomnes, se trouvoient divisées par moitié, & on en donnoit à chacune des Parties une moitié, & s'il arrivoit que la foy de ces Actes fust contestée, chacun rapportoit la moitié qui luy estoit restée, on les raprochoit l'une de l'autre, & on examinoit si ces lettres coupées se rejoignoient parfaitement les unes aux autres.

Charta indentata & identure. Et quand il y avoit plusieurs Parties contractantes, on décrivoit l'Acte autant de fois, & sur autant de colomnes separées, avec les mêmes lettres de l'alphabet entre deux, qu'il y avoit de Contractans; & il s'en voyoit où l'Acte, par cette raison, estoit écrit jusqu'à douze fois, dit le même Auteur. Monsieur du Cange ajoûte qu'il y avoit aussi des Chartes, qui au lieu d'estre coupées tout droit par la moitié, estoient coupées en forme de scie, en ligne spirale & oblique.

Boërius decis. 105. n. 8. observe que même de son temps cette maniere d'écrire les Actes estoit encore en usage, notamment quand il s'agissoit d'un depost; car on donnoit, dit-il, une moitié du Parchemin, à celuy qui faisoit le depost, & l'autre au depositaire, & c'est delà, dit-il, qu'est venu ce qu'on appelle en Guyenne, aussi bien qu'en Angleterre, *Chartepartie.* Quelquefois aussi, dit-il, les lettres de l'alphabet s'écrivoient du haut de l'Acte au bas, ou en plusieurs autres manieres, & on en donnoit à chaque Partie comme un échantillon.

Pinault sur la Coûtume de Cambray T. 5. art. 5. qui porte quo *devoirs de Loy se doivent prouver par Lettres en ferme, ou par record de Juges vivans*; dit que ces mots, letttres en ferme, veulent dire, les Actes qui reposent au depost de la Justice, comme il est porté par la Coûtume de Haynault ch. 94. §. 4. car n'y ayant point en ce Païs de Gardenote en titre d'Office, on a étably une Chambre dans l'Hostel de Ville qui s'appelle *Ferme*, dans laquelle on depose un double des Actes ou Lettres autentiques. Et afin, dit-il, que cet Acte ne soit alteré, le Notaire peint au milieu d'une peau de Parchemin de gros caracteres, qu'il coupe ensuite par moitié, sur chacune desquelles il écrit le Contrat, il en donne une à la Partie interessée, & depose l'autre dans la Ferme ou Chambre qui y est destinée, il observe aussi, comme Boërius, que cette maniere d'empescher que les Actes ne soient falsifiez, a esté pratiquée à l'égard du depost, même dés le temps de Tancrede Jurisconsulte, qui vivoit en l'an 1220. ainsi que le rapporte ce Docteur, §. 1. *de instrum. edit. in summa apud specul.* & cette invention, ajoûte Pinault, estoit encore plus ancienne dans son origine, puisque chez les Romains, suivant la remarque d'Isidore, dans les stipulations : *Stipulam frangebant, quam iterum jungentes, suas sponsiones cognoscebant.*

27. Le même Auteur *de re dipl.* dit que les Actes privez, *Notitia privatæ*, furent introdüits en France à l'occasion des Donations, parce qu'elles se faisoient auparavant par la seule tradition, & comme il estoit de necessité que le donataire fut saisi & mis en possession des biens qui luy estoient donnez; on fut enfin obligé d'en dresser un Acte par écrit, qui pût faire foy de ce qu'elles contenoient. Le donateur, dit-il, avoit coutume de marquer le nombre des témoins qui y avoient assisté, par autant de croix, quand ils ne sçavoient pas écrire ; & quand on disconvenoit de l'Acte, on faisoit appeller les témoins pour leur faire rendre témoignage de vive voix de ce qui s'y estoit passé. Il ajoûte l. 2. ch. 18. que vers l'onziéme siecle, on se contentoit en France d'apposer son Sceau ou Cachet sur les Actes, au lieu de les signer, & que le Notaire se contentoit d'y exprimer les noms des témoins qui y avoient esté presens.

28. Cet usage se pratiquoit aussi dans les Lettres Patentes de nos Rois, dit cet Auteur, & le Chancelier après avoir exprimé les noms des Princes & autres Seigneurs qui y assistoient, & qui pour l'ordinaire ne signoient point, y apposoit le Sceau du Roy seulement, mais

il est constant que les Rois de la premiere Race signoient les Actes de leur propre main. Sous la seconde Race, Pepin ne faisoit qu'une Croix, & Charlemagne qui avoit beaucoup de difficulté à écrire, ne signoit que rarement, & introduisit l'usage de faire signer ses Lettres Patentes par son Chancelier.

Miraumont en son Traité de la Chancellerie, rapporte un exemple de Lettres Patentes signées par Charlemagne, écrites & scellées de son Sceau par son Chancelier.

Loyseau l. 2. des Offices ch. 5. observe qu'en France les Procés n'estant pas si frequens autrefois, les Juges se servoient de leurs Clercs pour Greffiers & pour Notaires tout ensemble, ce qui leur fut deffendu par l'Ordonnance de Philippe le Bel en 1303. & Philippe le Long par Ordonnance de 1319. declara que les Sceaux & écritures (c'est-à-dire les Greffes & Tabellionages) estoient de son Domaine. Il ajoûte, *ibid.* n. 61. que ce fut Charles VIII. qui separa le premier les Greffes & Notariats des Juges Royaux, par son Ordonnance de 1493. en conferant les Prevostez en titre d'Offices, & donnant à Ferme celle des Greffiers & des Notaires. Pasquier l. 4. de ses Recherches ch. 14. rapporte que d'abord il y eut des Tabellions qui recevoient la Minute & expedioient la Grosse des Actes passez devant eux, que dans la suite ils furent obligez de prendre des Clercs, qui ensuite se separerent d'eux, & furent nommez *Notaires*, parce qu'ils recevoient la Minute ou premiere note des Actes, ensuite on portoit cette Minute au Tabellion qui la mettoit au net, & en délivroit la Grosse en forme toute scellée, & en gardoit la Minute pour y avoir recours.

Il est aussi constant que les Tabellions n'ont esté créés en titre d'Office que par François Premier en 1542. & 1543. & par leur Edit de Creation, confirmé par celuy d'Henry II. du 4. Octobre 1554. il est deffendu aux Juges, Lieutenans & Greffiers, de recevoir à l'avenir aucun Contrat volontaire entre les Parties, comme ils faisoient auparavant. Dans la suite les Offices de Tabellions & Gardenotes furent reünis à ceux des Notaires par l'Edit de 1597. qui ordonna qu'ils feroient la fonction de Tabellions & celle de Gardenotes, dont les Offices avoient esté créés par Edit de 1575. pour garder les Minutes des Notaires, decedez & en délivrer des expeditions aux Parties. A l'égard des Gardes des Sceaux aux Contrars, ils ont esté créés dans les Justices Royales par Charles IX. par un Edit de 1568.

Il faut ajoûter à ce qui vient d'estre dit, que la signature des Actes publics ou privez, n'a pas esté d'abord en usage en France; Pasquier l. 4. de ses Recherches ch. 13. le prouve par un Passage de S. Bernard, que Loyseau rapporte aussi l. 2. des Offices ch. 4. & celuy qui faisoit un Acte se contentoit d'y apposer son Cachet avec ses Armes, sans le signer. Dans les Actes publics on se servoit de Sceau, comme il vient d'estre observé, même dans les Testamens des Princes on apposoit le Sceau de tous les témoins, ainsi que rapporte Eginard du Testament de Charlemagne, qu'il fit sceller du Sceau de tous les Evesques, Abbez & Comtes de sa Cour, afin de les obliger à l'executer. Et la raison pour laquelle on se servoit de Sceaux ou Cachets, dit Loyseau au même endroit, est parce que peu de personnes sçachant écrire dans les premiers temps, les Sceaux & les Cachets estoient plus aisez à reconnoistre que n'eust esté la signature parmy des gens qui ne sçavoient pas écrire. Il observe encore que les Sceaux que les Juges apposoient à leurs Sentences, changeoient d'abord à chaque mutation de Juge, mais que le Roy Philippe le Long ayant réüni à son Domaine les Sceaux des Prevostez & Justices Royales, aussi bien que les écritures (sous lequel mot estoient compris les Greffes & les Notariats) les Sceaux devinrent publics, soit pour les Actes de Justice, soit pour les Contrats des particuliers, & on grava les Sceaux des Armes de France, qu'on apposoit seulement auparavant aux expeditions où le Roy parloit, c'est-à-dire dans les Lettres de Chancellerie, & dans les Arrests des Cours Souveraines. C'est de cet ancien usage dont Boiceau fait mention dans cette Preface, quand il dit qu'il a veu plusieurs autres Titres qui n'estoient signez d'aucun Notaire, mais ausquels il y avoit seulement un Sceau apposé.

31   Ce qu'il est important de ne pas ignorer, est que par l'art. 84. de l'Ordonnance d'Orleans, & par l'article 175. de celle de Blois, il est ordonné aux Notaires de faire signer aux Parties les Actes qu'ils reçoivent. L'Ordonnance de Louis XII. de 1498. art. 65. & celle de François Premier de 1535. ch. 19. veulent même que les Notaires connoissent les Parties contractantes, ce qui est conforme au sentiment de *Julianus Antecessor in epitome Novellar.* qui dit que le témoin doit connoistre la Partie contractante, & que quand cette Partie ne sçait pas écrire, le témoin doit sçavoir par luy-même, si ce fait est veritable. *Testibus assumendis qui heredem cognoscant. l. 22. C. de Juris delib.*

32   L'article 166. de l'Ordonnance de Blois s'est contenté d'ordonner que quand l'Acte seroit passé dans une Ville ou dans un gros Bourg, esquels vray-semblablement on peut recouvrer témoins qui sçachent signer, & que la Partie ne peut signer, le

Notaire soit tenu d'appeller un témoin qui signe avec luy. Et parce que cette Ordonnance ne prononce point dans cet article la peine de nullité, comme dans l'article précedent, souvent dans les Villages le Notaire signe seul l'Obligation, & declare que les Parties ne sçavent point signer, sans y appeller aucuns témoins, ce qui peut causer beaucoup d'abus.

33 Mais quand le Notaire, les Parties & les témoins ont signé l'Acte, il ne peut plus estre détruit par la déposition contraire du Notaire & des témoins qui y ont signé, parce que leur foy est engagée par leur signature ; outre que la preuve par témoins n'est pas recevable contre un Acte par écrit & autentique, suivant l'article 54. de l'Ordonnance de Moulins, & l'art. 2. T. 20. de l'Ordonnance de 1667. & ce que dit Papon sur ce sujet, Tome 3. de ses Notaires, page 74.

34 Boiceau remarque aussi au même endroit, que nos ancestres faisoient plus de cas de la preuve par témoins que de celle par écrit ; & que quand elles estoient contraires, celle par témoins l'emportoit, ce qui est attesté aussi par Bouteiller en sa Somme Rurale T. 106. où il rapporte cette Maxime, *Témoins par vive voix, détruisent Lettres.* Il ajoûte pourtant qu'*en matiere de rentes annuelles, Lettres sont plus à croire que vive voix de témoins, si on ne propose fausseté contre lesdites Lettres.*

Mais la corruption de témoins estant passée jusqu'à l'excés, on a esté obligé de restraindre cette preuve, la L. *Testium facilitatem. C. de Testibus*, & la Novelle 50. font voir que le même desordre estoit arrivé du temps de Justinien. Enfin l'Ordonnance de Moulins qui a esté receuë avec beaucoup de succés par tous les Parlemens du Royaume, a restraint cette preuve aux affaires de peu de consequence en matiere Civile.

35 Le Parlement de Tholose qui, suivant ce que dit Maynard l. 6. ch. 76. envoya des Deputez à Charles IX. comme il a esté remarqué, pour obtenir cette disposition particuliere de l'Ordonnance de Moulins, au sujet de la preuve par témoins y a neanmoins apposé plusieurs restrictions, sur tout au sujet des Testamens.

36 Au reste l'Ordonnance de 1667. doit estre observée par tout le Royaume dans les dispositions qu'elle a ajoûté à l'Ordonnance de Moulins, à laquelle elle a dérogé à cet égard.

CHAPITRE

CHAPITRE PREMIER.

Du Commentaire de Boiceau sur l'article 54. de l'Ordonnance de Moulins, dans lequel il est prouvé que cette Ordonnance a eu lieu du jour qu'elle a esté publiée.

SOMMAIRE.

1. *Division de l'article 54. de l'Ordonnance de Moulins en deux Parties.*
2. *L'Ordonnance n'a disposé que pour l'avenir.*
3. *Arrest qui juge que l'Autentique* ut facta nova Constitutio, *n'a lieu en France.*

Avons ordonné que doresnavant, &c.

1 CEtte Premiere Partie de l'Ordonnance, se subdivise en deux autres. Dans l'une elle ordonne que toute Convention qui excede cent livres, soit redigée par écrit. Dans l'autre, elle deffend de demander la preuve d'aucun fait, outre & contre ce qui est écrit, ny qu'il a esté plus dit qu'écrit, comme on disoit autrefois (ainsi qu'il est vulgaire en Droit) à l'égard des pactes dont on estoit convenu à l'instant que le Contrat avoit esté passé, ou quelque temps après. La preuve par témoins est donc rejettée & abrogée en l'un & en l'autre cas, ce qui n'a esté ordonné que 2 pour avoir lieu à l'avenir; ainsi qu'on peut induire de ce mot *Doresna-*

Hæc prima pars habet duo membra: unum est, Ut de re quacunque centum libras excedente, non nisi in scriptis contrahatur: Alterum, Ut nihil præter, vel ultra, vel contra contractum allegari possit, nec testibus probari, tanquam plus dictum, quàm scriptum, ut olim dicebatur, & passim in jure reperitur, *a* de his quæ incontinenti, vel ex intervallo paciscebantur: de quibus plura in jure notantur. *b* Utroque ergo casu rejecta & abrogata est testium probatio. Quod pro futuris solummodo negotiis inductum est, ex hoc verbo, *Doresnavant:* cùm futura tantùm Lex nova respiciat: nisi agatur de moribus & materia peccati, ut in usuris. *d*

a *Toto tit.* Plus valere quod agit. C.
b *L. Jurisgentium. §. quinimo ff. de Pact. L. Petens. C. eod. l. L. sta. cred. l. pacta conventa de côtrahen. empt. ff.*
c *L. Præcipimus. C. de appell. L. Leges. C. de leg.*
d *L. penul. & finali. C. de usur.*

F

vant, parce qu'une Loy nouvelle ne regarde que l'avenir, si ce n'est quand il s'agit d'une chose qui concerne les mœurs, & d'une matiere où il y a peché, comme à l'égard de l'usure.

Sed super hoc verbo, doresnavant, vidi dubium nasci in quadam lite, super facto quod eodem Legis tempore acciderat. Nam agebatur de quadam renuntiatione verbaliter facta proprietati cujusdam donationis, quæ ad simplicem usumfructum consensu donatarii reducta per actorem dicebatur. Hæc renuntiatio allegata in lite fuit: & contestatione facta, partes hinc inde testibus probarunt. Tandem, lata est sententia pro eo qui renuntiationem testibus probaverat. Qua sententia prolata, pars adversa, nedum ab ea, sed à litis contestatione, qua Judex testium probationem admiserat, appellavit. Et in appellationis causa, obtento ad appellandum rescripto, utraque appellatio juncta fuit. Appellans pro gravamine, quo ad hunc articulum, de probatione testibus admissa, hanc novam constitutionem allegabat. Adversa verò pars instabat probationem suam bona fide factam fuisse, Judice permittente, nec aliqua testium subornatio vel corruptio objiciebatur. Et quo ad Legem novam attinebat, tam recens & nova erat (ut potè à mense tantùm in Senatu promulgata) ut nemini ferè notoria esset, & ideo justam ignorantiæ causam habebat: quæ ignorantia magis facti quàm juris erat: ideoque ei objici hæc *a* Lex Regia non debuerat. *a* Et maximè in Pictonum Provincia, quæ centesimo ferè lapide distat

a L. Error. & L. penult. ff. de jur. & fact. ignor.

Mais à l'occasion de ce mot, Doresnavant, j'ay veu agiter une difficulté sur une contestation qui arriva dans le temps que cette Ordonnance fut faite; car il s'agissoit de la renonciation verbale faite par une personne à une Donation qui luy avoit esté faite, le Donateur soûtenoit que le Donataire avoit declaré qu'il se contentoit du simple usufruit de ce qui luy avoit esté donné, cette renonciation à la proprieté fut alleguée en Jugement, & les Parties ayant contesté, elles firent entendre des témoins de part & d'autre; enfin il intervint Sentence en faveur de celuy qui avoit prouvé par témoins que cette renonciation à la proprieté des choses données estoit veritable. De laquelle Sentence le Donataire, non seulement interjetta appel; mais aussi de la permission que le Juge avoit accordée de faire preuve de ce fait par témoins, & ayant pris aussi un relief d'appel de l'Ordonnance du Juge qui avoit permis cette preuve, ces deux appellations furent jointes. L'Appellant alleguoit pour grief sur ce chef, la contravention à cet article 54. de l'Ordonnance de Moulins, qui deffend la preuve par témoins. L'Intimé (qui estoit le Donateur) repliquoit qu'il avoit fait sa preuve de bonne foy en vertu de la permission du Juge, & que l'appellant n'objectoit point qu'il y eust eu aucune subornation de témoins de sa part; & quant à cette Ordonnance, il soûtenoit qu'elle estoit si recente & si nouvelle (puisqu'il n'y avoit qu'un mois qu'elle avoit esté verifiée en Parlement) qu'elle n'estoit presque venuë encore à la connoissance de personne; qu'ainsi il avoit une juste raison de l'ignorer, laquelle ignorance estoit plûtost de fait que de droit, & que par consequent cette Ordonnance ne luy pouvoit pas estre opposée, particulierement dans le Presidial de Poitiers, éloigné de prés de cent lieuës de la Ville de Paris. Et qu'ainsi il il sembloit que cette Ordonnance ne pouvoit obliger personne à l'observer qu'après deux mois au moins du jour qu'elle avoit esté receuë à Lutetia. Et sic subditos ligare non videbatur, nisi post duos menses, aut longiorem temporis tractum, quo verisimiliter omnibus hæc Lex innotuisset, secundùm Justiniani Novellam: *a* qua se omnino reus in causa appellationis defendebat. His tamen non obstantibus, pro appellante, arresto Curiæ, *b* judicatum fuit, & testium probatione rejecta, proprietas donationis hæredi donatariæ, respectu bonorum donantis, adjudicata fuit. Ex quo edocti sumus, sacratissimum Senatum hanc Legem, summo cum studio, & exactissima devotione, amplecti voluisse ab ipsa die promulgationis & publicationis in Curia: ideoque supradictam Justiniani Novellam *c* in hoc Regno non observari.

a In Auth. Ut factæ novæ Const. post insi. ear. post duos mens. val. collat 5.
b An 1575. die 7 Sept.

c In d. auth.

après lequel temps il y auroit lieu de présumer que chacun en auroit connoissance, suivant la disposition de la Novelle de Justinien, dont l'Intimé alleguoit la disposition, nonobstant ces deffences: neanmoins le Parlement de Paris jugea par son Arrest en faveur de l'Appellant, & sans avoir égard à l'enqueste par luy faite, adjugea la propriété des biens donnez à l'heritier de la Donataire, ce qui nous apprend que ce Parlement illustre a receu cette Ordonnance avec tant de faveur, qu'il a voulu qu'elle fut observée dés le jour qu'elle avoit esté publiée, & qu'ainsi il a jugé que la Novelle de Justinien n'estoit pas observée dans ce Royaume.

ADDITIONS SUR LE I. CHAPITRE.

SOMMAIRE.

1. *Arrests rendus en execution de l'art. 54. de l'Ordon. de Moulins.*
2. *L'Autentique ut facta, n'est observée en France.*

3. L'Ordonnance de Moulins & celle de 1667. ne deffendent point la preuve par témoins des faits.
4. Arrests rapportez par Charondas.
5. Especes dans lesquelles la preuve des faits est admissible.
6. Reflexion sur cette décision, & de l'usage qu'on en peut faire.
7. Si le Juge qui a appointé les Parties à faire preuve contre la disposition de l'Ordonnance de Moulins, peut revoquer sa Sentence.
8. Si on peut stipuler que la preuve par témoins sera receuë nonobstant la prohibition de l'Ordonnance.
9. Si le Juge peut refuser la preuve par témoins, quoy que celuy contre lequel on la demande n'allegue pas la prohibition de l'Ordonnance.
10. L'Ordonnance de Moulins & celle de 1667. ont lieu à l'égard des Ecclesiastiques.
11. Si l'Ordonnance de Moulins doit estre observée entre étrangers.
12. Pourquoy on a ajoûté dans ce Traité les Ordonnances des Païs étrangers concernant la preuve par témoins.
13. L'article 19. de l'Edit perpetuel des Archiducs, tiré de l'article 54. de l'Ordonnance de Moulins.
14. Si cet article 19. de l'Edit perpetuel, l'article 54. de l'Ordonnance de Moulins & l'Ordonnance de 1667. sont observez en Haynaut, dans le Parlement de Tournay, & en la Province d'Artois.
15. Nulle fin de non recevoir contre l'article 19. de l'Edit perpetuel.
16. Opinion de Romelius, que cet Edit ne deffendoit la preuve par témoins, que quand elle estoit articulée contre des Actes par écrit.
17. Si nonobstant cet article 19. la preuve par le serment est recevable.
18. Examen des cas où le serment est admissible. Difference entre ce que la Loy appelle, Inopia probationum & Defectus probationum.
19. Sentimens des Docteurs sur ce sujet.
20. Si quand il y a une fin de non recevoir introduite par la Coutume, le serment peut estre déferé à celuy en faveur duquel elle est acquise.
21. Distinction entre le serment volontaire, & le serment necessaire.
22. Si après le serment presté, la preuve du contraire peut estre admise.
23. Maxime generale sur cette matiere.
24. Du serment in litem.
25. Si le Juge, après avoir déferé le serment in litem, peut ne le pas suivre.

26. *Si la preuve par témoins est admissible contre l'affirmation de celuy entre les mains duquel un Creancier a saisi ce qu'il devoit à son debiteur.*

27. *Si la preuve par témoins est receuë contre les réponses faites sur faits & articles, & affirmées veritables.*

28. *Si en consequence de la déposition d'un seul témoin, le Juge peut déferer le serment pour supplement de preuve.*

29. *Interrogatoire sur faits & articles receu dans les Païs-Bas.*

30. *Par quel motif la Loy a introduit l'Interrogatoire sur faits & articles.*

31. *De la reconnoissance d'une dette faite par le debiteur hors Jugement, & si la preuve par témoins en est permise.*

32. *De la reconnoissance faite en Jugement.*

33. *Si la prohibition de la Loy, qui deffend la preuve par témoins contre les Actes, a lieu contre un tiers qui n'y est point Partie.*

34. *Si la preuve par cinq ou par trois témoins, peut estre admise contre un Acte par écrit.*

35. *Quid, quand le Juge a permis une enqueste, nonobstant la prohibition de la Loy.*

36. *Expedient dont on se sert à Milan & à Naples, pour contrevenir aux Ordonnances qui deffendent la preuve par témoins.*

37. *Cas esquels le Statut 88. de Milan n'a point lieu.*

1. LA question que propose Boiceau dans ce Chapitre, ne pouvant plus faire aucune difficulté au sujet du temps qui a précedé l'Ordonnance de Moulins, il suffira pour faire voir avec quelle faveur elle a esté observée par tout le Royaume dés ce temps-là, d'ajoûter à l'Arrest que Boiceau rapporte, celuy rapporté par Monsieur Loüet L. D. n. 33. rendu à son rapport le 23. Juin 1599. par lequel dans une Cause où il s'agissoit d'un dépost, & en laquelle par consequent la preuve par témoins estoit favorable, il fut jugé que l'enqueste faite en vertu de l'appointement de contrarieté, & receuë en Justice par le premier Juge qui l'avoit ordonné en Cause principale, ne devoit point estre veuë en Cause d'appel, comme estant inutile à la décision du Procés, parce qu'elle estoit contraire à cet article 54. de l'Ordonnance de Moulins, qui rejette la preuve par témoins au dessus de cent livres, Brodeau *ibid.* rapporte d'autres Arrests conformes de 1608. & 1617. La raison de ces Arrests est qu'outre que les Ordonnances sont de droit public, contre lesquelles par consequent on ne peut alleguer de fin de non recevoir, celle de

Moulins regarde l'utilité publique, n'ayant esté faite que pour l'abreviation des Procés, & pour éviter la subornation des témoins. Neanmoins Charondas l. 3. Responf. ch. 76. dit que dans les premiers temps aprés l'Ordonnance de Moulins, on douta de cette Maxime, & que l'on jugeoit que par l'appointement de contrarieté, l'exception qui resulte de cette Ordonnance estoit couverte: mais que depuis la Cour jugea le contraire, & que quoy que les enquestes fussent faites, elles ne devoient pas estre leuës.

2 A l'égard de l'Autentique 66. dont parle Boiceau, non seulement elle n'est point receuë suivant nos mœurs, mais tout le monde sçait que le Code Justinien, ny les Novelles, n'ont jamais eu lieu en France, parce que quand il les fit publier, les Gaules ne relevoient plus de l'Empire Romain, & la France avoit des Rois Souverains, que si l'on observe le Droit Romain ce n'est que comme raison écrite.

Quant à ce que Boiceau observe dans le commencement de ce Chapitre, que la seconde partie de la disposition de l'article 54. de l'Ordonnance de Moulins, deffend de demander la preuve d'aucun fait, outre & contre ce qui est écrit, ny qu'il a esté plus dit qu'écrit; comme on disoit autrefois, ainsi qu'il est vulgaire en Droit, à l'égard des pactes dont on estoit convenu à l'instant que le Contrat avoit esté passé, ou quelque temps aprés. L'article 2. du T. 20. de l'Ordonnance de 1667. repete mot à mot les mêmes termes de l'Ordonnance de Moulins; surquoy il 3 faut observer que ces deux Ordonnances par ces mots: *Ny sur ce qui seroit allegué avoir esté dit ou convenu avant, lors ou depuis,* n'ont entendu parler que des conventions, ou dépendances des conventions qui n'ont pas esté redigées par écrit: mais elles n'ont point entendu parler des faits qui peuvent estre articulez contre la teneur du Contrat ou Acte par écrit; c'est ainsi que le décide Monsieur Dargentré sur l'article 176. du T. 11. de la Coutume de Bretagne, redigée en 1580. lequel a esté reformé sur l'article 54. de l'Ordonnance de Moulins.

Sed hic summopere notandum agi de probationibus, conventionū quæ verbis contrahuntur, nam si re contractæ sunt, non impeditur probatio per testes.

Et il conclut en disant que les faits se peuvent prouver par té- 4 moins suivant l'Ordonnance. Il est vray que Charondas Réponf. l. 2. ch. 91. rapporte deux Arrests qui ont jugé conformément à l'article 54. de l'Ordonnance de Moulins, que quelque fait qu'on allegua contre la teneur d'un Acte, la preuve par témoins au dessus de cent livres, n'estoit pas recevable. Le premier est

du 30. Decembre 1568. deux ans aprés la publication de cette Ordonnance; l'autre du mois de Février 1571. ce qui a esté jugé ainsi, dit-il, à cause de la facilité des témoins, & de la varieté de leurs dépositions, & parce qu'il a esté libre aux Parties de faire ajoûter ce qu'ils ont voulu dans leurs Contrats, ou si elles ont obmis quelque chose, ils ont pû en refaire un autre : mais ces Arrests n'ont fait que confirmer la maxime generale que la preuve par témoins n'est point receuë contre un Acte par écrit : mais quand il n'y a point eu d'écrit, *Si conventiones re Contractæ sint*, comme dit Monsieur Dargentré, la preuve de ce fait peut estre receuë. Aussi Monsieur Dargentré ajoûte au mê-
5 me endroit, pour expliquer cette Maxime, que celuy qui dit avoir presté à un autre une somme de cent livres, qu'il luy a nombrée & délivrée, peut prouver par témoins, le fait de cette numeration, quoy qu'il ne pûst pas prouver par témoins la stipulation & le prest. Ce qui est, dit-il, decidé par Bartole & par les Docteurs sur la Loy *Certi condictio §. quorum ff. si cum petatur*. Ainsi, dit-il, celuy qui allegue que son Creancier l'a quitté verbalement de ce qu'il luy doit, ne peut pas prouver ce fait par témoins, mais s'il allegue qu'il luy a nombré & délivré réellement la somme qu'il luy devoit, le fait est recevable par témoins. Boiceau dans le chapitre 9. de cette premiere Par-
6 tie, decide la même chose, & dit que c'est un expedient pour obtenir la preuve par témoins, sans contrevenir à l'Ordonnance : mais on peut dire que cet expedient peut estre fort dangereux, & doit estre rarement mis en usage ; car il s'ensuivroit delà qu'il dépendroit de la foy de deux témoins de prouver une convention par cette voye indirecte, c'est-à-dire en n'articulant pas qu'il y ait eu de convention, mais seulement une numeration de deniers, ou en alleguant qu'une personne a en sa possession quelque effet appartenant à un autre, quoy qu'elle ne l'aye qu'en vertu d'une convention verbale. Il est vray que la condiction & la revendication ont lieu parmy nous, comme en Droit Romain, & qu'il est permis de se faire rendre son bien par ceux qui en ont usurpé la possession; & qu'à l'égard des choses mobiliaires, la preuve de cette injuste détention est favorable, mais le Juge doit prendre garde de ne pas contrevenir à l'esprit de l'Ordonnance, sous prétexte de pareil fait. Il faut y joindre de fortes présomptions resultantes de la qualité des personnes, & des liaisons d'affaires qu'elles ont pû avoir ensemble, suivant

lesquelles circonstances, le Juge doit accorder ou refuser la preuve; & c'est ainsi que doit s'entendre l'opinion de Monsieur Dargentré, de Boiceau & des Docteurs sur ce sujet, parce que le cas de dol est toûjours excepté de la Loy, ainsi qu'il sera expliqué plus au long en parlant des Contrats simulez. A l'égard de ce que dit Monsieur Dargentré au sujet de la preuve par témoins, d'une Quittance verbale, cette Question sera examinée dans le dernier Chapitre de ce Traité.

Post mortem filii sui. Qui ut materfamilias, quasi jure emancipata vixerat & Testamento scriptis hæredibus decessit adversus factum suum Quasi non jure cã, nec præsentibus testibus emanciparit, pater movere controversiam prohibetur.

Vrevin dans ses Observations sur cet article 54. de l'Ordonnance de Moulins chap. 8. demande si le Juge par une Sentence interlocutoire a appointé les Parties à faire preuve par témoins contre la disposition de cette Ordonnance, il pourra s'en dédire & revoquer cette Sentence, par celle qu'il rendra diffinitivement au préjudice de celle des Parties à laquelle il a accordé de faire cette preuve, & il dit qu'il est certain que la forme essentielle introduite par cette Ordonnance, ne peut recevoir d'atteinte, il cite la Loy *post mortem ff. de adoption.* sur laquelle est établi la maxime que l'on ne peut revenir contre son propre fait, il cite la Loy *Statutis*, au Code *de Sentent. ex Periculo recit.* a il pouvoit citer encore la Loy précedente, laquelle décide que quand la Sentence a esté une fois redigée par écrit par le Juge & prononcée aux Parties, il ne peut plus y rien changer ny la corriger, laquelle Loy s'entend d'une Sentence diffinitive seulement, parce que le Juge n'a plus de fonction & a consommé son pouvoir, mais à l'égard d'une Sentence interlocutoire, il peut la revoquer suivant la Loy *quod jussu ff. de re judicata*, citée par Monsieur Cujas *eod. Tit.* si ce n'est que par cette Sentence interlocutoire il cessast d'estre Juge, comme a remarqué Aufrerius, *Dec. cap. Thol.* 5. 180. Ainsi dans l'espece cy-dessus, le Juge pourroit du moins ne point avoir égard à l'enqueste qu'il avoit ordonnée, comme estant contraire à l'Ordonnance, contre laquelle il n'y a point de fin de non-recevoir, comme dit Vrevin, suivant l'autorité des Docteurs qu'il cite au même endroit. 7

a *Ex periculo id est ex libello.* Cujac. ad D. l.

Sed nec sit eis posthac copia corrigendi, vel mutandi. l. hac lege. C. 5. c. Tit. Vrevin cite plusieurs autres autoritez sur cette Question, qui ont esté obmises, parce qu'elle ne fait plus de difficulté dans l'usage.

Le même Vrevin *ibid.* chap. 4. decide par la même raison, que quand une Partie auroit renoncé expressément à l'exception qui resulte de cette Ordonnance, & se seroit soûmise à la preuve par témoins pour une somme au dessus de cent livres, neanmoins cette convention ne seroit pas receuë, parce qu'il est de maxime que les particuliers ne peuvent déroger par leurs conventions à ce qui est de Droit public.
Vrevin 8

9 Vrevin demande encore si au cas que le deffendeur eust obmis d'alleguer la fin de non-recevoir qui resulte de cette Ordonnance en sa faveur, pour empescher la preuve, le Juge peut suppléer d'office cette exception, c'est-à-dire refuser la preuve, quoy que celuy qui a interest qu'elle ne soit pas admise, ne s'y oppose pas.

Et il est certain, dit Vrevin, qu'il peut la suppléer, ce qui est constant. La raison est que cette Ordonnance est adressée directement aux Juges, & leur deffend d'admettre la preuve par témoins au dessus de cent livres ; ainsi ils sont obligez de garder l'Ordonnance indépendamment du fait des Parties.

10 Enfin le même Vrevin chap. 3. décide que cette Ordonnance a lieu, & doit estre observée dans les Procés qui concernent les Ecclesiastiques, ce qui est sans difficulté. L'Ordonnance de 1667. qui a la même disposition que celle de Moulins, ayant même déclaré par l'article 1. que les Juges des Ecclesiastiques sont tenus de juger conformément à ces dispositions, à peine de nullité.

11 Mais la difficulté est de sçavoir si l'Ordonnance de Moulins doit estre observée entre étrangers, & il faut distinguer si la convention qu'ils ont faite, a esté passée hors de France, & que dans le païs où elle a esté passée, la preuve par témoins d'une convention soit permise, il faut suivre la Loy du Païs, où on pretend qu'elle a esté faite & l'Ordonnance n'y auroit pas lieu, suivant la Loy *si fundus ff. de evict*. La Loy *Circa. cod. de locat.* citée par du Moulin §. 33. Gl. 1. n. 86. C. de Par. sur cette Question, Guy Pape quest. 262. rapporte la Distinction de Cynus receuë dans nostre usage ; sçavoir que quand il s'agit du style & de la procedure, il faut se regler par la Coûtume & par les Ordonnances du lieu où le Procés est pendant : mais quand il s'agit du fonds & de ce qui est décisif de la contestation, on doit suivre la Coûtume du lieu où l'Acte a esté passé. C'est pourquoy il a esté jugé par deux Arrests rapportez par Brodeau sur Monsieur Loüet l. c. n. 42. que la preuve par témoins devoit estre admise entre deux Anglois, plaidans en France touchant un Contrat par eux passé en Angleterre, où le Droit écrit est suivi. Ainsi on a jugé que l'Ordonnance de Moulins ne concerne pas seulement l'instruction de la procedure, mais qu'elle regarde le fond de la contestation ; En effet, en deffendant la preuve par témoins d'une convention qui n'a point esté redigée

par écrit, cette convention devient de nul effet, comme si elle n'avoit jamais esté faite.

Au contraire, si la convention a esté passée en France, par exemple, entre deux Anglois, & que le Procés y soit pendant, la preuve par témoins n'y doit pas estre admise, par la raison des mêmes Loix, qui veulent que ceux qui contractent sont censez contracter suivant les Loix du Païs où ils contractent.

12. Voilà à peu prés les Observations que l'on peut faire sur le premier Chapitre de Boiceau : il faut commencer d'examiner en cet endroit les dispositions des Ordonnances des Païs étrangers touchant la preuve par témoins & la preuve par écrit, dont quelques-unes sont tirées de l'Ordonnance de Moulins, & les autres estans fondées sur les mêmes motifs, & ayans des dispositions qui en approchent, quoy que plus ou moins étenduës, ont donné lieu à plusieurs celebres Jurisconsultes qui les ont commenté, d'agiter plusieurs Questions particulieres qui peuvent arriver parmy nous, & dont Boiceau n'a point parlé. Cette Conference de nostre Jurisprudence avec celle des autres Nations, en ce qu'elle approche de nos mœurs, servira à établir quel est le veritable droit commun sur une matiere si importante, & qui ne peut estre trop éclaircie.

13. De toutes les Ordonnances faites dans les païs étrangers qui ont restraint la preuve par témoins, la plus conforme à celle de l'Ordonnance de Moulins est l'article 19. de l'Edit perpetuel des Archiducs Albert & Isabelle, dont les termes sont transcrits au commencement de ce Traité ; lequel a esté tiré & est presque copié mot à mot sur l'article 54. de l'Ordonnance de Moulins, & est fondé sur les mêmes motifs, ainsi que le reconnoist Antonius Anselmo, qui a fait un Commentaire fort estimé sur cet Edit. Cet article 19. est même plus étendu que l'article 54. de l'Ordonnance de Moulins, en ce qu'il comprend les Testamens.

14. Le même Anselmo observe d'abord dans ce Commentaire que la disposition de cet article 19. n'est point observée en la Province de Haynault, parce que la Coûtume de ce Païs, qui a esté publiée depuis, y est contraire dans l'art. 1. chap. 17. & article 3. chap. 115; mais depuis que cette Province est soûmise à la France, l'Ordonnance de 1667. qui est posterieure à la publication de cette Coûtume, y a dérogé. Et cependant on pretend que ny dans cette Province, ny dans tout le ressort du Parlement de Tour-

nay, cette Ordonnance n'est point observée, mais que l'Edit perpetuel y est seulement en usage. Dans la Province d'Artois, l'Ordonnance de Moulins n'a jamais esté verifiée, & l'article 19. de l'Edit perpetuel y a esté religieusement observé jusqu'en l'année 1689. que l'Ordonnance de 1667. a commencé d'y estre en usage; & depuis ce temps on y a concilié ces deux Ordonnances, & on n'y a plus receu la preuve par témoins que conformément aux articles du T. 20. de l'Ordonnance de 1667.

15 Anselmo remarque ensuite qu'on ne peut alleguer aucune fin de non-recevoir contre la disposition de cet article 19. & que quand le Juge auroit permis la preuve contre les deffences portées par cet article, on ne doit y avoir aucun égard, suivant qu'il a esté ordonné par un Placart du 11. Decembre 1631. dont il rapporte les termes au même endroit, & il ajoûte que les Ecclesiastiques y sont aussi sujets, parce qu'il a esté fait pour le bien public.

16 Joannes Romelius, tres-habile Jurisconsulte Flamand, sous pretexte que cet article 19. ne rejette la preuve par témoins que quand elle est articulée contre des Actes par écrit, a soûtenu dans une Dissertation faite exprés, que cet Edit n'avoit point deffendu la preuve par témoins des conventions verbales, & il a épuisé sur ce sujet tout ce qui se pouvoit dire pour soûtenir son opinion, qui a eu cours quelque temps en Flandres; mais elle est refutée par Anselmo §. 10. sur cet article 19. & elle a esté condamnée depuis par deux Placarts des Archiducs, des 12. Avril 1614. & notamment par celuy du 3. Novembre 1631. qui porte que des Contrats touchant chose excedant en valeur 300. Florins, ne peut estre receu autre preuve que par écrit, & non par témoins.

17 Anselmo §. 8. & Romelius §. 61. sur cet article 19. conviennent que quand il n'y a point d'Acte par écrit, & que la preuve par témoins n'est pas admissible, le Demandeur peut déferer le serment au Deffendeur, suivant la Loy *Sed & si ff. de jurejur.* Anselmo rapporte deux Declarations du Roy d'Espagne, intervenuës sur la difficulté que les Juges faisoient d'abord de recevoir cette preuve par le serment, parce que l'Edit perpetuel n'admettant que celle par écrit, sembloit exclure toutes les autres preuves. La premiere Declaration est de 1622. & la seconde de 1624. qui outre qu'elle permet la preuve par témoins, ajoûte encore la preuve par la reconnoissance ou confession judi-

ciaire, & la preuve qui refulte de ce qui fe trouve écrit fur les Livres des Marchands.

A l'égard du ferment, Romelius autorife la difpofition de ces deux Declarations par le fentiment d'Alexandre en fon Confeil 37. vol. 2. & par celuy d'Anton. Faber *C. de Probat. defin.* 3. il ajoûte même que la preuve par le ferment a efté auffi receuë en France, fuivant les Arrefts rapportez par Guenois en fa Conference des Ordonnances, & par Maynard *L.* 1. *queſt. C.* 80. *n.* 5. mais comme cette matiere eft frequente dans l'ufage, il eft bon d'en approfondir les maximes.

In bonæ fide cótractibus, nec non in cæteris cauſis inopia probationū per judicem jurejurando cauſa cognita res decidi oportet.

La Loy 3. C. *De reb. creditis & jurejurand.* decide que non feulement dans les Contrats de bonne-foy, mais même en tout autre cas, quand il n'y a point de preuve, le Juge en connoiffance de cauſe doit déferer le ferment à l'une des Parties. Monfieur Cujas fur cette Loy dit qu'il eft d'autant plus jufte de permettre au Juge de déferer le ferment, qu'il eft même permis aux Parties de fe le déferer l'une à l'autre, & qu'il eft des maximes que quand il n'y a qu'une femy-preuve, il faut de neceffité avoir recours au ferment.

La difficulté eft de fçavoir en quels cas cette preuve par le ferment doit eftre admife. Perezius fur le *T. C. de reb. cred. & Jur.* dit qu'il faut faire grande difference entre ce que la Loy cy-deſſus citée, appelle *Inopiam probationum, & defectum probationum.* Par ce mot *inopia*, la Loy, dit-il, n'a entendu parler que des cas où il y a quelques preuves du fait, mais qui ne fuffiſent pas pour convaincre & pour déterminer le Juge; & c'eſt en cette occafion que le ferment peut eftre déféré, mais *in defectu probationum*, quand il n'y a abſolument aucune preuve du fait dont il s'agit, alors le Juge ne peut déferer le ferment, & il doit renvoyer le Deffendeur abſous de la demande qui luy eſt faite, fuivant la maxime ordinaire, *Actore non probante reus abſolvitur*.

L. 4. C. de edendo. Sed quando à judice deferatur, bene eſt ut videamus. Et quidem ſi actor nihil probaverit de intentione ſuâ, reus eſt abſolvendus etiam ſine juramento.

Azo fur le *T.* 1. *C. de reb. cred. n.* 10. dit auffi que le Deffendeur en ce cas doit eftre renvoyé abſous fans prefter le ferment; excepté, dit-il, dans les cas où la Loy le défere elle-même au Deffendeur pour fa décharge: mais fi le Demandeur a une preuve femipleine, comme par la dépofition d'un témoin, &c. le Juge défere le ferment au Demandeur, notamment s'il s'agit de peu de choſe, & que ce Demandeur foit un homme de probité. Joa. Faber fur la même Loy, *In bonæ fidei. eod. T. in verb. cauſa cognita*, dit auffi: & fi le Demandeur ne prouve point

en Matiere Civile.

sa demande, le Deffendeur est renvoyé absous, & que s'il prouve quelque chose, ou qu'il y ait quelque presomption pour luy, alors cette Loy a lieu, & ce serment, dit-il, est toûjours déferé au Deffendeur, *cæteris paribus*, s'il n'y a quelque juste raison qui oblige de le déferer au Demandeur.

Nisi in quibus casibus lex defert sacramentum ad purgationem sui.

Monsieur Cujas Observ. l. 22. ch. 28. distingue aussi *inter inopiam, & defectum probationum*, quand il n'y a nulle preuve de la demande, dit-il, le Juge doit absoudre le Deffendeur, mais s'il y en a quelques-unes, lesquelles soient douteuses, en ce cas il doit exiger le serment de l'une ou de l'autre des Parties, comme la chose estant douteuse.

Aut actor probat, & reus absolvitur aut probat aliquid vel alias est præsumptio pro eo, & tunc obtinet hac lex.

Defectus est si nulla suppetant probationes ac tum judex omnimodo reum absolvere debet, inopia est si quædam suppetant, sed ancipites. Aut parum idoneæ ac tum judex ab uno litigatore jusjurandum exigere potest quasi dubia causa, ut ait l. 31. ff. de jurejur. aut dubia probatione argumentorum & testium forte qui ex utraque parte producuntur.

Maistre Charles du Moulin sur ce T. 1. Code, aprés avoir decidé que le serment doit toûjours estre déferé par le Juge à celuy qui n'a qu'une semipreuve, *nisi causa sit criminalis, ardua etiam pecuniaria, beneficialis, feodalis, matrimonialis, spiritualis vel infamiam irrogans*, (ce qui reçoit pourtant plusieurs distinctions dont Joa. Faber, & les Docteurs parlent sur ce Titre) decide que la raison pour laquelle la Loy défere ce serment, est ce qu'elle appelle, *inopia probationis*, c'est-à-dire quand la chose dont il s'agit, n'est qu'à demi prouvée; car si cette chose estoit entierement prouvée, le serment, dit-il, ne seroit plus necessaire, & quand même la Coûtume l'exigeroit, on ne pourroit pourtant y contraindre celuy qui a prouvé ce qu'il demande, de même qu'on ne peut le déferer quand il n'y a aucune preuve. Il n'y a donc, dit-il, que le cas auquel on ne peut pas dire qu'il n'y a rien de prouvé, c'est-à-dire, où la chose n'est qu'à demy prouvée. Il ajoûte que cela doit aussi s'entendre quand la chose est prouvée seulement par des conjectures, des indices & des presomptions, auquel cas le serment luy est accordé par supplément de preuve, suivant le sentiment de Bartole & d'Alexandre *de imola*: mais il faut, dit-il, que les présomptions, les indices & les conjectures soient graves, raisonnables & concluantes. Et quoy que les présomptions, les indices & les conjectures soient d'elles-mêmes des preuves imparfaites, neanmoins il s'en fait une preuve parfaite, *Ne scilicet probationes redigantur in augustum*.

Relinquitur ergo ut juramentum deferatur quando non est penitus nihil probatum.

Quod hoc sit intelligendum de conjecturis præsumptionibus, judiciis gravibus bonis, efficacibus non autem de frivolis & stultis.

G iij

Du Moulin explique en cet endroit quatre espeçes de semypreuve, *per testem, per scripturam privatam, per cōparationum litterarum, per fugam*; c'est-à-dire quand la Partie assignée fuit, & manque de comparoistre en Justice, ou de fournir de deffences.

Ainsi Perezius a raison de n'estre pas de l'avis de Donellus 20 l. 24. Comment. c. 11. n. 5. & de Duaren chap. 3. *ff. de jurejur. & l. 2. dispunct. chap.* 34. qui expliquent les mots, *dubiis causis*, dont se sert cette Loy, des cas où la preuve est également concluante de la part du Demandeur & du Deffendeur ; car cette Loy s'entend aussi des cas où l'une des Parties a une preuve semipleine de ce qu'il avance, ce qui est conforme à nos mœurs.

On demande sur ce sujet si dans le cas où la preuve par témoins n'est pas recevable, suivant l'Ordonnance de Moulins, 21 ou dans les cas où il y a une fin de non-recevoir, qui resulte de quelque prescription acquise en faveur du Deffendeur, la preuve par le serment peut estre receuë, par exemple, dans les cas où la Coûtume introduit la fin de non-recevoir contre les Marchands en gros ou en détail, aprés un an ou aprés six mois. Et il est certain que le Deffendeur dans tous ces cas est obligé de prester le serment. Brodeau le decide ainsi sur Monsieur Loüet l. S. n. 4. au sujet de la fin de non-recevoir, qui resulte de l'article 67. & 68. de l'Ordonnance de Louis XII. qui porte que dans un an les serviteurs doivent demander leurs salaires, sinon seront deboutez, & que dans ladite année ils ne pourront demander que les gages des trois dernieres années qu'ils auront servy, si ce n'est qu'il y eust convention, obligation par écrit, ou interpellation & sommation suffisante, ce qui a lieu aussi dans les autres prescriptions introduites par les Coûtumes, comme Brodeau prouve, *ibid.* suivant la Loy 34. *ff. de jurejurando manifestæ turpitudinis*, est nolle jurare nec juramentum referre.

Et quand il n'y auroit pas la moindre présomption en faveur du Demandeur, il peut neanmoins déferer le serment au Deffendeur. Perezius dit en l'endroit cy-dessus cité n. 20. que quoy que le Demandeur ne prouve rien, l'opinion receuë dans l'usage, & la plus conforme aux Maximes du Droit, est de déferer le serment au Deffendeur, suivant la Loy *Manifeste ff. de jurejur.* parce que c'est rendre le Deffendeur Juge en sa propre Cause, suivant la Loy finale, *inst. de fideicommissis*, qui est aussi rapportée par M. Ricard en son Traité *Des Substitutions* ch. 4. n. 135. & à laquelle il ne met aucune limitation.

Car il faut faire difference entre le serment volontaire & le 22 serment necessaire. Le premier est celuy qui est déferé ou referé en Jugement ou hors Jugement, par une Partie à sa Partie, & en ce cas il ne faut nulle preuve pour estre en droit de le déferer ou de le referer à celuy qui l'a déferé : mais à l'égard du serment appellé necessaire, qui est celuy que le Juge d'Office défere à l'une des Parties, & qu'on appelle *Suppletorium*, c'est-à-dire qui supplée à la preuve de l'une des Parties qui n'est pas complete, ce serment ne peut estre déferé par le Juge que quand il y a demy preuve du fait en question, & quand il n'y a que des présomptions, des indices & des conjectures, elles doivent estre graves & concluantes, ainsi que dit Maistre Charles du Moulin, comme il a esté remarqué cy-dessus.

Et hoc obtinet in juramento judiciali nam necessarium deferri non potest nulla probatione proposita, cui illi locus sit dumtaxat quando de supplenda probatione agitur atque ideo aliquam præcessisse oportet alias absolvetur reus. Perezius ib. n. 21.

23. On demande si aprés que l'une des Parties a affirmé par serment une chose, l'autre Partie peut demander à faire preuve du contraire par témoins ou par écrit. Surquoy il faut distinguer si le serment a esté déferé volontairement par l'une des Parties à l'autre, laquelle l'a accepté & presté en consequence, parce qu'en ce cas-là l'on regarde ce serment comme une convention & une transaction. La preuve du contraire n'est pas recevable, même par écrit, parce que le serment en ce cas éteint l'obligation civile & naturelle, dit la Loy 40. ff. *de jurejurand.* & il ne s'agit plus de sçavoir si la chose en contestation est deuë, mais si celuy qu'on soûtenoit la devoir, a juré qu'il ne la devoit pas. Monsieur Louet l. S. n. 4. en rapporte un Arrest du mois d'Aoust 1573. & Brodeau en rapporte d'autres.

Mais si le serment a esté déferé par le Juge comme un supplément de preuves, quoy que l'une des Parties ait juré qu'il ne devoit rien, le Demandeur sera receu à prouver le contraire, parce que ce n'est pas luy qui a déferé le serment, mais qu'il a esté déferé malgré luy, & par l'autorité du Juge, mais cette preuve doit estre par écrit, celle par témoins ne seroit pas receuë; parce que la Sentence du Juge qui est intervenuë, est une preuve par écrit qui ne peut se détruire que par une autre preuve par écrit; & cette décision est fondée sur la Loy 31. ff. *de jurejurand.* qui distingue en ce cas le serment volontaire & le serment necessaire.

24. Et dans tous les cas où le serment est déferé par la Coûtume ou par l'Ordonnance, Maistre Charles du Moulin T. 1. des Fiefs §. 9. gl. 6. n. 29. pose pour Maxime, que le Juge ne doit point ajoûter foy au serment d'une Partie qui affirmeroit une chose qui ne seroit pas vray-semblable, & contre laquelle affirmation il y auroit des presomptions du contraire, ce qu'il prouve par le sentiment de Bartole, d'Alexandre & autres Docteurs : mais dans

Est enim maxima quod ubicunque de jure statuto vel consuetudi-

ne standum est juramēto alicujus intelligitur si verisimilia asserat secus si præsumptio sit in contrarium.

ce cas le Juge ne doit pas même déferer ce serment sur des faits qui ne sont pas vray-semblables, & s'il avoit déferé le serment, sur pareils faits il y auroit lieu d'interjetter appel de la Sentence.

Mais si le Juge a déferé le serment *in litem* contre celuy qui 25 par violence & voye de fait, a fait quelque dommage à un autre, aprés la preuve faite par témoins de cette violence; en ce cas le Deffendeur ne peut aussi estre receu à faire preuve du contraire, ainsi qu'a remarqué Monsieur le Prestre Cent. 1. ch. 65. aprés Monsieur Tiraqueau qu'il cite; & le Juge, dit-il, avant que de déferer le serment *in litem*, à celuy qui a souffert le dommage, doit oüir témoins & informer sur les facultez du Demandeur, & sur la verité de sçavoir s'il avoit les choses qu'il dit luy avoir esté enlevées de force, mais cela ne se pratique point à present, c'est au Juge à se déterminer par la qualité & par les circonstances du fait, à fixer au Demandeur une somme plus ou moins forte, pour tenir lieu d'estimation du dommage qui luy a esté fait.

Et même le Juge aprés luy avoir déferé ce serment, & aprés 26 qu'il l'a presté, peut encore ne le pas suivre, en condamnant le Deffendeur à moins que ne se monte la somme, à concurrence de laquelle il avoit déferé le serment au Demandeur. Il peut même renvoyer le deffendeur absous de la demande, suivant la Loy *in actionib. ff. de in litem jurando* ; mais il faut, dit Monsieur le Prestre, que ce soit pour des raisons tres-fortes, & de nouvelles preuves survenuës depuis.

Monsieur Lange dans sa Pratique T. des Sermens, dit en ge- 27 neral que la preuve est permise contre l'affirmation d'un tiers, entre les mains duquel un Creancier a fait saisir ce qu'il devoit à son debiteur. On peut demander si cela se doit entendre de la preuve par témoins ou de la preuve par écrit, & il est certain que du moment que ce tiers a esté assigné pour affirmer, le saisissant est censé luy avoir déferé le serment, & ainsi il doit suivre son affirmation, il faut une preuve par écrit pour détruire la preuve qui en resulte;mais si le saisissant articule que l'affirmation est frauduleuse,& qu'il y a de la collusion entre son debiteur, & celuy qui a fait l'affirmation, il semble que s'agissant de fraude & de dol, dont l'Ordonnance de Moulins n'a point deffendu la preuve par témoins, elle devroit estre reçuë en ce cas : neanmoins il faut dire le contraire, car cette affirmation, quelle qu'elle soit, est une

une preuve à la décharge du debiteur, à laquelle le Demandeur s'est soûmis, & qu'il doit suivre; autrement il seroit aisé de revenir contre l'autorité des choses jugées, & contre son propre fait.

Autre chose seroit si le Demandeur en faisant assigner le debiteur de son debiteur, pour affirmer ce qu'il luy doit, demande par le même Exploit à faire preuve qu'il luy doit une somme; car si cette somme est au dessus de cent livres, il peut y estre receu comme il y seroit receu contre son debiteur, dont il n'auroit point d'Acte ou Promesse par écrit.

Et si le debiteur du debiteur rapporte depuis l'assignation qui luy a esté donnée pour affirmer, une Quittance sous seing privé de la somme qu'il devoit à ce debiteur, & affirme que la Quittance n'est point antidatée, la preuve par témoins du contraire ne doit pas estre receuë par la même raison cy-dessus; car quoy que cette Quittance puisse estre suspecte d'antidate, neanmoins il suffit que le Creancier qui a saisi entre ses mains, l'ait assigné pour affirmer, c'est-à-dire qu'il se soit rapporté à son serment.

Mais s'il ne l'a point fait assigner pour affirmer, mais qu'il ait demandé simplement à faire preuve qu'il devoit à son debiteur une somme moindre de cent livres, cette Quittance sous seing privé n'empeschera pas qu'il ne soit receu à la preuve par témoins, parce que cet Acte n'est point autentique, & ne fait point foy en Justice, & qu'estant fait entre personnes suspectes, on y peut fort bien appliquer la maxime ordinaire, *Res inter alios acta, neque prodest, neque nocet*; & au contraire cette Quittance peut même tenir lieu en certain cas de commencement de preuve par écrit de la collusion de celuy entre les mains duquel le Creancier a saisi, & de celuy sur lequel il a saisi, ce qui dépend des circonstances.

26 Monsieur Lange dans le même endroit dit que la preuve est receuë si la Partie interrogée sur faits & articles, a dénié un fait veritable. Dans la regle generale cela ne se doit entendre que de la preuve par écrit, parce que l'interrogatoire sur faits & articles, est une delation de serment par le Demandeur au Deffendeur. C'est pourquoy l'Ordonnance de 1667. T. 10. art. 4. veut que les réponses du Deffendeur sur chaque demande, soient tenuës pour confessées & averées.

27 C'est encore une question de sçavoir si la déposition d'un seul

H

témoin fait une demie-preuve, & si le Juge en conséquence de cette déposition unique, doit déférer le serment au Demandeur contre le Deffendeur pour supplement de preuve. Quoy que les Docteurs soient partagez sur ce qu'on doit appeller une demie preuve, la pluspart demeurent d'accord que la déposition d'un seul témoin doit estre regardée ainsi : mais quant à nos mœurs, Imbert Pract. Civ. l. 1. ch. 50. atteste que cet usage de déférer le serment sur la déposition d'un seul témoin, n'est point observé en France, à cause de la facilité que les hommes ont aujourd'huy de jurer & de faire serment. Ce qui, dit-il, retranche toutes les difficultez que font les Docteurs, pour sçavoir quand une preuve est semipleine, ou quand elle ne l'est pas.

28. Les autres difficultez concernant les cas où la preuve par témoins peut estre receuë contre le serment, seront examinées dans le Chapitre 11. qui traite du Retrait, en parlant des Coûtumes qui admettent la preuve par témoins en faveur du Retrayant contre la teneur du Contrat d'acquisition, & nonobstant l'affirmation du prix par l'acquereur.

29. Romelius §. 65. sur l'article 19. de l'Edit perpetuel, observe que dans les Païs-Bas, nonobstant cet Edit, qui semble n'admettre que la preuve par écrit, si le Demandeur n'a point de preuve, le Juge peut permettre l'interrogatoire sur faits & articles, s'il le juge à propos, ce qui a toûjours esté observé en France, suivant l'Ordonnance de 1539. art. 37. & le T. 10. de l'Ordonnance de 1667.

30. On demande de quelle utilité est cet interrogatoire, & par quel motif il a esté permis, la Loy *cum qui ff. de jurejur.* dit que cet interrogatoire sert à décharger le Demandeur de la necessité de prouver sa demande, c'est pourquoy les faits doivent estre pertinens, suivant la definition que donne Joan. Audreas de cet interrogatoire, appellé par les Docteurs *positio*. Joan. Constant sur l'article 37. de l'Ordonnance de 1539. examine à fonds de quelle qualité doivent estre ces faits.

Positio est brevis narratio, facilū sentinens ad eliciendam veritatim conceptat.

31. Romelius demande si une personne a reconnu verbalement devoir une somme à un autre sans estre interrogée sur faits & articles, & hors jugement, la preuve par témoins de cette reconnoissance verbale sera permise, nonobstant l'Edit perpetuel, & il decide qu'elle n'est pas recevable, suivant le sentiment d'Alciat *ad legem cum te*, Cod. *de Transac.* lequel dit que cette preuve de la reconnoissance verbale d'une dette faite par une personne, est la

plus incertaine de toutes les preuves, ce qui est conforme au sentiment de Balde sur la Loy cy-dessus citée : *Qui hoc casu non admitti positionem confessionis censuit, quod enim testibus probari non potest, nec poni potest*, & cette maxime est aussi receuë dans nostre usage, la preuve par témoins d'une semblable reconnoissance n'estant pas permise, si ce n'est qu'il s'agist d'une somme au dessous de cent livres.

32. Autre chose est, dit Romelius, si on a articulé que la Partie a confessé le fait en Jugement ou devant un Arbitre, pardevant lequel la contestation avoit esté renvoyée : & c'est aussi en ce cas que la Loy decide que celuy qui confesse, se juge & se condamne luy-même ; Romelius ajoûte que cela a lieu aussi en France, ainsi que rapporte Charon l. 7. Respons. chap. 20. nonobstant l'art. 54. de l'Ordonnance de Moulins.

33. Joseph de Sesse dans son Traité *De inhibitionibus*, observe que quoy que par les Ordonnances du Royaume d'Arragon, la preuve par témoins soit deffenduë contre les Actes par écrit, neanmoins cela n'a lieu qu'à l'égard de ceux qui sont Parties dans l'Acte, & non pas au préjudice d'un tiers qui n'y a point parlé. Cette Maxime a lieu aussi suivant nos mœurs, & elle sera expliquée plus au long au chap. 7. qui traite des Contrats simulez.

34. Horatius Carpanus sur le Statut 88. de la Ville de Milan, dont le texte est rapporté au commencement de ce Traité, & lequel deffend la preuve par témoins en plusieurs cas, observe que ce Statut n'y est pas observé à la Lettre, & que nonobstant cette prohibition, on permet la preuve par cinq témoins ou même par trois ; pourveu, dit-il, que ce soient des témoins hors de tout reproche, qu'il appelle *legalissimi*, & cite Rebuffe, *In Concordat. in rubrica de regia ad Prælat.* & Tiraqueau *Tract. de pœnis temperand. causa* 31. n. 117.

Anselmo §. 7. sur l'article 19. de l'Edit perpetuel remarque aussi qu'en Flandres, on prétendit d'abord que le témoignage de cinq témoins estoit recevable contre un Acte par écrit, nonobstant cet Edit, mais que sur cette difficulté, le Roy par un Placart donné à Bruxelles le 12. May 1634. declara que les termes de l'article 19. de l'Edit perpetuel estoient assez clairs, & qu'ils excluoient toute autre preuve par témoins, encore qu'en nombre de cinq.

35. Carpanus au même endroit cy-dessus cité, aprés avoir dit que la preuve par témoins est valable, si la Partie qui a esté

Inhibitio & juris firma significent exceptionem. Quod licet in regno cõtra instrumentum non admittatur probatio per testes secundum observantium regni, illud tamen intelligendum est respectu personarũ cum quibus instrumentum reperitur confectum secus vero quo ad extraneos, quia illi bene poterunt probare contra instrumentũ per testes.

en droit de l'empescher, suivant ce Statut, ne s'y est point opposée, avoüe que si le Juge l'a permise malgré ce Statut elle est nulle, & qu'il est permis d'appeller de la Sentence qui avoit jugé le Procés sur le fondement de cette preuve.

36. Mais afin de ne pas contrevenir directement à la prohibition portée par ce Statut, Carpanus dit qu'on s'est avisé à Milan d'un expedient dont on se sert aussi à Naples. Celuy qui demande à faire preuve par témoins d'une Convention, ou d'une Promesse, expose par une Requeste au Juge que cette personne a promis de passer un Acte par écrit de cette convention ou de cette promesse, & conclut à ce qu'il soit ordonné que cette personne sera tenuë de passer cet Acte par écrit, suivant qu'elle l'a promis, ce qui est tiré, dit Carpanus, du sentiment de Balde en son Conseil 133. n. 2. vol. 5. de Salycet. *l. Si quis argentum §. final. n.* 10. *C. de Donat.* & de Felin *Cap. accedens n.* 4. *quo instrumento facto*, ajoûte Carpanus, *insurget probatio ad forum hujus statuti*, & il est permis, dit-il, de prouver par témoins que cette personne a promis de passer cet Acte : mais cet expedient est injuste & contraire à l'esprit de la Loy : outre que la promesse de passer un Acte, estant une veritable Convention, la preuve n'en doit pas estre permise par témoins, aussi en France, suivant l'Ordonnance de Moulins & celle de 1667. le deffendent, y seroit non recevable en ce cas.

37. Ce Statut de Milan, dit le même Auteur, n'a point lieu aussi entre les Laics, quand ils plaident devant le Juge d'Eglise, ny entre les Ecclesiastiques quand ils plaident devant le Juge Laic, ny quand il s'agit de la Cause pie, mais ces exceptions particulieres n'auroient pas lieu en France.

CHAPITRE II.

En quels cas & en quelles Obligations l'Ordonnance de Moulins a lieu.

SOMMAIRE.

1. *Explication de ces mots de l'Ordonnance*, De toutes choses, &c. *& leur étenduë.*
2. *Division de la premiere Partie.*

en Matière Civile.

de ce Commentaire sur l'Ordonnance de Moulins en six autres.
3. Premiere decision generale sur les obligations qui naissent d'un Contrat.

4. Quatre exceptions, Sçavoir, Dans le dépôt, le mariage, les conventions matrimoniales, les Contrats simulez, & les marchez faits durant les Foires.

De toutes choses, &c.

1 C'EST dans ces mots que consiste toute la force de cette Ordonnance, qui comprend generalement toutes choses ; en sorte qu'il sembleroit d'abord qu'il faudroit ici traiter de toutes les affaires qui peuvent arriver entre les hommes, lesquels mots neanmoins ne doivent s'entendre que des conventions que les hommes ont coutume de faire les uns avec les autres, comprises sous ces deux mots d'Ulpian, gesserunt, contraxerunt, qui renferment tous les Contrats qui se peuvent faire entre-vifs, soit par la tradition d'une chose, soit verbalement, soit par écrit, soit par un consentement reciproque par consequent puisque cette Ordonce parle en general de toutes choses, elle doit s'entendre de tous meubles & immeubles, des choses corporelles & incorporelles qui tombent dans le commerce.

Mais la principale question est de sçavoir si elle s'entend generalement de toutes sortes d'Obligations, quelles qu'elles soient ; & afin d'examiner cette question avec ordre, nous parlerons : *Primò*, De 2 toutes les Obligations, soit de celles qui viennent en consequence d'un Contrat ou quasi Contrat, soit

Hic est tota vis istius Legis, quæ generaliter loquitur de omnibus rebus, adeo ut prima fronte videatur omnes res nostras, omniaque nostra negotia describi oportere. Quod tamen de pactionibus, conventionibus, & contractibus inter homines fieri solitis intelligi debeat, & de quibus pacisci consueverunt, ut passim in Jure reperitur sub his verbis, *Gesserunt, contraxerunt, &c.* ab Ulpiano notatis : *a* quæ ad omnes contractus inter vivos referuntur *b*, sive re, sive verbis, sive literis, sive consensu fiant. *c* Cùm ergo hæc Constitutio in genere de omnibus rebus loquatur, intelligitur de rebus mobilibus & immobilibus, corporalibus & incorporalibus, in commercio hominum versantibus.

a In L. Labeo. ff. de ver. significe.
b L. Verba gesserunt. ff. eodem.
c § fin Inst. de oblig.

Sed præcipua quæstio in hoc versatur, utrum de omnibus obligationibus cujuscunque generis intelligatur. Quæ quæstio ut ordine discutiatur : Primo loco disseremus de omnibus obligationibus, sive quæ ex contractu nascuntur, vel ex quasi contractu, sive quæ ex delicto nascuntur, seu ex quasi delicto. Secundo,

Specialis totius Commentarii divisio.

H iij

de pactis tacitis à lege vel homine comprobatis. Tertio, de instrumentis amissis, vel tempore consumptis. Quarto, de testamentis, codicillis, mortis causa donationibus, aliisque ultimis voluntatibus. Quinto, de qualitatibus seu accidentibus rerum, de quibus litigatur. Sexto, de pactionibus nullam certam quantitatem vel æstimationem habentibus, quo modo facienda sit æstimatio. Nam hi sunt præcipui modi obligandorum hominum : *a* ideoque seriatim discutiendum erit, in quot & quibus locum habeat vel non habeat hæc Regia Constitutio.

a § Sequens Inst. eod. & l. Omnem obli. ff. de Judiciis.

de celles qui naissent d'un delit ou quasi delit. *Secundò*, Des pactes tacites introduits par l'autorité de la Loy ou par le fait de l'homme. *Tertiò*, Des Actes & Titres perdus, ou consommez & usez par le temps. *Quartò*, Des Testamens, des Codicilles, des Donations à cause de mort, & des autres dispositions de derniere volonté. *Quintò*, Des qualitez ou accidens des choses qui peuvent faire la matiere d'un Procés. *Sexto*, Des pactes qui ne sont point fixez à une quantité certaine, ou dont l'estimation est indéfinie, & comment cette estimation se doit faire ; car voilà les principales manieres de s'obliger entre les hommes ; c'est pourquoy il faudra examiner de suite & par ordre, ceux où cette Ordonnance a lieu, & ceux ausquels elle n'a pas lieu.

Quantum ad primum membrum, scilicet de obligationibus quæ ex contractu nascuntur, utrum in his omnibus abrogata sit testium probatio. Ad hoc respondendum puto, hanc Constitutionem maximè intelligi debere de obligationibus quæ ex contractu nascuntur, & quæ expresso hominum consensu contrahuntur : ut in emptione, venditione, locatione & conductione, societate, commodato, permutatione, cæterisque conventionibus quæ inter duos vel plures legitimè contrahuntur. *b* Quas omnes Aristo *c* sub hoc verbo συνάλλαγμα comprehendebat : id est, quæ mutuo consensu conficiuntur, non tantùm Juregentium, sed etiam Jure civili, ut in stipulationibus omnibus, aliisque conventionibus actionem

b L. 1. ff. de Pactis.
c L. Jurisgentium. ff. eod. & l. Labeo. de verb. & rerum sig.

Quant au premier point, c'est-à-dire quant aux obligations qui naissent d'un Contrat ; sçavoir, si dans toutes, la preuve par témoins est abrogée, je crois qu'il faut répondre que c'est principalement des obligations qui naissent des Contrats, & qui dépendent d'une convention expresse ; que l'Ordonnance de Moulins doit s'entendre comme du Contrat de vente ; du Bail à loyer ; du Contrat de societé ; du prest à usage & de l'échange, & autres conventions qui se font entre deux ou plusieurs personnes, que le Jurisconsulte Aristo comprenoit sous ce mot συνάλλαγμα, c'est-à-dire, celles qui se contractent par un consentement mutuel, non seulement suivant le droit des

Gens, mais suivant le Droit Civil, comme les stipulations & autres conventions qui produisent une action ou une exception, soit qu'elles soient de bonne-foy ou de droit étroit ; car en France on fait peu de difference entre ces deux sortes d'obligations, ce qui se doit entendre aussi des Donations entre-vifs stipulées & parfaites, lesquelles sont comprises aussi sous le nom de Contrats. C'est donc pour toutes ces especes de Contrats que cette Ordonnance est faite, afin de prevenir une infinité de Procés, & les subornations des témoins que l'on pratiquoit tous les jours, pour prouver que ces conventions avoient esté faites entre les Parties, & c'est pourquoy y ayant à present des Notaires par tout, & la preuve estant par consequent devenuë plus aisée à faire que par la déposition des témoins, il y aura lieu d'imputer aux contractans, s'ils n'ont pas choisi cette voye qui est la plus facile (pour assurer la foy de leur convention) & même ceux qui méprisent d'en passer des Actes, ainsi que prescrit cette Ordonnance, doivent estre suspects de fraude, ou d'alleguer une fausseté.

vel exceptionem patientibus, tam bonæ fidei, quàm stricti Juris (nam hæ duæ species parùm in Gallia nostra differunt) & idem in donationibus inter vivos factis, stipulatis, & perfectis, cùm appellatione contractuum venire soleant. *a* Pro his ergo omnibus contractibus, si libras centum excedant, sancita est hujusmodi Constitutio, ut obviam iretur infinitis penè litibus, & testium subornationibus, quæ pro his contractibus probandis fiebant quotidie : atque ideo cùm notariorum copia habeatur quovis loci, & ex eo facilior fieri possit probatio quàm testibus, imputabitur contrahentibus, si hanc faciliorem probandi viam non eligant, imò fraudis aut falsi suspicione non carebunt, qui secundùm hanc Legem contrahere neglexerint. *b*

a L. Contractus. C. de fide instrum.

b Not. in l. Si quando. C. de inoff. test.

4 Mais il y a quelques Contrats & quelques pactes, lesquels quoy que le consentement de ceux qui les ont passez, soit exprés, j'ay veu douter s'ils sont sujets à cette Ordonnance ; comme le dépost, le mariage & les conventions matrimoniales, & encore les Contrats simulez, dans lesquels on écrit une chose par fraude, & dans la verité on convient d'une autre. Outre les marchez faits durant les Foires entre les païsans, ou autres personnes, de toutes les choses

Sed sunt quidam contractus, vel pacta quantumcunque expressa, de quibus dubitari vidi, an huic Legi subjiciantur : scilicet in deposito, in matrimonio, & pactis matrimonialibus : item in simulatis contractibus, in quibus aliud scribitur simulatè, aliud verè paciscitur : item in pactis nundinalibus, id est, quæ fiunt inter rusticos, aut alios, de rebus quæ in nundinis vencunt. An de his omnibus, centum libras excedentibus, contractus scribi debeant. Hæc quatuor merentur longiorem disputationem. qui s'y vendent. On demande si dans tous ces cas il faut passer des Contrats quand il s'agit d'une somme au dessus de cent livres. Ces quatre derniers Contrats meritent une plus longue Dissertation que les autres.

ADDITIONS SUR LE II. CHAPITRE.

CE Chapitre ne contient que la division particuliere de la Premiere Partie du Commentaire de Boiceau sur cette premiere partie de l'Ordonnance de Moulins, & ainsi il n'y a rien à y ajoûter, parce qu'elle est exacte, & renferme les difficultez principales qui peuvent naître sur cette premiere partie de l'Ordonnance; & pour ne point changer cet ordre, on joindra à chaque Chapitre les Questions que Boiceau a omises, & qui se trouveront avoir du rapport à celles qu'il y a traitées.

Quant à ce que Boiceau observe du peu de difference que l'on fait en France entre les Contrats de bonne-foy & ceux de Droit étroit, il en sera parlé dans la suite en traitant des Contrats simulez.

CHAPITRE III.

Du Dépost.

SOMMAIRE.

1. *La foy du dépost autrefois inviolable.*
2. *Pourquoy a esté faite l'autentique, si quis vult.*
3. *Si l'Ordonnance de Moulins avoit lieu à l'égard du dépost.*
4. *Trois especes de dépost.*
5. *En qu'elles especes de dépost,* cette Ordonnance avoit lieu.
6. *Arrest qui étend cette Ordonnance au dépost.*
7. *Distinction du dépost volontaire & necessaire.*
8. *Pourquoy la preuve par témoins est recevable dans le depost necessaire.*

Quantum

1 LA foy du dépost estoit autrefois tellement sacrée & inviolable, qu'il se faisoit entre amis, alliez, parens & voisins, en secret & sans y appeller aucun témoins. C'est pourquoy dans les premiers siecles de l'Eglise naissante, on donnoit cet éloge particulier à la pieté & à la bonne-foy des Chrestiens, que jamais ils ne dénioient le dépost qui leur avoit esté confié, comme le reconnoist Pline le Jeune, dans une Lettre qu'il écrit à Trajan en ces termes : *Si le serment estoit en usage parmy eux, ce n'estoit pas pour s'obliger à faire des crimes, mais au contraire ils faisoient serment de ne point commettre de vols, & de ne point nier la foy du dépost :* & cette bonne-foy, à l'égard du dépost, a esté gardée entre les hommes pendant plusieurs siecles, jusqu'à ce qu'enfin les mœurs des hommes vinrent à se corrompre de telle sorte, que du temps de Justinien, on ne gardoit presque plus la foy du dépost ; car comme plusieurs sous pretexte d'amitié ou de parenté, soûtenoient faussement avoir fait un dépost entre les mains d'un ami ou d'un parent, & qu'au contraire ceux qui l'avoient effectivement receu, le nioient hardiment; parce qu'ils l'avoient receu sans témoins & en cachette. Comme c'étoit la coutume de pratiquer lors entre amis & entre les honnestes gens : ce 2 fut par cette raison que Justinien fit la Constitution par laquelle il

Quantum ergo ad depositum, tanta olim erat depositi sanctitas atque fiducia, ut inter amicos, affines, cognatos, vel vicinos, remotis testibus, ut plurimùm, fieret. Ideoque nascente Ecclesia, primis Christianis illud insigne pietatis & bonæ fidei tribuebatur, penès eos depositum, ab eis nunquam denegari : ut testatur Plinius Junior, scribens ad Trajanum, *a* his verbis : *Se sacramento non in scelus aliquod obstringere soliti erant, sed ne furta, ne latrocinia committerent, ne fidem fallerent, ne depositum, appellati, abnegarent.* Hæc depositi fides multis temporibus servata fuit inter homines, tandem paulatim pro corruptis hominum moribus degeneravit, adeò ut temporibus Justiniani in dubium sit revocata deponendi fiducia. *b* Nam cùm multi depositum falsò subjicerent ob speciem amicitiæ, vel conjunctionis, & è contra, qui depositum acceperant audacter denegarent, eò quòd remotis testibus, & occultè accepissent, ut fieri solebat olim inter amicos, & probissimos viros : ideo sancita est Novella à Justiniano super forma contrahendi depositi. *c* Quæ tamen in hoc Regno observata non fuit, ut scilicet depositi fides non nisi scriptis, & tribus testibus probari posset : imò, ut plurimùm, locum habuit antiqua illa depositi fiducia, quæ sine testibus aut scriptura fiebat inter amicos depositum : & hac ratione, quovis genere probationis, si forte denegaretur, vel scriptis, vel testibus, secundùm priscam

a *Epistol.* 100. *lib.* 10.

b *Notatur in Auth. de instr. caut. & fid. §. si quis. Coll. 6.*

c *In Auth. si quis vult. C. Qui potier in pig. hab.*

Juris licentiam, probari poterat, *a* preſcrivit en quelle forme & avec quelle précaution ce dépôt ſe devoit faire (laquelle Conſtitution n'a pourtant jamais eſté obſervée en France) ſçavoir qu'un dépôt ne ſe pourroit prouver que par un Acte redigé par écrit, ſouſcrit par trois témoins; chacun même ne laiſſa pas nonobſtant cette Conſtitution, d'en uſer toûjours ſuivant l'ancienne bonne-foy, & de confier ce qu'il dépoſoit ſans témoins & ſans écrit; & ainſi quand le dépôt venoit à eſtre denié, il eſtoit libre d'en prouver la verité par toute ſorte de preuves, ſoit par écrit, ſoit par témoins, ſuivant qu'il eſtoit permis par l'ancien Droit.

a L. In actione. C. De jurejur.

Superveniente autem ac Regia Conſtitutione, dubitatum fuit, an ad depoſitum extenderetur, propter antiquam illam deponendi fiduciam, quæ inter amiciſſimos tantùm haberi ſolet. Hæc quæſtio non carebat diſputatione, & ideo ut faciliùs intelligatur, præſupponendum erit tres eſſe depoſiti ſpecies. Prima, quando depoſitum fit in gratiam præcipuè illius penès quem deponitur, ut re depoſita utatur: Et hoc impropriè depoſitum dicitur, ſed potius commodatum, aut alia contractus ſpecies, ut multis legibus traditum eſt. *b* Secunda, quando in gratiam utriuſque fit depoſitum, ſcilicet, ut ille qui accipit re depoſita utatur, aliquo dato deponenti: & adhuc eſt impropriè depoſitum, cùm magis vergat in locationem. *c* Et hæc duo depoſiti genera, Alciatus vocat irregularia. *d* Quocirca in his duabus ſpeciebus, nullum erit dubium, quin Lex iſta locum habeat: quia commodatum & locatio ſunt vulgares contractus bonæ fidei, *e* in quibus nullum poteſt afferri privilegium, ut excipiantur à Conſtitutione iſta.

b L. Lucius Titius. & l. Publia § Lucius. ff. Dep.

c L. 1. § Si veſtimenta. & ſeq. l. Quintus &c. & l. ſacculum ff. eod. cap bona fides ext. eod.

d Ad L. 2. ff. Si cert. pet.

e § Actionum. Inſt. de Action.

Mais cette Ordonnance de Moulins ayant eſté publiée, on douta s'il la falloit étendre au dépôt, à cauſe (qu'en l'obſervant) c'eſtoit revoquer en doute & bleſſer cette ancienne bonne foy qui veut qu'entre les meilleurs amis le dépôt ſe faſſe ſans prendre aucune ſeureté. Cette Queſtion n'eſtoit pas ſans difficulté; & pour la bien entendre, il faut préſuppoſer qu'il y a trois eſpeces de dépôt. La premiere, quand le dépôt ſe fait principalement en faveur du dépoſitaire, pour luy donner moyen de ſe ſervir de la choſe qui eſt dépoſée entre ſes mains, & lors ce n'eſt pas proprement un dépôt, mais ce qu'on appelle *Commodatum*, ou *preſt à uſage*; ou du moins quelqu'autre ſorte de Contrat, dont il eſt parlé dans pluſieurs Loix. La ſeconde, quand le dépôt eſt fait, tant en faveur de celuy qui dépoſe que du dépoſitaire; par exemple, à condition que celuy qui reçoit le dépôt, s'en ſervira moyennant une certaine retribution au profit de celuy qui luy a confié ce dépôt,

& cela ne se peut encore appeller un dépost qu'improprement, mais c'est plûtost loüer l'usage d'une chose ; & Alciat appelle ces deux sortes de déposts *irreguliers.* C'est pourquoy dans ces deux cas il n'y a point de doute que l'Ordonnance de Moulins n'ait lieu, parce que *Commodatum* ou *Prest à usage*, & le Bail à loyer, sont des Contrats de bonne-foy, en faveur desquels on ne peut alleguer aucun Privilege qui les exempte de la rigueur de l'Ordonnance.

La troisiéme espece du dépost est quand il ne s'agit que de l'interest seul de celuy qui dépose une chose entre les mains d'un autre, ce qui est le veritable dépost, & c'est de celuy-là dont on a principalement douté, & avec Justice, parce qu'on n'a coutume de le faire pour l'ordinaire que dans un temps où la necessité nous y oblige, comme en temps de guerre, & en temps de peste, ou dans une autre occasion pressante, qui oblige celuy qui fait le dépost, de fuïr ou de se retirer en païs éloigné, ou de se cacher, comme il est arrivé souvent durant ces dernieres guerres Civiles, à ceux de l'un & de l'autre parti ; car le peril estoit si pressant que l'on n'avoit pas même un moment pour chercher un Notaire : mais on estoit forcé de donner en dépost à la premiere personne qu'on rencontroit ce qu'on ne pouvoit emporter : *Car*, dit Ulpian, *dans ces occasions le temps ny le lieu ne permettent pas de deliberer plus longtemps.* Et c'est par ces raisons qu'il y avoit lieu de croire que ce dépost meritoit toute sorte de faveur, & qu'il falloit se servir de toute sorte de preuves, même du témoignage des parens de celuy qui l'avoit fait, pour en justifier la verité, & qu'ainsi le dépost ne devoit point estre compris dans cette Ordonnance.

Tertia species depositi est quando in gratiam solius deponentis res custodienda traditur, quod verè depositum dicitur : *a* & de eo dubitatum fuit, nec perperam, cùm magis, ut plurimùm, fieri soleat tale depositum tempore necessitatis, ut tempore belli, vel tempore pestis, aut alia urgente occasione, qua aut deponens fugere, aut longè abire, vel etiam latere necesse habeat : prout his bellis civilibus nuper transactis pluries ab utriusque partis hominibus expertum fuit ; nam tam calvæ erant occasiones, ut quærendorum tabellionum momentum, etiam minimum, non largirentur, sed tantùm arripiebatur deponendi qualiscunque opportunitas : *In his enim* (inquit Ulpianus) *b locus vel tempus non patitur pleniùs deliberandi consilium.* Et his rationibus videbatur depositum usque adeo privilegiatum, ut quoquo probationis genere, etiam testibus alioqui conjunctis, probari posset, nec huic Regiæ Constitutioni depositum verum & simplex subjiciendum.

a L.1. & l. Quod Nerva ff. Deposit.

b L. prima de exerc. act.

Accepimus tamen à gravissimis supremæ Curiæ Advocatis, depositum huic Constitutioni subjici debere, placito Curiæ nuper judicatum fuisse, *a* & purpureis vestibus pronunciatum. Quod tamen intelligendum non puto, de deposito supradictis necessitatibus tumultuariè facto, sed de simplici & voluntario deposito. Atque ideo in hac quæstione ita distinguendum putarem. Aut enim agitur de simplici, libero, & spontaneo deposito, quod non urgente necessitate, sed liberali voluntate, ad tutiorem custodiam depositum sit, & cujus denegatione, vel mora, Jurisconsultus ad simplum duntaxat condemnationem exigit. *b* Et in hoc puto hanc Legem locum habere, juxta Arrestum Curiæ : cùm libera sit facultas deponenti nulla necessitate presso, depositum solemniter & scriptis facere, ideoque ei imputandum, si secundum Legis formam non contraxerit. *c* Aut verò depositum ex necessitate factum dicitur, ut pote in tumultu, incendio, ruina, naufragio, aliisque similibus causis, in quibus nullum pleniùs deliberandi tempus datur, ut sæpè visum fuit cùm milites pecorarii omnia surripientes pro foribus essent : tunc simplex rusticus, vel mercator per posticum fugiens, cum suo thesauro, vel rebus preciosioribus, apud amicum latenter & tumultuariè deponebat. Quo casu si à depositario denegetur, Lex in duplum condemnationem infligit. *d* Quia ergo facultas scribendi depositi, vel notarios adhibendi, omnino denegatur : nemini dubium erit,

a Ann. 1573.

b L. Prima §. Prætor ait. ff. deposit.

c L. si quando. C. de inoff. test.

d L. 1. ff. de exerc. act.

Nous avons appris neanmoins des plus habiles Avocats du Parlement de Paris, qu'il a esté jugé depuis peu par un Arrest rendu en Robbes Rouges, que cette Ordonnance devoit avoir lieu au dépost ; ce que je crois ne devoir pourtant pas s'entendre du dépost fait à la haste dans la conjoncture d'une necessité pressante, dont il a esté cy-dessus parlé : mais dans le cas d'un simple dépost fait volontairement & sans necessité : ainsi j'estimerois que dans cette Question il faudroit distinguer, car ou il s'agit d'un simple dépost fait en pleine liberté & volontairement, afin de le mettre en garde chez un autre plus seurement que nous ne le pourrions garder nous-même, & pour raison duquel, s'il est dénié, ou quand celuy qui l'a receu differe de le rendre, il est seulement condamné en Droit à restituer la simple valeur ; & à l'égard de celuy-là, je crois que l'Ordonnance a lieu, suivant la decision de cet Arrest de la Cour du Parlement de Paris, parce qu'il est libre à celuy qui fait le dépost sans estre pressé d'aucune necessité, de prendre ses précautions, & d'en passer un Acte par écrit, c'est pourquoy il faut luy imputer, s'il n'a point contracté suivant la forme que la Loy luy a prescrite, ou le dépost a esté fait dans une necessité pressante ; par exemple, dans le temps d'une sedition, dans un incendie, ou lors d'une ruine de mai-

6

7

en Matiere Civile.

son, d'un naufrage, & autres semblables accidens dans lesquels il n'est pas permis de délibérer, comme il est arrivé souvent (en ces derniers temps) quand les soldats estoient à tous momens à nos portes pour enlever les bestiaux; alors le païsan simple & grossier, ou le Marchand fuyant par sa porte de derriere, chargé de son argent & de ce qu'il avoit de plus precieux, les déposoit en cachette & à la haste entre les mains de son ami; car en semblable cas si le dépost est dénié, la Loy condamne le depositaire au double. Par consequent, puisque dans cette conjoncture l'on n'a pas le temps de faire un écrit, ny de chercher un Notaire, personne ne peut douter que nonobstant cette Ordonnance & l'Arrest cy-dessus marqué, la preuve par témoins ne doive estre receuë par 8 deux raisons. La premiere, parce qu'en ce cas il y a du dol & de la perfidie de dénier un dépost fait dans un temps de necessité dont la vengeance semble estre de droit public : *Car, comme dit Ulpian, quand on confie un dépost à quelqu'un dans la conjoncture d'une necessité pressante, s'il la dénie, la perfidie en est bien plus grande, & il est de l'interest public de la reprimer pour vanger en quelque sorte la Republique de cette injure.* Or est-il qu'en matiere de crime, ou choses qui approchent du crime, toute sorte de preuve doit estre receuë, donc cette Ordonnance ne pourra avoir lieu

non obstante hac Lege, & Arresto, testibus probari posse, duplici ratione : una, quòd hujuscemodi depositi in necessitate facti denegatio, doli & perfidiæ crimen habeat, cujus vindicatio publici juris esse videtur : *Cum enim* (inquit Ulpianus) *a exigente necessitate deponitur, crescit perfidiæ crimen, & publica utilitate coërcendum est, vindicanda Reipublicæ causa.* Atqui in criminibus, aut criminis speciem habentibus, omne probationis genus recipi debet, ergo huic Legi locus esse non poterit. Altera, quòd ea quæ necessitate fiunt, à voluntariis actibus ita distingui soleant, ut quod in voluntariis actibus à Lege exigitur, necessitatibus condonari soleat : b necessitas enim vulgò Legis nescia dicitur, quæ cum suis clavis trabalibus, ut eam describit Lyricus poëta, c ita homines constringit, & præcipitat, ut Legis sæpè exacta præcepta omittere cogantur. d Ex his concludo placitum Curiæ, quod de deposito latum dicitur, ad istud depositum, fortuitò & necessitate factum, extendi non debere, nec de eo amplissimum Senatum, cujus intentio est ipsissima ἐπιείκεια, cogitasse, magis credendum est, ne ex hujus constitutionis summo jure injuria inducatur. e Stet ergo hæc resolutio, depositum voluntarium non nisi scriptis, necessarium verò & coactum testibus, & quovis genere probationis, probari posse. Et te vera nuper accepi Arrestum supradictum de deposito, ab eo qui peregrè proficisci deliberabat facto, latum fuisse, ideoque

a L. prima §. Merito. ff. depositi.

b L. Cum postulassem. ff. de damn. inf.

c Lib. 1. carm. od. 35.

d L. Non solum. §. fin. ff. de exc. tut. l. un. §. sant. ff. de off. cons.

e L. Si servum. §. Sequitur. ff. de ver. oblig.

ad necessarium extendi non debere. Quæ tamen salva tanti Senatus majestate, & æquissima interpretatione, dicta sint. en ce cas. L'autre raison est, qu'à l'égard des choses qui se font par necessité, on a coutume de les distinguer de celles qui se font volontairement, de telle sorte que ce que la Loy exigeroit de ces solemnitez, si la chose se faisoit volontairement, est remis par la Loy quand il y a necessité, car la necessité n'a point de Loy, comme on dit; laquelle (suivant le Poëte Lyrique) contraint de telle sorte les hommes, qu'elle les force souvent de ne pas accomplir exactement les Préceptes de la Loy. Par ces raisons je conclus que l'Arrest du Parlement de Paris, qu'on dit estre intervenu au sujet d'un depost, ne doit point s'entendre du depost fait dans un accident imprévû & par necessité, & qu'il ne faut pas croire que cet illustre Senat, dont l'intention est la même équité, ait eu la pensée d'y étendre l'Ordonnance, de crainte que si elle estoit observée à la lettre, il ne s'ensuivît une injustice manifeste. Il doit donc demeurer pour maxime, que le depost volontaire ne se peut prouver que par écrit, & que celuy qui est forcé, se peut prouver par témoins & par quelqu'autre sorte de preuve que ce soit; Et en effet, j'ay sçû depuis que l'Arrest cy-dessus rapporté, avoit esté rendu dans l'espece d'un depost fait par un homme qui estoit sur le point de faire un voyage en Païs fort éloigné, & ainsi cet Arrest n'a point préjugé la question touchant le depost necessaire, & n'y doit point estre étendu. Ce qui soit dit neanmoins sauf le respect deu aux décisions de ce Parlement, qui se doivent toûjours interpreter selon la souveraine équité.

ADDITIONS SUR LE III. CHAPITRE.

SOMMAIRE.

1. Deux sortes de depôts, volontaire, & necessaire.
2. Justice de l'Ordonnance touchant le depôst volontaire.
3. Arrest en forme de Reglement sur ce sujet.
4. Arrest rapporté par Brodeau, touchant un depôst receu par une femme, expliqué.
5. S'il y a une reconnoissance par écrit du depôst, la foy n'en peut estre divisée.

6. Si la declaration de celuy qui est chargé d'un fideicommis envers un autre, doit estre creuë.
7. Du dépost qui appartient à plusieurs.
8. Du dépositaire qui a rendu le dépost à un autre qu'à l'heritier de celuy qui luy avoit mis le dépost entre les mains.
9. Du dépost fait par un voleur.
10. Du dépost cacheté trouvé sous le Scellé apposé sur les effets d'un deffunt.
11. Maxime, Ei cui signum competit, & signatum competere; ce que les Romains appelloient, Vinum doliare, & vinum diffusum.
12. Difference qu'ils faisoient entre Signa & titulos imponere.
13. Du dépositaire qui a presté de l'argent sur les choses qui luy ont esté déposées.
14. Arrest concernant ceux qui prestent sur gages.
15. Du dépost necessaire.
16. Du dépost fait par un Voyageur dans une Hostellerie.
17. Maxime de rigueur à Rome contre les Hosteliers, & autres personnes semblables.
18. Nostre Jurisprudence sur ce sujet.
19. Preuve par témoins receuë contre les Hosteliers après l'Ordonnance de Moulins, & avant celle de 1667.
20. Cas dans lesquels cette preuve n'a pas lieu.

21. Circonstances requises pour rendre l'Hostelier garand de ce qui a esté perdu dans son Hostellerie.
22. Si la distinction des Loix Romaines au sujet du vol commis par un voyageur, est receuë parmy nous.
23. Arrests sur ce sujet.
24. Du vol fait par un Voyageur à un autre Voyageur dans l'Hostellerie.
25. Du vol fait au Voyageur quand l'Hostelier luy a donné une Chambre pour serrer ses hardes.
26. Si l'Hostelier est tenu du fait de ses domestiques.
27. Si l'Hostelier a refusé de se charger de la garde des hardes du Voyageur.
28. Du vol fait dans une Hostellerie située en lieu écarté.
29. Si le Voyageur est receu à prouver la valeur de ce qui luy a esté volé.
30. Si le Registre du Messager public fait foy.
31. Du vol des marchandises, ou hardes en balot, dont le Registre du Messager n'est point chargé en détail.
32. Du vol arrivé entre les mains d'un simple Voiturier.
33. Si ce Voiturier, est un dépositaire necessaire.
34. Reglement pour les Messagers publics.
35. De l'argent monnoyé envoyé dans une Lettre Missive.

BOICEAU dans ce Chapitre parle de deux sortes de dépôts, de celuy qui s'appelle volontaire, & de celuy que les Jurisconsultes nomment necessaire. Il faut donc examiner ce que les Ordonnances & les Arrests ont decidé à l'égard de l'un & de l'autre. On ajoûtera ensuite les Questions qui concernent le dépôt fait dans une Hostellerie par un Voyageur, dont Boiceau n'a rien dit, parce que l'Ordonnance de Moulins n'en a point parlé, & lequel a esté excepté de la prohibition generale par celle de 1667.

Quant au dépost en general, la foy en doit estre inviolable, & Monsieur Cujas en ses Paratitles *C. depositi*, après avoir marqué les Privileges que la Loy donne en faveur du dépost volontaire, estoit d'avis de l'excepter de l'article 54. de l'Ordonnance de Moulins; comme il a esté dit, ce qui seroit juste, si les hommes n'estoient pas si corrompus; mais puisque la bonne-foy est devenuë si rare, il faut s'en tenir à la rigueur de l'Ordonnance, qui est toute pleine de sagesse & de justice en cette occasion. Aussi elle a toûjours esté observée à l'égard du dépost volontaire. Chenu Centur. 1. Quest. derniere, en rapporte un Arrest de 1575. lequel explique nettement quelle estoit la Jurisprudence en ce temps-là sur ce sujet; cet Arrest déchargea des heritiers de la demande faite par un Soldat, d'un dépost par luy fait entre les mains du deffunt sans écrit, après que les heritiers eurent declaré qu'ils n'en avoient aucune connoissance, quoy que celuy qui en demandoit la restitution, offrît de faire preuve que le deffunt avoit dit devant plusieurs personnes dignes de foy, qu'il avoit ce dépost entre ses mains; & ce qui est à remarquer, est que la Cour ordonna, comme par forme de Réglement, en interpretation de l'article 54. de l'Ordonnance de Moulins, que la preuve testimoniale ne seroit plus receuë à l'avenir en matiere de Contrats & de déposts excedans cent livres, ce qui est conforme à la Loy 2. *ff. depos.* & au sentiment d'Harmenopule,

Qui rem aliquâ apud aliquem deponit si aliunde sibi tantum ac prospectum velit & litteras quidē teras ab eo accipiat, qui sun

qui dit que celuy qui fait un dépost, peut s'il veut prendre ses seuretez, & tirer une reconnoissance du dépositaire passée devant des témoins dignes de foy; d'où il faut conclure, dit-il, que s'il ne l'a pas fait, il doit s'imputer cette faute, & suivre entierement la foy de cette personne qu'il a choisi comme son amy. C'est ce qu'observe aussi Monsieur Loüet l. D. n. 34. cy-dessus cité, En un mot, il est en quelque sorte de l'interest

public

public de n'expofer pas en proye legerement la reputation & les biens des particuliers au fimple témoignage de deux témoins qui peuvent eftre corrompus.

4   Le même Brodeau l. F. n. 11. rapporte un Arreft notable du 14. Aouft 1613. au fujet d'un dépoft volontaire, il fut jugé par cet Arreft qu'une femme mariée que l'on foûtenoit avoir receu un dépoft à l'infceu de fon mari, ayant enfuite renoncé à la Communauté, ne pouvoit eftre contrainte par corps à le reftituer : mais la Cour ajoûta, fauf à fe pourvoir contre les heritiers du mari. Cet Arreft eft fondé fur ce que la femme mariée ne fe peut obliger fans le confentement de fon mari, & il ne faut pas induire de ce que la Cour prononça, en faveur de celuy qui avoit fait ce dépoft, un recours contre les heritiers du mari ; que par confequent la femme avoit pû en recevant ce dépoft, engager fon mari à le reftituer. Parce que 1. Cet Arreft ne fut pas rendu avec les heritiers du mari. 2. Il auroit efté injufte de les condamner à cette reftitution, puifque dans cette efpece, le mari n'avoit pas eu connoiffance du dépoft, & n'en avoit pas profité. 3. Parce qu'une femme mariée ne peut fe charger d'un dépoft fans le confentement de fon mari: Mornac en remarque un Arreft. *ff. depofiti.* 4. Si cela eftoit permis à une femme, il ne tiendroit qu'à elle de ruïner fon mari & fes heritiers, même en fuppofant un dépoft, qui n'auroit pas efté fait entre fes mains. Enfin il n'y a que la Marchande publique, qui puiffe obliger fon mari à fon infceu & malgré luy, pour vente de la marchandife dont elle fe mefle, & par confequent la femme ne peut le charger d'un dépoft, quand il n'y a pas confenti. Ainfi fi cet Arreft donne un recours à celuy qui avoit fait le dépoft contre les heritiers du mari ; cela fe doit entendre en prouvant par luy que le mari en avoit profité, & qu'il y avoit de la collufion entre luy & fa femme, qui ne s'en eftoit chargée feule, que pour avoir occafion d'en profiter tous deux plus feurement fans en pouvoir ny l'un & l'autre eftre inquietez.

A l'égard du dépoft volontaire, il y a plufieurs Queftions à faire.

5   La premiere, Si quand celuy qui a fait le dépoft, a pris une reconnoiffance par écrit du dépofitaire, des chofes qu'il a dépofées entre fes mains, foit que ce dépoft foit volontaire ou neceffaire, il eft recevable à demander à faire preuve par témoins qu'il en a obmis quelques-unes, ou qu'il a dépofé d'autres

afferuâ idam inftituit verum ne ejus tantum chirographo cõ-tinens fit, fed & infu-per & tefles adrocet atque adhibent integros ac fpectata homines. L 3. T. 9. de Depofito.

Voy Brodeau ib. qui rapporte plufieurs autres Centives.

choses depuis entre les mains de la même personne, & il est certain qu'il n'y est pas recevable. 1. Parce que l'Ordonnance, non plus que le Droit Romain, n'admet point la preuve par témoins contre un Acte par écrit, ce qui a esté jugé en termes exprés par un Arrest rapporté par Montholon n. 47. lequel Arrest est fondé sur ce que celuy qui a fait le depost ayant pris la voye de se faire donner une reconnoissance par écrit par le dépositaire, il est présumé n'y avoir rien obmis; & quand même il n'y auroit point de reconnoissance par écrit, il seroit tenu de s'en rapporter à la declaration du dépositaire, qui fait foy en ce cas; à plus forte raison, quand elle est soûtenuë par un Acte par écrit.

2. Si le depost a esté fait entre les mains d'une tierce personne 6 pour le rendre à un autre, on demande si quand cette personne a declaré le nom de celuy à qui il prétend qu'il doit estre rendu, la preuve par témoins du contraire n'est point permise; & la regle est qu'en ce cas il en doit estre crû absolument à sa parole, parce qu'il a pour luy le choix de celuy qui a fait le depost entre ses mains, lequel l'a crû incapable de trahir ses intentions, c'est ce qui est decidé par la Loy 26. *ff. depositi.* & ce qui a esté jugé par les Arrests. Le Journal des Audiances T. 2. f. L. ch. 54. en rapporte un du 15. Decembre 1664. dans l'espece d'une Religieuse, entre les mains de laquelle un particulier en mourant, avoit déposé une certaine somme pour la donner à un autre; la Cour adjugea cette somme à celuy au profit duquel elle fit sa declaration. Soefve Cent. 3. chap. 30. en rapporte un semblable, & Monsieur le Prestre Cent. chap. 30. en rapporte un autre qui jugea que la foy de cette declaration ne pouvoit estre divisée; ainsi il faudroit un commencement de preuve par écrit pour obtenir la preuve par témoins, que la declaration n'est pas conforme à la volonté du Testateur.

L 3. C. depositi.
L. 4. D. depositi.

3. On demande à cette occasion ce qu'il faut faire si le depost appartient à plusieurs, comme s'il a passé à plusieurs heritiers, & en ce cas, ou c'est une chose qui se peut diviser, dit la Loy, comme de l'argent, & alors le dépositaire par autorité du proeteur, & devant des témoins irreprochables, devoit rendre à chacun sa portion hereditaire, & si elle ne se pouvoit diviser, il devoit la rendre toute entiere à l'un du consentement de tous les autres, ou faire ordonner en Justice avec eux qu'il la consigneroit, ce qui peut aussi estre observé parmy nous.

8 Mais si le dépositaire a rendu le dépost à une personne qu'il a crû estre heritiere du deffunt, & qui ne l'estoit pas, s'il l'a fait de bonne-foy, il n'est pas tenu de l'action du dépost, dit le §. *si rem l. 1. ff. depositi*: mais s'il a eu raison d'en douter, la présomption est contre luy, car il n'a pas deu le rendre, sinon en la maniere ordonnée par la Loy, c'est-à-dire par autorité du Juge. Ainsi ce seroit à luy en ce cas à prouver que cette personne estoit effectivement heritiere du deffunt, & qu'elle a eu droit de retirer le dépost, & cette qualité d'heritier se peut aussi quelquefois prouver par témoins, c'est-à-dire la qualité de proche parent, qui rend la personne habile à succeder.

9 Si un voleur a déposé entre les mains d'une tierce personne ce qu'il a dérobé à un autre, & que le proprietaire le revendique. On demande ce qu'il faut faire, la L. 31. *D. depositi*, decide que quoy qu'il soit de la Justice de rendre à chacun ce qui luy appartient, cela se doit entendre, pourveu qu'il ne se trouve point une autre personne qui puisse redemander cette chose, avec plus de justice que celuy qui l'a déposée; ainsi dans ce cas le proprietaire est recevable à prouver par témoins que les choses volées ont esté remises entre les mains du dépositaire par le voleur, parce qu'il ne s'agit en cela, à l'égard de ce proprietaire que de la preuve d'un fait étranger, & non pas d'aucun dépost qu'il ait fait, il suffit donc qu'il prouve que le dépositaire a en sa possession les choses volées, & qu'elles luy appartiennent : & si le dépositaire est complice du vol, il peut demander la permission d'en informer contre luy.

10 On peut demander si lors de l'Inventaire des biens d'un deffunt, il se trouve sous le Scellé une Cassette cachetée des armes d'une tierce personne, sans qu'il paroisse par aucun écrit que ce soit un dépost, ny à qui cette Cassette appartient. Si les Cachets qui y sont apposez peuvent passer pour un commencement de preuve du dépost en faveur de la personne de qui sont les armes du Cachet, & il semble que non, à suivre l'Ordonnance de 1667. à la lettre, parce qu'elle veut qu'il y ait une preuve par écrit du dépost: mais outre que la preuve par écrit n'est requise que dans le dépost volontaire, & que cette Cassette peut avoir esté déposée lors de quelque accident imprévû, on peut dire que quand même ce seroit un dépost volontaire, quoy qu'il n'y ait aucun Acte par écrit, si neanmoins cette circonstance du Cachet des armes de celuy qui le revendi-

que, est encore soûtenuë par d'autres présomptions, comme s'il rapporte la clef de cette Cassette, s'il specifie en détail tout ce qui y est renfermé, s'il estoit ami du defunt, & que l'heritier ne puisse d'ailleurs justifier que cette Cassette ne luy appartient pas, non seulement la preuve par témoins doit estre accordée à cette personne à l'effet de justifier que c'est luy qui l'a déposée, mais mêmes ces circonstances peuvent estre si justes & si évidentes par elles-mêmes, que cette preuve ne soit pas même necessaire en sa faveur, ce qu'il faut laisser à la prudence du Juge.

Et la Maxime sur laquelle cette décision est fondée, peut estre tirée de la Loy 14. *ff. de periculo & commod. rei vendita*. Dans laquelle il est dit que du moment que l'acheteur a mis sa marque sur la marchandise qu'il a achetée, elle est reputée luy appartenir, & luy avoir esté livrée, sur laquelle Loy les Docteurs ont établi la maxime generale que ce qui se trouve marqué à la marque de quelqu'un luy appartient, ce qui a notamment lieu entre Marchands. Les autoritez en sont rapportées par Masquardus *de Jure Mercat. & Commer. l. 3. ch. 9. in fine*, & cette Loy n'est point contraire au §. *Si dolium*. De la premiere Loy du même Titre: Si celuy qui a acheté du vin, a mis sa marque sur le Poinçon ; *Trebatius dit que le vin est censé luy avoir esté livré ; Labeo dit le contraire, ce qui est vray, car cette marque est mise plûtost pour empescher le vendeur de tirer le vin & d'en mettre d'autre à la place, que pour marquer que ce vin a esté livré*. Cette Loy est dans l'espece d'un acheteur qui avoit acheté du vin, que le même Ulpien appelle dans cette Loy *Doliare vinum*, lequel est different de celuy qui n'est plus dans le tonneau, mais en d'autres vases à ce destinez, qu'elle appelle *Diffusum, id est quod non amplius in doliis, sed in vasis est*, ce qui est expliqué par la Loy 15. *D. de tritico*. Cette Loy marque précisément que les Romains se servoient toûjours des mêmes tonneaux pour mettre leur vin, car ils ne le vendoient point, & les tonneaux faisoient partie du fond estant enfoncez en terre; elle explique aussi l'usage des vaisseaux, qu'elle appelle *Cados & amphotas*, qui estoient ceux dans lesquels on vuidoit le vin qui estoit dans ces tonneaux, aprés qu'il estoit vendu.

Il faut remarquer en passant, qu'il y avoit difference entre *signa imponere*, & *titulos imponere*. Le mot *signa*, avoit rapport aux choses mobiliaires ausquelles il n'estoit pas permis

Videri antem trabes traditas, quæ emptor signasset.
Ei cui signū competit, & signatum competere.

Si dolium signatum sit ab emptore: Trebatius ait, traditū id videri, Labeo contra, quod & verum enim ne submitteretur signa ri solere quā ut traditum videatur.

Voy Guy Pancir. *vet. vol. rer. memo. deperdi T. 15. de Cellis, &* Salmuth. *ibid. qui en parlent plus au long.*

à celuy qui n'en estoit pas encore le proprietaire, de mettre sa marque, avant que le Juge devant lequel il en contestoit la proprieté, la luy eust adjugée, ainsi qu'il est marqué au T. 17. du Code l. 2. *ut nemini*.

Et on n'imposoit, ce qu'on appelloit à Rome un Titre, qu'aux choses immobiliaires, pour marquer que l'on en estoit le maistre, comme il est porté dans le T. 15. & 16. du même livre. *Cod*.

13   Enfin on demande si la personne entre les mains de laquelle on a mis des hardes par forme de dépost, a ensuite presté de l'argent sur les mêmes hardes, à celuy qui les a déposées, à condition qu'elles luy demeureroient pour gage, & par forme de nantissement de l'a[...] qu'il luy a presté sans faire aucun Acte par écrit; la preuve par témoins est recevable de ce prest, en cas que celuy qui a fait ce dépost vienne à le dénier. Ou si cette personne doit estre creuë en affirmant par elle ce qu'elle a en dépost, & l'argent
14   qu'elle a prêté depuis sur la chose déposée : & il est constant que celuy qui a fait le dépost ne pourra diviser l'affirmation de cette personne, & qu'il sera tenu de la payer avant de pouvoir retirer ce qu'il a déposé. Mais il est à observer sur ce sujet, que quand on met des hardes en gages pour emprunter de l'argent, il faut faire un memoire des hardes par écrit, & un Acte où la convention soit redigée, pour éviter les fraudes qui se peuvent commettre en ce cas. Tronçon sur l'article 181. Coûtume de Paris, rapporte un Arrest de Reglement du 25. Novembre 1599. cité par Charondas l. 13. Resp. ch. 79. & par Peleus *Act. Forense* 94. qui ordonna que ceux qui presteroient sur gages une somme excedant cent livres, feroient passer une reconnoissance du prest par écrit, autrement que le Creancier seroit tenu rendre le gage sans que le debiteur fût tenu de luy restituer l'argent. Le Grand sur Troyes article 72. n. 63. fait mention de l'article 48. de l'Ordonnance de 1629. qui portoit la même disposition. Enfin l'Ordonnance de 1667. conforme à celle de Moulins, doit estre observée à cet égard, & si le prest excede cent livres, la preuve par témoins doit estre rejettée.

15   Pour ce qui est du dépost necessaire, l'Ordonnance de 1667. marque precisément celuy fait lors d'un incendie, ruïne ou naufrage; ce qui comprend tous les autres cas imprévcus, comme sedition, contagion, incursion des ennemis, violence & juste crainte de la mort, parce que dans toutes ces occasions, personne n'a ny la liberté, ny le temps de prendre un Acte du dé-

positaire. Chenu, en l'endroit cy-dessus cité, rapporte un Arrest du mois d'Aoust 1573. qui nonobstant la prohibition de l'Ordonnance de Moulins, admit la preuve par témoins en faveur des heritiers d'un particulier de la Religion Pretenduë Reformée, qui avoit déposé son argent entre les mains d'un homme qu'il croyoit son amy, en l'année 1572. le jour même de la saint Barthelemy, auquel il fut tué. Il seroit inutile de rapporter d'autres Arrests pour prouver cette Jurisprudence, puisque l'article de l'Ordonnance de 1667. y est précis : surquoy il faut observer en passant, que la Loy regarde avec beaucoup plus de faveur celuy qui fait un dépost dans la conjoncture d'une necessité pressante, que celuy qui le fait d'une pleine liberté. C'est pourquoy elle accordoit la peine du double contre celuy qui avoit assez de mauvaise foy pour dénier le dépost necessaire, parce que la necessité où se trouve reduit celuy qui le fait, rend inexcusable la perfidie de celuy qui refuse de le rendre, ainsi que remarque Boiceau dans ce Chapitre, d'où il s'ensuit que nul n'est exempt de rendre le dépost, quand il l'a receu & qu'il y en a preuve, non pas même la femme mariée ou le mineur, qui allegueroient l'avoir perdu, parce que ce seroit leur permettre le vol ; car celuy entre les mains duquel une chose est déposée, contracte une obligation réelle de la rendre, dit la Loy, laquelle peut estre appliquée au dépost necessaire, parce que celuy qui dépose ne choisit point celuy à qui il est obligé de le confier, & la Loy donnoit même action en ce cas contre le pere du mineur à concurrence de son pecule, *l. ff.*

Is enim apud quem res aliqua deponitur, re obligatur, dit le §. 3. inst. quib. mod. cont. ob.

2. La preuve par témoins, & toute autre preuve y est receuë contre toute sorte de personnes, parce qu'il y a déja une présomption de droit en cette occasion en faveur de celuy qui allegue avoir fait le dépost, sçavoir qu'il a esté surpris par l'accident qui luy est arrivé, & que dans cette surprise, il a essayé de sauver de l'incendie ou du naufrage, ce qu'il a pû de son bien.

Il faut passer à l'autre espece de dépost necessaire, qui peut faire plus de difficulté, c'est celuy fait par un Voyageur entre les mains d'une Hoste, ou d'une Hostesse, sur les chemins.

Le Titre *Nauta campones stabularii D. l. 4.* & le Titre 5. *l.* 47. 16 *Furti adversus nautas*, marquent assez que les Loix Romaines avoient pris toutes les précautions possibles pour empescher les fraudes que ces sortes de gens avoient coutume de commettre. Deux choses les avoient excité de veiller sur leur conduite, la nécessité de se fier à eux, & le peu de foy qui s'y rencontre d'ordinaire. C'est pourquoy s'agissant en cela de la seureté publique, elles avoient étably plusieurs maximes de rigueur contre eux. Et parce qu'elles peuvent estre d'usage dans les Païs de Droit écrit où l'Ordonnance de 1667. est aussi observée sur ce sujet, il est à propos de les expliquer pour en faire l'application, & ensuite on verra de quel usage elles peuvent estre même en Païs Coûtumier.

Quia necesse est plerumque eorum fidem sequi, & his custodia eorum committere. l. 1. ff. Nantii.

17   1. En Droit les Hosteliers estoient tenus, non seulement de restituer les choses dont ils s'estoient chargez (ce qui est conforme aux Regles de la Justice ordinaire) mais ils estoient obligez de les garder gratuitement à leurs risques, suivant la L. 6. *Navis, &c.*

Quod cuijusque salvum fore receperint. l. 1. ibid.

2. Ils en estoient chargez, quoy qu'elles ne leur eussent pas esté données entre les mains, mais à leur femme, enfans ou domestiques, en leur absence & à leur insçû.

3. Il suffisoit même qu'il y eust preuve, qu'elles avoient esté apportées dans l'Hostellerie pour en rendre responsable l'hostelier quand elles y avoient esté endommagées ou volées.

§ Recipit. ead. l. & l. 2. ib.

4. Ils en estoient tenus aussi non seulement quand cela estoit arrivé par leur faute, par leur dol, ou par celuy de leurs femmes, enfans, domestiques, ou autres demeurans actuellement avec eux, ou préposez par eux pour recevoir les Voyageurs, mais même quoy que le vol ou le dommage fut arrivé sans leur faute, sans aucun dol de leur part, & sans le fait d'aucunes des personnes dont ils estoient responsables, ils en estoient encore tenus, quand ils s'en estoient chargez, pourveu qu'il y eût preuve du vol, & qu'il ne fut pas arrivé par une force majeure, dont personne ne peut estre tenu, ou du dommage.

Quia is qui eos hujusmodi officio præponit, committit eis permittit ib. & l. 7. debet. Exercitor omniũ nautarum suorum, sive liberi, sive servi, factũ præstare tenetur nec immerito est ipse eos suo periculo adhibuerit.

5. Les Loix avoient introduit plusieurs actions dans tous ces cas pour les obliger à restituer les choses perduës, & indemniser celuy à qui elles appartenoient, mais parce que cette matiere n'est pas de ce Traité, il suffira de remarquer avec Eguinarius Baro, qu'il y a beaucoup d'apparence que l'Edit du Preteur, dont le Titre *Nautæ Dig.* nous rapporte une partie (qui est tirée d'Ulpien) en ses mots. (Si ceux qui sont les maistres d'un Navire, qui tiennent Hostellerie, ou qui tiennent des Escuries ou Etables publiques, ont pris quelque chose en leur garde, je donneray action contre eux, s'ils ne le restituent pas : *Nautæ Caupones stabularii, quod cujusque salvum fore receperint, nisi restituent, in eos judicium dabo.*) Avoit encore une autre Partie

Hoc edicto, omnimodo qui recipit, tenetur, etiã si sine ejus culpa res perierit. Vel damnũ datũ est nisi si quid damno fatali contingit.

telle qu'il eſt aiſé de la colliger des Textes des autres Loix ſur ce Titre ; Voici comme il conjecture qu'elle eſtoit conceuë. S'il a eſté fait quelque vol, ou quelque dommage par ceux dont les Maiſtres d'un Navire, les Hoſteliers, & ceux qui tiennent les Eſcuries ou Etables pubiques, dans les Navires, dans l'Hoſtellerie, ou dans l'Ecurie ou Etable publique, je donneray action du double contre le Maiſtre du Navire, l'Hoſtelier, ou celuy qui tient des Ecuries ou Etables publiques : *Si furtum factum, damnumve injuria datum ab iis quorum opera & miniſterio nautæ caupones & ſtabularii, in nave, caupona & ſtabulo utuntur, eſſe dicetur. In factum in exercitores, caupones, & ſtabularios, in duplum judicium dabo.*

1. Suivant nos mœurs, il eſt conſtant que l'Hoſtelier, le Patron d'un Navire, ceux qui tiennent des Etables publiques, & tous ceux qui font de ſemblables commerces publics, & auſquels on a coutume de confier quelque choſe ſur la bonne-foy publique, comme un Foulſon (pour ſe ſervir de l'exemple de la Loy,) ſont tenus de garder ce qu'on leur confie, à leurs riſques, quoy qu'on ne les paye pas preciſément pour en avoir la garde ; ainſi la préſomption eſt contr'eux, ſi on les accuſe d'y avoir manqué : mais toutes les differentes actions du Droit Romain ſont abolies parmy nous, auſſi bien en Païs de Droit écrit qu'en Païs Coutumier, nous n'en avons reſervé que l'eſprit.

l. 5. ibid.

Ainſi, quoy que l'Ordonnance de Moulins n'euſt point parlé du depoſt dans les Hoſtelleries, on n'avoit pas laiſſé, même avant l'Ordonnance de 1667. qui l'a excepté, d'admettre la preuve par témoins en ce cas. Loüet L. D. n. 33. en rapporte un Arreſt du 25. Octobre 1584. & telle eſtoit la Juriſprudence par tout le Royaume.

2. On a jugé depuis que la preuve par témoins n'eſt recevable que quand le fait qu'il s'agit de prouver, eſt arrivé entre un Hoſtelier & un Voyageur. Par cette raiſon, l'Habitant d'une Ville qui avoit dépoſé entre les mains d'un Hoſtelier de la même Ville ſon ami, pluſieurs marchandiſes pour les luy garder, ſans en tirer aucune reconnoiſſance, fut declaré non recevable à faire la preuve de ce dépoſt ; car rien ne l'avoit obligé de choiſir le lieu pour y mettre ſes marchandiſes, & il devoit s'imputer de les avoir mis en un lieu où toutes ſortes de gens abordent ſans prendre aucune ſeureté ; Chenu en rapporte l'Arreſt du 21. May 1594. Cent. 1. Queſt. derniere, ce qui auroit lieu auſſi en Païs de Droit écrit. D'ailleurs on peut ajoûter que

l'Ordonnance

en Matiere Civile. 81

l'Ordonnance de 1667. Tit. 20. article 4. a décidé cette difficulté quand elle reftraint fa difpofition au dépoft fait en logeant dans une Hoftellerie, ce qui marque évidemment qu'il faut que ce foit un Paffant & un Voyageur qui ait fait ce dépoft entre les mains de l'Hofte.

21 3. Pour rendre l'Hofte refponfable des marchandifes & hardes des Voituriers ou Voyageurs, felon nos mœurs, on a jugé qu'il n'eftoit pas neceffaire qu'elles luy ayent efté données en garde, ny qu'il les ait veuës, ou qu'il fçache qu'elles font entrées dans fon Hoftellerie, mais qu'il fuffit qu'il y ait preuve qu'elles y ayent efté apportées. Suivant cette Maxime, on a condamné un Hoftelier aux dommages & interefts d'un Voiturier volé chez luy, quoy qu'il y euft preuve au Procés que ce Voiturier fût arrivé à deux heures aprés minuit, & que cet Hoftelier ne l'eût point veu entrer, parce que fa maifon doit eftre feure & ouverte à toute heure, & qu'il eft refponfable de tout ce qui y eft entré; Montholon ch. 15. en rapporte un Arreft fans date; & le Veft un autre du 24. Aouft 1582. n. 172.

22 4. On ne recevroit pas auffi parmy nous la diftinction des Loix Romaines, dans le cas où le vol, ou dommage feroit arrivé par le fait d'un autre Voyageur, auquel cas en Droit l'Hofte n'eftoit pas refponfable, fi ce n'eft qu'il fe fût chargé expreffement de la chofe avant que le dommage fût arrivé; car les Arrefts ont jugé que l'Hoftelier eftoit refponfable, même quoy qu'il n'y euft aucune preuve du larcin commis par luy ou par fes gens, pourveu qu'il y euft preuve du vol ou du dommage, comme dit Monfieur le Preftre, qui en rapporte deux Arrefts Cent. 1. n. 19. il n'y a que la force majeure exceptée, dont l'Hofte n'eft point refponfable. L'Arreft qu'il cite en marge du 15. Mars 1608. dans l'efpece d'un vol du Meffager d'Angers, (qui en accufoit un particulier qui logeoit à Paris dans la même Hoftellerie depuis quatre mois,) par lequel les Parties furent mifes hors de Cour & de Procés, ne doit pas eftre tiré à confequence pour induire que la difpofition des Loix Romaines, qui vouloit que l'Hofte fut refponfable du fait de ceux qui logeoient chez luy, ne doit pas avoir lieu parmy nous; car outre qu'à Paris les Auberges font ouvertes à tout le monde, & que ceux qui y logent, doivent eftre regardez comme des paffans, c'eft la faute de celuy qui y eft volé, s'il ne donne pas ce qu'il y apporte, en garde à l'Hofte; à caufe du rifque qu'il

L

y a dans l'abord continuel de gens inconnus.

Neanmoins si un Voyageur a pris l'argent d'un autre Voyageur dans sa bourse, estant couché avec luy dans la même chambre d'une Hostellerie, & qu'il soit échappé sans que celuy qui a esté volé, s'en soit apperceu sur le champ, l'Hoste n'en peut estre responsable, car il n'a pû estre garand du vol d'une chose qui a esté apportée chez luy sans qu'il ait pû en avoir aucune connoissance ny y remedier, n'ayant pas esté averti assez tost. Ainsi quand la preuve par témoins de ce prétendu vol seroit receuë en ce cas, il faudroit qu'on accusast l'Hoste d'estre complice du vol pour l'en rendre responsable, parce que la bonne-foy publique n'est point offensée en cette occasion ; & d'ailleurs il ne faut pas ouvrir la voye aux fraudes qu'on pourroit faire aux Hosteliers, si cela estoit permis. La Loy peut bien estre dure à leur égard, & les obliger à une fidelité extraordinaire, mais elle ne peut jamais estre injuste à l'égard de personne.

5. Si l'Hostelier a donné une chambre ou un coffre au Voyageur pour serrer son argent ou hardes, il en est responsable, sur tout si le vol a esté fait sans effraction : parce que l'on présume qu'il a une fausse clef, ou qu'il s'est servi de quelqu'autre mauvais artifice pour commettre ce vol, & la preuve de ce fait est admissible par témoins, parce que cette sorte de dépost se fait toûjours sans Acte par écrit. Le Journal des Audiances l. 8. T. 1. chap. 2. en rapporte un Arrest mais il n'est pas décisif. On avoit trouvé que la femme de l'Hoste avoit deux clefs qui ouvroient la porte de la chambre où estoit le Voyageur.

6. L'Hoste est tenu aussi du vol ou dommage, si le vol a esté fait par ses domestiques, ses enfans, Voyageurs ou autres gens logez dans son Hostellerie, du fait desquels il est responsable, *quia id onus in se recepit*, comme dit M. Cujas cy-dessus. Monsieur le Prestre Cent. 1. chap. 19. en rapporte un Arrest rendu *Consultis Classibus*, & Maynard l. 8. chap. 82. en rapporte un autre du Parlement de Tholoze, ce qui marque la conformité de la Jurisprudence du Païs de Droit écrit, avec celle du Païs Coûtumier sur ce sujet.

7. Si l'Hoste n'a point voulu se charger des hardes ou de l'argent du Voyageur, & qu'il l'ait averti de se tenir sur ses gardes, avant qu'il entrast dans sa maison, la Loy dit *prædixerint*. L'Hoste doit avoir la permission de faire preuve par témoins, qu'il n'a pas voulu se charger du dépost, parce qu'en ce cas il n'a point contracté avec le Voyageur, *ex recepto*, ny *ex maleficio*,

comme dit la Loy, & que le Voyageur averti a pû aller loger ailleurs, du moins il a dû veiller luy-même.

28 Neanmoins cette Maxime ne doit pas estre receuë indistinctement; car supposé que ce fût une Hostellerie située au milieu d'un grand chemin, éloignée d'une distance considerable de toute autre habitation, ou sans portes & sans fenestres, ce pourroit estre une fraude manifeste de la part de l'Hoste, d'avertir le Voyageur de se tenir sur ses gardes, ou de passer outre, quand il ne luy est plus possible de le faire; & en ce cas, quoy que le vol eût esté fait même avec effraction & à force ouverte, l'Hoste en seroit tenu; car cette violence commise par gens assidez & suspects, n'est pas ce que la Loy entend par force majeure, qui est un cas imprévu, lequel celuy à qui il arrive n'a pû empescher.

Que si les domestiques de l'Hoste, l'ont effectivement volé luy-même, aussi bien que les hardes des Voyageurs qui y estoient logez, cela dépend des circonstances, mais c'est à l'Hoste à prouver qu'il n'est point complice, la présomption estant toûjours contre luy, & à plus forte raison s'il s'est chargé de la garde des choses qui ont esté volées à ces Voyageurs, Joan. Grivellus *Dec. Dolan.* 49. fait distinction du vol simple & sans violence, & de celuy fait par force majeure, dont il n'est tenu, & en rapporte Arrest du Parlement de Dole du 6. Avril 1591. mais il n'y a point de doute que la preuve par témoins ne fut admissible aussi contre l'Hoste, si l'Hostellerie estoit en reputation d'estre sujette à pareils vols, de même que l'Hoste est suspect, comme il a esté dit, s'il tient une maison éloignée de tout secours & sans deffence, ouverte aux passans: la bonne-foy publique voulant au contraire qu'elle soit d'autant plus seure qu'elle est dans un lieu exposé aux voleurs. Que si elle n'est pas seure, il ne doit y recevoir personne, joint que si la moindre negligence luy est même imputée; à plus forte raison celle qui approche du dol, comme seroit celle dont il s'agit. Mathæus *de Probat. cap.* 2. *n.*68. cite Anselmo sur les Ordonnances de Brabant an. 1628. *Cod. Belg. ver. Herbergen.* §. 24. lequel après avoir dit avec raison que l'Hostelier ne doit pas recevoir des voleurs & des assassins dans son Hostellerie, ajoûte que comme la présomption commune est qu'ils ne laisse pas d'y en recevoir, il leur a esté deffendu en Flandres d'y tenir des Hostelleries dans des lieux écartez, parce qu'il est presque impossible qu'ils puissent empescher en ce cas que les voleurs ne s'en emparent, & qu'ils n'y volent les passans, même malgré eux.

Au reste c'est au Voyageur à prouver que le vol luy a esté fait 29 dans l'Hostellerie, & la valeur de ce qui luy a esté volé, & s'il n'a point de preuve de ce à quoy il peut monter, le Juge peut luy déferer le serment *in litem*, jusqu'à une certaine somme, suivant qu'il jugera à propos par les circonstances, & tel est l'usage en ce cas, ainsi que Monsieur le Prestre chap. 19. C. 1. l'a remarqué. Et dans l'Arrest du Journal des Audiances l. 8. chap. 2. cy-dessus cité, on défera le serment au Voyageur jusqu'à cinq cens livres, au reste contre ce serment la preuve par témoins du contraire n'est pas receuë, parce que ce seroit revenir contre l'autorité de choses jugées: *Res autem judicata, pro veritate habetur.*

Que si c'est un Messager, dont les marchandises & paquets 30 ayent esté volez, il peut representer son Livre, & il doit y estre ajoûté foy, s'il est en bonne forme, en affirmant par luy qu'il les a apportez dans l'Hostellerie, & qu'il ne les a point déchargez ailleurs avant d'y arriver, sauf neanmoins la preuve du contraire par l'Hostelier, qui ne luy peut estre refusée.

Et quant aux marchandises en balot, & hardes en paquets 31 qu'on n'a point declarées au Messager en détail, mais dont on a seulement chargé son Livre, l'Hostelier doit indemniser le Messager envers ceux à qui elles appartiennent, & ils peuvent en exerçant les actions du Messager (qui en ce cas est regardé comme Voyageur) prouver la valeur par témoins. Que si l'Hoste soûtient qu'ils sont en faute de n'avoir pas pris leurs seuretez en chargeant le Registre du Messager par le menu de tout ce qui estoit dans les balots, l'ayant pû faire; on peut répondre que l'usage est au contraire, & qu'il n'est pas même possible ny à propos de charger le Registre du Messager du détail de ce qu'on luy donne à porter, outre qu'il faut le regarder comme un dépositaire necessaire qu'on ne choisit point, la bonne-foy publique doit suppléer à cette précaution, qui ne doit avoir lieu qu'à l'égard du dépositaire volontaire.

Si c'est un simple Voiturier qui ait esté volé dans l'Hostellerie, 32 il peut aussi estre receu à la preuve par témoins de ce qui luy a esté volé, & de la valeur, & s'il a une Lettre de Voiture, elle peut servir de commencement de preuve par écrit & même de preuve complete, si elle est representée sur le champ, & qu'il n'y ait point de suspicion de fraude. Ce qui doit neanmoins toûjours dépendre de la prudence du Juge & des circonstances.

On peut demander à cette occasion si les simples Voituriers doi- 33 vent eftre regardez comme des dépofitaires neceffaires, ou comme des dépofitaires volontaires; defquels, fi cela eft, on doit par confequent prendre une reconnoiffance par écrit pour les rendre garands de ce dont on les a chargez, fuivant l'efprit de l'Ordonnance ; & quoy qu'il foit vray qu'on puiffe choifir plûtoft l'un que l'autre, & qu'ils n'ayent aucun caractere public de Meffager, l'ufage eft pourtant de ne les point charger par écrit de ce qu'on leur donne à voiturer. Ils font dépofitaires neceffaires, du moins en ce qu'on ne peut fe paffer d'eux, & que d'ailleurs le choix entre gens de cette qualité eft toûjours perilleux, parce que la probité y eft rare, & que ce font des mercenaires tous également infolvables. Enfin ce feroit autorifer leur mauvaife foy de refufer la preuve par témoins à celuy qui leur a confié quelque chofe, auffi du Frefne rapporte un Arreft qui admit la preuve par témoins au fujet d'un balot dont un Voiturier dénioit avoir efté chargé, quoy que la valeur de ce balot excedaft la fomme de cent livres.

34 Au contraire les Meffagers & Maiftres de Coches par eau ou par terre, font des dépofitaires publics & neceffaires, dont on eft obligé de fe fervir, fans qu'il foit permis de les choifir; Auffi l'Edit de 1576. les oblige de tenir des Regiftres fideles des chofes dont on les charge; d'avoir des Bureaux feurs pour les garder. Ils font garands auffi de la perte ou vol qui arrivent fur les chemins de nuit, leur eftant enjoint de n'aller qu'entre deux Soleils, & de fuivre les routes ordinaires, s'il n'y a raifon de les changer : mais cet Edit les décharge des vols & larcins faits en plein jour & fur les grands chemins, parce qu'il feroit injufte de les rendre refponfables, de ce dont perfonne ne doit répondre, qui eft la force majeure. L'Edit du 25. May 1635. rapporté au Livre 11. Conference des Ordonnances T. 16. leur ordonne auffi de tenir bon & fidele Regiftre, fans qu'il foit loifible au commis de prendre connoiffance des chofes qui feront contenuës és balles, balots, tonnes, caiffes & paquets, mais feulement du poids, des noms des perfonnes & Marchands qui les configneront, & de l'adreffe qu'ils en feront. Ainfi s'il arrive perte par leur faute, on doit déferer le ferment *in litem* au proprietaire, & la preuve par témoins a lieu en ce cas ; mais la preuve par témoins n'eft pas receuë contre eux à l'effet de prouver qu'on les a chargez de quelque chofe verbalement, parce qu'ils ont des Regiftres publics, lefquels, en les reprefentant par eux, font foy en

leur faveur, auſſi bien que contre eux. Enfin tout le monde ſçait qu'ils ne ſont pas reſponſables de la perte de l'argent que l'on auroit mis dans une Lettre ou dans un Paquet, ſi on n'en a point chargé leur Regiſtre, ce qui s'entend neanmoins ſi, à l'égard des Paquets, aprés qu'ils ont eſté chargez ſur leur Livre, ils ne ſe trouvent point avoir eſté ouverts par fraude. Car il dépend en ce cas de la prudence du Juge d'admettre la preuve par témoins, comme d'un dol manifeſte.

CHAPITRE IV.

Du Mariage.

SOMMAIRE.

1. *Diſtinction entre le Mariage & les conventions du Mariage.*
2. *Si les Mariages contractez entre les perſonnes ruſtiques, ſont valables, quoy qu'il n'y en ait point d'Acte par écrit.*
Et ſi la preuve par témoins doit eſtre receuë en general de la celebration du Mariage.
3. *Diſtinction ſur ce ſujet. Trois eſpeces de Mariage, qu'on peut appeller publics.*
4. *Eſpece ſur ce ſujet.*
5. *Nulle apparence que Charles IX. ait voulu comprendre le Mariage dans l'Ordonnance de Moulins.*

Secundus Contractus, de quo dubitatur, an huic Legi ſubjiciatur, eſt Matrimonium : in quo eſt duplex conſideratio : una eſt de ſimplici fœdere matrimonii : altera de pactis conventis circa matrimonium. Et in primis, de ſimplici fœdere diſputabimus : nam in eo majus dubium verſatur : pluries enim celebratum fuit, & adhuc celebratur, ſine ſcriptis, & maximè inter ruſticos : qui, cum ſuis juribus plerumque nubere ſolent, & pactis verbaliter tantùm adhibi-

LE ſecond Contrat qui peut faire difficulté pour ſçavoir s'il eſt ſujet à l'Ordonnance, eſt le Contrat de Mariage, & on peut y conſiderer deux choſes ; ce qui regarde la promeſſe reciproque du Mariage, & les conventions matrimoniales. Nous parlerons d'abord de ce qui concerne la promeſſe de Mariage, parce que c'eſt ce qui fait la plus grande difficulté ; car il a eſté ſouvent celebré des Mariages, & il s'en fait encore tous les jours sans aucun Contrat, particulierement entre les gens de la Campagne, qui se marient d'ordinaire avec leurs droits, & aprés avoir fait leurs conventions verbalement devant un Prêtre ou devant leur Curé, il les fiance, en memoire dequoy ils se donnent des coups de poing & des soufflets, comme on avoit coutume autrefois d'en donner dans les émancipations, ce qu'on appelloit *Rhaphismata*. Si donc il arrive que parce qu'il n'y a eu aucun Acte par écrit, on ne puisse prouver qu'il y a eu des fiançailles & des Promesses de Mariage, & que l'on soûtienne que cette Ordonnance doit avoir lieu en ce cas à la rigueur; combien s'ensuivra-t'il d'inconveniens, car une infinité de jeunes filles, particulierement celles de la Campagne, pourront estre trompées par ce moyen, & ce sera une occasion pour rompre plusieurs Mariages contractez même par paroles de present, & exposer les ames au peril de leur salut, ce que les Canons ont toûjours eu grand soin d'éviter. C'est pourquoy il semble qu'il seroit injuste de restraindre de telle sorte la preuve des Mariages, qu'ils ne se pussent prouver que par écrit; car c'est le consentement qui fait le Mariage, suivant ce que dit la Loy Civile, & non pas la cohabitation. Aussi les Canons décident que quand le Mariage est une fois contracté, quoy qu'il n'y ait eu que le simple consentement

tis coram presbytero vel parocho sponsalia contrahunt, pugnis & alapis, in memoriam, se mutuò percutientes, prout olim in emancipationibus fiebant Rhapismata. *a* Si ergo ob defectum scripturæ, hæc sponsalia fœderaque matrimonialia probari non possint, & huic Legi exactè hæc subjiciantur, quot, quantaque mala ex his evenient? Nam infinitæ juvenculæ, potissimum rusticæ, hinc capi & decipi poterunt, infinitaque matrimonia, etiam per verba de præsenti contracta, dirimi vel deturbari, multaque animæ pericula experiri, quæ Canones antiqui semper vitare curaverunt. *b* Quocirca iniquum videretur si matrimoniorum probationes adeo coarctarentur, ut non nisi scriptis fieri possent. Nuptias enim consensus non concubitus facit, ait lex civilis: *c* lex etiam canonica tantam vim habere matrimonium asserit, ut nuda quacunque voluntate à quolibet capaci, etiam remotis parentibus, contractum, dissolvi non possit. *d* In contrarium autem pro hac lege allegari poterat celeberrimum esse matrimonii contractum inter homines, nec unquam incogitatum fieri solere, nec de re momentanea, sed de perpetua divinæ & humanæ domus societate. *e* Ideoque cùm de re seria ac celebri agatur, & tabellionum copia ubique locorum semper abundet, imputandum erit contrahentibus, si formam scribendi neglexerint, & secundum legem non contraxerint : *f* cùm nulla possit dari præcipitationis occasio, imò de tali negotio in-

a Notatur in l. fin. C. de emancip. lib. & in Auth. constit. qua dign. & Ep. coll. 6. & ibj Accurs.

b Can. Illa 22. quæst. 5. Can. Si habes 24 quæ. 4.

c L. Nuptias. de reg. l.

d Cap. tantis vis. extr. qui filii sint legit.

e L. 1. ff. de rit. nupt. §. 1. Inst. de pa. potest.

f L. Si quando. C. de intest. l. Nemo de Leg. 3.

ter sapientes ter quaterque cogitandum, ab omnibus semper jactetur. Et cùm multa variaque pacta in matrimoniis, ut plurimùm, interveniant, quæ ad perpetuam familiarum conservationem fieri solent, hæc tam ardua, soli hominum memoriæ committere, indignum videretur, cùm & ipsa memoria labilis sit, *a* & hominum vita brevis. *b* Præterea, testium subornatio & corruptio (quibus ut obviam iretur hæc Lex sancita fuit) tanto periculosior videtur in hoc negotio, quanto majorem præ se fert obligationem, & ligamentum : ergo cautiùs hic agendum nemo dubitat. *c* Nam si testium probationem admittat, nemo est quantumcunque pauper, qui subornatis duobus testibus, ditissimam puellam non faciat sibi uxorem, & è contra.

a L. Peregre. ff. de acquir. possess.
b L. ut inter. C. de sacrof. Eccles.

c Cap. Ubi majus. ext. de election.

des Parties, & qu'il ait esté fait à l'insceu & en l'absence des pere & mere ; neanmoins si les personnes estoient en âge de se marier, il ne peut estre cassé. Au contraire on pourroit dire en faveur de cette Ordonnance, que le Contrat de Mariage, est le plus autentique & le plus important de tous les Contrats qui se passent entre les hommes, qu'il ne se fait jamais qu'aprés une serieuse reflexion, & qu'il ne s'y agit pas d'une chose qui passe en un instant : mais de ce que la Loy appelle la societé des choses divines & humaines, qui doit durer autant que la vie. C'est pourquoy comme il s'agit d'une chose tres-serieuse & de la derniere consequence, & qu'on ne manque point de Notaire en quelque lieu que ce soit, il faut imputer à ceux qui le contractent, s'ils ont negligé d'en passer un Acte par écrit, & s'ils ont méprisé de Contracter suivant la forme que la Loy leur avoit prescrit, puisqu'ils ne peuvent pas dire qu'ils n'ayent pas eu le temps de faire un Contrat, parce que dans une affaire de cette qualité, toutes les personnes sages conviennent qu'on y doit penser trois & quatre fois ; d'ailleurs y ayant d'ordinaire dans chaque Mariage des conventions particulieres, par lesquelles on pourvoit à la conservation des biens dans les familles. Il ne seroit pas raisonnable de s'en fier à la memoire des Contractans, parce que le souvenir s'en peut effacer aisément, & que la vie des hommes est courte. De plus la subornation & la corruption des témoins (que la Loy a voulu éviter) paroist d'autant plus à craindre en ce rencontre, que le Contrat de Mariage est plus indissoluble que tous les autres Contrats, c'est pourquoy personne ne doute que l'on ne doive y prendre plus de précaution ; car si l'on y admet la preuve par témoins, il n'y a personne, quelque pauvre qu'il soit, qui en subornant deux faux témoins, ne soit en estat de se donner pour femme la fille la plus riche, & au contraire.

Par

3. Par ces raisons & plusieurs autres, il sembleroit que cette Ordonnance devroit estre observée plus étroitement dans les cas du Mariage que dans tout autre Contrat, & j'ay connu plusieurs personnes habiles qui estoient de ce sentiment, & non pas sans raison. Pour moy, je crois que pour la décision de cette Question il faut distinguer ainsi, car où il s'agit de la seule Promesse de Mariage faite publiquement ou clandestinement. Nous parlerons premierement de celle faite publiquement; par exemple, Caius en presence & du consentement de ses parens & amis, promet de prendre Caia pour sa femme, & Caia promet de son costé de prendre Caius pour son époux par paroles de futur, ou par paroles de present, conceuës de telle sorte qu'elles emportent obligation reciproque entr'eux de s'épouser, comme il se pratiquoit autrefois en usant de ces mots : *Je vous seray Caius*, & *vous me serez Caia*, ou bien le Mariage a esté fait publiquement par le Curé, ou au deffaut de tout cela, Caius a tenu Caia chez luy en qualité de son épouse, ne faisant qu'un lit avec elle, au veu & sceu de ses voisins (car j'appelle Mariage public celuy qui est fait de l'une de ses trois manieres.) Certes dans ces cas là, j'estimerois que la Promesse de Mariage peut & doit estre prouvée par témoins, & qu'elle ne doit point estre sujette à cette Ordonnance par plusieurs raisons.

La premiere, parce que le Ma-

His rationibus, aliisque plurimis, videretur hanc constitutionem Regiam in matrimoniorum fide magis servandam esse, quàm in cæteris quibuslibet contractibus, & ita à quibusdam viris doctis non absque ratione vidi firmari. Ego verò pro hac quæstione decidenda puto ita distinguendum fore. Aut enim agitur de mero & simplici fœdere matrimonii publicè facto, vel de clandestino. Primò, de publico dicemus, ut cùm Caius aliquis promittit præsentibus & consentientibus parentibus & vicinis, accipere Caiam in uxorem per verba de futuro, vel per verba præsentia accipit in uxorem, & è contra, Caia idem spondet Caio : adeo ut colligi possit ex iis verbis mutuam inter eos nuptiarum obligationem esse, prout antiquitùs hæc erant nubendi verba, a Ego tibi Caius, & tu mihi Caia : vel coram pastore Ecclesiastico publicè desponsavit : vel his cessantibus, publicè tenuit eam, & aluit in uxorem, vicinis scientibus, sequuta copula carnali (nam altero de his tribus modis voco matrimonium publicum) : certè in his casibus, putarem hoc fœdus non scriptum, etiam testibus probari posse ac debere, nec huic Constitutioni subjiciendum esse his rationibus.

Prima, quòd nuptiæ juris sunt

a *Plutarch. in Legib. cō nub. Xenoph. in œcon.*

omnino Divini, cùm ab ipso solo Deo institutæ videantur, *a* & quarum solus Deus est custos, & defensor: *b* Ideoque nihil humani juris videtur esse in hujusce nuptiarum vel matrimonii introductione. Cùm ergo mera sit Lex Divina, incongruum videretur si Lege humana coarctari posset : & adhuc indignius, si deficiente humana probatione, ab hac Lege Regia recèns introducta, illa Divina conjunctio, in dubium revocanda esset, eo prætextu quòd testibus tantùm præsentibus inita esset : & ob defectum scripturæ omnino deficeret sanctissima & firmissima matrimonii obligatio. Quocirca Lex Principis humani in legem Numinis usurpare non potest, nec è contra : *c Divisum enim imperium cum Jove Cæsar habet.*

a Can. Sicut. 32. quæst. 1. & Canon. omne. 27. quæst. secunda.
b Can. remo. 32. quæst. quarta.

c Cap. Novit. extr. de Judiciis.

riage est entierement de droit divin, puisque c'est Dieu seul qui l'a institué, & que c'est luy qui en est le Protecteur, & par consequent il ne paroist pas que la Loy humaine ait aucune part dans son institution; par consequent puisque le Mariage est de Droit divin, il paroist absurde de l'assujettir à une Loy profane & humaine, & il est encore plus indigne, au cas que la preuve par témoins, nouvellement introduite par cette Ordonnance, vienne à manquer, on soit obligé de revoquer en doute cette conjonction établie par le Droit divin entre le mari & la femme, sous pretexte que le Mariage n'a esté contracté qu'en presence de témoins, & que parce qu'il n'y a point eu d'écrit passé, l'obligation du Mariage, qui est sacrée & inviolable, ne subsiste plus ; c'est pourquoy il faut demeurer d'accord que la Loy des hommes ne doit pas entreprendre sur la Loy de Dieu, ny au contraire, car, comme dit le Poëte, l'empire des Dieux & celuy de Cesar, n'ont rien de commun.

Secunda, quòd hæc causa matrimonialis in foro Ecclesiastico disceptari solet, & secundùm Canones ecclesiasticos decidi & judicari, prout in hoc Regno hucusque usurpatum fuit, ita ut nec alio jure quàm Canonico recipi soleat causæ istius dijudicatio : atqui Canones & Magistratus Ecclesiastici pro suis ritibus & religione matrimonium inter sacramentalia referunt. *d* Et hac sola ratione, judices Ecclesiastici hujus causæ cognitionem semper sibi vindicarunt. *e* Sed quæso, quid absurdius esset, si id quod

d dict. can. Omne.
e Cap. Licet cap. 3. loco. de prob. Cap. Causam Qui filii sint legit. extr.

La seconde raison est, que la Question du Mariage a coûtume d'estre portée devant le Juge d'Eglise, & d'y estre jugée suivant les Canons, comme cela a esté observé jusqu'à present en ce Royaume, en telle sorte que les Causes de Mariage ne se décident que par les Canons. Or est-il que suivant les Canons, & les décisions des Juges Ecclesiastiques, le Mariage est mis au nombre des Sacremens, & c'est par cette seule raison que l'Eglise a toûjours esté en possession d'en connoiſtre; car qu'y auroit-il, je vous prie, de plus abſurde, s'il falloit de neceſſité ſe ſervir d'Actes par écrit, & du miniſtere d'un Notaire pour contracter un Mariage, qui eſt un Sacrement. Certainement ce ſeroit ne pas déferer comme on doit, à la diſcipline de l'Egliſe, & manquer de reſpect pour la Religion Chreſtienne, ſur tout dans le Mariage, dont les ſolemnitez ſe celebrent en face d'Egliſe, ſuivant l'ancienne coûtume qu'elle a toûjours obſervée, à laquelle il ſeroit auſſi indigne que ſuperflu, d'ajoûter encore celle de la preſence des Notaires, le témoignage & l'autorité de l'Egliſe ſuffiſant en ce cas, d'autant plus que la publication des Bancs, qui a coûtume de preceder rend le Mariage qui eſt contracté enſuite, notoire à tout le monde. C'eſt pourquoy j'eſtime que cette Ordonnance n'a point lieu dans cette occaſion, parce que le motif de cette Loy, qui eſt d'éviter la ſubornation des témoins ceſſe en ce rencontre; car il paroiſt impoſſible que la foy de toute l'aſſemblée des Fideles qui compoſent l'Egliſe, & qui eſt témoin du Mariage, puiſſe eſtre corrompuë; donc puiſque la raiſon de la Loy ceſſe, la Loy ne doit point auſſi avoir lieu.

La troiſiéme raiſon eſt, que ſuivant le Droit Canon, receu en ce Royaume, tout Jugement rendu contre le fait d'un Mariage, ne paſſe jamais en force de choſe jugée; ce qui pourroit paroiſtre ſingulier d'abord, n'y ayant point de Maxime plus ſouvent repetée en Droit, qu'une choſe jugée doit

à judicibus Eccleſiaſticis ſacramentum eſſe contenditur, ſeu res ſacramentalis vel myſtica, non niſi ſcriptis & tabellionibus adhibitis conficere liceret? Illud certè politiæ Eccleſiaſticæ, & pietati Chriſtianæ derogaret nimis, & maxime in fœdere iſto matrimoniali, cujus exequutio & ſolemnitas palam & in facie Eccleſiæ celebrari conſuevit, *a* ex ſanctiſſimo antiquiſſimoque Eccleſiæ ritu: cui notarios adhibere tam indignum quàm ſuperfluum videretur, ac ſatis ſuperque ſufficiat Eccleſiæ publica facies & authoritas, *b* maximè quòd præcedere ſoleant denunciationes publicæ, *c* quibus notorium fit omnibus matrimonium. Igitur hanc Legem Regum in tam celebri & notorio negotio locum non habere cenſeo, cùm Legis deficiat hîc ratio, ſcilicet timor ſubornandorum teſtium: impoſſibile enim videtur, totam Eccleſiam, hujus ſacri fœderis teſtem, corrumpi poſſe: ceſſante ergo Legis ratione, ceſſare Lex ipſa videtur. *d*

Tertia ratio eſt, quòd judicium in cauſa matrimoniali latum, ſi contra matrimonium datum fuerit, nunquam tranſit in rem judicatam, ex jure Canonum, *e* in hoc Regno paſſim receptum. Quod certè mirum videri poſſet, cùm in Jure paſſim clametur, rem judicatam pro veritate haberi, *f* & ſententiam de

a Cap. cum inter. qui fi-lii ſint leg. Cap. cum inhibitio de cland. deſp. extr.

b Cap. Ex tenore. qui fil.ſint legit. c Dict. cap. cum inhibitio.

d Cap. cum ceſſante. de Reg. jur. in 6. L. quod dictum. ff. de pa.

e Cap. lator præſentium extr. de ſent. & re judic. f L. Res judicata. de Reg. Jur.

M ij

albo nigrum, & de nigro album facere : quod tamen fallere videtur in matrimonio, quoties contra matrimonium denegatum, judicatum fuerit. Nam si sæpius judicatum fuerit matrimonium non esse, quia forte deficit probatio, imò ter judicatum fuerit, ita ut non amplius de jure appellare liceret, *a* tamen si superveniat pro matrimonio integra & perfecta probatio, vel testibus, vel instrumentis, tunc semper admittitur nova causæ cognitio : *b* imò etiam si delato juramento, juratum fuerit quantumcunque solemniter, non esse matrimonium, & pro juramento judicatum, licet videatur juramentum illud nunquam retractandum, sed à Deo solo ulciscendum, *c* nihilominus probatione superveniente (quod intelligo de integra & irrefragabili) retractatio primi judicati, vel etiam appellatio, semper admittitur.

a Tit. Cod. Ne tertio provoc. lic.

b Cap. consanguini. extr. de sentent. & re judic.

c L. 1. C. de reb. cred. & jurijur.

passer pour une verité, & qu'une Sentence a la force de rendre blanc ce qui est noir, & noir ce qui est blanc ; ce qui n'a pas lieu neanmoins dans le cas d'un Mariage qui a esté dénié, quand il y a eu une Sentence qui a jugé le contraire ; car quoy qu'il soit intervenu plusieurs Sentences qui ayent jugé qu'il n'y avoit point de Mariage, sur le fondement qu'il n'y en avoit point de preuve, & que même cela ait esté jugé ainsi par trois Sentences consecutives : neanmoins s'il survient ensuite une preuve entiere & parfaite, soit par témoins ou par écrit, de la verité du Mariage, en ce cas on rentre de nouveau en connoissance de Cause, & même quand le serment auroit esté déféré avec toute la solemnité possible, & qu'il y auroit eu une Sentence conforme qui auroit jugé en consequence qu'il n'y avoit point de Mariage, quoy qu'il semble que ce serment ne se puisse retracter, & qu'il faut en laisser la vangeance à Dieu. quand il n'est pas conforme à la verité. Neanmoins quand il survient des preuves, j'entens des preuves entieres & incontestables, on n'a plus d'égard à ce qui a esté jugé d'abord, & l'appel en est toûjours receu, & tel est l'usage en ce Païs.

Et ita practicatum & judicatum fuisse in hac civitate Pictavensi in foro Episcopali, retulit mihi dominus Reisius, celebris & veteranus in hac Curia Advocatus : qui tunc erat judex Ecclesiasticus cujusdam causæ matrimonialis, inter duos quosdam nobiles. Nam mulier, quæ nobilis erat, asserebat quendam nobilem matrimonium sibi pro-

4 Et il a esté jugé ainsi au Palais Episcopal de cette Ville de Poitiers, comme je l'ay appris de Monsieur de Reys, celebre & ancien Avocat de ce Presidial ; qui faisoit pour lors la fonction de Juge Ecclesiastique dans une Cause de Mariage entre un Gentilhomme & une Demoiselle ; car la femme qui estoit noble, affirmoit que ce Gentil-

homme luy avoit promis Mariage par paroles de present, ce qui avoit esté suivi de la consommation, ce Gentilhomme le dénioit ; & comme cette femme n'avoit ny témoins, ny Acte par écrit, elle luy défera le serment, ce qu'il accepta, & jura publiquement & en face d'Eglise, que ce fait n'estoit pas veritable, & en consequence de ce serment il fut renvoyé absous. Quelque temps après il survint des témoins irreprochables de ce Mariage, ce qui donna occasion à cette femme de demander à estre admise à la preuve, nonobstant le serment presté & la Sentence ; le Gentilhomme soûtenoit qu'elle y estoit non recevable, alleguant pour fin de non recevoir le serment qu'il avoit presté & la Sentence qui l'avoit renvoyé absous. Enfin on admit cette femme à faire la preuve qu'elle demandoit, & ce Gentilhomme ayant appellé deux fois successivement de deux Sentences conformes, la premiere fut enfin confirmée par celle du Juge Metropolitain, & les Parties renvoyées devant leur premier Juge, & ensuite les témoins de la femme ayant esté entendus sur la verité du Mariage, & ayans tous déposé unanimement qu'il y en avoit un ; on rendit Sentence en faveur de la femme contre ce Gentilhomme, nonobstant la Sentence qui l'avoit renvoyé absous.

Or puisque les Causes où il s'agit de Mariage ont un si grand Privilege, parce qu'il s'agit de ce lien sacré des deux conjoints, qui est tout spirituel, en telle sorte que la déposition des témoins l'emporte

misisse per verba de præsenti, & copula carnali consummasse, quod denegabat nobilis ille, & cùm mulier nec testes nec instrumenta haberet, detulit juramentum solemniter in Ecclesia faciendum : quod acceptavit nobilis, & solemniter palamque in Ecclesia juravit, & pro suo juramento absolutus fuit. Certo post tempore, superveniunt probationes per testes omni exceptione majores, ideoque petiit mulier, ut nonobstante juramento & sententia, ad probandum matrimonium admitteretur : cujus supplicationem non admittendam esse defendebat nobilis, ac de juramento, & judicato excipiebat. Tandem per sententiam admissæ sunt mulieris probationes, & cùm nobilis ab hac sententia provocasset, iterum atque iterum per Ecclesiasticos judices metropolitanos firmata fuit sententia, & partibus ad primum judicem remissis, & auditis mulieris testibus, de matrimonio uno ore testificantibus, lata fuit, in gratiam mulieris contra nobilem, pro matrimonio sententia, nonobstant prima absolutoria.

Retractatio juramenti & sententis, in favorem matrimonii.

Cùm ergo causa matrimonialis tanto gaudeat privilegio, propter sacrum Divinumque fœdus, quod merè spirituale videtur secundùm Canones, *a* ut etiam la sententiam contra matrimonium

a Notat. in Can. Loci. §. his ita, junct. glos. fiis 35. qu. 9.

latam, testes de matrimonio testificantes prævaleant : à fortiori ergo ratione, testes ad probandum matrimonium, nulla adhuc lata in contrarium sententia, admitti debent, nonobstante hac Regia constitutione : argumento de majori ad minus, in jure fortissimo. *a* Ex his ergo, & multis aliis quæ huc adduci poterant, concludo pactum & fœdus nuptiale sacrum ac divinum, legitimè factum, quamvis non scriptum, huic Regiæ Constitutioni subjici non debere, nec suspicandum esse Regem nostrum, ea quæ pro foro seculari introducere visus est; ad rem merè Ecclesiasticam secundùm Canones judicari solitam, cui se immiscere non consuevit, extendere voluisse, cùm soliti fuerint Principes jura Episcopalia Episcoporum moderationibus semper relinquere, *b* nec falcem in messem alienam immittere. Et hæc de publico seu publicato matrimonio dicta sint.

a L. Nec in ea ff. ad leg. Jul. de Adult. l. Conventicula. C. De sacros. Eccles.

b Cap. Novit. extr. de Judic. l. Nos reddentes. C. de sum. Trin. & fi. de Cath.

sur l'autorité des choses jugées. Donc à plus forte raison il faut admettre la preuve par témoins quand il n'y a point encore eu de Sentence renduë (qui ait declaré qu'il n'y avoit point de Mariage) par l'argument du plus au moins, qui a beaucoup de force en Droit. De ce que dessus, & par plusieurs autres raisons qu'on pourra ajoûter, je conclus que la convention & le lien sacré du Mariage estant une fois legitimement contracté, quoy qu'il n'y ait aucun Acte par écrit, n'est point sujet à cette Ordonnance, & qu'il ne faut pas même présumer que nôtre Roy, qui n'a eu en veuë que de regler par l'article 54. de l'Ordonnance de Moulins, l'usage du Barreau en matiere prophane, ait eu dessein d'étendre la prohibition de cet article à une chose qui est purement Ecclesiastique, & qui doit estre jugée suivant les Canons, & de laquelle même il n'a pas accoûtumé de prendre connoissance. Les Princes ayant de tout temps laissé aux Evesques toute jurisdiction sur ce qui concerne leurs droits, & n'ayant pas coûtume de mettre leur faux dans la moisson des autres, & ce que dessus suffira pour ce qui concerne le Mariage public, c'est-à-dire contracté en face d'Église, après publications de Bancs.

ADDITIONS SUR LE IV. CHAPITRE.

SOMMAIRE.

1. *Distinction de trois sortes de Mariages publics proposée par Boiceau.*
2. *L'Ordonnance de 1629. deffend*

la preuve par témoins des Mariages contractez par paroles de present.
3. Du Mariage contracté devant le propre Curé.
4. Du Mariage présumé.
5. Observations sur les principes de Boiceau touchant les trois especes de Mariages publics qu'il propose.
6. Observation sur la seconde raison de Boiceau, par laquelle il soûtient que la preuve par témoins doit estre admise.
7. En quels cas le Juge d'Eglise connoist des Causes de Mariage.
8. Nos Rois ont pouvoir de faire des Ordonnances sur le fait des Mariages.
9. Espece singuliere touchant la possession paisible d'un Mariage.
10. Solemnitez requises pour rendre le Mariage public.
11. Necessité de la benediction nuptiale, opinion des Docteurs sur ce sujet, & usage de l'Eglise.
12. Le Curé témoin necessaire du Mariage.
13. De la publication des Bancs.
14. Des paroles dont se sert le Prestre pour donner la benediction nuptiale, & de celle des conjoints.
15. De l'Acte de celebration.
16. Cas où la preuve par témoins ou par écrit, est receuë ou rejettée en fait de Mariage.
17. Question quand l'Acte de Celebration n'est point rapporté, si d'autres Actes peuvent tenir lieu de commencement de preuve par écrit du Mariage.
18. Distinction sur ce sujet.
19. Du Certificat du Curé, quand il n'y a point de Regîstre de Mariage.
20. De celuy donné par un Prêtre qui a celebré le Mariage à la place du propre Curé.
21. Du Certificat donné par les témoins qui ont assisté à la celebration.
22. Observations à faire en pareil cas.
23. De la preuve du consentement du Pere au Mariage de son Fils mineur.
24. Precautions que pourroient prendre les Curez pour prévenir les suppositions des faux parens par les conjoints.
25. Si la preuve par témoins du domicile des conjoints est recevable contre l'énonciation du Contrat de Mariage & de l'Acte de celebration.
26. Preuve par témoins receuë en Flandre dans les Causes de separation.
27. Cette preuve y est aussi receuë à l'égard de Promesse de Mariage.
28. Pouvoir des Princes Laïques sur les Mariages dans l'étenduë des Terres de l'Eglise.
29. Jurisprudence contraire en France.
30. Usage de la Province d'Artois sur la preuve des Mariages.

BOICEAU traite dans ce Chapitre de l'engagement qui reſulte de la Promeſſe de Mariage faite reciproquement entre deux perſonnes, par paroles de preſent quand il n'y a point de preuve par écrit, ce qui paſſoit pour un veritable Mariage en certain cas avant le Concile de Trente, & il diſtingue enſuite le Mariage en deux eſpeces ; l'un public & ſolemnel, & l'autre clandeſtin. Il renvoye ce dernier au Chapitre ſuivant ; & à l'égard du premier, il le diviſe en trois autres eſpeces.

La premiere, quand deux perſonnes ſe promettent la Foy de Mariage par paroles de preſent, ou par paroles de futur, en preſence & du conſentement de leurs parens & amis.

La ſeconde, quand le Mariage eſt contracté publiquement & en face d'Egliſe devant le propre Curé.

La troiſiéme, dit-il, eſt lors qu'un homme a entretenu & nourri publiquement dans ſa maiſon une fille en qualité de ſa femme, & qu'il a eu habitude avec elle. Boiceau decide indiſtinctement que dans tous ces trois cas, la preuve par témoins du Mariage doit eſtre receuë ; mais il eſt aiſé de faire voir que les Maximes ſur leſquelles il établit ſes Deciſions ne ſont plus en uſage.

À l'égard de la premiere eſpece de Mariage public dont il parle, ſçavoir quand deux perſonnes ſe promettent la Foy de Mariage par paroles de preſent, ou par paroles de futur, devant leurs parens & amis ; il ſuffit de citer l'article 7. de l'Ordonnance de 1639. qui deffend à tous Juges, même aux Juges Eccleſiaſtiques, de recevoir la preuve par témoins des Promeſſes de Mariage, ny autrement que par écrit, lequel doit eſtre arreſté en preſence de quatre proches parens de l'une & de l'autre des Parties. Il n'y a que le ſeul cas dans lequel on articule qu'il y a eu effectivement un Acte de celebration, mais qu'il a eſté perdu, auquel l'on puiſſe douter ſi la preuve par témoins de la perte de cet écrit & de ſa teneur peut eſtre admiſe, ce qui ſera examiné cy-aprés, en expliquant l'article 55. de l'Ordonnance de Moulins, qui parle des Regiſtres des Mariages.

Quant à la ſeconde eſpece, qui eſt le Mariage contracté publiquement en preſence du propre Curé ; il eſt encore indubitable qu'il ne ſe peut auſſi prouver que par écrit. La dépoſition du Curé, ny celle des parens & des témoins, ny de la verité du Mariage, n'a pas même eſté jugée ſuffiſante par l'Ordonnance
de

de 1667. T. 20. art. 7. 9. 10. puis qu'elle a deffendu precisément de recevoir la preuve des Mariages autrement que par un Acte de celebration, signé du Curé & des témoins à l'instant du Mariage, & inseré dans les Registres de la Paroisse où il a esté contracté.

4. Et pour ce qui est de la troisiéme espece de Mariage que Boiceau appelle aussi un Mariage public, & qui est ce qu'on appelloit de son temps un Mariage présumé par la cohabitation; il n'est plus permis à present de douter que cette présomption n'a plus lieu: car cette cohabitation, quoy que publique en qualité de mari & femme, non seulement ne fait pas présumer qu'il y a eu un Mariage contracté, mais c'est plûtost une preuve de la débauche & du scandale, qui rend la faute inexcusable. En un mot, depuis le Concile de Trente & l'Ordonnance de Blois, on ne reconnoist plus en France les Mariages présumez, & ainsi la preuve par témoins n'en peut jamais estre admise, parce qu'elle seroit inutile. *Session 24. art. 40. & suivans.*

5. Quant aux principes que pose Boiceau pour soûtenir ses sentimens, ils ne sont plus recevables suivant nos mœurs.

Il dit premierement que l'institution du Mariage estant de droit divin, il ne doit pas estre soûmis aux Loix humaines, & qu'il seroit indigne de douter de la verité d'une conjonction que Dieu luy-même a faite entre deux personnes, sous pretexte que l'on ne peut en rapporter la preuve par écrit, parce qu'il suffit que cette conjonction ait esté faite en presence de témoins.

Sans entrer ici dans une Dissertation sur cette consequence d'un principe dont l'on est obligé d'avoüer la verité, il suffit de s'en tenir à la décision des Ordonnances de Blois & de 1667. qui en ont tiré une toute contraire, car c'est parce que le Mariage est d'institution divine, qu'elles ont jugé par respect pour un si grand Sacrement; qu'il falloit pour en asseurer la verité une preuve manifeste & autentique, telle qu'est un Acte de celebration souscrit par quatre témoins dignes de foy, & inseré sur le Registre, afin de ne pas confondre une conjonction, qui n'est souvent que la suite de la débauche, avec celle qu'elle regarde comme un Sacrement, c'est pourquoy le Concile de Trente veut aussi qu'il y ait un Registre des Mariages, & que l'Acte de celebration y soit inseré. D'ailleurs, comme le Contrat de Mariage est le plus important de tous les Contrats de la societé civile, ainsi que Boiceau le reconnoist, & qu'il a esté élevé dans *L'Ordonnance de 1629. art. 40. deffend la preuve par témoins du mariage.*

la Loy de grace à l'état de Sacrement, en telle sorte que l'un est indivisible de l'autre, il s'ensuit qu'en prouvant la verité du Contrat, on prouve aussi par consequent la verité du Sacrement; car de ce que l'Acte de celebration fait foy que les conjoints estoient habiles à contracter Mariage, & que les formalitez prescrites par l'Eglise y ont esté observées, on conclut necessairement que les Parties ont esté en estat de recevoir les effets du Sacrement, & qu'effectivement ils les ont receu, & la Loy humaine n'entreprend point en cela sur la Loy divine, au contraire elle suit la discipline de l'Eglise, puisque l'Eglise elle-même qui ne peut avoir de certitude sensible de la verité du lien du mariage, qui est un effet spirituel du Sacrement, a esté obligée d'avoir recours à des solemnitez exterieures, qui ne sont pas de l'essence, & à y appeller le Curé, qui est le témoin necessaire, & de prescrire la publication des Bancs; ainsi la Loy humaine ne pouvant discerner un veritable Mariage d'avec une conjonction illicite, que par les solemnitez que l'Eglise y a attachée, si elle n'a pas receu la preuve par témoins de l'observation de ses solemnitez, c'est parce que cette preuve luy a paru trop suspecte, & si elle a receu uniquement celle par écrit, c'est pour se convaincre en quelque sorte, autant qu'il est en elle, par une preuve plus autentique de la verité d'une chose au dessus d'elle, & qu'il est de la derniere importance pour l'interest de l'Etat, de connoistre certainement.

La seconde raison qu'apporte Boiceau pour soûtenir que la preuve par témoins doit estre admise dans les trois especes du Mariage public qu'il a distinguées d'abord, n'a d'application juste qu'à la seconde espece du Mariage public, qui est celle du Mariage solemnel, ou Fiançailles celebrez en face d'Eglise; & il faut convenir que si Boiceau a entendu dire en cet endroit qu'il ne falloit point indispensablement de Notaire, c'est-à-dire de Contrat de Mariage pour en prouver la verité, il n'a dit que ce que tout le monde dit avec luy ; mais s'il a voulu entendre que dans le cas où il n'y a point d'Acte de celebration, la preuve par témoins pouvoit estre admise d'un Mariage solemnel, parce que la raison de l'Ordonnance de Moulins, qui est la crainte de la subornation des témoins, cesse dans ce cas, en ce qu'il est impossible, à ce qu'il dit, que l'on puisse corrompre la foy de toute l'Eglise, qui est l'assemblée des fideles, laquelle a esté témoin du Mariage. Son sentiment n'est pas conforme à l'Ordonnance de 1667. qui même dans le cas du Mariage solemnel veut un Acte de celebration pour en faire la preuve, comme il a esté dit cy-dessus, s'il n'y a une cause legitime qui en dispense.

7 Et quant à ce que dit Boiceau au même endroit, que les Causes de Mariage ont coutume d'estre traitées par les seuls Juges Ecclesiastiques, & décidées seulement par les Canons, parce que le Mariage est un Sacrement; il faut distinguer. L'Official connoist du lien, c'est-à-dire du Mariage consideré en qualité de Sacrement, & ne connoist point d'autre chose; le Juge Seculier connoist du Mariage en qualité de Contrat Civil, & ainsi ils connoissent tous deux de la même chose considerée diversement. La puissance Ecclesiastique & la puissance temporelle concourent dans une chose qui appartient à l'une & à l'autre, & si les Causes de Mariage se doivent decider suivant les Canons, elles se doivent decider aussi suivant les Ordonnances de nos Rois. Ce n'est donc point en cet endroit, où l'on peut dire avec Boiceau, que ces deux Puissances sont distinguées, & que l'une ne doit point connoistre de ce qui est de
8 la connoissance de l'autre; car il est tres-constant que de tout temps les Princes temporels ont eu pouvoir sur les Mariages, qui sont le fondement des familles, comme les familles sont le fondement des Etats. Et sans s'arrester ici à prouver une proposition qui a esté si bien justifiée par tant d'autres, il suffit de remarquer en passant, que nos Rois sont en possession de faire des Loix concernant la celebration des Mariages. Sans remonter plus haut, les Ordonnances de 1556. de 1560. de 1579. de 1606. de 1679. & de 1667. prouvent suffisamment cette verité, Ils font en droit même des empeschemens dirimans aux Mariages, ce qui n'est pas revoqué en doute, & neanmoins on peut dire qu'ils ne touchent point en cela au lien du Mariage qui est de droit divin: mais ils declarent seulement incapables de l'effet ou Sacrement, en ce qui regarde l'interest public, les personnes qui contractent contre la disposition des Loix qu'ils ont établies dans la veuë de prévenir tous les desordres que la licence & la corruption des mœurs y auroit introduit sans de telles précautions; & si les Juges declarent les personnes qui les ont contractez au mépris de leurs Ordonnances, incapables des effets civils, ils n'entreprennent point pour cela sur la Loy divine qui a établi le Mariage, & ne prétendent point délier ce

que le Ciel a joint : mais ils ne reconnoissent point pour Citoyens ceux qui troublent l'ordre de l'Etat, & qui ne se soûmettent pas à des Ordonnances qui sont conformes à la Loy divine, puis qu'elles ne sont faites que dans le motif de la faire observer, par la crainte des peines temporelles, à ceux qui s'en servent d'ordinaire pour couvrir leurs desordres sous le nom d'un Mariage. Au reste Boiceau a parlé suivant les Maximes & la Jurisprudence de son temps. Le Concile de Trente & l'Ordonnance de 1639. sont survenuës depuis, & ainsi on ne peut le blâmer d'avoir suivi le sentiment de la pluspart de ceux qui ont vécu dans son siecle.

9 Il y a neanmoins une exception notable à faire des Maximes cy-dessus expliquées, où la preuve par témoins peut estre receuë d'un Mariage quand l'Acte de celebration a esté perdu ; c'est lors que deux personnes ont vécu paisiblement, & au veu & sceu de toute leur famille, en possession de l'état de leur Mariage, prenant la qualité de mary & femme dans tous les Actes, car cette possession fait presumer un Mariage solemnel : telle est à peu prés l'espece du Mariage de la veuve de Douin Procureur, auquel on disputoit la qualité de veuve, sur ce qu'elle ne rapportoit point d'Acte de celebration de son Mariage : mais elle prouva par écrit cette possession de son Mariage pendant trente-neuf ans, sans que personne de la famille de son mary s'y fût opposé, & sur cette preuve son Mariage fut confirmé par Arrest rendu en 1676. rapporté dans le Journal du Palais.

10 Quant aux solemnitez necessairement requises pour rendre les Mariages publics dont il est question dans ce Chapitre, il faut observer que la discipline de l'Eglise n'a pas toûjours esté uniforme sur ce point, il n'y a que le seul consentement des Parties, qui de tout temps & en tous lieux, a esté regardé comme indispensable. Et sans entrer ici dans une Dissertation sur une matiere si importante, mais qui n'est pas de ce Traité, & sur laquelle on peut consulter ce qu'en a écrit Monsieur le Prestre dans son Traité des Mariages clandestins ; Monsieur Servin en ses Plaidoyers ; Monsieur Loüet & Chenu dans les Arrests qu'ils rapportent, & Fevret en son Traité de l'Abus.

11 Il suffira d'observer qu'outre le consentement des Parties, il faut encore la benediction nuptiale par le propre Curé & la publication des Bans pour rendre le Mariage public, suivant le Concile de Trente & nos Ordonnances ; il faut mê-

me que le Prestre prononce les paroles qui expriment cette benediction, & que les Parties prononcent celles qui expriment leur consentement reciproque.

Cependant à l'égard de la benediction nuptiale, la plufpart prétendent que les Parties contractantes sont elles-mêmes les Ministres du Sacrement, & qu'elles se l'administrent l'une à l'autre par leur mutuel consentement ; ils ajoûtent qu'elle n'est pas essentiellement necessaire pour la validité du Mariage, & que le Curé n'est que le témoin necessaire, sans la presence duquel le Mariage est declaré nul, parce qu'il est reputé clandestin ; suivant le Concile de Trente Sess. 24. & l'article 40. de l'Ordonnance de Blois, & cette opinion est receuë communément dans l'Ecole. Il y a une autre opinion qui est celle de Joannes Gropperus & de Melchior Canus Espagnol, Religieux de l'Ordre de saint Dominique & Evesque de Canaria, lequel avoit assisté au Concile de Trente, lesquels soûtiennent au contraire que le Curé est le Ministre du Sacrement de Mariage, & non pas les Parties contractantes ; que la matiere est le consentement reciproque des Parties, & que la forme sont les termes dont le Prestre se sert pour leur donner la benediction nuptiale. Cette opinion a esté soûtenuë par Estius celebre Professeur de Doüay, par Bannez Theologien Espagnol, & Guillaume Evesque de Paris, qui vivoit en 1200. avoit esté aussi de cette opinion, ainsi qu'il est porté plus au long dans une Dissertation posthume, que l'on attribuë à deffunt Monsieur de Marca Archevesque de Paris, imprimée en 1668. dans laquelle sont rapportées les autoritez des Peres & des Conciles qui confirment cette opinion, & la plufpart sont aussi rapportez par M. le Prestre, dans l'endroit cy-dessus cité. Cette Dissertation prouve aussi que les Mariages de tout temps ont esté celebrez publiquement, & que ceux contractez sans benediction nuptiale, n'estoient pourtant pas declarez nuls par l'Eglise dans les premiers temps, parce que le Contrat de Mariage estant soûmis à l'autorité du Prince, la nullité du Contrat dependoit des Loix, & non pas de l'Eglise, laquelle neanmoins ne reconnoissoit point ces sortes de Mariages, contractez sans cette benediction, pour une conjonction legitime & Ecclesiastique. Aussi cet usage de la benediction nuptiale estoit observé en France, comme il paroist par les Capitulaires de nos Rois citez au même endroit ; & il est certain qu'avant l'Ordonnance de Blois, les Mariages contractez sans

De locis comm. Theo. l. 8.

Ego conjugo vos in matrimonium, &c.

L.7.ch.41. & ch.117.

cette benediction n'estoient pas declarez nuls par les Arrests, parce que c'est le Concile de Trente, lequel a rétably en quelque sorte l'usage de la primitive Eglise, en ordonnant que le Mariage se feroit publiquement, en presence du Curé, lequel recevroit le consentement des Parties.

Il est donc constant, suivant l'opinion commune de l'Ecole, 12 que le Curé n'est que le témoin necessaire du Mariage : *Ut conventio partium habeatur pro legitimo contractu, & sufficiente ad rationem Sacramenti*; ainsi qu'en parle Cabassutius *in Theoria. Ju. Can.* l. 7. ch. 17. surquoy Fra. Paolo en son Histoire du Concile de Trente l. 8. a remarqué que le Concile de Trente en ordonnant la presence du propre Curé, a changé un point déja établi. Sçavoir que tout Mariage fait en presence de trois témoins estoit bon, & qu'au lieu de l'un des témoins il a substitué le Curé.

Quant à la publication des bans, elle a esté aussi instituée 13 à même fin que la benediction nuptiale, c'est-à-dire pour rendre le Mariage public, Monsieur le Prestre *ibid.* remarque que cette solemnité a tiré son origine de l'usage de la France, & elle est même requise, à peine de nullité, par l'Ordonnance de Blois.

A l'égard des paroles du Prestre qui donne la benediction, 14 quoy que celles du Rituel soient en usage, on pourroit neanmoins se servir d'autres termes qui eussent la même signification.

Voy Polydore Vergile l. 5. ch. 5. de invento. rer.

Sed verborum loco tū nutus, & signa, quæ intimum consensū aperte indicent satis ad matrimonium esse possunt sum ipsa etiam taciturnitas cū puella propter verecundiam non respondet sed pro ex

Et pour ce qui est de celles par lesquelles les Parties expri- 15 ment leur consentement reciproque, elles sont aussi arbitraires, & même elles ne sont pas necessaires, pourveu qu'ils expriment leur consentement autrement, dit le Catechisme du Concile de Trente; en effet, il est constant que les muets peuvent se marier.

L'Acte de celebration n'est point aussi essentiellement neces- 16 saire à la validité du Mariage, il ne sert que pour prouver que le Mariage a esté legitimement contracté : & sans cet Acte le Mariage est d'ordinaire declaré nul & clandestin.

Cela supposé, il faut examiner les cas dont Boiceau n'a point parlé, dans lesquels la preuve par témoins peut être receuë ou rejettée en ce qui regarde le Mariage public & solemnel.

1. Il est certain que la preuve par témoins doit estre rejettée à l'effet de prouver qu'il y a eu des bans publiez, ou que les Parties en ont obtenu dispense, ou que l'Ordinaire leur a per-

en Matiere Civile. 103

mis de se marier devant un autre Prestre que devant le propre Curé. Ces Actes doivent estre redigez par écrit suivant l'Ordonnance, ils doivent estre inserez dans des Regiſtres, & ainſi ils doivent estre rapportez. Il en eſt de même des oppoſitions que l'on prétend avoir esté formées à la celebration d'un Mariage, elles doivent estre redigées par écrit, & dénoncées au Curé & par conſequent.

parentes loquuntur. C. de Matrimonio.

2. Les Promeſſes de Mariage par paroles de futur, ne peuvent auſſi ſe prouver par témoins; l'Ordonnance de 1639. art. 7. veut qu'il en ſoit paſſé un Acte arresté en preſence de quatre témoins, parens des Parties.

3. Les Promeſſes de Mariage par paroles de preſent, qui eſtoient autrefois regardées comme un Mariage commencé, comme il a déja eſté obſervé, ne ſont plus permiſes, & l'article 44. de l'Ordonnance de Blois, deſtend même aux Notaires d'en recevoir les Actes; ainſi la preuve en ſeroit inutile.

17   Ce qui peut faire difficulté eſt de ſçavoir, ſi quand l'Acte de celebration du Mariage n'eſt point rapporté, & qu'il n'y a point eu de Regiſtre dans la Paroiſſe où il a eſté celebré, & qu'on rapporte ſeulement une publication de bans, ou une diſpenſe de les publier, des Articles ou un Contrat de Mariages ſigné des conjoints & de la famille. Tous ces Actes peuvent tenir lieu de commencement de preuve par écrit du Mariage que l'on conteſte.

Pour decider cette Queſtion, il faut obſerver que l'Ordonnance de 1667. art. 14. T. 20. a permis la preuve par témoins du Mariage, quand il n'y a point eu de Regiſtre dans la Paroiſſe où il a eſté celebré, & que le Curé n'a point délivré d'Acte de celebration. La raiſon de l'Ordonnance eſt qu'en cas de Mariage il faut toûjours en revenir à la verité, parce qu'il ne faut pas ſeparer ce que Dieu a joint, ny joindre ce que Dieu n'a pas joint. C'eſt pourquoy quand l'Acte de celebration & les Regiſtres viennent à manquer, il faut admettre toute ſorte de preuve pour connoiſtre s'il y a eu Mariage ou non, & c'eſt au Juge en ce cas à examiner avec ſcrupule la qualité des preuves, parce qu'il doit prendre garde de donner atteinte par ſon Jugement au Sacrement de Mariage, en ſeparant ceux qu'il a unis pour toûjours.

L. non nudis C. de probat.

Ainſi dans la Queſtion dont il s'agit, il faut diſtinguer ce qui peut ſervir de commencement de preuve par écrit, de ce qui n'en peut ſervir.

Et il est certain que la publication des bancs, la dispense de 18 les publier, la permission de se marier devant un autre Prestre que le Curé, les Articles, le Contrat de Mariage signé des Partie & de toute leur famille, ne sont que des Actes préalables, ils peuvent estre serieux & veritables, & neanmoins le Mariage peut n'avoir pas esté celebré; ainsi on ne peut pas dire que tous ces Actes soient des commencemens de preuve par écrit du Mariage, ce sont de simples présomptions, qu'il peut y avoir eu un Mariage, mais ces présomptions n'ont aucune certitude.

Au contraire, si les Actes que l'on produit pour soûtenir qu'il y a eu un Mariage celebré, supposent effectivement qu'il l'a esté, en ce cas ils peuvent servir de commencement de preuve par écrit, & on peut accorder la preuve par témoins en consequence, au deffaut de l'Acte de celebration inseré dans le Registre de Mariage, notamment si ces Actes sont autentiques & passez en presence de la famille des conjoints; par lesquels ils ont esté reconnus comme legitimement mariez, tel seroit un partage d'une succession fait dans la famille, dans lequel les conjoints auroient pris la qualité de mary & femme, ou un Contrat de Mariage de quelqu'un de la famille, dans lequel ils auroient pris la même qualité, & autres semblables Actes; car cette reconnoissance publique supposant qu'il y a eu un veritable Mariage celebré, la déposition des témoins peut estre admise pour fortifier ce commencement de preuve par écrit.

Il faut dire la même chose du Certificat donné par le propre Curé qui a fait le Mariage, quand il n'y en a point de 19 Registre dans la Paroisse sur lequel les témoins ayent signé; car quoy que ce Certificat ne puisse tenir lieu d'un Acte de celebration, neanmoins le Curé estant le témoin necessaire du Mariage, la declaration qu'il auroit donnée, peut servir de commencement de preuve par écrit, quand il n'est point suspect d'ailleurs, & qu'il n'y a point de rapt; parce que ce Certificat marque expressément qu'il y a eu une celebration.

Autre chose seroit du Certificat de celebration de Mariage 20 donné par un autre Prestre que le Curé, si ce Prestre ne rapporte pas la permission du veritable Curé ou de l'Ordinaire, de marier les Parties, parce que ce Certificat estant suspect par la

qualité

qualité de celuy qui l'a délivré ne peut faire aucun commencement de preuve de la verité; outre que ce Prestre n'ayant nul caractere pour celebrer le Mariage, à cause de la prohibition du Concile & de l'Ordonnance, qui requierent la presence du propre Curé, il ne pourroit servir tout au plus qu'à prouver qu'il y a eu un Mariage clandestin celebré entre les Parties.

21. Il faut conclure la même chose du Certificat que donneroient, de la celebration du Mariage, les témoins qui prétendroient y avoir assisté, dans le cas où l'Acte de celebration n'est point rapporté, & n'est point inscrit sur le Registre, car l'attestation de ses prétendus témoins se trouveroit détruite par ce Registre même, sur lequel ils n'ont point signé, lequel est une preuve par écrit du contraire.

22. Mais sans entrer dans toutes les Questions de fait qui se peuvent presenter sur cette matiere, ce qui seroit infini, il suffit d'observer deux choses. 1. Que quand l'un des conjoints soûtient qu'il n'y a point eu de Mariage, il faut une preuve tres-précise pour justifier qu'il y en a eu un, parce que son témoignage, quoy que Partie, détruit les simples présomptions qui pourroient faire croire qu'il y en a eu un; ainsi dans ce cas celles qui resulteroient d'un Contrat de Mariage signé des conjoints, d'une publication de bans & autres Actes semblables qui peuvent estre veritables, ne concluroient pas que le Mariage eust esté celebré dans la suite. La raison est que le Mariage ne s'estant pû faire sans le consentement de celuy qui nie qu'il y en ait un; du moment qu'il n'y a point de preuve par écrit de son consentement, & qu'au contraire il declare qu'il ne l'a point donné, la présomption est pour luy; parce qu'on présume pour la liberté, & qu'au contraire celuy qui allegue qu'il y a un Mariage doit, suivant le Concile & les Ordonnances, le prouver par un Acte de celebration.

2. Dans ces sortes de difficultez, c'est une Maxime generale que la preuve par témoins ne doit pas estre accordée legerement & sur de simples présomptions, parce que l'Ordonnance de Moulins & celle de 1667. ayant jugé cette preuve dangereuse, & ne l'ayant admise que dans les Causes qui n'excedent pas la somme de cent livres; il est aisé d'inferer qu'elle doit estre infiniment plus suspecte dans les Causes de Mariages, dans lesquelles les fraudes sont d'autant plus dangereuses, qu'il s'agit du plus important de tous les Contrats de la societé civile, & que les solemnitez d'un Sacrement, qui produit une union indissolu-

ble, estant de rigueur, c'est aux Parties à s'imputer si la preuve leur est refusée, quand il n'a tenu qu'à elles d'observer celles requises par le Concile & par les Ordonnances, pour assurer la verité de leur état.

Il faut ajoûter à ce qui vient d'estre dit, une Question importante au sujet des Mariages des fils de familles ; Sçavoir si l'Ordonnance ayant declaré nuls les Mariages qu'ils contractent sans le consentement de leur Pere ; la preuve de ce consentement peut estre faite par témoins, ou si elle doit estre rapportée par écrit, & il est certain que la preuve en doit estre rapportée par écrit. 1. A cause de la fraude qui se pourroit pratiquer en ce cas par la subornation de deux témoins, ce qui seroit introduire le crime de rapt, que l'Ordonnance a voulu prévenir. 2. Parce que si l'Ordonnance de 1639. article 2. a enjoint au fils majeur de trente ans, de requerir par écrit le consentement de son Pere, afin qu'il y eust une preuve par écrit de ce consentement ou du refus. Dans le cas d'un Mariage du mineur, il y a encore plus de necessité de rapporter la preuve par écrit de ce consentement, parce que le peril de la subornation est plus à craindre. 3. Parce que dans le Mariage d'un fils de famille mineur, le Pere est un des témoins necessaire du Mariage, aussi bien que le Curé ; c'est pourquoy il doit signer l'Acte de celebration pour rendre le Mariage valable. Or la preuve de ce fait, est sa signature, laquelle doit estre inscrite sur le Registre. Et ne se peut prouver par témoins, ainsi qu'il a esté jugé par un Arrest du Parlement de Provence du 27. Avril 1668. rapporté par Boniface To. I. Part. I. l. 5 T. 4. §. 1.

Les Ordonnances ont encore passé plus loin, pour prévenir le crime de rapt, & parce que dans les grandes Villes, & particulierement dans Paris, les Curez ne peuvent connoistre par euxmêmes tous leurs Paroissiens, & qu'il arrive souvent que lors de la celebration du Mariage d'un enfant de famille mineur, on leur suppose des personnes qui prennent faussement la qualité de leur Pere & Mere ; l'Ordonnance de Blois article 40. leur enjoint *de s'enquerir soigneusement de la qualité de ceux qui se veulent marier, & s'ils sont enfans de famille ou en la puissance d'autruy, elle leur deffend de passer outre à la celebration du Mariage, s'il ne leur apparoist du consentement des Pere & Mere, Tuteur ou Curateur, sur peine d'estre punis comme fauteurs du crime de rapt ;* En effet c'est parce que cette précaution de l'Ordonnance n'a pas esté exactement observée, comme le marque expressement la Preface de celle de 1639. (qui en renouvelle la disposition expressement.) Que les mêmes desordres sont arrivez dans la suite, ce qui a donné lieu au Parlement de Paris, d'enjoindre derechef aux Curez, par des Reglemens nouveaux faits en pareille occasion, de garder exactement l'article 40. de l'Ordonnance de Blois. Il y en a entr'autres deux, l'un du 7. Mars 1687. au sujet d'un Mariage contracté entre Claude Vincent Hardy, & Agnez Marie Anne Perneau, rendu sur les Conclusions de M. l'Avocat General de la Moignon, par lequel la Cour aprés avoir enjoint aux Curez de garder l'article 40. de l'Ordonnance de Blois, elle ordonne que les quatre témoins qui doivent assister à la celebration du Mariage, certifieront bien connoistre la qualité des contractans, s'ils sont enfans de famille ou en la puissance d'autruy, (ce sont les termes de l'Arrest) & depuis quel temps lesdits contractans sont demeurans dans les Paroisses esquelles ils se diront domiciliez, de laquelle certification mention sera faite dans l'Acte de celebration, le tout sur peine, contre les Curez ou Vicaires qui y auront contrevenu, & contre les témoins qui se trouveroient avoir fait de fausses declarations, d'estre punis comme fauteurs du crime de rapt, suivant la rigueur des Ordonnances, & il est ajoûté que cet Arrest sera signifié à tous les Curez du ressort du Parlement à la Requeste de Monsieur le Procureur General. Le second Arrest de Reglement est du 29. Decembre 1693. au sujet du Mariage contracté entre Savinien le Riche, & Claire Hortance Jaquelot, celebré en la Paroisse de saint Gervais à Paris, il ordonne comme le precedent, que les témoins qui assisteront à la celebration des Mariages, seront tenus en signant les Actes de la celebration, de certifier les Curez, Vicaires, & autres Prestres qui les celebreront, du temps depuis lequel les contractans demeurent dans leurs Paroisses, & que l'Arrest sera publié dans le Ressort des Bailliages de Rhetel, où les Parties contractantes estoient domiciliées.

Au reste comme l'article 42. de l'Ordonnance de Blois ordonne que tous ceux qui auront participé au rapt, & qui auront presté conseil, confort & aide en quelque maniere que ce soit, seront punis extraordinairement; les Curez qui sont compris dans cette disposition doivent prendre toutes les précautions possibles pour prévenir les Mariages des enfans de famille faits sans le confentement de leur Pere & Mere, & à l'infceu de leur Tuteur ou Parens, en eſſayant de connoiſtre leurs Paroiſſiens par eux-mêmes, ou par les Preſtres qu'ils peuvent prépoſer à cet effet, pour les foulager dans la viſite de leurs Paroiſſes, fur tout à Paris, ou du moins ils pourroient, pour fe mettre à couvert de tout ce qu'on pourroit leur imputer dans une choſe dont ils font établis les premiers Juges, exiger des Parties qui veulent fe marier, un Certificat devant Notaire ſigné du Proprietaire ou du principal Locataire du logis, où elles prétendent avoir demeuré dans l'étenduë de leur Paroiſſe, l'eſpace de temps requis par les Synodes de ce Dioceſe, qu'elles ſont tenuës d'obſerver; & pour plus grande ſeureté, ils pourroient encore obliger les témoins qui ſignent l'Acte de celebration, de declarer auſſi la maifon & la Paroiſſe où ils demeurent, ce qui ſerviroit d'un Acte d'élection de domicile contre eux, en cas que dans la ſuite le Mariage fut accufé de rapt. Enfin pour les détourner même de preſter leur miniſtere à ce crime, & parce que ce ſont ſouvent des perſonnes atitrées & de la lie du peuple qui ignorent les peines que les Ordonnances prononcent en ce cas contre ceux qui en font complices, les Curez pourroient avant la celebration du Mariage leur faire lecture des Ordonnances qui concernent la punition de ce crime, & fur tout de l'article 42. de celle de Blois; car aprés de telles précautions, ils feroient entierement à couvert de tout reproche, & leur qualité de propre Curé qui eſt de neceſſité abſoluë ſuivant le Concile, feroit du moins établie autant qu'elle le peut eſtre. Que ſi malgré ces précautions il arrivoit qu'ils fuſſent trompez par un concert de fraude medité entre les témoins & les Parties contractantes, ils feroient du moins excufables, puifque les Ordonnances elles-mêmes n'ont pû juſqu'à preſent prévenir ces defordres par leurs difpoſitions.

Enfin parce que l'état du Mariage ne fe peut prefcrire, & 25 qu'il faut toûjours en revenir à la verité, il n'y a point de doute que la preuve par témoins ne doive eſtre admife du veritable domicile des conjoints, nonobſtant l'énonciation faite dans le Contrat de Mariage, ou dans l'Acte de celebration inſeré ſur le Regiſtre des Mariages, & ce doit eſtre en ce cas une juſte exception de la maxime ordinaire, que la preuve par témoins n'eſt point receuë contre ce qui eſt écrit, parce que fi cette preuve n'eſtoit pas permife, ce feroit ouvrir la preuve aux Mariages clandeſtins, & les Parties pourroient aifément,

en Matiere Civile.

sur tout dans les grandes Villes, leur suppoſer un faux domicile, & contrevenir ainſi au Decret du Concile de Trente, qui a étably la preſence du propre Curé, comme une ſolemnité indiſpenſable du Mariage, à laquelle il n'eſt pas permis de donner atteinte par des énonciations fauſſes & ſimulées, c'eſt pourquoy dans les Officialitez on permet toûjours en ce cas la preuve par témoins ſans inſcription de faux.

26 Antonius Anſelmo §. 25. ſur l'art. 19. de l'Edit perpetuel, obſerve que la preuve par témoins eſt receuë en Flandres quand il s'agit de prouver qu'il y a eu des Promeſſes de Mariage; parce que, ajoûte-t'il, le Mariage dépend de la connoiſſance du Juge d'Egliſe, eſtant un Sacrement. Le Canon 12. du Concile de Trente Seſſion 24. frappant d'anathême ceux qui ſoûtiennent le contraire. C'eſt pourquoy, conclut-il, les Princes Laïques dans l'étenduë des Terres de l'Egliſe, ne prétendent point avoir le pouvoir de toucher à la validité du Mariage, ny celuy de faire aucune Ordonnance qui déroge à ce que les Canons en ont ordonné.

27 Le même Anſelmo ſur le §. 26. prétend que quoy que les Princes Laïcs ayent la puiſſance de deffendre ſous une certaine peine le Mariage des enfans de famille ſans le conſentement de leurs parens; neanmoins ces peines ne vont pas juſqu'à diſſoudre le Mariage quand il eſt contracté, mais leurs Ordonnances deffendent ſeulement celuy qui n'eſt pas encore contracté, & puniſſent les tranſgreſſeurs quand ils n'ont pas laiſſé de le faire, enſorte que cette deffence des Princes, & cette peine qu'ils y ont ajoûtée, ne bleſſe en rien l'autorité des Canons, au contraire, dit-il, elles la confirment, puiſque l'Egliſe elle-même deteſte ces ſortes de Mariages, comme il eſt porté par le chap. 1. de la Seſſion 24. du même Concile de Trente. Sans refuter ici cette doctrine, il ſuffit d'obſerver que ce que dit Anſelmo de la puiſſance des Princes Laïcs ſur le Mariage des enfans de famille, eſt conforme au Droit obſervé dans les Païs-Bas, mais cela n'eſt pas obſervé en France; où il eſt conſtant que les Rois ſont en droit de mettre des empeſchemens dirimans aux Mariages de leurs ſujets, & qu'à l'égard des Mariages faits par les enfans de familles ſans le conſentement de leur Pere, les Parlemens ont droit, ſuivant l'autorité qu'ils en ont receuë d'eux, de les declarer non valablement contractez.

Anſelmo renvoye ſur ce ſujet à ce qu'en ont écrit Diana Reſolut. par. 7. T. t. & Zypæus ſur. Pont. T. de Sponſalibus. Touchant le Mariage des enfans de famille ſans le conſentement de leur Pere, il faut voir lo

28 Jo. Romelius §. 56. ſoûtient auſſi que les Promeſſes de Ma-

Traité de M. le Maire sur les usages de France en cette matière.

riages se peuvent prouver par témoins, & cite Charondas en ses Réponses chap. 60. l. 11. qui rapporte deux Arrests du 10. Mars 1573. & 14. Février 1608. qui avoient receu cette preuve, Romelius cite aussi Chenu l. 2. quest. 50. & Automme *Cod. ad 29 lib. 15. de fide instr.* surquoy il suffit d'observer que Charondas est mort avant l'Ordonnance de 1639. qui a changé cette Jurisprudence, & qui avoit lieu autrefois en Cour d'Eglise. Aussi dans la Province d'Artois on ne reçoit plus la preuve par témoins des Promesses de Mariage, il faut qu'il y ait des Actes par écrit.

CHAPITRE V.

Du Mariage Clandestin.

SOMMAIRE.

1. *Mariage clandestin divisé en trois espèces.*
2. *Le Mariage fait sans écrit & sans témoins.*
3. *Le Mariage d'un mineur par parole de present devant des témoins subornez.*
4. *Le Mariage clandestin entre majeurs.*
5. *Si la preuve par témoins doit estre admise tant que la clandestinité dure.*
6. *La foy des témoins suspecte en ce cas.*
7. *Si, quand la cohabitation a suivi, la preuve par témoins est admise.*
8. *Espèce de Mariage clandestin.*
9. *Inégalité des conditions n'est qu'un empeschement de bienséance en France dans les Mariages.*
10. *Si la preuve est recevable quand le Mariage a esté fait devant un autre Prestre que le Curé. Arrest sur ce sujet.*
11. *Ou quand il n'y a eu que des Promesses verbales de Mariage.*
12. *Espèce sur ce sujet.*

QUid autem de his matrimoniis, quæ clàm & remotis, ac sæpe invitis parentibus, facta prætenduntur, quæ tamen

MAis que dirons-nous des Mariages qui se font en cachette, en l'absence & souvent contre le gré des parens, lesquels neanmoins semblent estre valables, suivant le Droit Canon, dont j'ay veu naistre une infinité de Procés ; car à l'égard de ces Mariages clandestins, dans lesquels il se rencontre toûjours du dol & du crime, je croirois que l'Ordonnance y doit avoir lieu. Or pour entendre ce point, il faut auparavant expliquer ce que c'est que Mariage clandestin.

2. Car il y en peut avoir de trois sortes ; la premiere, quand il n'y a nulle preuve, ny par écrit, ny par témoins, de la celebration du Mariage, & nous ne parlerons point de celuy-là, parce que s'il est dénié, & qu'il ne puisse estre prouvé par celuy qui soûtient qu'il a esté celebré, on jugera qu'il n'y a point de Mariage.

3. La seconde, quand un fils ou une fille de famille seduits, contre l'attente & au desceu de leurs parens, de jour ou de nuit, en cachette & en presence de témoins privez & subornez, se sont promis Mariage par paroles de present (à ce qu'ils disent) ou souvent même en se donnant seulement des arrhes & presens de nopces, ou quand le Mariage a esté contracté secrettement par un simple Prestre affidé, (qui n'estoit point le Curé des Parties) non pas en face d'Eglise, mais dans quelque Chapelle particuliere, hors la presence des parens & amis communs, avec une fille seduite, & qui s'est laissée enlever de son consentement, d'entre les bras de ses parens.

4. La troisiéme, lors que sans observer aucune des solemnitez pres-

jure Canonico consistere videntur, *a* de quibus vidi lites infinitas. Nam in his clandestinis & occultis, quæ nunquam dolo & suspicione mali carere videntur, hanc legem locum habere putarem. Ut autem iste articulus planè intelligatur, præmittendum est, quid sit verè clandestinum matrimonium.

a Cap. Cum causa. & cap. cum sufficiat. ext. de rapt.

Nam clandestinum dicitur altero de his tribus modis. Primò, quando nullum est nec testibus nec scriptis testimonium. Et de eo non disputabimus, cùm, si denegetur, & probari non possit ab eo qui dicit, cui onus probandi incumbit, *b* inter matrimonia non debeat computari.

Clandestinum matrimonium quod.

b L. Assor C. de probat.

Secundò, quando filius vel filia subornati, spretis parentum votis, noctu vel diu, occultè, & adhibitis quibusdam privatis & subornatis testibus, promittunt matrimonium per verba de præsenti, ut prætendunt, & datis sæpe arris : vel fortè etiam quandoque occultè per presbyterum privatum, & ad illud subornatum, extra faciem Ecclesiæ, absque cœtu parentum, & vicinorum, & sæpe in privato sacello, filia voluntariè à sinu parentum rapta & seducta.

Tertiò, quando nullis solemnitatibus à jure introductis, inter virum & mulierem sui juris existentes, prætenditur matrimonium simpliciter promissum, privatim sine alia publicatione, vel demonstratione publicè habita, altero de tribus modis superius designatis : ut ecce, Caius sui juris constitutus, prætendit Titiam, seu virginem, seu viduam, sui juris constitutam, verba matrimonii sibi dedisse, sive de futuro, sive de præsenti, idque in domo Titii, vel alia privata, dato forsitan annulo, sed nullis solemnitatibus, proclamationibus, & cæremoniis à Lege Canonica introductis. *a* His duobus casibus denegatur promissio : nam hæc omnia sunt clandestina.

a Cap. Cum inter. qui fil. sint leg. Cap. Cum inhibitio. de cland. disp. extr.

crites (par les Loix divines & humaines) un homme & une fille majeurs, usans & joüissans de leurs droits, prétendent qu'il y a eu une Promesse de Mariage entr'eux, sans proclamation de bans, & sans que leur Mariage soit devenu public par aucune des trois manieres expliquées dans le Chapitre precedent. Par exemple, Caius estant à ses droits, met en fait que Titia (qui est une fille ou une veuve, qui joüit de ses droits) luy a promis la foy de Mariage, soit par paroles de present, ou par paroles de futur, & cela dans la maison de Titius, ou dans une autre maison particuliere, & qu'elle luy a donné une bague pour arrhes de Mariage, sans solemnitez ny proclamations de bans, ny aucune des autres ceremonies introduites par le Droit Canon. Dans ces deux especes, l'on peut dénier qu'il y ait eu Promesse de Mariage, parce que tout cela s'est fait clandestinement.

Item hæc clandestina intelligo, quando nihil aliud publicum subsequitur, quo clandestinitas illa purgata fuerit, nempe si non subsequatur unus de tribus superioribus casibus, scilicet, vel promissio cum parentibus, vel publica solemnitas in facie Ecclesiæ, vel publica cohabitatio viri & uxoris eo nomine simul facta : nam ex his cessaret vitium clandestinum. *b* His ergo non subsequutis, sed semper manente vitio clandestinitatis, & sola privata pactione prætensa à muliere denegata, vel è contra, utrum testibus, nonobstante hac Lege, probari liceat ? Et puto tale occultum pactum huic Legi subjiciendum esse testesque recipi non

b Cap. qued nobis. extr. de clandest. desp.

De plus, j'appelle un Mariage clandestin, quand après une semblable Promesse de Mariage il ne s'est ensuivi aucune chose, & qu'il ne s'est passé aucun fait qui ait purgé ce vice de clandestinité, comme s'il ne s'ensuit aucune des trois choses que nous avons cy-dessus marquées, c'est-à-dire si cette Promesse de Mariage n'est point reïterée en presence des parens, ou suivie d'une celebration de Mariage en face d'Eglise, ou de la cohabitation publique en qualité de mari & de femme, car cela feroit cesser le vice de clandestinité. Aucune de ces choses ne s'estant donc ensuivie, mais le vice de la clandestinité

destinité subsistant toûjours, & ne s'agissant que du fait d'une Promesse de Mariage que l'on prétend avoir esté faite par une fille, ou par un homme à une fille, lesquels dénient l'avoir faite. On demande s'il sera permis nonobstant l'Ordonnance, de la prouver par témoins, & je crois que cette Promesse faite secretement, est sujette à la prohibition de l'Ordonnance, & que l'on ne doit pas en ce cas recevoir la preuve par témoins, parce que les témoins que l'on produira en ce cas, paroissent visiblement avoir esté subornez, & achetez à prix d'argent pour déposer de ce Mariage clandestin, lequel est deffendu par les Canons, sous peine d'excommunication, & c'est par cette raison que ceux qui demandent à faire preuve d'un semblable Mariage, sont d'autant plus sujets à la prohibition de l'Ordonnance ; qu'ils sont suspects d'avoir suborné & corrompu les témoins, car s'ils ne l'avoient pas esté, ils n'auroient pas voulu assister à une chose qui est deffenduë (par les Loix divines & humaines) c'est pourquoy un semblable Mariage ne peut estre prouvé par témoins, suivant l'esprit de cette Ordonnance, qui a lieu en ce cas, si ce n'est qu'il y ait eu cohabitation entre les conjoints, laquelle puisse estre prouvée par témoins ; parce qu'à cause de cette cohabitation qui a suivi, la preuve par témoins seroit plus facilement admise des épousailles & Promesses de Mariages clandestines pour faire cesser l'occasion du peché, dautant qu'y ayant eu cohabitation, particulierement entre personnes entre lesquelles il n'y a point d'inégalité, c'est en quelque sorte une présomption de Droit, qu'il y a eu un Mariage contracté entr'elles, si on prouve qu'outre cette cohabitation, il y a

debere, cùm testes ad negotium illud adhibiti, subornati omnes videantur, atque redempti, ad clandestinam illam desponsationem, à Canonibus sub pœna excommunicationis *a* interdictam, perpetrandam : & hac consideratione, in Legis istius rationem magis ac magis incidere videntur, scilicet in subornationis testium suspicionem, cùm ipsimet omnes non nisi subornati & corrupti ad rem prohibitam & sceleratam adhiberi potuerint, & idcirco tale matrimonium testibus probari non posse, ex ratione istius Constitutionis, quæ in eo casu militat, vel nisi etiam accedat copula carnalis, quæ testibus probari possit : quia, propter copulam illam subsequutam, faciliùs admitteretur clandestinæ desponsationis, aut promissionis, per testes probatio, ut vitetur materia peccati : eò quòd copula subsequuta, maximè inter pares, nonnullam matrimonii præsumptionem juridicam habere videatur, si cum ea aliqua promissio, etiam clandestina, probetur : *b* nam sola copula carnalis non induceret matrimonium. *c*

a Dist. cap. cum inhibitio.

b Cap. Veniens 2. & cap. Is ut ipsum.

c Cap. Tua nos. eod. & ib. Cano. & lat. Decius in l. Nuptias de Reg. jur. & Canon. 130. quæst. 5.

P

eu auparavant une Promesse de Mariage, quoy que faite clandestinement, car la seule cohabitation ne feroit point presumer qu'il y a un Mariage sans cette Promesse.

Et super hoc articulo vidi aliquando dubium nasci de quodam nobili & divite Xanthonensi, qui puellam plebeiam, quòd formosam & venustam eam videbat, secum tenuerat, quam aliquando concubinam, aliquando uxorem nominabat, tandem ex ea liberos habuit : eo mortuo, plebeia relicta se uxorem dicebat, & inter eos matrimonium clam & noctu celebratum fuisse, idque testibus probavit (nempe ante hanc Constitutionem Reg. casus acciderat) adeo ut uxor legitima habita fuerit, ex eo maximè, quòd uxorem defunctus sæpe eam appellarat inter vicinos. a Nec obstabat, quòd defunctus nobilis & dives erat, & sic ingenuus, relicta verò, plebeia, & quasi servilis conditionis, & sic, ex antiqua Lege civili, nuptiæ inter eos prohibitæ viderentur, sed magis concubinatus vel contubernium dicebatur : b Nam hæc prohibitio magis ex honestate, quàm ex necessitate in hoc Regno practicari solet : tam enim libera sunt matrimonia, c ut sæpe visum fuerit nobiles plebeias etiam rusticas duxisse, & quotidie pro arbitrio ducere, pluris forsan facientes Venusinæ simplicitatem, quàm nobilissimæ familiæ fucum & magnitudinem, ducti hac Satyrici d sententia,

Malo Venusinam quàm te Cornelia mater
Gracchorum, si cum magnis virtutibus affers

Et j'ay veu agiter une Question 8 sur ce sujet touchant un riche Gentilhomme de la Province de Xaintonge, qui avoit pris chez luy une fille de la lie du peuple pour sa beauté, laquelle il appelloit tantost sa concubine & tantost sa femme, & dont enfin il avoit eu des enfans. Aprés sa mort, cette fille ayant pris la qualité de sa veuve, prouva par témoins qu'il y avoit eu un Mariage contracté entr'eux secretement & de nuit (car c'étoit avant que l'Ordonnance de Moulins eût esté faite). Ensorte qu'il fut jugé qu'elle avoit esté veritablement sa femme, particulierement sur ce que le deffunt l'avoit souvent appellée de ce nom en presence de ses voisins, & qu'il ne servoit de rien d'objecter que le mari estoit noble & riche, & par consequent de la condition des ingenus, & qu'au contraire cette femme estoit de la lie du peuple, & presque de condition servile, & qu'ainsi suivant l'ancienne Loy Romaine, il y avoit plûtost eu un concubinage entr'eux, ou ce qui s'appelloit en Droit 9 Romain *Contubernium*, qu'un Mariage legitime, car cette deffence de se marier entre personnes de conditions inégales, n'est pas observée en ce Royaume, & cet empeschement n'est regardé que comme estant contraire aux regles de l'honnesteté, n'y ayant aucune Loy qui y oblige preci-

a L. Si vicinis scientibus Cod. de nupt.

b. ma- tor is filia. L. Leg. Julia.ff.de rit. nupt. & l. Libertum. C. de nupt. L. In concu binatu.ff.de concub.

c L. Titia ff. de verb ob cap. Gemini cap. In ter opera. de spon extr. Auth. sed novo jure C d. nupt l. Nec filium. C. eodem

d Juvenalis Satyra 6.

sément; car les Mariages s'y contractent avec une telle liberté, que l'on a souvent veu des Gentilshommes épouser des femmes de la lie du peuple, même des Paysannes, peut-estre parce qu'ils estimoient plus leur simplicité, que l'alliance des filles des plus nobles familles, dont le cœur est plein de dissimulation, suivant en cela le sentiment du Poëte-Satyrique:

J'aime beaucoup mieux Venusine pour ma femme (quoy que pauvre) que vous Cornelie mere des Grachos, si avec toutes vos grandes qualitez, vous n'avez que de l'orgüeil & du faste, quoy que vous comptiez entre les effets de la dot que vous m'apportez, la gloire des triomphes que de vos Ancestres.

Grande supercilium, & numeras cum dote triumphos.

Illud tamen indecorum nobilitati puto, & cum antiquis, pares cum paribus nubere honestiùs semper existimavi: conjugii enim disparitas, ferè semper infœlix fuit, paritas verò fœlicitatis & amicitiæ conservatio, secundum Junonis versum à Plutarcho relatum, a

Vos & amore pares jungam, thalamoque locabo.

Ex his ergo concluditur, pactum matrimonii clandestinum seu privatum, si nihil aliud publicum subsequatur, nec copula carnalis intervenerit, quæ sola non sufficeret, testibus probari non posse, secundùm hanc Constitutionem Regiam, rationibus supradictis.

a *In legib. connubialib.*

Ce que je crois neanmoins peu bien-seant à la Noblesse, & j'ay toûjours estimé avec toute l'antiquité, qu'il estoit plus honneste de ne se marier qu'à une personne de sa sorte; car l'inégalité des conditions entre ceux qui se marient, a d'ordinaire des suites fâcheuses, au lieu que l'égalité sert à entretenir l'amitié entre les conjoints, & à les rendre heureux, suivant ce vers prononcé par Junon, & rapporté par Plutarque. *Je joindray par les nœuds du Mariage & de l'amour, ceux entre lesquels il y a une égalité entiere de conditions.* Il faut donc conclure de ce que dessus, qu'une Promesse de Mariage faite clandestinement, si elle n'est point devenuë publique dans la suite, & qu'il n'y ait point eu de cohabitation (laquelle ne suffiroit pas seule pour induire une présomption de Mariage) ne peut estre prouvée par témoins suivant les raisons cy-dessus.

20 Quelques-uns neanmoins en font difficulté, quand cette Promesse de Mariage clandestine a esté faite devant un Prestre, quoy qu'en l'absence des parens, à cause de la celebration faite ensuite par ce Prestre quoy qu'il ne soit pas le propre

Nonnulli tamen dubitant de promissione clandestina, præsente aliquo Sacrifico seu Presbytero facta, remotis parentibus, propter mysticam affidationem à Presbytero etiam non proprio factam: quod sæpe non sine abusu factum fuit. Nam quantum-

P ij

vis clandestina & abusiva sit ea desponsatio, putant tamen matrimonium hoc modo indubitatum, propter mysticum Presbyteri interventum : itaque quodvis genus probationis recipi debere. Quod certè disputatione non caret : cùm non minùs subornatus videatur Presbyter privatus, qui extra pastoralem suam curam, insciis parentibus, munus illud exerceret, quàm testes huic clandestino & prohibito matrimonio astantes. Ideoque pari pœna plecti deberent omnes, & tale matrimonium contra Leges factum pro infecto haberi. In hoc tamen subsisto, propter authoritatem Canonum, qui tale matrimonium reprobari nolunt, *a* correcta Legum civilium antiqua institutione, quæ tales nuptias nunquam probabat. *b*

a Cap. Cum causa. cap. sufficiat. extr. de rap. & dist. cap. cum inhibitio de cland. desp.
b §. 1. Inst. de nupt. l. 1. ff. de rit. nup.

Et certè memini audivisse à majoribus nostris, antiquitùs latum fuisse à sacro Senatu Parisiensi Arrestum, quo quidam nobilis, qui nobilem quandam puellam è sinu parentum voluntariè rapuerat, & in privato sacello noctu per ignotum Presbyterum desponsaverat, capite damnatus fuit : quo etiam antequàm pronunciaretur vel exequeretur capitis judicium, Senatus præcepit desponsationem in facie Ecclesiæ publicè fieri, ut subornatæ puellæ salvus maneret pudor : deinde sacris peractis, raptor ad supplicium ductus fuit. Quod

Curé des Parties, ce qui s'est fait souvent, non pas sans abus ; car quoy que cette benediction qu'il leur donne soit clandestine & abusive, ils estiment pourtant que le Mariage n'en est pas moins valable, à cause du ministere du Prestre qui y est intervenu, & ils soûtiennent par consequent qu'il faut recevoir toute sorte de preuve en cette occasion, ce qui certes n'est pas sans difficulté ; parce qu'en effet le Prêtre qui à l'insçû des parens & sans estre le Curé des Parties, s'ingere de les marier, n'est pas moins suspect d'avoir esté suborné que les témoins qui y ont assisté, c'est pourquoy ils devroient tous estre punis de la même peine, & un tel mariage, comme estant fait contre la disposition de la Loy, devroit estre declaré nul. Neanmoins je n'ose passer si avant, à cause de l'autorité des Canons, qui ne veulent point qu'on casse ces sortes de Mariages, en quoy ils ont corrigé la Loy Civile qui ne les a jamais approuvez.

Et en effet, je me souviens d'avoir oüi dire à mes anciens, que le Parlement de Paris, il y a long-temps, avoit rendu un Arrest, par lequel un certain Gentilhomme qui avoit ravi d'entre les bras de ses parens une fille noble qui y avoit consenti, & qui l'avoit épousée de nuit dans une Chappelle particuliere par le ministere d'un Prestre inconnu, avoit esté condamné à estre décapité, & avant la prononciation & l'execution de l'Arrest, il fut ordonné que la celebration du Mariage seroit reïterée en face d'Eglise), afin de reparer l'honneur de la fille, ce qui ayant esté fait le ravisseur fut conduit au supplice; ce que je n'ose pourtant affirmer, parce que je ne le sçais que pour l'avoir entendu dire: c'est pourquoy j'aime mieux attendre sur ce sujet la décision du Parlement, que de rien préjuger sur une chose de cette importance: mais quand il n'y a eu aucun Prestre qui ait celebré le Mariage, & que l'on allegue simplement qu'il y a eu une Promesse de Mariage faite en cachette & sans écrit, alors j'estime que si on la dénie, cette Ordonnance y doit avoir lieu, & que l'on doit rejetter la preuve par témoins, parce qu'il s'agit d'un simple pacte, qui n'est point appuyé par le ministere d'aucun Prestre.

11

12 En l'année derniere l'Official de la Primatie de Bourges ayant un appel à juger d'une Sentence renduë par l'Official de Cahors, il apporta le Procés à Poitiers pour le consulter & le faire juger, peut-estre parce que les Juges de Bourges avoient esté recusez; or dans cette Cause il s'agissoit d'un Marchand de la Ville de Tholose, qui avoit mis en fait qu'une jeune veuve de la Ville de Cahors, luy avoit promis dans un certain Jardin, & même depuis dans une maison en presence de quelques témoins, de contracter Mariage avec luy, & que même il luy avoit envoyé quelques petits presens de nopces, ce que cette veuve (qui estoit déja remariée à un autre) dénioit; l'Official de Cahors ayant veu la déposition des témoins, l'avoit déchargée de

tamen firmare non audeo, cùm ex auditu tantùm habuerim. Itaque hujus articuli malo supremorum Senatuum judicium expectare, quàm in tanta re temerè judicare. Sed quando nullus omnino intervenit Sacrificus, at prætenditur tantùm privata pactio & promissio de nubendo, privatim & sine scriptis, tunc puto quod, si denegetur, huic Legi subjacere debebit, & testium probatio rejici, ex ratione istius Constitutionis, cùm sit simplex pactum, nullo sacro ministerio firmatum.

Et cùm superiori anno dominus judex Primatiæ Archiepiscopi Bituricensis causam appellationis ab Officiali Cadurcensi judicandam haberet, in hanc civitatem processum attulit deliberandum, & judicandum, quia forsan recusati erant Bituricenses judices. In hac ergo causa, quidam mercator Tolosanus asserebat juvenem quandam viduam Cadurcam verba matrimonii sibi dedisse in quodam horto, & etiam in domo, præsentibus nonnullis testibus, & jocaria nonnulla prædictæ viduæ misisse, & donasse, quod denegabat vidua, quæ jam alteri nupserat. Judex Cadurcensis, visis probationibus, viduam à fœdere matrimonii suâ sententiâ absolverat: à qua sententia appellatum fuerat. Hæc appellationis causa à dicto domino judice Bituricensi proposita & enarrata dominis Rossello,

Reisio, Baroni, & Bocheto (hujus sedis celebribus & veteranis Advocatis) quibuscum aderam: visum fuit, superius firmare judicium, non tantùm quòd imperfecta videretur testium probatio, sed etiam quòd hæc simplex pactio hoc Edicto Molinæo comprehensa videretur.

cette prétenduë Promesse de Mariage, de laquelle Sentence il y avoit eu appel. Cette Cause d'appel ayant esté proposée & expliquée devant M. Roussel, de Reys, Baron & Bouchet, celebres & anciens Avocats de ce Siege, avec lesquels j'estois, l'avis de tous fut de confirmer la Sentence, non seulement parce que la preuve testimoniale ne paroissoit pas complete, mais encore parce que ce fait de simple Promesse de Mariage nous parut estre un des cas compris dans la prohibition de l'Ordonnance de Moulins.

ADDITIONS SUR LE V. CHAPITRE.

SOMMAIRE.

1. *Des trois especes de Mariages clandestins dont parle Boiceau dans ce Chapitre.*
2. *Dans les deux premiers, la preuve par témoins n'est pas admise.*
3. *Raison tirée de l'Ordonnance de 1639.*
4. *Le Mariage contracté entre majeurs sans solemnitez est nul.*
5. *Exception de Boiceau à l'égard des deux premieres especes de Mariages, quand il y a eu cohabitation.*
6. *La Jurisprudence a changé depuis le Concile de Trente & l'Ordonnance de Blois.*
7. *Difficulté quand les conjoints ont esté mariez par un Prestre qui n'estoit pas leur propre Curé.*
8. *Irresolution de Boiceau sur cette Question ne doit plus faire de difficulté à present.*
9. *Du Mariage secret, & du Mariage fait in extremis.*
10. *Le Mariage secret ne peut faire de difficulté.*
11. *Le Mariage fait in extremis, est d'ordinaire prouvé par écrit.*
12. *Citation par l'Official, super fœdere Matrimonii consummati, n'a plus lieu.*
13. *Opinion de Brodeau quand il y a eu cohabitation.*
14. *Raison contraires à cette opinion.*
15. *Quelle doit estre la preuve par témoins du Mariage, dans les cas où elle est admissible.*
16. *Quelles sont les marques de clandestinité d'un Mariage: car*

où la preuve est admise.
17. Distinction quand on articule un second Mariage celebré dans les formes au préjudice d'un premier.
18. Si le nombre de deux témoins suffit pour prouver la verité d'un Mariage.
19. Observation sur le Concile de Trente & sur les Ordonnances à cet égard.
20. Opinion que le témoignage de quatre témoins est requis.
21. Raisons pour cette opinion.
22. Inconvenient si le témoignage de deux témoins suffisoit.
23. Opinion des Docteurs, qu'un seul témoin suffit pour prouver la verité d'un Mariage.
24. Espece de la Decision 173. Capellæ Tholos.
25. Réponse à cette Decision.
26. La possession seule suffit quelquefois pour faire decider de la verité d'un Mariage.

1. BOICEAU dans ce Chapitre fait trois especes du Mariage clandestin.

La premiere, quand il n'y en a aucune preuve, ny par témoins ny par écrit, & ce Mariage ne pouvant par consequent estre reputé un Mariage, comme il dit, ne peut aussi faire aucune difficulté.

La seconde, quand un enfant de famille promet Mariage par paroles de present, en cachette & à l'insçû de ses parens, & qu'il donne des arrhes de sa Promesse, ou même quand ce Mariage est celebré en cachette hors l'assemblée des parens dans une Chappelle privée, ce qui tombe dans le crime de rapt.

La troisiéme, quand deux personnes majeures & usans de leurs droits, se sont promis Mariage par paroles de present, sans observer aucune des ceremonies de l'Eglise, & que ce Mariage n'a point esté rendu public ensuite par l'une des trois manieres en laquelle il soûtient qu'un Mariage doit estre reputé public ; Sçavoir par Promesses de Mariages faites depuis par paroles de present dans l'assemblée des parens, ou quand le Mariage a esté reïteré en face d'Eglise devant le propre Curé, ou qu'il y a eu cohabitation en qualité de mari & femme.

2. Boiceau decide avec raison que la preuve par témoins de ces deux dernieres especes de Mariage, ne doit point estre admise.

3. A quoy il faut ajoûter que l'article 3. de l'Ordonnance de 1639. ayant depuis deffendu le Mariage entre le ravisseur & la fille ravie, nonobstant le consentement par elle donné au Mariage, aprés qu'elle est remise en liberté, si ce n'est qu'elle fût majeure,

la preuve de ce Mariage seroit inutile, parce que ce Mariage est nul.

A l'égard du Mariage contracté par des majeurs, sans obser- 4 ver aucunes solemnitez, il est aussi declaré nul par l'article 40. de l'Ordonnance de Blois laquelle les a prescrites sous cette peine.

Boiceau ajoûte une exception à l'égard de ses deux especes 5 de Mariages ; sçavoir quand il y a ensuite cohabitation entre ceux qui soûtiennent qu'ils sont mariez ; parce que, dit-il, cette cohabitation qui a suivi doit faire admettre plus aisément la preuve par témoins du Mariage pour éviter le scandale. Cette cohabitation estant, à ce qu'il ajoûte, une présomption juridique du Mariage ; si outre cela il est prouvé qu'il y a eu auparavant une Promesse de Mariage par paroles de present.

Mais, comme il a esté dit, cette Jurisprudence n'a plus lieu 6 depuis le Concile de Trente & l'Ordonnance de Blois, suivant lesquels on n'a plus d'égard en France aux Mariages présumez par la cohabitation, non plus qu'en Italie, comme a remarqué Brodeau sur Monsieur Loüet l. M. n. 6. où il traite amplement cette matiere, quoy que Cabassutius *in Theoria Ju. Can. l. 3. c. 17.* l'accuse de n'avoir pas lû tous les Peres & les Theologiens qu'il cite au sujet de la benediction nuptiale.

Boiceau propose ensuite la difficulté que l'on faisoit de son 7 temps, de sçavoir si la preuve par témoins devoit estre receuë, au moins dans le cas auquel les Parties avoient esté mariées par un Prestre qui n'estoit pas leur propre Curé ; parce qu'en ce cas, ce Mariage, quoy qu'abusif, ne laissoit pas d'estre regardé en ce temps-là comme un Mariage indissoluble, & il n'ose se déterminer sur ce sujet, à cause de l'autorité des Canons, qui ne declarent point ce Mariage nul, mais ce doute de Boiceau 8 ne doit plus faire de peine à present ; car quoy qu'il y ait eu une benediction nuptiale, ce n'est point un Mariage quand cette benediction est clandestine, & que ce n'est point le propre Curé qui l'a donnée.

Boiceau insinuë neanmoins que son sentiment en ce cas seroit de refuser la preuve par témoins, à cause que le Prestre & les témoins qui ont assisté à ce Mariage clandestin paroissent avoir esté subornez à cet effet, & qu'ainsi leur témoignage doit estre rejetté, ce qui est fondé en grande raison.

Il y a deux autres especes de Mariages dont Boiceau n'a point 9 parlé ; le premier est le Mariage secret, dans lequel les conjoints
ont

ont gardé toutes les solemnitez requises par les Conciles & par les Ordonnances, & lequel neanmoins ils ont affecté de tenir caché au public, lors de la celebration, au moyen d'une dispense de bans, & même, pendant toute leur vie, sans prendre publiquement la qualité de mari & femme ; La deuxiéme est le Mariage fait *in extremis*, par un malade, avec celle qu'il a entretenuë comme sa concubine durant sa vie.

10   Pour ce qui est du Mariage secret, il ne peut faire difficulté au sujet de la preuve par témoins, puisqu'en supposant qu'il a esté celebré dans les formes, cela suppose qu'il y en a par consequent une preuve par écrit par un Acte de celebration.

11   Le Mariage fait *in extremis*, est aussi d'ordinaire prouvé par écrit, parce que dans cette extremité, on ne manque pas autant qu'il est possible, de faire un Acte de celebration, quoy que cet Acte soit souvent suspect de fraude, aussi bien que la foy des témoins qui y ont signé, quand ce ne sont pas les parens de l'un & de l'autre des conjoints qui y assistent, & sur tout quand ce n'est pas le propre Curé qui a celebré le Mariage, auquel cas il est nul & clandestin ; au surplus la preuve par témoins n'en est pas même recevable, s'il n'a pas esté celebré dans les formes.

12   Au reste il faut observer que si un homme a abusé d'une fille sous la foy d'une Promesse de Mariage, il ne peut plus estre cité par elle devant l'Official, pour se voir condamner à achever le Mariage commencé, comme cela se pratiquoit autrefois, parce que cette Promesse & cette cohabitation ne tiennent plus lieu à present de présomption de Mariage entr'eux. Monsieur Loüet l. M. n. 26. en rapporte un Arrest du mois de Février

13   1606. & Brodeau en ajoûté plusieurs autres, mais il dit que quoy que l'Official ne puisse decerner une citation, *super fœdere Matrimonii consummati*. Il peut pourtant en jugeant la Cause *super nudo fœdere*, recevoir la preuve par témoins du fait de la copule, comme estant (ajoûte-t'il) une circonstance puissante & decisive pour pouvoir condamner les Parties à celebrer le Mariage, & il rapporte un Arrest du 18. Aoust 1628. qui ordonne cette preuve : mais il semble que cela ne doit plus avoir lieu

14   & que la preuve par témoins ne doit plus estre admise, du moins à l'effet de pouvoir condamner ensuite les Parties à s'épouser, puisque quand la cohabitation seroit prouvée, l'Official

Q

ne pourroit encore condamner les Parties à s'épouser, si elles le refusent, parce qu'il n'est pas veritable que le Mariage soit commencé par la Promesse de le contracter ny par la cohabitation qui a suivi ; ce seroit autoriser les Mariages présumez qui ont esté rejettez & condamnez par l'Ordonnance de Blois, qui a prescrit les solemnitez necessaires dans les Mariages, & qui n'en reconnoist point d'autre espece que ceux dans lesquels elles ont esté observées, & ce seroit blesser la liberté du consentement qui y est requis, laquelle doit estre inviolable ; en un mot, la débauche ne doit pas estre un degré pour parvenir à un Sacrement, aussi en ce cas la Cour ne condamne plus les Parties à s'épouser, comme avant le Concile de Trente & l'Ordonnance de 1639. parce qu'elle ne regarde plus ces sortes de conjonctions comme des Mariages commencez, & ainsi les Parties estant libres, même après la cohabitation, elle ne croit pas avoir l'autorité de forcer leur consentements ; que si on oppose que la cohabitation peut faire présumer que ce consentement est déja intervenu, parce qu'elle en est souvent une suite, il est aisé de répondre que cette cohabitation est encore plus souvent une présomption de la débauche, & qu'il seroit trop dangereux de l'admettre comme une preuve du consentement au Mariage. Enfin l'Ordonnance & le Concile ayant requis des solemnitez essentielles pour la preuve de ce consentement, il n'est pas permis de se déterminer en ce cas par des présomptions.

15. Enfin quoy qu'il ne s'agisse pas dans ce Traité de sçavoir comment se doit faire la preuve par témoins, mais seulement quand elle est admissible, ou non ; neanmoins la matiere qui concerne les Mariages est si importante, qu'il ne sera pas hors de propos de toucher ici une Question qui peut faire beaucoup de difficulté, pour sçavoir de quelle qualité doit estre la preuve par témoins pour justifier la verité d'un Mariage dans les cas ausquels elle est admissible.

16. Et comme cette difficulté se rencontre particulierement dans les Mariages que l'on accuse de clandestinité, il faut examiner quelles sont les marques de la clandestinité du Mariage ; Monsieur le Prestre dans le sçavant Traité qu'il a fait sur ce sujet, en remarque plusieurs ; sçavoir quand il n'y a point eu de Contrat de Mariage ; qu'il y a inégalité entre les conjoints, quand les Pere & Mere n'ont point signé l'Acte de celebration ; que la

femme n'a point efté admife à la table de fon mari, ou qu'il n'y a point eu de Bans publiez. A l'égard du deffaut de la publication de Bans, & du deffaut de fignature de Pere & Mere, de l'Acte de celebration entre mineur, le Mariage eft nul. A l'égard des autres marques de clandeftinité, ce font de fimples préfomptions qui ne font pas de Droit, & autorifées par le Droit, & ainfi la preuve du contraire eft admiffible ; ainfi un homme peut époufer legitimement fa fervante, il peut ne l'admettre point à fa table, il peut avoir efté marié legitimement fans publication de Bans, s'il eft majeur, fans que le Mariage foit clandeftin, pourveu que dans la fuite il ait declaré fon Mariage publiquement, & qu'il ait pris la qualité de mari, & donné la qualité de femme à celle qu'il a époufée, fur tout quand l'Acte de celebration paroift, que s'il ne paroift pas, & que neanmoins ces marques de clandeftinité foient combatuës par d'autres préfomptions de Mariage auffi fortes, & par des Actes authentiques dans lefquels les conjoints ont pris la qualité de mari & femme; en ce cas la preuve par témoins peut eftre admife, fuivant les circonftances, à caufe du commencement de preuve par écrit, fuivant la diftinction marquée dans le Chapitre précedent.

17 Mais on demande combien il faudra de témoins pour prouver la verité du Mariage en ce cas, c'eft-à-dire quand l'acte de celebration ne paroift pas : il faut diftinguer ; fçavoir fi ceux qui conteftent la verité du Mariage, articulent qu'il y a eu un autre Mariage celebré pofterieurement à celuy qui eft contefté : car fi le Mariage pofterieur eft celebré dans les formes, ce fecond Mariage devient une préfomption, ou que le premier n'a point efté contracté, ou qu'il ne l'a pas efté valablement, la Loy ne préfumant pas la bigamie, qui eft un crime; ainfi en ce cas c'eft à celuy qui articule qu'il y a eu un premier Mariage, à le prouver; & cette preuve luy peut eftre accordée, fans qu'on puiffe dire que ce foit admettre la preuve par témoins contre la preuve par écrit, qui refulte de l'Acte de celebration du fecond Mariage, parce que, comme il a efté dit, en matiere de Mariage, il en faut toûjours revenir à la verité, fur tout quand on allegue un empefchement dirimant, tel qu'eft un premier Mariage à l'égard du fecond, lequel tant que les conjoints font en vie, ne fe peut couvrir.

18 La queftion fe reduit donc à fçavoir fi dans le cas où il n'y a point de Regiftre, ou quand l'Acte de celebration du Mariage

ne s'y trouve point inseré, & qu'il y a d'ailleurs un commencement de preuve par écrit, suffisant pour en faire admettre la preuve par témoins, le nombre de deux témoins doit suffire, suivant le Concile de Trente, ou s'il en faut quatre suivant l'Ordonnance de 1639. & celle de 1667. pour en prouver la verité.

Surquoy il faut observer que quoy que le Concile de Trente n'ait requis que deux ou trois témoins du Mariage, suivant la parole de Dieu même : *In ore duorum vel trium testium stet omne verbum*, neantmoins on peut dire que le Concile n'a point entendu parler du cas dont il s'agit ; car dans le même endroit il ordonne qu'il sera fait un Registre fidele du Mariage. Or quand il y a un Registre, & que l'Acte de celebration y est inseré, signé des témoins & du Curé, il ne faut point d'autre preuve du Mariage, ce qui est conforme à nos Ordonnances.

Mais si dans le cas même du Concile, c'est-à-dire quand il y a un Registre des Mariages, nos Ordonnances ont requis que l'Acte de celebration soit signé de quatre témoins, deux du côté du mari, deux du costé de la femme ; à plus forte raison, il faut ce semble aussi quatre témoins pour prouver la verité du Mariage, quand il n'y a point de Registre ou point d'Acte de celebration, & ce nombre de quatre témoins requis par l'Ordonnance, paroist fondé sur ce qu'il s'agit, en cas de Mariage, de la preuve de deux faits tous differens, qui doivent tous deux estre prouvez separément pour conclure certainement qu'il y a eu un Mariage. Le premier fait, est le consentement de chacun des deux futurs conjoints, sans lequel consentement il ne peut y avoir de Mariage entr'eux, & ce consentement doit estre prouvé de la part de chaque conjoint, par le témoignage de deux de ses parens ou amis. De plus, il ne suffit pas que chacun des conjoints consente au Mariage, pour qu'il y ait un Mariage entr'eux, si l'un & l'autre ne sont certains de l'acceptation reciproque de leur consentement, ainsi il faut qu'il y ait deux témoins du costé du mari qui déposent de l'acceptation que la femme a faite du consentement donné par le mari, & qu'il y ait pareillement deux témoins du côté de la femme, qui déposent aussi que le mari a accepté le consentement de la femme ; car c'est dans cette acceptation reciproque que consiste proprement l'union indissoluble du Mariage, ainsi que marque le Catechisme du Concile de Trente, *De Matrimonio*. Et c'est par consequent de la preuve de ces deux faits, que dépend de sçavoir s'il y a un Mariage ou non.

22 Outre que s'il suffisoit de deux témoins pour assurer la verité d'un Mariage, il s'ensuivroit qu'il n'y auroit qu'un témoin requis de la part de chaque conjoint pour certifier qu'il y auroit consenti ; ce qui ne doit pas estre admis, parce qu'il est certain 1. Que *unus testis nullus testis*. 2. Ce seroit ouvrir une porte au rapt de seduction, en renfermant toute la certitude de ce consentement dans la déposition d'un seul témoin que l'on pourroit aisément corrompre de la part du ravisseur. Et c'est en apparence dans cette veuë que l'Ordonnance de 1629. dans l'article 40. cy-dessus cité, après avoir deffendu la preuve par témoins des Mariages, *fors & reservé entre personnes de Village & de basse & vile condition*; a ajoûté que même en ce cas, la preuve n'en pourra estre admise que par le témoignage des plus proches parens de l'une & de l'autre des Parties, & au nombre de six pour le moins ; & quoy que cette Ordonnance ne soit pas observée, neanmoins cette disposition à l'égard de la qualité des témoins qui doivent estre les plus proches parens, & à l'égard du nombre, ne laisse pas de marquer aux Juges de quelle importance il est de ne point decider sur la verité d'un Mariage, s'il n'y en a pas une preuve complete & legitime.

23 Il est vray que les Docteurs ont pretendu autrefois qu'un seul témoin suffisoit pour prouver la verité d'un Mariage. Telle est
24 l'espece de la Décision 173. *Capel. Tholos. item fuit quasitum an unus testis cum forma probet Matrimonium factum & contractum,*
25 *conclusum fuit quod sic.* Mais outre que ces Décisions sont plus anciennes que nos Ordonnances qui ont requis quatre témoins pour assister à la celebration d'un Mariage, puisque les Notes d'Anfrerius sur ces Décisions, sont de l'année 1483. Il est à remarquer que dans cette espece l'on ne receut le témoignage d'un témoin seul, que parce qu'il estoit conforme à la publique
26 renommée, ce qui marque que la possession du Mariage estoit publique. Or il peut y avoir des cas où la possession suffit seule pour decider de la verité d'un Mariage quand elle n'est point détruite par des preuves contraires, comme il a esté jugé dans l'espece rapportée au Chapitre précedent.

Q iij

CHAPITRE VI.

Des Promesses de Mariages.

SOMMAIRE.

1. *Si l'Ordonnance de Moulins a lieu à l'égard des conventions du Mariage.*
2. *Raisons pour prouver qu'elle n'y devroit avoir lieu.*
3. *Distinction sur ce sujet.*
4. *Objections contre cette distinction.*
5. *Réponse à ces Objections.*
6. *Conclusion.*
7. *Si cette Conclusion doit estre étenduë aux Mariages contractez clandestinement.*

Expedita ergo quæstione de mero & simplici fœdere matrimonii, quid de cæteris pactis matrimonialibus, quæ tamen respiciunt matrimonium, ut dotis constitutio, donationis propter nuptias, (quam vulgò doarium appellamus) assignatio, societatis conventio, renunciatio, cæteraque pacta in matrimoniis fieri solita, nunquid etiam testibus probati poterunt, non obstante hac Lege Regia ? Quod dicendum videretur : cùm ejusdem favoris censeantur cum principali pacto, & fœdere matrimonii, cujus sunt accessoria, & ideo ejusdem naturæ judicari debeant, jure vulgatissimo : *a* Imò dotis constitutio tanto gaudeat privilegio ut semper & ubique præcipua, & omnibus pactionibus tam privatis quàm publicis anteponenda : cùm publicæ rei, magis quàm privatæ, intersit dotes mulieribus semper conservari,

a Cap. Accessorium. de Reg. jur. in 6.

1. APrés avoir expliqué la Question qui regarde la simple Promesse & le lien du Mariage ; que dirons-nous des autres conventions qui l'accompagnent, comme de la constitution de Dot, de la Donation à cause de Nôces, que l'on appelle communément le Doüaire, la Communauté, la Renonciation, & autres Pactes que l'on a coûtume de stipuler dans les Mariages, peut-on les prouver par témoins, suivant cette Ordonnance, ce qui sembleroit devoir estre ainsi ; parce qu'ils doi- 2 vent avoir la même faveur que le Pacte principal, qui est la Promesse de Mariage, & le Mariage même, dont elles sont accessoires, & que par conséquent, suivant la maxime ordinaire, elles doivent estre estimées de même nature, veu même que la constitution de Dot est

si privilegiée, qu'en tout temps & en toutes sortes d'occasions, elle est preferée à toutes les autres Conventions, soit à celles qui regardent les particuliers, soit à celles qui regardent le public, parce que l'Etat a plus d'interest en quelque sorte que la Dot soit conservée aux femmes, qu'elles n'y ont d'interest elles-mêmes, comme il est marqué en plusieurs endroits dans la Loy Civile & dans les Canons. Or si la celebration d'un Mariage, qui est devenuë publique, ou parce qu'elle a esté faite en presence des Parens, ou en face d'Eglise, ou parce que la cohabitation a suivi peut estre prouvée par témoins, quoy qu'il n'y en ait aucun Acte par écrit, il s'ensuit par identité de raison qu'il faut dire la même chose à l'égard de la Dot & autres conventions.

ut passim Legibus tam Civilibus quàm Canonicis clamatur. *a* Si ergo per testes matrimonii confectio, publica, aut cœtu parentum, aut cœtu Ecclesiæ, aut vicinali cohabitatione cum copula, probari etiam sine scriptis possit, ergo idem de dote constituta, aliisque pactis sequitur concludendum, ex identitate rationis. *b*

a L. I ff. Solut. matr. l. Assiduis. C. qui potior. in l. pro oneribus C. de jur. dot. cap. Salubriter. extr. de usur.
b L. Illud. ff. ad Leg. A.

3 Mais pour moy je croirois qu'il faut distinguer sur cette question: car ou les Conventions du Mariage ont esté concluës & arrestées dans la même assemblée des Parens, dans laquelle la Promesse de Mariage a esté donnée reciproquement entre les Parties, comme j'ay veu souvent pratiquer entre gens de la campagne, lesquels au même temps que les Parens communs estoient assemblez pour la celebration du Mariage devant le Curé, les Parens convenoient de la Dot & des autres Clauses du Contrat de Mariage sur le champ, & en telle sorte qu'il n'y avoit aucun intervale entre le Mariage & le Contrat de Mariage; & en ce cas puisqu'il est permis, comme il a esté dit, de prouver le Mariage même par témoins, il faut aussi permettre de prouver les autres

Ego verò super hac quæstione ita distinguendum putarem: nam aut in eodem cœtu & conventione, in quibus est initum fœdus matrimonii, inita quoque dicuntur pacta matrimonialia, ut sæpe vidi inter rusticos in eodem parentum conventu fieri per parrochum seu pastorem affidationis, & eodem colloquio dotis promissiones, aliasque conventiones, adeo ut nulla sit discontinuatio fœderis matrimonialis à cæteris conventionibus. Et tunc, data facultate probandi per testes fœdus matrimonii, eadem erit facultas in probandis cæteris pactis matrimonialibus uno continuato sermone & colloquio peractis : cùm unus & idem continuus & inseparabilis actus dicatur, ideo diverso jure censeri non potest. *c*

c L. Continuus. ff. de v. oblig. l. duos §. fin. ff. de duob. reis. & not. in l. ratum. ff. de sol.

Conventions par témoins, quand elles ont esté arrestées en même temps, parce que ce n'est qu'un seul & même Acte, & qu'il ne doit pas se regler diversement.

Aut verò pacta matrimonialia seorsum & diverso actu à fœdere nuptiali inita dicuntur. Exempli gratia, in cœtu parentum factæ fuerunt nubendi promissiones, & per Curatum assidationes, de dote autem aliisque pactis nihil prorsus dictum, ut sæpè faciunt rustici : vel etiam in facie Ecclesiæ celebratum est matrimonium, de aliis autem pactis nihil dictum, sed prætenditur quòd certa die, ante vel post assidationes, vel sponsalia, partes convenerunt pro dote constituenda, aliisque pactis conficiendis, quæ tamen scriptis non patent, sed vult maritus hæc pacta testibus probare. Dico ad hoc admitti eum non debere, si libram centesimam excedant hujusmodi pactiones, huicque Constitutioni subjici debere his rationibus. Una, quòd eis imputatur, quare cùm de re merè civili & profana contrahere vellent, Legis formam neglexerint : *a* Altera, quòd non inconveniens videatur, matrimonium sine dote confici posse ; nam jure receptum est, dotem sine matrimonio consistere nunquam posse, *b* matrimonium autem sine dote procedere sæpissimè visum est. *c*

Que si les Conventions ont esté faites par un Acte separé de celuy de la celebration du Mariage ; par exemple, dans l'assemblée des Parens, les Parties se sont promis Mariage, & ont esté mariez par le Curé, mais on n'est point lors convenu de la Dot & des autres Conventions, comme il se pratique souvent entre les Païsans, ou même ce Mariage a esté celebré en face d'Eglise, mais on n'a rien aresté sur les clauses du Contrat de Mariage ; on articule seulement qu'un certain jour, devant ou aprés les Fiançailles, les Parties sont convenuës de la constitution de la Dot, & autres Clauses du Contrat de Mariage, lesquelles neanmoins n'ont point esté redigées par écrit, mais le mari veut les prouver par témoins. Je dis qu'en ce cas le mari ne peut estre admis à faire cette preuve, si ces Conventions excedent la somme de cent livres, & qu'il doit estre debouté, suivant cette Ordonnance, par deux raisons ; La premiere, parce que c'est sa faute de ce qu'ayant voulu faire un Contrat touchant une chose civile & prophane, il a méprisé la formalité qui luy estoit prescrite par la Loy.

a *Not. in l. Si quando. C. de inoff. test.*

b *L. 1 ff. de cond. ob cauſ. dat.*

c *L. 3 ff. de jur. dot. l. fin. C. de don. ante nup. & in auth. de triente & sem. §. Sed nec. coll. 4.*

La seconde, parce qu'il n'y a point d'inconvenient que le Mariage ait esté contracté sans aucune constitution de Dot ; car il est bien dit en Droit qu'il ne peut y avoir une Constitution de Dot sans qu'il y ait un Mariage, mais on a veu souvent des Mariages sans constitution de Dot.

Et

en Matiere Civile.

4 Et il ne sert de dire que s'il n'est pas permis de prouver par témoins qu'il y a eu une Dot promise depuis le Mariage, les conjoints en souffriront beaucoup, parce qu'on verra souvent de jeunes gens, destituez des choses necessaires, & reduits à la pauvreté. La Dot estant destinée pour soûtenir les charges 5 du Mariage ; car on répond à cela que la Loy leur donne en ce cas un secours fort aisé ; parce que si la fille a un Pere ou une Mere, un Tuteur ou un Curateur, qui soient tenus de la doter, le mari peut faire assigner le Pere, ou la mere (si elle retient les biens qui sont écheus à cette fille du costé de son Pere) ou son Tuteur, à ce qu'ils soient tenus de la doter, laquelle Dot sera constituée suivant les facultez du Pere, & eu égard à la dignité du mari. Car il est sans difficulté que le Pere, la Mere, le Tuteur ou Protuteur, si la fille s'est mariée legitimement, c'est-à-dire de consentement de ses Pere & Mere, seront tenus de luy constituer une Dot, comme il est vulgaire en Droit. Que si cette fille s'est mariée sans le consentement de son Pere, avant l'âge de 25. ans, le mari ne pourra demander aucune Dot, parce que c'est sa faute s'il n'a pas contracté un Mariage legitime, & aprés les 25. ans accomplis, si la fille s'est mariée, quoy que sans le consentement de ses Pere & Mere, le mari pourra exiger la Dot à cause qu'ils sont en faute de ne l'avoir pas ma-

Nec obstat si dicatur, maximo damno conjunctos affici posse, si testibus dotem sibi promissam fuisse probare non liceat, nam forsitan juvenes & pauperculi, rebus necessariis destituti videbuntur, & ad egestatem summam reducti, cùm pro oneribus matrimonii dotes constitui soleant. *a* Nempe ad hoc respondetur, eos Legis remedium paratissimum habere, scilicet, si uxor patrem vel matrem habeat, vel tutorem, seu curatorem, quorum sit officium filiam dotare, tunc eos conveniet ad hoc, ut pro officio paterno, *b* vel etiam materno, si mater bona paterna detineat, aut ipse tutor, ipsam filiam dotare cogantur : quæ dotatio fiet secundùm facultates paternas, & considerata etiam dignitate mariti. Nam absque dubio, pater, mater, tutor, aut protutor, si legitimè nupserit filia, id est patre & parentibus consentientibus, ad dotem constituendam tenebuntur, ut jure vulgatum est. *c* Si verò non consentiente patre nupsit filia, ante 25. annum, dotis constitutionem exigere non poterit maritus, *d* cui imputatur, quare non legitimè nupserit : *e* & post 25. annum expletum, si filia etiam sine consensu patris nupserit, nihilominus post tantum temporis lapsum, propter incuriam parentum, dotem exigere potest ipsius maritus : argumento sumpto ex jure novissimo, *f* quod & Regis Constitutione in hoc Regno inductum videtur. Ergo hæc Lex Regia dotibus præjudicialis videri non poterit, cùm ad dotem constituendam jus nostrum re-

a L. Pr oneribus C. de jur. dot.

b L. fin. C. de dot prom.

c L. Cum post § gener. l. quaror ff. de ju. dot. l. 3. C de dot. pr.

d L. In conjunctione L. viduæ. C. de Nupt. l. 1. de rit. nupt. l. in sponsalibus. l. ff. de spons. l. si filiam. C. de inoff. testam.

e L. Qui contra C. de incest. nupt. f Auth. Sed si post. C. de inoff. testam. auth. ut cum de app. cog. §. aliud quoque capitul. coll. 8.

R

media aliunde paraverit.

riée plûtoſt, ſuivant ce droit des Novelles, qui ſemble avoir eſté receu en ce Royaume par l'Ordonnance de nos Rois. Donc cette Ordonnance ne fera en ce cas aucun préjudice aux conjoints, parce que nos Loix nous ont donné un autre moyen pour exiger la Dot.

Ex his igitur ſit firma hæc concluſio: Pacta dotalia à fœdere matrimonii etiam publico ſeorſim facta, non niſi ſcriptis, ſecundùm hanc Legem, probari poſſe. A fortiori ergo, de his quæ facta dicuntur in privata & clandeſtina nubendi promiſſione, nullo actu publico purgata ſeu divulgata, idem ſtatuendum eſt.

De tout ce que deſſus, il reſulte cette Maxime certaine, que ſuivant cette Ordonnance, ſi les Conventions du Mariage ont eſté faites, à ce qu'on prétend, en un autre temps & ſeparément, des Promeſſes de Mariages, elles ne pourront eſtre prouvées que par écrit. A plus forte raiſon, il faudra dire la même choſe des Conventions que l'on pretend avoir eſté faites lors des Promeſſes du Mariage contracté clandeſtinement, & qui n'ont point eſté renduës publiques par aucun fait public qui s'en ſoit enſuivi.

ADDITIONS SUR LE VI. CHAPITRE.

SOMMAIRE.

1. *Reflexion ſur l'argument de Boiceau, concernant les Promeſſes de Mariages.*
2. *Conventions Matrimoniales qui excedent cent livres, doivent eſtre prouvées par écrit, erreur dans les additions à la Pratique de Monſieur Lange.*
3. *Difficultez à l'égard de la preuve de la Dot, dont Boiceau n'a point parlé.*
4. *Ordre des Queſtions examinées dans ce Chapitre.*
5. *Le Pere ſeul eſtoit tenu de doter ſes enfans en Droit Romain,* *& non pas la Mere.*
6. *Difficulté quand le Pere avoit promis la Dot indefiniment, ou quand il eſtoit debiteur de ſa fille.*
7. *Loy derniere* C. de prom. Dot. *abrogée par la Novelle* 21. *de Leon le Philoſophe.*
   Diſtinction quand un Etranger avoit promis la Dot indefiniment.
8. *En cas de Dot, la ſimple pollicitation produiſoit l'action* ex ſtipulatu.
9. *Conſtitution des Empereurs*

Severe & Antonin concernant la Dot.

10. Si le Pere estoit tenu de doter sa fille quand elle avoit des biens d'ailleurs.
Premiere opinion.

11. Seconde opinion & ses raisons.

12. Cas dans lesquels le Pere estoit tenu de marier & de doter sa fille.

13. Si l'ayeul paternel estoit tenu de doter sa petite-fille, quoy qu'elle eût un Pere riche, quand le Pere n'estoit pas encore émancipé.

14. Si le Pere & l'ayeul estoient tenus de donner une seconde Dot quand la premiere avoit esté dissipée.

15. Quels sont nos mœurs au sujet de la Dot des enfans par leurs Pere & Mere.

16. Raison de la difference de nôtre Jurisprudence d'avec le Droit Romain.

17. Si la renonciation de la Mere à la Communauté, & la clause d'indemnité, la décharge de payer la Dot à sa fille.

18. Consequences tirées des Maximes établies sur ce sujet.

19. Principales difficultez concernant le payement de la Dot.
En Droit Romain, le mari donnoit deux Quittances de la Dot en differens temps.

20. De l'exception, De Dote cauta non numerata.

21. Disposition de la Novelle 100.

qui regle le temps que duroit cette exception.

22. Ce qui estoit requis pour faire passer cette exception aux heritiers du mari.

23. Le mari qui n'avoit pas eu soin de se faire payer la dot de sa femme, estoit censé luy en avoir fait une Donation.

24. Le Contrat de Mariage quittancé fait foy parmy nous.

25. Si dans le cas des secondes nopces, la preuve par témoins peut estre receuë contre la Quittance du Contrat de Mariage.

26. Si la presomption du payement de la Dot aprés dix ans, ayant lieu parmy nous, comme en Droit Romain, la preuve par témoins est recevable en faveur du mari contre cette presomption.

27. Sentimens de Masuer, de Bacquet & de Monsieur Loüet.

28. Faveur de cette preuve quand le Contrat de Mariage n'est point quittancé.

29. Si la Quittance de la Dot sous signature privée du mari ou devant Notaire, sans numeration de deniers exprimée, est regardé comme un avantage indirect.

30. Si la preuve par témoins est admise contre la reconnoissance du mari portée dans son Testament, qu'il a receu la Dot de sa femme.

31. Si quand la femme est heritiere de son Pere qui a promis

la Dot, l'heritiere du mari peut alleguer par forme de compensation le deffaut de payement de la Dot, pour s'exempter de payer les arrerages du Doüaire, & s'il sera receu à en faire la preuve quand les dix ans ne sont point écoulez.

32. Si en ce cas c'est à la femme à prouver que la Dot a esté payée à son mari.

33. Si aprés les dix ans les Creanciers du mari sont recevables à prouver que la Dot n'a point esté payée nonostant cette presomption.

34. Sentiment de Perezius & ses raisons.

35. Si quand la Quittance de la Dot par le mari est sous seing privé, les Creanciers sont recevables à prouver par témoins qu'elle est frauduleuse.

36. Objections de ceux qui sont d'opinion contraire, réponse à leurs Objections.

37. Distinction en Droit concernant cette presomption du payement de la Dot aprés les dix ans.

38. Autres Questions touchant les Conventions Matrimoniales.

39. Questions sur la Communauté, & de quel jour elle commence, suivant la disposition des Coutumes.

40. Si la preuve par témoins que le Mariage n'a pas esté consommé aprés la celebration, est recevable.

41. Disposition particuliere de l'article 229. de la Coutume de Bretagne, & l'explication qu'en donne Monsieur d'Argentré.

42. Distinction quand le mari est impuissant.

43. Si les heritiers du mari decedé & accusé d'impuissance, sont recevables à demander la visite du cadavre.

44. Du Mariage nul à cause d'un empeschement dirimant.

45. Quand cet empeschement est notoire.

46. Si la preuve doit estre accordée que le Mariage celebré a esté contracté par crainte ou par force.

47. Si dans les Coutumes qui admettent la Communauté aprés l'an & jour, la preuve du contraire est admise aprés ce temps.

48. Si la preuve du meslange des biens est admissible dans les Coutumes où la Communauté n'a point lieu.

49. Si la Communauté de biens est acquise par la demeure de plusieurs personnes ensemble, dans ces mêmes Coutumes.

50. Du meslange des biens quand il n'y a point de Convention.

51. Si la preuve par témoins est admissible dans les separations de biens entre conjoints & dans les separations d'habitation.

52. Si une société tacite se peut prouver par témoins.

53. Distinction sur ce sujet.

54. *Si quand il y a eu une societé contractée par écrit, la preuve de la dissolution de cette societé, se peut prouver par témoins.*
55. *Raisons de douter.*
56. *Raisons pour justifier que la preuve par témoins y peut estre receuë.*
57. *Limitation sur ce sujet.*
58. *Si la societé universelle de tous biens se peut présumer.*
59. *Observations tirées de la Coutume de Naples, concernant les Mariages & la Dot, par qui elle a esté redigée & commentée.*
60. *Questions obmises touchant la preuve par témoins dans ces Coutumes, qui n'ont point de rapport à nos mœurs.*
61. *Explication des termes concernant les Conventions Matrimoniales qui sont en usage à Naples.*
62. *Etymologie du mot* Dotem.
63. *Ce que l'on appelle* quarta *ou* quatra *à Naples.*
64. *Ce que c'est que* Tertiaria, *& Dotarium entre Nobles.*
65. *Espece de Donation du mari à la femme, appellée;* antefatum.
66. *Explication du mot* Sponsalitia.
67. *Explication du mot* Antipherna.
68. *Explication du mot* Corredum.
69. *Explication du mot* Psallia.
70. *Distinction pour sçavoir quand la preuve par témoins est admise contre la teneur de l'instrument dotal.*
71. *Si quand on attaque l'Acte dans sa substance, la preuve par témoins est receuë.*
72. *Différence à Naples entre* Instrumentum originale, *&* authenticatum, *&* instrumentum notariscum, *&* curialiscum.
73. *Deux manieres de contracter Mariage en ce païs.*
74. *Preuve par témoins de la Promesse verbale de la Dot, quand est receuë en Portugal.*

1. LE principe sur lequel Boiceau établit sa Distinction dans ce Chapitre, sçavoir qu'il y a des Mariages clandestins qui peuvent estre prouvez par témoins, a esté suffisamment examiné dans les Additions sur le Chapitre precedent, & l'argument qu'il en tire par identité de raison au sujet des Promesses de Mariage ne peut avoir lieu, soit que les Conventions Matrimoniales ayent esté faites verbalement, avant, lors ou depuis le Mariage, parce que l'Ordonnance deffend la preuve par témoins de toutes sortes de Conventions indistinctement, si elles excedent cent livres; ainsi n'ayant tenu qu'aux Parties de les rediger par écrit. La Coutume des lieux doit leur tenir lieu de

Contrat de Mariage, & il faut présumer qu'elles se sont voulu soûmettre indéfiniment à ses dispositions. Cependant celuy qui a ajoûté des Notes à la Pratique de Monsieur Lange, reimprimée en 1694. dans le chap. 19. des Enquestes, dit que suivant le sentiment de Boiceau l'on peut aussi faire preuve par témoins des Conventions Matrimoniales arrestées sous seing privé, si elles ont esté faites, *tempore fœderis matrimonii*, en presence du Curé & des témoins. Autre chose, dit-il, si elles avoient esté concluës en un autre temps, mais il s'est trompé quand il a ajoûté au texte de cet Auteur ces mots *arrestées sous seing privé*; car Boiceau dans le Chapitre 6. ne parle que dans le cas où il n'y a eu nul écrit, soit lors, soit après la celebration du Mariage, comme on peut voir par la lecture du Texte de cet Auteur, cy-dessus traduit; en effet quand ces Conventions ont esté arrestées par écrit, & signées des Parties, cet écrit du moins peut tenir lieu de commencement de preuve par écrit des Conventions Matrimoniales; l'Ordonnance de Moulins admettant même la preuve par les écritures sous seing privé. Ainsi la Question du Chapitre 6. de Boiceau, est seulement que quand il s'agit d'une Convention verbale faite lors de la celebration du Mariage ou auparavant.

Mais ce qui est de plus important sur cette matiere, est ce qui concerne la Dot & les autres Conventions Matrimoniales, surquoy il y a plusieurs difficultez importantes, dont Boiceau n'a point parlé. Il faut examiner premierement les Questions qui concernent le payement de la Dot, lors qu'il y en a eu une constituée, & que l'on n'en rapporte point de Quittance par écrit, pour sçavoir si la preuve par témoins est receuë, & en faveur de quelles personnes, elle peut estre admise.

Ensuite on traitera de ce qui peut regarder la Communauté & les autres Conventions Matrimoniales, & par occasion de ce qui peut concerner les societez en ce qui regarde la preuve par témoins.

Quant à la constitution de Dot. En Droit Romain, le Pere seul estoit obligé de doter ses enfans, la Mere n'y estoit obligée que quelquefois, *ex magna & probabili causa*, dit la Loy, *Neque mater*, Cod. *de Jure Dot.* mais elle pouvoit s'y obliger volontairement, *Promittendo Dotem omnes obligantur cujuscunque sexus conditionisve sint*, suivant la Loy 41. D. *de Jure Dot.* mais quand c'étoit le Pere qui avoit promis cette Dot à sa fille, indéfiniment sans exprimer de quelle somme il la dotoit. Monsieur Cujas sur la Loy 3. *C. de promissione Dotis*, dit qu'en

en Matiere Civile.

vertu de cette Promesse, cette Dot devoit estre reglée suivant l'équité, c'est-à-dire suivant les facultez du Pere & le rang que tenoit sa famille.

7 Que si le Pere estant debiteur de sa fille, avoit promis cette Dot simplement, sans dire de quels biens, ou même s'il avoit dit qu'il dotoit sa fille de ses biens, & de ceux qui appartenoient à cette fille du chef de sa Mere, il estoit censé ne l'avoir voulu doter que de son propre bien, suivant la Loy derniere *eod. tit.* supposé qu'il fut solvable, & en cas qu'il ne le fût pas, il estoit censé n'avoir donné en dot à sa fille, que ce qu'il luy pouvoit devoir, sans y rien contribuer du sien. Cette Constitution fut depuis abrogée comme injuste, par la Novelle 21. de Leon le Philosophe, qui l'appelle avec justice *Juris subversionem*, & qui ordonne que si la Dot a esté promise par le Pere de ses biens & de ceux de son fils, elle sera payée également sur ses biens & sur ceux du fils, soit que le Pere fût solvable ou non. Que si au contraire, c'estoit un étranger qui eût promis la Dot sans exprimer la somme ; Monsieur Cujas sur la Loy cy-dessus citée, dit que cette Promesse estoit inutile, & sans effet, parce que cet Etranger n'estoit pas tenu de doter cette fille, au lieu que le Pere y estoit obligé.

Wesembecius l. 25. D. de jure Dot. cite les autres Docteurs qui sont du même avis que M. Cujas.

Surquoy il faut remarquer que quoy qu'en Droit Romain,
8 un simple pacte ne produisist aucune action, neamoins le cas de la dot estoit excepté ; ainsi quoy que ce qui s'appelloit *Pollicitatio*, ne fût qu'un pacte, c'est-à-dire une Promesse faite par celuy seul qui promettoit, même à l'insceu, ou en l'absence de celuy en faveur de qui elle estoit faite ; lequel n'avoit aucune action pour en demander l'execution, cependant elle produisoit l'action *ex Stipulatu*, si elle avoit esté faite pour cause de Dot, comme remarque Maistre Charles du Moulin & tous les Docteurs sur le Tit. *de prom. Dot.*

Que si le Pere ne vouloit pas marier sa fille, ny la doter, il y
9 estoit contraint par la Constitution des Empereurs Severe & Antonin, rapportée dans la Loy 19. D. *de ritu Nuptiarum.*

Mais la Question a esté de sçavoir si quand une fille avoit
10 des biens propres à elle appartenans, & autres que ceux qu'elle pouvoit esperer de son Pere, il estoit encore tenu de la doter. Quelques Docteurs ont crû que la Dot devant estre regardée comme des alimens, le Pere ne luy devoit plus rien quand elle estoit assez riche pour s'en passer, & qu'il suffisoit que le Pere

Gudelinus de jure novissima. l. II

ch. 14. cite Everhardus & Cobaan. l'eût mariée suivant sa condition, quoy qu'il ne luy eust donné aucune chose.

Tous les autres ont crû au contraire que même dans ce cas, le Pere ne pouvoit se dispenser de la doter, parce que la Dot ne tient pas lieu seulement d'alimens, mais qu'elle est deuë par le Pere à sa fille, pour luy aider à contracter un Mariage sortable, & pour donner au mari dequoy en supporter les charges; joint que la Dot tenant lieu de legitime à la fille, c'est une dette naturelle que le Pere ne peut s'exempter de payer, sous pretexte que sa fille a d'autres biens, c'est ainsi que raisonne Perezius sur le Titre du Code cy-dessus cité, n. 8.

Et cela a lieu même, dit-il, quoy que la fille ait esté dotée par un Etranger, si ce n'est que cette Dot luy eust esté donnée à la consideration & en l'acquit du Pere.

En un mot, le Pere estoit tenu de la Dot, si sa fille s'estoit mariée de son consentement, ou si ayant 25. ans elle avoit esté obligée de se marier à son insceu, ou malgré luy, parce que la Loy chargeoit le Pere de luy trouver un Party sortable avant cet âge, mais il n'en estoit point tenu si cette fille, quoy que majeure, avoit épousé une personne indigne, à cause de l'injure qu'elle avoit fait à sa famille.

Perezius co. l. 5. t. 11 n. 12. 13. Enfin l'ayeul paternel en Droit Romain, estoit tenu aussi de doter sa petite-fille, quoy qu'elle eust un Pere riche, si ce Pere estoit encore sous la puissance de cet ayeul, & qu'il ne fût point émancipé, non plus que sa fille; parce qu'en ce cas le Pere de cette fille ne joüissoit d'aucuns biens. Et le Pere & l'Ayeul paternel estoient encore tenus l'un & l'autre de luy donner une seconde Dot pour se remarier, si la premiere qu'ils luy avoient donnée avoit esté perduë & dissipée par le premier mari, sans qu'il y eût de la faute de cette fille.

Voy Louet l. R. n. 54. & Brodeau bid. & Loüet l. D. n. 40. Eas obligationes quæ naturalem præstationem habere intelliguntur pala est capitis diminu- Suivant nostre Droit Coutumier, au contraire le Pere & la Mere doivent doter leurs enfans; & cette diversité de nos Coutumes d'avec le Droit Romain, ne vient pas de ce que la femme, suivant nos mœurs, a la moitié dans la Communauté, comme quelques Docteurs ont prétendu, parce qu'il s'ensuivroit de là que quand la Mere en est excluse, ou qu'elle y renonce, ou qu'il est stipulé qu'elle n'aura pour tout droit de Communauté qu'une certaine somme, elle n'y contribuëroit point, ou y contribuëroit moins, ou qu'elle auroit son recours pour raison de cette Dot, sur les biens de son mari, en vertu de son indemnité,

nité, au cas qu'elle s'y fût obligée, ce qui ne peut estre proposé ; car cette Dot est une dette naturelle en la personne de la femme, laquelle en qualité de Mere doit cette Dot à sa fille, comme sa legitime, & cette dette est tellement privilegiée, qu'elle s'y peut même obliger valablement, sans qu'il soit necessaire que son mari l'autorise à cet effet ; ainsi qu'il a esté jugé par les Arrests rapportez dans le Journal des Audiances Tome premier. En un mot ny le Pere, ny la Mere ne peuvent refuser cette Dot à leurs enfans, que dans les cas où la Loy leur permet de les exhereder.

nutione non perire quia Civilis ratio naturalia jura corrumpere non potest itaque de Dote accepta, quia in bonum & æquum concepta est, nihilominus durat, etiam post capitis diminutionem. Dos est loco legitimæ. Brodeau sur Loüet l. 3. n. 17. De l'Hommeau l. 3. Maxime 48.

18 Cela supposé, il s'ensuit que la fille n'a besoin d'autre titre que de celuy de la nature & de la Loy, suivant nos mœurs, pour estre en droit de demander une dot à son Pere ou à sa Mere, & qu'ainsi c'est à eux à prouver, quand elle a esté mariée de leur consentement, qu'ils luy en ont constitué une, s'ils ont esté en pouvoir de la luy donner. Que si la fille articule qu'ils luy en ont promis une, en ce cas si elle excede cent livres, elle doit en rapporter la preuve par écrit, soit par un Contrat de Mariage, soit par quelqu'autre Acte, parce qu'elle allegue une Convention qui ne se peut prouver par témoins : mais si cette fille est déja mariée, & que le Mariage se soit fait du consentement du Pere, qui n'a point donné de Dot, le Gendre est non recevable à l'exiger, ny à prouver qu'il luy en a promis une verbalement ; car il doit s'imputer de ne l'avoir pas stipulée par son Contrat de Mariage, si ce n'est qu'il aye un commencement de preuve par écrit qu'elle luy a esté promise ; autrement on présume qu'il a bien voulu épouser sa femme sans Dot. Autre chose seroit si le Pere avoit esté Tuteur de cette fille, & qu'elle eust des biens maternels ou autres à elle échus, devant ou depuis le Mariage, car en ce cas le Gendre a droit de luy en faire rendre compte.

19 Il y a plus de difficulté en ce qui concerne le payement de la Dot, surquoy il faut observer qu'en Droit, quoy que la femme eût promis une Dot à son mari par son Contrat de Mariage, cela n'estoit point consideré comme une Dot veritable & effective, jusqu'à ce qu'elle eust esté réellement payée, parce que souvent elle ne se payoit pas lors du Mariage, quoy que le mari eust coutume d'en donner une Quittance pure & simple par le Contrat de Mariage, *Spe futuræ numerationis* ; & lors qu'il recevoit effectivement cette Dot, il en donnoit une seconde, c'est pourquoy, à cause de cette présomption qu'il ne l'avoit

L. 1. C. l. 4. T. 30 de non numerata pecunia. l. 3. Cod. l. 5. T. 15.

pas receuë, le mari ou ses heritiers avoient droit d'opposer l'exception, *de Dote causa non numerata*, contre celuy qui avoit promis la Dot, lequel estoit obligé de prouver, autrement que par cette premiere Quittance (portée par le Contrat de Mariage) qu'il avoit effectivement payé cette Dot. Et suivant la Novelle 100. si le Mariage n'avoit duré que deux ans, le mari avoit encore un an pour la demander aprés le Mariage dissolu. S'il avoit duré plus de deux ans, & jusques à dix ans, il n'avoit que trois mois, mais aprés les dix ans, s'il ne s'estoit pas fait payer, la Loy luy refusoit toute action, parce qu'elle présumoit qu'il l'avoit receuë, & afin que cette action qu'il avoit durant les dix premieres années de son Mariage, pust passer à ses heritiers, quand il estoit decedé avant l'expiration des dix ans, il ne suffisoit pas qu'ils prouvassent par témoins qu'il avoit eû la volonté de s'en faire payer, il falloit qu'ils rapportassent la preuve par écrit qu'il avoit intenté cette action dés son vivant.

E id. Novella.

De plus, comme il n'estoit pas permis à Rome de s'avantager durant le Mariage, suivant la Novelle 97. le mari qui n'avoit pas eu soin de se faire délivrer réellement la Dot qu'il avoit reconnu avoir receu, *spe futuræ numerationis*, estoit censé en avoir fait une donation à sa femme pour cause de mort, aprés laquelle elle estoit confirmée, & ses heritiers tenus de restituer cette Dot à sa veuve, comme si le deffunt l'eust receuë ; c'est-à-dire au cas que le mari fût decedé avant les dix ans, que la Loy luy donnoit pour proposer cette exception.

M. Cujas. ad T. Cod. de Dote cau-ta non nn-merata. & ib. sur le T. 16. de Don. inter vir. & ux.

Suivant nostre Droit François, la Jurisprudence & l'usage sont tous differens, le Contrat de Mariage estant quittancé fait foy, quand même il seroit justifié que la femme avant de se marier n'avoit aucuns biens, si ce n'est dans le cas des secondes nopces ; car un homme veuf, qui épouse une seconde femme ne peut l'avantager indirectement, en reconnoissant avoir receu d'elle une Dot excessive contre la verité, & cet avantage estant reductible, suivant l'Edit des secondes nopces, la preuve en pourroit estre receuë même par témoins au profit des enfans du premier lit, parce que la fraude est toûjours exceptée de la prohibition de l'Ordonnance, laquelle d'ailleurs n'a point entendu empescher l'execution de celle de 1560. ny autoriser les avantages indirects, en en deffendant la preuve.

La principale Question est de sçavoir, si par ce que nous ad-

mettons dans l'ufage la même préfomption que le Droit Romain; fçavoir que le mari eft cenfé avoir receu la Dot quand il a laiffé paffer les dix ans de fon Mariage fans la demander;
27 ainfi que Monfieur Loüet l. D. n. 1. Maiftre Anne Robert l. 4. chap. 19. & Monfieur le Preftre 3. Cent. ch. 67. l'ont remarqué, la preuve par témoins eft recevable en faveur du mari contre cette préfomption, ou fi cette préfomption eft de Droit & autorifée par le Droit, laquelle ne reçoit point la preuve du contraire.

28 Mafuer T. des Exceptions, *in fine*; Boquet Droits de Juftice chap. 15. n. 60. & Loüet *ibid.* difent que cette préfomption de payement a lieu après les dix ans, s'il n'y a apparence du contraire; ainfi on peut inferer qu'ils eftiment que la preuve peut eftre admife contre cette préfomption en certain cas. Il eft conftant en general que cette preuve eft favorable, & même qu'elle doit eftre admife, quand le Contrat n'eft pas quittancé, parce que la préfomption du payement n'eft pas naturelle en ce cas, c'eft pourquoy quand il y a une Quittance de la Dot don-
29 née par le mari depuis le Mariage, fous fignature privée, ou fi elle eft devant Notaire, & que la numeration n'y foit pas exprimée. Elle eft regardée fuivant nos mœurs comme un avantage indirect du mari en faveur de fa femme, fuivant l'opinion
30 de Baquet, qui dit *ibidem*, que la preuve par témoins fut admife en confequence de la reconnoiffance du mari portée dans fon Teftament, qu'il avoit receu la Dot de fa femme, car quoy que celuy qui ne peut donner, ne puiffe confeffer qu'il a receu: neanmoins cette reconnoiffance par écrit du mari, eftoit un commencement de preuve par écrit qui fuffifoit pour faire accorder à la femme la preuve par témoins.

Confeffio facta in ultima voluntate in ejus favorem in quem non poteft confiftere Donatio, non valet.

31 Le Grand fur l'article 84. de la Coutume de Troyes, eftime que cette reconnoiffance du mari, qu'il a receu la Dot, faite dans fon Teftament, ne libere point celuy qui en eft le debiteur, foit que ce debiteur foit le Pere de fa femme & qu'elle foit fon heritiere préfomptive, foit que ce foit un étranger qui ait promis la Dot, parce qu'en l'un & l'autre cas, dit-il, c'eft toûjours la femme qui profite de cette reconnoiffance à caufe de fes reprifes, & ainfi on peut préfumer que c'eft un avantage indirect du mari à fon profit; mais cette reconnoiffance nuit, dit-il, au mari, s'il revient en fanté, quoy qu'il foit encore dans les dix ans, parce que perfonne ne peut revenir contre fa pro-

pre affirmation, ce qui n'empefcheroit pourtant pas, ajoûte-t'il, que fes Creanciers ne fuffent receus en ce cas à faire la preuve par témoins que cette reconnoiffance eft frauduleufe à leur égard, & cette maxime paroift juridique.

Il y a une autre Queftion fur ce fujet ; fçavoir fi quand la femme eft heritiere de fon Pere qui a promis la Dot, l'heritier du mari à qui elle demande fon Doüaire, peut alleguer par forme de compenfation, le deffaut de payement de cette Dot, & s'il fera receu à en faire la preuve par témoins quand les dix ans ne font point écoulez. Il eft certain qu'en Droit, la Donation pour caufe de nopces eftoit diminuée à proportion de ce qui n'avoit pas efté payé au mari de la Dot de fa femme, fuivant les Textes des Loix rapportées par Baquet en l'endroit cy-deffus cité n. 64. il ne faut pas douter auffi, fuivant nos mœurs, que l'heritier du mari ne puiffe alleguer la compenfation en ce cas, quoy que le Doüaire foit tout different de la Donation à caufe de nopces : mais c'eft à la femme à prouver que la Dot a efté payée, la préfomption eftant qu'elle ne l'a pas efté quand le Contrat de Mariage n'eft point quittancé, & que les dix ans ne font point paffez.

Quant à ce qui regarde les Creanciers du mari, la difficulté eft de fçavoir fi aprés les dix ans du Mariage le mari, leur debiteur, eftant decedé fans qu'il paroiffe qu'il ait efté payé de la Dot qui luy a efté promife, fon filence fuffit à leur préjudice pour faire préfumer le payement de cette Dot. La Novelle 100. n'admet cette préfomption que contre les heritiers du mari, lefquels elle oblige aprés les dix ans de rendre la dot à fa veuve, fi elle eft en droit de la recevoir, parce que le mari eft prefumé l'avoir reçuë : mais cette Novelle ne dit point que cette préfomption de payement aura lieu contre les Creanciers du mary ; quelques-uns difent qu'il faut une preuve par écrit que la Dot ne luy a pas efté payée, pour exclure en ce cas les Creanciers, foit à l'effet de compenfer le Doüaire que la veuve demande, foit à l'effet de repeter cette Dot à leur profit ; c'eft le fentiment de Perezius T. 15. *de Dote cauſâ non numeratâ. Quod autem dicitur lapfum effe tempus proponenda exceptionis, aut ei videri renuntiatum id prajudicat renuntianti & ejus heredibus, non vero tertio, de quo lex non loquitur;* En effet, dans une matiere où il s'agit d'une fimple préfomption contraire au Droit commun, il femble qu'il ne faut pas étendre la difpofition de la Loy à ceux contre lesquels elle n'a point marqué precisément qu'elle ait eu dessein de l'introduire; ajoûtez que les Creanciers ne sont pas à leur égard dans le cas de l'article 54. de l'Ordonnance de Moulins, puisqu'il ne s'agit pas de revenir contre la foy d'un Acte par la preuve par témoins : mais qu'au contraire le Contrat de Mariage qui porte Promesse de la Dot, n'étant point quittancé, tient lieu en leur faveur de preuve par écrit que la Dot est encore deuë au mari leur debiteur; ainsi ils ont ce semble en vertu de ce Contrat, une action personnelle contre celuy qui doit cette Dot, même contre la veuve du mari leur débiteur, si elle est heritiere de celuy qui l'a promis, laquelle action doit durer trente ans, & à laquelle action leur debiteur n'a pû renoncer par fraude & à leur préjudice, à l'effet de les frustrer de leur deu, la fraude estant aisément présumée entre personnes aussi proches qu'un mari & une femme.

36 C'est pourquoy lors que le mari a donné une Quittance sous seing privé de cette Dot, les Creanciers sont en droit de demander à faire la preuve par témoins qu'elle est frauduleuse & simulée, & que c'est un avantage indirect qu'il a voulu faire à sa femme pour les frustrer, parce que la fraude est toûjours exceptée de la Loy en pareil cas, comme il a esté dit. En un mot cette présomption de payement n'est point du nombre de celles que la Loy appelle *juris & de jure*, contre laquelle la preuve du contraire n'est pas permise, sur tout à l'égard d'un tiers qui n'a pas esté en pouvoir de veiller à ses droits.

37 Il est vray que plusieurs ne sont pas de ce sentiment, parce que, disent-ils, les Creanciers du mari, comme exerçans ses droits, ne doivent pas estre de meilleure condition que luy; le Grand Coutume de Troye art. 84. cite Boërius qu. 330. en faveur de cette opinion, & il observe q... par l'article 130. de l'Ordonnance de 1629. qu'il estoit même ordonné en faveur des Creanciers, que les Quittances de la Dot seroit passée devant Notaire, à peine de nullité: mais on peut répondre que cette premiere Maxime n'a jamais lieu quand il s'agit de fraude, & on peut dire qu'en ce cas le Creancier n'exerce pas les droits de son debiteur, mais qu'il vient *jure suo*, par une action que la Loy luy accorde expressément, à cause de la mauvaise foy de ce debiteur, dont le fait, au lieu de pouvoir estre opposé au Creancier, sert à justifier la cause pour laquelle ce Creancier doit estre restitué contre le fait de son debiteur, qui luy fait préjudice, & c'est ce qui est

decidé par la Loy 3. *ff. quæ in fraudem cred.* qui dit precisément que c'est une fraude de la part du debiteur, si pour frustrer ses Creanciers il laisse passer le temps dans lequel il doit exiger ce qui luy est deu, & s'il donne lieu ainsi à la prescription à leur préjudice, *vel à debitore non petat ut tempore liberetur;* ce qui est encore confirmé par la Loy 4. & 5. *ibidem.* Charondas l. 6. Resp. chap. 18. rapporte une espece singuliere au sujet de la Quittance de la Dot. Un Pere avoit marié sa fille, & par le Contrat de Mariage, signé de deux Notaires, il avoit promis à son gendre la veille des nopces une certaine somme en Dot excedant cent livres. Le Pere & le Gendre estant allez ensuite chez le Notaire pour en passer la Quittance, & le Notaire ne s'y estant point trouvé, le Pere ne laissa pas de faire le payement en presence du Clerc du Notaire, lequel écrivit cette Quittance au bas de la Minute du Contrat de Mariage, mais il n'eut pas le soin de la faire signer par les Notaires, le Gendre estant decedé depuis, les heritiers refuserent à sa veuve le payement de ses Conventions, soûtenant qu'elle n'avoit pas payé sa Dot, elle demanda à faire preuve par témoins qu'elle avoit esté payée, ce qui luy fut accordé par Arrest du 22. Mars 1571. parce qu'en cette occasion, dit Charondas, *Summum jus cum æquitate pugnabat;* & la faveur de la Dot devoit l'emporter sur la rigueur de l'Ordonnance. Ce qui est à remarquer dans cette espece, est que cette Quittance se trouvant écrite de la main du Clerc du Notaire, au bas de la Minute du Contrat de Mariage, estoit une présomption de la verité du payement, cessant le soupçon de fraude contre le Clerc qui l'avoit écrite.

Il ne faut pas obmettre qu'en droit Romain la Dot avoit 38 esté promise par le Pere de ses propres biens à sa fille, la présomption de payement avoit lieu aprés les dix ans, suivant la Novelle 160. mais non pas si cette Dot provenoit d'autres biens que de ceux du Pere, soit que ce fût de la liberalité d'un étranger, soit d'une succession écheuë à la femme, auquel cas l'action pour repeter cette Dot, duroit trente ans, ce qui doit avoir lieu aussi parmy nous, parce qu'il en faut toûjours revenir au Droit Commun, & ne pas étendre la Loy à un cas dont elle n'a point parlé. Il en est de même si c'est la femme laquelle a promis personnellement la Dot à son mari, comme dit Monsieur Loüet *ib.*

Il reste à examiner les Questions qui peuvent naistre au sujet 39

en Matiere Civile.

des autres Conventions Matrimoniales, touchant la preuve par témoins, & sans entrer dans le détail de chacune, la Maxime generale est qu'elles doivent toutes estre redigées par écrit, comme il a déja esté remarqué, neanmoins il y a quelque chose de particulier à l'égard de la Communauté, qu'il faut expliquer, parce que les Coutumes sont differentes sur ce point.

40 Les unes, comme celle de Paris article 220. disent que la Communauté n'a lieu que du jour de la benediction nuptiale; quelques-unes ajoûtent du jour du Mariage contracté en face de la sainte Eglise, comme celle de Valois T. 7. art. 74. Poitou T. 3. art. 229. Bayone T. 9. art. 24. Il y en a qui ne l'admettent qu'aprés l'an & jour, comme Anjou T. 22. article 51. Mayne T. 23. art. 508. Grand Perche T. 5. art. 102. Chasteauneuf ch. 9. art. 66. distingue si c'est en premieres ou secondes nopces; Bretagne T. 20. art. 424. & Nivernois chap. 23. art. 3. semblent encore requerir la consommation du Mariage, ce qui ne s'entend pourtant que de la solemnisation en face d'Eglise; le Chapitre 21. art. 233. de la Coutume de Bourbonnois, est singulier en ce qu'il dit que le mari & la femme, le Mariage estant fait par paroles de present, sont communs en tous biens, meubles, &c. ce qui n'auroit pas lieu à present, parce que ces sortes des Mariages par paroles de present ne sont plus receus, & la preuve n'en est pas même permise, comme il a esté dit cy-devant, il y a des Coutumes au contraire qui excluent la Communauté par disposition expresse, comme Rheims T. 9. art. 239. d'autres qui la deffendent, comme Normandie chap. 5. art. 374. & il y en a enfin qui n'en parlent point, & dans lesquelles elle n'a pas lieu, comme Auvergne, la Haute Marche & Bourdeaux.

On voit par la disposition de toutes ces Coutumes, que celles qui parlent de la Communauté ne l'admettent que du jour du Mariage celebré solemnellement, ce qui exclut les Mariages clandestins, comme dit Du Moulin sur l'article 40. de celle d'Angoulmois; la Communauté n'a point lieu aussi, si le Mariage est nul *ipso jure*, comme celuy fait entre impuberes.

41 Il en est de même du douaire, c'est la seule celebration du Mariage qui l'acquiert à la femme, & quand même le mari seroit decedé aussi-tost aprés la celebration, on ne seroit pas receu à prouver à cet effet, que le Mariage n'a pas esté consommé, parce qu'il n'est pas vray, comme quelques-uns ont avancé, que le Douaire doive estre regardé parmy nous comme le prix de la

virginité, ce qui ne se peut dire qu'à l'égard de la Donation à cause de nopces en Droit, suivant la Loy *Res uxoris. C. de Don. inter vir. & uxor.* La Loy qui est pure, n'entre point dans la discussion de ce fait de consommation, l'Arrest du 7. Septembre 1559. en la Cause du nommé Lamberty, decedé avant la consommation du Mariage, ajugea le Doüaire à la veuve, il est rapporté par Charondas & par Tournet sur l'art. 220. de la Coutume de Paris. Il est vray que l'art. 229. de la Coutume de Bretagne, requiert pour acquerir le Doüaire que la femme ait mis le pied au lit du mari, mais elle n'a rien dit davantage, *Præsumpto congressu consuetudo contenta est*, dit Monsieur d'Argentré, & cette présomption a lieu, dit-il, quoy que le mari fût hors d'estat de consommer le Mariage, soit par maladie ou autrement. En un mot, la preuve que le Mariage n'a pas esté consommé ne doit pas estre admise, parce que cette présomption de la Loy en ce cas est *juris & de jure*, fondée sur l'honnesteté & la pudeur qui seroient blessées par la déposition des témoins.

42

Ainsi il y a lieu de s'étonner que Monsieur l'Hoste sur la Coutume de Lorris chap. 8. art. 1. estime qu'il n'y a point en Bretagne de Communauté avant la consommation du Mariage, & qu'il cite l'article 229. de cette Coutume pour le prouver, puisque cet article ne parle point de la consommation.

Mais si le Mariage est nul par impuissance du mari, dans le cadavre duquel il s'est trouvé un deffaut de conformation des parties naturelles, la preuve semble devoir estre receuë en ce cas qu'il n'y a point eu de Mariage, ny par consequent de Communauté ny de Doüaire, non pas à la verité la preuve par témoins, mais celle qui se peut faire par la visite du corps du mari decedé peu de temps aprés le Mariage, & si l'impuissance est manifestement prouvée, attendu qu'en ce cas il n'y a point eu de Mariage, les Conventions Matrimoniales ne subsistent plus; parce que la Communauté & le Doüaire supposent qu'il a esté celebré, & que les conjoints par consequent ont esté capables de le contracter & de le consommer, dit Monsieur d'Argentré sur l'article 429. de Bretagne, mais ce qui vient d'estre dit, ne doit s'entendre que lors qu'il y a eu action intentée par la femme pour cause d'impuissance, ou que les trois ans que le Droit Canon luy donne pour se plaindre, ne sont point écoulez avant la mort du mari, autrement

43

Nam sicuti cum dicimus solo consensu perfici Matrimonium, hoc intelligimus concubitum necessarium non esse, habilitatē tamē ponimus,

ment

ment cette preuve seroit rejettée, la présomption de la Loy *si ve quæ nec Matrimonium quidem est dicendum.* l'emportant en cette occasion sur la verité même qu'elle deffend d'approfondir; ainsi le mari est présumé avoir esté capable de
44 consommer le Mariage, & c'est pourquoy les heritiers du mari ne sont pas recevables à proposer cette visite pour se dispenser de payer à la veuve ses Conventions, parce qu'il n'y a qu'elle qui soit Partie interessée en ce cas, & les heritiers sont même indignes d'estre écoutez quand ils alleguent la turpitude du deffunt qu'ils representent.

45 Que si le Mariage est nul par deffaut de puberté, ou parce qu'il a esté contracté sans dispense, entre parens en degrez deffendus, ou par quelqu'autre empeschement dirimant, la preuve en est toûjours receuë, soit par témoins, soit par écrit, parce que l'estat du Mariage ne se peut prescrire, mais il faut qu'un des conjoints se plaigne, car il n'est permis à personne de troubler l'estat d'un Mariage concordant, si ce n'est que l'empeschement dirimant fut si notoire (comme celuy de parenté) qu'il causast un scandale public, car alors le Promoteur pourroit demander permission à l'Official d'informer de l'inceste.

46 Si le Mariage a esté contracté par crainte ou par force, la preuve par témoins en est aussi receuë, mais les circonstances doivent estre graves pour accorder cette preuve; car la présomption est toûjours que la personne qui se plaint, quoy qu'elle n'ait pas consenti pleinement d'abord, a mieux aimé le Mariage dans la suite, que de s'exposer à souffrir la chose dont on la menaçoit; ainsi est-il d'une fille qui se marie avec une personne qu'elle n'auroit jamais épousée, si son Pere ne l'y eust contrainte, la Loy présume qu'elle a ratifié depuis le Mariage par un nouveau consentement, au surplus dans tous ces cas, en prouvant qu'il n'y a point eu de Mariage, on prouve par consequent qu'il n'y a point eu de Communauté. *Voy le Chapitre suivant au sujet des Contrats faits par force & par crainte.*

47 A l'égard des Coutumes qui admettent la Communauté aprés an & jour, entre conjoints, la preuve qu'il y a Communauté, est le Mariage subsistant aprés le laps de l'an & jour, & cette présomption se trouvant écrite dans la Coutume. Cette Clause tacite de leur Contrat de Mariage s'accomplit en quelque sorte sans qu'il y ait rien du fait des conjoints, ce seroit y donner atteinte & ouvrir la voye aux avantages indirects que de donner aux conjoints un moyen pour y déroger, en leur accordant la preuve par témoins du contraire.

T

Il y a aussi des Coutumes où la Communauté n'a point lieu 48 si elle n'est stipulée comme celle de Touraine article 231. & où elle peut neanmoins avoir lieu quelquefois par le fait seul des conjoints ; Sçavoir par le meslange de leurs biens, notamment quand il arrive qu'on ne peut plus reconnoistre auquel des deux ils appartiennent, à cause qu'ils en ont joüi en commun : *Quod non facit voluntas, facit inseparabilis confusio ;* c'est le sentiment de Pallu sur cet article, suivant la Glose sur la Loy *adeo* §. *præterea D. de acquirendo rer. Dom.* Or dans ce cas la preuve par témoins peut estre admise du meslange & de la joüissance des biens en commun, ce qui n'est point contraire à l'Ordonnance de Moulins, parce qu'il ne s'agit point de prouver par témoins une Convention entre les conjoints, puis qu'on suppose qu'il n'y en a eu aucune, mais seulement de prouver un fait qui est le meslange des biens.

Enfin il est constant que la Communauté n'est point acqui-49 se, comme dit Coquille en ses Instituts, T. des Communautez, par la demeure que font deux ou plusieurs personnes ensemble, comme le Pere avec le Fils, ou un Frere avec son Frere ; & quelques Coutumes, comme celle d'Orleans article 213. requierent 50 en ce cas une Convention expresse & par écrit ; ce que le même Coquille, *ibidem*, dit avoir esté ajoûté, suivant l'article 54. de Moulins. A plus forte raison cette stipulation expresse est necessaire en Païs de Droit écrit, ou dans les Coutumes qui excluent la Communauté.

On demande si on peut prouver par témoins qu'il y a eu une 51 separation de biens entre conjoints, & il est aisé de répondre que cette preuve n'est pas recevable, puisque même toute sorte de preuve par écrit n'est pas receuë en ce cas, parce que cette separation détruisant la foy d'un Contrat de Mariage, & estant contraire à la disposition de la Loy qui a introduit la Communauté, elle ne peut estre faite que par autorité de Justice avec connoissance de Cause, & par une Sentence qui est une preuve par écrit ; ainsi un Acte signé des conjoints, dans lequel ils auroient pris la qualité de separez de biens, ne seroit pas une preuve legitime de leur separation, ny même un commencement de preuve par écrit qu'il y en a eu une, quand la Sentence qui l'a ordonnée n'est point rapportée, car si cela avoit lieu, il seroit facile de faire admettre la preuve par témoins par des Actes concertez entre les conjoints, & de faire préjudice à de legitimes Creanciers qui auroient contracté de bonne foy avec l'un des deux conjoints, en qualité de communs en biens, sans avoir eu connoissance de cette separation. Par la même raison, après une separation juridique, il ne seroit pas permis de prouver aussi par témoins que cette separation ne subsiste plus, parce qu'il est de l'interest public que l'état & la qualité des personnes ne dépende pas de leur caprice, & que quand deux conjoints se sont fait separer par autorité du Juge (comme ils ne le peuvent faire autrement) la Communauté ne soit rétablie entr'eux que par la même autorité du Juge; c'est pourquoy si la separation a esté faite sans connoissance de Cause, & comme on dit *bona gratia*, & du consentement des conjoints qui ont transigé ensemble volontairement, pour détruire cette Transaction, il n'est pas necessaire de prouver le contraire de ce qu'elle porte, ny par écrit ny par témoins, parce que cette Transaction est nulle de plein droit, & ne peut produire aucun effet, si ce n'est qu'elle eust esté depuis homologuée en Justice en connoissance de Cause. Et même quand la separation auroit esté faite par Sentence, si cette separation est demeurée sans execution, & que les conjoints soient toûjours demeurez en Communauté, cette Sentence est de nulle consideration, la présomption estant que les conjoints ont renoncé à s'en servir quand il ne paroist pas qu'il y ait eu ensuite un Inventaire des effets communs, & un partage, ou une renonciation de la femme à cette Communauté, leur estant libre de ne pas executer cette Sentence, & de demeurer comme ils estoient auparavant, en Communauté, d'où il s'ensuit que cette Sentence de separation ne fait pas foy toute seule en ce cas, il faut que l'Inventaire des biens qui restent de la Communauté, ou l'enqueste qui marque qu'il n'en reste plus, & qu'ils ont esté dissipez par le mari, ou l'Acte par lequel la femme a renoncé à cette Communauté, soient rapportez. C'est pourquoy plusieurs Coutumes ont sagement ordonné que les Sentences de separation seroient publiées, ce qui s'observe aussi entre Marchands, suivant l'Ordonnance de 1669. & c'est pour cela que la Coutume de Paris article 224. veut aussi expressement que la separation soit effectivement executée.

Il est certain encore que pour ordonner une separation de biens entre conjoints, il faut ou des preuves par écrit, ou une preuve par témoins de la dissipation du mari. Brodeau sur M.

Berry T. 1. art. 48. & 49.
Orleans art. 178.
Bourbonnois 75.
Blois 5.
Dunois 58.
Montargis c. 19. att. 19.

Lollet l. S. n. 16. ajoûte que la preuve par témoins n'est pas necessaire pour prouver cette dissipation quand elle est notoire ou qu'il y en a preuve par écrit, il en rapporte trois Arrests l'un du 14. Aoust 1621. l'autre du 9. Juillet 1627. & l'autre du mois de Juin 1628. qui homologuerent des Transactions, par lesquelles sans enqueste précedente, des Personnes de la premiere Qualité, avoient consenti une separation de biens entr'elles, pour cause de dissipation.

Quant à la separation d'habitation, comme elle n'est ordonnée qu'à cause des sevices & des mauvais traittemens du mari, il n'y a nulle difficulté que la femme ne soit recevable à les prouver par témoins, parce qu'il ne s'agit en cela que de la preuve d'un fait & non d'aucune Convention.

A l'occasion de la Communauté, on peut parler de societez, 52 & demander si une société tacite se peut prouver par témoins. Par exemple deux personnes ont mis tous les fruits par eux recüeillis chacun sur son heritage en une même Grange confusément, ils les ont vendus ensemble à diverses fois, & ont mis l'argent dans le même coffre, surquoy il faut distinguer 1. Si la 53 contestation est entre personnes dont les biens & le domicile soient situez és Coutumes, où la Société ou Communauté de biens se contracte par la demeure des personnes ensemble sans écrit, & par le seul laps de temps, comme en Anjou. Dans ce cas on peut demander à faire preuve de ce meslange des biens pour en induire ensuite une Société tacite, mais non pas demander directement à faire preuve de cette Société tacite par témoins, parce que la Société est un Contrat qui doit estre redigé par écrit. 2. Il faut distinguer si c'est entre Marchands, car à leur égard, le Titre quatre des Societez de l'Ordonnance de 1673. article 1. veut que toute Société soit redigée par écrit pardevant Notaire ou sous signature privée, conformément à l'Ordonnance de Moulins, & à celle de 1667. elle deffend de recevoir aucune preuve par témoins, contre & outre le contenu en l'Acte de Société, ny sur ce qui seroit allegué avoir esté dit avant, lors ou depuis l'Acte, encore qu'il s'agit d'une somme, ou d'une chose au dessous de cent livres. Dans toutes les autres Coutumes que celles qui admettent la Societé ou Communauté tacite des biens par la demeure de personnes ensemble, il est certain que les Societez y doivent estre redigées par écrit, & la preuve par témoins qu'il y en a eu une, n'y peut estre admise qu'au cas qu'il y en ait un commencement de preuve par écrit; il y a aussi une distinction à faire entre la preuve de l'execution ou inexecution de la Société, & la preuve de la Société. Charondas l. 7. Resp. ch. 210. en rapporte une espece au sujet d'une association pour vente de bois, de laquelle il n'y avoit eu aucun Acte passé devant Notaire, ny sous signature privée: mais le Deffendeur ne dénioit pas cette association, il soûtenoit seulement que le Demandeur n'y ayant pas satisfait de sa part, elle estoit nulle. Et parce que, dit Charondas, il ne s'agissoit pas precisément de prouver par témoins qu'il y avoit eu une association, puisque le Deffendeur en convenoit tacitement, mais seulement de l'inexecution de cette Convention, la preuve en pouvoit estre admise aussi, par Arrest du 12. Janvier 1584. celuy qui avoit appellé de l'appointement de contrarieté fut declaré non recevable.

54 Mais s'il y a eu effectivement une Société contractée par écrit, entre plusieurs personnes, la question est de sçavoir si la preuve par témoins sera admise de la dissolution de cette Société.

55 Et il semble que regulierement il faut une preuve par écrit en ce cas, comme un Inventaire des effets de la Société, un partage, ou un Acte de renonciation de l'un des associez, suivant la Maxime *Eodem jure res dissolvitur quo contrahitur*, neanmoins comme il ne s'agit pas en ce cas de la preuve d'une Convention, parce que l'un des associez peut renoncer à la Société,

56 même malgré les autres coassociez, personne ne pouvant estre obligé de demeurer en Société, il semble qu'on ne peut y appliquer la décision de l'Ordonnance, outre qu'une Société peut finir par plusieurs autres moyens que par une Convention ou par un Acte par écrit. Par exemple, si le fond dont elle estoit composée, est entierement épuisé, ou que le negoce pour lequel on l'a entrepris soit fini, ou si les associez s'en sont départis, manifestement en cessant tout commerce ensemble, lesquels faits emportent d'eux-mêmes la dissolution de la Société, & peuvent se prouver par témoins, & on ne peut pas dire que ce soit admettre en ce cas la preuve testimoniale contre un Acte par écrit, qui est le Contrat de Société, parce que toute Société est un Contrat, dont la condition est de ne pouvoir toûjours durer, & lequel est aneanti de plein droit par les faits cy-dessus marquez, si les Associez ne le renouvellent par une nouvelle Convention.

Ce que dessus n'a lieu pourtant que pour les Societez limi- 57
tées à certain fonds, ou à certain negoce qui peut finir; il faut
dire le contraire de la Societé universelle de tous biens, laquelle ne se présumant point par le meslange des biens sans
Acte par écrit, & ne se pouvant prouver par témoins és Coutumes qui ne l'admettent point tacitement, si elle a esté une fois
contractée, ne peut finir que par un mutuel consentement des
Parties, dont la preuve se doit faire par un Inventaire, un Compte, ou un partage des effets ou dettes de la Societé, qui emporte la dissolution de cette Societé, sans cela comme elle a
esté contractée indéfiniment pour toûjours & pour toute sorte
de commerce durant la vie des associez, on presume qu'elle
continuë toûjours. Et même dans ces Coutumes qui l'admettent, on ne peut induire qu'il y a une Societé universelle 58
de tous biens entre quelques personnes, de ce qu'ils ont
meslé partie de leurs effets ensemble, & de ce qu'ils en ont joüi
en commun, ny demander à en faire la preuve par témoins,
mais de ce meslange limité on ne peut induire, tout au
plus, qu'une Societé particuliere des biens possedez en commun.

La Coutume de Naples redigée par Bartholomæus de Ca- 59
pua, celebre Jurisconsulte, que Bartole en *l. Presbyteros*, appelle
Bartolutium, & qui estoit un des premiers Officiers de Charles
II. Duc d'Anjou, neveu de saint Louis, contient plusieurs dispositions touchant la preuve par témoins du Contrat de Mariage.
Cette Coutume a esté commentée par un tres-sçavant Jurisc-
sulte appellé Napodanus, qui mourut en 1362. & ses décisions
sont d'une tres-grande autorité. Ses Commentaires ont esté imprimez à Venise en 1598. avec les Notes de plusieurs autres Jurisconsultes, ce qui n'est remarqué ici qu'en passant en faveur de ceux
qui voudront s'éclaircir plus à fonds sur le Droit observé en
ce Royaume-là touchant la preuve par témoins & la preuve par
écrit; car il ne seroit pas à propos de transcrire ici toutes les 60
difficultez qui y sont decidées, parce qu'elles n'ont point de
rapport à nos mœurs, il suffira d'expliquer en peu de mots les 61
termes des differens Actes dont on se sert dans les Mariages,
dont les noms sont exprimez dans les Statuts de cette Ville transcrits au commencement de ce Traité. Napodanus T. 8. *de Jure
Dotium*, observe à l'occasion du mot de Dot, qu'autrefois le mari 62
& la femme avoient coutume de s'acheter & de se donner mu-

tuellement une Dot, Ne uxor, dit-il, *videretur ancilla viri unde dotem, quasi do item, quia præcedente in nuptias viri datione, sequitur dos uxoris.*

63 *Quatra, seu quarta*, dit le même Napodanus T. *de jure quartæ, sit ante instrumentum dotale per aliquam diem.* C'est une Donation du mari à la femme: mais ce n'est pas une Donation à cause de Nôces, parce qu'elle n'est pas donnée pour assurance de la restitution de la Dot, car elle est donnée en pur don à la future épouse, & elle peut exceder la Dot; cette quarte se prend *in omnibus bonis viri hereditariis censualibus & Emphyteuticis perpetuo concessis.*

64 *Dotarium seu Tertiaria.* Est la troisiéme partie des biens feodaux du futur époux, dont la femme joüit à titre de Doüaire, & si le mari n'a point de fief, le Doüaire se donne en argent, & ce Doüaire est proprement celuy que les Barons donnent à leurs femmes.

65 *Antefatum idest quasi ante mortem*, c'est une Donation faite à la femme d'une certaine somme d'argent, ou de quelqu'autre chose, en pleine proprieté, pour en joüir par elle, aprés la dissolution du Mariage, quand il n'y a point d'enfans.

66 *Sponsalitia*, sont les presens que l'on fait à la fiancée.

67 La femme en ce Païs peut avoir outre cela une Donation à cause de nopces, pour assurance de la restitution de sa Dot, qui s'appelle *antipherna*.

68 *Corredum.* Sont les meubles que la femme apporte en se mariant, pour s'en servir conjointement avec son mari durant le Mariage, & qui doivent estre rendus à la femme aprés la mort du mari, en l'état qu'ils sont trouvez lors. La preuve par témoins est receuë à l'égard de ses sortes de meubles, & non pas à l'égard de ceux qui ont esté apportez en Dot au mari, comme dit Antonius de Alexandro en ses Notes sur cette Coutume.

69 A l'égard du terme *psallia*, dont il est aussi parlé en cette Coutume, *dicitur à psallo*, qui veut dire chanter; *psallia, idest lætitia*, parce que c'est dans la joie des nopces que la femme donne la Dot à son mari, laquelle il doit rendre en espece aprés sa mort, & non l'estimation.

Les Questions qui sont agitées dans ce Commentaire au sujet de la preuve par témoins de tous ses Actes differens, y sont traitées avec beaucoup de solidité. Il suffira de marquer en

Quid debet esse à principio certũ, quid vel minuitur nec augetur ex bonis postea acquisitis vel amissis. Et competit mulieribus viventibus jure Francerũ quarta autem competit mulieribus viventibus jure municipali. C'est ainsi que l'explique Vincẽtius Brilla, *in Monothecis Parthenopæo*, imprimé à Naples en 1678. *Dantur enim adhuc ut simul ab invicem utindo vir & uxor correspondant vel dicitur corredum à reddeo, quasi quid simul cum dote reddatur.*

paſſant un endroit qui a rapport à nos mœurs.

Il y a une Queſtion entr'autres decidée par Napodanus, au ſujet 70 du ſecond Statut de cette Ville, qui porte que *contra inſtrumentum dotale probatio nulla admittitur, &c.* Cet Auteur aprés avoir fait une diſtinction fort judicieuſe entre ce qui eſt de la ſubſtance de l'Acte, comme le conſentement des Parties. Ce qui eſt de la nature, ou ce qui eſt une conſequence naturelle de l'Acte, comme la garantie de l'éviction, dans un Contrat de vente. Et la forme de l'Acte. Dit que quand on attaque le Contrat de Ma- 71 riage dans ſa ſubſtance, la preuve au contraire n'eſt jamais admiſe. C'eſt pourquoy il n'eſt pas permis d'articuler que c'eſt un Contrat ſimulé, à l'effet de prouver par témoins la ſimulation, quoy qu'elle ſe pût, dit-il, prouver par écrit, ny de ſoûtenir que la Dot n'a pas eſté payée, quand le Contrat exprime le contraire, ou qu'il y a une Clauſe ſuperfluë & à retrancher, ou qui a eſté obmiſe par erreur. Quand même, dit-il, on feroit entendre à cet effet les témoins qui ont ſouſcrit le Contrat de Mariage.

Que ſi, dit-il, on attaque la forme de l'Acte, en ce cas la diſpoſition du Statut n'a pas lieu: *Quia tunc non tam ex objecto probationis quam ex defectu ſui ipſius redditur nullum;* mais pour ſçavoir ſi le Contrat de Mariage eſt en forme en ce païs-là, il faut diſtinguer ce que c'eſt que *inſtrumentum originale, & au-* 72 *thenticatum. Notariſcum & Curialiſcum,* & ce que l'on appelle *introductum,* ſurquoy il ſeroit inutile de s'étendre davantage ſur ce ſujet.

Il ſuffit d'obſerver, que les Actes paſſez par ceux qui s'appellent *Curiales,* & que l'on nomme par cette raiſon: *Inſtrumenta curialiſca:* ne peuvent eſtre arguez de ſimulation: mais ſeulement de faux.

Ce qu'il y a de ſingulier en ce païs eſt que les Mariages s'y 73 contractent en deux manieres, ou ſuivant le Statut de Naples, comme font tous ceux qui ne ſont pas de la premiere Nobleſſe, ou bien *More magnatum,* c'eſt-à-dire ſuivant le Droit Commun ou le Droit Romain, comme font tous les Barons & Grands Seigneurs du Royaume.

On peut voir en cet endroit les Stipulations particulieres, res, qui font la differences de ces deux eſpeces de Mariages.

74. En Portugal, Ordin. l. 3. T. 59. la preuve par témoins est aussi deffenduë au dessus d'une certaine somme : Emmanuel Mendez de Castro *in sua practica Lusita. ch. 12.* observe au sujet de la Dot, que si un Frere a promis verbalement de doter sa Sœur, la preuve par témoins de cette Promesse est receuë, & cite un Arrest de 1016. qui l'a jugé ainsi en ce Royaume, ce qui marque combien cette Dot en ce cas est favorable.

CHAPITRE VII.

Des Contrats simulez.

SOMMAIRE.

1. *Ce que c'est qu'un Contrat simulé.*
2. *La prohibition de l'Ordonnance est generale.*
3. *Elle a lieu dans les Contrats de bonne foy & de Droit étroit.*
4. *Dispute touchant les pactes ajoûtez dans l'instant du Contrat, terminée par cette prohibition.*
5. *Trois exceptions de la Regle generale.*
6. *L'Ordonnance n'a lieu en Contrats simulez & frauduleux. Exemples.*
7. *Autre exemple de Contrats simulez en cas de Retrait.*
8. *L'Ordonnance n'a point lieu, aussi, si le Contrat a esté passé par force, par crainte, par erreur de fait ou de droit. Distinction sur ce sujet.*
9. *Erreur de droit en faveur de qui a lieu.*
10. *D'un Acte supposé pour un autre Acte, espece sur ce sujet.*

1. LA troisiéme Question touchant cette Ordonnance, regarde les Contrats simulez dans lesquels on redige par écrit une certaine Convention, & on est d'accord d'une autre toute differente, ou quand on promet quelque chose au delà de ce qui est écrit, ou que l'on suppose une cause de la Conven-

Tertia circa hanc Constitutionem sequitur disputatio, scilicet de simulatis contractibus: in quibus aliud scribitur, aliud paciscitur: vel etiam plus quàm scriptum sit promittitur: vel una causa simulatur, & alia inter partes subintelligitur, ut potè qui vendit animo donandi, vel donat animo vendendi, & de cæteris similibus: de quibus in jure plures inveniuntur species. *a* Quarum, nonnullæ sunt permissæ, *b* nonnullæ prohibitæ, *c* aliæ pro non scriptis habitæ, pro ut dictat juris æquitas, secundùm subjectam materiam. Et de his omnibus facienda est discussio, ut cognoscatur quæ ad Legem istam pertineant, & quæ non. Nam videtur hæc Lex generalem afferre regulam, qua, in his verbis, *Sans recevoir aucune preuve par témoins, outre le contenu au Contrat, ne sur ce qui seroit allegué avoir esté dit ou convenu avant iceluy, lors, & depuis,* vult apertè nullam probationem afferri posse ultra ea quæ nominatim & expressè scripta sunt in contractu: ideoque in emptionis contractu, si venditor alleget majus pretium ei promissum esse, vel emptor res alias venditas sibi, præter in contractu scriptas, non eis probandi per testes facultas dabitur, etiamsi ex industria, & ex convento, scriptura inter partes omissa esse dicatur, nec etiam si minoris quantitatis, quam centum librarum fuerit summa, quæ ultra contractum prætenditur, ne in hujus Legis rationem semper incidatur, scilicet in litium anfractus, factorum involutiones, & testium subornationes, exceptionesque.

a In L. Si donationis. l. Si non donationis. l. empti fides C. de cont. empt. & in l. multum interest. C. Si quis alter. ve'sib l. cum i venditione. l. Si quis donationū. ff. de contra. empt.
b Toto ferè Tit p'us valer quod ag.
c D ā. L. Si quis donationis § fin L. Vir uxori. ff. ad Vellejan. l. Si res. ff. de jur. dot.

tion, & qu'il y en a une autre sous-entenduë entre les Parties; comme celuy qui fait semblant de vendre dans le dessein de donner, ou qui donne dans le dessein de vendre, & autres semblables, dont il y a plusieurs especes en Droit, desquels il y en a quelques-uns qui sont permis, & d'autres qui ne le sont pas, & d'autres ausquels on n'a non plus égard que s'ils n'avoient pas esté écrits. Il faut les examiner tous pour sçavoir dans lesquels l'Ordonnance a lieu, & ceux ausquels on ne doit pas l'appliquer; car l'Ordonnance semble faire une prohibition generale par ces mots: *Sans recevoir aucune preuve par témoins, outre le contenu au Contrat, ny sur ce qui seroit allegué avoir esté dit ou convenu avant iceluy, lors ou depuis;* ainsi elle defend la preuve de tout ce qui n'est point nommément contenu au Contrat. C'est pourquoy, si par exemple dans le Contrat de vente, le vendeur allegue que l'acheteur luy a promis un prix plus considerable que celuy porté au Contrat, ou si l'acheteur soûtient qu'on luy a vendu des choses qui ne sont point exprimées dans ce Contrat, ils ne sont pas recevables à en faire la preuve par témoins; quoy qu'ils articulent que c'est à dessein, & du consentement de l'un & de l'autre que cela n'a point esté redigé par écrit & encore qu'il s'agisse d'une somme moindre de cent livres, parce que si cela estoit permis, ce seroit retomber dans l'inconvenient que l'Ordonnance de Moulins a voulu prevenir; sçavoir la multiplicité des faits, & la subornation des témoins, & les reproches que l'on peut fournir contr'eux.

3 Et nous dirons la même chose à l'égard de tous les Contrats appellez de bonne-foy, & de ceux appellez de droit étroit, dans tous lesquels cette Ordonnance veut qu'on n'ait égard qu'à ce qui est redigé par écrit, & que les Parties ne puissent alleguer aucun autre fait. Voilà quelle est la décision generale de cette Ordonnance, par laquelle elle a abrogé toutes les dispositions des Loix Romaines, qui vouloient que les simples pactes convenus entre les Parties à l'instant du Contrat, fissent parties du Contrat, comme s'ils y eussent esté inserez, au sujet desquels on a agité plusieurs Questions 4 fort subtiles en Droit; car cette Ordonnance termine toute cette dispute en rejettant la preuve par témoins, dans les cas qui excedent cent livres, si toutes les Conventions n'ont pas esté redigées par écrit; car ce qui n'est pas écrit dans le Contrat, quoy que l'on soûtienne que ce soit un pact fait dans l'instant de la passation d'iceluy, ou devant ou aprés, ne pourra pas estre prouvé par témoins, suivant cette Ordonnance, ensorte que ce qui n'a point esté écrit, sera regardé comme s'il avoit esté obmis.

Et idem dicemus in omnibus contractibus, vel bonæ fidei, vel stricti juris, supra citatis, & aliis similibus: in quibus ea quæ tantùm scripta sunt servari censet hæc Regia Constitutio, nec aliud præter scripta inter partes requiri & allegari posse. Hæc est regula generalis Legis istius, qua abrogatæ videntur omnes Leges, quæ volunt pacta incontinenti apposita, principali pacto inesse videri, & cohærentia contractus vestiri, si nuda erant: de quibus subtilis est in jure disputatio. a Nam hæc Lex, totam hanc disputationem rejicit in rebus centum libras excedentibus; si non expressè scripta sint omnia pacta: quia quod non scriptum erit in contractu, quantumvis incontinenti pactum, ante vel post contractum allegetur, de his per testes probatio non admittetur ex hac regula generali: adeo ut non scripta pro omissis omnino censeantur.

a L. Petens. & l. jurisgentium. §. sed cum nulla. ff. de pact. in l. pacta conven. ff. de contr. empt.

5 Neanmoins j'estime qu'il y a trois exceptions à faire de cette Regle generale. 1. Quand ce pacte non écrit, est une consequence & une suite necessaire du Contrat de bonne-foy; par exemple, dans le Contrat de vente, si on vend un heritage moyennant un certain prix, & que l'on ait obmis de stipuler que le vendeur sera tenu de la garantie en cas d'éviction, l'acquereur

Hanc tamen regulam fallere tribus modis putarem. Primo, quotiescumque ex natura contractus scripti, venire vel subsequi debet aliquid, præter id quod scriptum sit, & quod ex natura contractus, maximè bonæ fidei contractui, accedere debet: ut exempli gratia, in venditione: Si fundus certo pretio vendatur, nec de evictione aliquid dicatur, nihilominus de evictione agi poterit, ac si expressim scriptis conventa esset, quamvis nihil scriptum sit. *a* In contractu etiam constitutionis usufructus, quæ vel donatione, vel venditione, aliisque modis fieri potest, si nihil dictum sit de his quæ præstare debet usufructuarius, ut de sartis tectis, & aliis quæ respiciunt conditionem usufructus, tamen de his agi poterit, ac si scripta essent. *b* Idemque in aliis contractibus supradictis, propter bonam fidem, quæ in his uberior esse debet, quàm in eis quæ strictè scripta sunt, *c* & ideo huic Legi non ita subjiciuntur, ut abrogata videatur bonæ fidei exuberantia, quæ pro natura contractus & judicantis religione, in his omnibus considerari solet. *d*

a L. Non dubitatur. ff. de evict. l. 1. de per. & cum. rei vend. l. si major. C. de con. rer. alien. l. 1. l. in venditione. ff. de eviction.
b L. Hactenus ff. de usufruct.
c L. ex empto ff. de act. empt. Doct. in §. actionum. Inst. de act.
d Dict. l. ex empto. & L. quia tantumdem. ff. de neg. gest. gl. In l. In bona fidei. C. de pactis.

ne laissera pourtant pas d'avoir cette action de garantie contre le vendeur, en cas qu'il soit évincé, quoy que cela ne soit point stipulé dans le Contrat. Il faut dire la même chose au sujet de l'usufruit qui se peut constituer, ou par un Contrat de vente ou par une Donation, si en vendant ou donnant l'usufruit d'une maison, on a obmis de convenir que l'usufruitier seroit tenu des choses dont il doit estre reguliérement tenu, comme d'entretenir les bastimens, & autres charges, on ne laissera pas de l'y contraindre, comme si cela avoit esté redigé par écrit, il faudra dire la même chose dans tous les Contrats dont il a esté parlé cy-dessus, à cause de la bonne-foy qui y doit estre gardée plus exactement que dans ceux qu'on appelle de Droit étroit; & c'est pourquoy ils ne sont point tellement compris dans cette Ordonnance que la bonne-foy ne doive toûjours l'emporter, à laquelle le Juge doit avoir égard en toute occasion, parce qu'elle fait partie de l'essence & de la nature du Contrat.

Secundò, fallit hæc regula in omnibus simulatis contractibus, vel actibus, qui in fraudem Legis, aut alterius personæ, dolosè simulantur, exempli gratia: jure Civili constitutum erat donationem inter virum & uxorem fieri non posse, ne mutuo amore se spoliarent: *e* atqui in multis hujusce Regni Regionibus, eadem prohibita est donatio, ut apud Engolismos, *f* liberis extantibus, & idem apud Turones, *g* Parisienses, *h* Meldenses. *i* Sed sæpe visum fuit, conjunctos aliud genus contractus non prohibiti

e L. 1. l. cum hic status. & toto fere tit. de don. inter vir. & uxor.
f Art. cous. 51. tit. de don.
g Art. cous. 243. titul. de donation.
h Art. cous. 255. d. don.
i Art. cous. 28. de donat. inont.

2. Cette Ordonnance n'a point lieu dans tous les Contrats simulez & autres Actes qui sont faits en fraude de la Loy, ou pour tromper un autre. Par exemple, il estoit deffendu en Droit Romain au mari & à la femme de se donner, de crainte que par un amour reciproque l'un ne se ruinast pour enrichir l'autre. Ce qui est aussi deffendu par la pluspart de nos Coûtumes, comme par celles d'Angoulesme art. 51. T. des Donations, s'il y a des enfans, & dans celles

de Tours, Paris & Meaux. Cependant on a souvent veu qu'un mari & une femme se sont servis de Contrats permis, pour faire fraude à la Loy, qui leur deffend de s'avantager ; ainsi une femme qui ne pouvoit donner à son mari, luy vendoit un fond, ou à une personne qui luy estoit affidée, à la charge que suivant la Convention secretement faite entr'eux, le fonds vendu appartiendroit au mari, dont le Droit Romain nous fournit des especes & de plusieurs autres cas semblables. De plus en la Coutume de Poitou art. 215. des Donations, il est deffendu aux Pere & Mere d'avantager un de leurs enfans au préjudice de la portion legitime qui est deuë aux autres enfans, afin de conserver l'égalité entr'eux. On a pourtant veu des Peres, qui pour avantager celuy de leurs enfans pour lequel ils avoient de la prédilection, faisoient en leur faveur des Donations ou des Contrats de vente simulez à des personnes & pour des causes supposées, à l'effet de leur donner quelque chose au delà de leur legitime, dont il y a aussi quelques exemples en Droit. Or toutes ces sortes de Conventions estant frauduleuses & approchant du crime, elles ne doivent pas estre comprises dans cette Ordonnance; au contraire, j'estime que l'on doit permettre de prouver la fraude par témoins, & par quelqu'autre voye qu'elle se puisse découvrir, afin qu'il n'y ait pas lieu de dire que cette Ordonnance, qui a esté faite pour le bien public, a permis en cela le dol & la fraude au préjudice de

inter se prætexisse, in fraudem tamen Legis donationem prohibentis : ut pote, mulier, quæ donare non poterat, vendebat marito, vel alteri per maritum supposito, ita tamen, ut ad maritum res vendita reverteretur, ex conventione clam inter eos posita : ut de his omnibus & similibus multa in Jure exempla reperimus. *a* Item in nonnullis consuetudinibus, ut pote Pictonum, *b* cautum est, patrem vel matrem, uni ex suis liberis de patrimonio donare non posse, ultra legitimam, ut æqualitas inter liberos servetur : *c* multi tamen parentes visi sunt, qui personis, vel causis suppositis, donabant, vel venditionem simulabant, aut alterius generis contractum, ut, in fraudem Legis, ultra legitimam donarent filio prædilecto : cujusmodi nonnulla etiam in Jure nostro exempla sunt. *d* Cùm ergo hæc omnia dolosa & fraudulenta videantur, & criminis speciem habentia, huic Legi subjici non debent, imo testibus, omnique alio probandi genere, hujusmodi fraudes detegi debere existimo, ne Lex ista, quæ subornationum crimina intendit evertere, alia crimina, scilicet fraudes, dolos, & machinationes in Leges, & in aliorum injuriam, summa cum Relpub. jactura, innocua permittere videatur, & ita ex summo jure, & stricta illius observatione, major injuria nascatur, quod absit. *e*

a In L. Si donationis causa. ff. de cont. emp. in l. multùm interest. C. Si quis al. vel si.
b Art. cons. 215. tit. de donat.
c L. Inter filios. C. Fa. tricise.l. Lege 12. tab. C. de leg. hared, l. ut liberis. C. de collat.
d In L. Cum quis. §. Titia de leg. 2. L. Qui testamentum. ff. de probationib.

e L. Si servum. ff. De verb. oblig.

l'interest du public & de celuy des particuliers ; en sorte que sous pretexte de l'observer trop à la lettre, elle devienne dommageable, ce qu'on ne doit pas même presumer.

Aliud exemplum adduci potest in omnibus retractibus, seu jure sanguinis, seu jure feudi, seu jure conventionis, à Legibus Municipalibus introductis, nemo est enim qui nesciat infinitas simulationes quotidie fieri in venditionibus, tum ad excludendum Jus Gentilium, consanguineis jure Divino & Municipali concessum, *a* tum ad illudendam dominorum prehensionem feudalem. Et hæ simulationes multis ac propè innumeris fraudibus confici solent: aliquando enim interposita permutatione, quæ tamen est venditio: aliquando interposita donatione, quæ pretio clam numerato vergit in venditionem : aliquando re in censum data, cum pecunia simul numerata, quæ census æstimationem excedit: aliquando majore scripto pretio, quam numerato, ad deterrendum consanguineum: aliquando transactione simulata, quæ sæpè ex ficta lite simulatur, ut non appareat venditio, cujusmodi postrema fictio sæpe numero in Jure reperitur. *b*

a Lev. cap. 25. Jerem. 32. & tit. conf. des Retraits lig.

b Ut not. in L. Cum hi. ff. de transact.

On peut encore ajoûter un autre exemple des Contrats simulez au sujet du Retrait lignager, feodal ou conventionnel ; car tout le monde sçait assez de combien de fraudes chacun se sert pour prevenir le Retrait lignager, qui est un Droit autorisé par l'Ecriture sainte, & par le Droit Coutumier, & pour empescher le Retrait feodal, & cela se fait par une infinité de moyens; car quelquefois on se sert du nom d'échange, quoy que ce soit une veritable vente, quelquefois on suppose une Donation, qui n'est pourtant qu'une vente, dont le prix est compté secretement par le Donataire ; quelquefois on donne une Terre à cens, & le preneur la rachete à un prix beaucoup plus fort que ne vaut ce Cens : d'autres fois on met dans le Contrat de vente un prix excessif, pour empescher que le lignager ne retire l'heritage, ou on pretexte une Transaction simulée sur un Procés supposé, pour déguiser un Contrat de vente, de laquelle derniere espece de simulation le Droit Romain nous fournit plusieurs exemples de fraude.

In summa, quotiescunque consanguineus, pro jure suo Gentilitio servando, vel feudalis dominus, pro sua prehensione, vel laudemiis, seu aliis juribus feudalibus detegendis, vel hæres contendens, fraudem factam fuisset contra legem vel consuetudinem, in præjudicium legitimæ, alle-

En un mot toutes les fois qu'un lignager, pour conserver son droit de Retrait, ou un Seigneur, pour conserver son droit de Retrait feodal, ou les lots & ventes à luy deus, ou un heritier frustré de sa legitime, alleguent la fraude qui leur a esté faite par un Contrat simulé fait contre la difpofition de la Coutume, & qu'ils demandent à faire preuve par témoins qu'il a efté convenu devant, lors ou depuis le Contrat autre chofe, plus ou moins que ce qui y eft exprimé ; j'eftime qu'on les doit admettre à en faire la preuve, nonobftant cette Ordonnance, parce que ces fortes de Conventions (fimulées) renferment une efpece de crime, puifqu'elles font faites par dol & par fraude, & avec un deffein prémedité de tromper les autres, dont ceux qui font coupables ne doivent jamais profiter, parce que toutes ces Conventions font contre les Loix, & par confequent reprouvées.

3. Toutes les fois qu'on articule contre un Contrat, ou Acte par écrit, un fait qui détruit ce qui en fait l'effence, & fans lequel il ne peut fubfifter; Par exemple, fi on allegue la force, la crainte, l'erreur de Droit ou de Fait, par lequel on a efté induit à figner un Contrat pour un autre, & autres moyens par lefquels on peut extorquer d'une perfonne, la fignature d'un Acte, ou fi on articule quelque autre fauffeté. Tous ces cas ne doivent point eftre compris dans cette Ordonnance, par la raifon cy-deffus, c'eft-à-dire parce qu'ils approchent de la nature du crime; car à l'égard du Contrat figné par force ou par crainte, les Loix Romaines y font précifes; quant à l'erreur, il faut diftinguer fi c'eft une erreur de fait qui foit excufable, & par lequel un homme avifé ait pû eftre trom-

gant contractuum fimulationem, & aliud dictum effe quàm fcriptum, vel plus aut minus conventum, quam fcriptum fit, ante vel poft contractum, vel in ipfo contractu, idque teftibus probare fe velle contendant: Dico, eos, admitti debere, nonobftante hac Conftitutionis hujus prohibitione : cùm hæc omnia criminis fpeciem habeant, fcilicet fraudes, dolos & machinationes, ad alium decipiendum compofitas, quæ nemini patrocinari debent: *a* & contra leges hæc omnia pacta videantur, ideoque reprobata. *b*

Tertiò, quotiefcunque in contractum fcriptum aliquid objicitur, quod genuinam contractus naturam deftruit, ut vis, metus, error juris vel facti, dolofa inductio ad fubfcribendum uni inftrumento pro alio, & aliæ calliditates, quibus contra Legem extorquetur inftrumentum, item omnes falfitates: hæc omnia fub Lege ifta comprehendi non poffunt, eadem ratione jam dicta, quòd nimirùm criminis fpeciem habeant. Nam quantum ad vim & metum, illud clarum eft in jure : *c* quantum ad ignorantiam feu errorem, fi error fit facti tolerabilis, & qui fapientem fallere potuit, non eft dubium talem contractum impugnari poffe, & ejus vitium teftibus probari, maximè fi nonnihil doli deprehendatur in altero contrahentium : nam qui errat non confentit. *d*

a Cap. Ad noftram. ext. de empt. & vend.
b L. Pacta quæ contra. C. de pact. l. non dubium C. de Legib.

c L. 1. & toto tit. ff. & C. quod met. cauf.
d L. Si per errorem. ff. de jurifd. omn. jud. l. Error. de ju. & fact. ig. l. 2. ff. de Judiciis.

pé; il n'y a point de doute que ce Contrat ne puisse estre détruit par la preuve par témoins de ce fait, particulierement s'il se trouve qu'il y ait eu du dol de la part de celuy avec lequel il a contracté, parce que celuy qui est dans l'erreur n'est pas présumé consentir.

Quantum ad juris ignorantiam, vel errorem, non omnibus illa conceditur exceptio, sed illis duntaxat, quibus condonari solet juris ignorantia, ut minori, rustico, fœminæ, militi. *a* Quantum ad dolosam inductionem, quæ fit aliquando in subscribendis instrumentis, vel chirographis: ut vidi in quadam lite allegari, per quendam reum, scilicet, quòd non legens instrumentum, alii pro alio subscripserat: itemque aliud vidi exemplum, de quodam qui cùm transigere vellet cum parte sua, & pactione hinc inde facta, & composita, cautus ille transactor duas scribi fecisset transactiones, unam ex veris pactionibus inter eos conventis, alteram verò longè dissimilem, & in multis articulis cauto illi transigenti longè favorabiliorem, quam in sinu retectam habebat, vera transactione perlecta, dolosus ille transactor fingens veræ transactioni se subscribere velle, subtiliter falsam è sinu proferens illi subscripsit, deinde parti suæ dedit, ut subscriberet: qui non legens, putansque idem esse instrumentum, eidem bona fide subscripsit, atque idem fecerunt eodem errore Tabelliones. Quis dubitat in hujusmodi contractum, nullitatem & errorem, falsamque suppositionem allegari posse, *b* & testibus hæc omnia probari, ostendique alio modo pactum fuisse, quamvis sit simul.

a L. Regulis. L. penult. ff. de jur. & fact. ignorant.

b L. fin. C. plus va. quod agitur quàm quod simul.

Quant à l'ignorance ou erreur de Droit, cette exception n'est pas receuë indifferemment en faveur de toutes sortes de personnes: mais seulement en faveur de celles ausquelles les Loix ont coutume de la pardonner, comme sont les mineurs, les personnes rustiques, les femmes de soldats. A l'égard de la supposition d'un Acte qu'on a fait souscrire à une personne pour un autre Acte, comme j'ay veu alleguer dans un Procés par un particulier qui estoit Deffendeur, & qui disoit que faute d'avoir leu l'Acte qu'on luy avoit presenté, il en avoit signé un autre que celuy qu'il pensoit. J'ay veu encore une autre espece d'un certain particulier, qui voulant transiger avec sa Partie, & la Transaction ayant esté dressée entr'eux, cette Partie apporta deux doubles de cette Transaction; l'un conforme aux Conventions dont ils étoient demeurez d'accord, & l'autre qui en contenoit de toutes contraires, & à son avantage, lequel double il tenoit caché sous son manteau, & ayant fait lecture de celuy qui estoit conforme aux Clauses dont on estoit convenu, il tira subtilement l'autre de sa poche & le signa le premier, & ensuite le presenta à sa Partie pour le signer, laquelle sans le relire le signa de bonne-foy, & les Notaires

Notaires le signerent aussi, trompez par ce même artifice. Qui peut douter que contre un tel Contrat on ne puisse alleguer la nullité, l'erreur & la supposition ? & qu'on ne puisse le prouver par témoins ? & montrer que les choses se sont passées autrement, quoy que cela soit tres-difficile ; ainsi dans tous les cas cy-dessus, & autres semblables où il se rencontre du dol & de la fraude, il est évident que cette Ordonnance n'a point lieu par les raisons cy-dessus alleguées.

difficillimum ? Supradicta ergo & omnia similia, doli & fraudis speciem referentia, huic Legi subjici non debere clarum est, rationibus præallegatis.

ADDITIONS SUR LE VII. CHAPITRE.

SOMMAIRE.

1. *Dessein de Boiceau dans ce Chapitre.*
2. *Il n'y a de difficulté que pour les Contrats simulez, & pour les Contrats faits par crainte ou par force.*
3. *Gallus Aquilius composa le premier des formules,* De dolo malo.
4. *En quelles occasions l'action de dol avoit lieu avant ces Formules. Témoignage de Ciceron sur ce sujet.*
5. *Definition du dol, mauvais par Aquilius.*
6. *Sentiment de Ciceron qui approuve cette definition.*
7. *Sentimens contraire de Servius Sulpitius.*
8. *Autre definition du dol mauvais par Servius Sulpitius.*
9. *Cette definition de Servius rejettée par le Jurisconsulte Labeo.*
10. *Definition du dol mauvais par Labeo, approuvée par Ulpien.*
11. *Blâmée par Hottoman, & par Bachovius.*
12. *Soûtenuë par les autres Jurisconsultes, & expliquée par Maistre Charles du Moulin.*
13. *Hottoman & Bachonius refutez par Ulricus Huberus.*
14. *Explication qu'il donne de ces trois mots :* Calliditas, Fallacia, Machinatio.
15. *Definition du dol par Huberus.*
16. *Pourquoy la Loy appelle ceux qui usent de simulation,* Varios.
17. *Ce qu'elle appelle un Contrat simulé.*
18. *Ventes imaginaires en usage à Rome & obligatoires jusqu'au*

X

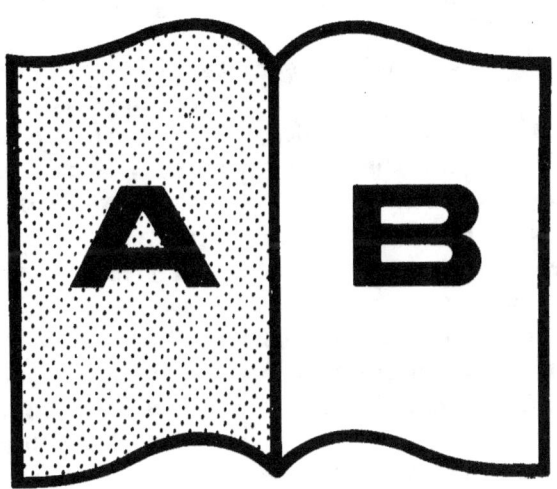

Contraste insuffisant
NF Z 43-120-14

temps du Jurisconsulte Modestinus, du temps de l'Empereur Gordian.

19. La verité doit toûjours l'emporter sur la simulation, en quelque estat de la contestation qu'elle vienne à paroistre.

20. Si le Contrat estoit nul en Droit Romain, quand le dol y avoit donné lieu. Distinction sur ce sujet.

21. Du dol appellé bon, & ce que c'est.

22. Exemple singulier de ce dol, en la Loy Et qui natura ff. neg. gest. Raison de cette Loy.

23. Autre exemple du dol permis dans les Contrats de vente. Loix qui l'autorisent en ce cas.

24. Justification de ces Loix par Maistre Charles du Moulin, & de quelle maniere il les faut entendre.

25. Gaspard Roderie, Jurisconsulte Espagnol, a copié les termes de Maistre Charles du Moulin.

26. Limitations differentes de cette Maxime, qu'il est permis de se tromper dans les Contrats de vente.
Troisiéme espece de dol, appellé Dolus reipsa.

27. Pourquoy la preuve par témoins à l'égard du dol bon & licite, n'est admissible.

28. Distinction de ces trois termes, faux, simulé & frauduleux, par Maistre Charles du Moulin.

29. Fausseté est un crime, & la preuve par témoins y est receuë.

30. Trois manieres de commettre la fraude de re ad rem, de persona ad personam, de contractu ad contractum.

31. Ce qui doit determiner le Juge dans les Questions de Fait.

32. Division des preuves par Mascardus en pleines, & semi-pleines, & leur subdivision.

33. Ce que c'est que Notorium facti, Notorium juris, Notorium præsumptionis. Et quand la preuve y est necessaire ou non.

34. Preuve semipleine est celle qui peut faire difficulté.

35. Definition de la présomption juris & de jure, par Alciat. Exemple au sujet de la dol.

36. Definition de la présomption de Droit par Menochius.

37. Autre definition par Vvesembece.

38. Autre par Alciat, qui est la meilleure.

39. Division de la présomption de Droit, & ce que les Jurisconsultes appellent indice, conjecture, signe, suspicion, adminicule.

40. Definition de l'indice.

41. Definition de la conjecture.

42. Definition du signe.

43. Definition de la suspicion.

44. Définition de l'adminicule.
45. En matiere civile on confond tous ces termes sécus en matiere criminelle.
46. Quelles sont les présomptions les plus fortes, & qui meritent plus de creance.
47. Présomptions certaines fondées sur la nature, sur l'autorité de la Loy, sur l'honnesteté publique.
48. Présomptions incertaines & arbitraires, & comment le Juge se doit déterminer en ce cas.
49. Présomptions appellées legeres.
50. Regles pour accorder ou refuser la preuve par témoins. Premiere Regle.
51. Seconde Regle.
52. Troisiéme Regle.
53. Quatriéme Regle.
54. Cinquiéme Regle.
55. Sixiéme Regle generale en matiere de Contrats simulez, & le sentiment de Monsieur d'Argentré sur ce sujet.
56. Observations sur les présomptions receuës suivant nos mœurs.
57. Toutes ces présomptions reduites à six principales.
58. Quel nombre de présomptions il faut pour se déterminer quand il s'agit de juger si un Contrat est simulé.
59. Autre chose est quand il s'agit simplement d'accorder ou de refuser la preuve par témoins.
60. Reflexions à faire en ce rencontre.
61. Nouvelle reflexion sur la qualité que doit avoir une présomption pour y ajoûter foy.
62. La présomption tient lieu de témoin, & doit avoir les mêmes qualitez que la déposition des témoins pour y ajoûter foy.
63. Regle generale pour accorder ou refuser la preuve par témoins.
64. La présomption de la Loy, est que l'Acte n'est point simulé, mais serieux & veritable.
65. Même lors qu'il y a lieu de soupçonner que cet Acte est simulé.
66. Derniere Regle à l'égard de ceux qui sont Parties dans le Contrat.
67. Arrests touchant les avantages indirects sur cette matiere, ne font d'ordinaire aucun préjugé dans d'autres Questions sur le même sujet.
68. Des Contrats faits par crainte ou par force, plusieurs Regles sur ce sujet.
69. Premiere Regle, qui marque la difference du Droit Romain & du Droit François, en ce qui regarde la rescision des Contrats passez par crainte ou par force.
70. Seconde Regle.
71. Troisiéme Regle.
72. Quatriéme Regle.
73. Cinquiéme Regle.

74. Sixiéme Regle.
75. Septiéme Regle.
76. Si les menaces faites à nos amis, ou le peril auquel ils sont exposez, nous ayant engagé à nous obliger pour eux, l'obligation peut estre présumée faite par force & non pas librement.
77. Conséquence à tirer de ce que dessus.
78. Si quand la preuve a esté faite, que l'Acte a esté passé par force, l'autre Partie est recevable à prouver qu'il a esté fait librement & volontairement.
79. Si le Notaire a exprimé dans l'Acte qu'il a esté fait librement & sans contrainte, la preuve de la crainte & de la violence ne laisse pas d'estre recevable.
80. Des Actes passez par ignorance de Fait ou de Droit.
81. La decision de Boiceau ne suffit pas pour éclaircir tous les doutes sur cette matiere.
82. Premiere distinction à l'égard de l'ignorance de Fait propre, & de Fait étranger.
83. Seconde distinction à faire même dans le cas du Fait étranger.
84. Troisiéme distinction, quand l'erreur de Fait n'est pas la cause unique qui a donné lieu à la Convention.
85. Quatriéme distinction, si le Fait qu'on a ignoré n'est pas

de conséquence.
86. De l'ignorance de Droit.
87. Distinction pour sçavoir en cette occasion que doit faire la preuve du Demandeur ou Defendeur.
88. Autre Question, si la preuve par témoins est recevable quand il s'agit d'éclaircir le sens d'un Acte ambigu.
89. Maxime generale sur ce sujet, & dans quels cas elle a lieu.
90. Exception de cette Maxime dans les Contrats.
91. Regle quand il s'agit d'une demande judiciaire ambiguë.
92. La preuve par témoins admissible quelquefois quand il s'agit d'éclaircir le sens de la clause ambiguë du Contrat, Arrest sur ce sujet.
93. Raisons pour lesquelles cette preuve doit estre rarement admise.
94. A Naples il n'est pas permis d'articuler que le Contrat de Mariage est simulé.
95. En Flandres la preuve par témoins est admise contre un Contrat simulé, nonobstant l'Edit perpetuel, suivant l'opinion d'Atonius Anselmo.
96. Sentiment de Romelius & autres.
97. Le même a lieu à Milan.
98. Explication des Contrats simulez, par Alvarus Valascus suivant la distinction de Bartole.
98. La preuve par témoins contre

les Contrats simulez receuë en Portugal.
100. *Il faut prouver le motif & la cause du Contrat simulé.*
101. *Peine imposée en Portugal à ceux qui passent des Contrats simulez.*
102. *La preuve par témoins admise en païs étranger, nonobstant qu'elle y soit deffenduë au dessus de cent livres, quand la Convention verbale a esté confirmée par le serment de Partie.*
103. *Ou quand elles ont promis de passer un Acte par écrit.*
104. *Pourquoy on y excepte les Ecclesiastiques d'une semblable prohibition. Raisons rapportées par Augustinus Beroüs.*

1 BOICEAU dans ce Chapitre définit d'abord ce que c'est qu'un Contrat simulé. Il le divise ensuite en trois especes; celuy qui est permis, celuy qui est deffendu, & celuy que la Loy regarde comme s'il n'avoit point esté fait. Il ajoûte que l'Ordonnance est generale, & qu'ainsi elle exclut toute preuve par témoins de ce qui n'a point esté redigé par écrit; ce qu'il prouve par l'exemple d'un vendeur, qui prétendroit que le prix de ce qu'il a vendu est plus fort que celuy exprimé dans le Contrat de vente, il dit que cette Maxime doit avoir lieu en general pour tous les Contrats, soit de bonne-foy, soit de Droit étroit. Que cela ce doit entendre aussi du pact dont on est convenu à l'instant du Contrat, & qui en fait partie, comme il est marqué en Droit, & duquel la preuve n'est pas reçuë parmy nous. Enfin il fait trois exceptions de cette prohibition generale de l'Ordonnance; La premiere, quand ce pact est de l'essence du Contrat, tel qu'est celuy de la garentie obmise dans un Contrat de vente, ou de la Clause d'entretenir les bastimens par l'usufruitier, obmise dans la Constitution d'usufruit; La seconde, touchant les Contrats simulez, dont il rapporte plusieurs especes tirés du Droit ; La troisiéme quand on oppose contre le Contrat un Fait qui le détruit dans ce qu'il a d'essentiel, comme si on articule qu'il a esté signé par crainte ou par force, par dol, ou par erreur de Fait ou de Droit, dans lesquels trois cas, la preuve par témoins, dit-il, est recevable.

2 Pour suivre le même ordre, il faudroit examiner ces trois exceptions l'une aprés l'autre: mais comme la premiere ne reçoit aucune difficulté, & que les pactes qui sont de l'essence d'un Contrat, y sont naturellement sous-entenduës, quoy qu'ils n'y soient pas exprimez; il ne s'agit plus que d'examiner ici les

X iij

deux autres exceptions touchant les Contrats simulez & ceux faits par force ou par crainte.

A l'égard des Contrats simulez, il importe à tout le monde, & sur tout aux Juges, de connoistre precisément, & autant qu'il est possible, quand ils peuvent admettre la preuve par témoins contre un Contrat suspect de fraude ; parce que cette preuve est dangereuse dans la pratique, & sert souvent à embroüiller l'affaire plûtost qu'à l'éclaircir & à connoistre la verité.

Or pour bien entendre ce que c'est qu'un Contrat simulé, il faut d'abord connoistre ce que la Loy appelle dol, & elle en distingue de deux sortes, le dol mauvais & celuy qu'elle appelle bon. Il faut parler d'abord du premier, qui est proprement ce que nous appellons dol ; car il est inutile d'approfondir ici la difference que font les Docteurs entre dol & fraude, cette distinction ne pouvoit estre d'aucun usage parmy nous, qui confondons la signification de ces deux mots.

La premiere definition qui a esté faite du dol mauvais, est celle de Gallus Aquilius, qui fut le premier qui composa des formules de *Dolo malo*, du temps de Ciceron, en faveur de ceux qui ayant esté trompez, par la fraude d'un autre, n'avoient avant cela aucune action par la Loy des douze Tables pour s'en plaindre ; car, dit Ciceron *l. 3. de officiis*, l'action de dol n'avoit lieu que dans le cas de la Tutelle, suivant la Loy des douze Tables, en faveur des Pupiles, par la Loy *Lætoria*, & le Preteur l'accordoit encore dans les Contrats de bonne-foy, quoy qu'il n'y eust aucune Loy qui la permît precisément ; surquoy il rapporte l'exemple de Canius, auquel Pythius de Syracuse avoit fait acheter par surprise sa Maison de Campagne, beaucoup au delà de ce qu'elle valoit, & il ajoûte que Canius n'avoit aucun moyen de s'en plaindre, parce qu'Aquilius n'avoit pas encore en ce temps-là proposé les formules qu'il donna dans la suite. Voici comment Aquilius definit le dol : *Dolus malus est cum aliud agitur, aliud simulatur*. Le dol mauvais est quand une personne fait semblant de faire une chose & neanmoins en fait une autre.

Ciceron approuve cette definition du dol par Aquilius, d'où il conclut indistinctement que tous ceux qui usent de simulation sont des perfides, & que suivant cette definition, un homme de bien qui vend son heritage, ne doit rien affecter, ny rien déguiser à l'acheteur.

Atque iste dolus malus etiam à legibus erat vindicatus ut tutela 12. Tabulis, & circumscriptio adolescentium Lege Lætoria, & sine lege judiciis in quibus ex fide bona agitur.

Hoc quidem sane luculenter, ut ab homine perito definiendi ergo & Pythius & omnes aliud a-

en Matiere Civile. 167

7. Neanmoins cette definition du dol par Aquilius, ne parut pas juste dés ce temps-là à tout le monde; Ulpien en la Loy 1. ff. de Dolo, ne l'a point rapportée, & Servius Sulpitius Jurisconsulte, & Collegue d'Aquilius, voyant qu'il pouvoit arriver qu'une personne fust trompée sans qu'il y eust eu aucune simulation, & que même il peut arriver sans fraude que l'on fasse une chose, & que l'on feigne d'en faire une autre ; pour ne point choquer Aquilius ny Ciceron, qui soûtenoient cette definition, il se servit des mêmes mots (quoy qu'inutils) pour faire une autre definition, & y ajoûta, que le dol estoit une

8. machination (pour user du terme Latin) & un dessein prémedité de fraude pour tromper un autre, en affectant de faire une chose, & en faisant une autre.

9. Le Jurisconsulte Labeo, qui suivant le témoignage d'Aulugelle, estoit tres-sçavant dans la connoissance de la veritable signification des mots, rejetta cette definition de Servius, & en fit une toute differente, qu'Ulpien rapporte dans la même Loy.

10. *Dolus malus est omnis calliditas, fallacia, machinatio ad circumveniendum, fallendum decipiendum alterum adhibita.* Par ces mots : Dol mauvais, on entend toute sorte de finesse, de tromperie, ou de fraude concertée pour surprendre & pour tromper un autre. Ulpien loüe cette definition de Labeo, & dit que c'est la veritable definition du dol.

11. Cependant cette definition n'a pas laissé d'estre encore blâmée par plusieurs Jurisconsultes modernes, Hottoman l. 1. obser. chap. 19. *Verbosam & otiose exageratam dicit:* Bachovius ff. de Dolo, & en ses Notes sur Wesembece, s'étonne que Labeo si habile dans la science des mots, se soit servi de trois termes synonimes pour la definition d'une même chose, & blâme Ulpien de l'avoir approuvée, & d'avoir rejetté celle de Servius.

12. Quoy qu'il en soit, cette definition a esté reçuë des autres Jurisconsultes, qui ont prétendu que ces trois termes, *Calliditas*, *Fallacia*, *Machinatio*, n'estoient point synonimes. En effet M. Charles du Moulin Code T. de Dolo, les explique, & dit que *Calliditas* est cette espece de dol qui se commet par ceux qui taisent malicieusement les mauvaises qualitez & les deffauts de ce qu'ils vendent, ou qui dissimulent les charges ausquelles elles sont sujettes.

Fallacia, dit-il, est le dol qui se commet en induisant une

gentes, aliud simulantes, persidi, improbi, maliciosi sunt, Cic. ibid.

Machinatio quædam altérius decipiendi causa, cum aliud simulatur, & aliud agitur.

Labeo antistius in grammaticam atque dialecticam litterasque antiquiores altioresque penetraverat, Latinarumque vocum origines rationesque percalluerat, eaque præcipue scientia ad enodandos plerosque juris laqueos utebatur. Noct. Attic. l. 13. ch. 10.

Dum dicit dolum esse, calliditatem, intelligit est dolum, qui fit tacendo: unde si vendam tibi prædium, & reticeam illud debere aliquā servitutem vicino, tunc tenebitur actione de dolo.

personne par des paroles, & par des raisons artificieuses, d'acheter une chose qu'il n'auroit pas acheté sans cela.

Machinatio, est une fraude concertée, soit en prenant des précautions artificieuses, ou en se servant de mots équivoques, ou de Clauses ambiguës & à double sens, si l'on peut expliquer ainsi les termes de du Moulin : *Machinatio autem tendit ad insidias & fucum verborum.*

Dum autem dicit fallacia eum, dolum significat qui verbis fit vel ratione ut dum aliquid induco verbis, alii non empturus.

Ulricus Huberus est celuy qui a le mieux deffendu la definition de Labeo, dans son Livre intitulé *Digressiones Justinianeæ.* l. 3. chap. 25. dans lequel aprés avoir refuté les objections d'Hottoman & de Bachovius contre cette definition, il dit que Labeo par ces trois mots, *Calliditas*, *Fallacia*, *Machinatio*, a voulu marquer trois differens degrez de dol ; Le premier, dit-il, appellé *Calliditas*, est cette dexterité que les Latins appellent *Solertiam*, par laquelle un homme adroit, & qui a de l'experience dans les affaires, engage une personne simple à faire ce qu'il veut, & le mene, comme on dit, par le nez, non pas ouvertement, mais par des manieres cachées, & avec une apparence de sincerité, dont il ne se défie pas ; ce qui est fort bien exprimé, dit-il, par le mot *circumvenire*, que le Jurisconsulte Labeo rapporte en cet endroit, à ce mot *Calliditas. Callidus autem, authore Tullio,* dit-il, *dicitur cujus animus usu,* (quemadmodum manus labore solent*) Concaluit.*

13

14

Dexteritas veterateria simplices circumveniendi, & quasi nato uti vulgo loquimur, suspendendi.

Fallacia est fraus directa, verbis ac mendacio facta.

Le second degré, dit-il, appellé *Fallacia*, est la fraude qui se commet manifestement par des paroles affectées ou équivoques, & par des mensonges ; aussi le mot *fallere*, dit Varron, vient à *fando.*

Les Latins se servent des mots Technæ, ambages, insidias.

Le troisiéme degré *Machinatio*, est la surprise qui se fait par des voyes indirectes, & par de mauvais moyens qui passent jusqu'à ce que nous appellons *fourberie* ; & c'est ce que le Jurisconsulte a exprimé par ce mot *decipere*, qui vient de la particule *de*, qui veut dire *valde*, & du verbe *Capio* ; comme s'il avoit voulu dire que *Deceptus, est qui valide captus est.* En un mot, dit Hubernus, on peut colliger de la definition de Labeo, qu'il n'a entendu parler que du dol, qui peut donner lieu à la restitution.

Au reste le dol se peut définir en general, ajoûte-t'il, tout dessein frauduleux de nuire à un autre, soit que cela se fasse avec déguisement & avec dissimulation, soit que cela se fasse ouvertement. Ainsi la Loy dit que ce qui a esté commis à force ouverte,

15

Doli mali mentio hic, & vim in se habet, nam

ouverte, a esté commis par dol, *l. 2. ff. vi bonorum raptorum*; quoy que le dol ne soit pas toûjours accompagné de la force ouverte.

16 A l'égard de ceux qui usent de dol & de simulation, Ulpien *ibidem*, les appelle *varios, & dolosos*, ce qui explique admirablement la duplicité de leur intention, toûjours accompagnée du dessein de nuire, & parce que l'essence d'un Contrat ne consiste que dans le consentement reciproque des contractans, la Loy a
17 appellé un Contrat simulé, un Contrat imaginaire, c'est-à-dire nul, à cause que le consentement de l'un des Contractans ou de tous les deux, n'est pas serieux & veritable; Monsieur Cujas sur cette Loy, observe qu'avant l'Empereur Gordian (sous lequel vivoit le Jurisconsulte Modestinus, dont est tirée la Loy
18 *Contractus*) les ventes imaginaires & feintes, estoient encore en usage à Rome, & estoient obligatoires : *Eave solemnitas*, dit-il, *per as & libram peragebatur emptionibus factis sestertio nummo uno vel asse cajano quæ mancipationes dicebantur*; ce qui cessa d'être observé depuis ce temps-là.

19 Ce qu'il faut sur tout observer en cas de fraude, est que quand la verité vient à se découvrir, elle l'emporte toûjours sur la simulation, quoy que le Contrat acculé de simulation, paroisse legitime & fait dans les formes, & même en quelque estat que soit l'affaire, c'est-à-dire avant la Sentence, la verité doit toûjours prévaloir, suivant le sentiment des Docteurs. Il ne s'agit donc en ces occasions que de connoistre, quelle a esté la veritable intention des Parties, ainsi il ne faut pas s'arrester à ce qui est écrit, car l'écriture est un signe équivoque de la volonté, & c'est cette volonté qui doit decider, & non pas ce qui est écrit, ainsi que les Loix l'ont marqué en plusieurs endroits.

20 Il y a eu même une Question en Droit; sçavoir si quand le dol avoit esté le motif qui avoit donné lieu au Contrat, ce Contrat estoit nul de plein droit, ou seulement sujet à rescision. Quoy que cette difficulté ne soit point de ce Traité, il est certain, ainsi que Perezius *Co. de dolo*, Monsieur Colombet *Paratitl. ff. eod. tit.* Maistre Charles du Moulin *contr. usu. qu. 44. chap. 28.* decident avec Monsieur Cujas, que si c'estoit un Contrat de bonne foy, il estoit nul de plein droit.

21 Quand au dol bon & licite, la Loy le nomme *Solertiam*, c'est ce que nous appellons prudence, laquelle consiste à se procurer tout l'avantage que l'on peut, en usant de son droit,

qui vim facit, dolo malo facit, non tamen qui dolo malo facit, utique & vim facit, &c. l. ff. vi bonor. Ego tamen unicam adjicio exceptionem, si veritas contra præsumptiones appareat, nam puto contra omnes præsumptiones, & in quacumque parte litis objici posse rei veritatem & illam manere præcipuâ, ait Greg. Tholot. in Synt. l. 48. ch. 12. n. 10. Contractus imaginarii in emptionibus juris vinculũ non obtinent, etsi fides facti simulatur non intercedente veritate. Plus valet quod agitur quam quod simulate concipitur. Res gesta potior quam scriptura habetur. Emptione pignoris causa facta, non quod scriptum sed quod gestum est inspicitur.

de telle sorte que si en se procurant cet avantage, il arrive neanmoins que l'on fasse préjudice à quelqu'un. Ce n'est que par accident & sans que l'on ait eu cette intention: *Nullus autem videtur dolo facere qui jure suo utitur.*

22. La Loy *& qui natura ff. negot. gest.* fournit un exemple singulier du dol permis, dans l'espece qui suit: Titius pendant qu'il geroit les affaires de Mævius absent, avoit acheté pour luy un fond qui luy appartenoit déja (& qu'il ne sçavoit pas que le vendeur avoit usurpé sur luy) il s'en estoit mis ensuite en possession. La Loy luy conseille, pour se mettre à couvert de l'action *negot. gest.* que Mævius auroit eu lieu d'intenter contre luy (comme ayant mal geré ses affaires,) de supposer une tierce personne, laquelle sous le nom de Mævius, revendiquast sur luy ce fond & laquelle donnast lieu par cette revendication à l'action de garentie de Titius contre le vendeur, & elle decide que ce n'est point là une fraude: *Nec videris dolum malum facere in hac subjectione, ideo enim hoc facere debes, ne actione negotiorum gestorum tenearis;* où il est à remarquer que cet expedient que donne la Loy estoit absolument necessaire à Titius, afin de luy donner un moyen prompt & facile de retirer des mains du vendeur, les deniers de Mævius pour les employer à ses autres affaires durant son absence, lesquelles auroient pû déperir s'il eut fallu attendre que Mævius eust luy-même revendiqué ce fond, & retiré l'argent du vendeur.

23. Il y a encore une autre Maxime touchant le dol permis dans les Contrats de vente, qu'il ne faut pas ignorer, car la Loy dit qu'il est permis de se tromper reciproquement en ce cas. La Loy 16. *ff. de Min.* y est précise, la Loy 22. *ff. Locati*, ajoûte que cela est permis de droit naturel: *Quemadmodum in emendo & vendendo naturaliter concessum est quod pluris sit minoris emere, quod minoris sit pluris vendere, & invicem se circumscribere*: Et la Loy *Si voluntate C. de rescind. vend.* répond au vendeur qui se plaignoit d'avoir esté trompé, qu'il ne connoissoit pas qu'elle estoit la nature du Contrat de vente, laquelle Maxime merite d'estre éclaircie, parce que plusieurs ont prétendu qu'elle estoit injuste, *Jus autem civile calumniari non debet.*

Quod si videlicet contractus emptionis atque venditionis cogitasses substantiam?

24. Il suffira pour cela de rapporter en peu de mots l'explication qu'en donne Maistre Charles du Moulin dans son Traité *des Contrats Usuraires qu.* 14. *n.* 171.

Ce n'est pas, dit-il, pour autoriser la fraude que la Loy a

permis de se tromper en cas de vente, & on ne peut pas dire que la Loy naturelle ne soit toûjours juste & équitable : mais c'est parce que cette espece de dol est la suite necessaire du Contrat de vente; En effet, si l'un achete trop cher, ou que l'autre vende à trop bon marché, cela arrive ou par une facilité & condescendance mutuelle entre le vendeur & l'acheteur, qui se laissent aller naturellement à relâcher de leurs droits, ou parce qu'ils trouvent que c'est une chose au dessous d'eux de trop marchander, ou parce qu'ils n'en ont pas le loisir, ou parce que, quoy qu'ils n'ignorent pas le veritable prix de la chose, ils consentent volontairement de l'acheter plus cher, ou de la vendre moins (quoy qu'il en soit, dit du Moulin) l'égalité entre le prix & la valeur de la chose venduë, qui est ce qui rend juste le Contrat de vente, ne consiste pas dans un point indivisible, ce n'est pas une égalité Mathematique, mais une égalité Morale, laquelle a une certaine étenduë qui est indéfinie, en ce qu'elle dépend de l'opinion qu'a celuy qui achete & celuy qui vend, du prix & de la valeur de la chose. Gaspard Roderic Jurisconsulte Espagnol, dans son Traité *De menstruis & annuis reditibus*, l. 1. qu. 11. a trouvé cette explication si conforme à l'esprit de la Loy, qu'il a copié les termes de Maistre Charles du Moulin mot à mot, mais il n'a pas jugé à propos de le citer.

Quia equalitas côtractum non est Mathematice sed Moralis unde nec consistit in puncto indivisibili sed in mediocritate qua latitudinem admittit gradualem.

Le même du Moulin *ibid.* donne neanmoins des bornes à cette Maxime dangereuse, quand elle est mal entenduë, & conclut (n. 174.) que même dans le dol permis, appellé *reipsa*, cette deception ne peut aller qu'au tiers du prix, ce qui n'est observé ici qu'en passant.

26   Ce qui vient d'estre rapporté de Du Moulin, fait voir qu'il y a encore une troisiéme espece de dol, nommé *dolus reipsa*. Ce dol est ainsi appellé par les Docteurs, parce qu'il ne vient point de la part des Contractans, mais qu'il est en quelque façon dans la chose même; la Loy 36. ff. *de verb. obl.* en fait mention, & elle dit que la restitution a lieu en ce cas, *etsi nullus dolus intercesserit stipulantis sed ipsa res in se dolum habet, cum enim quis petat ex hac stipulatione, hoc ipse dolo facit quod petit.*

27   Or à l'égard du dol appellé bon & licite, il est constant que la preuve par témoins ne peut estre admise, parce qu'elle seroit inutile, puisque ce dol est permis, & qu'il ne donne point lieu à la restitution contre le Contrat, quand même il seroit prouvé.

Et pour ce qui est du dol appellé *dolus reipsâ*, quand on soûtient que la chose venduë a quelque vice caché ou quelque défectuosité qui peut donner lieu à la rescision de la vente, on n'ordonne pas une preuve par témoins, mais une visite d'Experts pour sçavoir si cette défectuosité est telle qu'elle puisse donner lieu à la rescision du Contrat.

Ainsi il n'y a que le dol mauvais & la simulation, qui peuvent faire difficulté au sujet de la preuve par témoins.

Mais avant d'en parler, il faut distinguer avec Maistre Charles du Moulin sur la Coutume de Nivernois Chap. 31. art. 3. ces trois mots, faux, simulé & frauduleux; car, dit-il, quand un lignager soûtient que le prix du Contrat de vente de l'heritage qu'il veut retirer, n'est pas le veritable prix, il n'est pas tenu de s'inscrire en faux, pour prouver que le prix qui y est énoncé, est faux, il n'a qu'à demander à faire preuve que le Contrat est simulé & frauduleux: *Nec tenebitur instrumentum etiam publicum venditionis arguere de falso, quia aliud merum falsum aliud fraus aliud simulatio.* Or ce que nous appellons un Acte faux, est lors que contre la verité, à l'insceu & sans le consentement reciproque des Contractans, on y a ajoûté ou rayé quelque chose après coup, ou quand on a contrefait la signature des Parties, ou lors qu'on a fait signer à une personne un Contrat pour un autre, dont Boiceau rapporte deux especes dans ce Chapitre, & il est constant que la fausseté estant un crime, la preuve par témoins y est receuë.

Mais comme il est rare de trouver des témoins qui ayent veu commettre la fausseté, qui se fait d'ordinaire en cachete, on nomme des Experts, qui font en quelque sorte la fonction de témoins & de Juges tout ensemble, puisqu'ils déposent de la verité du fait, comme s'ils y avoient esté presens, & que leur rapport est creu & enteriné en suite sans connoissance de Cause par les Juges.

Le terme simulé, a esté expliqué cy-dessus, & pour mieux entendre celuy de frauduleux, dont il a déja esté parlé, il faut remarquer que la fraude se peut commettre en plusieurs manieres, Mathæus *de afflictis* en distingue jusqu'à onze, sçavoir celles qui s'appellent *de re ad rem, de persona ad personam, de contractu ad contractum, de modo ad modum, de nomine ad nomen, de tempore ad tempus, de quantitate ad quantitatem, de facto ad factum, de lo-*

co ad locum, de signo ad signum, de juramento ad juramentum, & il en rapporte des exemples, il n'y a que les trois premieres qui meritent d'estre examinées, celuy qui vend une chose pour une autre, ou qui dissimule un vice de la chose, qui auroit empesché l'acheteur de l'acheter, commet une fraude appellée *de re ad rem*, la fraude de ceux qui contractent ensemble frauduleusement pour tromper un tiers, qui n'est point present au Contrat, s'appelle *de persona ad personam*. Et la fraude appellée *de contractu ad contractum*, est quand les Contractans feignent de faire un certain Contrat & en font effectivement un autre.

31. Or parce que dans ces sortes de Questions, il s'agit uniquement de découvrir la verité de deux faits contraires, & que cette verité n'est autre chose que ce qui resulte de la preuve que la Loy a permis de faire, il s'ensuit que le Juge ne peut se determiner s'il n'y a une preuve suffisante, parce qu'il est obligé de juger conformément à cette preuve, il faut donc examiner quelle difference il y a entre les preuves.

32. Mascardus *questione* 4. *n*. 11. après avoir défini la preuve en general, la divise en deux especes ; celle qu'il appelle pleine, laquelle suffit pour convaincre le Juge ; & celle qu'il appelle semipleine, ou imparfaite, qui merite quelque créance, mais qui n'est pas assez forte pour obliger le Juge à y conformer son Jugement. A l'égard de celle qu'il appelle une pleine & entiere preuve, il la subdivise en sept. 1. Celle qui se fait par la deposition des témoins, 2. Par Titre autentique, 3. Par la confession ou reconnoissance de la Partie. 4. Par l'évidence du Fait. 5. Par le serment. 6. Par une presomption juste & legitime. 7. Par le bruit commun. Il divise la seconde en quatre especes, celle qui resulte de la déposition d'un seul témoin, celle qui resulte de la comparaison d'écriture, celle qui resulte d'une écriture sous signature privée, & celle qui resulte d'une présomption qui n'est pas convaincante.

33. Il n'est pas question d'approfondir ici si ces divisions sont justes ou non : mais il faut remarquer d'abord qu'il y a des cas où même la preuve n'est pas ce semble necessaire ; sçavoir quand il y en a déja une entiere par l'évidence du fait. C'est ce que nous appellons une chose notoire, & on en distingue de trois sortes: *Notorium facti*, quand le fait est public & qu'il s'est passé devant les yeux de tout le monde ; *Notorium juris*, quand il s'agit d'un

Nihil aliud est, veritas quà id quod aut per legē aut per præsumptionem fuit prolatum, dit Mascardus de probatio. Judex tenetur judicare secundū allegata & probata. Ostensio rei dubiæ per legitimos modos judici facienda in causis apud judicem controversis. qu. 2. n. 17. Per quam rei gestæ fides aliqua sit judicii, non tamen tanta ut jure câ debeat sequi in sententia dicenda: Quæ tanta fidem faciat quantum ad finiendam controversiam sufficiat. ib. n. 15.

Notorium est quod se ipsum ostendit.

droit acquis à une personne contre un autre, en vertu d'une Obligation ou d'une Sentence; *Notorium præsumptionis*, est ce qui s'appelle une présomption certaine & necessaire, *Præsumptio juris & de jure*. Neanmoins on ne peut pas dire que dans tous ces cas, quoy que notoires, la preuve soit inutile, car outre que la preuve soit faite, parce que le Juge ne peut juger par sa propre connoissance; dans le premier cas, il faut qu'il entende les témoins; dans le second, il est indubitable qu'il faut rapporter l'Obligation ou la Sentence; & dans le troisiéme, il faut alleguer la présomption *juris & de jure*, laquelle peut déterminer le Juge, s'il la trouve assez forte; ainsi dans ces cas, la preuve est facile, parce que le fait est manifeste par luy-même.

Ce qui peut donc faire difficulté, est quand la preuve est semipleine & imparfaite, & qu'elle ne suffit pas pour convaincre entierement l'esprit du Juge. Or cette preuve n'est imparfaite que parce qu'elle n'est pas fondée sur des faits évidens ou sur des présomptions certaines & invincibles.

Ainsi il faut distinguer en general deux sortes de présomptions: comme il a déja esté observé; celles qui sont certaines, que l'on appelle *juris & de jure*, & celles que l'on nomme simplement présomptions de droit.

La definition de la présomption *juris & de jure*, est tirée d'Alciat dans son excellent Traité des Présomptions part. 2. n. 3. *in præludiis*.

Dispositio legis aliquid præsumentis, & super præsumpto, tanquam sibi comperto statuentis. C'est une disposition de la Loy, dit-il, qui présume qu'une certaine chose est veritable, & qui par sa seule autorité veut que cette chose passe pour une verité, comme si elle en estoit elle-même convaincuë. Exemple, quoy que la femme en se mariant n'eust pas stipulé que sa Dot luy seroit renduë, la Loy présumoit neanmoins que cette stipulation avoit esté faite, en telle sorte que la preuve du contraire n'auroit pas esté admise, parce que quand la Loy a porté son jugement sur une chose, elle ne peut estre démentie; d'où est venuë la maxime, que la preuve du contraire n'est pas receuë contre la présomption *juris & de jure*.

L. 1. Cod. de rei uxor. Itaque actione rei uxoriæ sublata, sancimus omnem dotem per ex stipulatu actionem exigi sive scripta fuerit stipulatio sive non, ut intelligatur re ipsa stipulatio esse subsecuta, &c.

Quant à la simple présomption de Droit, les Docteurs l'ont définie diversement.

Menochius question 10. *de præsumpt.* dit que c'est une conjecture dans une affaire douteuse, qui resulte des argumens & des indices qu'on tire de certaines circonstances du fait qui l'accompagnent pour l'ordinaire : mais cette definition n'est pas la definition de la simple présomption de Droit en general, mais plûtost d'une certaine présomption qui resulte de la vray-semblance qu'il y a que certains faits sont d'ordinaire accompagnez de certaines circonstances : *Ex eo quod plerumque fit ducuntur præsumptiones*, dit Monsieur Cujas sur la Loy 9. & 19. ff. *de probat.* & c'est sur ce fondement, que Gudelinus *l. de jure novissimo*, la définit de la même maniere.

37. Wesembece *l.* 22. *D. de prob.* dit que la présomption de Droit est l'opinion ou le sentiment de la Loy, qui préjuge qu'une chose est veritable avant qu'elle soit prouvée, ce qui ne se peut entendre que de la présomption *jure & de jure*.

38. Alciat a mieux rencontré, en disant que c'est une conjecture probable fondée sur un signe certain, laquelle fait une preuve entiere, jusqu'à ce qu'elle soit détruite par une présomption contraire.

39. Menochius quest. 7. *de præsumpt.* divise la simple présomption de Droit en plusieurs especes, & dit qu'il faut distinguer ces mots, indices, conjectures, signes, suspicion, adminicule.

40. L'indice, dit-il, est, suivant l'opinion de quelques-uns, une conjecture qui resulte des circonstances, non pas certaines & necessaires, mais seulement probables, qui peuvent n'estre pas veritables, mais qui du moins sont necessairement accompagnées de vray-semblance. Menochius n'approuve pas cette definition ; parce que, dit-il, elle peut convenir à la présomption de Droit en particulier. Celle de Curtius Senior, ajoûte-il, est plus juste quand il soûtient que l'indice est une certaine marque & une certaine demonstration qu'une chose a esté faite.

41. La conjecture, ainsi que rapporte Menochius au même endroit, peut se definir, suivant le sentiment de Speusippe, l'indice d'une chose cachée, ou la preuve qui resulte de la verité du fait par le raisonnement, par les signes qui l'accompagnent & par la conjonĉture des temps.

42. Le signe est ce qui tombe sous quelqu'un des sens, & la marque d'une chose dont il est la suite, soit qu'elle soit arrivée auparavant, ou en même temps, ou qui doit arriver, mais ce signe a besoin d'estre confirmé par d'autres preuves plus fortes. Ainsi quand on voit une épée toute sanglante en la main d'une

Est conjectura seu divinatio in rebus dubiis collecta ex argumentis vel indiciis per rerum circumstantias frequenter evenientibus.

Præsumptio quasi præsumpta, seu ante sumpta opinio nascens ex eo quod plerumque ita soleat accedere & raro contra.

Legis opinio qua lex aliquid præsumit, & ante capit quàm probetur.

Est probabilis conjectura ex certo signo proveniens, qua alio non adducto, pro veritate habetur.

Conjectura ex probabilibus & non necessariis orto, à qui-bus potest abesse veritas, sed non verisimilitudo veri.

Rei latentis indicium est id quod per rationes & signa, & tempora & hujusmodi conjicit idest cogitat & colligit.

personne, c'est seulement un signe qu'il y a eu quelqu'un de tué ou de blessé.

Suspicio est quae animū judicis aliquo argumento in aliquam partem inclinat etsi non omnem excludat dubitationem.

43. La suspicion est un mouvement de l'ame fondé sur quelques circonstances qui inclinent le Juge à juger plûtost d'une maniere que d'une autre, mais qui ne l'empeschent pas de douter encore s'il ne doit point juger autrement ; c'est ainsi que Bartole la definit sur la Loy *admonendi ff.*

44. Enfin l'adminicule, est ce qui sert à confirmer une chose qui est déja probable par elle-même. Mais il faut remarquer, que dans nostre usage on confond la signification de tous ce noms, sur tout en Matiere Civile. On appelle présomption de Droit, ce qui n'est qu'un indice ; on appelle un indice, ce qui est un signe, on appelle un soupçon, un indice.

45. Il ne s'agit pas ici de l'application qu'on doit faire de ces mots en Matiere Criminelle, où il est plus dangereux de se méprendre ; & il est assez indifferent d'approfondir si les definitions qui ont esté rapportées cy-dessus, sont justes, il suffit d'en avoir donné une idée, parce que les Auteurs qui traitent de la Preuve par Témoins, en parlent souvent ; ce qu'il faut observer est que dans

46. ce nombre infini de présomptions qui se presentent à l'esprit dans les affaires douteuses, il y en a qui meritent plus de créance les unes que les autres, & ce sont celles-là que le Juge doit sui-

L. isti quidem ff. quod metus causa.

47. vre ; Sçavoir 1. Celles qui sont fondées sur la nature ; Par exemple, qu'un Pere s'interesse dans ce qui regarde son fils car cette présomption, doit l'emporter sur les apparences, & il faut une preuve évidente du contraire pour la détruire.

L. Sive possidetis. C. l. 4. de Probat.

2. Les présomptions, qui sont fondées sur l'autorité de la Loy, comme lorsqu'elle présume que le fils qui possede l'heritage que possedoit son Pere durant sa vie, tient cet heritage de luy, & que ce n'est que la continuation de la même possession.

Telle est encore la présomption que la Loy fonde sur l'honnesteté publique, sçavoir que le bien acquis par la femme durant le Mariage, a esté acquis des deniers de son mary, quand elle ne justifie pas par quel moyen elle l'a acquis, ce que la Loy aime mieux présumer, que de donner lieu de croire qu'elle l'a acquis par des voyes honteuses, *l. Quintus Mutius ff. de Don. int. vir.*

48. Il y a d'autres présomptions incertaines & arbitraires, ce sont celles qu'on appelle présomptions de l'homme, la Loy *Ob carmen famosum. ff. de testibus*, en fournit un exemple, *si testes omnes ejusdem honestatis & existimationis sive, & negotii qualitas ac judicis*

judicis motus cum his concurrat sequenda sunt omnium testimonia. Cette Loy ajoûte ensuite ces mots, *Confirmabitque judex motum animi sui ex argumentis & testimoniis quæ rei aptiora & vero proximiora essecomperiet.* C'est-à-dire que quand les présomptions sont égales de part & d'autre en apparence, c'est au Juge à les peser & à se déterminer par celles qui paroissent les plus vray-semblables.

49   Enfin il y a des présomptions legeres, que les Docteurs appellent, *temeraires*, lesquelles ne produisent qu'un soupçon & non pas une présomption; telles sont celles qui ne sont fondées que sur les bruits publics, lesquelles se détruisent souvent d'elles-mêmes.

Les regles qu'on peut tirer de tout ce qui vient d'estre dit pour sçavoir quand le Juge doit accorder la preuve par témoins sur des présomptions, ou quand il doit la refuser dans le cas de Contrats simulez, se peuvent reduire à celles qui suivent.

50   1. Il ne doit jamais l'admettre contre un Acte par écrit, s'il n'y a présomption de fraude, ou de simulation évidente.

51   2. En ce cas, ce n'est pas assez d'articuler que le Contrat est frauduleux ou simulé pour obtenir cette preuve, il faut specifier quelle est la fraude dont on se plaint, de quelle maniere on prétend justifier que l'Acte en question est simulé, & marquer precisément ceux que l'on accuse d'avoir commis la fraude, ce qui se peut induire de la Loy 16. *ff. de dolo. Item exigit prætor ut comprehendatur, quid dolo malo factum sit. Scire enim debet actor, in qua re circumscriptus sit, nec in tanto crimine vagari.* Et de la Loy 2. *ff. de doli mali & metus exc. specialiter exprimendum est, de cujus dolo quis quæratur.* Mascardus *de prob.* Concl. 449. n. 6. rapporte les sentimens des Docteurs qui expliquent cette Maxime.

52   3. Il ne peut admettre cette preuve contre une présomption *juris & de jure*, parce que cette présomption est elle-même une preuve invincible qui ne peut estre combatuë que par un autre preuve également certaine.

53   4. Regulierement il ne doit pas l'admettre contre une présomption de Droit, si elle est fondée sur la nature, parce qu'elle est d'ordinaire invariable dans ses operations, neanmoins parce que les signes qui marquent ses operations peuvent estre équivoques, (dont Menochius *de præs.* l. 1. qu. 3. en rapporte un exemple qu'il justifie par l'autorité d'Hypocrate & de Gallien)

Z

il peut y avoir des exceptions à cette Regle.

5. Dans les Questions de Droit, il est manifeste aussi que la preuve par témoins ne peut estre permise, parce que la Loy doit seule décider en ce rencontre, & que le Juge est présumé la sçavoir.

En un mot dans toutes les Questions de Fait, quand il ne se rencontre aucune présomption appellée *juris & de jure*, ou fondée sur la nature, ou sur l'autorité de la Loy, mais seulement sur le sens commun & sur le raisonnement, le Juge peut accorder ou refuser, si bon luy semble, la preuve par témoins ; parce que la regle estant generale qu'en matiere de Contrats simulez la preuve par témoins est admissible, c'est au Juge à se determiner par sa prudence, & Monsieur d'Argentré sur l'article 269. de la Coutume de Bretagne *in verbo*, au Contrat n. 8. s'étonne que l'on ait pû douter que la preuve par témoins ne fut pas recevable en ce cas, sous prétexte de la prohibition de l'article 54. de l'Ordonnance de Moulins, parce que, dit-il, la simulation ne se peut prouver que par conjectures & non par écrit, ce qu'il confirme en cet endroit par les autoritez des Docteurs qui ont establi cette Maxime.

Proinde stulta est dubitatio rerum qui pratextu ordinationis Molineusis qua de probationibus statuit, ambigunt an simulatio contractus possit testibus probari cum hac circumstantiis & his qua de facto adjuncta sunt, potius probentur ex conjectura quam ex scripto.

Mais parce qu'en cette matiere qui est arbitraire, on ne peut trop entrer dans le détail pour en fixer les maximes, autant qu'il est possible on peut observer encore que les présomptions de fraude & de simulation selon nos mœurs, se peuvent reduire à six principales, dont les Docteurs ont parlé, qui en comprennent plusieurs autres qui y ont du rapport.

La premiere est la qualité des personnes qui disposent quand la Loy leur a deffendu de contracter ensemble, ou quand elle a attaché aux dispositions qu'elles peuvent faire, certaines solemnitez qu'elles n'ont pas observées. Par exemple, entre un mary & une femme, un Pere & quelqu'un de ses enfans qu'il préfere aux autres, un Pupille & son Tuteur. La seconde est la qualité de certaines dispositions ou Conventions, que la Loy a specialement deffenduës à ces sortes de personnes, comme une Donation entre-vifs, entre conjoints, durant le Mariage. La troisiéme est la qualité des choses dont elle leur a interdit la disposition, comme celle des Propres par Testament au delà du quint. La quatriéme la qualité des clauses de la disposition quand elles sont insolites ou équivoques. La cinquiéme quand ces personnes contractent dans un temps auquel il leur est expressément deffendu de contracter par la Loy. La sixiéme quand il paroît manifestement par les autres circonstances du fait, que l'Acte est simulé entre les Parties, ou frauduleux à l'effet d'en faire retomber l'effet sur un tiers qui n'y a point esté appellé.

58   Mais si dans un Acte il ne se rencontre que quelques-unes des circonstances cy-dessus, les Docteurs ont demandé en ce cas quel nombre de présomptions estoit necessaire pour juger si le Contrat est simulé & frauduleux. La plûpart demeurent d'accord que quand il s'en rencontre trois conformes entr'elles, si elles sont considerables par elles-mêmes, & essentielles au fait dont il s'agit de découvrir la verité, & notamment si la Loy les a marquées expressément, telles que sont celles cy-dessus exprimées, elles doivent suffire pour faire une preuve entiere de la simulation. Alexandre Consil. 190. l. 7. Coquille art. 40. Coutume de Nivernois, *Valla de rebus dubiis*, le décident ainsi, & M. Charles du Moulin T. I. Des Fiefs §. 33. glo. 2. n. 69. *idem* sur la Regle *de infirmis* n. 111. & 112. & dans son Traité des Contrats Usuraires, quest. 56. n. 392. ajoûte qu'il y a même des cas ou deux pré-
59 somptions suffisent. En un mot la Loy n'ayant point fixé ce nombre, on peut dire que cela dépend toûjours de la prudence du Juge, qui peut mieux connoistre que personne par la qualité du fait ce qu'il en doit déterminer. Il suffit de remarquer que quand il s'agit dans ce cas d'accorder ou de refuser la preuve par témoins contre un Contrat, puisque la Loy n'a point decidé quel nombre de présomptions est necessaire, ny de quelle qualité elles doivent estre, le Juge est en quelque sorte au dessus de la Loy même qui l'abandonne à son propre mouvement, & qui s'en rapporte entierement à luy; mais c'est par cette raison qu'estant comme substitué à sa place, il doit d'autant plus s'attacher à suivre son esprit & son intention, qui a esté de rejetter la preuve par témoins si-tost qu'elle paroist suspecte, & c'est par son application, & par un discernement exact & juste, qu'il doit essayer de se rendre digne de la confiance qu'elle veut bien avoir en luy.

60   Il est toûjours certain en ce rencontre que le nombre des présomptions, & la liaison qu'elles ont l'une avec l'autre, est toûjours d'un grand poids, & c'est sur cette raison qu'est fondée la Regle vulgaire : *Quod sicut quæ non prosunt singula multa juvant, ita è contra, quæ non nocent singula, multa nocent.* Ce que Cæpolla explique plus au long dans son Traité des Contrats si-

Voyez Du Moulin Coutume de Paris §. 33. Et de Contract. usu. qu. 56.

mulez §. 108. & ce n'est pas même assez que plusieurs présomptions de dol se rencontrent ensemble, si ces présomptions de fraude sont combatuës par d'autres aussi fortes qui puissent faire présumer la bonne foy des Contractans, parce que le dol ne se peut prouver que par des indices manifestes: *Dolum ex indiciis perspicuis probari convenit*, & non pas par des présomptions vagues & incertaines, ou qui peuvent avoir un sens tout opposé à celuy qu'on leur donne. Les Docteurs ajoûtent encore qu'il faut en cette matiere, prouver le dessein de fraude, & l'évenement *consilium & eventus*, & ce sont deux choses que l'on ne peut prouver l'une sans l'autre.

l. 6. Cod.
l. 2. T. 21.

S'il m'est permis aprés tout ce qui vient d'estre dit, d'ajoûter une nouvelle reflexion pour déterminer de quel caractere doivent estre les présomptions de Droit afin qu'on y puisse ajoûter foy, quand il s'agit de décider si un Acte est frauduleux & simulé, il me semble que puisque l'on n'est obligé de s'en rapporter à des présomptions, que lors que la preuve par témoins ou celle par écrit viennent à manquer, il s'ensuit que la Loy regarde les présomptions comme des témoins, puisque c'est sur la foy de ces présomptions, qu'elle se détermine, & que par consequent elles doivent avoir les mêmes qualitez que celles que la Loy requiert dans la déposition des témoins pour y ajoûter une créance entiere.

Or la premiere qualité d'une déposition, est qu'elle doit estre grave & précise, c'est-à-dire que le témoin doit precisément déposer du fait principal qu'il s'agit de prouver, autrement s'il ne dépose que d'une circonstance particuliere du fait, sa déposition ne prouve que la circonstance qu'il articule, & non pas le fait dont il s'agit, & si cette circonstance n'est pas essentielle, & n'a pas une liaison necessaire avec le fait en question, on ne peut en tirer une consequence certaine de ce fait.

La seconde est qu'une déposition doit estre claire & juste, c'est-à-dire sans équivoque & sans variation, car si elle est conceuë en termes obscurs & à double sens, si elle se dément par elle-même, ou si elle est démentie par quelque circonstance manifeste du fait, ou si le témoin varie dans sa déposition, elle ne doit faire aucune impression, toute sa force & toute son évidence consistant dans cette justesse & dans cette conformité qu'elle doit avoir avec la vraysemblance du fait, en telle sorte qu'en luy donnant un sens raisonnable, elle ne puisse prouver un autre fait que celuy dont il s'agit, ny avoir un double sens qui renferme quelque contrarieté.

La troisiéme est que cette déposition ne doit pas estre unique, *unus testis, nullus testis*, il faut qu'elle soit soûtenuë du moins par la déposition d'un autre témoin également forte & convaincante. Ainsi pour qu'une présomption puisse déterminer le Juge à accorder la preuve par témoins qu'un Contrat est simulé ou frauduleux, il faut que cette présomption de simulation ou de fraude qu'on oppose contre le Contrat, soit soûtenuë par d'autres présomptions, & que ces présomptions ayent de la liaison les unes aux autres, de telle sorte qu'elles ne se démentent point, & que l'une naisse en quelque façon de l'autre. Car plusieurs présomptions legeres de fraude, ne doivent estre d'aucune consideration, parce que ce n'est pas de leur nombre qu'il faut tirer leur certitude, c'est de leur vray-semblance & de leur conformité entr'elles.

Enfin une seule présomption, quelque forte qu'elle puisse estre, quand ce n'est pas une de celles appellées *juris & de jure*, ne doit jamais déterminer le Juge contre un Acte par écrit, qui ayant pour luy l'autorité & le sceau de la Loy, merite toute la créance qu'exigeroit la verité même.

63 Et c'est par cette raison que les Juges, quand il s'agit d'accorder ou de refuser la preuve par témoins, (quoy que suivant le sentiment de Balde, ils ne puissent rendre la justice dans les affaires de fait, sans estre pleinement informez de la verité) : neanmoins parce que c'est sur tout en matiere de Contrats simulez, qu'il est le plus aisé de se tromper, dautant que ceux qui les font, s'étudient avec soin de cacher leur fraude sous les apparences de la verité. Ils ne doivent accorder la preuve par témoins que sur des circonstances de fraude bien précises à cause de la présomption de la Loy pour la
64 verité de l'Acte, soit qu'il soit autentique ou sous signature privée, car elle présume que c'est l'ouvrage de deux personnes libres, lesquelles ont esté en droit de stipuler leurs interests sous telles clauses qu'elles ont jugé à propos, ainsi quoy que l'Acte paroisse dur & desavantageux à l'une des Parties, cela ne doit pas passer dans l'esprit du Juge pour une présomption de fraude quand il n'y a rien contre les bonnes mœurs, parce qu'il

Veritas judicis ex veritate facti. Facti interpretatio plerumque prudentissimos fallit.

peut y avoir eu des raisons qui les ont obligé de les stipuler, & que quand elles n'articulent point la force & la violence, mais simplement la surprise & le dol, ce n'est pas assez qu'il paroisse qu'elles ont manqué de prudence dans ce qui les regarde, pour leur accorder la preuve par témoins de ce dol prétendu, quand elles ne l'appuyent d'aucune circonstance precise. En un mot, il y a toûjours plus de seureté pour les Juges de suivre à la lettre l'esprit de l'Ordonnance qui a regardé cette preuve comme dangereuse, & qui la deffend, que de l'accorder legerement sans une espece de necessité, pour ne pas dire par une curiosité vaine de penetrer trop avant, & de deviner en quelque sorte, ce qui n'est pas, par le secours d'une preuve si peu seure & si décriée.

65 Il faut donc s'en tenir à l'Acte lors même qu'il paroist quelque circonstance probable de fraude & de simulation, la présomption de la Loy pour la verité du Contrat, doit estre toûjours plus forte, comme Cœpolla *de simulat. contract.* §. 103. le prouve amplement, d'où il conclut que dans le doute, la foy de l'Acte doit l'emporter, *in dubio instrumento standum est, nec simulatus præsumitur.*

66 Quant à ceux qui demandent à faire la preuve par témoins d'un Contrat simulé, s'ils sont eux-mêmes Parties & dénommez dans le Contrat, ils n'y sont pas recevables pour l'ordinaire. Autre chose est de ceux qui n'y ont point esté appellez, & ausquels par consequent on ne peut pas imputer d'avoir esté complices de la fraude, quand même ils seroient aux droits de ceux qui ont passé l'Acte. C'est ainsi que le decide Loyseau des Offices l. 2. ch. 1. n. 72. en parlant de l'Ordonnance Moulins, Loüet l. R. n. 53. en rapporte des Arrests qui l'ont jugé, & Vrevin ch. 12. de ses Observations sur cet article de l'Ordonnance de Moulins, en rapporte un autre du 5. May 1614. par lequel il fut jugé que le mari estoit recevable à prouver par témoins que sa femme à son insceu avoit donné à ses enfans du premier lit deux cens écus, provenant d'une succession à elle écheuë, laquelle somme elle avoit détournée; neanmoins il peut y avoir des cas ou ceux qui sont Parties dans l'Acte & qui l'ont signé, peuvent estre admis à faire preuve par témoins de la simulation, si par exemple il y a eu erreur de fait de leur part, ce qui dépend des circonstances & de la prudence du Juge.

en Matiere Civile.

67 Au reste il seroit facile d'ajoûter ici un grand nombre d'Arrests sur cette matiere des Contrats simulez, qui est fort frequente. Theveneau sur les Ordonnances T. 9. art. 5. Loüet l. T. n. 7. & Brodeau *ibidem*. Neron & Guenois sur cet article 54. de l'Ordonnance de Moulins, Charondas Respons. 58. Basset en ses Arrests de Provence l. 1. chap. 4. & liv. 2. chap. 10. le Prestre Cent. 4. le Journal des Audiences & celuy du Palais, M. Ricard *de Don*. Chap. 2. Section 16. Partie 1. & presque tous les Arrestistes nous en rapportent plusieurs, mais pour decider si un Contrat est simulé, il est fort dangereux de se fonder sur le préjugé des Arrests, parce que sur tout en cette matiere, il est toûjours incertain sur quels motifs & par quelles circonstances la Cour s'est determinée, à cause de la diversité des faits & de l'interpretation differente qu'on peut leur donner, la moindre particularité suffit pour changer l'espece, & souvent la prudence même des Juges y est trompée.

68 Aprés avoir examiné ce qui concerne les Contrats simulez, il faut passer à ce que dit Boiceau touchant les Contrats contre lesquels on objecte quelque deffaut essentiel qui en détruit la substance, comme ceux passez par force & par crainte ou par ignorance de Fait ou de Droit.

A l'égard des premiers, Boiceau decide en un mot que ces Contrats estant nuls, la preuve par témoins doit estre receuë : mais on peut demander ce que celuy qui articule qu'il a signé un Acte par force & par crainte, est tenu de prouver.

69 Premierement il faut observer qu'en Droit Romain pour annuller un tel Acte, la Loy vouloit que la crainte qu'on alleguoit, eust esté telle qu'elle eust pû faire une entiere violence à la volonté d'une personne ferme & constante, comme la crainte de la mort, de l'infamie, &c. suivant nos mœurs, il n'est pas necessaire que la crainte ait esté jusqu'à cet excés, il suffit que la volonté de celuy qui a signé l'Acte, n'ait pas esté entierement libre, les moindres voyes de fait sont deffenduës en France par nos Ordonnances; ainsi c'est au Juge à examiner la qualité des faits & des menaces, pour sçavoir si la preuve en est admissible ou non : *Hujus rei disquisitio judicis est*, dit la Loy.

70 2. Il est necessaire que celuy qui a signé cet Acte mette en fait qu'il a esté intimidé, ou du moins que c'est l'impression de crainte qui a esté l'unique motif par lequel il l'a signé:

Metum præsentem accipere debemus non suspicionem inferendi ejus, dit la Loy. Ainsi quand celuy qui a esté menacé, même de la mort, s'il ne signoit une Obligation, l'a signé ensuite dans un temps libre, ou en a payé depuis la valeur volontairement, il n'est plus recevable à alleguer la crainte qu'il a eu de ces menaces, il y en a une espece dans la Loy 2. Cod. *de his quæ vi*.

3. Il faut que celuy qui se plaint, articule precisément les faits de violence & les menaces qu'on luy a faite, *Metum non jactationibus tantum vel contestationibus, sed atrocitate facti probari convenit*; mais il n'est pas necessaire, dit la Loy, qu'il prouve qui sont ceux qui luy ont fait cette violence, il suffit qu'il prouve qu'il a esté intimidé, & qu'il a esté obligé de signer par force: *Sufficit docere metum sibi illatum vel vim*. La raison de la Loy est que la crainte trouble l'esprit de celuy qui craint; *Metus habet in se ignorantiam*.

4. C'est un juste sujet de crainte, si celuy qui est en possession de tous nos papiers, comme un Intendant, un Procureur, menace de les jetter au feu, si on ne signe une Promesse à son profit, la Loy l'a jugé ainsi dans une espece semblable, *L. Si in accipiat pecuniam*.

5. La qualité des personnes est aussi fort à considerer, si c'est un vieillard, une femme, un homme sans experience des affaires; en ce cas, il n'est souvent besoin que de simples menaces sans aucune voye de fait, pour les induire à signer tel Acte qu'on veut malgré eux, & le discernement de ces circonstances & autres semblables dépend de la prudence du Juge, & la preuve est plus aisée à obtenir en ce cas, à cause de la présomption que ces sortes de personnes foibles & timides ont pû aisément estre surprises, notamment s'il paroist que l'Acte est injuste en luy-même, ou qu'il y ait quelque clause extraordinaire & suspecte.

6. C'est aussi un fait dont la preuve est recevable, quand on articule qu'un Magistrat, ou un autre personne constituée en dignité, a obligé un autre par son autorité de signer un Acte: *Si per injuriam quid fecit Populi Romani Magistratus vel Provinciæ Præses, Pomponius scribit, hoc edictum locum habere: Si forte, inquit, mortis aut verborum terrore pecuniam alicui extorsit l. 3. ff. quod metus causa*. Ainsi ce n'est pas assez d'alleguer que l'on a signé l'Acte par l'autorité du Magistrat, il faut outre cela articuler qu'il y a eu de la violence & des menaces de sa part,

Ad

Ad invidiam enim alicui nocere nulla dignitas debet, ajoûte la Loy 6. C. *de his quæ vi*, d'où il faut tirer une Maxime generale que l'autorité seule de la personne qui nous engage à faire une chose, n'est pas un moyen valable pour l'annuller ; par consequent la qualité de Pere ou de Mari, (s'il n'y a eu des menaces ou voyes de fait) ne suffit pas pour faire casser l'Acte qui a esté signé en leur presence par un fils ou par une femme, le respect & la déference qu'ils doivent l'un & l'autre à leur autorité, à leur prudence, & à leur affection, sont regardez comme de justes motifs de la soûmission qu'ils ont euë pour eux, & on ne présume jamais qu'ils ayent fait violence à leur volonté; ainsi cette Regle : *Velle non creditur, qui obsequitur imperio patris vel domini*, n'a pas lieu parmi nous, comme en Droit Romain, parce que la puissance paternelle n'y est pas receuë telle qu'elle avoit lieu à Rome; non plus que la servitude qui est abolie en France, & le Fils qui obeït à son Pere en une chose qu'il n'auroit pas faite si son Pere ne luy eust ordonné de la faire, où le Serviteur qui execute ce que son Maistre luy ordonne, sont présumez leur obeïr volontairement & librement quand ils n'y ont point esté contraints par menaces & voyes de fait, suivant l'explication que donne Bronchorst de cette Regle, dans l'espece du Mariage d'un fils dont il est parlé en la Loy *Si Pater*, 22. ff. *de ritu nupt*.

75 Il est encore constant qu'il suffit d'alleguer, que quoy qu'on n'ait usé contre nous d'aucunes menaces, ny voyes de fait, neanmoins on a esté intimidé par celles dont on a usé envers les personnes qui nous touchent par les liens du sang & de la nature; ainsi un Pere pour sauver la vie à son fils, où les mauvais traitemens dont il est menacé, est presumé avoir signé par force l'Acte qu'on a voulu, *cum parentes in liberis magis terreantur*, dit la Loy, il en est de même d'un mari à l'égard de sa femme.

76 Mais on pourroit demander, si cela doit avoir lieu aussi entre amis, si l'un d'eux est menacé ou maltraité, & que l'autre pour le tirer d'affaire, soit forcé de signer une Promesse au profit de ceux qui ont maltraité son ami : parce qu'il est certain que l'amitié est quelquefois si forte, qu'un ami donneroit même sa vie pour son ami; en sorte qu'il a lieu de présumer en ce cas, qu'il a esté forcé de signer. Mais comme cette amitié est tres-rare, & que la Loy n'a parlé que dans le cas d'un Pere à l'égard de ses enfans, il seroit dangereux d'en étendre la disposition, si ce n'est que cette amitié fut justifiée par des preuves

publiques & incontestables, ce qui doit estre laissé à la prudence du Juge.

De tout ce qui vient d'estre dit, il faut conclure que si l'Acte 77 est passé par un majeur devant un Notaire & des témoins, & en plein jour, quoy que l'Acte renferme des clauses injustes, le Juge ne doit pas admettre la preuve de la violence, parce que la présomption est entierement au contraire, suivant la Loy 23.ff. *quod metus causa.*

A quoy il faut ajoûter que quand une fois la preuve a esté faite, qu'il y a eu de la violence & de la crainte, on ne doit pas 78 recevoir l'autre Partie à prouver au contraire que l'Acte a esté passé librement, parce que la preuve que la volonté a esté libre, n'est presque pas possible, & quand on reçoit les Parties à faire de telles preuves, cette permission est respective.

C'est par cette raison que quoy que le Notaire ait exprimé 79 dans un Contrat, qu'il a esté passé librement & volontairement sans force ny contrainte: neanmoins cette expression n'est pas une fin de non-recevoir contre celuy qui articule le fait de force & de violence, parce que cette crainte peut estre inconnuë au Notaire, & que celuy qui craint, soit parce qu'on l'a maltraité avant la passation du Contrat, ou qu'on l'en ait menacé, n'ose le découvrir devant le Notaire par la même raison. Aussi n'a-t'il pas même besoin d'inscription de faux contre cette énonciation du Contrat pour se faire restituer, ainsi que remarque le Grand sur l'article 97. Coutume de Troyes, suivant la Loy *Si chirographum* 24. *de probat.*

Il en est de même de l'expression du Notaire dans un Testament, *que le Testateur estoit sain & libre d'entendement*, car cette expression n'empesche pas la preuve du contraire, comme il sera expliqué plus au long cy-aprés dans le Chapitre des Testamens.

Il ne reste plus à parler que de l'ignorance de Droit ou de 80 Fait, dont Boiceau dit un mot à la fin de ce Chapitre, & il decide que si l'erreur de Fait est probable, & qu'un homme prudent ait pû y estre trompé, il n'y a point de doute que l'on ne puisse donner atteinte à l'Acte qu'il a passé, lequel n'a pour fondement que cette erreur de fait, & que la preuve par témoins ne soit admise, particulierement s'il y a du dol de la part d'un des Contractans. Et quant à l'erreur de Droit, cet erreur, dit-il, n'est excusable que dans un mineur, & à l'égard des personnes rustiques, 81 des femmes & des soldats. Mais cette décision generale ne suffit pas pour decider tous les doutes qui peuvent naiftre fur ce fujet, il faut l'étendre davantage.

82. Premierement à l'égard de l'ignorance de Fait, il faut diftinguer le Fait propre & le Fait étranger, perfonne n'eft prefumé ignorer, ou ne fe pas fouvenir de fon propre fait, & l'ignorance n'eftant pas tolérable en ce cas, la preuve pas témoins n'eft pas recevable contre un Acte paffé par un majeur, qui articuleroit qu'il ne l'a paffé que parce qu'il ne s'eft pas fouvenu de ce qu'il avoit fait auparavant ; ainfi celuy qui auroit mis pour terme de payement, dans une Obligation, l'évenement d'une certaine condition, fi faute de s'en fouvenir, & croyant l'Obligation pure & fimple, a fait un tranfport de la fomme qui y eft contenuë, comme actuellement exigible, n'eft pas reftituable contre ce tranfport, fous ce pretexte quoy que fondé fur une erreur de fait, parce que c'eft fon fait propre qu'il a dû fçavoir.

Mais s'il s'agit du fait d'un autre, la préfomption eft qu'il l'a ignoré ; ainfi cette ignorance eft tolerable, & la preuve par témoins eft admiffible. Par exemple, quand l'heritier paye le Creancier du deffunt, parce qu'il ignore que le deffunt l'avoit payé avant fa mort, il eft reftituable, & quoy qu'il ne rapporte pas la Quittance de ce Creancier, il peut prouver par témoins le payement, pourveu qu'il paroiffe manifeftement qu'il ignoroit que ce Creancier euft efté payé, & s'il rapporte la preuve qu'il a efté payé, la condition a lieu de plein droit. *In alieni facti ignorantia, tolerabilis error eft. ff. l. 2. de fur. & fac. ign.*

83. 2. Neanmoins en ce cas la preuve n'eft pas toûjours admiffible; Par exemple, lors qu'il y a une préfomption évidente que la perfonne qui allegue qu'elle a ignoré le fait d'autruy, n'a pû l'ignorer, comme fi il s'agit du fait d'un affocié, d'un coheritier, ou d'un coobligé.

84. 3. Si l'erreur de Fait n'eft pas la caufe unique qui ait donné lieu à la Convention, & qu'elle ait pû avoir un autre fondement, la preuve par témoins n'eft pas admiffible. Par exemple, celuy qui achete des droits fucceffifs ou des droits litigieux, ne peut alleguer qu'il a ignoré le veritable eftat des chofes qui n'a paru que dans la fuite, parce que nonobftant cette ignorance de Fait, il n'a pas laiffé de vouloir acquerir fes droits au hazard, & dans l'efperance d'y gagner, *prudens emit rem vitiofam*, ainfi la reftitution n'a pas lieu en ce cas.

85. 4. Il en eft de même fi l'erreur de Fait n'eft pas de confequence, ou s'il n'y a point de dol, ny de fimulation de la part de ce-

luy qui veut se servir de l'Acte, ou même si l'erreur est si grossiere, qu'il soit manifeste que celuy qui s'en plaint, n'a pas voulu s'en éclaircir. Par exemple, si l'heritier a volontairement mis le donataire en possession de la Terre qui luy a esté donnée par celuy dont il est heritier, & qu'il l'en ait laissé jouïr pendant dix ans entre presens, sans prendre la peine de s'informer si cette Donation estoit insinuée, ce qu'il auroit pû faire aisément, car en ce cas il est presumé avoir voulu executer la volonté du deffunt, nonobstant le deffaut d'insinuation de cette Donation, & la preuve qu'il a ignoré que cette Donation n'estoit pas insinuée ne seroit pas recevable.

In omni parte error in jure non eodem loco quo facti ignorantia habet debet l. 2. ff. de Ju. & fac. ign.

A l'égard de l'ignorance de Droit, elle n'est pas si favorablement écoutée que l'erreur de Fait, neanmoins parce que ceux qui sont dans l'erreur de leurs droits, ne sont pas presumez donner un veritable consentement, il y a des cas où cet erreur ne leur est point imputé, & d'autres où il est imputé sans distinction à toute sorte de personnes ; ainsi nul ne peut s'excuser qu'il ignoroit les principes du droit naturel, non pas même un mineur & un majeur, chacun est tenu aussi de sçavoir les Loix, les Ordonnances & les Coutumes de son Païs. Les femmes sont neanmoins exceptées en certains cas que la Loy a marqué, & l'erreur de Droit ne peut estre aussi objecté aux majeurs ; quand cet erreur a esté l'unique fondement de l'Acte par lequel ils ont perdu un bien qui leur estoit acquis : mais parce que cette matiere est nettement expliquée dans les deux T. du ff. & du Code, citez en marge. Il suffira d'observer que dans les cas où la Loy excuse l'ignorance & l'erreur de Fait ou de Droit, la preuve se doit faire par celuy qui soutient qu'il n'y a eu ny ignorance de Fait ny de Droit, & dans les autres cas où la Loy ne les presume point, ou ne les excuse point, c'est à celuy qui les allegue à en faire la preuve.

86

Nec in cafe turpi licitati venia præbeatur, cum naturali ratione, honor hujusmodi personis debeatur. l. 2. C. de in jus vere.

Constitutionem principum nec ignorare, quemquam vel dissimulare permittimus l. 12. C. de Ju. & fac. in l. ult. Co. ibid.

87

Caterum omnibus juris error in damnis amittenda rei suæ non nocet l. 8. D. eo T.

Il y a encore une Question qui peut faire difficulté au sujet des Contrats, quand les termes d'une Clause sont ambigus & équivoques ; sçavoir si la preuve par témoins est receuë en ce cas à l'effet de prouver qu'elle a esté l'intention des Contractans. La Regle de Droit en general est que c'est à celuy qui s'est servi de termes obscurs, à les interpreter: mais cette Regle doit estre entenduë avec distinction. Elle a lieu à l'égard des Loix, des Jugemens, & des Testamens, comme dit Bronchorst sur cette Regle, c'est au Legislateur a interpreter la Loy qu'il a faite, (& la grace qu'il a accordée, dit Decius sur cette même Regle) c'est au Juge à expliquer le sens du Jugement qu'il a rendu, & à l'é-

88

89

In ambiguis orationibus maxime sententia spectanda est ejus qui eas protulisset ff. de reg. jur.

90 gard des Testamens, la Loy veut qu'on essaye de penetrer quelle a esté la volonté du Testateur: mais il n'en est pas de même à l'égard des Contrats: car on interprete la Clause ambiguë contre celuy qui s'en est servi, parce que c'est sa faute s'il ne s'est pas 91 mieux expliqué, puisqu'il n'a tenu qu'à luy. Bronchorst *ibid*. ajoûte que s'il s'agit d'une demande en Justice, qui soit ambiguë & équivoque, c'est au Demandeur à interpreter sa demande, & non pas au Deffendeur, parce que si l'on donnoit cette liberté au Deffendeur, il ne pourroit jamais perdre sa Cause parce qu'il ne conviendroit jamais de l'interpretation du Demandeur, ce qui neanmoins ne doit s'entendre tout au plus que dans le cas d'une alternative, dont l'une exclut l'autre, telle qu'est l'espece de la Loy en laquelle il s'agissoit du choix de deux esclaves; ou au cas que par les circonstances de la procedure, il parut que l'interpretation du Deffendeur fut la plus vray-semblable: mais s'il ne s'agit que du plus ou du moins, alors on juge toûjours à la décharge du Deffendeur, parce qu'il n'a tenu qu'au Demandeur d'expliquer ses interests plus au long, & que le Juge qui ne peut condamner le Deffendeur au delà de ce qui luy a esté demandé, doit toûjours favoriser ce qui va 92 à sa liberation.

Cum certis ff. de pactis. si stichum stipulatus de alio sentiat, de alio. Nihil actü erit quod & in judiciis aristo existimavit, sed hic magis est, ut is petitus videatur de que actor senserit, nam stipulatio ex utriusque consensu valet, judicium autem etiam in invitum redditur, & ideo potius actori credendum est, alioquin semper reus negabit se consensisse.

A l'égard des Clauses ambiguës des Contrats, quand on ne peut y appliquer la Regle generale cy-dessus citée, il peut y avoir des circonstances de fait qui peuvent faire admettre la preuve par témoins pour sçavoir quelle a esté la volonté des Contractans, Basset To. 1. l. 2. Ti. 28. chap. 28. rapporte des Arrests qui ont admis cette preuve par témoins en ce cas: mais ces Arrests ne doivent point faire de Maxime generale sur cette ma-93 tiere qui se doit decider à l'arbitrage du Juge suivant les circonstances; ce qui est de certain est que s'agissant de la preuve de la volonté, qui de sa nature est impenetrable, & la preuve par témoins estant suspecte, le Juge ne doit l'accorder que quand le fait en question ne peut estre éclairci par aucune autre voye; & avant de la permettre il doit examiner si la Loy dans cette occasion ne luy a point donné d'autres expediens pour se déterminer.

l. 34. ff. de leg. Jur. l. 67. L. 168. ibid. L. 114. ibid. L. 134. §. 1. de verb. obl. L. 47. ff. de ob. & act. ou autres semblables.

94 Quant à ce qui s'observe dans les Païs étrangers, touchant la preuve de la simulation des Contrats, il a déja esté remarqué cy-dessus Ch. 5. qu'à Naples quand le Contrat de Mariage est passé en bonne forme, il n'est pas permis d'articuler qu'il est simulé & frau-95 duleux, ny de le prouver par témoins. Mais il n'en est pas de même

par tout ailleurs, Anselmo *loco citato* §. 22. dit que la preuve par témoins est admise en Flandres quand on soûtient que le Contrat est simulé ou faux, parce que, dit-il, l'Edit perpetuel n'a point dérogé en ce cas au Droit commun, ny corrigé le Titre du Code Justinien, *Plus valere*, &c. ce qu'il confirme par l'autorité de Charondas & de Monsieur d'Argentré, qui a esté cy-dessus rapportée.

Joa. Romelius sur le même Edit est de même avis, & ajoûte l'autorité de Maynard l. 6. qu. 79. & d'Automne au Code sur ce T. *plus valere*, dont il vient d'estre parlé. 96

Petrus Stockmans *Dec. Brabant.* cite aussi nos Docteurs François dans une espece où il s'agissoit d'un Contrat frauduleux, & à la fin il rapporte un Arrest du Conseil Souverain de Brabant du 3. Juillet 1653. qui permit cette preuve en ce cas, nonobstant l'article 19. de l'Edit perpetuel.

Quant à la Province d'Artois, qui a fait autrefois partie des Païs-Bas, l'Ordonnance de Moulins n'y ayant point esté verifiée ny observée, on y avoit suivi la disposition du Droit Civil, qui reçoit la preuve par témoins en cas de fraude, l'Ordonnance de 1667. qui n'a esté verifiée en cette Province qu'en l'année 1687. n'a rien changé en cette Jurisprudence, parce qu'elle n'a point parlé, non plus que l'Ordonnance de Moulins, de ce qui concerne la fraude.

Carpanus sur le Statut 88. de Milan, qui deffend la preuve par témoins des payemens, dit aussi que la simulation d'un Contrat se peut prouver par deux témoins, & cite Paul de Castre l. *Testium. n.* 7. *& 8. C. de Testib.* Felyn *cap. si cautio. col.* 12. *n.* 7. Jason *in l. cum ex. n.* 3. *C. de Transact.* & Monsieur Tiraqueau *de Retract. l.* 19. §. 1. *gloss.* 14. *n.* 57. Alvarus Valascus, Conseiller au Parlement de Lisbonne, & Professeur du Droit Civil en l'Université de Conimbre en Portugal, dans sa Consult. 54. explique fort exactement ce que c'est qu'un Contrat simulé, & rapporte entr'autres choses la distinction de Bartole sur la Loy *Lucius C. plus valere*, qui dit que l'exception que l'on tire de la simulation contre la validité d'un Contrat, n'a effet qu'en deux cas; sçavoir quand on prouve que les Parties n'ont eu aucun dessein de contracter ensemble, ny de conclure aucune affaire entr'eux en passant cet Acte simulé, ou quand il est prouvé que sous l'apparence d'un Contrat serieux & licite, les Parties ont eu un dessein tacite de faire une chose qui ne pouvoit estre valable, ou même qui estoit illicite. Autre chose est s'ils ont voulu faire veritablement une chose qu'ils pou- 97 98

Imprimé à Francfort en 1608. Docet Bartolus quod exceptio simulationis tunc demum obstat quando in veritate nihil partes agere voluerunt vel quando tacite agitur inter partes aliquid in-

voient faire, quoy qu'ils se soient servi pour cela des termes *validum vel turpe, sicut si veritate* & de la forme d'un autre Contrat, laquelle distinction est suivie de tous les Docteurs, entr'autre d'Alexandre Conf. 198. n. *aliquid a-* 10. l. 7. à quoy Valascus ajoûte qu'il faut dire encore que cet-*gebatur licet* te distinction a lieu quand le Contrat simulé, quoy que licite, *caderet in* est neanmoins fait au préjudice du fisc ou d'un tiers, ainsi qu'il *rius obli-* est porté, dit-il, dans les Ordonnances du Royaume de Portu-*gationis* gal, l. 4. T. 15. *quia tunc in illa specie,*

99 Et il decide enfin que la simulation se peut prouver par té-*quod potest* moins, nonobstant la Loy *generaliter C. de non num. pec.* & non-*sistit.* obstant l'Ordonnance précise du Royaume de Portugal T. 45. §. 10. qui deffend la preuve par témoins contre les Actes par écrit, quelque modique que soit la somme dont il s'agit, ce qu'il confirme par l'autorité de Balde *in l. multis C. si quis alteri vel sibi*, & de Mathæus *de afflictis*; mais il faut, dit-il, des présomptions vehe-
100 mentes de simulation pour décider qu'un Contrat est simulé, & ce n'est pas même assez de prouver qu'il y a de la simulation, si on ne prouve encore en particulier la cause & le motif qui y ont donné lieu, suivant le sentiment d'Alciat, de Bartol. *Con-*
101 *sil. 63. n. 3.* de Rebuffe *T. 9. de Test.* & de Tiraqueau 1. Retract. §. 1. gl. 14. n. 59. enfin il observe que la Loy de ce Royaume impose une grieve peine en ce cas à ceux qui ont fait des Contrats simulez, s'ils ne le declarent eux-mêmes avant que le Procés soit intenté, & conclut que c'est même un peché de faire des Contrats simulez, ce qu'il prouve par l'autorité de Lucas de Penna *in l. procurator res Cod.* de *Metallariis* & de Matthæus *de afflictis* Decis. 71.

102 Mascardus dans son Traité *de Probat. Concl. 435.* soûtient, suivant l'opinion des Docteurs, que l'on peut prouver par deux ou trois témoins une Convention qui n'a point esté redigée par écrit; même quoy que la Loy Municipale decide que la preuve ne s'en pourra faire que par un Acte public & autentique: car, dit-il, si cette Convention a esté faite devant des témoins, & que les Parties Contractantes ayent juré & promis avec serment de l'executer, on pourra prouver indirectement cette Convention par témoins, en prouvant par leur déposition le serment qui est intervenu entre les Parties devant le Juge Ecclesiastique, suivant l'avis de *Jos. de Imola, & de Felinus*, car ensuite le serment estant prouvé par les témoins, le Juge d'Eglise obligera les Parties d'executer ce qu'elles ont promis par serment,,

& cet expedient, dit-il, a esté inventé par Hypolitus de Marsiseliis *in rub. C. de probat. n.* 57. Par cette même raison, continuë Mascardus, le même Hypolitus a decidé que l'on pouvoit prouver par témoins que les Parties sont convenuës verbalement de passer un certain Acte par écrit.

Mais toutes ces subtilitez dont on se sert dans les Païs étrangers pour éluder la disposition de la Loy ne doivent jamais estre permises, & il y a lieu même de s'étonner que l'on se serve en cette occasion du ministere du Juge Ecclesiastique pour contrevenir aux Ordonnances du Prince & aux Loix Municipales.

Augustinus Beroüs Question 50. decide encore que le Statut qui deffend la preuve par témoins au dessus de cent livres, n'a point lieu au préjudice des Ecclesiastiques, & cite Paul de Castre & Decius, parce que, dit-il, *probatio decisionem causæ respicit, cum ab ea victoria dependeat* ; & il ajoûte que c'est l'opinion de tous les Docteurs, *& hæc est communis sententia, à qua neminem recessisse reperio*. Quand même, dit-il, le Statut Municipal auroit esté confirmé par le Pape, avec la Clause generale *ex certa scientia*, car il n'est pas presumé avoir compris les Ecclesiastiques, en ne les designant pas expressément ; ce qui est fondé sur ce que dans les Païs de l'obeïssance du Pape, on est encore prévenu de la Maxime receuë en Droit, que l'on ne doit pas restraindre les preuves, mais les étendre, & Beroüs *ibidem*, passe même jusqu'à dire que de decider autrement, c'est contrevenir au Droit Divin, au Droit Naturel, & au Droit Canon, tant il est aisé de tomber dans l'erreur, quand on s'est une fois écarté de la disposition des Loix.

103

104

Nec non feret contra dispositioné juris divini, naturalis & positivi quæ est quod in ore duorū vel trium testium Stes erone verbū.

CHAPITRE VIII.

Des Contrats nuls en la forme.

SOMMAIRE.

1. *Si la preuve par témoins est admissible dans un Contrat nul en la forme.*
2. *Espece d'un Contrat de vente passé par des Notaires hors leur ressort.*
3. *Autre espece au sujet d'un Testament.*

4. *Si*

4. *Si le Testament estant nul, les legataires sont receus à prouver par témoins la volonté du deffunt. Raisons & Objections.*

5. *Doute de Boiceau si l'Ordonnance de Moulins doit estre étenduë aux Testamens.*

1. Que dirons-nous des Contrats, lesquels estans nuls par quelque deffaut de formalité, & qui à cause de ce deffaut ne faisant aucune foy en Justice, ne laissent pas de contenir une numeration réelle d'une somme qui a esté effectivement comptée lors qu'ils ont esté passez, si cette numeration est déniée ensuite frauduleusement par celuy qui a receu la somme, sur ce qu'il prévoit que ce Contrat estant nul de soy, ne pourra faire aucune preuve en Justice contre luy, & que d'un autre costé, à cause de la prohibition de l'Ordonnance de Moulins, la preuve par témoins ne sera pas receuë contre un Acte par écrit.

Quid autem in Contractibus formæ nullitate laborantibus, & propter defectum formæ, vel solemnitatis, fidem non facientibus? In quibus tamen contrahendis, numeratio realis facta est, sed quæ postea denegata est dolosè, per eum qui recepit, prævidentem forsitan una ex parte, quòd contractui scripto nulla fides daretur, & altera, quòd probatio testibus non admitteretur, obstante hac Lege.

2. Posons pour exemple une espece qui m'a esté depuis peu proposée, Caius & sa femme ont vendu à Sempronius un Fief qui appartenoit en propre à cette femme, le Contrat a esté passé par deux Notaires qui n'estoient pas ceux du domicile des Parties, lesquels s'étant trouvez fortuitement dans la maison du mari & de la femme, & hors de leur territoire, n'ont pas laissé de rediger par écrit le Contrat de vente, & de recevoir le consentement de la femme, & l'argent ayant esté aussi compté & délivré dans la même maison: neanmoins parce que cette maison dans laquelle le Contrat se passoit n'étoit pas située dans le ressort de la

Exemplum ponemus in casu subsequenti, nobis nuper proposito. Caius & ejus uxor vendiderunt quoddam feudum, quod ad uxorem pertinebat, Sempronio: huic venditioni adhibiti sunt Tabelliones externi, qui cùm in domo mariti & uxoris essent, & extra suum territorium, scripserunt tamen instrumentum venditionis, & acceperunt consensum uxoris, numeratumque fuit eadem in domo pretium, quia tamen domus, in qua fiebat pactio venditionis, erat extra territorium Notariorum, & quoniam uxor, quæ tunc ægrotabat, in jurisdictionem Notariorum migrare non poterat, Notarii accepto consensu uxoris & viri, secesserunt in suum ter-

Facti species consulendo proposita.

ritorium, & ibi inftrumento fub-
fcripferunt, narrantes tamen fe
accepiffe confenfum à viro &
muliere in aliena jurifdictione
commorantibus : huic inftrumento benè fubfcripfit maritus, uxor
autem literarum nefcia, non fubfcripfit. Certiffimum eft tale inftrumentum nullum effe, nec
probationem facere : quoniam
jure Municipali Pictonum, *a* &
Regiis Conftitutionibus, Tabelliones extra fuum territorium nec
judicare, nec inftrumenta conficere poffe, certi juris eft, nullamque fidem eis adhiberi debere : atqui Tabelliones ifti, &
judices Chartularii, in Legem
Municipalem Conftitutionefque
Regias facientes, nedum officio
abufi funt, fed & falfum com-
miferunt, afferentes inftrumentum in territorio fuo factum fuiffe, cùm tamen confenfum venditorum in alieno territorio fe
recepiffe referant : nam confen-
fus ille, cum pretii numeratione,
& rei ceffione, quæ in alieno
territorio facta fuerant, perficie-
bat contractum venditionis : ergo impoffibile feu falfum fuit
in Notariorum territorio celebratum fuiffe hujufmodi contractum. His rationibus, conclufum
fuit inftrumentum omnino nullum, & nullius probationis fuiffe, defectu formæ, folemnitatis,
& jurifdictionis : *b* Et tamen,
verum erat pecuniam penès virum & uxorem effe, atque ideo
emptorem re & pretio carere,
quod iniquum erat. *c* Idcirco
quærebatur, cùm inftrumenti probatio nulla effet, nunquid teftibus
contractus probari poffet, non
obftante hac Lege Molinæa, fal-

a Art Con
fuet. 378. de
Notar.

b Vulgat. l.
Extra terri-
torium. de
Jurifd. omn.
judic.
c L. Empto
rum. § fin.
verfic. ne
que enim
bonæ fid. i.
ff. de act.
empt.

Juftice où ces Notaires avoient
droit d'inftrumenter, & parce que
cette femme, qui eftoit malade,
n'avoit pû fe tranfporter chez eux ;
ces deux Notaires aprés avoir receu le confentement du mari & de
la femme, fe font retirez dans leur
reffort, où ils ont figné cet Acte,
& ils y ont neanmoins fait mention
qu'ils avoient receu le confentement des Parties dans le territoire où demeuroient le mari & la
femme, qui n'eftoit pas de leur reffort. Dans ce Contrat le mari a figné, la femme qui ne fçavoit pas
écrire, n'a point figné ; il eft certain
que ce Contrat eft nul & ne fait
point de foy, parce que par l'article
(378.) de la Coutume de Poitou, &
par les Ordonnances, les Tabellions ne peuvent inftrumenter hors
leur reffort, & s'ils le font, on ne
leur doit point ajoûter foy. Or eft-
il que ces deux Notaires & Juges
Chartulaires, n'ont pas feulement
abufé de leur miniftere en contre-
venant à l'Ordonnance, mais ils
ont même commis une fauffeté en
affirmant que cet Acte a efté paffé
dans leur reffort, quoy qu'ils ayent
fait mention eux-mêmes dans le
Contrat qu'ils ont receu le confentement des vendeurs dans un territoire qui n'eftoit pas de leur reffort ; car c'eft dans ce confentement, dans cette numeration du
prix, & dans le deffaififfement de
la chofe venduë, faite par le vendeur au profit de l'acquereur, que
confifte neanmoins la perfection du

Contrat de vente. Or il eſtoit impoſſible, ou plûtoſt il eſtoit faux, que ces Notaires euſſent receu cet Acte dans leur territoire. Par ces raiſons il fut decidé que cette vente eſtoit nulle & ne faiſoit aucune foy, parce qu'il y avoit défaut dans la forme, & deffaut de pouvoir dans les Notaires, parce qu'ils avoient paſſé cet Acte dans une autre Juriſdiction que celle où il leur eſtoit permis d'inſtrumenter, & toutesfois cela n'empeſchoit pas qu'il ne fut vray que le mari & la femme n'euſſent receu l'argent, & qu'ainſi l'acheteur ne ſetrouvaſt privé du prix qu'il avoit payé, & du fonds qu'il avoit acheté, ce qui eſtoit injuſte; c'eſt pourquoy on demandoit, attendu que ce Contrat de vente ne pouvoit faire aucune foy en Juſtice, ſi la preuve par témoins pouvoit eſtre receuë en ce cas, nonobſtant l'Ordonnance, du moins à l'effet que cet acquereur pûr repeter des vendeurs le prix qu'il leur avoit payé; on répondit à cette Queſtion qu'y ayant du dol de la part des vendeurs, qui retenoient cet argent induëment, que l'acquereur pouvoit intenter contr'eux l'action de condiction, comme leur ayant payé une ſomme qu'il ne leur devoit pas, non pas à la verité en vertu de ce Contrat nul, mais en expoſant au Juge la verité du fait dans une Requeſte; ſçavoir que les vendeurs avoient extorqué de luy par fraude (& ſous prétexte de luy paſſer un Contrat de vente) le prix du fond en queſtion, lequel prix ils retenoient induëment & ſans cauſe (puiſqu'ils ſoûtenoient ne l'avoir point vendu) & qu'ainſi il pouvoit conclure à ce qu'ils fuſſent tenus luy reſtituer cette ſomme, ſi mieux n'aimoient le mari & la femme, luy paſſer un Contrat de vente de ce fond en bonne forme, & qu'à cet effet il luy ſeroit permis de

tem ad condicendam pecuniam? Huic quæſtioni reſponſum fuit, cùm de dolo venditorum, pecuniam indebitè retinentium, conſtet, condictione indebiti, aut ſine cauſa, emptorem experiri poſſe: a non quidem virtute contractus ſcripti, ſed propoſita actione juxta facti ſeriem, exponendo Judici, venditores illos doloſè pecuniam ab emptore, ſub ſpecie futuræ venditionis, extorſiſſe, eamque pecuniam indebitè & ſine cauſa penès eos eſſe, ideoque ad condictionem & reſtitutionem concludi poſſe, ſi non maluerint vir & uxor authenticam venditionem celebrare: atque pro hac condictione, pecuniæ numerationem, ejuſdemque indebitam retentionem teſtibus probari, nonobſtante hac noſtra Conſtitutione: quæ ad caſus doloſos & fraudulentos, extra pacta & conventiones, vel in ipſis pactionibus hominum ſupervenientes, extendi non debet, ne hinc injuria naſcatur, unde jus oriri debet, b neve locupletandi occaſio cum aliena jactura inducatur. c

a Toto Tit. de condict. indeb. & Tit. de condict. ſine cauſ.

b L. Meminerint. C. Unde vi.
c L. Nam hoc naturâ, ff. de condict. ind. l. ult. C. de reb. cred.

prouver par témoins la numeration par luy faite de cette somme, & qu'ils la retenoient indeuëment, & ce nonobstant cette Ordonnance, laquelle ne doit point avoir lieu à l'égard des fraudes qui se peuvent commettre dans les differentes Conventions des hommes, de crainte qu'une Ordonnance qui n'a esté faite que pour le bien de la Justice, ne devint une occasion de commettre l'injustice, & qu'elle ne servist de prétexte à enrichir l'un de la perte de l'autre.

Aliud exemplum mihi propositum fuit, de testamento cujusdam mulieris, quæ in sua jurisdictione ægrotans, ascivit duos proximæ jurisdictionis Notarios, ad condendum testamentum. Notarii enim, voluntate mulieris audita, testamentum scripserunt, & testanti perlegerunt, ac consensum illius verbaliter acceperunt: deinde in territorium suæ jurisdictionis secesserunt, quod parvo tantum flumine intermedio divisum erat à jurisdictione testantis, & ibi testamento subscripserunt. Quis non videt testamentum illud nullum esse, repugnante Legis Municipalis authoritate? *a* Qua Notariis prohibetur, in alieno territorio judicare, etiam pro testamentis : licet sit eorum facultas favorabilis. *a* Supremi enim Senatus Arresto in quoddam testamentum ita judicatum fuit. Quod Arrestum sequuti sunt nuper hujus Præsidalis Senatuli Judices, in quadam lite, eleganter enarrata per Claudium Brochardum, Propræsidis nostri primogenitum.

a Auth. de nupt. § Disponat. coll. 4. & l. 1. C. de sacros. Ecclef.

noster Presidial ont jugé la même chose dans un certain Procés qui estoit au rapport de Maistre Claude Brochard, fils aîné de nostre Lieutenant General.

3 On m'a proposé encore une autre espece au sujet du Testament d'une femme, qui estant malade dans le lieu de son domicile, envoya chercher deux Notaires de la Justice voisine pour le recevoir. Ces Notaires ayant entendu quelle étoit sa derniere volonté, écrivirent ce Testament, & luy en firent lecture, & receurent son consentement, qu'elle leur donna verbalement; ensuite ils se retirerent dans leur ressort, qui n'estoit separé de celuy du lieu où demeuroit la Testatrice que par un petit Ruisseau, & là ils souscrivirent le Testament. Qui est-ce qui ne voit que ce Testament est nul, suivant la disposition de la Coutume (de Poitou)? par laquelle il est deffendu aux Notaires d'instrumenter, même de recevoir un Testament hors leur ressort, quoy que les Testamens soient favorables; car cela a esté jugé ainsi depuis peu par Arrest du Parlement, touchant un Testament, conformément auquel Arrest, les Juges de

4 Mais on a demandé si la Testatrice étant decedée sans faire aucun

Sed quæsitum fuit, cùm testatrix sine alia testamenti factione

autre Testament que celuy dont il vient d'estre parlé, les Legataires, dont les noms estoient écrits dans ce Testament, pouvoient demander à prouver par témoins, que la Testatrice leur avoit legué les choses qui y estoient contenuës. Pour moy, j'en ay fait beaucoup de difficulté, estimant que cela estoit contraire au motif de l'Ordonnance, de crainte que ce ne fut un moyen de retomber dans l'inconvenient de la multiplicité des Procés & de la subornation des témoins, que l'Ordonnance de Moulins a voulu prévenir par sa disposition. Et les Legataires ne peuvent pas dire, que si ce Testament ne pouvoit pas estre regardé comme un Testament solemnel, du moins il pouvoit estre regardé comme un Testament nuncupatif, parce que l'on peut répondre à cet argument, suivant la Regle commune de Droit, que quand nous ne voulons pas ce que nous pouvons, ou que nous voulons ce que nous ne pouvons pas, ny l'un ny l'autre ne subsistent. Or la Testatrice avoit dessein de faire un Testament solemnel devant un Notaire, mais elle n'a pû tester en la forme qu'elle avoit

obierit, nunquid donatarii, vel legatarii in hujusmodi testamento scripti, ea quæ in testamento comprehensa erant, testibus probare possent ? Ego multùm dubitavi, existimans his contrariam Molineæ Legis rationem fore, ne scilicet perveniri possit ad testium subornationem, & factorum involutionem, pro quibus abrogata est hæc testium probatio. Nec videtur obstare quod dicebant Legatarii, testamentum illud, si non tanquam scriptum, saltem tanquam nuncupativum recipi debere. Nam huic argumento videtur respondi posse, ex communi Juris Civilis ratione : qua dicitur, cùm id, quod possumus, nolumus, vel quod volumus, non possumus efficere, neutrum consistere. *a* Volebat enim testatrix scriptis testari, sed non potuit ea forma, quam elegit, scilicet per Notarios, jurisdictionem non habentes : testari autem nuncupativè non voluit, quod forsitan poterat, secundùm tamen distinctionem quam infra dicemus in articulo ultimarum voluntatum. Ideoque cùm voluerit quod non poterat, & potuerit quod non volebat, videbatur omnem illum actum tanquam nullum corruisse, prædicta juris ratione.

a L. Multum inter-est. C. Si quis alt. vel sib. L. Si genero. C. de jur. dot. l. sive emancipatis. C. de donat.

choisi, puisque les Notaires devant lesquels ce Testament estoit passé n'estoient pas dans leur ressort, & elle n'avoit pas voulu faire un Testament nuncupatif, quoy que peut-estre elle eust pû en faire un, si elle l'eut voulu, suivant neanmoins la distinction, dont il sera parlé cy-aprés au Chapitre qui traite des dernieres volontez. C'est pourquoy ayant voulu ce qu'elle ne pouvoit pas, & ayant pû ce qu'elle ne vouloit pas, il me sembloit que ce Testament estoit absolument nul, pour les raisons susdites.

198 *Traité de la Preuve par Témoins*

Verumtamen, cùm hæc Theorica magis contractus utrinque obligatorios respiciat, quam morientium dispositiones, putarem illud relinquendum esse judicantis arbitrio, cujus fuerit animadvertere utrum hæc testium probatio recipi hoc in casu debeat, idque secundùm qualitatem personarum, atque etiam secundùm temporis, vel loci necessitatem, aut dispositionis conditionem: ut pote si sint pia legata, vel nonnihil pietatis aut necessitudinis, vel conjunctionis habeant: nam in his, temperari solet solemnitatum exacta introductio, tam jure Civili, *a* quam Canonico, *b* & Municipali. *c*

Neanmoins comme cette Theorie touchant l'observation de l'Ordonnance de Moulins regarde plûtost les Conventions reciproques, que les dispositions de derniere volonté; j'estimerois qu'il faut laisser au Juge en ce cas la liberté d'accorder cette preuve ou de la refuser, suivant qu'il le jugera, selon les personnes, la necessité des lieux ou du temps, & la qualité des dispositions. Par exemple, s'il s'agit de legs pieux ou de legs faits par un principe de pieté en faveur des parens ou alliez du Testateur. Car pour ce qui regarde ces sortes de legs, le Droit Civil, le Droit Canon & la Coutume de Poitou ne requirent pas si exactement toutes les solemnitez necessaires dans les Testamens.

a L. Si Stichus. de Leg. 3. l. Quidam de leg. 2. L. Quoniam. L. Casus. C. de Testam.
b Cap. Nos quidem ext. de testam:
c Art. Cons. 269. & 270.

ADDITIONS SUR LE VIII. CHAPITRE.

SOMMAIRE.

1. Maximes des Docteurs touchant les nullitez des stipulations & des Actes, rapportées par Maistre Charles du Moulin.
2. Autre Maxime qu'un Testament solemnel nul en la forme doit valoir comme Testament nuncupatif.
3. Opinion de Jason refutée par du Moulin.
4. Sentimens de du Moulin sur les Maximes cy-dessus.
5. Distinction entre les actes qui tirent leur origine du Droit Civil & positif, & ceux qui sont fondez sur le Droit des gens.
6. Contrats nuls dans la forme, valent comme écriture privée.
7. Dans la premiere espece rapportée par Boiceau, la preuve par témoins estoit recevable.
8. L'Ordonnance de Moulins a esté depuis étenduë aux Testamens dont il est parlé dans la seconde espece.
9. Si quand le Testament est nul, les legs pieux en sont deus: &

si le Testament nul peut servir de commencement de preuve par écrit de la volonté du Testateur.

10. *Le Testament du Pere entre enfans, quoy que nul en sa forme, subsiste à certaine condition.*

11. *Arrests qui ont adjugé portion des legs compris en des Testamens nuls.*

12. *Si ce qui est énoncé dans un Acte nul, peut faire quelque*

commencement de preuve.

13. *Exemple au sujet d'un Inventaire nul.*

14. *Si une Enqueste nulle peut servir de commencement de preuve par écrit.*

15. *Opinion, qu'elle doit estre rejettée, & pourquoy.*

16. *L'Ordonnance ne rejette point absolument la preuve par témoins. Sentiment de Mornac sur ce sujet.*

1. LA Question que propose Boiceau dans ce Chapitre touchant les Contrats nuls dans la forme, n'est touchée qu'en passant, il n'en rapporte que deux especes: mais il ne sera pas inutile de rapporter les principes du Droit Romain sur cette matiere, & de faire voir de quelle maniere ils se doivent appliquer suivant nos mœurs.

Maistre Charles du Moulin dans son traité *de verb. obl. L. si quis ita n.* 10. rapporte la Maxime que quoy qu'une stipulation peche en la forme, pourveu que le consentement de ceux qui stipulent soit certain, elle ne laisse pas de valoir comme un simple pacte, nonobstant l'opinion contraire de Bartole & de Jason. Sur le nombre 34 *ibidem*, il pose pour maxime generale en toute sorte de cas, que quand l'Acte n'est pas valable en la forme en laquelle il a esté conceu, il doit valoir en toute autre maniere en laquelle il peut valoir, pourveu que la volonté des Contractans soit certaine. La raison qu'il donne, est que tous les Actes qui se passent entre les hommes sont appuyez sur deux fondemens, qui sont la volonté & la capacité des Contractans, sans l'un & l'autre desquels, aucun Acte ne peut subsister.

Quod autem alii post Bartolū dicunt, quod stipulatio peccans in forma defectu verborū, non valet ut pactum. Hoc magis erroneum & absurdum est qui ex hypothesi adest mutuus cōsensus & sic forma & substantia pacti. Ergo debet subsistere pactū. Nos unam dumtaxat facimus cōclusionem. Generalem

2. *Nu.* 89. Il approuve la Maxime des Docteurs qui ont decidé: qu'il ne suffit pas pour détruire un Testament, de prouver qu'il est nul dans la forme. Par exemple, qu'il n'a pas esté lû au Testateur devant les témoins, parce qu'il suffit, dit-il, que ce Testament puisse valoir comme un Testament nuncupatif.

Nu. 109. Aprés avoir rapporté le sentiment de Jason, qui soûtenoit qu'une Donation nulle dans la forme, n'est pas une Donation, ny même un simple pacte, & qu'elle est absolument nulle & sans effet. Il ajoûte que ce sentiment est absurde, parce que ce qui est valable, n'est point détruit par ce qui ne l'est pas, & qu'il suffit que la volonté du Donateur soit certaine pour que la Donation soit valable, nonobstant toutes les Loix qu'on oppose au contraire, parce qu'elles n'ont pas introduit les stipulations pour annuller, mais pour confirmer les conventions.

Cependant il est certain, dit le même Du Moulin, *nu.* 117. que quand le Contrat est nul en la forme, toutes les Clauses en sont aneanties. Ainsi pour raisonner juste sur cette matiere, & ne se pas tromper dans l'usage des Maximes que pose Maître Charles du Moulin, il faut distinguer differentes sortes d'Actes. Ceux qui sont de Droit Civil & positif, & ceux qui sont originairement de Droit Naturel.

in omni materia, quod si aliunde valet ut agitur, valeat ut valere potest Concurrente voluntate.
Ratio evidens quia omnium actuum humanorum, duo sunt fundamenta, voluntas & potestas, quorum concursu omnis fiunt ut altero deficiente nihil fit.
Illud recte tradunt Doctores non sufficere ad impugnandum Testamentum allegare & probare nullitatem formæ Testamenti in scriptis, ut quia prima ruditu scriptura non fuit lecta coram testibus, quia si possit valere ut Testamentum nuncupativum satis est, &c.
Sed hoc falsum & absurdum tum quia utile per inutile non debet vitiari, tum quod constet de animo donandi, non est præsumpta, sed vera & actualis donatio, &c. Ergo utile non vitiatur per inutile etiam in forma peccans.
Ut autem constat de contractu nullo, omnes clausulæ constituti, &c. annullantur.

Les premiers; tels que sont les Testamens, doivent estre parfaits dans la forme, qui ne se supplée point par equipolence, ny en quelque maniere que ce soit. Ainsi quand le Testateur a choisi une certaine forme pour tester; Par exemple, celle du Testament solemnel devant Notaire. S'il y a eu dans ce Testament quelque formalité obmise, il est entierement nul, & ne peut valoir comme Testament nuncupatif, donc la Maxime des Docteurs approuvée par du Moulin, n'a point lieu en ce cas parmi nous, & c'est en cet endroit qu'on applique la Maxime dont parle Boiceau, que quand on veut faire ce qu'on ne peut pas faire, & qu'on ne fait pas ce qu'on peut faire, c'est comme si on ne faisoit rien du tout.

L. multum interest C si quis alteri. Si vero ab initio negotium uxoris gerens, comparasti nomine ipsius, empti actionem, nec illi nec tibi quæsisti, dumque tibi non vis, nec illi potes, quare in dominii quæstione, ille potior habetur cui possessio à domino tradita est.

Les Actes qui tirent leur origine du Droit Naturel, comme la plûpart des Contrats, ne laissent pas au contraire de valoir comme écriture privée, quoy que nuls en la forme, parce que toute leur essence consiste dans le consentement des Parties, lequel est du droit des gens, & c'est en ce sens que la Maxime

de

de du Moulin a lieu, car quoy que l'Acte peche en la forme, il ne laisse pas de valoir comme écriture privée. Brodeau sur Loüet l. N. n. 10. rapporte les Arrests qui ont jugé même dans l'espece dont parle Boiceau (qu'il cite nommément) qu'en vertu d'un Contrat de constitution de rente passé par un Notaire hors son ressort, lequel n'emporte point d'hypoteque, & n'a point d'execution parée, le debiteur ne laisse pas d'estre obligé envers celuy qui a fourni l'argent, & il fait ensuite la distinction cy-dessus rapportée au sujet des Testamens.

7 Delà il s'ensuit que dans la premiere espece proposée par Boiceau, quoy que le Contrat fut nul en la forme, & que l'acquereur en vertu de ce Contrat, ne pust pas demander la restitution du prix qu'il avoit payé, il tenoit lieu neanmoins d'écriture privée & de preuve par écrit de la numeration des deniers, ce qui luy suffisoit pour intenter l'action de condiction, sans qu'il fût besoin de demander à faire la preuve de la Convention intervenuë entre luy & les vendeurs, & cette distinction entre le fait de la numeration & le fait de la Convention, est confirmée par le sentiment de Monsieur Dargentré, Titre des Obligations, Coutume de Bretagne, art. 170. (qui est conforme à l'article 54. de Moulins), lequel decide que quand l'Obligation a esté contractée *re*, c'est-à-dire par la tradition ou numeration des deniers, la preuve par témoins en doit estre receuë à cet effet, quoy qu'on ne fût pas recevable, suivant cette Coutume & suivant l'Ordonnance, à prouver par témoins la Convention, & il ajoûte que suivant le sentiment de Bartole & des Docteurs, quoy que le Contrat soit nul, le debiteur ne laisse pas d'estre obligé de rendre l'argent à cause de la numeration qui luy en a esté faite, & dont il profiteroit sans cela injustement, ce qu'il confirme dans l'espece d'une acceptilation ou Quittance verbale, le fait de laquelle ne peut se prouver par témoins, parce que cette acceptilation est une Convention de ne point demander le payement d'une ou de plusieurs dettes; autre chose est si on articule que le Creancier a compté l'argent lors de l'Obligation, ce qui se peut, dit-il, prouver par témoins.

Qui dicit se centum mutuo realiter credidisse, nō impeditur probare testilus stipulatio quidē & promissio, non recte t stibus probaretur.

8 A l'égard de la seconde espece rapportée par Boiceau touchant un Testament passé par des Notaires hors leur territoire, & par consequent nul, il decide que ce Testament ne peut valoir comme nuncupatif, suivant la Maxime vulgaire des Doc-

teurs, tirée de la Loy *multum intereſt*, cy-deſſus citée, ce qui eſt certain. Mais quant à ce qu'il ajoûte qu'il faut laiſſer à l'arbitrage du Juge de recevoir ou de refuſer la preuve par témoins aux Legataires dénommez dans ce Teſtament, qui s'en veulent ſervir comme d'un commencement de preuve par écrit du legs qui leur a eſté fait. Il eſt conſtant que ce Teſtament eſtant nul, il ne produit aucun effet, & ne fait aucun degré de preuve, parce qu'il n'a pas les formalitez requiſes, auſquelles ſeules la Loy ajoûte foy en ce rencontre, & par conſequent les legs n'en ſont point deus, & la preuve de la volonté du Teſtateur n'eſt pas même admiſſible; car ſi cela eſtoit permis, ce ſeroit autoriſer des Actes que la Loy ne reconnoiſt point, & ce ſeroit un moyen indirect pour faire aprés coup un Teſtament à ceux qu'elle regarde, comme n'en ayant point fait.

9

Idem eſt non ſeri & non recte ſeri.
Louet p. 110.

Il n'y a que le Teſtament du Pere entre Enfans qui ſoit diſpenſé de la rigueur des formalitez, quand il contient un partage juſte de ſes biens entr'eux, & qu'il n'a fait que ce que la Loy euſt fait elle-même, s'il eſtoit decedé *inteſtat*. Les diſpoſitions du Droit Canon qui diſpenſent les Teſtamens des formalitez, en faveur des legs pieux, ne ſont point auſſi receuës en France, parce que l'on a jugé qu'il eſtoit de l'intereſt public de reſtraindre les dernieres voluntez des hommes ſujettes aux ſuggeſtions, même l'article 270. de la Coutume de Poitou, rapporté par Boiceau, demande preciſément un Notaire & deux témoins, ſoit à la Ville ou aux Champs.

10

Que ſi quelquefois les Arreſts ont adjugé quelque portion des legs pieux ou favorables, contenus en des Teſtamens nuls, ſoit à l'Egliſe, aux Pauvres, à des enfans baſtards, ou autres proches parens Legataires, ç'à eſté par des motifs particuliers, & par une ſouveraine équité, qui bien loin de faire violence à la Regle, ne ſert qu'à la confirmer.

11

On demande ſi ce qui eſt énoncé dans un Acte nul ne peut jamais faire preuve, ou ſervir de commencement de preuve par écrit, & cela dépend des circonſtances, car il y a des cas où un Acte nul peut même faire preuve de la verité, ainſi il a eſté jugé qu'un Inventaire nul, lequel avoit eſté fait par le ſurvivant des conjoints des biens de la Communauté, ſuffiſoit pour empeſcher la continuation, parce qu'il faiſoit preuve de la volonté que le ſurvivant avoit eu de la diſſoudre.

12

13

Louet & Brodeau, l.C. n.30.

Mais on doute ſi une Enqueſte nulle dans laquelle le fait

14

qu'il s'agit d'éclaircir est prouvé, peut du moins tenir lieu de commencement de preuve par écrit à l'effet de pouvoir faire admettre une seconde fois la preuve par témoins, & il est certain que cela ne doit pas estre permis, car ce seroit un moyen indirect de contrevenir à l'Ordonnance, mais elle peut servir de présomption de la verité du fait s'il y est prouvé. Charondas Resp. l. 3. n. 53. demande si un Acte ayant esté declaré faux & comme tel laceré, on peut neanmoins prouver la verité de la teneur de cet Acte, parce que quoy qu'il soit faux, quant à la signature, il se peut faire, que ce qui y est énoncé, soit veritable. Il dit qu'il peut estre prouvé par témoins, suivant l'opinion de plusieurs Interpretes sur la Loy : *Si ex falsis instrumentis C. de Transact.* & qu'il a esté jugé ainsi par Arrest du dernier Aoust 1497. (anterieur par consequent à l'Ordonnance de Moulins) mais aprés la disposition de l'article 54. de cette Ordonnance, on demande, ajoûte-il, si cette preuve seroit permise en ce cas, quand il s'agit de plus de cent livres, & il dit que les opinions estoient partagées de son temps sur cette Question. Toutefois, ajoûte-t'il, dautant que par le Jugement de faux, l'instrument est seulement annullé & rompu, il semble que la verité du fait n'est pervertie, ce sont ses termes, que c'est comme s'il n'y eust eu aucun Contrat, que par consequent la preuve du fait qui a esté traité entre les Parties, est recevable si l'on prétend que la chose a sorty effet ; autre chose seroit, dit-il, s'il estoit question d'une simple Promesse ou Convention, non aidée & confirmée de tradition, il ne decide pourtant rien & il finit en disant qu'il faut attendre ce Jugement de la Cour d'un Procés party. Pour le fait d'un transport qui avoit esté jugé faux à la poursuite de celuy contre lequel il avoit esté fait, & du contenu duquel la preuve par témoins avoit esté receuë par le Juge dont estoit appel contre celuy qui l'avoit fait.

16 Au reste l'Ordonnance, comme il a esté déja remarqué, n'a pas abrogé absolument la preuve par témoins. Mornac dit même que quelque foible que soit le commencement de preuve par écrit, il suffit pour faire obtenir cette preuve. Et c'est ce qui sera examiné cy-aprés sur le Chapitre 1. de la Seconde Partie, en expliquant ce que c'est que le commencement de preuve par écrit.

CHAPITRE IX.

Des marchez faits durant les Foires.

SOMMAIRE.

1. *Des Foires en general & des marchez qui s'y font.*
2. *Raisons pour prouver qu'ils ne doivent point estre compris dans la prohibition de l'Ordonnance de Moulins.*
3. *Non plus que ceux qui se passent entre Gentilhommes, qui ne font point d'écrit.*
4. *Raisons pour prouver au contraire que tous ces marchez doivent estre redigez par écrit suivant l'Ordonnance.*
5. *Deux especes sur ce sujet, où la la preuve par témoins doit estre receuë.*
6. *La difficulté de trouver un Notaire ne peut plus estre opposée.*
7. *Expedient sur ce sujet pour celuy qui a vendu une chose à credit sans Acte par écrit.*
8. *Si celuy qui a vendu, & qui a esté payé comptant, revendique la chose qu'il a venduë, comme ne l'ayant point venduë.*
9. *Sentiment de Boiceau que la preuve par témoins doit estre admise en ce cas, des circonstances qui peuvent faire présumer la vente.*
10. *Maniere dont doivent déposer les témoins en ce rencontre.*
11. *Prudence du Juge requise dans ces occasions.*

His expeditis, de pactis Nundinalibus est dicendum : quanta enim sit Nundinarum ac cœtuum mercalium communitas, & civitatibus utilitas, nemo nescit, teste Callistrato : *a* quarum Nundinarum concessio inter Regalia computatur. *b* Item quàm magna sit copia Nundinarum in hoc Regno, palam est, nam nulla est urbicula, nullusque pagus, vel pagulus, in quibus non sit

_{a In L. 1.
ff. de Nundin.
b Cap. unic.
quæ sint
Reg. in usib.
feud.}

Aprés ce qui vient d'estre dit, il faut parler des Marchez faits durant les Foires, car personne n'ignore combien le nombre en est grand, & combien elles sont utiles aux Villes (témoin ce qu'en dit le Jurisconsulte Callistrate) aussi le droit de les établir est un droit Royal; d'ailleurs on sçait qu'il y en a beaucoup en ce Royaume; car il n'y a pas la moindre petite

Ville, ny le plus petit Village ou Hameau, qui n'ait la sienne. Or pendant qu'elles durent, il se fait une infinité de ventes & d'échanges, tant de choses qui ne sont que de pures meubles, que de Chevaux, de Bœufs, de Mules, dont le prix excede souvent la somme de cent livres. On demande si la prohibition de l'Ordonnance de Moulins doit avoir lieu en tous ces cas.

2. Et il semble qu'elle ne doit point s'entendre de ces sortes de Conventions, parce qu'elles se consomment plûtost par la tradition que par aucune Convention en forme; car les choses (venduës ou échangées) s'y livrent, comme on dit, de la main à la main. Or dans ces sortes de marchez qui se consomment par la tradition, il n'est pas ce semble necessaire d'y observer tant de solemnitez, comme il se
3 pratique sur tout entre Gentilshommes, qui en usent librement & familierement entr'eux, car j'en ay veu souvent prester à d'autres Gentilshommes, leurs parens ou leurs amis, ou leurs compagnons de guerre, des chevaux estimez deux cens écus, & autres choses semblables, sans faire aucun écrit; en sorte que le tout se consommoit par la simple tradition. On demande si en cas qu'il survienne quelque contestation entr'eux pour ce sujet, comme je sçay qu'il est arrivé au sujet d'un Cheval, que celuy qui l'avoit en sa possession disoit luy avoir esté

usus, Nundinarum frequentissimus: at in his, fiunt quotidiè inter mercatores ac rusticos, & alios, infinitæ venditiones, permutationes rerum, tam mobilium, quàm se moventium, ut equorum, boüm, mularum: quarum æstimatio & pretia in conventionem deducta, libras centum excedunt sæpissimè: nunquid hæc omnia Constitutioni huic subjici debeant?

Et videretur quod non, cùm hujusmodi pacta, magis à traditionibus incipiant & perficiantur, quàm à conventionibus: nam manu ad manum, ut dicitur, in Nundinis venditum tradi solet, in his autem quæ à traditione magis incipiunt, & maximè in mobilibus, vel se moventibus, non tanta solet exquiri Juris solemnitas: a cujusmodi ferè sunt eæ liberalitates, quæ inter Nobiles fieri consueverunt. Sæpe enim vidi nonnullos Nobiles, liberaliter donare & tradere aliis Nobilibus aut cognatis, aut amicissimis, aut commilitonibus, equos ducentis aureis æstimatos, vel alia munera ejusmodi, nullumque ibi contractum fieri, sed solam traditionem intervenire, utrum, si de his oriatur contentio, (ut aliquando vidi de quodam equo, quem donatum sibi possessor dicebat, hæredes autem donantis negabant) hujusmodi donatio testibus probari possit? Quod videtur, cùm eo casu magis de simplici traditione agatur, quàm de contractu aliquo. Præterea, si de his omnibus pactis Nundinali-

a *Ut not. in L. Sive emäcipatis. L. Si quis argentum l. penult. C. de donation.*

bus, aliifque fimilibus conventionibus, feu liberalitatibus, quæ momentanea traditione complentur, Notarii ubique requirantur, quantis incommodis Mercatores omnes & ad Nundinas coëuntes, aliique omnes de mobilibus contrahentes afficiantur, contra Nundinarum privilegia,[a] nemo eft qui non videt. Imò ferè ad impoffibile reducentur omnes Nundinationes, in quibus, de momento ad momentum, Notarios femper præfto habere, erit impoffibile. Ideoque hoc refpectu, hæc Conftitutio ad impoffibile reducta videbitur : contra Legis conditionem & naturam, quæ de poffibili tantùm fieri debet.[b]

[a] *In L. unica. C. de Nund. & mer.*

[b] *L. Leges. C. de Leg. l. impoffibilium de Reg. Jur.*

donné par un Gentilhomme, ce que les heritiers de ce Gentilhomme dénioient ; fçavoir fi celuy qui avoit ce Cheval fera recevable à prouver que le deffunt luy en avoit fait prefent, ce qui femble devoir eftre ainfi, parce qu'il s'agit plûtoft en ce cas de prouver le fait de la tradition, que de prouver qu'il y ait eu aucune Convention. De plus, fi dans tous ces pactes ou marchez qui fe font durant les Foires, & autres femblables Conventions, ou prefens, qui fe confomment par la fimple tradition, il falloit toûjours avoir un Notaire, il n'y a perfonne qui ne voye combien cela feroit à charge aux Marchands & à tous ceux qui vont aux Foires, ou qui achetent & vendent des chofes qui font meubles, ce qui feroit reftraindre la liberté qu'on a de contracter dans la Foire, & même ce feroit en quelque forte en empefcher l'ufage, parce qu'il feroit impoffible d'avoir toûjours un Notaire pour paffer tous les marchez qui s'y font. C'eft pourquoy en ce cas l'execution de l'Ordonnance femble eftre impoffible, ce qui eft une condition effentielle à la Loy, qui ne doit commander que des chofes poffibles.

His tamen nonobftantibus, puto hanc Conftitutionem, in his omnibus pactis, quæ de mobilibus, in Nundinis vel extra, conficiuntur, locum habere, fi libras centum excedant, ex his verbis generalibus Legis, *De omnibus rebus centum Libras excedentibus*. Nam rerum appellatio latiffimè patet, ideoque non tantùm ad res immobiles, fed etiam mobiles, & fe moventes, & ad omnia jura corporalia, incorporalia, & mixta extenditur :[c] quo circa ex identitate rationis, ne fiant fubornationes teftium, idem

[c] *L. Rei appellatio L. Rei appellatione. ff. de verb. fig. & ibi Accurf.*

Neanmoins malgré toutes fes raifons, j'eftime que cette Ordonnance ne laiffe pas d'avoir lieu. A l'égard de tous les marchez faits és Foires ou ailleurs, des chofes meubles, qui excedent la valeur de cent livres, fuivant ces termes generaux de l'Ordonnance : *De toutes chofes qui excedent cent livres*, car la fignification de ce mot chofes mentionnées en l'Ordonnance, eftant d'une étenduë fans bornes, comprend les chofes meubles, ou qui fe maintiennent par elles-mêmes, & celles qui font immeubles, & tous les droits corporels, incorporels & mixtes, c'est pourquoy attendu qu'il y a parité de raison, qui est la crainte de la subornation des témoins ; j'estime que l'Ordonnance y doit avoir lieu. Et en effet j'ay veu arriver une infinité de contestations & de Procés touchant les marchez qui se font dans les Foires ; car si par exemple un Païsan a vendu une couple de bœufs quarante écus, payables dans un mois, & que ce marché n'ait pas esté redigé par écrit : quelle action aura-t'il pour s'en faire payer, si on luy refuse la preuve par témoins ?

Et il n'y a pas long-temps que j'ay veu un certain Procés, dans lequel un particulier soûtenoit que deux Mules qu'un autre avoit en sa possession luy appartenoient, & qu'il les avoit achetées cent dix livres d'une autre personne, laquelle ayant esté appellée en garantie de cette vente, dénia les avoir venduës. Et dans un autre Procés dont j'ay entendu parler, il s'agissoit d'un Cheval qui avoit esté vendu cent écus, on soûtenoit que ce n'estoit pas ce Cheval là qui avoit esté vendu, mais un autre Cheval. Dans tous ces cas la preuve par témoins ne doit pas estre admise ? Et je croy qu'elle ne le doit pas estre, parce que cette Ordonnance le deffend. Et on ne peut alleguer la difficulté de trouver des Notaires, qui ne peut plus estre alleguée avec raison, parce que s'il y a un grand nombre de Foires, il y a aussi à present un grand nombre de Notaires dans les moindres Bourgs

jus in his etiam observari debere arbitror. Et revera de istis pactis Nundinalibus infinita vidi jurgia & lites oriri. Rusticus enim, qui duo boüm juga vendit, pro aureis quadraginta, infra mensem persolvendis, si nihil de venditione scribat, quomodo ex vendito agere poterit, cùm denegetur ei testibus probatio?

a L. Illud. ff. Ad L. Aq.

Nec diu est me vidisse litem inter quemdam, duas mulas vindicantem, contra possessorem, qui se mulas decem & centum libris emisse contendebat à quodam tertio venditore, qui vocatus ad evictionis præstationem, mularum venditionem denegabat : item, de equo centum aureis vendito, litem audivi, in qua illius equi venditio negabatur, & alium equum venditum fuisse contendebatur : nunquid in his omnibus testium probatio admitti poterit ? Puto quòd non, impediente hac generali Constitutione. Nec obstat difficultas recuperandorum Tabellionum, quæ in his venditionibus justa ex causa allegari non potest : quia quemadmodum Nundinarum magna est copia, tam in urbibus quàm in pagis, ita etiam hodie plurimi sunt ubique locorum Notarii : idcirco consultiùs facient Nundinantes, si his pactionibus, centum libras excedentibus, Notarios adhibeant, maximè si in iis, fidem alienam sequuti, in creditum iri velint :

& Villages. C'est pourquoy ceux qui trafiquent dans les Foires feront plus prudemment (sur tout quand ils veulent faire credit à quelqu'un) d'en passer un Acte devant Notaire ; car autrement ils seront sujets à la prohibition de l'Ordonnance, comme je l'ay veu pratiquer en plusieurs cas semblables.

Neanmoins dans ces sortes de marchez faits és Foires, j'ay veu pratiquer un bon expedient. Titius, par exemple, qui avoit vendu à credit ses bœufs, sans passer le marché par écrit, venant à s'appercevoir que Caius qui les a achetez, veut le nier, & neanmoins les garde en sa possession, ou qu'il veut soûtenir qu'il les a livrez à un tiers, en ce cas afin que Titius puisse revendiquer ses bœufs, il faut qu'il soûtienne que Caius, ou celuy à qui il les a livrez, les retient injustement & sans cause, & qu'il concluë à la restitution, si mieux n'aiment ceux qui les ont en leur possession, luy payer quarante écus, qui est leur veritable valeur : mais il ne doit point faire aucune mention qu'il y ait eu une vente, de crainte que n'ayant point de marché par écrit, il ne perde sa Cause faute de preuve, car par ce moyen celuy qui a ses bœufs en sa possession, sera tenu de les rendre, ou d'avoüer qu'il les a achetez. Au reste l'on accordera à Titius la permission de prouver par témoins que ses bœufs luy appartenoient il n'y a pas longtemps (ce qu'il a toûjours esté permis de prouver contre un usurpateur) & que Caius

---

nam secùs, in rationem Legis istius incident necessariò, ut pluribus jam expertus sum exemplis.

Remedium contra eos qui venditionem in nundinis factam denegant.

Verumtamen in his negotiis Nundinalibus, aliisque mobilium vel se moventium rerum pactis, hanc bonam & securam vidi expediri cautelam : Titius videlicet, qui boves suos creditò & sine scriptis vendiderat, si animadvertat Caium emptorem, venditionem negare velle, & tamen boves semper detinere, aut tertio nuper possidendos tradidisse, cautio est : ut ipse Titius boves suos vindicet, & sine causa possessos & occupatos per Caium, aut tertium detentorem contendat, ideoque ad restitutionem boüm concludat, si non malit possessor iste, quadraginta aureos, veram boüm æstimationem, præstare : de venditione autem nullam faciet mentionem, ne incidat in probationis scriptæ inopiam : atque ita cogetur dolosus ille detentor, aut venditionem ipsemet allegare & fateri, aut boves restituere : cæterùm Titio permissum erit testibus probare, boves illos in dominio ipsius fuisse, (hoc enim contra usurpantem & occupantem licitum semper fuit) *a* seque eos tanquam dominum nuper possedisse, & jam ab illo Caio sine causa detineri : sic enim semper vindicari poterunt. *b* Ideoque si justam occupationis causam non probet Caius, ad restitutionem cogetur : sicque dolus & mala fi-

a L. Proprietatis. C. de probat.
b L. 1. & 3. C. de rei vend. l. Si fundum. C. de reb. al. non alienand.

Caius les luy retient injuſtement; des illius manifeſtabitur.
car ainſi il ſera toûjours en droit de les revendiquer, c'eſt pourquoy ſi Caius ne prouve pas qu'il les poſſede à juſte titre, il ſera contraint de les rendre, & ainſi ſon dol & ſa mauvaiſe foy paroiſtront.

8 Et on peut en uſer ainſi contre tous ceux qui ſe ſont mis en poſſeſſion par fraude de ſemblables choſes, leſquels ſous prétexte de la rigueur de cette Ordonnance, ont l'aſſurance d'en dénier le prix, leſquels s'ils refuſent de reſtituer cette choſe, & en dénient la vente, ne pourront éviter d'eſtre condamnez à les reſtituer, parce qu'ils doivent ſçavoir que cette choſe ne leur appartient pas, puiſqu'ils ne l'ont pas achetée. Mais que ſera-ce au contraire ſi Titius qui a vendu ſes bœufs argent comptant, a la mauvaiſe foy de les revendiquer de Caius, comme s'il les luy retenoit ſans cauſe, & qu'il nie que Caius les ait achetez de luy & luy en ait payé le prix. Que fera cet acheteur de bonne foy pour ſe deffendre? puiſque la preuve par témoins luy eſt interdite, ſuivant cette Ordonnance, & qu'au contraire, comme il vient d'eſtre dit; celuy qui de mauvaiſe foy en revendique la propriété, peut prouver même par témoins que cet acheteur les luy retient injuſtement.

Et ita practicari poteſt contra omnes doloſos mobilium detentores, pretium venditionis denegantes, & rigori hujus Conſtitutionis forſitan ex induſtria confidentes: qui vindicationem rei, eorum reſpectu alienæ, ſi venditionem denegent, fugere non poterunt, cùm alienum ſcire debeant, quod ſuum eſſe ex vendito fateri nolunt. *a* Sed quid, ſi, vice verſa, Titius qui boves vendidit præſente pecunia, doloſè ſuos boves vindicet, tanquam ſine cauſa per Caium poſſeſſos, & deneget Caio venditionem, ac pretii numerationem? Quid, inquam, iſte, modò probus emptor faciet; cùm teſtibus venditionem probare ei non liceat, hac Lege obſtante: poſſit autem doloſus iſte vindicans dominium, quolibet probationis genere probare, ut ſupra dictum eſt.

a L. ult. C. unde vi. & l. Si finit. §. Cum venrò. ff. de dam. infec.

9 Je crois qu'en ce cas, la preuve par témoins doit eſtre admiſe en ſa faveur, non pas de la vente, mais des circonſtances & des indices, deſquelles on pourra conclure enſuite qu'il y a eu vente; Par exemple, (il pourra demander à faire la preuve) que Titius a mené ſes bœufs au marché pour les vendre,

Puto in iſto caſu, admittendam eſſe teſtium probationem: non quidem de ipſiſſima venditione, ſed de circumſtantiis & indiciis, quæ facient præſumi venditionem factam fuiſſe: ut potè, quòd Titius venales habuit *b* boves in foro, quòd multis vendendos expoſuit, quòd viſi ſunt Titius & Caius colloquen-

b Argum. l. 1. C. de rer. permutat. ubi Doctores.

tes de boüm venditione, quòd visus est Caius pecunias Titio numerare, & deinde visus est idem Caius, boves à Nundinis in domum deduxisse : his enim probatis, juncta possessione Caii, inducetur venditionis vehementissima præsumptio, cùm jam ex possessione Caii, nonnihil bonæ fidei præsumatur : *a* &, si testes de his indiciis testificantes, de ipsamet venditione deponant, non ea ex causa rejici debebunt, quòd testibus venditionem probare non liceat, sed ob hoc admittentur testes, quòd super indiciis & circumstantiis supra deductis duntaxat, producti fuerint.

L. Possessiones C. de probation.

que plusieurs personnes les ont marchandé, qu'on l'a veu luy-même les marchander avec Titius, & compter l'argent, (après les avoir achetez) & qu'on l'a veu ensuite les emmener de la Foire chez luy; car ces choses estant ainsi prouvées : jointes à ce qu'il a ses bœufs en sa possession, (laquelle possession est déja elle-même une présomption de sa bonne-foy,) elles feront présumer qu'il y a eu une vente, & si quelqu'un des témoins en déposant de toutes ces circonstances, dépose aussi de la vente, il ne faudra pourtant pas rejetter sa déposition, fondé sur ce qu'il n'est pas permis de prouver par témoins ce Contrat, mais on aura égard à sa déposition, seulement en ce qu'elle concerne les circonstances qui peuvent faire présumer la vente, & dont la preuve est permise, après qu'elles ont esté articulées par l'acheteur.

10

Et in his omnibus temperanda erit judicantis religio, ut inter Legis istius rigorem, & juris æquitatem, officium suum interponat, *b* secundum ea quæ magis ipse scire poterit : veluti ex partium qualitate vel calliditate, quæ sæpenumero in his rusticis ocularis est, & denique secundùm testium & testimoniorum dignitatem, & verisimilitudinem, ut inquit Ulpianus. *c* Et hæc sufficiant pro contractibus & conventionibus expressis.

b Nulla juris. ff. de Legib. l. 1. C. eodem.

c L. Testiū. §. 1. & §. Idem divus Hadrianus. ff. de testib.

Et dans tous ces cas, il faut que le Juge prenne le milieu entre l'observation rigoureuse de la Loy & l'équité, suivant qu'il pourra conjecturer luy-même, soit par la qualité des Parties, soit par les détours de leur procedé, dont la fraude est quelquefois si évidente dans les Païsans, qu'on la lit presque dans leurs yeux ; ou enfin par la qualité des témoins & la vray-semblance de leurs dépositions, comme dit Ulpien, & ce qui vient d'estre dit

11

cy-dessus, suffira pour ce qui regarde les Conventions expresses.

ADDITIONS SUR LE IX. CHAPITRE.

SOMMAIRE.

1. *Origine des Foires à Rome, & leur usage.*
2. *Leur antiquité en France.*
3. *Le Roy seul a droit de les établir.*
4. *Les Seigneurs Chastelains en Anjou ont aussi ce droit.*
5. *Privileges des Foires à Rome & parmi nous.*
6. *L'Ordonnance de Moulins & de 1667. ont lieu pour les Conventions faites durant les Foires.*
7. *Si le Seigneur peut prouver par témoins qu'il est en pos-*

session d'avoir une Foire dans son territoire.
8. *Si la preuve par témoins est receuë quand la Convention par écrit n'est point datée, à l'effet de prouver qu'elle a esté passée durant le temps que la Foire tenoit.*
9. *Raisons pour faire voir que la date se peut prouver par témoins, quand il n'y en a point de preuve par écrit.*
10. *Reflexion sur l'expedient que donne Boiceau quand il y a eu tradition.*

1. AVant d'examiner ce que Boiceau dit touchant les Conventions qui se font durant les Foires; on peut remarquer en passant que leur origine est fort ancienne, il y en avoit chez les Grecs, Romulus, ou Servius Tullius, selon quelques Auteurs, les introduisirent dés la naissance de la Republique Romaine. Monsieur Cujas sur le Titr. *lo. C. l. 4.* dit que les Grecs appelloient les jours de Foires ἀτελείας vacations, lesquels on appelloit à Rome, *Feriatos*, ou *nefastos dies*, parce que dans ces jours, *nefas erat adire Prætorem*, ce qui fut changé chez les Romains par la Loy *Hortensia*. Avant cela sous le Regne des Rois, dit Macrobe Sat. 1. les Foires *erant feria Paganorum seu Rusticorum*, c'est-à-dire que ceux qui habitoient aux champs, aprés avoir employé huit jours à cultiver la terre, venoient à Rome le neuviéme jour faire leurs affaires, prendre les marchandises qui leur estoient necessaires, & donner leurs suffrages dans l'Assemblée du Peuple pour la promulgation des Loix; car, comme remarque Sigonius, Romulus avoit deffendu aux personnes libres l'e-

Voyez Fevret de Lalum.

De Jure Rom. l. 1. ch. 7. Rosinus Ant. Rom. l. 4. ch. 17.

xergice des Arts & Meſtiers, il n'y avoit que les Eſclaves & les Etrangers qui s'en meſlaſſent, & ces Eſclaves habitoient dans la Ville, le reſte des Romains, pour la plûpart demeuroient aux Champs pendant la Paix, & s'enrôlloient tous pendant la guerre.

En France, les Foires ſont auſſi anciennes que la Monarchie, puis qu'on prétend que celle de ſaint Denis a eſté inſtituée par Dagobert, & ſi nous voulons remonter encore plus haut, les anciens Gaulois tenoient auſſi des Foires, dans leſquelles la Traite Foraine des Marchandiſes étrangeres n'eſtoit pas permiſe, comme a remarqué Paſquier l. 1. chap. 1. de ſes Recherches. Le Droit de les établir en France eſt un Droit Royal. Dans l'Empire Romain, le Peuple, le Senat, & enſuite les Empereurs, avoient l'autorité de les inſtituer, comme marquent la Loy 1. D. *de Nundinis*, & la Loy *qui exercendorum*, Co. l. 4. T. 60. on pouvoit pourtant les tenir, quand on en eſtoit en poſſeſſion depuis long-temps, & ce droit ſe perdoit par la diſcontinuation de poſſeſſion durant dix ans, dit la Loy 50. D. *de Nundinis*. Or quoy que ce Droit parmy nous ſoit un Droit Royal, comme il eſt marqué expreſſément dans le Grand Coutumier l. 1. chap. 1. page 17. neanmoins il y a des Coutumes où de Droit Commun les Seigneurs Chaſtelains ont ce Droit, comme en la Coutume d'Anjou T. 5. art. 49. mais regulierement il faut des Lettres Patentes du Roy. Au reſte l'utilité du Commerce a obligé les Princes d'accorder pluſieurs Privileges aux Marchands qui y viennent trafiquer; ainſi à Rome ils ne payoient aucun droit pour le lieu auquel ils étaloient leurs marchandiſes, elles n'y pouvoient eſtre ſaiſies pour leurs dettes, ſi ce n'eſt pour celles qu'ils avoient contractées durant les Foires, & les Etrangers avoient un ſauf-conduit pour y apporter leurs marchandiſes, ſuivant la Loy unique Cod. l. 4. T. 60. qui en cela a rétabli l'ancien Droit, dit Monſieur Cujas, les mêmes Privileges ont preſque lieu parmy nous. Papon l. 5. de ſes Arreſts obſerve que le Droit de Marque ou de Repreſailles n'a pas lieu en France contre les Marchands Etrangers qui y trafiquent, non plus que le droit d'Aubaine ſur les biens des Marchands qui trafiquent és Foires de Lyon, comme remarque Bacquet chap. 4. du Droit d'Aubaine. Et à l'égard des dettes actives & contractées durant les Foires, le debiteur ne peut faire ceſſion pour s'en liberer, ny obtenir Lettres de Répit.

Le droit qu'on le voit autrefois à Rome s'appelloit ſiliquatieum.

6   Cela supposé, il est certain que ce que decide Boiceau, touchant les Conventions faites durant les Foires, doit avoir lieu par tout, quand la Convention excede cent livres, suivant l'Ordonnance de Moulins & celle de 1667. ainsi qu'a remarqué Vrevin chap. 24. de ses Observations sur cet article; parce que, dit-il, cette Ordonnance est generale pour toute sorte de Conventions: il n'y a que dans la Jurisdiction des Consuls, entre Marchands, qu'on admet la preuve par témoins de la livraison & du payement des marchandises, comme il a esté cy-devant remarqué, parce que ces deux Ordonnances n'y sont pas observées à la rigueur; celle de 1667. n'ayant point dérogé en cela à leur usage, comme elle le marque expressément.

7   A l'occasion de ce qui vient d'estre dit des Foires, on peut demander 1. Si le Seigneur qui est en possession d'avoir une Foire dans un certain lieu de sa Seigneurie, & qui n'a point les Lettres Patentes de leur établissement, pour se maintenir dans ce Droit contre un autre Seigneur voisin qui le trouble & qui prétend en établir une, peut alleguer sa possession, & demander à en faire la preuve par témoins. Et il faut distinguer, s'il articule une possession immemoriale, & qu'il a perdu les Lettres Patentes qui luy ont permis d'établir cette Foire dans un certain lieu de sa Seigneurie; il y doit estre receu, parce que cette possession immemoriale (quand elle est prouvée) fait présumer qu'il y a eu un Titre d'établissement: mais s'il n'allegue qu'une possession de quelques années, il ne doit pas estre écouté, & c'est ainsi qu'on doit expliquer Loyseau ch. 8. des Seigneuries, *in fine*, quand il dit qu'il faut en ce cas un Titre de concession ou prescription.

Il faut excepter encore si c'est dans l'étenduë d'une Coutume où le Seigneur Chastelain est fondé en Droit Commun d'établir des Foires dans sa Chastellenie, comme en Anjou, auquel cas il ne luy faut aucun Titre que sa possession & sa qualité de Seigneur Chastelain.

8   2. On peut demander si au cas qu'un Marchand ait vendu à un particulier de la marchandise, & que dans le marché qui en a esté passé entr'eux sous signature privée, il ne se trouve point de date, le vendeur peut estre receu à prouver par témoins que ce marché a esté passé, & la marchandise livrée à l'acheteur durant le temps de la Foire, pour joüir par luy du Privilege accordé à ceux qui y trafiquent; Par exem-

ple, de la contrainte par corps, & il y a lieu de soûtenir qu'il doit estre receu à cette preuve, qui en ce cas, n'est pas contraire à l'Ordonnance ; car quand elle deffend la preuve de ce qui ne se trouve pas redigé par écrit dans l'Acte, elle n'a entendu parler que des Conventions qui en font partie, parce qu'ayant esté libre aux Contractans de les y comprendre, si ils ne l'ont pas fait, elle présume qu'ils les ont obmises à dessein, & elle ne veut pas qu'on les puisse suppléer malgré eux par une preuve par témoins faite après coup ; mais à l'égard de la datte de l'Acte, ce n'est point une Convention, elle ne dépend pas même en quelque sorte du fait des Parties, puisque soit qu'elle soit exprimée ou non, il est toûjours vray de dire qu'il y en a une, laquelle est certaine, quand l'Acte a esté une fois passé, & que par consequent ne s'agissant que de la verifier, ce qui est un simple fait, la preuve par témoins en doit estre receuë, ce qui doit aussi avoir lieu dans tous les autres Contrats, donc la date a esté obmise, le Contrat tel qu'il est, tenant lieu en quelque sorte en ce cas de commencement de preuve par écrit. Quant à l'expedient que donne Boiceau dans ce Chapitre à l'effet de pouvoir obtenir la preuve par témoins d'une vente de bestiaux qui n'a point esté redigée par écrit, c'est au Juge à en user avec prudence ; car cet expedient est fort dangereux dans la pratique, ainsi qu'il a esté cy-devant observé dans le Chapitre premier.

9

10

CHAPITRE X.

Des quasi Contrats & Obligations qui procedent de delit, ou quasi delit, & des Actes faits en Jugement, & hors Jugement.

SOMMAIRE.

1. *Les quasi Contrats ne se redigent point par écrit, & ainsi ne sont sujets à l'Ordonnance.*
2. *Exemple, dans celuy qui a geré les affaires d'un absent sans avoir ordre de luy.*
3. *Que la preuve par témoins n'est point necessaire en ce cas.*

en Matière Civile.

4. *Distinction quand le mandataire agit par l'action* Mandati, *ou par l'action* negotiorum gestorum.
5. *Les Obligations* ex maleficio, *ne sont aussi comprises dans l'Ordonnance, ny celles* ex quasi delicto, *ny celles où il y a dol.*
6. *Si les Actes judiciaires doivent estre redigez par écrit.*
7. *Decision pour l'affirmative.*
8. *Preuve de cette decision par la Loy & par l'usage.*
9. *L'Autentique* nisi breves. C. de Sent. ex brevi recit. & l. quoties. C. de privil. Scho. *n'ont lieu en France.*
10. *Exception si les Actes judiciaires ont esté perdus par incendie, naufrage, &c.*
11. *Si les Actes extrajudiciaires, comme les Insinuations, les offres, & autres semblables, se peuvent prouver par témoins.*
12. *Raisons pour l'affirmative.*
13. *Distinction sur ce sujet.*
14. *Quels Actes extrajudiciaires se doivent prouver par écrit.*
15. *En quels cas il est indifferent qu'une chose se fasse* in forma specifica, aut per æquipollens.
16. *Distinction entre les dénonciations qui se font à une tierce personne.*
17. *Explication de la Maxime* certus certiorari non debet.
18. *Si les Actes que la Loy n'ordonne point de rediger par écrit, peuvent estre prouvez par témoins.*
19. *Si les offres qui doivent estre suivies d'une consignation en Justice, doivent estre redigées par écrit.*

1 IL faut parler à present des quasi Contrats, c'est-à-dire des Obligations qui naissent de ce qu'on appelle un quasi Contrat, ou qui procedent de quelque delit ou quasi delit. Car il est évident par les raisons cy-dessus, que l'Ordonnance de Moulins n'y a point lieu, d'autant qu'un quasi Contrat ne se redige point par écrit ; autrement s'il estoit écrit, ce seroit un Contrat & non pas un quasi Contrat, lequel peut obliger même les absens, & ceux qui ignorent le fait pour raison duquel ils sont obligez ; Par exemple, un amy prend

Loquendum nunc est de quasi contractibus, qui scilicet ex quasi contractu, item ex maleficio vel quasi nascuntur: nam in his, hanc Constitutionem locum habere non posse perspicuum est, his rationibus : nempe, quasi contractus scriptis concipi non solet, quia si scriberetur, contractus esset, & non quasi contractus, cùm gignatur ejusmodi obligatio contra absentes & ignorantes: a Exempli gratia, in negotio absentis gesto absque mandato, nulla est expressa conventio, nulla scripturæ intervention, sed sola amicitiæ & utilitatis contemplatio: b itaque hac sola ratione, actio, ob negotium uti-

a §. 1. Inst. de oblig. quæ ex quasi. cont.

b L. 1. ff. de negot. gest.

liter gestum, contra absentem, etiam non consentientem, à Lege, non ab homine, conceditur, ut vulgatum est : *a* Si ergo tantum scriptis ille quasi contractus negotiorum gestorum probari posset, non autem testibus : bonæ fidei gestor perpetuo afficeretur damno, atque ob id, absentis negotia manerent semper neglecta, contra omnem Juris æquitatem, & hominum societatem, Legibus nostris introductam : *b* cùm si mandatum expressum sit (quod inter contractus scriptos supra retulimus) & de mandato non constet, cautela sit, ut mandatarius negotiorum utiliter gestorum agat, quia utraque actione experiri potest : *c* nam si mandati ageret, nonnisi scriptis agere posset, sed negotiorum gestorum agendo, testibus tunc uti poterit. Idemque in tutore, vel protutore, cæterisque quasi contractibus sola Juris æquitate nascentibus. *d*

a *In dict. l. 1. & l. 2. & 3. §. interdum. cod. l. Tutori & l. ult. C. eodem.*

b *Dict. §. 1. Inst. & dict. L. prima.*

c *L. Si mandatum. C. de neg. gest. & l. 3 §. Apud Marcellum. ff. eodem.*

d *§. 1. Inst. de oblig. quæ ex quasi cont. L. 1. §. Pro tutore. ff. de eo qui pro tu.*

soin des affaires de son amy absent, sans qu'il ait fait aucune Convention avec luy, & qu'il y ait eu rien de redigé par écrit, mais par un pur motif d'amitié, & dans le seul dessein de ménager ses interests. C'est pourquoy par cette raison, la Loy, comme on dit vulgairement, donne action contre l'absent, quoy qu'il n'ait pas consenti que cet amy se meslast de ses affaires, si cet amy les a fait utilement. Si donc cet amy estoit obligé necessairement de prouver par écrit qu'il a geré les affaires de son amy, & que la preuve par témoins luy fut interdite, il s'ensuivroit que celuy qui se mesle des affaires d'autruy de bonne-foy, seroit perpetuellement lezé, & cela seroit cause que personne ne prendroit plus soin des affaires des absens, & leurs interests seroient negligez, ce qui est contre toutes les regles de l'équité : 3

& contre les devoirs reciproques de la societé civile, autorisez par les Loix ; car lors qu'un Mandataire a une Procuration expresse de celuy pour lequel il agit (lequel Mandat nous avons cy-devant mis au rang des Contrats par écrit) & qu'il ne peut en rapporter l'Acte, en ce cas il a encore un recours, qui est d'intenter l'action *Negot. gest.* parce que la Loy luy permet en cette occasion d'agir par l'une & l'autre action ; car s'il agissoit par l'action de Mandat, il ne le pourroit faire sans rapporter sa Procuration par écrit, au lieu qu'en agissant par l'action *Negotiorum gestorum*, il pourra se servir de la preuve par témoins. Il faut dire la même chose à l'égard d'un Tuteur, d'un Protuteur, & de tous les autres quasi Contrats fondez sur la seule équité. 4

Quod autem ad obligationes ex maleficio nascentes, satis vulgatum est eas hac Lege non

Quant aux Obligations qui naissent du delit, on sçait assez qu'elles ne peuvent estre comprises dans cette 5 cette Ordonnance, car quand on commet un crime, on ne s'avise pas de le rediger par écrit, mais il se fait secrettement & de nuit, & c'est pour cela qu'en matiere criminelle la preuve par témoins est receuë aussi bien que toute autre sorte de preuve & de présomption en toute sorte de crime pour convaincre les coupables, & il faut dire la même chose dans toutes sortes d'Obligations qui naissent d'un quasi delit, parce que le delit & le quasi delit se reglent par les mêmes Loix. Bien plus, cela doit avoir lieu dans tous les cas où il y a eu du dol & de la surprise commise de dessein prémedité, même en matiere Civile, lesquels meritent d'estre punies par la Loy; car dans tous les cas toute sorte de preuve doit estre permise, comme il resulte assez clairement des dispositions que les Loix ont faites contre ce qu'elles appellent *Malefices*. Il doit donc

comprehendi, quia scriptis delinqui non soleat, imò clam, vel noctu, vel in latebris, ut plurimùm, grassentur flagitiosi: quæ ratio est, cur testibus, omnique alio probationum & præsumptionum genere convinci possint, in quacumque criminum & scelerum specie. Et idem dicendum in omnibus obligationibus ex quasi delicto nascentibus, cùm eadem sit ratio, quæ in delictis. *a* Imò & idem in omnibus dolosis, vel dolosè, in re etiam civili scienter commissis, Legis coërcitionem merentibus: nam hæc omnia quoquo genere probationum deprehendere licet, ut ex tractatu quasi maleficiorum satis vulgatum est. Firma ergo manebit hæc conclusio: Constitutionem hanc nonnisi in obligationibus ex contractu expresso nascentibus, atque in pactis expressis, locum sibi vindicare posse: non autem in quasi contractibus, aut ex delicto, seu quasi, nascentibus.

a *Toto tit. Inst. de obl. quæ ex delic. vel quas.*

demeurer pour maxime certaine, que cette Ordonnance n'a point lieu, si ce n'est dans les obligations qui naissent des Contrats ou Conventions expresses, & non pas dans les obligations qui naissent des quasi Contrats, ou de celles qui naissent d'un delit ou quasi delit.

6 Mais que dirons-nous à l'égard des Actes & procedures qui se font en Justice durant le cours d'un Procés entre deux Parties, ne se pourront-ils pas prouver par témoins, sans qu'il soit necessaire de les rediger par écrit? Ce qui semble devoir estre decidé ainsi, parce que quoy que la Sentence intervienne malgré l'une des Parties, neanmoins

Sed quid in actibus qui in judicio, & in ordine judiciorum quotidie fiunt inter litigantes, nunquid testibus probari poterunt, adeo ut ex necessitate scribi non debeant? Quod videretur dicendum, eo quod in judicio, quamvis in invitum reddatur, *b* tamen quasi contrahere dicamur: *c* atqui jam probatum est hanc nostram Constitutionem,

b *L. Inter stipulantem. §. 1. ff. de verb. oblig.*
c *L. Licet. §. Idem scribit. ff. de pec.*

in quasi contractibus locum non habere, ergo testibus processus & judicia probari poterunt. Contrarium tamen verius esse puto: nam judicia non nisi scriptis authoritatem habere, satis in Jure vulgatum est: *a* ideoque qui litem contestatam asserit, item qui sententiam, seu interloquatoriam, seu definitivam, latam fuisse contendit, hæc nonnisi scriptis probare potest. Judices enim (inquit Imperator) *b* sententias scriptas ex libello partibus legant. Hinc fit, ut apud omnes hujus Regni Judices summa sententiæ, quadam brevi charta primò scribatur, ut partibus recitetur, quæ verbo Gallico, *Dictum*, nuncupatur, & Jure nostro Breviculum, secundùm Alciatum, *c* & alios modernos Latinitatis studiosiores. *d* Idemque in omnibus aliis actibus, qui vel in primo, vel in secundo judicio per viam appellationis excerceri solent: nihil enim sine scriptis probari posse certum est, ne in judiciis illusio inducatur, si, de rebus pro tribunali gestis, testibus contendere liceat, quantumcunque breves sint lites. Ideoque puto Novellam Justiniani, *e* quæ vult liticulas sine scriptis expediri posse, & Imperatoris Arcadii Legem, *f* quæ idem sentiebat, locum inter nos non habere.

a L. Ne in arbitriu. ff. de recept. arbit.

b L. 1. C. de sent. ex Brevic. recit.

c Lib. 1. disp cap. 16.
d Ad dict. Tit. de sent. ex brevi. rec.

e Auth. Ni si breves. C. 10.

f L. Quoties. §. Sed si talis. de privil.schol. lib.12.Cod.

il est certain que nous contractons en quelque sorte en jugement ; or nous avons déja dit que cette Ordonnance n'a point lieu dans les quasi Contrats; d'où il s'ensuit que les Actes de la procedure & les Jugemens qui interviennent peuvent estre prouvez par témoins. Je croy 7 neanmoins l'opinion contraire plus veritable ; car il est vulgaire. en 8 Droit que les Sentences n'ont force de choses jugées, que quand elles sont redigées par écrit. C'est pourquoy celuy qui dit que la Cause a esté contestée, ou qu'il y a eu Sentence interlocutoire ou diffinitive, doit le prouver par écrit ; que les Juges, dit Justinien, prononcent leurs Sentences aux Parties, ainsi qu'ils les auront écrites eux-mêmes sur leurs Tablettes : de là vient qu'en ce Royaume dans tous les Tribunaux, on a coûtume d'écrire d'abord la minute de la Sentence sur le papier, pour ensuite la prononcer aux Parties, laquelle Sentence s'appelle en François le *Dictum*, & en Droit *breviculum*, ainsi que dit Alciat & autres Auteurs modernes qui se sont appliquez à rechercher la signification des mots de la Langue Latine, & il en est de même de toutes les autres procedures dont on se sert, soit en Cause principale, ou en Cause d'appel ; car il est certain que tous ces Actes ne se peuvent prouver que par écrit, afin qu'il ne se fasse point d'illusion à Justice ce qui arriveroit s'il estoit permis de prouver par témoins ce qui s'est fait en Justice même dans les plus petits Procés. Ainsi j'estime que 9 la Constitution de Justinien, ny celle d'Arcadius, qui ne vouloient pas qu'on fit aucun Acte par écrit dans les Procés de peu de consequence, ne sont d'aucun usage parmy nous.

10 J'en excepte neanmoins un cas, sçavoir si les procedures ont esté perduës, soit par une incendie, une ruïne, un naufrage, ou par quelqu'autre cas fortuit; car en ce cas je croy qu'on peut prouver cette perte par témoins, & par consequent prouver aussi la teneur des Sentences qui avoient esté renduës, parce qu'en permettant l'un, on est censé permettre l'autre, & cela par les mêmes raisons par lesquelles nous montrerons dans la suite que la preuve par témoins est recevable à l'effet de prouver la perte des Titres & Papiers, dautant que les cas fortuits ne dépendent point du fait des hommes, & ne peuvent estre prévûs, & c'est pourquoy la Loy les distingue des autres Contrats, comme nous expliquerons 11 dans la suite plus au long. Mais que dirons-nous des Actes qui ne se font pas en la presence du Juge, mais hors l'Audience, comme les Insinuations, les Offres, les Protestations, les Certifications (ou Affirmations) & autres Actes semblables que nous faisons en Justice pour faire apparoir de nos diligences requises par la Loy, dont il est fait mention en plusieurs endroits par l'Ordonnance & par les Coutumes, s'il s'agit de plus de cent livres, la preuve par témoins en sera-t'elle receuë? Ce qui semble devoir 12 estre ainsi; parce que tous ces Actes ne sont pas mis au nombre des Contrats, & qu'ils ne se font pas d'ordinaire du consentement des deux Parties. Or est-il que dans cette Ordonnance il n'est parlé que des Contrats & des Conventions qui ont coutume d'estre redigées par écrit, & qui produisent une Obli-

Excipio tamen unum casum, scilicet si incendio, ruina, naufragio, aut alio casu fortuito, judiciales actus perierint: hanc enim amissionem, testibus probari posse puto, & consequenter, rerum judicatarum tenorem, quia uno permisso, aliud ex eo necessario consequens sequitur, iisdem rationibus quibus infra instrumentorum amissionem testibus probari posse docebimus: cùm fortuitorum casuum ratio, in hominum potestate constituta non sit, & prævideri non possit; *a* ideoque à contractuum ratione ipso Jure distingui soleant, *b* ut infra latiùs disputabitur. Sed quid in actibus qui extra judicium, & non pro tribunali fieri solent? ut sunt insinuationes, oblationes, testationes, certificationes, & alii similes actus, qui ad testandam diligentiam fieri solent Lege præcipiente, de quibus variis Legibus, cùm Municipalibus, tùm Civilibus fit mentio: *c* Nunquid, si plus quàm de centum libris agatur, solis testibus probari poterunt? Quod videretur, cùm inter contractus non dinumerentur, & mutuo consensu contrahentium fieri non soleant: atqui hæc Regia sanctio nonnisi de contractibus & pactionibus fieri solitis loquitur, & ex quibus obligatio & actio à Legibus *d* conceditur.

a L. *Qua fortuitis* C. *de pign. actione.*
b L. *Contractus. de Reg. Jur.*

c L. *Acceptam.* C. *de usur. l. Nesennius. ff. de Negot. gest.*

d L. *Arrianus. ff. de act. & obl. L. Jurisgentiun ff. de tact.*

gation & une Action, suivant la disposition de la Loy.

Super hac tamen quæstione, puto ita distinguendum. Aut loquimur de actibus, qui à Lege præcipiuntur scribi ex præscripta solemnitate, ut sunt omnes insinuationes beneficiariæ, quæ Constitutione Regia, *a* apud Actuarios Ecclesiasticos insinuari jubentur : item insinuationes emptionum & venditionum, quæ jure Municipali regestum graphicum desiderant, certa forma à Lege præscripta, ut habet nostra Pictonum Consuetudo : *b* item in possessionibus, quas quæsitores per Notarium & vicinos testes capescere tenentur, ut apud Turones, *c* & Andios : *d* item in omnibus donationum insinuationibus, *e* & in aliis similibus rebus, quæ pro expressa forma scripturam desiderant : tunc puto probationem fieri debere in forma specifica, scilicet per scripturam, & non per æquipollens : Nam tametsi non refert quid ex æquipollentibus fiat : *f* Hoc de levibus tantùm, & non de substantialibus solemnitatibus intelligi debere semper conclusum fuit : *g* quod maximè de his solemnitatibus à Lege Municipali præscriptis intelligi debet, quæ stricto jure tractari solent, ut satis abundè distinguit Bartolus, *h* cùm de statuto loquitur, & post eum doctus noster Petrus Rat discussit eleganter in Pictonum consuetudine : *i* & maximè in his insinuationibus & denunciationibus, quæ non ad simplicem scientiam fiunt, sed ut ex eis aliquid fieri debeat, ut sunt insinuationes, quæ fiunt ad mo-

a Henric. II. ann. 1550. mens. junii.

b Art. 320. tit. des retr. lignag.

c Tit. de retract. art. 160.

d Tit. des ret. lignag. art. 347.

e L. Data jampridem C. de donation.

f L. Si master. C. de instit. & subst. L. 4. ff. qui potior.

g L. fin. C. de his qui ve. ætat. im petr. L. Sancimus. C. de nupt.

h In L. 1. § Sed si p'n res. ff. d. exercit. & in l. Cum hi. §. Si pra tor. ff. d. transf. & in l. Gallus. de liber. & posth.

i Art. 133. in rubric. de retr. lignag.

Sur cette question neanmoins, je croy qu'il faut distinguer ainsi, car où il s'agit d'Actes que l'Ordonnance veut que l'on redige par écrit, & qui doivent estre expediez en forme, comme sont les Insinuations en matiere Ecclesiastique, par l'Ordonnance (de 1550.) & lesquelles doivent estre faites devant les Greffiers des Insinuations Ecclesiastiques. Les Insinuations & Ensaisinement des Contrats de vente, qui doivent estre mis sur un Registre, suivant la Coutume des lieux, avec de certaines formalitez, comme en celle de Poitou art. 160. & 347. les Actes de Prise de Possession, que les acquereurs sont tenus de prendre devant un Notaire & des témoins, comme il se pratique en la Coutume de Tours & en celle d'Anjou, les Insinuations des Donations, & autres Actes semblables qui doivent estre redigez par écrit ; en ce cas j'estime que la preuve s'en doit faire par écrit & en forme, & non par quelqu'autre moyen equipollent ; car quoy qu'il n'importe pour l'ordinaire qu'une chose se fasse suivant la forme ordinaire, ou par quelque chose d'équipollent, cette maxime ne doit s'entendre qu'à l'égard des formalitez legeres, & qui ne sont pas de l'essence du Contrat, ce qui se doit entendre particulierement des solemnitez requises par la Coutume ou par la Loy, lesquelles sont de Droit étroit, comme Bartole l'ex-

en Matiere Civile.

plique assez au long, & après luy le Docte Pierre Rat sur nostre Coutume de Poitou, ce qui a lieu, no-
16 tamment dans les Denonciations qui se font, non seulement pour donner à quelqu'un la connoissance d'une chose, mais aussi à l'effet de mettre une personne en demeure de faire quelque chose à laquelle il est obligé de satisfaire, suivant la Loy, comme l'Insinuation & l'Ensaisinement du Contrat de vente, pour avertir le lignager d'user du Retrait, si bon luy semble, ou pour l'en exclure, s'il n'en use pas dans le temps marqué par la Coutume ; car en ce cas il faut qu'il apparoisse de l'Ensaisinement ou Insinuation du Contrat de vente, quand même le Retrayant auroit pû avoir connoissance de la vente par quelque autre voye, comme il a esté souvent jugé, à quoy se rapporte la distinction de Bartole, celuy qui est averti, ne doit pas estre aver-
17 ti derechef. Car, dit Bartole, cette Maxime n'est veritable que quand la denonciation doit estre faite simplement, pour avertir & pour donner connoissance d'une chose à quelqu'un, & non pas quand cette denonciation est requise, afin que celuy à qui elle est faite soit tenu de sa part de faire quelqu'autre chose, car en ce cas il doit faire une dénonciation solemnelle, suivant la forme prescrite par la Loy, laquelle distinction Bartole semble avoir prise d'Ulpien, & elle a toûjours esté en usage parmy nos Praticiens.

nendum consanguineum, ut jure Gentilitio utatur, vel excludatur: In his enim, solemnis & scripta testificatio requiritur, tametsi consanguineus certus esse possit, ut sæpe sæpius judicatum fuit. Ad hæc facit singularis Bartoli distinctio circa vulgarem Juris Theoricam, Certus certificari non debet: *a* Ait enim Bartolus, *b* illud verum esse, si ad simplicem tantùm scientiam fieri debeat denunciatio: at si non tantùm ad simplicem scientiam, sed ut aliquid ex ea, certificatione fieri intra certum tempus debeat, tunc expressa & solemnis certificatio, solemnitate à Lege præscripta, fieri debet. Quæ distinctio ab Ulpiano, *c* desumpta videtur, & inter nostros Forenses semper observata.

a L. Nemo videtur fraudare, de Reg. Jur. l. 1. §. Si intelligatur ff. de Adol. edict. L. Et si legibus. C. de Episc. Audient.
b In L. 1. §. fin. ff. de alt. empt.
c In L. denunciasse. ff. ad Leg. Jul. de adulter.

18 Où il s'agit d'Actes qu'on n'est point tenu par aucune Loy de rediger par écrit, mais que l'on est obligé de faire, neanmoins pour justifier de la diligence, ou pour purger la demeure, comme des offres réelles ou verbales que l'on doit faire pour empescher le cours

Aut verò de actibus qui à Lege scribi non præcipiuntur, sed ad exhibendam qualem qualem diligentiam, vel purgandam moram, fieri solent à partibus, ut de oblationibus realibus, vel verbalibus, quæ fiunt, ne currant usuræ, de quibus in Jure sæpe agitur: *d* Et puto has simplices

d L. Acceptam, & ibi not. C. de us.

oblationes, declarationes, seu protestationes testibus probari posse, Legique huic non subjacere, quòd contractus speciem non referant, ut jam dictum est: nisi forsan oblatio consignationem aut depositum desideret in judicio, aut in æde sacra, aut alio loco à Lege præscripto: nam hoc casu cùm consignatio & depositum inter deponentem & recipientem contractum faciant, non dubium est, huic Legi talis oblationis actum subjacere debere, eò quòd sequestratio & consignatio mutuam obligationem habere videantur. *a* Et cum his, sit expedita quæstio de actibus extra judicium faciendis.

a L. Pi apud quem. §. 1. ff. dep. not. in l. Sequester ff. de verb. signif. & in cap. 2. ext. de sequest. poss. & fruct. l. Si rem. §. ult. ff. de præs. verb.

des interests, desquelles offres il est souvent parlé en Droit, & j'estime que ces offres, declarations ou protestations se peuvent prouver par témoins, & ne sont point comprises dans cette Ordonnance, parce qu'elles n'approchent en rien de la nature des Contrats, comme il vient d'estre dit, si ce n'est au cas, par exemple, qu'il fallut en consequence de ses offres, consigner ou déposer quelque chose au Greffe, ou ailleurs, suivant la Loy; car en ce cas, attendu que la consignation & le dépost tiennent lieu d'un Contrat entre le consignant, & celuy au profit de qui la consignation est faite. Il ne faut point douter que l'Acte qui contient ces offres ne soit sujet à cette Ordonnance, parce que la consignation, aussi bien que le sequestre, renferment une obligation reciproque, & ce que dessus suffira pour les Actes extrajudiciaires.

19

ADDITIONS SUR LE X. CHAPITRE.

SOMMAIRE.

1. *Explication des quatre matieres de ce Chapitre.*
2. *A l'égard des quasi Contrats, l'Ordonnance n'y a point lieu, & pourquoy.*
3. *Si celuy qui a geré les affaires d'un absent, est recevable à la preuve par témoins de ses avances. Raisons de douter.*
4. *Cas auquel on peut luy accorder la preuve par témoins.*
5. *Deux cas qui peuvent faire difficulté. 1. Quand il s'est immiscé dans les affaires de l'absent pour en profiter.*
6. *2. Quand celuy qui a commencé de gerer a continué sa gestion malgré celuy dont il geroit les affaires.*
7. *Autre Cas dans lequel la preuve des avances faites pour un autre est permise.*

8. De ceux que la Loy présume n'avoir pas eu dessein de repeter les avances qu'ils ont faites.

9. Des avances faites par les Tuteurs & Curateurs.

10. Distinction à l'égard des Protuteurs.

11. Des avances de ceux qui n'ont point contracté ensemble, & qui ont des effets communs à partager.

12. Des gageures & de quelle maniere elles se faisoient à Rome, & en quels cas elles estoient permises.

13. Elles n'estoient obligatoires que quand le prix estoit déposé en main tierce.

14. Quelle action avoit lieu en matiere de gageure, selon Monsieur Cujas.

15. Opinion de Loiseau sur ce mot sponsiones. Différence entre sponsio judicialis, & sponsio ludicra.

16. Différence de la gageure de Cleopatre contre Marc Antoine, avec celle que fit Asclepiades Medecin, contre la Fortune.

17. Ce que c'est qu'un pacte conditionnel, & quel est son effet.

18. Si les gageures sont obligatoires parmy nous.

19. Si elles sont licites. Raisons & autoritez pour l'affirmative.

20. Des conditions qui rendent les Conventions usuraires.

21. Si la gageure est pour chose illicite, elle n'est point obligatoire.

22. Les gageures sont deffenduës en plusieurs païs. Ce qui s'observe en Flandres sur ce sujet.

23. En quels cas les gageures sont obligatoires en France, Arrests sur ce sujet.

24. Cas où la preuve par témoins peut estre demandée en ce cas.

25. Si cette preuve est admissible contre celuy qui dénie que la chose gagée luy a esté remise entre les mains.

26. La preuve par témoins est admise dans les delits & quasi delits.

27. De l'incertitude de la déposition des témoins dans les cas impréveus.

28. De la preuve par témoins des sevices du mari contre sa femme, & dans les recelez.

29. Des jeux de hazard dont Boiceau n'a point parlé.

30. De l'utilité du jeu en general. Sentiment de Ciceron & d'Aristote sur ce sujet.

31. Il y a des jeux permis, & des jeux deffendus. L'article 59. de l'Ordonnance de Moulins deffend les jeux de hazard.

32. Le Droit Romain ne donnoit point d'action à celuy qui avoit gagné au jeu pour se faire payer.

33. Constitution de Justinien sur ce sujet, qui permet cinq sor-

tes de jeux, fort difficiles à expliquer.

34. Des Loix Titia, Publicia, & Sumptuaria.

35. Jeux de hazard deffendus aussi aux Ecclesiastiques.

36. Si l'argent gagné aux jeux de hazard est acquis legitimement.

37. Les Theologiens & les Jurisconsultes partagez sur cette Question. Sentiment de Perezius.

38. Sentiment de Guymier sur la Pragmatique, qui distingue trois sorte de jeux.

39. Cas dans lesquels Guymier decide que celuy qui a gagné l'argent au jeu doit le restituer.

40. Quatre cas dans lesquels Guymier remarque que celuy qui a presté de l'argent à un autre pour joüer, ne peut le repeter.

41. Sentiment de Corserius, Capella Tholosanæ Dec. 194. & d'Aufrerius.

42. Sentiment de Caccialupus, de Decius & de Covaruvias, rapportez par Menochius, de Brunemannus, de Joan. Faber, de Rebuffe.

43. Ordonnances qui ont deffendu en France les jeux de hazard, article 59. de l'Ordonnance de Moulins & de l'Ordonnance de 1629.

44. Quand la preuve par témoins est recevable en matiere de jeux, & de l'argent pris & volé au jeu.

45. De l'argent perdu au jeu par le mineur, si les Lettres de Rescission sont necessaires en ce cas.

46. De l'argent perdu au jeu par des Majeurs.

47. De la preuve de la fraude faite au jeu.

48. De celuy qui a joüé à credit, & qui a perdu.

49. De l'argent gagné aux jeux permis.

50. Des Promesses conceuës pour argent gagné au jeu permis, & sans fraude entre Majeurs.

51. De la fraude commise en joüant à un jeu permis.

52. Si on articule qu'on a joüé plus gros jeu.

52. De ceux qui perdent, & de ceux qui prestent de l'argent à ceux qui joüent.

53. Si c'est un Mineur qui a parié, ou qui a presté de l'argent à un Majeur pour joüer.

54. Si c'est un Mineur qui a presté à un Majeur.

55. Si un Majeur a presté à un Mineur.

56. Si le Mineur a gagné au jeu, & n'a pas esté payé.

57. Si un Majeur peut demander à faire preuve par témoins, qu'un Mineur l'a gagné au jeu par fraude.

58. Si un Majeur articule qu'il s'est laissé gagner au jeu par complaisance pour un autre, ou qu'il a esté induit à joüer.

59. Si

59. *Si le jeu de paulme est un jeu permis. Arrest sur ce sujet.*
60. *Si la preuve par témoins est permise. Des faits de force & de violence.*
61. *Si elle est receuë des Actes de la procedure, quand ils ne sont pas rapportez.*
62. *Distinction au sujet des offres.*
63. *Usage de la preuve par témoins en Arragon, où elle est deffenduë contre un Acte par écrit.*
64. *Cette preuve n'y est point receuë quand il s'agit d'une exception qui va à retarder la contestation en Cause.*
65. *Difference en ce Païs à l'égard des exceptions peremptoires.*
66. *Usage de Milan concernant le même sujet.*

1 BOICEAU traite quatre choses dans ce Chapitre, sçavoir des quasi Contrats, des delits & quasi delits, des Actes & procedures qui se font durant le cours d'un Procés, & des Actes qui se font hors Jugement. Il faut examiner ces quatre choses suivant le même ordre.

2 Premierement à l'égard des quasi Contrats en general; il est certain que l'Ordonnance de Moulins, ny celle de 1667. n'y doivent point avoir lieu, parce que ces deux Ordonnances n'ont exclus la preuve par témoins, qu'à l'égard des Conventions expresses qui se redigent par écrit, au lieu que les quasi Contrats se font toûjours sans écrit. L'exemple que donne Boiceau d'un quasi Contrat, est celuy qui naît entre l'absent, & celuy qui a geré ses affaires utilement, quoy qu'à son insceu. Il est constant dans l'usage que cette personne peut demander à prouver par témoins quelles affaires elle a fait pour cet absent, s'il n'en a pas la preuve par écrit & que cet absent le dénie.

3 Mais on peut demander, si celuy qui a geré sera receu à prouver par témoins les avances qu'il a faites pour cet absent, surquoy il faut remarquer que quoy que la Loy donne action à celuy qui a geré utilement les affaires de l'absent, elle ne luy a pas donné pourtant une action indéfinie pour repeter toutes ses avances. Car 1. Elle requiert que l'affaire ait esté gerée utilement. 2. Que celuy qui l'a gerée, rende raison de son administration; Par exemple, qu'il tienne compte de l'argent qu'il peut avoir receu pour cet absent. 3. Elle ne veut pas qu'on

L. si quis absentis. D. negot. gest. §. Et sane, ead. Lege. Eod. §.

luy allouë rien au delà de ce qu'il devoit raisonnablement avancer dans l'affaire qu'il a gerée. 4. S'il a fait même quelque avance utile, elle ne luy en accorde pas toûjours le remboursement, soit quand elle juge que l'absent n'auroit pas fait luy-même cette dépense, ou qu'il n'auroit pas dû la faire, par rapport à ses facultez, ou quand il y a lieu de présumer que celuy qui a fait cette avance, l'a faite gratuitement, & dans le dessein de ne la point repeter, ou quand il y a quelqu'autre raison de luy en refuser le remboursement. De là il s'ensuit qu'il y a des cas où la preuve par témoins des avances doit estre admise; sçavoir dans ceux où la Loy a donné action pour les repeter, & des cas où elle ne seroit pas admissible, parce qu'elle seroit inutile; ainsi quand l'affaire n'a pas esté entreprise, ny gerée utilement pour l'absent, on ne peut demander à faire la preuve par témoins des avances, puisque quand elles seroient prouvées, l'absent ne seroit pas tenu de les rembourser, puisque même celuy qui s'immisce dans les affaires d'un autre, est tenu de la plus exacte diligence, & responsable de l'évenement, pour peu qu'il y ait de sa faute; mais quand l'affaire a esté gerée utilement, en ce cas la preuve par témoins doit estre admise, quoy que celuy qui les a faites, n'en ait aucun commencement de preuve par écrit, parce que personne ne doit s'enrichir du bien d'autruy; notamment si l'affaire ne s'est pû faire sans faire ses avances.

Il y a deux cas dans la Loy qui peuvent neanmoins faire difficulté. 5.

Le premier est quand celuy qui a geré les affaires d'un autre, ne s'y est immiscé manifestement que pour en profiter par de mauvaises voyes; car il semble qu'il n'est pas recevable à demander ses avances en ce cas, parce que, comme dit la Loy, il a plûtost fait ses affaires propres que celles de l'absent, & que d'ailleurs la preuve par témoins pourroit passer pour suspecte de la part d'un homme reconnu pour estre de mauvaise foy, lequel pourroit encore suborner des témoins pour se faire rendre des avances qu'il n'auroit pas faites; cependant la Loy même dans ce cas luy donne une action pour repeter ses avances, quand elles ont tourné au profit de l'absent, ce qu'elle ne luy accorde pas, à la consideration de sa gestion, au contraire elle le prive de celles qu'il a faites, si l'absent n'en a pas profité; mais seulement parce qu'il est de l'équité naturelle, comme il vient d'estre dit, que personne ne s'enrichisse du dommage d'autruy. En

Droit Romain cette preuve se pouvoit faire par témoins, & *quo ego lo-* parmy nous l'Ordonnance ne l'a point deffenduë en ce cas, *cupletior* puisqu'elle ne parle point des quasi Contrats, qui ne sont pas *factus sum, habet con-* de veritables Conventions, elle doit donc estre permise, mais *tra me ac-* parce qu'elle est suspecte de la part de cette personne, elle ne *tionem.* doit estre accordée que dans le cas où il paroist manifestement qu'il a fait des avances utiles. Car il n'est point favorable à cause de la mauvaise volonté qu'il a eu de profiter injustement de son administration, ce qui doit estre laissé à la prudence du Juge.

6   L'autre cas est lorsque celuy qui a commencé de gerer, a continué sa gestion, nonobstant les deffences qui luy ont esté signifiées de la part de celuy que cette affaire regardoit. La Loy derniere au Code distingue en cette occasion, & ne luy donne point d'action pour les frais qu'il a avancez (quoy qu'utilement) depuis que ces deffences luy ont esté connuës, mais elle dit *si quis ne-* qu'il a action pour ceux qu'il a fait utilement auparavant ces *lente l. 24.* deffences desquels par consequent la preuve est admissible. Il *C. de neg.* faut aussi remarquer que la Loy ne requiert pas même que ces *gest.* deffences luy soient signifiées par écrit, il suffit qu'elles luy soient *Sed ex quo* faites verbalement, d'où on peut inferer que s'il dénie qu'elles *ta testatio* luy ayent esté faites, celuy qui les a fait faire sera receu à le *ad eum fac-* prouver par témoins, suivant cette Loy qu'on peut appliquer à *scriptis vel* nostre usage, puisque l'Ordonnance n'a point lieu dans les qua- *sine scriptis.* si Contrats.

7   On peut aussi conclure de cette Loy que si l'absent, dont un autre a geré les affaires, dénie frauduleusement les avances que cette personne a legitimement faites pour luy : la preuve par témoins en est admissible, même quoy qu'elles excedent cent livres, parce qu'il ne s'agit pas en cela de la preuve d'une Convention, comme il a esté dit, & neanmoins le motif general de l'Ordonnance estant de prévenir la subornation des témoins dans les cas où elle pourroit estre plus aisément pratiquée, il ne faut pas aussi l'accorder indistinctement au préjudice d'un absent, dont les biens sont sous la protection de la Loy & en quelque sorte exposez en proye durant son absence, de crainte de donner occasion à ceux qui s'entremettent de leurs affaires, de supposer des dépenses au delà de celles qu'ils ont faites, dans l'esperance de pouvoir les prouver en subornant des témoins.

Outre que celuy qui les a gerées doit s'imputer d'avoir negligé de prendre ses seuretez dans une occasion où il estoit comptable de son administration. En un mot, si ces affaires ne se sont pû faire sans avancer de l'argent, & que les avances soient utiles, la preuve en peut estre permise, suivant les circonstances, ce qui doit avoir lieu ; à plus forte raison si celuy qui a geré, a tenu un Registre exact de ce qu'il a fait, & de ce qu'il a receu & dépensé pour l'absent, car quoy que ce journal ne puisse passer en ce cas pour une preuve par écrit à son profit, *quia nemo sibi adscribere potest*. Neanmoins c'est une présomption de son exactitude & de sa bonne administration, qui le rend favorable.

Quant à ceux que l'on peut présumer avoir eu dessein de 8 donner ou d'avancer gratuitement & sans repetition, leurs avances pour les absens ausquels ils estoient unis par la parenté & dont ils ont geré les affaires, comme une Mere à l'égard de son fils, la Loy veut qu'ils ayent intenté action durant leur vie pour les repeter, sinon leurs heritiers ne sont pas recevables à prouver par témoins qu'ils ont eu dessein de l'intenter. Les Loix 1. 5. 13. & 15. du Code, *de negot. gest.* sont toutes dans l'espece de ceux qui avoient intenté cette action de leur vivant, d'où on doit conclure que le silence de ces sortes de personnes est une fin de non recevoir contre leurs heritiers, parce qu'il confirme la présomption de la Loy, (*que si elles eussent vécu, elles ne les eussent point repetées*) & quoy que cette présomption ne soit pas du nombre de celles de Droit & autorisées par le Droit : neanmoins estant fondée sur les sentimens de la nature, qui est toûjours la même, comme marque la Loy *alimenta*, au Code, il faut du moins une preuve par écrit pour la détruire.

A l'égard des autres quasi Contrats dont parle Boiceau, il 9 est certain que les Tuteurs & Curateurs sont tenus de prouver leurs avances, & déboursez par écrit, car on ne doit pas exposer les biens des pupilles à la mauvaise foy d'un Tuteur, qui pourroit corrompre des témoins, si cette voye luy estoit permise. Et puisqu'il est chargé des effets des mineurs par un Inventaire, qui est une preuve par écrit de sa recepte ; il faut aussi qu'il rapporte une preuve par écrit pour justifier sa dépense. Il n'y a que celles qui sont peu considerables & au dessous de cent livres, dont la preuve par témoins luy doit estre permise, & il y en a même au dessous de cette somme dont il est crû à son affirmation, suivant l'usage, si elles sont vray-semblables & qu'elles ayent esté utiles au mineur.

10 Boiceau ne distingue point en cet endroit entre le Tuteur & le Protuteur, & veut que l'un & l'autre soit receu à la preuve par témoins de ses avances indéfiniment, mais à l'égard du Protuteur la Loy *si quis tamen C. de eo qui pro Tutore*, donne l'action de tutele contre luy, s'il a geré *animo Tutoris*, ainsi puisqu'elle le regarde en ce cas comme Tuteur, il faut luy appliquer les mêmes maximes cy-dessus, y ayant même raison de luy refuser la preuve par témoins.

11 Pour ce qui est des Collegataires & de ceux qui n'ont point contracté ensemble, & qui ont des effets à partager entr'eux, la preuve par témoins ne leur peut estre refusée des avances qu'ils peuvent avoir faites les uns pour les autres, parce qu'ils ne sont pas dans le cas de l'Ordonnance.

Celuy qui a payé à un autre par erreur ce qu'il ne luy devoit pas, a aussi l'action de condiction, parce qu'il n'a pas eu la volonté de contracter, ainsi qu'il en sera parlé dans le Chapitre qui traite des Promesses faites sans cause dans la Seconde Partie de ce Traité.

12 Avant d'expliquer ce qui regarde les Obligations qui naissent *ex delicto vel quasi*; il faut encore parler des gageures, parce que les uns prétendent que ce sont des Contrats, & les autres au contraire, qu'elles ne sont point obligatoires, quoy que cette difficulté ait esté touchée avec beaucoup d'érudition dans les Plaidoyers qui ont esté donnez depuis peu au public par celuy dont on a déja emprunté la traduction du Passage de l'Oraison de Ciceron *pro Cælio*, au sujet de la preuve par témoins, rapporté dans les Additions sur la Preface de Boiceau. [Plaid. 7.]

Il n'y a que deux Loix dans le Digeste qui parlent des gageures. La premiere est la Loy 3. *de aleatoribus*, qui dit que suivant la Loy *Titia*, & la Loy *Cornelia*, il n'estoit pas permis à Rome dans les jeux de hazard de gager pour celuy qui gagneroit, mais que cela n'estoit pas deffendu si c'estoit dans les jeux permis par la Loy, qui estoient ceux où il s'agissoit de faire paroistre l'adresse, la force ou le courage: *In quibus rebus ex Lege Titia & Cornelia etiam sponsionem facere licet, sed ex aliis, ubi pro virtute certamen non fit, non licet*; ce mot *in aliis*, se rapporte à la Loy 2. du même Titre, qui dit que le Senat avoit deffendu de joüer de l'argent à quelque jeu que ce fût, si ce n'étoit dans ceux où il s'agissoit de faire paroistre la force du corps.

La seconde Loy est la Loy 17. *de præsc. verb.* qui marque de quelle maniere se faisoient les gageures chez les Romains, *Si quis sponsionis causa annulum accepit, nec reddidit victori.* Ce mot *si quis*, doit s'entendre d'une tierce personne dont on convenoit pour garder le prix de la gageure.

De cette Loy il resulte que les gageures n'estoient obligatoires que quand le prix de la gageure estoit déposé reciproquement en main tierce. Il est vray qu'en termes de Droit, *Sponsio est promissio promittentis*, dit Maistre Charles du Moulin, en expliquant ce mot, *L. 1. de verb. obl.* & suivant Monsieur Cujas *ad T. de ver. sign. l. 7.* ce mot *sponsor*, s'entendoit également de celuy qui interrogeoit, & de celuy qui répondoit, à considerer la forme en laquelle les stipulations se faisoient à Rome ; neanmoins en matiere de gageure, ce n'estoit pas assez que l'un & l'autre eussent gagé verbalement, il falloit qu'ils eussent déposé la gageure ; ainsi cette stipulation *re & consensu contrahebatur*, à la difference des Conventions en general qui se font par le consentement seul des Parties, & si le dépositaire de la gageure refusoit de la rendre à celuy qui l'avoit gagnée, la Loy luy accordoit une action indéfinie, qu'elle appelloit *præscriptis verbis*, qui est une action à laquelle il est necessaire d'avoir recours (dit la Loy 3. *eod. Tit.*) dans les Contrats innommez. C'est pourquoy Monsieur Cujas sur la Loy *si gratuitam eod. Tit.* dit que si deux personnes ont gagé les anneaux qu'ils portoient, & que celuy entre les mains duquel ils ont esté déposez, refuse de les rendre à celuy qui a gagné, l'action de depost ne doit pas avoir lieu en ce cas, parce que celuy qui gagne la gageure, n'a pas déposé l'anneau de celuy qui l'a perdüe. Ny l'action de vol, puis qu'avant qu'il eust gagné cet anneau ne luy appartenoit pas : mais si la gageure est pour cause deshonneste, celuy qui la gagnera, n'aura, dit-il, que l'action de depost pour repeter son anneau ou de vol, & de condiction, si celuy qui le gardoit refuse de luy rendre, mais il ne pourra pas redemander l'anneau de celuy qui a perdu la gageure, parce que la Loy deffend même la gageure en cette occasion.

Loyseau du Déguerpissement l. 4. ch. 3. n. 8. observe sur ce sujet, qu'à Rome les gageures le plus souvent se faisoient *per stipulationem & restipulationem*, c'est-à-dire que les deux personnes qui gageoient, promettoient toutes deux de payer la gageure

Si quis sponsionis causa annulum accepit, nec reddidit victori præscriptis verbis animo in eum competit.

si elles perdoient, & que c'est par cette raison qu'on les appelloit *sponsiones*, au lieu qu'en France, parce qu'elles se font plus communément par la déposition des gages entre les mains d'un tiers, on les a appellé, gageures. Les Jurisconsultes modernes les appellent *conditiones*, *conventiones*, & Stracha dans son Traité de *Sponsionibus*, dit qu'on devroit plûtost les appeller *divinationes*. Loyseau *ibid.* explique ce que c'estoit que *sponsio judicialis*, qui estoit une espece de gageure judiciaire d'une certaine somme entre ceux qui plaidoient ensemble, au profit de celuy qui gagneroit sa Cause; mais il ne s'agit ici que de celle, qu'il appelle, *ludicra*, & on peut la définir. Une Convention verbale de deux personnes qui estant en contestation sur un fait incertain, déposent entre les mains d'un tiers, une somme ou quelqu'autre chose au profit de celuy dont l'opinion se trouvera confirmée par l'évenement. Stracha *ibid.* fait aussi mention d'une autre espece de gageure, en laquelle un de ceux qui gage, dépose entre les mains de celuy contre qui il gage, une somme, à la charge que s'il perd la gageure, il ne luy en rendra qu'une partie & retiendra le reste. Quoy qu'il en soit. Macrobe *l. 3. Satur.* & Pline *l. 9. de son Hist. Nat. chap. 35.* rapportent l'exemple

16 celebre de celle de Cleopatre, qui gagea contre Marc Antoine, qu'elle dépenseroit un million en un seul repas, & choisit Munatius Plancus pour arbitre & pour dépositaire de la gageure, qu'elle gagna en avalant une perle d'une grosseur extraordinaire, qu'elle avoit fait dissoudre dans une liqueur preparée à cet effet. Mais cette gageure estoit illicite de la part de Cleopatre, parce qu'elle estoit certaine de l'évenement.

Le même Pline *livre 7. chap. 37.* fait encore mention de celle d'Asclepiades Medecin, qui gagea contre la Fortune, qu'il ne seroit jamais malade pendant sa vie, à peine de perdre la reputation qu'il avoit acquise du plus fameux Medecin qui fut au monde; & il ajoûte qu'il gagna la gageure, parce qu'il ne fut en effet jamais malade tant qu'il vécut, & mourut enfin d'une cheute dans une extrême vieillesse.

Mais cette seconde espece n'estoit qu'un pact conditionné de la part d'Asclepiades, & non pas proprement une gageure, ce qu'il faut extrêmement distinguer.

17 Nous avons un exemple d'un pact conditionnel, dans la Loy 37. *ff. Si certum petatur. Si Rex Parthorum vivit, centum dari spondes.* Papinien l. 39. *ibidem*, dit qu'un tel pact n'est censé con-

ditionné que quand la condition dépend d'un évenement futur: *Itaque tunc potestatem conditionis obtinet, cum in futurum confertur.* Et en ce cas la stipulation est suspenduë, au lieu que quand elle dépend de la certitude d'un fait present, *si rex Parthorum vivit*, la stipulation a un effet present, quoy que ceux qui ont stipulé, ignorent la verité du fait dont elle dépend.

Cela supposé, on a demandé si les gageures sont obligatoires, car quelques-uns ont soûtenu qu'elles estoient sans cause; parce que celuy qui perdoit la somme, ou la chose qu'il avoit gagée, n'avoit rien receu de celuy qui la gagnoit, neanmoins en Droit quand la stipulation estoit reciproque, quoy que faite sans cause, elle estoit obligatoire à cause de la force de la stipulation, mais ces stipulations n'ont pas lieu parmy nous. Loyseau *ibidem*, soûtient qu'on peut dire que l'incertitude & le hazard de l'évenement ou de la condition qui est apposée dans la gageure, tiennent lieu de cause suffisante, & rend la gageure obligatoire par consequent, pourveu qu'elle soit faite pour un sujet honneste, *licet inæquale sit periculum*, dit Perezius, *ad T. 43. C.* si ce n'est, dit-il, que l'un de ceux qui a gagé, n'ait trompé l'autre, en luy persuadant de gager le contraire d'une chose, de la verité de laquelle il avoit une certitude entiere avant de gager, Du Moulin *Tr. usur. qu. 71. n. 470. & qu. 3. n. 97.* dit que cette incertitude ne suffit pas, même quoy qu'il y ait une stipulation respective. Et tous les Theologiens ne conviennent pas que les gageures soient licites; Grivellus *decis. Dolan. 57.* en rapporte les raisons & les autoritez, & entr'autres celle de saint Augustin & du Cardinal Gaëtan, qui soûtiennent que celuy qui a gagné la gageure est sujet à restitution, il rapporte ensuite le sentiment de saint Thomas *2. 2. qu. 32. art. 7.* de Navarrus, du Cardinal Tolet, & autres, qui ont soûtenu le contraire, & dont l'opinion, dit-il, a prévalu, parce qu'en un mot, l'incertitude de l'évenement suffit pour rendre la Convention juste & licite; En effet, c'est par cette raison que tous les Contrats faits sous une condition qui dépend du hazard, sont reputez legitimes par les Loix, ainsi qu'il est aisé de voir dans le T. *de verb. ob. ff.* comme prouve Corrasius par la Loy *in nave ff. locati*, par le sentiment de Paul de Castre sur cette Loy, & d'Alexandre sur la Loy *à Titio 108. ff. de verb. ob.*

T. De Sponsionibus.

Il est vray que quand cette condition rend la Convention usuraire, on ne doit point y avoir égard, comme celle en usage autrefois

autrefois de payer le prix d'une chose par l'acheteur, quand il seroit Prestre, mort ou marié. Maistre Charles du Moulin *Tract. Cont. usur. qu.est.* 816. dit qu'à l'égard de ces sortes de Conventions. La Cour par ses Arrests ne s'arrestoit pas de son temps au prix de la Convention, mais qu'elle condamnoit de payer la juste valeur de la chose venduë.

Ainsi, ajoûte-t'il, si l'acquereur qui a promis payer une certaine somme quand il luy sera né un fils masle, est mort avant que cette condition soit arrivée, son heritier doit estre condamné à payer seulement le juste prix de la chose venduë, par la raison que l'acquereur même n'auroit pû estre contraint d'en payer davantage quand cette condition seroit arrivée pendant sa vie.

D'où il est aisé de voir, que ce n'est que dans le cas d'une injustice manifeste, que du Moulin a prétendu que ces sortes de Conventions (qu'il appelle *aleatorios contractus*) ne doivent point estre executées, parce qu'elles ne sont pas justes, comme il le prouve dans les especes qu'il rapporte dans lesquelles il y avoit une vente certaine d'une chose qui avoit esté livrée à l'acheteur, lequel ne pouvoit retenir justement cette chose sans en payer le prix, sous prétexte d'une condition captatoire, non plus que le vendeur ne pouvoit sous pretexte de cette même condition stipulée, en demander un prix excessif. Autre chose est d'un pact conditionné, dans lequel aucun de ceux qui ont fait le pact, n'a point tiré d'argent de sa bourse, & n'a rien livré à l'autre, mais a promis seulement une chose sous une condition, dont l'évenement estant absolument incertain, ne peut par consequent estre suspect d'aucune fraude ny d'aucune injustice.

21 Tout de même quand la gageure est pour cause illicite, elle n'est point obligatoire, & celuy qui perd, n'est point tenu de payer celuy qui gagne; aussi dans les Païs Etrangers il y a plu-
22 sieurs Ordonnances qui les deffendent. L'Auteur des Plaidoyers cy-dessus cité, en rapporte plusieurs; Antonius Anselmo sur le chapitre 79. de l'Edit du 20. Janvier 1570. *de assecurationibus*, qui a lieu en Flandres, rapporte encore une autre Ordonnance qui deffend en ce païs-là de faire des gageures, *super vita hominis & itineribus suscipiendis*, comme estant dommageables à l'Etat & de mauvais exemple; & observe que cet Edit, qui n'avoit pas esté observé d'abord, est enfin revenu en usage; il ajoûte que même les gageures sur le succez des affai-

res d'Etat sont aussi deffenduës à Bruxelles, par une Ordonnance du 13. Novembre 1601. renouvellée en 1604. & en 1629. sous peine de la perte des choses gagées : *Tum quia*, dit-il, *ejusmodi sponsiones aleam redolent, sine industria marsupium expilantium, tum maxime quod occasio detur. arcana hostibus prodendi ob quæ speratæ victoriæ è manibus elabantur.* Il dit même que par les Arrests du Parlement de Brabant, celuy qui a gagné le prix dans ces sortes de gageures deffenduës, est non seulement condamné à le rendre, mais même aux interests ; il examine ensuite si cette Ordonnance est censée avoir deffendu les Promesses qui sont stipulées payables quand le debiteur sera mort, Prestre ou marié, & il répond que ne s'agissant point en cela de l'interest de l'Etat, elles n'y sont pas comprises.

Voyez Perezius C. l. 31. T. 43. & Zypæus in not. jur. Belg. l 3.

23. Selon nos mœurs, comme il a esté dit cy-dessus, les gageures sont permises, pourvû que le sujet soit honneste & quand le prix de la gageure est déposé elles sont obligatoires ; Expilly Plaidoyé 4. en rapporte un Arrest de 1664. du Parlement de Grenoble, & Bugnion *de. leg. abro.* en rapporte un autre du Parlement de Paris du 29. Mars 1563. qui deffendit de faire des gageures au sujet des femmes grosses, parce qu'elles pouvoient donner lieu à la supposition de part.

Bouchel l. 4. chap. 27. en rapporte un de la Cour des Aydes du 21. Janvier 1615. & Automne au Code T. *de præscrip. ver.* en rapporte un du Parlement de Bourdeaux du mois de Mars 1609. qui condamna celuy qui avoit gagé, & qui avoit perdu la gageure, d'en payer le prix, quoy que ce prix n'eust point esté consigné ny déposé entre les mains de personnes tierces, ce qui marque qu'il peut y avoir des cas particuliers, où la gageure estant pour une chose licite, (comme s'il s'agit de l'adresse ou de la force du corps,) est obligatoire, quoy que le prix n'en ait point esté déposé. Ainsi dans l'espece rapportée par Automne, le prix de la gageure estoit proprement la récompense de l'adresse & du peril qu'avoit couru celuy qui avoit gagné, en entreprenant de nager dans un Etang au mois de Mars, jusqu'à une certaine distance dont il estoit convenu, ce qu'il avoit executé avec beaucoup de risque.

24. Ce que dessus supposé, la premiere question est de sçavoir si au cas qu'une personne soûtienne avoir gagé une somme contre un autre, la preuve en est recevable par témoins ; si cette

personne nie qu'il ait gagé, ou qu'il soûtienne qu'il a gagé moins.

Ou si les conditions de la gageure se peuvent aussi prouver par témoins, & il semble que cela ne doit pas estre permis; car quoy qu'on n'ait pas coutume de rediger par écrit les conditions d'une gageure, neanmoins comme la gageure n'est point censée obligatoire, ny avoir la forme d'une Convention, que le prix de la gageure n'ait esté déposé en main tierce, ce seroit inutilement qu'on prouveroit une gageure verbale & les conditions, si on n'articule pas que le prix en a esté mis entre les mains d'un tiers, ce qui seul peut la rendre obligatoire.

25 La seconde question est de sçavoir si au cas que ce tiers dénie avoir receu le prix de la gageure, la preuve par témoins en sera permise. Et comme on n'a pas coutume de rediger par écrit ce dépost qu'on luy confie, il semble aussi que la preuve par témoins en doit estre permise, parce qu'il y a du dol de sa part de retenir la gageure, & que la Loy donne même une action de vol contre luy, & par consequent. Ainsi on peut demander à faire preuve qu'on luy a mis en main, ou qu'il a en sa possession la chose gagée: sans articuler que ce soit un dépost; car il ne s'agit en cela que de la preuve d'un fait que l'Ordonnance ne deffend point de prouver par témoins.

26 A l'égard des delits, soit que l'on agisse par voye Criminelle ou par voye Civile, afin de dommages & interests, la preuve par témoins en est admissible, parce qu'il s'agit de la preuve d'un fait, & il en est de même des quasi delits qui se commettent par une faute imprevcuë & sans aucun dessein formé de

28 nuire: mais parce que dans un accident imprévcu le témoin se trompe souvent le premier, & croit voir ce qu'il ne voit pas, ou confond aisément les circonstances qui arrivent presque toutes en un instant, ensorte qu'il n'a pas toûjours assez de presence d'esprit pour faire reflexion à ce qui se passe devant ses yeux: sa déposition n'est pas toûjours decisive, notamment si par l'état des lieux, ou par d'autres faits certains, on peut juger qu'il s'est laissé surprendre luy-même, & qu'il n'a pas suivi le fait, ce qui se peut connoistre quand il n'entre pas dans un détail assez juste & assez précis des circonstances, dont la liaison & la conformité fait toute la certitude de sa déposition.

On peut mettre dans le nombre des quasi delits, les sevi-

Igitur injuriam his damnũ accipiemus culpa datũ etiam ab eo qui nocere noluit, dit la Loy 5. ff. ad leg. Aqui.l. culpa autem est, dit la Loy 5t. ibid. quod cum à diligente providere potuerit, non sit provisũ.

ces du mari, qui peuvent donner lieu à la separation de corps & de biens, & qui sont énoncez en la Loy *consensu C. de repudiis*, car la Loy ne regarde pas comme des crimes, les menaces & les corrections du mari à l'égard de sa femme, quoy que violentes & injurieuses, la Loy Romaine vouloit qu'il eust attenté à sa vie, ou qu'il l'eust excedée, ce qui doit avoir lieu parmi nous, puisque même le Mariage est un Sacrement qui produit une union indissoluble, & que le divorce n'y a pas lieu comme à Rome, aussi la présomption est en faveur du mari, quand il n'y a point de preuve au contraire.

Dans les recelez la preuve par témoins a lieu aussi, suivant nos mœurs, car le recelé est un vol, même quand il est commis par la femme, quoy que la Loy n'ait point donné l'action de vol en ce cas, mais seulement celle *rerum amotarum*, qu'elle appelle *judicium singulare l. 1. ff. de actione rer. am.*

Pour ce qui est des quasi delits, Boiceau dans ce Chapitre n'en a parlé qu'en passant, & il decide en general que la preuve par témoins en est admissible, mais cette matiere merite quelques observations particulieres. La premiere, qui a beaucoup de liaison avec ce qui vient d'estre dit des gageures, concerne les jeux de hazard, sur lesquels il y a plusieurs reflexions importantes, mais pour les faire avec ordre.

Il faut observer que le jeu, à parler en general, est necessaire pour relâcher l'esprit ; c'est pourquoy Ciceron *l. 2. de oratore*, ch. 2. dit fort bien qu'on doit regarder comme un esclave celuy à qui il n'est jamais permis de ne rien faire, & Aristote *l. 10. Mor. nicomach.* chap. 6. a agité la question de sçavoir si la veritable felicité ne consistoit point dans le jeu, parce que ceux qui sont les plus heureux dans ce monde, mettent leur bonheur à jouer, & que le jeu a le pouvoir, dit-il, de rendre même les Tyrans plus doux. Il fait voir neanmoins ensuite que le jeu estant un repos, n'est pas la fin de nos actions, mais au contraire, qu'il n'est permis de se recréer que pour mieux agir, parce que la veritable felicité ne consiste que dans la vertu.

Il faut demeurer d'accord qu'il y a des jeux permis, mais il y en a aussi de deffendus; sçavoir les jeux de hazard, qui sont prohibez par nos Ordonnances, & notamment par l'article 59. de l'Ordonnance de Moulins, de laquelle est tiré l'article 54. qui fait la matiere de ce Traité, ce qui engage à examiner encore cette matiere plus au long.

Mihi liber esse non videtur qui non aliquando nihil agit. Ludere autê ut serio agat quispiam ex Anacharsidis sententia videtur recte se habere, quippe cum lusus requiei similis sit & cû nequeant homines assiduè operari, requies indigent, n'est igitur finis requies, causa enim operationis fit at esse ex

32 Or il est constant que chez les Romains la Loy, non seulement ne donnoit aucune action à celuy qui avoit gagné à un jeu de hazard l'argent d'un autre qui ne l'avoit pas payé, mais elle accordoit encore l'action de condiction contre luy, s'il avoit esté payé; jusques-là même que le fils de famille qui avoit perdu son argent au jeu contre son Pere, & l'Esclave contre son Patron, avoient action contre eux pour le repeter. La difference qu'il y avoit est que cette action en ce cas, s'appelloit *actio utilis*, & non pas, *actio de alea*, qui estoit une action fameuse, comme estime Monsieur Cujas, parce que ceux qui faisoient profession de joüer aux jeux de hazard estoient reputez infames. Le même Monsieur Cujas remarque aussi dans ses Observations, qu'autrefois celuy qui avoit gagné estoit condamné à restituer le quadruple, suivant la remarque d'Asconius.

virtute vita felix videtur, hac autem studiosa & seria est, non in lusis versatur. Adversus parentes & patronos reperitio ejus quod in alea lusum est, utilis ex hoc edicto danda est, dit la Loy, & M. Cujas sur le T. *de aleat. ff. notandum est adversus patronos*

ex hac lege u'tima hanc actionem qua de pecunia in alea amissa victo redditur, ei non dari adversus patronos & parentes, videlicet si cum eis luserit alea & victus fuerit quia famosa est, &c.

33 Justinien par sa Constitution ajoûtée au T. 43. du Code l. 3. deffendit les jeux de hazard, même dans les Maisons de Particuliers, & donna une action à ceux qui auroient perdu leur argent, ou à leurs heritiers, & à leur deffaut au fisc, pour le repeter, sans que l'on pust opposer d'autre prescription que celle de 50. ans, selon Eustathius, quoy que d'autres assurent que celle de 30. ans suffisoit, comme a remarqué Godefroy sur cette Constitution, par laquelle Justinien ne permet que cinq sortes de jeux, qu'Alciat *l. 1. prætermiss*. Turnebe & plusieurs autres ont essayé d'expliquer, mais sur de simples conjectures, parce que le Texte de cette Constitution a esté fort corrompu, ainsi qu'à remarqué Haloander.

L. 5. *aleariæ lusus* c. En ce cas le fisc pouvoit employer cet argent à des ouvrages publics. Voy Salmuth en ses Notes sur Panciroll T. 9. *de veterum ludis*. Cujas *Parat. Cod.*

34 La Loy *Titia*, & la Loy *Publicia*, avoient permis au contraire les jeux, dans lesquels pour remporter le prix, il ne faut que de la souplesse, de l'agilité ou de la force du corps. La Loy *Cornelia sumptuaria*, avoit reglé aussi quelle somme on pouvoit joüer dans les jeux solemnels que l'on faisoit dans les jours des Calendes, des Nones & des Ides, & les autres jours il n'estoit permis de joüer, *ultra unum solidum si maxime dives sit*, dit la Constitution de Justinien *C. de Aleatoribus*.

5. c. Tit. & Dempsterus sur Rosinus. Ant. Rom. cap. r. *ubi de ludis privatis*. Voy Aulugelle l. 2. ch. 24. Macrob. Satur. III. ch. 17. Plut. in Sylla.

35 Les jeux de hazard ont esté aussi deffendus ensuite aux Ecclesiastiques par la Novelle 123. dont est tirée l'authentique *interdicimus C. de Episcopis & Clericis*, ce qui leur avoit esté aussi

Cano. 79. Conc. Eliberrin.

deffendu par les Conciles, aussi bien qu'aux Laïcs.

Mais avant d'examiner quand la preuve par témoins est recevable en matière de jeu, il faut sçavoir si dans les jeux de hazard celuy qui a gagné l'argent d'un autre, peut soûtenir qu'il l'a acquis justement, ou si au contraire il n'est point tenu de le restituer ; car à l'égard des jeux permis, il ne peut y avoir difficulté en certains cas que pour ce qui regarde la conscience, ce qui ne regarde point ce Traité, or les Theologiens & les Jurisconsultes sont partagez sur cette Question.

Perezius l. 3 Co. T. 43. de Aleat. n. 6. dit que quoy que la Loy Civile ait deffendu les jeux de hazard, neanmoins cela n'empesche pas que celuy qui a gagné de l'argent à ces sortes de jeux, ne l'ait veritablement acquis, car elle n'a point dit que cette espece d'Obligation soit nulle, mais elle a donné seulement une action à celuy qui a perdu pour repeter son argent, non pas de sa propre autorité, mais en luy donnant une action qu'il doit intenter devant le Juge. C'est pourquoy, dit-il, avant la Sentence du Juge, celuy qui a gagné n'est point obligé de restituer cet argent, si ce n'est qu'il y ait fraude de sa part, parce que cette condition qu'elle a accordée à celuy qui a perdu, est une peine à l'égard de celuy qui a gagné, & que personne n'est obligé de subir une peine, même en conscience avant que le Juge l'ait condamné à cette peine ; de même que celuy qui a acquis par prescription, n'est pas obligé de restituer ce qu'il a acquis, avant que celuy à qui appartenoit la chose, se soit fait restituer contre cette prescription. Il cite Covarruvias *ad C. peccatum.* p. 2. §. 4. n. 8. Et Lessius *de Just. & Jur.* l. 2. chap. 26. dub. 3. Il dit neanmoins que celuy qui a joüé à credit à un jeu de hazard, & qui a perdu, n'est point obligé de payer ce qu'il a perdu, parce que quoy que la promesse qu'il a faite de payer, soit obligatoire, neanmoins parce que la Loy luy donne une action pour repeter l'argent qu'il a perdu s'il l'avoit payé, il n'est pas obligé de satisfaire à sa Promesse, même en conscience, & cela a même esté confirmé, dit-il, par une Ordonnance de Charles-Quint, donnée en Espagne, qui ordonne que l'on ne sera point obligé de payer l'argent qu'on aura joüé à credit, même quand on aura joüé à un jeu permis. Neanmoins, dit-il, cela ne s'observe plus, & il y auroit de la pudeur à celuy qui a perdu, de se faire rendre son argent, comme il y en auroit, de ne pas payer celuy qu'on a perdu, quand on a joüé à credit, il est libre neanmoins à la rigueur, à celuy qui a perdu, d'intenter action pour se faire rendre son argent, parce que la Coutume qui a autorisé les jeux de hazard, est contre les bonnes mœurs, & qu'elle a bien pû adoucir la Loy en telle sorte, que ces sortes de jeux soient impunis : mais elle n'a pû priver ceux qui y ont perdu leur argent, de l'action que la Loy leur a accordé pour le repeter.

38 Guymier sur le Titre de la Pragmatique *de spectac. in Ecclesia non faciendis*, a traité à fond cette matiere au sujet des Ecclesiastiques. Il distingue d'abord trois sortes de jeux : *ludus alterius fraudator, ludus naturæ recreator, ludus fortunæ tentator.* Le premier est un jeu où il n'y a que de la fraude, & ce que l'on appelle vulgairement *piperie*, comme celuy de la banque, deffendu par nos anciennes Ordonnances, ou lors qu'on joüe avec de faux dez. Le second est le jeu permis, & qui sert à nous délasser du travail, il en marque toutes les conditions, dans lesquelles je n'entreray point, parce que cela regarde uniquement les bonnes mœurs, & le jeu qui ne dépend pas tellement du hazard, qu'il ne dépende aussi de l'industrie & de la conduite de ceux qui joüent.

Guymier se sert du mot Taxillis, ce qui signifie seulement le jeu de dez, qui est de pur hazard.

39 Il decide ensuite, suivant le sentiment d'Hostiensis, & autres Canonistes, que celuy qui gagne aux jeux de hazard, est tenu de restituer l'argent en trois cas à celuy qui l'a perdu. 1. Si celuy à qui il l'a gagné, est un mineur, un furieux, un prodigue, une femme mariée, un Moine, un Serviteur. 2. Si celuy qui a gagné, a forcé celuy qui a perdu de joüer avec luy, auquel cas la Loy le condamne *ad latumias*, c'est-à-dire à tenir prison. 3. S'il a gagné par fraude & par tromperie. Il remarque ensuite que l'Obligation passée pour cause de jeu est nulle, suivant l'opinion de Bartole; comme par exemple, si je vends des hardes ou des Livres pour en joüer le prix, & il dit que celuy qui vend n'est point tenu de l'éviction en ce cas, suivant la Loy *filiofamilias* §. 1. ff. *quarum rerum actio non datur*; Il en est de même, dit-il, si celuy qui joüe avec moy, ou qui me regarde joüer, me preste de l'argent pour continuer le jeu, il ne peut repeter l'argent qu'il m'a presté, suivant la Glose *in l.1. in principio*, & *in l. fin. super verbo accepit pecuniam ff. de alea*.

Idem, S'il a joüé l'argent de son Maistre.

Vide.

40 Ensuite il remarque quatre cas où celuy qui a presté de l'argent à celuy qui le joüe, ne peut le repeter. 1. Si cette person-

ne est une de celles qui joüoit avec luy. 2. Si celuy qui a presté est un joüeur de profession. 3. S'il a presté à un mineur pour joüer. 4. Si celuy qui a emprunté n'avoit pas la libre administration de ses biens ; par exemple, si c'est un prodigue, un furieux, &c.

Corserius en sa Decision 194. *Capellæ Tholosanæ*, dit que si celuy qui a perdu aux dez, est celuy qui a excité l'autre à joüer, en ce cas il n'a point d'action pour luy faire rendre ce qu'il a perdu, & qu'au contraire si c'est celuy qui a gagné qui l'a excité au jeu, celuy qui a perdu a une action pour repeter son argent.

Aufrerius sur cette Decision observe que cette distinction n'est point receuë dans l'usage, parce que le jeu de dez n'est point deffendu, comme estant illicite par luy-même, mais à cause des mauvaises suites qui l'accompagnent, & qu'ainsi ceux qui y joüent sont censez s'y estre exposez volontairement ; d'autant plus, dit-il, que le jeu de dez dépend en partie du hazard & de la conduite de ceux qui joüent. Ainsi, dit-il, pourveu que ce ne soit point par fraude, ou avec de faux dez, qu'on ait gagné à ce jeu, ou contre des mineurs & autres personnes qui n'ont point la libre administration de leurs biens, on n'est point tenu à restitution.

Taxilli.

Enfin il decide que quand c'est un jeu permis, celuy qui a presté de l'argent, peut le repeter, ce qui s'entend pourveu que ce ne soit point dans les quatre cas cy-dessus rapportez par Guymier, ce qui est conforme au sentiment de Joa. de Immola, surquoy Mornac *ad l. 2. ff. de aleat.* observe que ce que dit Aufrerius en l'endroit cy-dessus cité des fraudes qui se pratiquent au jeu, n'estoit rien en comparaison de celles qui se pratiquoient déja de son temps.

Anilia enim fuerit & fere puerilia si ad nostrâ hanc ætatem spectes quæ scripsit Aufrerius, horrores sunt hodie & portenta nō ludi.

Menochius *de arbit. Jud. l. 2. Cent. 4. Casu. 99.* rapporte le sentiment de Caccialupus, qui a fait un Traité du jeu, inseré dans le *Tractat. Tractatuum*, & celuy de Decius *Con.* 115. de Covarruvias, cy-dessus cité, & autres, qui estiment que l'on n'est point tenu restituer l'argent gagné au jeu, & il ajoûte que c'est aussi son sentiment, quand il n'y a point eu de fraude de la part de celuy qui a gagné, surquoy il observe qu'à Milan cette fraude est punie à l'arbitrage du Juge, suivant une Constitution qui a esté faite sur ce sujet.

Cap. peccati part. 1. §. 4. de regul. juris in 6. Ego aleatorim nos teneri intelligo quo ad pœnam, nisi fraus adhibeatur.

Brunemanus sur le T. 43. *de aleat. C.* decide que même celuy qui a provoqué un autre à joüer à un jeu de hazard, & qui a gagné

gagné son argent, *a* peut retenir cet argent, du moins jusqu'à ce que celuy qui l'a perdu, luy en demande la restitution, parce que jusques-là, il a lieu de croire qu'il luy donne cet argent, mais si-tost qu'il le demande, quoy que ce soit hors jugement, & sans employer les voyes & la justice; en ce cas, dit-il, il ne peut plus le retenir, parce qu'il cesse d'estre en bonne foy, & il ajoûte que la coutume peut bien faire que les jeux de hazard soient impunis, mais qu'elle ne peut les rendre licites : or le jeu n'est point un moyen legitime d'acquerir ; c'est pourquoy, dit-il, ceux-là pechent qui perdent au jeu une somme notable.

Joa. Faber l. 3. Cod. T. 43. *ad l. alearum*, aprés avoir fait la même distinction que celle cy-dessus rapportée dans la Decision 193. Capel. Tholof. entre celuy qui a provoqué au jeu, & celuy qui a esté provoqué par un autre, ajoûte que *b* si tous deux s'y sont engagez volontairement & se sont invitez l'un l'autre, en ce cas la condition de celuy qui a gagné est la meilleure, parce qu'il possede ; neanmoins, dit-il, il est plus veritable de dire que même en ce cas, celuy qui a perdu peut repeter son argent; *c* quoy que cette restitution n'a pas lieu quand on joüe pour se divertir.

Rebuffe *in proemio reg. Const.* n. 56. observe que la Loy qui permet de repeter l'argent perdu au jeu jusqu'à 30. ans, n'est point observée en France, ny en aucun autre endroit du monde, & cette coutume, de ne point restituer l'argent à celuy qui a perdu à un jeu de hazard, excuse, dit-il, celuy qui l'a gagné, pourveu qu'il n'y ait point de fraude de sa part, & que celuy qui a joüé, eust la libre administration de son bien. Car, ajoûte-t'il, la Question sur ce sujet est Problematique entre les Docteurs : *d* or dans les choses douteuses, la coutume & l'usage doivent decider. Cependant nous avons plusieurs Ordonnances qui ont deffendu les jeux de hazard, celle de S. Louis en 1254. celle de Charles V. en 1369. l'Edit de 1511. & l'Arrest du Parlement au mois de Juin de la même année, ont deffendu en general les jeux de dez, & les berlans, ce qui comprend les Academies & les lieux où l'on donne à joüer publiquement.

43 L'Ordonnance d'Orleans art. 101. deffend les jeux de quilles & de dez, à peine de punition corporelle, quoy que le jeu de quilles ne soit pas un jeu de hazard.

a Statuo ego posse retinere, usque dū repetatur, nam si non repetatur, argumento est ipsū qui perdidit nō repetiturū, sed quasi donare, sed quando repetit qui perdidit, etiam extra judicium, jam certus est de voluntate alterius & destituitur bona fide quia contra Legē aquisivit, &c.
b Si ambo se traxerint, videtur quod sit melior conditio occupantis sive possidetis, verius tamen est quod possit indistincte repetere qui amisit.
c Item præmissa non videtur obtinere, ubi luditur causa solatii.
d Tum etiā quia dubiū est, apud Doctores, ergo in tali dubio consuetudo excusat.

L'article 59. de l'Ordonnance de Moulins a encore esté plus loin, en voici les termes : *Et parce que nous avons entendu que plusieurs de nos Sujets, mineurs & en bas âge, ont esté tirez par induction à jeux de hazard, ausquels ils ont perdu & consumé leur jeunesse & substance, avons ordonné que les deniers & biens perdus en tels jeux, pourront estre repetez par lesdits Mineurs, leurs Peres, Meres, Tuteurs & Curateurs, ou proches parens, & voulons iceux biens leur estre rendus pour employer au profit desdits mineurs, & éviter leur ruine & destruction, sans par ces Presentes approuver tels jeux entre majeurs, pour le regard desquels entendons les Ordonnances de nos Predecesseurs estre gardées, & y estre tenuë la main par nos Juges, ainsi que la matiere y sera disposée.*

Enfin l'Ordonnance de 1629. a poussé la prévoyance jusqu'où elle pouvoit aller sur cette matiere, & parce qu'il y a plusieurs observations à faire sur ses dispositions, qui sont remplies de justice, quoy que cette Ordonnance ne soit pas observée, il faut en rapporter les termes.

Article 138. *Declarons toutes dettes contractées pour le jeu nulles, & toutes Obligations & Promesses faites pour le jeu, quelques déguisées qu'elles soient, nulles & de nul effet, & déchargées de toutes Obligations civiles & naturelles ; Voulons que pour icelles le fait du Juge soit receu ; Voulons & Ordonnons que toutes lesdites Promesses soient cassées, & les porteurs d'icelles, soit le premier Creancier ou le Cessionnaire, soient non seulement déboutez de leur demande afin de payement des sommes portées par lesdites Promesses : mais aussi estant prouvé qu'elles viennent de jeu, condamnez envers les pauvres, en pareille somme que celles qui seront contenuës esdites Promesses ; Deffendons à toutes personnes de prester argent, pierreries ou autres meubles pour joüer, ny répondre pour ceux qui joüent, à peine de la perte de leurs dettes, & nullité des Obligations, comme dit est, & de confiscations de corps & de biens, comme séducteurs & corrupteurs de la jeunesse, à cause des maux innombrables que l'on voit provenir chaque jour.*

Article 139. *Ordonnons pareillement que tous ceux qui joüeront sur gages, perdront les gages qu'ils auront exposez, & ceux même qu'ils auront gagés, seront confisquez sur eux au profit des pauvres, reservant le tiers au denonciateur, & outre ceux qui les auront gagnez, seront condamnez à pareille somme que celles pour lesquelles ils auront gagné lesdits gages, applicable comme dessus.*

Article 140. *Permettons aux Peres & Meres, Ayeul & Ayeule, & aux Tuteurs, de repeter toutes les sommes qui auront esté perduës sur le jeu par leurs enfans, ou mineurs, sur ceux qui les auront gagnez, Voulons qu'elles leurs soient renduës, & ceux qui auront gagné ladite somme, condamnez à la restitution d'icelles, avec dépens, dommages & interests, & que la preuve par témoins soit receuë nonobstant que la somme excedast cent livres, à quoy nous avons dérogé à cet égard.*

Article 141. *Et d'autant que l'effrenée passion du jeu porte quelquefois à joüer des immeubles : Nous voulons & declarons que nonobstant la perte & délivrance desdits immeubles, quoy que déguisée en vente & échange ou autrement ; les hypoteques demeurent entieres aux femmes pour leurs Conventions, & aux Creanciers pour leurs dettes, nonobstant tous Decrets, s'il est prouvé que l'alienation desdits immeubles procede du jeu, le tout sans déroger à nostre Edit du mois de May 1611. fait pour les berlans & jeux de hazard, & Arrest de nostre Cour de Parlement sur ce donné le Juin ensuivant, lesquels voulons demeurer en leur force & vertu.*

Aprés cela, il reste à sçavoir quand la preuve par témoins est recevable ou non en matiere de jeu.

44   1. Il est certain que si sous prétexte de jeu, on a volé manifestement l'argent d'une personne, par violence & voye de fait, la preuve est admissible. La Loy 1. *ff. de aleat.* accordoit l'action *bonorum raptorum* en ce cas ; Il est vray qu'elle ajoûtoit que celuy même qui a perdu son argent, estoit indigne d'obtenir cette action, & qu'il ne la meritoit non plus que ceux qui donnent à joüer chez eux, ausquels elle la refuse, mais elle ne la luy ostoit pourtant pas.

Si rapinam fecerint inter se collusores vi bonorum raptorum non denegabitur actio.

45   2. Les mineurs qui ont perdu au jeu de hazard, & même à des jeux permis, (ce qu'il faut étendre à tous ceux qui sont sous la puissance d'autruy, & qui n'ont pas la libre administration de leurs biens,) s'ils ont joüé une somme notable, sont restituables contre toutes les Promesses & Obligations qu'ils ont passées, & la preuve par témoins est recevable en leur faveur contre ces Promesses ou Obligations, parce que la même Ordonnance de Moulins, qui deffend la preuve par témoins contre les Actes par écrit, a ordonné que les sommes par eux perduës à ces sortes de jeux, leur seroient renduës, or cette disposition deviendroit inutile en ce cas, si la preuve par témoins

Susceptorū enim dumtaxat prohibuit vindicari non & collusores quamvis & hi indigni videantur.

leur eſtoit refuſée, ce qui feroit contre l'eſprit de l'Ordonnance, qui ne peut eſtre contraire à elle-même ; & le mineur ny ſon Tuteur n'eſtoient pas même obligez de prendre des Lettres en Chancellerie contre ces ſortes d'Obligations, par l'Ordonnance de 1629. qui les declaroit nulles ; & laquelle, quoy qu'elle ne ſoit obſervée, marque pourtant quel a eſté le veritable eſprit de noſtre Juriſprudence, & ſa conformité ſur ce point au Droit Romain.

3. A l'égard des majeurs, l'Ordonnance d'Orleans deffend 46 indiſtinctement les jeux de hazard, & ainſi quand il y a une Promeſſe pour cauſe de jeu, déguiſée ſous le nom de preſt, la preuve par témoins eſt recevable, nonobſtant l'Ordonnance de Moulins, mais il faut que celuy qui la demande articule que la Promeſſe eſt ſimulée, qu'il y ait des préſomptions évidentes de la fraude, parce qu'il eſt luy-même en faute de s'eſtre engagé dans ces ſortes de jeux, où il faut qu'il articule que l'on s'eſt ſervi de mauvaiſes voyes pour le ſurprendre; car s'il n'y a point eu de fraude ouqu'il ne puiſſe le prouver, il n'eſt pas reſtituable, les jeux de hazard eſtant impunis ſuivant nos mœurs, quoy qu'illicites.

4. Cette preuve de la fraude ſe peut faire même par les per- 47 ſonnes qui ont veu joüer, celuy qui ſe plaint d'avoir eſté trompé, quoy que leur témoignage ne deuſt pas eſtre recevable; parce que, dit Guymier, dans l'endroit de la Pragmatique cy-deſſus cité, on eſt obligé de s'en rapporter à ces ſortes de gens, (dont la reputation n'eſt pas entière,) parce qu'il ne ſe trouve point d'ordinaire d'honneſtes gens dans ces ſortes de lieux.

Et ſi velles probare quod luſerit cum falſis Taxillis poteſt probari per homines aleatores & ſimilis conditionis & vitæ, quia in tali loco & ludo non conſueverunt adeſſe homines bonæ famæ & vitæ.

5. S'il n'y a ny Promeſſe ny Obligation, celuy qui a perdu, & 48 auquel on a fait credit, ne peut eſtre aſſigné en Juſtice pour ſe voir condamner à payer, & la preuve par témoins n'eſt pas admiſſible en ce cas, même entre majeurs; que ſi au contraire, celuy qui a gagné articule, que depuis le jeu fini, celuy qui a perdu, a promis de le payer, la preuve n'eſt pas recevable de ce fait, quand il ne s'agiroit que d'une ſomme au deſſous de cent livres, parce que ce ſeroit accorder une action indirecte en faveur du jeu, ce qui ne doit pas eſtre admis.

6. Dans les jeux permis, qui ſont ceux qui dépendent de la 49 conduite & de l'eſprit de ceux qui joüent, comme le jeu des échets, ou ceux qui dépendent en partie du hazard, & en par-

tie de l'efprit & de l'experience des joüeurs, la preuve par témoins n'eft pas recevable non plus, en faveur de celuy qui a gagné & qui n'a point efté payé, & cela, par la même raifon, qu'il n'y a point d'action pour argent gagné au jeu.

50. 7. Si la Promeffe eft pour argent gagné à un jeu permis & fans fraude entre majeurs, cette Promeffe doit eftre executée, & la preuve par témoins n'eft pas recevable à l'effet de prouver feulement qu'elle eft conceuë pour argent gagné au jeu ; quand cette claufe n'y eft pas exprimée.

51. 8. Si au contraire on articule qu'il y a eu de la fraude en joüant à un jeu permis, & qu'un majeur demande à faire preuve de ce fait, la preuve eft recevable à l'arbitrage du Juge, qui, à cet effet, doit examiner la qualité des Parties qui ont joüé enfemble ; car il y a lieu de craindre que fur une telle allegation fauffe, on ne trouvaft le fecret de fe faire rendre ce qu'on n'auroit pas même hazardé au jeu.

52. 9. Tout ce qui a efté dit cy-deffus, doit avoir lieu avec la même reftriction, quand un de ceux qui a joüé, articule qu'il a joüé plus gros jeu, & qu'il a gagné davantage, ou qu'il a joüé moins & perdu moins, car la preuve par témoins de ces faits n'eft pas recevable, fi ce n'eft en faveur des mineurs, ou en cas de fraude entre majeurs, comme il a efté dit.

53. 10. Les mêmes Maximes ont auffi lieu contre ceux qui ont parié au jeu pour les joüeurs, & contre ceux qui leur ont prêté de l'argent pour joüer, en faveur defquels la preuve par témoins n'eft pas recevable, car il faut les regarder eux-mêmes comme des joüeurs qui excitent les autres à joüer, & qui ne meritent aucune faveur ; auffi Guymier *loco citato*, dit que c'eft comme s'ils joüoient eux-mêmes. Il eft vray qu'il diftingue enfuite, & avec juftice, entre celuy qui prefte de l'argent à un autre, fans fçavoir que c'eft pour joüer, & celuy qui voyant joüer un autre, luy en prefte quand il n'en a plus ; car à l'égard du premier, ce preft eft legitime, à caufe de fa bonne-foy ; & à l'égard du fecond, il eft illicite, & celuy qui a prefté, n'a aucune action pour repeter ce qu'il a prefté, fuivant le fentiment de la Glofe que Guymier cite en cet endroit.

Item non tantum ludens punitur, fed etiam particeps ipfius ludi, licet ipfe non ludat, nam particeps in ludo, dicitur facere fraudem legi & ftatuto, qui ludit per interpofitam perfonam.

54. 11. Si celuy qui a parié, ou pour qui un autre a joüé, ou qui a prefté à un majeur pour joüer, eft un mineur, & qu'il n'en ait aucune preuve par écrit, la preuve par témoins eft recevable

de tous ces faits, car c'est comme s'il avoit joüé luy-même.

12. Si un mineur a presté à un mineur pour joüer, ou a parié pour luy, & qu'il ait perdu l'argent ou les gages, la Loy dit que la Cause de celuy qui a perdu doit prévaloir, ainsi la preuve par témoins est admissible, quoy que l'un & l'autre, comme mineurs, meritent une égale faveur.

Potier est causa amittentis.

13. Mais si un majeur a presté à un mineur pour joüer à un jeu permis, & qu'il n'y ait point eu de fraude, alors s'il s'agit d'une somme au dessous de cent livres, & que cette somme que le mineur a perduë ne soit point excessive, par rapport à ses facultez, en sorte que son Tuteur, s'il eût esté present, eust pû legitimement la luy fournir pour joüer, on demande si la preuve par témoins est recevable en faveur du majeur, qui n'a point pris de reconnoissance du mineur, & cette preuve ne doit pas estre receuë, quoy qu'il s'agisse d'une somme moindre de cent livres, car ce seroit donner un moyen indirect au mineur, de se faire prester de l'argent pour le dépenser inutilement, puisque le jeu n'est pas une dépense necessaire; car il est certain que celuy qui preste à un mineur sans autorité de son Tuteur, & encore plus celuy qui preste au mineur pour joüer, est presumé avoir bien voulu hazarder son argent, *mutuatur enim perdituro.* Et par consequent il doit suivre entierement la fortune & la bonne-foy du mineur.

14. On demande si le mineur qui a gagné une somme à un jeu de hazard, ou même à un jeu permis, laquelle ne luy a pas esté payée, peut demander à faire la preuve par témoins qu'il l'a gagnée, & il est constant qu'il n'y est pas recevable, parce que quand il s'agit d'acquerir, les mineurs doivent user du droit commun; or suivant le Droit commun n'y ayant aucune action pour le jeu, la preuve par consequent n'en doit pas estre admise.

15. On demande si un majeur peut demander à faire preuve par témoins qu'un mineur l'a gagné par fraude à un jeu de hazard, mais il ne doit pas y estre receu, car il est en faute de joüer à un jeu prohibé avec un mineur, celuy qui desobeït à la Loy, ne meritant pas qu'elle l'assiste: neanmoins cela dépend des circonstances & de la prudence du Juge, car comme il y a des mineurs *in quibus malitia supplet atatem,* & des majeurs au contraire, qui sont toûjours jeunes & sans experience, dont la sim-

plicité peut meriter quelquefois la protection des Loix, même contre le mineur, notamment si le mineur est un joüeur de profession, la preuve peut estre receuë, car la fraude est punissable en toute sorte d'âges.

59 16. Au reste comme la Justice ne penetre point l'interieur, on n'admet point la distinction des Casuistes, qui font difference entre celuy qui joüe pour se divertir, & celuy qui joüe pour gagner, ou même pour dépoüiller entierement celuy qui joüe contre luy ; ces distinctions peuvent servir pour ce qui regarde la conscience, mais les Jurisconsultes n'y doivent point entrer. Ainsi la preuve par témoins de tous ces faits ne doit jamais estre admise.

60 Il seroit trop long d'examiner ici les jeux qui sont permis, & ceux qui ne le sont pas ; ceux de pur hazard sont assez connus, ceux au contraire qui consistent dans la souplesse, l'agilité & la force du corps, ou qui dépendent de l'esprit sont li-
61 cites ; ainsi le jeu de paulme est licite, parce qu'il exerce toutes les parties du corps, suivant la remarque de Gallien, & ainsi qu'il est marqué en la Loy *item Mela, ff. ad leg. aquiliam*. Chopin Coutume de Paris l. 3. T. 3. n. 13. en fait l'éloge ; Bardet To. 1. l. 2. chap. 2. rapporte pourtant un Arrest du 16. Janvier 1624. qui declara nulle une Promesse de cent livres, pour frais de jeux de paulme, mais elle estoit peut-estre faite par un mineur, &c. Aussi il ajoûte *ibidem*, que ce jeu est licite, & qu'on a action pour demander ce qu'on y a gagné, ainsi qu'il a esté jugé par Arrest du 6. May 1607. sur les Conclusions de Monsieur Servin, cet Arrest est rapporté par Chenu Centurie 2. quest. 42.

62 Il reste à parler des faits de force & de violence qu'un majeur articule à l'effet de se faire restituer contre une Transaction ou contre quelqu'autre Acte que ce soit, qu'il a esté contraint de signer malgré luy, dont Boiceau parle en cet endroit, & il est indubitable que la preuve par témoins y est receuë. 1. Parce qu'il s'agit d'une voye de fait, dont l'Ordonnance n'a point parlé, & laquelle est un crime. 2. Parce que n'y ayant point de consentement libre, on ne peut pas dire qu'il y ait eu de convention.

Enfin pour ce qui concerne les Actes de la procedure dans le cours d'un Procés, la distinction de Bartole rapportée par

Boiceau, entre les Actes lofquels fuivant la Coutume ou l'Ordonnance doivent eftre redigez par écrit, & ceux qui ne fervent qu'à juftifier de noftre diligence, ou à purger la demeure, ou pour arrefter le cours des interefts, n'eft point receuë dans noftre ufage ; auffi Boiceau convient que la Novelle de Juftinien & la Conftitution d'Arcadius, qui veulent que les petits Procés fe terminent fans aucun Acte par écrit, ne font pas receuës fuivant nos mœurs, & que tout ce qui fe fait en Jugement, ou même hors la prefence du Juge, doit eftre redigé par écrit, & par confequent prouvé par écrit.

Auth. niſi breves Cod. de Sentent. 9 ex brevit. recit.

Et qu'à l'égard des procedures qui fervent à juftifier de nos diligences, des offres réelles & verbales, elles ne peuvent eftre prouvées par témoins, quoy que ce ne foit point des Contrats; parce qu'outre que ce feroit retomber dans l'inconvenient de l'Ordonnance, qui eft la multiplication des faits & la fubornation des témoins. Tous ces Actes & offres fe doivent juftifier par écrit, & ceux qui les font, y ont plus d'intereft que perfonne, pour en affurer la verité ; fi ce n'eft qu'il s'agift, par exemple, de l'offre d'une fomme au deffous de cent livres, laquelle peut eftre faite de bouche & en prefence de témoins, quand il n'échet point de confignation enfuite de cette fomme. On ne peut auffi prouver par témoins qu'on a protefté en prefence de plufieurs perfonnes contre un Acte redigé par écrit, quoy que la fomme foit au deffous de cent livres, parce que fuivant la Maxime de Droit, la preuve par témoins n'eft point receuë contre un Acte par écrit.

In regno contra inſtrumentum non admittitur probatio per teſtes, ſecundũ ſeros & obſervantias, de probat. niſi cum inſtrumento, vel teſtibus inſtrumentariis ſimul cum notario qui omnes debent concordãs alias nihil agitur.

Au fujet de cette Queftion de la preuve des Actes Judiciaires, Jofeph de Seffe *Decif. Arragoniæ* 28. obferve que la preuve par témoins n'eft point permife par les Ordonnances du Royaume d'Arragon contre les Actes par écrit, mais qu'il faut une preuve par écrit, ou du moins que les témoins & le Notaire qui ont figné l'Acte, depofent contre la teneur de cet Acte, & que leur témoignage foit conforme, & cite Molina fur cette Ordonnance, il ajoûte que même cette preuve par les témoins inftrumentaires & par le Notaire, n'eft pas receuë quand il s'agit de la preuve d'une exception propofée par le Deffendeur, laquelle va à retarder la conteftation en Caufe, & qu'en ce cas la verité de cette exception doit eftre prouvée ou par écrit, ou par le ferment du Deffendeur, ou par une confeffion faite

Il cite Bardaxi for. 4(

en Jugement, soit que la demande qui est intentée contre luy soit fondée sur un Titre par écrit ou non; il observe que cette Jurisprudence n'a lieu qu'à l'égard des exceptions dilatoires. Par exemple, si le Deffendeur allegue une Sentence, une Transaction, & qu'il demande par forme d'exception à en faire preuve par la déposition des témoins qui demeurent dans des Païs éloignez; car en ce cas l'Ordonnance veut qu'il prouve par écrit son exception dans dix jours, & luy en deffend la preuve par té‑
67 moins : mais si c'est une exception peremptoire qui decide le fond de la contestation; en ce cas, dit-il, la preuve par les témoins instrumentaires & par le Notaire peut estre receuë, ce qui a aussi lieu à l'égard du Demandeur, quand il allegue une exception contre les deffences du Deffendeur, par la même raison que l'Ordonnance ne presume pas qu'il propose cette exception, pour allonger la contestation, & il rapporte un Arrest de la Cour de Justice d'Arragon du 15. Decembre 1603. qui le jugea ainsi, luy present en qualité de Conseiller de cette Cour.

Carpanus sur le Statut 88. de Milan, aprés avoir dit que les Actes Judiciaires ne se peuvent prouver que par écrit, dit que c'est par cette raison que par ce Statut le ban, l'émancipation, l'interdiction de biens, ne peuvent estre prouvez que par écrit, parce qu'à l'égard du ban, de l'émancipation & de l'interdiction de biens, il faut qu'il intervienne une Sentence, & que par ce Statut, il est dit que les Sentences doivent estre redigées par écrit.

CHAPITRE XI.

Des Insinuations dont l'Original ne se trouve pas, & autres Actes semblables.

SOMMAIRE.

1. *Deux Questions au sujet des Insinuations. La premiere, Concernant un Contrat de vente.*
2. *La seconde, Concernant une Donation.*
3. *Distinction quand la Donation a esté insinuée à la requeste du Donateur & du Donataire conjointement.*

5. *De quelle maniere les Donations se faisoient à Rome, & ce que la Loy entend par ce mot*, Monumenta.
6. *De la Donation insinuée à la Requeste du Donataire seul.*
7. *Des Insinuations en matiere Beneficiale.*
8. *Si l'Acte d'Insinuation n'étant pas dans les formes, il peut servir de commencement de preuve par écrit de la Donation, quand cette Donation n'est point rapportée, & si la preuve par témoins est recevable en ce cas.*
9. *Sentiment de Boiceau sur cette difficulté pour l'affirmative.*

QUæstiones duæ circa hunc Articulum subortæ sunt: una, in judicio nuper disputata est, de actu insinuationis, qui dorso instrumenti venditionis adscriptus ostendebatur, in regesto autem graphico nihil prorsus de protocollo seu originali dictæ insinuationis reperiebatur : & hac ratione motus fuit consanguineus ad offerendum emptori, jure sanguinis, quamvis anni plus quàm viginti quinque elapsi essent à tempore venditionis : dictante Consuetudine, *a* annum consanguineorum nonnisi à die insinuationis factæ apud acta, excurrere. Emptor verò excipiebat de suo actu insinuationis à publico Actuario sibi dato, & suæ venditioni adscripto, ideoque aiebat nihil sibi culpæ vel negligentiæ attribui posse. Nec obstabat Protocolli defectio, quæ negligentia, aut forsan malitia Officialis, seu Grapharii regestum habentis, evenerat, vel etiam tempore belli, aut alia inopinata occasione accidere potuerat : atque ita hæc omnia & similia emptori diligenti, & non moroso, imputari non posse defendebat : cùm incuria & negligentia Officialis non parti, sed

a Art. Consuet. 320. *des retr. lignag.*

IL s'est presenté deux Questions sur ce sujet ; l'une touchant un Procés meû depuis peu en Jugement, dans lequel il s'agissoit d'un Acte d'insinuation qui se trouvoit écrit au dos d'un Contrat de vente, de laquelle Insinuation cependant il ne se trouvoit point de minute au Greffe, ce qui donna occasion à un lignager d'intenter l'action de Retrait, quoy qu'il y eust plus de 25. ans que la vente eust esté faite, fondé sur ce que suivant l'article 320. de la Coutume de Poitou (où cet heritage estoit situé) l'an du Retrait ne commence à courir que du jour de l'Insinuation du Contrat de vente faite au Greffe ; l'acquereur alleguoit pour deffences, l'Insinuation que le Greffier luy-même avoit transcrite au dos de son Contrat, & soûtenoit qu'il n'y avoit point de sa faute, ny aucune negligence de sa part ; que s'il ne se trouvoit point de minute originale de cette Insinuation, il falloit l'imputer, ou à la negligence du Greffier, ou peut-estre à sa mauvaise foy, ou bien que cette minute pouvoit s'estre perduë durant les guerres, ou par quelqu'autre accident imprévu, & il prétendoit par consequent que cela ne pouvoit retomber sur un acquereur, qui de sa part n'avoit point manqué à prendre les seuretez que la Loy luy prescrivoit, la negligence d'un Officier ne devant pas estre imputée à la Partie, mais à l'Officier même, en telle sorte qu'il est permis en ce cas d'agir contre luy, comme il est vulgaire en Droit, & que même le Juge est tellement responsable de la faute qu'il a commise par imprudence, qu'il est tenu de l'évenement du Procés envers la Partie, & que c'est pour cela que si le Juge n'a pas tenu l'Audience, & que la Partie se soit presentée, l'absence du Juge ne peut luy nuire. Que de plus, quand il n'y a eu aucune negligence de nostre part à faire ce qui nous est ordonné. On ne peut pas dire que nous ayons esté en demeure, comme dit fort bien le Jurisconsulte Paulus. Or est-il que dans l'espece proposée, l'acheteur de sa part avoit satisfait à ce que la Loy demandoit ; car il avoit, suivant la coutume, porté son Contrat au Greffier pour l'ensaisiner, & afin qu'il le transcrivît sur son Registre, ce Greffier luy en avoit expedié l'Acte, comme l'ayant effectivement regîtré, & il avoit écrit au dos de ce Contrat de vente l'Acte d'insinuation que pouvoit faire davantage un acquereur diligent & exact ? Auroit-il esté juste aprés avoir satisfait de sa part à tout ce

ipsi Officiali imputari debeat, ut in eum agatur, quemadmodum in Jure nostro satis vulgatum est : *a* imò nec imprudentia Judicis, parti, sed ipsi Judici, ut litem suam faciat, adscribi soleat, *b* & absentia defectus Judicis, ei qui judicio se sistere curavit, obesse non possit. *c* Præterea, ubi nulla negligentia, in faciendis eis quæ facere debemus, imputari potest, ibi nulla mora existimatur, ut eleganter docet Paulus. *d* Atqui in specie proposita, emptor fecerat quod debuerat : nempe, ex Legis Municipalis præscripto, contractum emptionis Actuario exhibuerat, ut in regestum redigeretur, quod Actuarius se fecisse testabatur, scribens instrumento verso, actum insinuationis : quid ergo diligentiùs facere poterat emptor, nunquid, si negligens, vel dolosus, vel immemor fuerit Grapharius, in non scribendo Protocollo in regestis juridicis, ab omni culpa liberari debebit emptor, qui fecit quod debuit ? Item, dicebat emptor, Protocollum factum fuisse ab Actuario in quodam chartæ breviculo, ut solitus erat facere, donec in librum graphicum actum hujusmodi in suo ordine transcriberet, ut sæpè fieri solet per Actuarios, quod tamen Breviculum inseri Actuarius omiserat, interimque Breviculum illud, tumultu forsan bellorum aut incuria amissum fuit. Idcircoque emptor admissus fuit ad probandum testibus, prædictum insinuationis Breviculum, inter Acta graphica sæpè visum fuisse, & ita probavit.

a L. Argentarius. §. cum autem ff. de edendo.
b L. Si per imprudentiam ff. de evict. l. Si judex. ff. de var. & extraord. cog.
c L. 2. §. Si quis judicio. ff. Si quis caut.
d In L. Si servum. ff. de verb. oblig.

qu'il estoit tenu de faire en ce cas, de luy imputer la negligence, le dol, ou le deffaut de memoire du Greffier, qui avoit oublié d'inserer cet Acte dans ses Registres. De plus, il mettoit en fait que le Greffier avoit écrit la minute de cet ensaisinement sur une feüille volante de papier, comme il avoit coutume de faire, pour la transcrire ensuite sur son Registre dans son ordre, ce que la plufpart des Greffiers ont aussi coutume de faire, & que cette feüille volante s'estoit perduë durant les guerres, ou faute par luy d'en avoir soin. Et par toutes ces raisons, on admit cet acheteur à faire la preuve par témoins que plusieurs personnes avoient veu cette minute au Greffe, ce qu'effectivement il prouva.

Ex adverso autem, actor consanguineus dicebat actum insinuationis nullatenus factum fuisse, cùm de eo nullatenus appareret, ideoque de his quæ non apparent, & quæ non sunt idem esse judicium. *a* Nec obstabat, actum insinuationis retrò scriptum fuisse, cùm ex eo, nihil penitùs innotuerit consanguineis, qui propterea nulla in mora constituti fuerunt secundùm formam à Lege Municipali præfixam, quæ vult insinuationem non tantùm dorso instrumenti conscribi, sed etiam in locum Regestorum suo ordine redigi, ut nota sit consanguineis alienatio: quod in forma illa specifica fieri, curare debuerat emptor, ut omnimodam moræ excusationem haberet, quæ etiam negligenti aut perfunctoriè agenti adscribi solet, *b* Addebat quoque, actum illum insinuationis, à Lege individuum præscribi: atqui nihil fecisse videtur, qui individui partem tantùm fecit: *c* & ut ostenderet actor emptorem non satis diligenter insinuationem curasse, proferri fecit librum graphicum illius anni, quo em-

a L. In lege ff. de contrah. empt. L. Duo sunt Titii. ff. de test. tutel.

b L. 1. §. Si quid tamen cum posse. ff. Si quis caut.
c L. Dicere. §. Sed si de pluribus. ff. de recept. arb. L. Furiosum. C. qui testamentum facere possunt.

D'autre part, le Retrayant soûtenoit qu'Il n'y avoit eu aucun Acte d'ensaisinement, puis qu'on ne le rapportoit point, & qu'en termes de Droit, on ne fait point de difference entre ce qui n'est point & ce qui ne paroist point. Qu'à l'égard de l'Acte d'ensaisinement inscrit au dos du Contrat de vente, il estoit de nulle consequence, puisque cette vente n'estoit point venuë par le moyen de cet Acte à la connoissance des lignagers, qui par consequent n'avoient pû estre constituez en demeure, suivant la forme prescrite par la Coutume, qui veut non seulement que l'ensaisinement soit inseré au dos du Contrat de vente, mais même qu'il soit inscrit tout au long, suivant l'ordre de sa date, sur le Registre du Greffe, afin que les lignagers puissent avoir connoissance qu'un heritage propre dans leur famille, a esté vendu à un étranger, & que l'acquereur avoit dû veiller à ce que cela fut executé de point en point, suivant la forme prescrite par la Coutume, afin qu'on ne luy pust objecter qu'il estoit en demeure de sa part, laquelle negligence est imputée aussi bien à celuy qui est effectivement negligent, qu'à celuy qui ne s'acquite que par maniere d'aquit de ce qu'il doit faire avec exactitude. Ce Retrayant ajoûtoit que cet Acte d'ensaisinement estoit en quelque sorte indivisible, suivant la Loy, & que dans ce cas, celuy qui ne fait qu'une partie de ce qu'il doit, est censé n'avoir rien fait, & pour marquer que l'acheteur n'avoit pas eu toute l'exactitude qu'il devoit, le Retrayant rapportoit le Regiſtre du Greffier pour cette année, dans lequel il ne se trouvoit pas un mot de cette insinuation. C'est pourquoy il soutenoit que l'on ne devoit avoir aucun égard au témoignage de ceux qui attestoient qu'ils avoient veu cet Acte d'ensaisinement entre les minutes de ce Greffier, parce que cet Acte qu'il rapportoit ne se trouvant pas inscrit dans le Regiſtre où il devoit estre inseré, ne luy pouvoit servir, n'estant pas dans la forme requise par la Loy.

Neanmoins, nonobstant toutes ces raisons, après une longue contestation de part & d'autre, le lignager fut débouté de ses offres & de son action en Retrait, par Sentence renduë en nostre Presidial de Poitiers, le dernier Juillet 1571. au profit de René Arnoul Eschevin de cette Ville, (acquereur) laquelle Sentence fut depuis confirmée par Arrest de la Cour de Parlement du 29. Aoust 1573. d'où je conclus que la preuve par témoins est recevable quand la minute originale de l'Acte d'Insinuation n'est point rapporté dans le cas auquel il est constant que le Greffier a écrit au dos du Contrat de vente, que l'acquereur avoit fait cette In-

ptio facta fuerat, in quo quidem libro nihil penitùs de insinuatione reperiebatur : ideoque contendebat nihil obesse testimonium eorum qui dicebant se Breviculum insinuationis inter acta aliquandò vidisse : quia, quod suo loco scriptum non fuerat, sed minùs solemniter secundùm Legem impletum, emptorem relevare non poterat. *a*

a Dict. l. Dicere. ff. de recept. arb.

His tamen nonobstantibus, post longas hinc inde disputationes, consanguineus actor à sua oblatione & actione repulsus fuit, & emptor absolutus, sententia in Præsidali nostro Senatulo lata, *b* pro domino Renato Arnolio, Pictavensi Decurione : quæ sententia supremi Senatus Parisiensis Arresto confirmata fuit. *c* Hinc elicio testium probationem admitti debere, pro actu insinuationis, graphico Protocollo deficiente, si jam constet Actuarium instrumento emptionis retro scripsisse, insinuationem per emptorem fuisse factam. Nam quamvis præfata lis ante hanc Legem Regiam causam habuerit : eveniente tamen simili casu, testium proba-

b Die ult. Jul. ann. 1571.

c Die 29. Aug. 1573.

tionem admitti debere putarem, ad probandum infinuationem apud Acta aliquando vifam fuiffe, fi jam conftet de actu authentico, inftrumento venditionis adfcripto, quia jam conftat de fcriptura fidem publicam præ fe ferente, pro qua, ficut & pro ipfo Notario, femper præfumi debet: quemadmodum de Notariis, aliifque perfonis fidem publicam habentibus, concludunt Bartolus, *a* Baldus, *b* Decius, *c* & alii. *d*

a Ad L. Quoties. §. 1. ff. de hæred. inft.
b Ad L. Errore. C. de teftament.
c Ad L. Si Libearius. ff. de Reg. Jur.
d Decius Conf. 25; Alciat. in tract. præfumpt. 13; præjumpt.

finuation; car quoy que dans l'efpece cy-deffus, la vente qui eftoit l'origine de ce Procés fut anterieure à l'Ordonnance de Moulins. Neanmoins en pareil cas, j'eftimerois que la preuve eft admiffible, quand le Greffier a inferé au dos du Contrat l'enfaifinement, à l'effet de juftifier que quoy que cette minute n'ait point efté tranfcrite fur le Regiftre du Greffe, elle a efté veuë de plufieurs perfonnes au nombre de fes minutes, y ayant déja un Acte écrit par le Greffier au dos du Contrat de vente, lequel eft un Acte authentique qui fait foy en Juftice, & pour lequel la Loy préfume toûjours, auffi bien qu'en faveur du témoignage d'un Notaire, fuivant ce que décident Bartole, Balde, Decius, & autres.

Altera quæftio fuit mihi propofita, de quadam donatione inter vivos, cujus infinuatio in regefto Curiæ reperiebatur, ipfa verò donatio, nec in Protocollo, nec in forma authentica oftendebatur: dicebat autem donatarius, donationem deperditam fuiffe, nec fciebat quo cafu: incendium enim, naufragium, vel bellum, vel inftrumenta furrepta allegare, & probare nolebat, fed donationis fidem, ex folo infinuationis regefto elici debere contendebat. Hinc duo oriebantur dubia. Primum, an ex prædicto folo actu infinuationis, ipfa donatio fatis comprobaretur. Secundum, an, fi non fufficeret infinuationis fides, teftibus fuppleri poffet: qui teftes teftificareutur, fe ei donationi cùm fieret adfuiffe, nonobftante hac Lege Regia.

L'on m'a propofé une autre Queftion touchant une certaine Donation entre-vifs, dont l'Infinuation fe trouvoit écrite fur le Regiftre du Greffe de la Cour, mais on ne trouvoit ny la minute originale, ny aucune expedition de cette Donation. Le Donataire foutenoit qu'elle avoit efté perduë, & qu'il ne fçavoit pas par quel accident, parce qu'il ne vouloit pas fe charger de prouver qu'elle eut efté perduë par incendie, par naufrage, par la guerre: mais il prétendoit que ce feul Regiftre ou elle eftoit infinuée, devoit faire foy en Juftice de la verité de cette Donation, ce qui faifoit naiftre deux difficultez. La premiere, de fçavoir fi ce Regiftre ou elle eftoit infinuée eftoit une preuve fuffifante de cette Donation. La feconde, fi fuppofé que ce Regiftre ne fuffit pas pour la prouver, nonobstant la prohibition de l'Ordonnance de Moulins, cette demie-preuve pouvoit estre suppléée par la déposition des témoins, qui disoient avoir esté presens quand cette Donation avoit esté faite.

3 Quant à la premiere difficulté, j'estime qu'il faut distinguer ; car ou l'Insinuation a esté faite par le Donateur & par le Donataire conjointement, & en ce cas il n'y a nulle difficulté, parce que c'est une reconnoissance faite en Justice de la verité de cette Donation, laquelle doit faire foy en faveur & contre ceux qui l'ont faite, suivant la Maxime de Droit, que les énonciations des Actes faites dans d'autres Actes anciens & autentiques, doivent faire foy ; où l'insinuation a esté seulement faite à la requeste du Donateur, & alors si ce Donateur s'est presenté luy-même en Jugement lors de l'Insinuation, j'estimerois, sauf meilleur avis, que ce Registre du Greffe ou cette Insinuation se trouve inserée, doit faire foy de la verité de la Donation, quoy que l'Original n'en soit point rapporté, & cela par plusieurs raisons. Sçavoir, parce que quand il y a preuve d'une chose par un témoignage public, il n'est point necessaire d'avoir recours au témoignage privé, dit l'Empereur Justinien. Bien davantage, cette Insinuation seule faite ainsi à la requisition du Donateur, peut passer
4 pour une Donation par luy faite en Jugement, ce qui se faisoit même ainsi à Rome, afin que les Donations fussent plus autentiques &

Ad primum dubium, ita distinguendum putarem. Aut enim insinuatio, ab ipso donante, & donatario simul, facta fuit : & tunc, res clara est, quia hæc est judiciaria enunciatio, quæ pro & contra enunciantes perpetuam semper habebit fidem, ex vulgata Juris dispositione, quæ de verbis enunciativis nobis tradita est. *a* Aut verò, ab ipso donatore tantùm facta est insinuatio, & tunc, si præsens ipsemet in judicio fuerit, putarem, (salvo meliori judicio) solum insinuationis regestum donationem satis probare, tametsi donationis instrumentum non appareat, præterquàm ex ipsa transcriptione in regesto per donatorem facta, his rationibus : quia, ubi publicum est testimonium, privato opus non esse dixerit Imperator : *b* imò talis professio à donatore in judicio facta, pro donatione in judicio confecta accipi posse, ut & videre est, olim donationes, ut plurimùm, in judicio fieri consuevisse, ad majorem fidem & cautionem, ex verbis Imperatoris, cùm ait *c*, *Data jampridem Lege, statuimus, ut donationes interveniente actorum testificatione conficiantur, &c.* Et quemadmodum donationes à voluntate ejus pendebant, ita etiam & insinuationes, *d* vel saltem ab ipsismet donatoribus publicabantur, ut ad hæc faciunt expressa Justiniani verba, cùm de insinuandis ob nuptias dona-

a *In L. Optimam. C. de contrah. & commit. stip.*

b *In L. in donationibus. C. de donation.*

c *In L. Data. C. eodem.*

d *L. In L. as C. de donat.*

a §. Illud autem, in auth. ut fratr. fil. coll. 9.

b L. fin. C. de re jud. notat. in l. Chirographi. ff. de admi. tut.

c L. Si donatio. C. de donation.
d L. Ex hac scriptura. ff. eodem.

d In l. Quidam in jure interrogatus. ff. eodem.

tionibus, ait, *a* ab ipsis maritis insinuandas esse, *Ut si principalia instrumenta pereant quod facilè est,* (inquit) *per monumenta matrimonii, earum probatio maneat.* Monumenta autem vocat acta judicialia, ut in simili censet Honorius Imperator, *b* his verbis, *Gesta quæ sunt translata in publica monumenta, habere volumus perpetuam firmitatem, &c.* Facit etiam, quòd testator recitans vel enuncians se per Epistolam donasse Titio, donationem probat, etiam si nusquam appareat Epistola enunciata, *a* cui adstipulatur Ulpianus, *c* cùm ait, *Ex hac scriptura sciant hæredes mei, me vestem meam donasse, &c.* Adde quod professio, seu confessio, in judicio semel emissa, à confitente infirmari non potest, ut loquitur Papinianus. *d*

pour une plus grande seureté, comme il paroist par les termes de cette Loy. *Nous avons déja ordonné par une Constitution précedente que les Donations seroient faites en Jugement,* &c. Ainsi comme la Donation dépendoit du fait du Donateur, l'Insinuation dépendoit aussi de sa volonté, du moins ils les publioient eux-mêmes, suivant qu'il paroist par les termes de la Codstitution de Justinien, quand il dit que *les Donations pour cause de nopces, se doivent insinuer à la requeste des maris;* afin dit l'Empereur, *que si l'Acte qui contient la Donation vient à estre perdu, ce qui peut arriver facilement, la preuve en puisse subsister dans,* ce qu'on appelle, *les Monumens du Mariage,* & ce mot, *Monumens,* signifie les Registres publics où sont inserez les Actes qui se font en Jugement, lesquels sont appellez ainsi par l'Empereur Honorius, quand il dit : *Nous voulons que les choses qui sont inserées dans les Monumens publics soient inviolables,* &c. Ajoûtez à cela que quand un Testateur a reconnu & declaré qu'il a donné quelque chose à Titius par un billet qu'il luy a écrit, il confirme la Donation, quoy que ce billet dont il parle ne soit point rapporté, c'est ce que dit Ulpien dans une Loy : *Que mes heritiers apprennent par cette écriture, que j'ay donné mon habit à,* &c. ajoûtez à cela qu'une telle declaration ainsi faite en Jugement par le Donateur, ne peut plus estre retractée, comme dit Papinien.

Ex his satis firmum videtur, donationem à donante insinuatam, & in actis transcriptam, seu, ut vulgò dicitur, incorporatam, donationis probationem habere, etiam si aliter de instrumento authentico non constet. Si verò ab ipso solo donatario facta est insinuatio, tunc puto hanc solam

De tout cela il paroist que la verité de la Donation est suffisamment prouvée par l'Insinuation faite à la requeste du Donateur, & inserée dans le Registre, quoy que l'Original n'en soit point rapporté. Que si l'Insinuation n'a esté faite qu'à la requisition du Donataire,

re, y estime en ce cas que cette Insinuation ne peut servir de preuve au préjudice du Donateur ny de ses heritiers, par la raison que cette Insinuation ne tient lieu que d'une simple expedition & d'une copie, dont l'énonciation ne peut faire préjudice à un tiers, suivant l'Authentique de Justinien. De plus, quand cette Copie seroit faite par ordonnance du Juge, elle ne seroit point encore foy. La Partie interessée, (qui est le Donateur) n'y ayant point esté appellée, ce qui est conforme au sentiment de Bartole, de Panorme & d'Hostiensis. Ajoûtez à cela que l'Insinuation n'a pas esté ordonnée par la Loy comme un moyen pour donner, mais elle ne l'a autorisée que comme un moyen pour prévenir les fraudes domestiques & clandestines. Et quelle plus insigne fraude pourroit-il y avoir, que s'il estoit permis à un chacun de prouver qu'il y a eu une veritable Donation à son profit, sous prétexte de l'Insinuation d'une Donation fausse & supposée qu'il se feroit expedier par un Greffier, ne seroit-ce pas permettre de se rendre témoignage à soy-même, ce qui ne doit point estre permis? ainsi en pensant prévenir les fraudes domestiques par le moyen de l'Insinuation des Donations, on seroit exposé à une fraude qui se commettroit publiquement, si on ajoûtoit foy en ce cas à une pareille Insinuation, & ainsi contre la Maxime commune

insinuationem, donationis fidem non habere, in præjudicium donantis, aut ejus hæredum, his rationibus: quòd talis insinuatio, donationis tantùm exemplum seu copia videatur, cujus mentio seu translatio, in præjudicium tertii fidem habere non potest, ex Novella Justiniani. *a* Item exemplum, tametsi à Judice factum sit, nullius tamen esse momenti certum est, nisi parte, cujus interest, vocata, ex doctrina Bartoli, *b* Panormitani, *c* & Hostiensis. *d* Præterea, insinuatio ad effectum donandi instituta non fuit, sed tantùm, ut clandestinis & domesticis fraudibus obviam iretur. *e* Nam quæso, quæ fraus pejor inveniri posset, quàm si quilibet pro arbitrio, donationem sibi factam, falsò supponens, & ab Actuario, ex ea falsa donatione, insinuationem exigens, ex his donationem probare posset? Nempe in re sua propria testis videretur, quod absit; *f* ideoque putantes fraudem domesticam vitare, in fraudem publicam quotidie incideremus, si tali insinuationi, per solum donatarium factæ crederetur: & quod ad unum effectum stricto Jure inductum est, ad alium effectum traheremus, contra communem Juris regulam, *g* Et hac ratione sæpè visum fuit in beneficiariis litibus, insinuationes titulorum, factas apud Actuarios Ecclesiasticos, ad finem publicandi, & falsitates vitandi, vim & formam titulorum habere non potuisse, cùm ad hunc effectum inductæ non fuerint: & ita à doctioribus sæpè consultum audivi.

a Auth. Si quis in aliquo C. de edend § Et hoc in auth. ut sponsi larg. coll 9.
b In Auth. Si quis in aliquo. C. de edendo.
c In capit. Cum P. Tabellio. ext. de fid. instrum.
d In cap. significasti. ext de testi. cog.
e L. Data. C. de donas.

f L. Omnibus. C. de testib.

g L. Legata. & ibi notat. de adi. legat. l. si is qui. ff. de usucap. & ibi etiam not.l. Si vero non remunerandi. §. 1. ff. mdd.

de Droit, ce qui n'a esté introduit qu'à une seule fin, seroit étendu à une autre toute differente. Or c'est par cette raison 6 qu'en matiere Beneficiale, les Insinuations des Provisions d'un Benefice qui sont ordonnées pour les rendre publiques, & empescher les faussetez, ne peuvent jamais avoir la force ny tenir lieu d'un titre legitime, parce qu'elles ne sont pas introduites à cet effet, & je l'ay entendu souvent decider ainsi par d'habiles Consultans.

Superest secundum dubium, ad nostram Regiam Constitutionem magis pertinens, quàm superius discussum : Nam quæsitum fuit, si actus insinuationis tantùm, apud acta reperiatur ita imperfectus, ut donationis probationem non habeat, quia forsan à solo donatario facta fuerit insinuatio, ut jam discussum est, nec aliud authenticum donationis instrumentum ostendatur, an testibus juvari posset ejusmodi insinuatio, testibus, inquam, ils qui se donationi interfuisse asseverent, & de ejus tenore testificentur. Et, videretur sanè testes recipi non debere, cùm donatio, maximè ea quæ inter vivos fit, contractus sit obligatorius, & inter veros contractus annumeretur : *a* Atqui hæc Regia sanctio contractus testibus probari vetat, si libras centum excedant, ideo nulla esset eo casu testium probatio, aut saltem imperfecta, cùm à nostra Constitutione non recipiatur: sicut & insinuatio à solo donatatio facta, imperfecta videtur : atque ita ex duobus imperfectis perfectum fieri non posse certi juris sit, saltem in iis, quæ à Juris solemnitate pendent. *b*

a L. Contractus. C. de fide instrum.

b L. Hæc consultissima §. si quis autem testamento. C. de testa. junct.l.2.ff. de injust. rupt. & irr. fact.

Il reste la seconde difficulté, qui 7 concerne davantage l'Ordonnance de Moulins que ce qui vient d'être dit; car on demande, si quand on ne trouve qu'une Insinuation imparfaite de la Donation au Greffe, qui ne peut faire foy qu'il y ait eu une Donation, comme si par exemple l'Insinuation n'a esté faite que par le Donataire seul, ainsi qu'il vient d'estre observé, & qu'il ne se trouve point d'Original de la Donation; sçavoir si on peut suppléer cette preuve par la déposition des témoins; c'est-à-dire de ceux qui declarent qu'ils ont esté presens lors de la Donation, & qui peuvent rendre témoignage de ce qu'elle contient, & il sembleroit que cette preuve ne doit pas estre receuë, parce que la Donation, sur tout celle qui est faite entre-vifs, est obligatoire de part & d'autre, & par consequent du nombre des Contrats. Or est-il que cette Ordonnance Royale deffend la preuve par témoins des Conventions au dessus de cent livres; c'est pourquoy cette preuve par témoins seroit nulle en ce cas, où du moins imparfaite, parce que l'Ordonnance le deffend; de même que l'Infinuation faite à la requifition du feul Donataire eft imparfaite, & ainfi il eft certain en Droit que de deux chofes imparfaites on n'en peut faire une parfaite, c'eft-à-dire du moins dans celles qui confiftent dans certaines formalitez que la Loy a prefcrites.

8. Nonobftant toutes ces raifons, j'eftime qu'il feroit plus équitable de fuppléer par la preuve par témoins, le commencement de preuve qui refulte de cette Infinuation : notamment fi le Greffier affirme qu'il a veu la minute de la Donation en forme autentique & en Original, & qu'il a tranfcrit l'Infinuation fur cet Original, fuppofé que le Juge ne remarque dans cette affirmation aucune circonftance de fraude. Ce qui me fait pancher du cofté de cette opinion, c'eft que l'Ordonnance de Moulins dans fa feconde Partie, admet la preuve qui fe peut tirer des Actes fous fignature privée ; cependant fi la verité d'un Acte fous feing privé eft déniée, elle peut eftre prouvée par témoins ou par comparaifon d'écritures, & autres femblables conjectures, dont il fera parlé dans la fuite en traitant des Promeffes fous feing privé : or cet Acte d'Infinuation inferé par le Greffier fur fon Regiftre, merite plus de foy qu'une fimple écriture privée ; car cet Acte eft fait par un Officier public, donc la fignature fait foy en Juftice, & il eft énoncé qu'il a efté fait en Jugement. Outre que ce Greffier affirme qu'il a veu l'Original de cette Donation en forme autentique, dont ayant tranf-

His tamen nonobftantibus putarem, æquius fore teftibus hanc infinuationem juvari, fi Actuarius teftificetur fe donationem in forma authentica vidiffe, & tranfcripfiffe, & fi nihil aliud fufpectum videat Judicantis æquitas & authoritas. Moveor, quòd hæc Lex Regia, in fecunda fui parte, excipit probationes, quæ ex fcripturis privatis fieri poterunt : atqui fcriptura privata, fi denegetur, teftibus probari poteft, *a* & comparationibus adjuvari, *b* aliifque fimilibus conjecturis, de quibus infra in tractatu chirographorum : Sed actus ifte infinuationis in regefto publico fcriptus, eft quidpiam majus, quàm fcriptura privata, nempe à publico Actuario, fidem publicam habente, pro tribunali confcriptus refertur : idemque Actuarius, donationem fe vidiffe teftatur, forma authentica conceptam, cujus tenorem tranfcribens profitetur actum in forma recta factum fuiffe : ex quibus præfumitur nihil falfi enunciatum effe, ideoque pro ejus fide publica præfumptio Juris eft, ut jam de tabulariis aliifque perfonis publicis dictum fuit, pro quorum contractibus & regeftis publicis, femper judicari debet, donec falfa detegantur. *c* Ex his ergo rationibus, & aliis infrà in difcuffione privatarum fcripturarum dicendis, exiftimarem concludendum teftes hoc

a L. Contra qui propriæ C. de non numerat. pecun.
b L. Comparutiones. C. de fide inftr.

c L. Cum precibus. C. de probat.

crit la teneur, il reconnoît qu'elle *casu recipi debere.* estoit en bonne forme, d'où l'on doit présumer qu'il n'a pas énoncé une fausseté, c'est pourquoy la présomption estant pour le témoignage de l'Officier public, comme il vient d'estre dit à l'égard des autres personnes publiques, jusqu'à ce que l'Acte soit declaré faux. Il faut conclure par ces raisons, & par celles que nous ajoûterons en parlant des Promesses sous seing privé, que la preuve par témoins doit estre receuë en ce cas.

ADDITIONS SUR LE XI. CHAPITRE.

SOMMAIRE.

1. *Observations sur les deux especes proposées par Boiceau dans ce Chapitre.*
2. *Espece rapportée par Basnage, semblable à la premiere.*
3. *Autres Questions concernant la preuve par témoins en matiere de Retrait. Premiere, si elle est recevable contre l'affirmation du prix faite par l'acquereur.*
4. *Seconde, si le vendeur est recevable à prouver que la vente par luy faite de l'heritage qui luy estoit propre, n'est point serieuse.*
5. *Si le vendeur est un témoin suffisant pour prouver la fraude du Contrat de vente.*
6. *Si quand la vente a esté faite sans écrit, la preuve par témoins du prix est recevable.*
7. *Si dans les Coutumes où l'action en repetition de Retrait a lieu, la preuve par témoins est receuë contre l'affirmation du lignager.*
8. *Difference du serment deferé par la Coutume, & de celuy deferé par l'une des Parties à l'autre.*
9. *Observation sur la seconde espece proposée par Boiceau touchant une Donation.*

BOICEAU dans ce Chapitre propose deux especes qu'il faut examiner.

Pour ce qui regarde la premiere, on peut ajoûter aux raisons qu'il allegue en faveur du lignager, que la preuve par témoins ayant esté admise pour justifier que la minute de l'Insinuation avoit esté veuë au Greffe, & l'acheteur ayant prouvé ce fait, comme il dit, il n'y avoit, ce semble, plus de Question, puis qu'on avoit admis cette preuve, comme necessaire & decisive, & que le fait estoit prouvé. Quoy qu'il en soit, le lignager n'étoit pas sans doute favorable à exercer ce Retrait aprés vingt-cinq ans, car il n'estoit pas probable que pendant un si long-temps il n'eût eu aucune connoissance de la vente d'un heritage qui estoit un Propre de sa famille, dont l'acquereur estoit en possession paisible, & quoy qu'à la rigueur l'an ne pût courir contre luy que du jour de l'Insinuation au Greffe : neanmoins il y a des cas où la Loy ne doit pas écouter ceux qui n'ont pas voulu se servir de leur droit, ny s'en éclaircir pour avoir lieu de nuire aux autres : *Summa negligentia dolus est.*

2   Basnage sur l'article 455. de la Coutume de Normandie, Titre des Retraits, parle d'une espece à peu prés semblable, en laquelle l'acquereur ne rapportoit point son Contrat d'acquisition, ny par consequent la lecture ou publication qu'il pretendoit en avoir esté faite par le Juge, & laquelle suivant cette Coutume doit estre endossée sur le Contrat, & signée de quatre témoins, il rapportoit seulement un Extrait du Contrôlle, où il estoit fait mention de cette lecture ou publication.

Mais il offroit de prouver par témoins que ce Contrat & l'endossement de la lecture avoient esté veus, tenus & leus. Enfin il produisit un Extrait du Tabellion qui avoit fait la lecture; le Retrayant luy opposoit l'art. 445. de la Coutume de Normandie, qui deffend en ce cas la preuve par témoins; & par Arrest du 11. Janvier 1650. le Retrayant fut débouté, car on jugea que ces deux pieces suffisoient pour prouver que la lecture avoit esté faite; surquoy Basnage ajoûte que dans ce cas la preuve par témoins (que cette lecture avoit esté faite à l'Audience) n'estoit pas recevable dans les regles; & qu'en general cette preuve n'est pas favorable quand il s'agit de déposseder un acquereur, qui joüit de bonne foy depuis long-temps, parce qu'on peut présumer que le lignager n'a intenté son action que parce qu'il a esté averti que l'acquereur avoit perdu son Contrat.

Au reste outre ce que dit Boiceau du Retrait Lignager, il y a plusieurs Questions concernant la preuve par témoins, dont il n'a point parlé.

3   1. Il faut observer que la pluspart des Coutumes requierent que l'acquereur, s'il en est requis, affirme quel est le veritable prix de son Contrat, & plusieurs admettent la preuve par témoins contre l'acquereur en faveur du Retrayant, à l'effet de

Paris, art. 136.
Meaux, chap. 15.
art. 102.

Melun,
chap. 7.
art. 155.
Sens, T. 7.
art. 33.
Auxerre,
T. 7. art.
183. &c.

prouver que le prix porté par le Contrat de vente n'est pas le veritable prix. Celle de Berry art. 16. T. 14. veut même que si par la fausse affirmation de l'acquereur, le Retrayant a consigné plus grande somme de deniers qu'il ne devoit à l'acquereur, cet acquereur soit condamné aux dommages & interests du Retrayant, qui seront estimez au prix de six pour cent, & en amende arbitraire pour sa fausse affirmation.

La Coutume de Poitou article 326. dit que si le lignager ne se veut servir de l'affirmation de l'acheteur, & prétend que le prix par luy affirmé n'est pas veritable, & qu'il y a fraude, il sera receu à le prouver. Celle d'Angoulesme T. 5. article 57. admet aussi la preuve en ce cas contre l'affirmation de l'acquereur. Bourdeaux chap. 2. article 18. dit la même chose; & celle de Bar T. 10. article 156. ajoûte que si le Retrayant prouve la fraude, l'acquereur perdra les deniers du sort principal de son acquisition, dont un tiers sera ajugé au Haut-Justicier, un tiers aux pauvres, & l'autre au Retrayant, outre l'heritage qui luy sera aussi ajugé. Tours veut que l'acquereur paye au lignager le double de l'excedant du veritable prix.

Or suivant la Maxime generale établie cy-dessus dans le Chapitre 7. des Contrats simulez, en matiere de fraude & de simulation, la preuve par témoins est recevable, & cette Maxime a lieu, notamment en matiere de Retrait, soit feodal ou lignager, à cause que dans ces sortes de Contrats la fraude est ordinaire. Charondas sur l'article 136. de la Coutume de Paris, est de ce sentiment; suivant l'opinion de Felin *in cap. cum Joannes extr. de fide instr.* lequel pose pour Maxime, suivant l'opinion de Balde, que quoy que la Loy soit generale, & deffende de proposer aucune exception, neanmoins il est toûjours permis d'alleguer la fraude, laquelle n'est jamais entenduë avoir esté excluse. Monsieur Loüet L. T. n. 7. en rapporte un Arrest du 2. Octobre 1582. qui nonobstant l'article 54. de l'Ordonnance de Moulins, admit la preuve par témoins contre un Contrat de Bail à rente simulé, pour exclure le Retrait lignager, & il n'est pas besoin en ce cas d'inscription de faux, comme dit Brodeau *ibidem*, ce qui avoit lieu aussi en Droit, car la preuve par témoins y estoit receuë contre les Actes par écrit, quand on articuloit la simulation & la fraude. Ainsi, quoy que l'acquereur ait affirmé le prix de son Contrat, la preuve du contraire est recevable, dit Grimaudet l. 7. des Retraits chap. 2. parce que quand la Loy défere le serment à quelqu'un, cela s'entend, dit-il, pourveu que le contraire ne soit pas prouvé.

2. On peut demander si la preuve par témoins est recevable, quand on articule que la vente de l'heritage propre n'est point serieuse; & en ce cas, dit Grimaudet des Retraits l. 5. chap. 3. le Retrait n'a pas lieu, parce que le vendeur n'ayant pas eu dessein de vendre, l'acquereur n'a point acquis; & le vendeur, dit-il, pourra demander à faire preuve qu'il n'a point eu dessein de vendre, ce qui n'est point, ajoûte-t'il, alleguer sa turpitude, suivant le sentiment de Bartole qu'il cite.

Neanmoins dans la regle, le vendeur n'est point recevable à faire cette preuve, ny à revenir contre son propre fait, le Contrat de vente signé de luy & de l'acquereur, fait foy de la verité de la vente, & le lignager peut exercer le Retrait, si ce n'est que l'acquereur consente la resolution du Contrat au profit du vendeur, & qu'il demeure d'accord de la simulation de cette vente; car s'il en disconvient le vendeur ne peut s'en départir, quelque simulation qu'il puisse alleguer de sa part, & le lignager peut exercer le Retrait, nonobstant cette allegation.

3. Le même Grimaudet l. 5. chap. 9. agite la Question de sçavoir si le vendeur est un témoin suffisant pour prouver la fraude du Contrat de vente par luy fait, parce qu'il ne tire en ce cas, dit-il, aucun fruit de son témoignage, & il decide qu'il faut un autre témoin avec luy, ou des indices & des présomptions; la Maxime certaine est que la simulation se doit verifier par d'autres témoins que ceux qui ont signé au Contrat; ainsi qu'il a esté jugé par Arrest rapporté par Chopin l. 3. de la Coutume d'Anjou chap. 1. T. 5. n. 9. Il est vray qu'il y a des Coutumes, comme Laon art. 238. & Reims art. 204. qui permettent de faire jurer le vendeur, après que le Retrayant a articulé la fraude contre l'affirmation de l'acquereur; & Coquille sur l'article 19. de la Coutume de Nivernois, Titre du Retrait lignager, dit que quoy que le vendeur ne soit pas Partie en la Cause du Retrait lignager on le peut employer comme témoin: mais le Juge ne doit pas pourtant luy déferer le serment, ny recevoir son témoignage si la Coutume n'y est précise.

4. On demande si quand la vente de l'heritage propre a esté faite sans écrit, la preuve par témoins du prix est recevable, & il est certain que cette preuve n'est point receuë, s'il s'agit

d'une somme au dessus de cent livres, il faudroit en ce cas ou que le lignager s'en rapportast au serment de l'acquereur, ou laisser au Juge la faculté d'arbitrer ce prix.

5. On peut demander si dans les Coutumes où il est requis que le lignager affirme par serment qu'il exerce le Retrait en son nom, c'est-à-dire pour luy & non pour un autre; la preuve par témoins du contraire doit estre receuë, & il est certain que dans les Coutumes qui ont limité un temps aprés l'execution du Retrait, durant lequel si le lignager revend l'heritage, il est présumé avoir fait le Retrait en fraude du premier acquereur, & lesquelles accordent en ce cas à l'acquereur, la repetition du Retrait (comme la Coutume d'Anjou & du Maine.) L'acquereur ne doit pas estre receu à faire cette preuve avant l'année, donnée par ces deux Coutumes au lignager, & même tant qu'il n'a point revendu cette Terre à un autre. Que s'il la revend aprés cette année expirée, & que l'acquereur articule qu'il y a eu une Convention secrete entre le lignager & le nouvel acquereur, par laquelle le lignager luy a presté son nom pour exercer le Retrait, & pour luy revendre ensuite cette Terre aprés l'an échû. En ce cas, il faudroit une preuve par écrit de cette fraude, celle par témoins ne seroit pas recevable contre le Contrat de vente fait par le lignager aprés l'année, & contre la présomption de la Coutume que cette vente faite par le lignager, aprés l'année du Retrait, est serieuse & veritable.

Coutume d'Anjou, art. 393.

Mais dans les Coutumes où il n'y a aucun temps marqué pendant lequel le lignager ne puisse revendre à un autre l'heritage qu'il a retiré, on demande si cette preuve de simulation du Retrait est recevable en tout temps, ce qui ne doit pas estre receu; car il ne faut pas aller au delà de la prévoyance de la Loy, qui n'a pas eu dessein d'empescher le lignager de vendre quand il veut, & à qui il veut, l'heritage par luy retiré, parce qu'il est le maistre de disposer de ce qui luy appartient, outre que si le lignager revend à un étranger, le Retrait a lieu sur ce dernier acquereur, & s'il revend à un lignager, l'heritage rentre dans la famille, neanmoins s'il y a des preuves évidentes que le lignager n'a exercé le Retrait que pour évincer le premier acquereur en faveur du second, le motif de la Loy subsiste, qui est d'empêcher la fraude, quand un Retrayant abuse de la grace qu'elle luy a faite; ainsi la preuve par témoins peut estre admise de la simulation

lation en ce cas en faveur du premier acquereur, suivant les circonstances.

Bodreau sur l'article 384. de la Coutume du Maine, observe fort bien que l'acquereur dans cette Coutume, qui accorde la repetition du Retrait dans l'an, n'est pas receu à prouver par témoins que le lignager a exercé le Retrait en fraude, durant que l'action en Retrait est poursuivie par le lignager, il faut qu'il attende que le Retrait soit adjugé; & si aprés cela le lignager met l'heritage hors sa main, l'acquereur est receu à prouver la fraude: ce qui a esté jugé ainsi, dit-il, par un Arrest du dernier Avril 1605. fondé sur la Maxime qu'en matiere de fraude, il faut qu'il y ait eu dessein de fraude, & que la fraude ait esté executée: *Nemo enim cogitationis pœnam patitur*, dit la Loy 18. *ff. de pœnit.* le Retrait lignager est un Acte licite qui n'est point suspect par luy-même, & ce n'est pas une présomption de fraude que d'user de son droit. *Consilium & minus.*

8 Par l'article 164. de la Coutume de Troyes, la preuve par témoins est aussi admissible contre l'affirmation de l'acheteur, nonobstant que le Contrat fasse mention expresse du prix de l'acquisition. Le Grand sur cet article remarque avec raison, que quand la Coutume défere le serment à une personne, c'est une Maxime qu'il est toûjours permis à sa Partie de prouver le contraire par témoins. Aussi, dit-il, les Coutumes n'ordonnent & ne déferent ce serment qu'en cas de dol, suivant la Loy *in actionibus* §. 1. *D. de in litem Jurando*; & ce serment déferé par la Coutume n'a pas tant de force que celuy déferé volontairement par la Partie, contre lequel (quand elle l'a presté) la preuve du contraire n'est pas permise, parce que cette délation du serment est une espece de Transaction, laquelle a même plus d'autorité que la chose jugée, suivant la Loy *jusjurandum ff. de jurejurando.*

9 A l'égard de la Donation, dont parle Boiceau dans la seconde espece qu'il propose, elle pouvoit faire beaucoup de difficulté, car la Donation ne se présume point; ainsi elle doit estre rapportée en Original. L'Insinuation est un Acte étranger, prescrit seulement pour la seureté des Creanciers, lequel ne fait point partie de la Donation, le Greffier peut estre trompé par une Donation supposée, nulle ou revoquée, outre qu'il en doit rester Minute devant Notaire, celle faite sous seing privé ne pourroit estre insinuée, n'estant pas un Acte qui

fasse foy en Justice, si elle n'est reconnuë ; & quand il ne se trouve point de Minute d'une Donation devant Notaire, il y a lieu de présumer qu'elle estoit simulée, & que le Donateur avoit voulu joüir sous le nom du Donataire en retenant cette Minute, notamment s'il n'a point esté dépossedé. En un mot, s'il y a présomption de fraude, l'Insinuation, quoy que faite par un Officier public, ne doit point servir de commencement de preuve par écrit; car ce seroit se servir de la fraude pour en autoriser une autre.

CHAPITRE XII.

Du Procureur qui n'a point de charge par écrit, & qui est desavoüé par la Partie.

SOMMAIRE.

1. *Si un Procureur ad lites, desavoüé par sa Partie, est receu à prouver par témoins qu'elle luy a donné ordre verbalement.*
2. *Raison de douter.*
3. *Sentiment de Boiceau que l'Ordonnance ne doit s'observer en ce cas à la rigueur.*
4. *Distinction à faire entre les Procureurs d'un Parlement, ou d'un Presidial, au autres Cours, d'avec les autres Procureurs des Sieges inferieurs.*
5. *En quoy le Mandat est different des autres Contrats.*
6. *Circonstances dans lesquelles le Procureur ad lites, peut prouver par témoins le consentement tacite de sa Partie.*
7. *Restriction, quand le Procureur a excedé son pouvoir.*
8. *Quant aux Procureurs ad negotia, ils doivent prouver par écrit le pouvoir qu'ils ont eu d'agir.*

QUia jam dictum est, Procuratorem mandatum scriptum non habentem, negotiorum gestorum agere posse : hoc demùm, si utiliter gesserit, locum habere certum est. Sed quid de procuratore ad lites, qui sine mandato scripto ad li-

PArce qu'il a déja esté remarqué que le Procureur qui a geré les affaires d'un absent sans Procuration speciale, peut agir contre luy par l'action *neg. gest.* ce qui est certain quand il a geré utilement, on demande ce qu'il faut dire du

Procureur *ad lites*, qui a occupé pour une Partie sans avoir une Procuration d'elle, si cette Partie soupçonnant qu'elle va perdre son Procés, le desavoüe, & que la Partie adverse ensuite de ce desaveu, intente action contre ce Procureur (comme il est de droit) pour ses dommages & interests, fondé sur ce qu'il a occupé contre elle sans pouvoir, & que ce Procureur soûtienne au contraire qu'il a eu ordre de sa Partie, & demande à en faire la preuve par témoins. La question est de sçavoir si elle doit luy estre permise, suivant l'Ordonnance; & il semble d'abord que le Mandat estant, comme il a esté dit, un Contrat qui consiste dans le consentement exprés des Parties, & lequel est mis au rang des Contrats de bonne-foy, comme il est vulgaire en Droit, si l'on admettoit la preuve par témoins, ce seroit contrevenir à l'Ordonnance; car la subornation des témoins, & la multiplicité des faits n'est pas moins à craindre à l'occasion de cette preuve par témoins du Mandat, qu'elle l'est à l'occasion des Contrats de vente, de Bail à loyer, de l'échange, ou autres semblables.

tem exercuit, & cùm cliens præsentiat litem, non fore sibi utilem Procuratorem abnuere conatur, ideoque pars adversa ad damna & interesse in Procuratorem illaudatum agit, ut Juris est. *a* Procurator autem in clientem suum, litem ei mandasse, mandatumque testibus probare contendit : quæritur, nunquid obstet hæc Constitutio ? Et certè videretur, cùm jam dictum sit mandatum esse de numero expressorum contractuum, mutuo & expresso consensu conventum, & inter bonæ fidei contractus enumeratum, ut in Jure plusquàm vulgatum est : *b* quòd si testibus mandatum probare liceat, in hanc Regiam Constitutionem palàm committeretur : nempe testium subornationes, & factorum involutiones, non minùs ex eo contractu orientur, quàm ex contractu venditionis, locationis, permutationis, aliisque similibus, quorum ordini mandatum adscribitur.

a *L. Falsus procurator. junct. gloss. & doct. C. de furt. & serv.*

b *§. Actionum. Inst. de Action. l. 1. ff. mandat.*

Cette Question arrive tous les jours, & j'estime qu'il faut choisir un milieu entre la rigueur de l'Ordonnance & l'équité en ce rencontre; c'est pourquoy il ne faut pas la décider absolument par les termes de l'Ordonnance, mais le Juge peut admettre ou refuser la preuve, suivant les circonstances qui suivent. Par exemple, quand c'est un Procureur qui est Officier

Hæc quæstio quotidiana est, cujus decisio, inter nostræ Legis rigorem, & Juris æquitatem, media consistere mihi videtur : ideoque non omnino ex verbis istius Constitutionis, de ea judicandum esse putarem, sed cum quadam distinctione, bonum & æquum Judicem, testium probationem recipere, aut rejicere posse, his potissimùm diversis considerationibus. Nempe, si agatur de Procuratore publico, & jurato, (cujusmodi sunt omnium Senatuum, & Præsidatuum Procuratores, aliarumque Curiarum, quæ nonnisi juratos solent habere) cùm in eo jam resideat publica fides, nonnihil præsumptionis habere videtur, item ab eo falsò institutam non fuisse : publicis enim personis prima fronte credi solet, donec contrarium pateat. *a* Item mandati contractus, nonnihil à ritu aliorum contractuum discedere videtur : alii enim ferè omnes contractus, contrahentium præsentiam, ac consensum expressum, ut plurimùm, requirunt, ut passim in Jure videtur, *b* mandatum autem, tam inter præsentes, quàm inter absentes æquè contrahi solet. Procurator enim, inquit Ulpianus, & absens dari potest. *c* Adde, quòd ex sola patientia mandatum tacitè contractum videtur : *d* quocirca, Accur. rectè docuit mandatum dupliciter contrahi, expressè scilicet, & tacitè : expressè, si scriptis : tacitè, si sola patientia, aut alia simili mandati præsumptione, *e* probetur : cui consequens est quod ait Imperator, Procuratorem, sicut scriptis, ita & sine scriptis revocari posse. *f* Ex quibus omnibus infertur, Procuratorem, quem abnuit cliens, testibus mandatum probare posse : in his saltem casibus, in quibus tacitum mandatum colligi solet, ut pote si reperiantur penès Procuratorem, litis instrumenta, seu acta, sine quibus, lis initiari non potuit, nec à Procuratore somniari : scilicet libellus citationis, à Serviente, nomine agentis,

a Speculat. in Tit. de citation. §. 4. versicul Sed nunquid crederetur.

b L. 1. cum similibus. ff. de verb. obl.

c L. 1. sub fin. ff. de proc.
d L. Si fidejussor. C. Mandat.

e Gloss. not. in dict. l. Si fidejussor.

f L. ult. C. de neg. gest.

public, & qui a serment à Justice, tels que sont ceux du Parlement, ou d'un Presidial; le caractere d'Officier public qu'il a, fait qu'on luy ajoûte foy en Justice, & la présomption est qu'il n'a point occupé sans avoir charge de sa Partie, car on présume d'abord la bonne-foy en faveur de la personne publique, si le contraire n'est prouvé. De plus, le Mandat ne se contracte pas tout-à-fait avec les mêmes formalitez que les autres Contrats, car presque tous les autres demandent la presence des Contractans, ou leur consentement exprés, comme il est decidé en Droit, au lieu que le Mandat se peut contracter, aussi bien entre presens, qu'absens; car, dit Ulpien, on peut même commettre pour son Procureur une personne absente, ajoûtez que le Mandat se peut aussi contracter quand une personne souffre qu'un autre ait soin de ses affaires. C'est pourquoy Accurse a fort bien dit que le Mandat se pouvoit contracter en deux manieres, ou expressément, si c'est par écrit, ou tacitement, si celuy pour qui le Mandataire agit, l'approuve par son silence, ou que par quelqu'autre circonstance on puisse présumer qu'il y a consenti, à quoy est conforme ce que dit Justinien, que de même qu'on peut revoquer par écrit un Procureur, on peut aussi le revoquer sans écrit. De tout cela on infere que ce Procureur qui est desavoüé par sa Partie, peut prouver par témoins qu'elle luy a donné ordre ; du moins dans les cas où l'on peut présumer qu'il y a eu un Mandat tacite. Par exemple, si ce Procureur a en sa possession les Titres & Procedures, sans lesquelles il n'auroit pû commencer la poursuite du Procés, ny deviner qu'elle est la contestation des Parties, comme s'il a l'Exploit de demande, & l'Assignation donnée au Deffendeur par le Sergent à la requeste du Demandeur, le Contrat de vente, ou d'échange, ou d'autres Titres semblables sur lesquels la demande est fondée. De plus, si le Procureur articule que sa Partie luy a envoyé toutes les Pieces par un homme exprés, ou que cette Partie, qui est un Païsan qui ne sçait point écrire, l'a chargé de son affaire par des personnes envoyées de sa part, ou qu'il est venu luy-même l'en instruire, ou a donné charge à un de ses voisins de le faire, & d'avancer les frais, ou qu'en un mot il a fait d'autres démarches, par lesquelles on peut présumer qu'il luy a tacitement donné un pouvoir d'occuper pour luy, lequel pouvoir on n'a pas coutume de demander par écrit ; notamment quand ce sont des gens de la campagne, qui ne sçavent ny lire ny écrire. J'estime que toutes ces circonstances peuvent estre prouvées par témoins, nonobstant l'Ordonnance, à cause que la présomption est en faveur du Procureur, qui est un Officier public, & parce qu'il a les Titres factus, cùm reum in jus vocaret, item contractus emptionis, aut permutationis, aut alia instrumenta similia, super quibus actoris petitio fundata est. Item si dicat Procurator se hæc omnia ab actore per nuncium accepisse, & quod actor ipse forsitan rusticus, & ignarus scribendi, verbaliter per nuncium causam sæpe commendaverit, & ipsemet aliquando ad Procuratorem venerit, ut eum de lite instrueret, vel vicino commiserit, ut Procuratorem viseret, & solveret, aut denique alios actus fecerit, quibus tacitè mandatum Procurationis probari potest, *a* qui quidem actus scribi non solent, maximè à rusticis & imperitis. Arbitror hæc omnia testibus probari posse, nonobstante hac Constitutione, propter præsumptam Procuratoris publicam fidem, & quia penès eum reperiantur litis instrumenta, quæ idcirco præsumuntur ab actore missa, & consequenti ratione, litis mandatum verbaliter datum ostendunt ; cùm dato uno, aliud ex eo necessariò consequens concedi necesse sit, maximè in istis, in quibus de uno ad aliud infertur. *b* Item Jure vulgatum est, Procuratorem, cùm ad defendendum sese offert, sine mandato passim admitti, si modo caveat de rato, *c* tantus est reorum favor : si ergo sine mandato scripto admittatur, necesse est eum admitti ad probationem taciti mandati, quæ nonnisi testibus, fieri potest, cùm in tacitis intervenire non soleat scriptura, sed magis Legis præsumptione, & indiciis perspicuis concludi soleant, ex vulgata pacto-

a L. Si literas. C. mand. L. 1. ff. eod.

b L. Ad rem mobi lem. junct. l seq. ff. de procur.
c L. 1. C. de procurator.

a Doct. in sum tacitorum doctrina. *a*
l. Labeo.
verf. Et
ideo ff. de
pact.

en main, ce qui fait présumer qu'ils luy ont esté envoyez par la Partie, dans le dessein qu'il occupast pour elle, & lesquels prouvent par consequent qu'il luy a donné cet ordre verbalement, puisque, sur tout en cette occasion, dans laquelle on infere une chose d'une autre. De plus, il est vulgaire en Droit que quand un Procureur s'offre de deffendre une Partie sans avoir pouvoir d'elle, il y est receu, pourveu qu'il donne caution qu'il ne sera point desavoüé, tant l'interest des Deffendeurs est favorable. Si donc la Loy l'admet en ce cas à occuper, quoy qu'il n'ait point d'ordre de sa Partie, il faut aussi l'admettre à prouver qu'il a un ordre tacite (d'agir pour elle) lequel ne se redige point par écrit, & ne se peut prouver que par témoins, parce que dans les choses tacites on ne redige rien par écrit : mais on est obligé de se déterminer seulement par les présomptions de la Loy & par des indices manifestes, comme il est décidé par les Loix sur cette matiere.

Ex his, concludendum censeo, Procuratores litibus publicè præpositos, ad probationem mandatorum, si à clientibus reprobentur, testibus admitti debere, concurrentibus indiciis, de quibus supra, & aliis similibus. Quod tamen intelligo, de solito litis exercitio, & ordine servari consueto, ut in proponenda actione, vel exceptione, in lite contestanda, in probatione adjudicanda, aliisque similibus, litis solitum cursum aspicientibus : secus autem in his quæ extra litis instructionem, expressissimum desiderant mandatum, & maximum damnum clienti adferre possunt, ut confessio rei petitæ, in judicio voluntariè facta, vel condemnatio spontanea, vel liberatio seu remissio parti adversæ concessa, aliaque similia, speciale & grave præjudicium allatura, & quæ expressi contractus speciem referunt : pro quibus Lex Civilis expressissimum man-

D'où j'estime qu'il faut conclure que les Procureurs qui ont un caractere public pour occuper en Justice dans les Procés, doivent estre admis à prouver par témoins qu'ils ont eu pouvoir de leur Partie, au cas qu'elle les desavoüe, & ce dans les cas ou les indices & les circonstances cy-dessus marquées, & autres semblables se rencontrent, ce qui ne s'entend neanmoins qu'à l'égard de ce qui concerne les procedures & l'instruction du Procés, comme à l'effet d'intenter la demande dont il s'agit, de fournir d'exceptions, de contester en Cause, de demander à faire preuve des faits en question, & autres semblables Actes qui sont du cours de la procedure ordinaire. Autre chose est de ceux qui n'en sont pas, & qui ne concernent pas précisément l'instruction, mais qui requierent un pouvoir special, & qui pourroient causer un dommage notable à la Partie, comme de passer une condamnation de la dette en Jugement, ou de consentir une condamnation volontaire, ou de donner Quittance, ou accorder une remise à un debiteur, & autres semblables Actes qui peuvent faire un tort considerable à la Partie, ou qui sont plûtost de veritables Contrats (pour lesquels la Loy requiert un pouvoir exprés, que de simples procedures) car en ce cas je n'estime pas que le Procureur qui ose passer ces sortes d'Actes sans ordre par écrit de sa Partie, doive estre admis à la preuve par témoins, parce qu'il a outrepassé sa charge de Procureur, car les Procureurs n'ont pas coutume de faire ces choses là sans pouvoir special ; c'est pourquoy celuy qui les a faites sans ordre exprés, est censé avoir plûtost fait le personnage de prevaricateur que celuy de Procureur, en donnant de tels consentemens au profit de la Partie averse, ce qui le doit faire passer pour un homme qui a trahi l'interest de sa Partie, & qui l'a abandonné, comme parle les Jurisconsultes Ulpien & Marcellus ; c'est pourquoy s'il n'a point de pouvoir par écrit, je n'estimerois pas qu'il deust estre receu à la preuve par témoins, tant parce que cette Ordonnance deffend absolument cette preuve à l'égard des Contrats, que parce que ce Procureur semble exceder son pouvoir, & commettre une espece de dol, qui est ce que cette Ordonnance a eu principalement dessein de prévenir.

datum semper desideravit ; *a* Nempe in his, puto Procuratorem qui hæc temerè, sine mandato scripto, ausus fuerit, ad probationem mandati, testibus admitti non debere, cum solitum modum Procuratorum publicam fidem habentium excesserit. Non solent enim Procuratores forenses talia conficere, sine speciali mandato, ideoque qui hoc sine mandato expresso tentaverit, magis prævaricatoris, quàm Procuratoris officium exercuisse censebitur, nempe consentiens parti adversæ, pro ipsius desiderio, proditor causæ, & collusor, seu desertor videbitur : ut Loquitur Ulpianus, *b* & Marcellus. *c* Quocirca, si mandato speciali scripto caruerit, testibus probare ei non licere putarem, tum quia jubet hæc Regia Constitutio, ab omnibus expressis contractibus testium probationem rejici, tum etiam, quia talis Procurator, officium suum excedere videtur, & doli speciem committere, quibus ut obviam eatur, habita est hæc Regia sanctio.

a L. Si hereditatem. ff. mand. l. Illud §. talis. ff. de minorib. l. unices. junct. gloss. etiam ter procuratorem. C.

b In l. Athletas. vers. item prævaricator. ff. de l. is qui notant. infa.

c In L. 1. vers prævaricatorem. ff. ad Turpill.

§ Quant aux autres Procureurs appellez *ad negotia*, lesquels on a coutume de constituer pour une certaine affaire particuliere, com-

In aliis autem Procuratoribus non forensibus, sed qui pro certis negotiis constitui solent, ut ad emendum, vendendum, locandum, aut aliud quidpiam in specie contrahendum, si sine mandato scripto, de re centum libras excedente, contraxerint pro alio, à quo postea reprobentur, fortiori multò ratione, dicemus prætensum mandatum testibus probari non posse, ex hac Lege Regia : cùm hæc species mandati, omninò voluntaria sit, nec à fide publica pendeat, ut de forensibus Procuratoribus dictum est. Imputatur ergo tali mandatario, quare sua sponte non scriptum mandatum exercuerit, & sua voluntate necessitatem subierit, quam recusare liberè potuerat : ei enim faveri non solet, qui spontè necessitatem subit, *a* maximè cum eo casu fieri posset ignorantis conditio deterior, in his quæ sine suo mandato speciali fieri non poterant, *b* atque ita per indirectum huic Legi fieret fraus : quia, qui rem alterius non nisi scripto emere potest, fingeret Procuratorem, qui sibi nomine domini venderet, & cùm vendens à vero domino non laudaretur, subornatis testibus, mandatum de vendendo astruere conaretur, ideoque venditionem per indirectum testibus ei probare concederetur, quam directò probare non poterat, contra mentem hujus Legis, *c* quod absit.

a L. Si si dejussor. §. 1. ff. qui satisfd. cogant. l. 2. §. Si ramen ff. Si quis caut.
b L. Ignorantis. ff. de procurat. L. Si hæreditatem. ff. mand.
c L. Contra ff. de Legib.

me pour passer un Contrat de vente, ou un Bail à loyer ; s'ils ont agi sans pouvoir pour un autre en une chose qui excede cent livres, & qu'ils soient desavoüez, il ne leur doit pas estre permis, à plus forte raison suivant l'Ordonnance, de prouver par témoins qu'ils ont eu pouvoir d'agir, parce que cet espece de Mandat est purement volontaire, outre qu'ils n'ont point serment à Justice, comme les Procureurs *ad lites* ; ainsi on leur peut imputer de s'estre meslé des affaires d'un autre sans avoir un pouvoir par écrit, & de ce qu'ils se sont engagez à une chose qu'il leur estoit libre de ne pas entreprendre, car la Loy ne favorise point celuy qui s'est engagé volontairement dans une chose qui peut luy faire préjudice dans la suite, particulierement dans un cas auquel, si cela estoit permis, il s'ensuivroit qu'il pourroit rendre pire par son fait la condition d'un autre à son insceu, dans des choses qui ne se pouvoient faire sans un pouvoir special de sa part, & qu'ainsi il pourroit faire fraude indirectement à l'Ordonnance ; car (par exemple) celuy qui veut acheter un heritage, & qui dans les regles ne peut l'acheter que du Proprietaire par un Contrat de vente, atitreroit un inconnu, qui en qualité de Procureur de ce Proprietaitaire, luy vendroit cet heritage, & lors que ce Proprietaire viendroit à desavoüer ce que ce Procureur auroit fait, cet acheteur suborneroit des témoins qui déposeroient que ce Procureur avoit receu ordre verbalement du Proprietaire de luy faire cette vente. Ainsi ce seroit indirectement luy permettre de prouver par témoins

en Matiere Civile. 273

témoins un Contrat de vente, ce qui est absolument contre
l'esprit de l'Ordonnance.

ADDITIONS SUR LE XII. CHAPITRE.

SOMMAIRE.

1. *Quel estoit à Rome le Procureur* ad lites.
2. *Si le ministere des Procureurs estoit en usage en France autrefois.*
3. *Maximes du Droit Romain concernant les Procureurs* ad lites, *qui ont lieu parmy nous.*
4. *Que le Procureur* ad lites *est regardé parmy nous comme un Mandataire.*
5. *Distinction de Boiceau entre les Procureurs des Cours Souveraines, des Presidiaux, & ceux des Seigneurs.*
6. *Si quand le Procureur a l'Exploit & les Pieces, il est tenu de rapporter une autre Procuration.*
7. *Si la Partie est recevable à prouver par témoins qu'elle a chargé un Procureur.*
8. *Si la Partie peut prouver par témoins qu'un Procureur retient ses Pieces malgré elle.*
9. *De deux Procureurs, dont l'un se trouve chargé en même temps, de l'Exploit, l'autre de la Procuration de la Partie.*
10. *Si la preuve par témoins qu'un Procureur occupe pour une personne sous le nom d'un autre Procureur, est recevable.*
11. *La revocation d'un Procureur se doit prouver par écrit, quoy que le Mandat puisse se contracter tacitement & sans écrit.*
12. *Le Procureur* ad negotia, *doit justifier son pouvoir par écrit.*
13. *Si la preuve par témoins est recevable en faveur du Pere, à l'effet de prouver qu'il a eu charge de son fils.*
14. *Maximes concernant la restitution des Pieces par le Procureur* ad lites.
15. *Exception de ces Maximes.*
16. *Si le Procureur* ad negotia, *est creu à son affirmation touchant la restitution des Pieces de celuy pour lequel il a agi.*
17. *Si la preuve par témoins est receuë qu'un Procureur a des Pieces qui servent à la condamnation de sa Partie.*

Mm

18. *Usage de Flandres concernant les Mandats.* | 19. *Usage de Milan sur le même sujet.*

ff. & C. de Procur. Ce Procureur s'appelloit aussi *Cognitor.* Le T. 12. Cod. Theo. confond l'un avec l'autre. Asconius Pedianus sur le Livre de *Divinatione* de Ciceron, explique la difference,

COmme il y a de deux sortes de Procureurs, *ad lites*, & *ad negotia.* Boiceau examine dans les deux Parties de ce Chapitre, quand la preuve par témoins est receuë en leur faveur, lors qu'ils sont desavoüez. Pour ce qui regarde le Procureur *ad lites*, il faut d'abord remarquer que ceux qu'on appelloit Procureurs dans le Droit Romain, sont fort differens des nostres; car à Rome on pouvoit charger de sa Procuration qui on vouloit, un Procureur n'estoit point un Officier public, c'estoit un ami qui rendoit ce service à son ami gratuitement, & quand cet ami avoit accepté le Mandat ou la Procuration, il devenoit le maistre de l'affaire, & aprés ce qu'on appelloit, contestation en Cause, il ne pouvoit plus estre revoqué, *l. 16. & 17. C. de Proc.* 1

Qui defendit alium in judicio, aut Patronus dicitur si orator est aut Advocatus si aut jus suggerit, aut præsentiam suam amico accommodat, aut Procurator si negotium absentis suscepit, aut cognitor, si præsentis causam novit & sic tuetur ut suam.

Suivant nos mœurs, il falloit autrefois que le Procureur eust en main une Procuration autentique pour agir pour sa Partie, & cette Procuration ne duroit qu'un an. Il n'estoit pas même permis à tout le monde d'agir par Procureur. L'ancien Style du Parlement, le Grand Coutumier, & Bouteiller en sa Somme Rurale, font mention de cet ancien usage. 2

A present les Procureurs sont des Officiers publics qui peuvent occuper pour les Parties, ou avec Procuration expresse ou tacite, lesquels sont revocables en tout estat de Cause; il y a neanmoins quelques Maximes dans le Droit Romain, dont on peut encore leur faire l'application, notamment en ce qui regarde la preuve par témoins. 3

Procurator est qui alienâ negotia mandato Domini administrat. l. 1. D. de Proc.

Ainsi on peut induire de la definition de la Loy, qu'un Procureur ne peut occuper pour une personne sans son ordre, & que comme il faut qu'il paroisse que cette Partie y a consenti, il faut aussi que le Procureur ait accepté cette charge.

Et is ratum habuerit l. 2. ibidem.

Lib. 8. Invitus Procurator non solet dari, invitum accipere debemus non eum tantum qui contradicit, verum eum quoque qui consensisse non probatur.

Nec ferendus est Procurator qui sibi adserit Procurationem. Nam hoc ipso suspectus est quod operam suam ingerit invito. l. 25.

en Matiere Civile.

Il est encore certain en Droit Romain & parmy nous, que quand on charge un autre Procureur que celuy qui a occupé d'abord, on est censé revoquer le premier : mais suivant nostre usage, cette revocation doit estre exprimée dans la Procuration, & signifiée au Procureur qui est revoqué.

L. 31. §. Julianus ait eum qui dedit diversis temporibus Procuratores duos, posteriorem d'indo p'rem prohibuisse videri.

4   Cela supposé, il s'ensuit que le Procureur doit estre regardé parmy nous comme un Mandataire. Or le Mandat est un Contrat, par consequent suivant l'Ordonnance de Moulins, la preuve par témoins n'en peut estre receuë.

5   Cependant Boiceau distingue, & dit qu'à l'égard des Procureurs des Cours Souveraines ou des Presidiaux, comme ils ont serment à Justice, la présomption est que s'ils ont occupé, ils en ont eu charge, quoy qu'ils ne justifient pas de leur Procuration: mais cette distinction ne peut estre receuë absolument, car les Procureurs qui postulent dans les Bailliages, les Prevostez & les Justices des Seigneurs Subalternes, ont aussi serment à Justice, & cette présomption doit estre par consequent la même en leur faveur, outre que dans l'usage ils ne prennent point d'ordinaire de pouvoir par écrit.

6   Mais en general la présomption qui resulte de ce que le Procureur est Officier, n'est qu'une présomption de Droit, contre laquelle la preuve du contraire peut estre admise; neanmoins si cette présomption est soûtenuë par d'autres circonstances, comme si ce Procureur est chargé de l'Exploit d'assignation & des Pieces, cette preuve n'est pas recevable, & il n'est point obligé de rapporter d'autre Procuration en ce cas, parce que l'usage est de charger ainsi un Procureur sans luy donner de Procuration, c'est-à-dire en luy remettant simplement l'assignation entre les mains, ce qui est un ordre tacite qui luy suffit pour occuper.

7   On demande à cette occasion si la preuve par témoins doit estre receuë en faveur d'une Partie, à l'effet de justifier qu'elle a chargé verbalement un Procureur de son Procés, ou qu'elle luy a donné une Procuration expresse sous seing privé, ou devant Notaire qu'elle soûtient estre entre ses mains, & dont il n'y a point eu de Minute, quand ce Procureur refuse d'occuper, & qu'il dénie même d'avoir esté chargé par cette personne, attendu que ce Procureur peut estre corrompu par la Partie averse, & avoir supprimé les Pieces de cette Partie par fraude, aussi bien que la Procuration qu'elle luy a donnée : & il est certain que cette preuve ne doit pas estre receuë à cause des consequences, & dans le

doute la présomption est pour l'Officier, qui en doit estre crû à son affirmation, quand il n'y a point d'autres circonstances de fraude, d'autant plus que la Partie articulant qu'il a chargé ce Procureur de ses Pieces & de sa Procuration, demeure d'accord en même temps qu'elle l'a choisi sur tous les autres pour occuper pour elle; ainsi elle ne peut revenir contre son propre choix, & doit suivre entierement sa foy, c'est ce qui a esté jugé par Arrest rapporté par Peleus Act. 22. l. 4. & par Brodeau sur Loüet l. S. n. 21. qui rapporte d'autres Arrests qui ont jugé que même avant la Declaration de 1597. pour la décharge des Avocats & Procureurs, l'article 54. de Moulins avoit lieu en leur faveur en ce cas, & qu'ils en estoient creus à leur seule affirmation. Charondas l. 13. Responf. ch. 33. rapporte l'Arrest du 10. Decembre 1602. rendu sur les Conclusions de Monsieur Servin, où cette Question fut agitée.

8 Autre chose est si la Partie n'articule pas qu'elle l'ait chargé comme Procureur, mais soûtient seulement qu'il a ses Pieces entre les mains, & qu'il les retient par fraude, ou qu'il les luy a soustraites par de mauvaises voyes; car lors n'articulant point qu'il soit son Procureur, la preuve par témoins de ce fait seroit recevable, parce qu'il s'agit d'un dol personnel, dont la preuve n'est point deffenduë par l'Ordonnance, joint qu'il ne s'agit pas en ce cas de la preuve d'une Convention, mais d'un fait qui approche du crime.

9 Il est arrivé quelquefois qu'un Procureur se trouvoit chargé de l'Exploit & des Pieces, & qu'un autre Procureur avoit la Procuration de la Partie. On demande si en ce cas le premier avoit besoin de la preuve par témoins, pour justifier que la Partie luy avoit donné ses Pieces pour occuper pour elle, où s'il suffisoit qu'elle les luy eût mis en main, ce qui ce doit décider par les circonstances, estant certain que deux Procureurs ne peuvent occuper pour une même affaire. Et s'il falloit decider en pareil cas celuy qui doit occuper des deux, il est constant que ce doit estre celuy qui a la Procuration, parce qu'il a une preuve autentique du mandement de la Partie, au lieu que l'autre n'a qu'une présomption pour luy que la Partie en luy mettant ses Pieces en main luy a donné un ordre verbal d'occuper pour elle: mais pour se déterminer plus seurement, il faut examiner ce qui a suivi; car celuy qui des deux a occupé le premier pour cette Partie, & qui s'est cotté Procureur, ou qui a fait des procedures, doit estre préferé à celuy

qui n'a point agy, ou qui a agy le dernier, suivant la Loy 32. *ff. de prob. pluribus Procuratoribus in solidum simul datis, occupantis melior conditio erit.* Quoy que cette Loy ne parle que de deux Procureurs *ad negotia*, elle peut s'étendre aux Procureurs *ad lites*, parce qu'il y a même raison, laquelle Maxime a lieu à l'égard même de celuy qui n'a que l'assignation & les Pieces; car il est reputé suffisamment chargé, outre qu'il n'y a que luy seul qui soit en estat d'occuper, parce qu'il a en ses mains les Titres pour deffendre la Partie. Ce fut aussi par cette raison qu'un Procureur ayant esté chargé par une Partie de ses Pieces, verbalement & sans Procuration, pour s'opposer à des criées, fut condamné en ses dommages & interests pour ne l'avoir pas fait. Cet Arrest est du 26. Avril 1644. rapporté dans le Journal des Audiences T. 1. l. 4. chap. 14. mais si le Procureur qui a la Procuration a sommé celuy qui a l'Exploit & les Pieces de les luy rendre, en ce cas il semble que ce dernier ne doit plus occuper; parce qu'estant libre aux Parties de revoquer un Procureur quand il leur plaist, la Procuration de la Partie donnée posterieurement à un autre, du moins aprés qu'elle luy a esté signifiée, est une revocation à son égard, ce qui est certain si cette Procuration porte revocation. Neanmoins les procedures que ce Procureur auroit faites avant cette signification, en vertu des Pieces dont il estoit chargé, doivent subsister; parce qu'il est présumé avoir eu pouvoir d'occuper jusqu'au jour que cette Procuration luy

10 a esté signifiée. C'est par cette même raison, qu'il n'est pas permis de prouver par témoins qu'un Procureur occupe pour une personne sous le nom d'un autre Procureur, il faut une preuve par écrit, sinon il en est crû à son affirmation quand il soûtient le contraire.

11 La revocation d'un Procureur se doit aussi prouver par écrit, parce qu'elle doit estre signifiée au Procureur que l'on revoque, & quoy qu'un Mandat ou Mandement, comme a observé Boiceau, puisse se contracter tacitement & sans écrit, *sola patientia*: neanmoins il ne s'ensuit pas que le fait d'une revotion tacite fut admis à la preuve par témoins; à l'égard du Procureur qui a excedé son pouvoir en faisant des offres, ou passant une Sentence, il doit rapporter un pouvoir par écrit, un ordre verbal ne suffit pas, & la preuve par témoins ne seroit pas receuë en ce cas en sa faveur.

12 Pour ce qui est du Procureur *ad negotia*, il n'y a nulle difficulté qu'il ne doive aussi justifier par écrit qu'il a un pouvoir de celuy dont il administre les affaires ; la preuve par témoins d'un

ordre verbal, seroit d'une trop perilleuse consequence, & ceux qui contractent avec luy en cette qualité, ne manquent pas aussi de faire inserer la teneur de sa Procuration dans l'Acte auquel elle demeure annexée.

Il y a neanmoins des cas particuliers qui peuvent faire difficulté ; Par exemple, si c'est un Pere qui a contracté comme Procureur & ayant charge de son Fils, & que le Fils soûtienne qu'il ne luy a donné aucun pouvoir, on demande si le Pere sera receu à prouver par témoins qu'il luy en a donné ordre verbalement, ce qui regulierement ne doit pas estre receu, car quoy qu'un desaveu soit injurieux de la part d'un Fils contre son Pere : neanmoins du moment que ce Fils est majeur, ses biens ne dépendent plus de son Pere, il les possede librement, & personne n'est en droit de stipuler pour luy sans son ordre, outre que ce desaveu pourroit estre frauduleux & d'intelligence de la part de l'un & de l'autre pour tromper ceux qui auroient contracté avec eux, suivant leur interest particulier. 13

Quant à la difficulté qu'on peut faire au sujet de la restitution des Pieces par le Procureur *ad lites*, Monsieur Loüet l. S. n. 21. rapporte l'Arrest de Modification de l'Ordonnance de 1597. verifiée le 14. Mars 1603. qui ordonne que pour les Procés indecis & non jugez, la demande s'en doit faire dans les dix ans, du jour des Recepissez des Avocats ou Procureurs, & des Procés jugez dans les cinq ans, & contre leur veuve & heritiers, ou autres ayant droit d'eux, dans les cinq ans, tant des Procés jugez qu'à juger. Brodeau rapporte ensuite plusieurs Arrests de 1614. 622. & 1624. en faveur des Procureurs du Parlement, même pour les Procureurs du Grand Conseil un Arrest du 28. Janvier 1608. & pour les Procureurs de Sieges inferieurs, un Arrest du 23. Aoust 1613. & autres. 14

Au reste il faut distinguer, si le Procureur *ad lites*, est assigné pour restituer les Pieces à sa Partie, avant le temps expiré des cinq ans pour les Procés jugez, & de dix ans pour ceux qui ne sont pas jugez, (aprés lequel temps, il en est déchargé suivant l'Ordonnance de 1597.) en ce cas il peut non seulement prouver par témoins qu'il les a rendus à sa Partie, parce qu'il ne s'agit en cela que de la preuve d'un fait & non pas de la preuve d'une Convention : mais même sa seule affirmation suffit, du moins à l'égard des Avocats, ainsi qu'il a esté jugé par un ancien Arrest du Parlement de Paris pour Pierre de Reliac Avocat : *Dictum fuit quod alias non teneretur docere de redditione cujusdam litteræ quam per affirmationem quam fecerat redditione facta dictæ litteræ ipsi Procuratori, licet confiteretur habuisse dictam litteram*, ainsi que rapporte *Joan. Gallus qu.* 369. ce qui a esté étendu depuis aux Procureurs par Arrest du 30. Decembre 1602. rapporté par M. Servin en ses Plaidoyers Part. 4. Mais si les cinq ans ou les dix ans sont expirez, il n'a plus besoin de preuve, quoy qu'il eust esté chargé par écrit, la présomption estant qu'il les a rendus, & cette présomption, jointe avec son affirmation, devient une fin de non-recevoir indubitable contre la Partie, dautant qu'elle est établie par la Loy pour la seureté des Officiers, ce qui n'empescheroit pourtant pas que la preuve par écrit du contraire ne fust receuë même après ce temps expiré.

15   Cette fin de non-recevoir de l'Ordonnance, n'a pas lieu, neanmoins si le Procureur est chargé par Recepissé envers le Greffe ; par exemple, s'il a retiré la Grosse de la declaration de dépens, qui y tient lieu de Minute de l'executoire, parce que le calcul de dépens est au bas de cette declaration, signé du Rapporteur. Dautant qu'en ce cas il est chargé envers le dépost public, lequel estant tenu de representer cette Minute en tout temps. Le Procureur est aussi tenu de representer cette Piéce même, après les cinq & les dix ans, nonobstant la disposition de l'Ordonnance cy-dessus citée, à cause de l'action de garantie envers le dépost public, laquelle dure trente ans contre luy en ce cas du jour qu'elle est intentée. Autre chose est s'il a retiré une production de chez un de Messieurs les Conseillers, ou du Greffe sous son Recepissé, car l'Ordonnance le décharge en ce cas.

16   Et pour ce qui est du Procureur *ad negotia*, s'il n'y a point de preuve par écrit qu'il ait esté chargé des Pieces de celuy pour lequel il a agi, il en doit estre crû à son serment, *quia fides ejus electa est*. Parce que son ministere estant gratuit, il ne doit pas luy faire préjudice, si ce n'est qu'on l'accusast de vol & de soustraction de Pieces.

Quia nemini officium suum debet esse damnosum.

17   La preuve par témoins n'est pas aussi recevable pour prouver qu'un Procureur a dans sa possession des Pieces qui peuvent servir à la conviction de sa Partie, & la recherche dans son étude n'est point permise en ce cas, ny en aucun autre, suivant qu'il a esté jugé par un Arrest du 12. Février 1672. rapporté dans le Journal du Palais To. 1. p. 21. La raison de toutes ces Decisions en fa-

vent des Procureurs est 1. Qu'estant Officiers publics, la présomption est qu'ils ont de la probité, & que leur affirmation est veritable. 2. Parce qu'ils sont dépositaires de la fortune des Particuliers & du secret des Familles, & qu'ainsi leur Etude est un dépost public qu'on ne doit point violer. 3. Parce que celuy qui les constituë pour occuper pour luy, les reconnoist pour personnes de probité, & ainsi doit suivre leur bonne-foy.

Antonius Anselmo §. 32. de son Commentaire sur l'article 19. 18 de l'Edit perpetuel, observe aussi que dans les Pays-Bas le Mandat se doit prouver par écrit, & rapporte une Apostille du 16. Septembre 1626. par lequel le Roy d'Espagne, sur une Requeste des Habitans de Tholcamere & de Thierlemont, ordonna que l'article 19. de l'Edit perpetuel auroit lieu, même entre le Mandant & le Mandataire.

Carpanus sur le Statut 88. de Milan, parlant des cas dans 19 lesquels la Loy requiert l'Ecriture, dit que le Mandat est du nombre, & qu'il ne peut se prouver par témoins, & cite *Boerius Decis.* 154. *& Asinius* §. 19. *chap.* 5. *n.* 7. *in praxi.*

CHAPITRE XIII.

Des pactes tacites, introduits par la Loy, ou par le fait de l'homme.

SOMMAIRE.

1. *Si les pactes tacites sont compris dans l'Ordonnance de Moulins.*
2. *Exemple d'un Creancier qui a rendu à son debiteur la Promesse qu'il avoit de luy.*
3. *La Loy en ce cas presume la liberation.*
4. *Distinction entre une Promesse & une Obligation dont il y a Minute.*
5. *Cette présomption n'a pas lieu dans le cas d'une Obligation.*
6. *Mais elle a lieu à l'égard d'une Promesse.*
7. *Distinctions sur la qualité de la personne du debiteur, & des circonstances.*
8. *Quand il n'y a point de suspicion contre le debiteur, il est recevable à la preuve par témoins.*
9. *Si quand le debiteur est mort, mais*

l'affirmation de l'heritier est recevable.

10. *Autre chose est si le debiteur n'allegue pas qu'il ait payé, mais que le Creancier luy a remis entre les mains sa Promesse, dans le dessein de luy en faire une Donation.*

11. *Du debiteur qui se trouve saisi du Brevet de son Obligation, qui avoit esté remis és mains du Creancier.*

12. *Sentiment de Boiceau quand l'Obligation est au profit du Creancier seul.*

13. *Cette présomption de payement n'est qu'une présomption de Droit.*

14. *Difference en ce cas entre celuy qui allegue une Convention, & celuy qui allegue que la Piece luy a esté voluë, ou qu'il l'a perduë.*

15. *Exemple d'un autre pacte tacite.*

1 Comme nous avons compris dans la prohibition de l'Ordonnance toutes les Conventions expresses & redigées par écrit, contre lesquelles la preuve par témoins n'est pas admissible, il faut examiner ensuite, si les pactes tacites (soit ceux qui dépendent de l'autorité de la Loy, ou ceux qui viennent de la disposition de l'homme) y sont aussi compris. Par exemple, le Jurisconsulte Paulus dit que quand un Creancier a rendu à son debiteur l'Obligation qu'il avoit

2 de luy, on présume qu'il y a eu un pacte tacite entr'eux qu'il luy remettoit la dette. On demande donc si quand le debiteur a entre ses mains l'Obligation qu'il avoit passée au profit du Creancier, il sera tenu de prouver par écrit que le Creancier luy a remis cette Obligation, à dessein de le décharger de la dette, ou s'il suffit qu'il ait simplement cette Obligation entre ses mains pour faire présumer cette décharge, ou si nonobstant l'Ordonnance de Moulins, il luy sera permis de prouver par témoins que le Creancier luy a remis cette Obligation entre les mains.

3 Cette Question n'est pas de si

ET cum pacta omnia expressa, huic Legi subjecta esse dixerimus, quærendum est, quid de pactis tacitis ex Lege vel hominis dispositione orientibus? Exempli gratia, Paulus ait: ex redditione cautionis debitum tacito pacto remissum censeri : *a* nunquam ergo debitor habens penès se debiti instrumentum, scriptis probare teneatur, instrumentum sibi à creditore restitutum fuisse, in debiti remissionem? vel an sufficiat instrumenti penès debitorem possessio? vel utrum testibus restitutionem probare liceat, nonobstante hac Molinæa Constitutione?

a L. Labeo & l. sequen. ff. de pact.

Hæc quæstio non tam levis videtur, ut sine disputatione transire possit. Nam Jurisconsultus videtur debitorem liberare, si obligationis instrumentum in possessione sua monstraverit: cùm ex eo, Lex ita liberationem præsumat, ut in contrarium probationem admittere non videatur, *a* idque in gratiam liberationis, qua in Jure nihil favorabilius, *b* imò in disponendo, videtur instrumenti datio, rei instrumento comprehensæ donationem inducere, ut Jure vulgatum. *c*

a dict. L. Labeo.
b L. Tale factum. ff. de pact. & l. Arrianus. ff. de act. & ob.
c l. 1. C. de Donationib.

conséquence qu'elle ne merite d'être approfondie, car il semble que le Jurisconsulte ait decidé qu'il suffisoit pour la décharge du debiteur, qu'il eust en sa possession le titre en vertu duquel il estoit obligé, puisque la Loy en ce cas présume tellement qu'il est déchargé, qu'elle semble ne pas même admettre la preuve du contraire, & cela en faveur de la liberation qui est tres-favorable en Droit. Bien plus, la Loy decide que celuy qui remet entre les mains d'un autre le titre d'une chose à luy deuë, est censé luy en faire une Donation.

His tamen nonobstantibus puto, pro istius Constitutionis dispositione, ita distinguendum fore : Aut enim agitur de contractu obligationis, à Tabellionibus publicis recepto, & cujus scheda vel Protocollum ab iisdem Tabellionibus, vel Notariis servatur, ut passim fieri solet : Aut agitur de simplici cautione chyrographaria, manu debitoris tantùm scripta, vel signata : Primo casu, putarem instrumenti redditionem, ad liberandi intentionem factam præsumi non debere, ex eo solo quòd inter manus debitoris instrumentum reperiatur. Nam cùm scheda publica penès Notarios semper residere soleat, *d* poterit debitor ipse à Notariis publicis instrumentum in forma, ut dicunt, petere, idque in fraudem creditoris, ut liberationis præsumptionem inducat, ex reperto penès eum authentico instrumento ; ideoque ratio Legis, quæ liberationem ex redditione præsumit,

d Cap. Cum P. tabellio. ext. de fid. inst.

Nonobstant toutes ces raisons, neanmoins il me paroist qu'il faut distinguer, suivant l'esprit de cette Ordonnance ; car ou il s'agit d'une Obligation passée devant Notaire, dont il est resté Minute, suivant la Coutume ou il s'agit d'une Promesse écrite & signée de la main du debiteur. A l'égard du premier cas, j'estimerois que la remise de cette Obligation par le Creancier entre les mains du debiteur, ne suffit pas pour pouvoir présumer qu'il a voulu le décharger de la dette, parce qu'y ayant une Minute, le debiteur pourroit s'en faire délivrer une expedition en forme par le Notaire en fraude du Creancier, pour en induire ensuite contre luy cette présomption, qu'il l'a tenu quitte de la dette en luy rendant cette Obligation, ce qui seroit donner un moyen aux debiteurs de se liberer par cette présomption de la Loy, c'est pourquoy il seroit aisé aux debiteurs (qui souvent employent toute sorte d'artifices pour procurer leur liberation au préjudice de leurs Creanciers) ainsi qu'il est aisé de voir dans le Titre du Digeste *quæ in fraudem credit*, de frauder par ce moyen l'intention de la Loy, par consequent puisqu'il faut principalement s'arrester à la raison du Jurisconsulte, qui est l'ame de la Loy, laquelle est fondée sur ce qu'elle présume que l'Obligation n'a esté renduë par le Creancier à son debiteur à autre dessein que celuy de le liberer, quand il ne luy reste point d'autre titre de la dette que cette Obligation entre les mains; car ce seroit autre chose s'il y avoit lieu de présumer que le Creancier a eu un autre dessein que celuy de liberer son debiteur, comme remarque le Jurisconsulte Modestinus au sujet de la restitution d'un gage; il s'ensuit que la Loy n'a pas entendu parler en cet endroit d'un Acte public, dont il y a Minute, si ce n'est lors que cet Acte public se trouve cancellé & rayé entre les papiers du debiteur : car en ce cas, dit Balde, la présomption est pour la liberation, jusqu'à ce que le contraire soit prouvé, & par consequent, de ce que le Creancier a rendu à son debiteur cet Acte autentique & public, il ne s'ensuit pas qu'il l'ait liberé, mais ce fait a encore besoin d'estre prouvé, & c'est ainsi que le decide Cynus; mais si en ce cas cette Obligation excede cent livres, cette preuve se doit faire par écrit & non par témoins

facillimè fraudari poterit à debitoribus : qui sæpè omnibus technis & artibus quibus possunt, liberationis beneficium in fraudem creditorum moliuntur, ut satis videre licet toto ferè titulo, Quæ in fraud. credit. &c. Cùm ergo ratio Jurisconsulti, quæ est anima Legis, *a* semper spectanda sit, ut ex redditione cautionis liberatio præsumatur, eo quod nulla alia ratione, vel utilitate restituta præsumatur, nisi ad liberandum, nec ulla alia cautio alicubi reperiri possit, quàm ea quæ est in manu debitoris, aliud esset, si alia utilitas colligi posset, ut ait Modestinus de pignore restituto. *b* Ergo de instrumentis publicis, quorum Protocollum semper consistit, loqui non videtur Jurisconsultus, nisi forsan instrumentum publicùm, penès ipsum creditorem, & inter ejus instrumenta cancellatum reperiatur : tunc enim, ait Bald. *c* præsumptionem liberationis esse pro debitore, donec contrarium probetur. Ex his igitur sequitur solam instrumenti publici in manu debitoris possessionem, redditionis & liberationis probationem non arguere, sed probatione opus esse, instrumentum ad liberationem restitutum fuisse, & ita concludit Cynus. *d* Atqui hæc redditio, si instrumentum centum libras excedat, scriptis probari debebit, & non testibus : ideoque casus iste nostra Lege comprehensus erit, cùm illo redditio ad liberandum, speciem expressæ conventionis inter partes habeat, maximè, si redditio per viam contractus expressi facta, allegetur, ut

a L. Cum ratio. ff. de bon. damn.

b L. Postquam. ff. de pact.

c L. unic. §. Ille autem. C. de Lat. lib. toll. num. 1.

d In l. Si de possessione. C. de prob.

infra in capite de Liberatoriis latiùs discutiemus.

In secundo verò casu, cùm de privata cautione chyrographaria agitur, an eo solo, quòd penès ipsum debitorem reperiatur, liberationem Juris præsumptione faciat? Videretur dicendum, hac redditione liberationem præsumi, absque alia probatione, ex verbis Modestini, cùm ait a: *Si chyrographum cancellatum fuerit, licet præsumptione debitor liberatus videatur, tamen in eam quantitatem quam adhuc sibi deberi manifestis probationibus creditor ostenderit, rectè debitorem conveniri posse.* Ex quibus patet, ex instrumento ad debitorem reverso, liberationem, sine alia probatione, præsumi, quousque contrarium à debitore probetur.

a *In L. Si chyrographum ff. de probat.*

Pro hac tamen quæstione singulis suis casibus discutienda, hac distinctione opus est. Aut enim is debitor penès quem reperitur cautio est persona alioquin suspecta, & quæ facilè præsumi posset, vel subtraxisse, vel alia familiaritate seu conjunctione clàm subripuisse, vel intercepisse hujusmodi chyrographum: ut sunt servus, seu famulus erga

moins ; c'est pourquoy ce cas sera compris dans la prohibition de l'Ordonnance, parce que cette remise de l'Obligation entre les mains du debiteur par le Creancier, renferme en quelque sorte une Convention expresse entr'eux, particulierement si le debiteur allegue que cette Convention de le liberer a esté faite entre luy & le Creancier, lors qu'il luy a rendu cette Obligation, comme il sera expliqué cy-aprés dans le Chapitre où il sera parlé des Quittances.

6 Mais dans le second cas où il s'agit d'une Promesse sous seing privé, il semble que sans autre preuve, suivant les termes du Jurisconsulte Modestinus, cette seule restitution de la Promesse par le Creancier à son debiteur, soit une présomption suffisante qu'il a voulu le décharger de sa dette, *car il dit que si la Promesse a esté cancellée, quoy que ce soit une présomption que le Creancier a déchargé le debiteur, neanmoins ce Creancier ne laissera pas d'être en droit d'intenter action contre luy, s'il a des preuves évidentes qu'il luy doit encore la la somme portée dans cette Promesse.* Par lesquels termes il paroist que cette seule présomption suffit sans autre preuve pour la décharge du debiteur, du moins tant que le Creancier ne justifie point du contraire.

7 Neanmoins afin de decider cette Question dans tous les cas singuliers qui peuvent arriver, il faut faire une distinction, car ou le debiteur, qui se trouve en possession de la Promesse par luy faite, est une personne d'ailleurs de reputation suspecte, & que l'on peut présumer, à cause de l'accés qu'elle avoit dans la maison du Creancier, & de sa fami-

liarité avec luy, avoir fouftrait furtivement cette Promeffe, comme fi c'eft un ferviteur, un domeftique, ou un Commis, un Facteur, à l'égard de celuy dont il fait valoir le commerce; un Fils à l'égard de fon Pere; une femme à l'égard de fon mari; un Procureur ou celuy qui pourfuit pour nous un Procés, que nous appellons communément un Solliciteur, lefquels ont accoutumé d'avoir en leur poffeffion les Titres & Papiers de celuy dont ils font les affaires, & autres perfonnes femblables, par l'avis defquels le Creancier a coutume de fe laiffer conduire dans tout ce qui le regarde. Dans toûs ces cas, fi ces gens-là font les debiteurs de celuy auprés duquel ils ont un libre accés; ils ne font pas préfumez eftre liberez, quoy que leur Promeffe fe trouve entre leurs mains, & qu'elle fe trouve rayée de telle maniere que l'on ne puiffe difcerner par la main de qui elle peut avoir efté rayée, ainfi qu'il eft fait mention en Droit; car au contraire la Loy préfume plûtoft qu'à l'occafion de cette familiarité ces perfonnes ont dérobé cette Promeffe; ainfi c'eft à elles à prouver le contraire. Il faut dire la même chofe, fi, (comme dit Alberic dans les efpeces differentes qu'il rapporte fur cette Queftion) on peut préfumer que le Creancier a pû avoir quelqu'autre motif, en rendant cette Promeffe à fon debiteur, que celuy de le liberer: mais dans les cas où il n'y

dominum, *a* aut aliàs domefticus: item inftitor, feu exercitor, erga eum cujus mercaturam exercet : item filius, vel uxor erga maritum, vel patrem: item Procurator & litis inftitor (quem Sollicitatorem vulgò dicimus) qui dominorum inftrumenta & arcana tractare folent, & aliæ fimiles perfonæ, quæ continua familiaritate domum creditoris & ejus negotia frequentare folent, ita ut nonnifi cum eorum quotidiano confilio creditor res fuas agere confueverit: In his omnibus, fi debitores fuerint illius, cum quo ita verfantur, non præfumitur liberatio, eo folo quòd penès eos cautio debiti reperiatur, etiam cancellata, ea cancellatione quæ indifferenter qualibet manu fieri poteft, de qua in Jure nonnunquam fit mentio: *b* Nempe ex ea familiaritate & conjunctione, vel domeftica converfatione, magis fubreptionem, quàm redditionem præfumit Juris difpofitio, *a* ideoque redditionem cautionis probare debebunt: Item fi ex hac cautione penès debitorem reperta, aliud commodum quàm liberationis elici poterat, ut in exemplis ab Alberico eleganter difcuffis, cùm de hac re loquitur. *a* His autem fufpicionibus de furto vel fubtractione ceffantibus, fi debitor fit vir probus, & integræ famæ, non domefticus, nec alioqui creditori fufpectus, & fe debitum folviffe afferat, probationemque ex eo inducere contendat, quòd penès eum inveniatur cautio, puto eum audiri debere; eumque hac Juris præfumptione juvari, fi modo folutionem ju-

a L. unic. §. Ille. C. de Latin. libert. tol.

b Notat. in tit. de his quæ in teftament. delent.

c Dict. L. unic. §. Ille. de Lat. libert. tol. & l. Fullo fub fin. & l. Qui tabulas. ff. de furt.

d Dict. L. Labeo. num. 1. & 2.

ramento firmare voluerit, & ita alia probatione non indigere. Et quamvis nonnulli Doctores antiqui, ut Jacobus de Arena *a* juramentum non exigerent, satiùs tamen facere Judicem putarem, si hujusmodi Juris præsumptionem juramento adjuvarit : in his enim dubiis causis (ait Caius) *b* Judices, exacto jurejurando, secundùm eum qui juraverit, judicare consueverunt, sicut etiam nonnullis casibus, possessoribus juramentum deferri solet. *c* Quod si debitor mortuus fuerit, relicto ejus hærede, penès quem reperiatur illa cautio, & quam inter instrumenta patris reperierit, puto idem judicandum, propter bonam fidem quam habet in alterius locum succedens : *d* maximè si paratus sit jurare de sua credulitate, scilicet, quòd credat debitum à patre suo exolutum fuisse, quòd sæpè Lex permittit. *e*

a In dict. l. Labeo. & seq.

b In l. Admonendi. ff. Jurejuran.

c § Si quis se. Si de investitur. inter dom. & vas. lis oria in usib. feudor.

d L. Qui in alterius. cu similibus. ff. de Reg. Jur.

e Notat. in l. Generaliter C. de jurejur.

aucun soupçon de vol & de soustraction, si ce debiteur est un homme de probité & d'une reputation entiere, & qu'il ne soit point domestique du Creancier, ny autrement suspect, & qu'il affirme qu'il a payé la dette, & soûtienne que cette remise de l'Obligation entre ses mains par le Creancier en est une preuve, je croy qu'il faut l'écouter, & que cette présomption de la Loy est à son avantage, pourveu qu'il veüille affirmer par serment qu'il a effectivement payé la dette dont il s'agit, & quoy que d'anciens Docteurs, comme Jacobus de Arena, n'ayent pas même requis le serment en cette occasion, neanmoins il est à propos que le Juge le luy défere pour fortifier cette preuve ; car dans les cas où il y a du doute, dit le Jurisconsulte Caius, les Juges, aprés avoir fait prester le serment à la Partie, ont coutume de s'en rapporter à l'affirmation qu'ils ont faites, comme il se pratique en certains cas, à l'égard de ceux qui sont en possession d'une chose. Que si le debiteur est decedé, & qu'il ait laissé un heritier, entre les mains duquel est cette Promesse, qu'il a trouvée entre les Papiers de son Pere, je croy qu'il faut decider la même chose, à cause de la bonne-foy qu'on présume à l'égard de celuy qui a succedé aux droits d'un autre, particulierement s'il est prest d'affirmer qu'il croit de bonne-foy que son Pere avoit acquité cette dette.

Aliud autem dicendum esset, si debitor, penès quem cautio reperitur, non solutionem allegare voluerit, sed animo donandi cautionem hujusmodi restitutam fuisse, aut novo pacto de non petendo, seu simili conventione, quæ ad donationis seu li-

Autre chose seroit si le debiteur ne dit pas que cette Promesse luy a esté renduë à dessein de le décharger par le Creancier, mais que ce Creancier luy a fait un don de cette dette, ou qu'il y a eu une nouvelle Convention entr'eux, qu'il ne la luy demanderoit point ; car en ce cas presque tous les Docteurs conviennent que le debiteur n'est point liberé, mais qu'il faut que ce debiteur prouve le fait qu'il allegue, parce que ce fait est détruit par une autre présomption de Droit, qui est que personne n'est présumé donner, s'il n'y en a preuve, à quoy j'ajoûte que jamais on ne présume qu'il y ait eu Novation, si elle n'est disertement stipulée, & il est évident de quelle sorte de preuve il doit se servir en ce rencontre, car si pour sa décharge il allegue qu'il luy a esté fait une Donation, ou une autre liberalité, attendu qu'en ce cas il s'agit d'un Contrat, il ne pourra estre receu à la preuve par témoins contre la disposition de l'Ordonnance, parce qu'une Donation & une liberalité sont mis au nombre des Contrats, comme il a déja esté dit plusieurs fois, & c'est le sentiment de Cynus, de Balde, de Paul de Castres, d'Alberic & de Jason, ce qui doit s'entendre neanmoins avec les distinctions dont nous parlerons dans le Chapitre cy-dessous, qui traitte des Quittances, & je l'ay veu souvent decider ainsi dans les Consultations.

11 Mais on demande si l'on doit présumer la liberation, quand la Minute originale de l'Obligation signée des Parties (qui estoit demeurée entre les mains du Creancier, comme on le pratique souvent) se trouve entre celles du debiteur, & non pas chez les Notaires qui l'ont passée, comme on la présume dans le cas d'une Promesse sous seing privé. J'ay veu des Docteurs qui faisoient difficul-

beræ remissionis naturam accedat: tunc enim consentiunt ferè omnes Doctores, ipsum debitorem non liberari, sed causæ probatione indigere, cùm pugnet in eum alia Juris præsumptio, scilicet, quod numquam liberalitas seu donatio præsumatur, nisi probetur. *a* Quibus hoc addo, novationem numquam præsumi nisi expressè probetur. *b* Quo autem genere probationis ei liceat uti, planum est : si enim pro liberatione donationem aut aliam liberalitatem alleget, testibus non utetur, prohibente hac Lege, cùm donatio & liberalitas inter contractus annumerentur, ut sæpè dictum est : *c* & cum istis resolutionibus transeunt Cynus. *d* Bald. *e* Paulus de Castro, Albericus, & Jason, *f* salvis tamen distinctionibus, de quibus in Liberatoriis infra dicemus, & ita sæpè vidi consuli.

a L. Cum de indebito ff. de proba. l. Filius. ff. de donat.
b L. fin. C. de Novat.

c L. Contractus. C. de fide instrum.
d In L. Si de possessione C de probat.
e In l. unic. §. Ille. de Lat. libert. toll.
f In dict. l. Labeo. junct. l. seq. ff. de pact.

Sed nunquid similiter judicandum esset, de instrumento etiam publico, à Tabellione & partibus signato, cujus tamen Protocollum, seu originalis scheda, penès ipsum solum creditorem remanserat, & non apud ipsos Notarios, (ut sæpè fit) quæ tandem obligatio penès ipsum debitorem reperitur, nunquid, inquam, ex eo liberatio præsumatur, prout diximus de privata cautione chyrographaria ? Super hac quæstione à quibusdam doctis vidi dubitari : nam dicebant instrumenti hujus publici authoritatem talem esse, ut qua solemnitate inducta esset, eadem solemnitate dissolvi deberet, *a* ut potè, liberatione scripta, & non sola restitutione, nec testibus, obstante hac Constitutione, probari posse.

a L. Nihil tam naturale ff. de Reg. Jur.

par témoins n'avoit point lieu en ce cas contre la disposition de cette Ordonnance.

Ego tamen, salvo meliori judicio, idem judicandum puto, in isto casu restitutionis Protocolli, quod in privata cautione chyrographaria, & maximè quando obligatio est monocularis, ut dicunt nonnulli pragmatici, id est, in gratiam creditoris tantùm facta : ut quando Titius accepit mutuo centum à Caio, qui instrumentum publicum à Notariis confectum tradit, cujus obligatio, quamvis authentica, penès ipsum solum creditorem remanet, nec aliquid à Notariis retinetur, ut passim vidi fieri, si aliquo post tempore, Protocollum istud publicum, penès debitorem reperiatur cancellatum, ex eo liberatio præsumitur, sicut in chyrographo, cùm eadem ratio videatur, ideoque eodem jure judicari debet, & eadem Juris præsumptione : habita tamen personarum suspectarum, & non suspectarum, supradicta distinctione. Sed utrum hæc præsumptio sit Juris & de Jure, quæ contrariam probationem non recipiat, *b* vel Juris tantùm, ita ut contrarium probari possit per creditorem, scilicet alio animo restitutum fuisse instrumentum,

b L. fin. Arbitrium tutel. & not. in l. Sive possideris. C. de prob.

té sur cette Question ; car ils soûtenoient qu'un Acte public & autentique ne pouvoit estre détruit que par un autre Acte qui fut aussi public & autentique, c'est-à-dire par une Quittance par écrit, & non pas par la simple restitution de l'Obligation par le Creancier au debiteur, & qu'ainsi la preuve

Pour moy j'estime, sauf meilleur avis, qu'il faut decider la même chose à l'égard de la remise de la Minute originale par le Creancier entre les mains de son debiteur, que dans celuy d'une Promesse sous seing privé : notamment si l'Obligation est seulement conceuë en faveur du Creancier, que quelques Praticiens ont appellez, *Obligationem monocularem*, ou qui ne regarde que le profit du Creancier. Par exemple, si Titius a emprunté cent écus de Caius, & qu'il luy ait remis entre les mains le Brevet de l'Obligation passée devant Notaires, laquelle Obligation, quoy qu'elle soit autentique, est demeurée ainsi en la possession du Creancier, sans qu'il en soit resté aucune chose pardevers les Notaires qui l'ont passée, comme j'ay veu arriver souvent ; si quelque temps aprés cette Minute se trouve rayée & cancellée entre les mains du debiteur, on doit presumer la liberation en sa faveur, de même que dans le cas d'une Promesse, parce qu'il y a même raison, & qu'ainsi cela se doit decider par la même présomption

ption de Droit, ce qui s'entend neanmoins selon les distinctions des personnes suspectes ou non suspectes, cy-dessus marquées, mais on demande si cette présomption est du nombre de celles qui sont de Droit & autorisées par le Droit, en sorte qu'il ne soit pas permis au Creancier de justifier le contraire; c'est-à-dire que le Creancier a eu un autre dessein que celuy de liberer le debiteur en luy rendant cette Obligation, & sçavoir si cette preuve doit estre faite par témoins ou par écrit, suivant cette

13 Ordonnance. A quoy je réponds que cette présomption, qui resulte de ce que le Creancier a rendu cette Obligation au debiteur, ou de ce qu'elle se trouve entre ses mains, n'est qu'une présomption de Droit, contre laquelle, comme à l'égard des autres présomptions de Droit, on est receu à prouver le

14 contraire; ainsi si le Creancier veut prouver qu'il a rendu cette Minute de l'Obligation, dans un autre dessein que celuy de liberer le debiteur; Par exemple, parce qu'il estoit convenu avec ce debiteur de passer une autre Obligation, ou dans le dessein d'innover la dette, ou de faire quelqu'autre Convention, ou s'il soutient que cette Obligation luy a esté soustraite & volée, comme il est arrivé souvent dans nôtre Province, dans les dernieres guerres civiles de ce temps, pendant lequel qui est-ce qui ne sçait que les Maisons des Particuliers,

quàm liberandi, vel alia ex causa per debitorem possessum? Et utrum probatio fieri possit testibus, an scriptis tantùm, secundùm hanc Constitutionem? Quibus respondeo, hanc præsumptionem de instrumento restituto, vel penès debitorem reperto, juris tantùm esse, atque ideo probationem, ut aliæ juris tantum præsumptiones, *a* contrariam recipere. Si ergo creditor contra hujusmodi instrumenti possessionem, allegare voluerit, hanc cautionem aliam ob causam restitutam fuisse, utpote in causam translationis unius obligationis in aliam, *b* aut in causam novationis, *c* aut in gratiam conventionis alterius, vel si velit dicere instrumentum hujuscemodi fuisse substractum, vel furto subreptum, vel ablatum: ut, exempli gratia: In bellis civilibus, quibus nuper exarsit Gallia nostra, quis nescit domos infinitas deprædatas fuisse, atque instrumenta tam privatorum, quàm Tabellionum, & Actuariorum direpta, & tanquam folia Sibyllæ sparsa, & à nonnullis forsitan debitoribus capta? ut in quibusdam causis vidi ita excipi per creditores contra debitores suos: Nunquid ergo creditor in debitorem, debiti instrumentum possidentem, allegare poterit, ipsum debitorem, cujuscunque probitatis vel opinionis fuerit, dictam cautionem subtraxisse, vel à subtractoribus accepisse? Et certum est quod sic, ut sæpè jam vidi judicari, & factum illud recipi, cùm Lex, quæ pro ipso possessore liberationem præsumit, nunquam cogitaverit de

a Cap. 1. & cap. fin. ext. de præsump.

b L. Singularis. ff. Si cert. pet.

c L. fin. C. de Novation.

possessione in aliam causam facta, ac multò minùs dolosa, violenta, & alioqui reprobata, quæ vera possessio dici non potest: *a* cùm dolus & fraus nemini unquam patrocinari debeant, *b* & de dolo, maximè futuro, iniqua sit pactio. *c* Sed quomodo fiet hæc probatio à creditore, si obligatio libram centenam excedat, an testibus recipietur, vel scriptis fieri debebit? Ego dico ita distinguendum fore: nam si creditor allegaverit, instrumentum debitori restitutum fuisse, non animo liberandi, sed animo novandi, vel in aliam obligationem transferendi, aut propter aliam conventionem inter creditorem & debitorem, aut eorum procuratores, aut agentes, expressè factam: tunc, quia illæ causæ ab expressa partium conventione procedere allegantur, debent scriptis probari, quoniam testium probatio non admitteretur, secundùm hanc Regiam sanctionem: aut verò contra instrumenti possessionem, allegatur causa extra conventionem partium prætensa, utpote, causa furti, subtractionis, aut ereptionis ab incendio, ruina, vel naufragio, aut alia similis causa præcedens: & tunc, dico testium probationem admitti, nonobstante hac Constitutione, quæ tantùm de pactionibus hominum loqui videtur & non de actibus dolosè factis, & ex delicto vel quasi nascentibus, aliisve causis fortuitò accidentibus, *d* quæ omni genere probationum elucidari possunt: & ita jam sæpè vidi observari.

a L. 1. C. Unde vi.
b L. fin C. de jurejurand. Cap Ad nostra. ext. de empt. & vend.
c L. Si nimus. §. Illud ff. de Pact.

d L. Contractus. ff de Reg. jur. & l. Qui fortuitis. C. de pignor. action.

des Notaires & des Greffiers ont esté pillées & leurs Minutes dispersées? Comme les feüilles de la Sybile, & emportées peut-estre par les debiteurs, comme je l'ay veu articuler souvent par des Creanciers en pareil cas; ne sera-t'il donc pas permis au Creancier d'alleguer contre son debiteur, qui se trouve saisi du Brevet de son Obligation, quoy qu'il passe pour homme de probité, qu'il luy a volé cette Obligation, ou qu'elle luy a esté remise entre les mains par ceux qui la luy avoient volée, & cela est certain, comme je l'ay veu souvent juger, & recevoir la preuve par témoins, parce que quand la Loy présume la liberation en faveur de celuy qui se trouve avoir en sa possession l'Obligation qu'il a passée au profit d'un autre, elle n'a parlé que d'une possession de bonne-foy, & non pas d'une possession frauduleuse, ou qui provient d'une autre cause que celle de la liberation, qui ne peut estre appellée une veritable & legitime possession, parce que personne ne doit profiter de son dol & de sa fraude, & qu'il n'est pas même permis de stipuler qu'on n'en sera point tenu: mais comment se fera cette preuve par le Creancier? Si l'Obligation excede la somme de cent livres, sera-ce par témoins ou par écrit? Pour moy je dis qu'il faut distinguer, car si le Creancier allegue qu'il a rendu l'Obligation au debiteur, non pas à dessein de le

en Matiere Civile.

liberer, mais pour innover la dette ou pour la changer en une autre Obligation, ou à dessein de faire quelqu'autre Convention, dont le Creancier ou le debiteur, ou ceux qui avoient leur Procuration & qui agissoient pour eux, estoient expressément convenus en ce cas, parce qu'il s'agit d'une Convention expresse, il faut le prouver par écrit, parce que la preuve par témoins n'en seroit pas receuë suivant l'Ordonnance, ou bien on allegue simplement contre la présomption qui resulte en faveur du debiteur (de ce qu'il est saisi de l'Obligation) une autre cause qu'une Convention. Par exemple, le vol & la soustraction de cette Obligation, ou qu'il l'a prise lors d'une incendie, de la chûte d'une Maison en ruïne, d'un naufrage ou dans un accident semblable ; & je dis que la preuve par témoins doit estre admise, nonobstant l'Ordonnance, laquelle ne parle que des Pactes & Conventions, & non pas des faits qui arrivent par un accident imprévû, ou qui approchent du delit ou quasi delit, ny des cas fortuits, dont on peut justifier la verité par toute sorte de preuve, & je l'ay veu souvent juger ainsi.

Il y a encore d'autres pactes tacites en Droit, comme par exemple, si un Creancier assigne celuy qui a acheté une succession à ce qu'il ait à luy payer une dette du deffunt, & que l'acheteur procede sur cette Assignation, & fournisse de deffences contre cette demande, car cet acheteur en subissant cette action, décharge tacitement l'heritier du debiteur, du payement de cette dette, surquoy on demande si l'on peut prouver par témoins que l'acheteur de cette succession a subi volontairement cette action, & je dis que cela ne se doit prouver que par écrit, parce que cela ne se peut faire que par des procedures faites en Justice suivant la Loy, & que des Actes judiciaires ne se peuvent prouver que par écrit.

Alia sunt in Jure tacita pacta, ut cùm creditor emptorem hæreditatis convenit pro debito hæreditario, & emptor hæreditatis, spontanea voluntate suscipit actionem, nam ea spontanea susceptione, tacito pacto liberat hæredem debitoris, ut Jure vulgatum : *a* Nunquid hæc susceptio probari testibus poterit ? Dico quod scriptis tantùm probari debebit : cùm hoc in judicio fieri Lex desideret, & acta judiciaria nonnisi scriptis probari debeant. *b*

a L. 1. C. d. pact.

b L. Ne in arbitris. ff. de recept. arbit.

ADDITIONS SUR LE XIII. CHAPITRE.

SOMMAIRE.

1. *Explication de la Loy* Labeo, *dont parle Boiceau.*
2. *Cette même Question traitée par Corserius,* Decis. cap. Thol.
3. *Distinction ajoutée à celle de Boiceau au sujet de la premiere grosse & de la seconde expedition d'une Obligation.*
4. *Présomption differente de celle de la Loy* Labeo, *qu'il faut tirer suivant nos mœurs, & pourquoy.*
5. *Autre présomption de payement tirée de la Loy* 3. ff. de liberatione legata.
6. *De la présomption du payement qui resulte de la restitution du gage par le Creancier à son debiteur.*
7. *Explication de la Loy* Si chirographum ff. de probat. *touchant la Promesse qui se trouve rayée entre les mains du Creancier ou du debiteur.*
8. *De la soustraction de la Promesse.*
9. *De la présomption que l'acquereur de droit successif, a accepté le payement d'une dette de la succession.*
10. *Autres cas où la présomption de payement a lieu suivant nos mœurs, comme à l'égard des arrerages des rentes constituées.*
11. *De celuy qui rapporte la Quitance de la derniere année d'une rente sans reserve des précedentes, & autres cas semblables.*
12. *Autre Question touchant ceux qui ont plusieurs affaires ensemble, & qui font differens payemens sans reserve. Explication de la Loy* Procula. D. de prob.
13. *Circonstances decisives de cette Loy, sans lesquelles sa disposition ne peut avoir lieu.*
14. *Réponse de Monsieur Cujas à la Loy* Si cum don. D. rer. amot. *que l'on oppose à la Loy* Procula.
15. *Réponce à la Loy* Libertis D. de alimentis.
16. *Explication de la Loy* Lucio Titio. D. de obligat. & orationibus.
17. *La Loy derniere* D. quod metus causa, *induit une simple présomption.*
18. *Conclusion de ce qu'on doit decider à l'égard de deux personnes qui ont esté long-temps sans compter ensemble.*
19. *Explication de la Maxime*

en Matiere Civile. 291

Cujus per errorem dati, repetitio est, ejus consulto dati donatio est.
20. *Reflexion de Bronchorst sur cette Regle.*
21. *Autre présomption de payement tirée de la Loy* Quicunque C. de apochis publicis. T. 22.
22. *Cette Loy doit estre étenduë à l'emphyteutaire.*
23. *Du debiteur de plusieurs sommes, qui paye sans expliquer sur quelle dette.*
24. *Maxime generale concernant les présomptions de payement.*
25. *La preuve par témoins qu'une Obligation a esté cancellée, ne peut estre demandée à Bologne.*
26. *Autres Questions par Monterentius sur ce sujet.*
27. *Disposition du Statut de Milan touchant la présomption du payement qui resulte de la Loy* Labeo.
28. *Distinction de Carpanus sur cette présomption.*
29. *De la présomption du payement à l'égard de la dot.*

BOICEAU traite dans ce Chapitre d'un seul Pacte tacite, qui est celuy introduit par la Loy *Labeo*, au sujet de la Promesse ou Obligation qui se trouve entre les mains du debiteur, soit que le Creancier les luy ait rendus, ou qu'il les ait eu par quelqu'autre voye, il apporte plusieurs Distinctions sur cette Question. Il faut donc examiner quel est l'esprit de cette Loy, & les autres difficultez qu'elle peut faire naistre, & ensuite ajoûter plusieurs autres exemples des Pactes tacites dont cet Auteur n'a point parlé.

1 Il faut remarquer d'abord que la Loy *Labeo* ne donne qu'une simple exception au debiteur contre le Creancier, & rejette la preuve sur luy, & cette exception est fondée sur ce qu'elle présume que le Creancier en remettant l'Obligation entre les mains du debiteur, est convenu tacitement avec luy qu'il ne luy en demanderoit point le payement; que si neanmoins il ne laisse pas de le demander, elle regarde cette demande comme un dol, suivant le sentiment de Monsieur Cujas. Mais cette Loy, en donnant cette exception, n'exclut point la preuve du contraire, & se sert du mot *videtur*, pour marquer que ce n'est qu'une présomption de Droit.

Petenti pecuniam obst.it exceptio pacti taciti vel qua cum ea concurrit semper exceptio doli. sur la Loy Labeo.

Les Distinctions que Boiceau ajoûte sur la qualité de l'Acte qui est ou sous signature privée, ou passé devant Notaire, & dont il est resté Minute, & celles qu'il fait sur la qualité du debiteur, sont tres-judicieuses. Cette même Question est aussi trai-

O o iij

tée par Corferius *in Decif.* 130. *cap. Tholofani*, lequel fuit le fentiment de la Glofe & de Cynus. Si, dit-il, l'Obligation fe trouve entre les mains du debiteur, & qu'il avance qu'il y a eu un pacte entre luy & le Creancier, qu'il ne luy en demanderoit rien, en ce cas c'eft au debiteur à prouver ce pacte, s'il dit fimplement qu'il le quitte parce qu'il a payé les caufes de l'Obligation ; en ce cas, *fi fit perfona domeftica*, dit-il, on ne préfume pas qu'il ait payé, il faut qu'il le prouve ; Aufrerius fur cette Decifion cite plufieurs Docteurs qui font de ce fentiment, & rapporte les raifons de diverfité entre ces deux efpeces ; fçavoir qu'à l'égard de celuy qui allegue que le Creancier eft convenu de ne luy rien demander, c'eft comme s'il alleguoit qu'il luy a fait don de cette fomme, & qu'ainfi il eft tenu de prouver ce fait, qui ne fe préfume point, parce que perfonne n'eft préfumé donner, & on préfume plûtoft qu'il a fouftrait cette Obligation ; & dans le fecond cas, en alleguant par le debiteur qu'il a payé, il n'y a nulle préfomption contraire qui détruife le fait de ce payement, puifque c'eft même lors du payement que le Creancier rend l'Obligation au debiteur, pourveu neanmoins, ajoûte-t'il, que ce debiteur ne foit pas un domeftique de ce Creancier, lequel on puiffe foupçonner d'avoir eu la facilité de fouftraire cette Obligation, à caufe de l'accés qu'il a chez ce Creancier, & neanmoins la preuve qu'il n'a pas payé, eft recevable : mais fi le Creancier offre de prouver que ce n'eft point luy qui a rendu cette Obligation, mais que le debiteur la luy a fouftraite, il y eft recevable, comme s'il articule que fa maifon a efté pillée ; En un mot, c'eft par la qualité des perfonnes & des circonftances, qu'il faut fe déterminer en ces occafions, ainfi que le décide Joannes Andræas, & tous les autres Docteurs.

Il faut ajoûter que s'il s'agit d'une Obligation ou d'un Contrat de Conftitution, lefquels fe trouvent entre les mains du debiteur, il faut diftinguer s'il a la premiere Groffe, ou s'il ne rapporte qu'une feconde expedition. Si c'eft la premiere Groffe, la préfomption eft que le Creancier (qui feul la doit avoir entre fes mains) la luy a renduë lors qu'il l'a payé ; fi c'eft une feconde expedition levée par le Creancier avec permiffion du Juge, parce qu'il avoit perdu la premiere (en ce cas comme elle tient lieu de la premiere Groffe) la même préfomption fubfifte quand elle fe trouve entre les mains du debiteur, mais fi c'eſt une ſeconde expedition en forme, délivrée par le Notaire au debiteur qui l'a levée à ſes dépens, à l'inſtant du Contrat ou depuis, ſans appeller le Creancier ; alors il n'en reſulte aucune préſomption de payement en faveur du debiteur, quand même le Creancier ne rapporteroit point la premiere Groſſe, en un mot ſi la raiſon de la Loy ceſſe, c'eſt-à-dire ſi on peut préſumer que ce n'eſt point par le fait du Creancier que le debiteur a entre ſes mains cette expedition, la préſomption de payement ceſſe auſſi.

Surquoy il faut obſerver qu'en Droit Romain ce que l'on appelloit *Cautio*, eſtoit à peu prés ce que nous appellons un *Brevet d'obligation* ; car il n'en reſtoit point de Minute chez le Notaire. C'eſt pourquoy la Loy préſumoit la liberation en faveur du debiteur qui la rapportoit, parce que le Creancier l'avoit ſeul en ſa poſſeſſion, & qu'en la remettant entre les mains du debiteur, c'étoit comme s'il luy euſt donné une Quittance, ou comme s'il l'euſt déchirée, puiſqu'il s'oſtoit tout moyen par là d'en pouvoir demander le payement.

5 Il y a encore deux autres préſomptions tacites de payement en Droit, dont Boiceau n'a point parlé.

La premiere eſt tirée de la Loy 3. *D. de liberatione ligata*, ſi un Creancier en mourant avoit rendu à ſon debiteur l'Obligation qu'il avoit de luy, la Loy préſumoit qu'il luy en avoit fait un legs. Cette préſomption peut avoir lieu, & la preuve par témoins en peut eſtre admiſe en Pays de Droit écrit, où le Teſtament nuncupatif eſt receu, mais en Pays coutumier où il n'eſt pas receu, la preuve ne ſeroit pas admiſſible de ce fait ; car ce ſeroit ouvrir la porte à la ſubornation des témoins, ainſi il faut une preuve par écrit en ce cas, ſoit par la declaration du Teſtateur dans un Teſtament ſolemnel, ſoit dans un ſimple Acte ſous ſeing privé, ou devant Notaire, parce qu'une Quittance ne requiert point d'autre ſolemnité.

6 A l'occaſion de cette Loy 3. *de liber. legat.* Monſieur Cujas remarque, que quand le Creancier a rendu ſeulement au debiteur l'Acte par lequel il luy a dépoſé entre les mains un gage pour ſeureté de ce qu'il luy doit, il n'eſt pas préſumé pour cela luy avoir remis ſa dette, s'il n'y a eu entr'eux une Convention ſpeciale à cet effet, ou s'il ne luy a rendu en même temps l'Obligation, & qu'au contraire s'il luy a rendu l'Obligation, il eſt préſumé avoir déchargé le gage, parce que le *Poſt pignus viro debitori redditum.*

gage n'est qu'accessoire de l'Obligation, c'est la decision de la Loy 3. D. *de Pactis*, & dans ce dernier cas, le Creancier peut pourtant estre receu à prouver qu'il n'a point rendu l'Obligation au debiteur à dessein de le liberer, mais par quelqu'autre raison, & se deffendre ainsi de restituer le gage. Dans le premier cas au contraire, il ne seroit pas recevable, ce semble, à prouver qu'il a rendu l'Acte (par lequel les choses qu'il luy avoit données pour gages de sa dette estoient exprimées) à autre intention que de les décharger, parce qu'il y a lieu de presumer qu'il a bien voulu suivre la solvabilité du debiteur. Monsieur Cujas dit pourtant que cette double présomption dont il vient d'estre cy-dessus parlé, n'est point du nombre de celles que l'on appelle présomption de Droit, & autorisée par le Droit, & que la preuve du contraire est admise, laquelle se peut faire par témoins.

si pecunia soluta non fuerit, debitum posse peti dubium non est, nisi specialiter contrarium actum esse probetur.

Sur la Loy *Chirographum D. de probat*

La seconde présomption de payement tirée du Droit Romain, est quand la Promesse ou l'Obligation se trouvent rayées entre les mains du Creancier, laquelle présomption reçoit aussi la preuve du contraire, parce qu'elles peuvent avoir esté rayées à l'insceu & malgré le Creancier; il en est de même si elles se trouvent rayées & en la possession du debiteur, suivant la Loy 22. *C. de solutionibus*. Perezius neanmoins l. 4. C. T. 21. dit qu'il faut distinguer; car, dit-il, si le debiteur allegue qu'il a payé, & qu'il le prouve parce que l'Obligation est cancellée & rayée, en ce cas il doit estre écouté, tant que le Creancier ne prouve point le contraire, mais s'il dit qu'il y eu un pact de la part du Creancier, qui a promis de ne luy rien demander de la dette, & que pour prouver ce pact il allegue que l'Obligation est cancellée, alors il n'estoit point liberé en Droit Romain, parce qu'un simple pact n'avoit pas le pouvoir de liberer & la preuve par témoins de ce pact ne seroit pas aussi receuë parmy nous, suivant l'Ordonnance; parce que ce seroit prouver par témoins une Convention, ou enfin cette Obligation rayée se trouve entre les mains d'un tiers; & en ce cas, dit Perezius, il n'y a nulle présomption de liberation en faveur du debiteur.

Inductum id est cancellatū nec ne sit chirographii vestrum si solutione debiti causa sacti, ei qui exigendi potestate habuit, probatium nihil interest.

Nec cancellatio nec redditio instrumenti facta debitori semper operatur liberationem. Nisi probet redditum à creditore.

Au reste, si le Creancier pour détruire la présomption de payement qui resulte contre luy en faveur du debiteur, qui a entre ses mains le Titre original de sa dette, allegue que ce Titre luy a esté soustrait, la preuve par témoins luy en doit estre permise, parce qu'il se plaint en cela du dol & de la fraude

fraude qui a esté commise à son préjudice, & que l'Ordonnance n'a point deffendu la preuve de la fraude.

9 Sur la fin de ce Chapitre, Boiceau parle d'une autre présomption tacite au sujet de celuy qui a acquis des droits successifs, contre lequel un creancier de la succession a intenté action, & lequel s'est deffendu de son chef sans la dénoncer à l'heritier; d'où la Loy infere qu'il s'est soûmis de payer cette dette. La Loy 2. *de pactis*, qui est dans l'espece d'un frere qui avoit acheté de sa Sœur la part qu'elle avoit dans une succession qui leur estoit escheuë en commun, decide que ce Frere sera tenu d'acquiter le fisc qui en estoit Creancier, & la preuve par témoins n'auroit pû avoir lieu en ce rencontre, pour faire voir que cet acquereur avoit deffendu de son chef contre ce Creancier, cela ce devoit justifier par les deffences qu'il avoit fournies contre luy, ou par quelqu'autre Acte par écrit de la procedure.

Il ne reste plus qu'à examiner quelques autres cas, dans lesquels, suivant nos mœurs, la présomption de payement a lieu, dont Boiceau n'a point parlé.

10 L'Ordonnance de 1512. établit une présomption de payement des arrerages des rentes constituées aprés cinq ans, laquelle présomption est une veritable fin de non recevoir, parce que cette Ordonnance présume que les arrerages qui sont écheus auparavant, ont esté payez, & contre cette fin de non-recevoir, la preuve par témoins ne doit pas estre admise, même quand il ne s'agiroit pas de la somme de cent livres, parce que cette Ordonnance est generale & sans exception, pour quelque somme que ce soit.

11 C'est encore une présomption de payement receuë dans l'usage que celuy qui rapporte Quittance des arrerages de la derniere année de la rente qu'il doit, est censé avoir payé les années precedentes, quand cette Quittance ne porte point de reserve, ou qu'elle n'est point donnée à compte. Il en est de même à l'égard d'une Quittance du dernier terme du loyer d'une maison, & autres cas semblables, & la preuve par témoins du contraire n'est pas recevable, d'autant qu'en ce cas la Quittance est une preuve par écrit, à laquelle la Loy veut qu'on ajoûte foy, quoy qu'elle ne renferme qu'une présomption tacite du payement, & quoy qu'elle ne soit pas du nombre des présomptions de Droit, & autorisées par le Droit, il faut du moins une preuve par écrit pour la détruire, parce que c'est une re-

connoissance par écrit du Creancier, lequel en ne faisant point de reserve, demeure d'accord tacitement qu'il ne luy est rien deu davantage.

On demande sur ce sujet, si un debiteur a reconnu dans une Lettre, ou par quelqu'autre Acte par écrit, devoir trois années d'une rente à son Creancier, & qu'il en soit encore écheu trois années depuis cette reconnoissance par écrit. Ce Creancier pourra demander six années de cette rente, & il est certain qu'il le peut, parce que la prescription des cinq années de l'Ordonnance ne court que du jour que la preuve par écrit du payement des arrerages vient à luy manquer; or en ce cas il a une preuve par écrit que les trois premieres années écheuës luy sont deuës, ainsi cette preuve par écrit fait cesser la fin de non-recevoir de l'Ordonnance.

Il faut ajoûter à ce qui vient d'estre dit, une Question qui fait beaucoup de difficulté, & qui se presente souvent entre ceux qui ont plusieurs affaires ensemble. La Loy *Procula*, D. de *probat. l. 22.* est dans cette espece; Une Sœur envers laquelle son Frere estoit chargé de restituer un *fideicommis* d'une valeur considerable, avoit payé durant sa vie à ce Frere plusieurs sommes qu'elle luy devoit, sans luy rien demander de ce *fideicommis* qu'il estoit chargé de luy rendre. Aprés la mort de ce Frere, elle se trouva estre sa debitrice & elle prétendit compenser ce qui luy estoit deu par luy pour raison de ce *fideicommis*, avec ce qu'elle luy devoit. L'Empereur Commode, qui connut de ce differend, decida qu'elle ne pouvoit alleguer cette compensation, parce qu'elle ne luy en avoit point demandé la restitution pendant sa vie, & parce qu'elle avoit souvent compté avec luy, & qu'elle luy avoit payé plusieurs sommes sans faire cette reserve.

Observare vos oportet necessario has omnes circumstantias crebras solutiones crebras pariationes crebro omissam compensationem fideicommissi fideicommissi sum magnæ quantitatis

Monsieur Cujas sur cette Loy *quæst. 20. Papini*, dit que cette Decision n'auroit point lieu en d'autres cas, qui ne seroient point accompagnez des circonstances que la Loy a marquées, dont les principales sont que le *fideicommis* estoit d'un prix considerable, que cette Sœur avoit eu plusieurs affaires avec son Frere, avoit compté avec luy, luy avoit payé plusieurs sommes, & avoit toûjours obmis de luy alleguer cette compensation, ce qui marquoit qu'elle l'avoit tacitement déchargé de la restitution de ce *fideicommis*.

Bartole sur cette Loy demande trois circonstances seulement pour induire la présomption de la décharge de la dette, la proximité des personnes, le silence du Creancier qui a passé un long espace de temps sans demander sa dette, & les comptes qu'il a fait avec son debiteur à plusieurs fois.

14 C'est pourquoy Monsieur Cujas ajoûte au même endroit qu'on ne doit point opposer la Loy *si cum dos D. rerum amot.* qui decide que si le mary, après le divorce, a rendu la dot à sa femme, & n'a point protesté de se pourvoir pour raison des recelez par elle commis, il ne laisse pas de pouvoir intenter cette action, & de repeter la dot par luy payée, *actione indebiti*; par ce que dit Monsieur Cujas, ce n'est que cette seule fois qu'il a obmis d'opposer à sa femme la compensation des recelez dont il l'accusoit, avec la dot qu'il luy avoit renduë.

15 La Loy *Libertis D. de alimentis legatis*, qu'on oppose encore, ne détruit point cette Maxime. Car quoy que des affranchis à qui on a laissé un *fideicommis*, n'ayent point repeté ce *fideicommis* de l'heritier du Testateur, ny de l'heritier de cet heritier, leur action n'est pas pour cela prescrite, parce que cette action, comme dit Monsieur Cujas, est perpetuelle, c'est-à-dire qu'elle ne s'éteint que par trente ans.

16 Dans la Loy *Lucio Titio D. de oblig. & actionibus*, il estoit deu à Titius par Seius une somme en vertu d'une Sentence, depuis Titius avoit encore presté de l'argent à Seius, & dans la Promesse que Seius luy avoit fait pour cet argent, il n'avoit point fait mention qu'il luy dust l'autre somme en vertu de la Sentence, il ne s'ensuivoit pas delà que Seius ne dust encore cette premiere somme à Titius, suivant le sentiment de Monsieur Cujas, qu'il confirme par la Loy derniere *D. de Probat.* qui dit que quoy que dans une Obligation il soit énoncé que le debiteur doit au Creancier une autre somme que celle pour raison de laquelle est conceuë l'Obligation, cette énontiation ne tient point lieu d'une Obligation au profit du Creancier, d'où Monsieur Cujas conclut *à pari*, que l'obmission faite par le debiteur dans une Obligation, d'une autre somme qu'il doit, ne peut pas aussi nuire au Creancier, à quoy il ajoûte que du texte de la Loy *Procula*, cy-dessus citée, il resulte seulement une présomption & non pas une preuve, & qu'ainsi contre cette présomption la preuve doit estre admise ; que par consequent cette Sœur, dont il est parlé dans cette Loy, devoit estre admise à prouver que si elle avoit payé à son Frere ce qu'elle luy devoit, ce n'avoit point esté à dessein de le décharger de la restitution du

fideicommis fait à son profit : mais qu'elle l'avoit payé entierement pour luy marquer la pleine confiance qu'elle avoit qu'il luy
feroit Justice ; aussi la Loy *generaliter*, §. *si petitum D. de fideicommiss. libert.* finit en disant que quand il y a présomption
que le Testateur a donné la liberté à des esclaves, c'est à l'heritier à prouver le contraire. Quant à la Loy derniere, *D. quod* 17
velut causa (elle ne présume pas qu'on ait fait passer dans une
Ville une Obligation par force à un homme revestu d'une dignité considerable, parce qu'il a pû se plaindre, & avoir recours
à l'autorité du Magistrat, qui auroit prévenu cette violence)
elle ajoûte neanmoins que contre cette présomption, le debiteur peut articuler des preuves de la violence qui luy a esté
faite, pourveu qu'elles soient manifestes.

Plena fidei exhibenda gratia.

De tout cela on peut conclure que la preuve par témoins 18
peut estre admise quand deux personnes qui ont des comptes
à se demander reciproquement l'un à l'autre, ont esté long-
temps sans le faire, la présomption tacite qui resulte de leur silence, & qui fait croire qu'ils se sont tenus quittes l'un l'autre,
n'est aprés tout qu'une legere présomption ; & ce qui dépend de
la volonté est trop difficile à penetrer pour en juger sur de simples
apparences, il est bien plus naturel de présumer que ces personnes
auroient enfin compté ensemble, & se seroient fait raison l'une
à l'autre de ce qu'ils se devoient, celuy qui se trouve reliqua-
taire doit donc prouver par écrit que l'autre a eu intention de
luy remettre ce reliqua, suivant la Maxime, que nul n'est présumé donner ce qui luy appartient.

Monsieur Cujas au même endroit explique la Regle de 19
Droit : *Cujus per errorem dati repetitio est, ejus consulto dati donatio est* ; c'est-à-dire que quand on donne par erreur une somme à
quelqu'un, laquelle on ne luy doit pas, la repetition a lieu, mais
quand on la luy donne, de dessein prémédité, c'est une veritable Donation qu'on luy fait ; il conclut que suivant ces termes absolus de la Loy *Donatio est*, la preuve du contraire ne
doit pas estre admise contre cette Decision expresse.

53. de re-gul. Juris.

Bronchorst sur cette même Regle fait une reflexion fort ju- 20
dicieuse, il dit que dans ces sortes de rencontres, on ne
présume qu'il y a Donation, que quand celuy qui paye & celuy qui reçoit, sont persuadez qu'il n'est rien deu, & qu'ainsi ce
n'est pas une dette qu'acquitte celuy qui donne ; Parce que,
dit-il, pour faire une Donation il faut le consentement de

deux personnes, dont l'une ait dessein de donner, & l'autre de recevoir. De plus, il faut prendre garde, dit-il, que la Donation n'est point présumée lors qu'il y a présomption que celuy qui a compté la somme a pû avoir un autre dessein que celuy d'en faire une Donation à celuy qui l'a receuë, parce que dans ce doute, nul n'est présumé donner son bien ; ainsi celuy qui croit devoir une somme principale, & qui dans cet erreur en paye les interests, n'est pas présumé en avoir voulu faire une Donation au Creancier, mais il est présumé les luy avoir payez, parce qu'il a crû devoir le principal & afin d'arrester ses poursuites.

21 Il y a encore une autre présomption de payement dont il est parlé dans la Loy *quicumque Cod. de apochis publicis. T. 22. L.* 10 laquelle présume que celuy qui rapporte trois Quittances de trois années consecutives des droits publics, a payé les precedentes, s'il n'y a preuve évidente du contraire. Perezius sur cette Loy dit qu'elle rejette la preuve sur le Fermier public, & que celuy qui rapporte les trois Quittances, n'est pas tenu de jurer qu'il a payé les années précedentes, laquelle présomption a lieu aussi, ajoûte-t'il, à l'égard de ceux qui doivent des arrerages de pensions ; & cette présomption, continuë-t'il, est fondée non seulement sur la Loy, mais sur la coutume generale des Creanciers, qui se font d'ordinaire payer des anciennes dettes avant d'exiger les plus recentes, & parce qu'un Creancier prudent & avisé, ne laisse pas écouler tant de temps sans se faire payer, à cause des changemens qui peuvent survenir dans la fortune de son debiteur. Charondas dans ses Observations Memorables *in verbo, preuve,* après avoir dit que celuy qui a Quittance des trois dernieres années de cens, est présumé avoir payé les precedentes, demande si depuis les trois ans, le debiteur a esté quatre ou cinq ans sans payer, cette présomption qu'il a payé les années qui ont précedé, la Quittance des trois années, subsiste encore, *quia præsumptio alia, aliam tollit :* neanmoins, dit Charondas, cette raison n'est pas considerable parce que cette présomption estant un droit acquis au debiteur, ne peut luy estre ostée par le fait & la negligence du Creancier à se faire payer des années suivantes, & il cite Arrest du 4. Mars 1559. dans un Procés où il avoit écrit, qui le jugea ainsi.

22 Le même Perezius étend la Maxime dont il vient d'estre parlé, à l'emphyteutaire, dont il sera parlé dans le Chapitre suivant.

Vey Despeisses Traité des Tailles, Sect. 2. n. 14.

car, dit-il, s'il a Quittance de la derniere année, il est présumé avoir payé les années précedentes ; il en est de même de celuy qui rapporte trois Quittances des trois dernieres années des Censives qu'il doit, ce qui n'a lieu, dit-il, que quand les payemens ont esté faits feparément pour chacune des trois années. Autre chose feroit s'il n'y avoit qu'une feule Quittance pour les trois années, ou que les trois années ne foient pas entierement payées, ou que ce ne foit pas pour les trois dernieres années confecutives, neanmoins il est certain que c'est la même chose si les trois années de Censives ont esté payées en differens temps, ou par la même Quitance, suivant ce qui vient d'estre dit, & dans tous les cas cy-dessus, la preuve par témoins ne seroit pas admissible, par les raisons expliquées au sujet des arrerages des rentes constituées, & des Quittances sans reserve, que je ne repeteray point.

23. Il faut observer en passant que celuy qui doit à un autre plusieurs sommes pour causes differentes, s'il luy en paye quelques-unes, sans expliquer sur quelle dette il paye, ny sur quelle année de celles qui sont écheuës, dans ce doute on présume qu'il a voulu payer la plus ancienne dette.

24. Enfin pour terminer ce Chapitre, il suffit de dire en general que quand ces présomptions de payement ne sont pas de Droit & autorisées par le Droit, la preuve du contraire en est recevable par témoins, parce qu'il ne s'agit pas en cela de revenir contre une Convention écrite, mais de détruire une simple présomption de Droit, ou tout au plus une Convention tacite, dont l'Ordonnance n'a point parlé nommément, mais seulement de celles qui sont expresses. Il faut dire la même chose s'il s'agit de la présomption du payement d'une somme au dessous de cent livres, mais quand ces sortes de présomptions sont fondées sur des Quittances ou autres reconnoissances par écrit ; il faut, comme il a esté dit, d'autres preuves par écrit pour les détruire, celle par témoins n'est pas recevable.

25. Par le Statut de la Ville de Bologne la Grasse en Italie, il est porté entr'autre chose, que quand il y a une Obligation passée en forme, ou une Promesse par écrit au profit d'un Creancier qui excede la valeur de cinquante livres monnoye du Païs, la preuve du payement de cette Obligation ou Promesse, ne peut estre prouvée par témoins de la part du debiteur, & il ne peut aussi demander à faire la preuve que cette Obligation ou Promesse a esté cancellée par le Creancier, à

l'effet d'en induire de là une décharge en sa faveur.

26 Annibal Monterentius qui a Commenté les Statuts de la Ville de Bologne sur le mot *cancellatum*, observe que les Docteurs sur la Loy *Labeo*, ne font presque aucune difference entre le cas auquel le Creancier a rendu l'Obligation au debiteur (telle qu'elle estoit lors qu'elle a esté passée entr'eux, & en son entier) & le cas auquel il l'a renduë cancellée : *Quia volunt*, dit-il, *quod redditio instrumenti sit actus qui operetur, modo redditio probetur ad idem.* Il suffit, disent les Docteurs, que le debiteur prouve que le Creancier luy a rendu cette Obligation à dessein de le décharger du payement soit qu'elle soit cancellée ou non ; & Balde sur la Loy *vacuatis Cod. decur. l.* 10. dit que lors même qu'il est deffendu par un Statut de prouver qu'une dette a esté acquitée autrement que par une Quittance autentique & par écrit, le debiteur qui rapporte l'Obligation cancellée, est censé prouver le payement par un Acte public, c'est-à-dire par l'Obligation cancellée, & ce n'est pas le debiteur en ce cas, qui à proprement parler, fait cette preuve, c'est la Loy qui présume sa décharge & qui decide pour la liberation.

Le même Monterentius sur le mot *cancellaverit*, *ibid.* observe que si l'Obligation cancellée se trouve entre les mains du debiteur, & qu'il soit constant qu'elle luy a esté renduë par le Creancier, mais qu'il soit en contestation de sçavoir, si c'est le debiteur ou le Creancier qui l'ont cancellée ; cette difference de fait n'est d'aucune consequence ; d'où il conclut que quand le Statut de Bologne, deffend de prouver par témoins que l'Obligation a esté cancellée, il n'a entendu parler que dans le cas auquel l'Obligation cancellée se trouve entre les mains du Creancier, ou dans celuy auquel, n'estant point representée, le debiteur soûtient neanmoins qu'elle a esté cancellée par le Creancier ; car dans ces deux especes le debiteur ne seroit pas recevable à prouver de tels faits par témoins. Ainsi même à Bologne le debiteur est présumé quitte quand il rapporte le titre de la dette, & qu'il justifie que c'est le Creancier qui luy a rendu à dessein de le liberer, & il n'est pas necessaire que ce titre ait esté cancellé, ce qui est aussi conforme à nos mœurs.

Le Statut de Bologne ajoûte une exception à l'égard des Usuriers, mais cette Question touchant l'Usure sera examinée à la fin de ce Traité.

Le Statut de Milan chap. 95. quand une Quittance est pas- 27
sée par un Acte public & solemnel, deffend d'en prouver le
payement par témoins, sinon au nombre de trois, & si l'Obligation n'est pas passée publiquement, & qu'elle se trouve entre
les mains du debiteur, le Statut porte qu'elle est censée estre acquitée, en faisant serment par le debiteur, ou le fidejusseur, si c'est
luy qui la rapporte, qu'ils l'ont payée, & si c'est l'heritier du debiteur à titre singulier qui l'a entre ses mains, il suffit qu'il jure qu'il
croit qu'elle a esté acquittée par le debiteur. Carpanus sur ces
mots, *sit penes debitorem*, observe que si cette Obligation ou Promesse est trouvée entre les mains d'un tiers qui n'est pas le debiteur, cette presomption cesse, & cite Masuer. *in actione hypothe-
caria:* & sur ces mots: *Præsumitur debitum esse solutum;* il ajoûte que
cette présomption est fondée sur le droit commun. Pourveu
neanmoins, dit-il, que le debiteur allegue seulement qu'il a payé,
& non pas que le Creancier luy a promis de ne luy rien demander de cette Promesse, suivant le sentiment de Balde, *l.
unic. §. ille autem nu. 1. C. de Latina lib. toll.* car en ce cas c'est

Quia refer-
to instrumē- une Convention qu'il allegue, laquelle en ce Païs, & suivant nos
to illo prin- mœurs se doit prouver par écrit, ainsi qu'il a esté observé.
cipali penes
debitorē, & Carpanus ajoûte que cette présomption de payement a lieu, 28
eo jurāte ni- sur tout quand cette Obligation se trouve entre les mains du
hil cavetur
sed præsu- debiteur, & qu'il paroist par un autre Acte qui a suivi, que le
mitur facta payement a esté fait, ou qu'il y a quelqu'autre circonstance qui
solutio con- puisse faire présumer ce payement, pourveu neanmoins, dit-il,
tentorum in
utroque in- que cet Acte n'ait pas esté fait par le Creancier pour innover
strumēto re- la dette: mais, dit-il, la preuve au contraire sera permise, sui-
lato & refe- vant la Loy *si chirographum de prob.* qui demande en ce cas une
rēte & cō-
sequēter tol- preuve manifeste du payement. Or ce sera une preuve legitime
litur omnis du contraire, ajoûte-t'il, si le Creancier verifie que cette Obli-
obligatio tā gation a esté soustraite d'entre ses mains, suivant la Loy *si. de*
virtute pri-
mi quam se- *probatione, C. de probat.* & la Loy *si labeo ff. de pactis.* & on
cūdi instru- présume que c'est ce debiteur qui l'a soustraite, si ce debiteur
menti à pri- est amy familier du Creancier, son Procureur ou son Avocat,
mo depende-
tis. Cui se- comme observe Balde *loco citato*, & Masuer. *in praxi.*
cundū vide-
tur accumu- Carpanus observe encore que cette présomption de paye- 29
latiū, non ad ment cesse dans le cas de la dot, quand le titre de la Consti-
ejus extinc-
tionem vel tution se trouve entre les mains de celuy qui l'a promise, &
novationem qui en est le debiteur, ce qui est decidé par le Chap. 335. &
& quia cre- 338. du Statut de Milan. Enfin, dit-il, pour prévenir par le
ditor nō po-
                    Creancier

Créancier cette présomption de payement, il est d'usage que du consentement des Contractans on appose dans l'Obligation que le Notaire en pourra délivrer plusieurs expeditions à qui il appartiendra, & que le debiteur ne pourra alleguer cette présomption de payement en sa faveur, quoy qu'il rapporte même l'Obligation en original.

terat habere executioni secundi instrumēti si-ne exhibitione primi. Il cite Alberic in authent. si quis in aliquo. C. de edende.

CHAPITRE XIV.

Des Conventions tacites, qui concernent le Bail à loyer.

SOMMAIRE.

1. S'il faut prouver par écrit un Bail.
2. Si quand le Bail est verbal, le Proprietaire doit prouver la joüissance du Locataire, & conclure à l'estimation de cette joüissance.
3. Espece jugée au Presidial de Poitiers dans le cas d'une reconduction verbale d'une maison affermée cinquante livres par an.
4. Raisons pour faire admettre la preuve.
5. Jugé qu'elle n'estoit pas recevable, & pourquoy.
6. Justinien a concilié l'antinomie qui paroissoit estre entre les Loix à ce sujet, par la Loy Sancimus. C. de Donationibus.
7. Du Bail emphyteutique & du Bail à cens ou rente.
8. Si la preuve par témoins est admise quand il s'agit de la prestation annuelle pendant dix ans d'une rente fonciere. Redevance, ou Canon emphyteutique.
9. Decision en faveur de la preuve par témoins, parce qu'il ne

1. L'Obligation qui affecte tout ce que le Locataire apporte dans la maison qu'il loüe, est mise au rang des obligations tacites, & il en est souvent fait mention en Droit.

Obligatio tacita de invectis & illatis in domum conductam, etiam inter tacita pacta enumeratur : de qua tacita obligatione passim apud Jurisconsultos fit mentio. *a* Si igitur mobilia, invecta & illata negentur esse in gratiam conductionis : conductio scriptis probari debet, si libras centum excedat: nam probata locatione censetur probata tacita obligatio, cùm dato uno aliud sequatur, quod est consequens. *b*

In isto tamen contractu locationis & conductionis, cujus per incuriam, aut contrahentium mutuam fiduciam, omissa fuerit scriptura, bona erit cautio, pro ipso domino, rem suam locante, ut contra suum conductorem, mala fide locationem denegantem, non agat, scilicet ex contractu locationis, sed potiùs quadam actione in factum experiatur contra hujusmodi occupatorem & detentorem, ad hoc scilicet ut fructus captos & indebitè collectos restituat, vel pretium habitationis per eum factæ in domo ipsius domini, solvat, ex communi æstimatione, qua domus vel prædium locari potuerat, vel secundùm communem fructuum æstimationem: Nam petitio hoc modo facta, contractum non respiciet, qui testium probationem non admitteret, sed nudam tantùm & injustam occupationem, quæ occupantem ex quasi contractu, vel quasi delicto, obligasse videtur: cùm rei alienæ mala fide detentæ, fructus suos facere non potuerit. *c* Ideoque si denegetur detentio, occupatio, vel habitatio domus, fundi, aut rei alterius, cujus restitutio postulatur, testibus hæc omnia pro-

a In l. Item quia. ff. de pact. l. ult. C. in quibus cauſ. pign. tacit.

b L. Cui juriſdictio. ff. de Juriſd. om. Judic. l. Ad rem mobilem ff. de procur.

Cautela pro denegata locationis probatione.

c L. Ma't ſdti. Cod. de præſcript. 10. vel 20 ann.

Si donc le Locataire nie que les meubles qu'il y a apportez, soient obligez à ce Bail, il faut que le Proprietaire rapporte un Bail par écrit, si le loyer excede cent livres, car en justifiant qu'il y a un Bail, il s'ensuit necessairement que les meubles du Locataire y sont tacitement hypotequez, l'un étant une consequence necessaire de l'autre.

Neanmoins si par negligence ou par trop de confiance & de facilité, le Proprietaire a loüé sa maison & n'a point fait de Bail par écrit, en ce cas il ne faut pas qu'il agisse contre le Locataire qui occupe sa maison, & qui dénie de mauvaise foy de l'avoir loüée, comme s'il y avoit eu un Bail verbal : mais il doit plûtost intenter contre luy l'action qui s'appelle en Droit *in factum*, par laquelle il conclura à ce qu'il soit tenu, en qualité de détenteur, & d'injuste usurpateur, de luy rendre les fruits par luy perceus de l'heritage en question, ou les loyers de la maison, suivant l'estimation qui en sera faite ; car en faisant cette demande ce ne sera pas prouver par témoins un Bail conventionnel, ce qui ne seroit pas permis, ce sera uniquement prouver l'injuste détention du Fermier ou du Locataire, en consequence de laquelle, ce Fermier ou ce Locataire sont tenus, en vertu d'un quasi Contrat ou quasi delit, parce que personne ne peut s'approprier les fruits d'une chose, qui ne luy appartient pas ;

c'est pourquoy s'ils dénient cette détention, du fond ou d'avoir habité dans cette maison, ou d'estre en possession de quelqu'autre chose, dont on demande la restitution; tout cela pourra estre prouvé par témoins, nonobstant l'Ordonnance de Moulins, parce qu'il ne s'agist pas de prouver une Convention, mais un fait; c'est pourquoy comme il est permis d'intenter action contre un usurpateur pour luy faire rendre la chose qu'il a usurpée, la Loy seroit inique si elle empeschoit de prouver autrement que par écrit, une usurpation injuste, qui est un dol, lequel renferme une espece de delit.

bari poterunt, nonobstante hac Molinæa Constitutione, cùm de re inter partes conventa non agatur, sed magis de facto extra conventionem partium contingente. Itaque, cùm adversus quemcunque usurpatorem pro re usurpata experiri liceat, *a* ut restituatur: indignum & iniquum esset, si usurpationem, contrectationem, injustamque de facto prehensionem, nonnisi scriptis probare liceret, cùm hæc omnia doli vel delicti speciem referant.

a L. Officium. ff. de rei vindicat.

3 Mais il y a une autre Question qui s'est depuis peu presentée dans nostre Presidial, dont voici l'espece: Titius avoit pris à Bail pour trois ans la maison de Caius, moyennant cinquante livres par chacun an; après le temps du Bail expiré, Caius voulut rentrer dans sa maison, Titius soûtenoit qu'il luy en avoit fait un nouveau Bail pour trois autres années, au même prix, ce que Caius dénioit, Titius 4 demandoit à en faire preuve par témoins; parce que, disoit-il, il ne s'agissoit que de cinquante livres par chacun an, & qu'ainsi c'estoit trois differentes Obligations, & trois Chefs differens de demande de cinquante livres chacun, qui doivent estre considerez separément, & non pas conjointement, ainsi que la Loy l'a decidé à l'égard des Juges, quand elle a fixé jusqu'à quelle somme ils peuvent

Sed alia subest quæstio, nuper in nostro Præsidiali Senatulo disceptata: ut ecce, Titius conduxerat domum, scriptis, à Caio, ad tres annos, pro libris quinquaginta, quolibet anno solvendis: emenso locationis tempore, Caius volebat repetere domum à Titio: Titius verò excipiebat de secunda locatione verbaliter sibi facta, ad aliud triennium, pro eodem pretio quinquaginta librarum, anno quolibet exolvendarum, quod denegabat Caius: Titius autem petebat se ad probationem per testes admitti, cùm de quinquaginta tantùm libris ageretur quotannis, & sic diversæ obligationes, & diversa capita essent, quæ singula discreta considerari debeant, & non concreta, & cumulata, ut tradit Jurisconsultus cùm de potestate judicandi ad certam usque quantitatem disserit: *b* Item in legatis annuis, vel pro certis annis, hac forma annua, bima,

b L. Si idem cum eodem. ff. de jurisd. om. judic.

trima die relictis, considerationem fieri debere de primo anno tantùm, pro æstimatione legati : *a* Item in stipulationibus dandi, annua, bima, trima die, aut de pluribus rebus promissis, tot stipulationes esse, quot sunt anni vel res. *b* Ergo concludebat in hac locatione singulorum annorum faciendam esse æstimationem, ut pro singulis fieret æstimatio librarum quinquaginta, & sic testium probatio admitteretur.

a L. Cum in annos. ff. de ann. legat.

b L. Scire debemus & l. pluribus. ff. de verb. oblig.

juger entre les Parties. De plus, dans les legs annuels, ou payables par portions égales d'année en année, ce que la Loy exprime par ces mots *annua, bima, trima die*, c'est-à-dire par une, deux ou trois années; on ne doit regarder que la premiere année pour evaluer le legs. Il en est de même des stipulations de payer dans un, deux ou trois ans, ou de payer plusieurs choses de differentes especes; car il y a autant de stipulations qu'il y a d'années marquées ou de choses promises ; d'où il concluoit qu'à l'égard de ce Bail, il falloit regarder separément le prix de chaque année particuliere, c'est-à-dire qu'il ne s'agissoit que de cinquante livres pour chacune année, & qu'ainsi il falloit l'admettre à la preuve par témoins.

In contrarium tamen judicatum fuit, idque, ut puto, optimè : his rationibus. Prima, quia in contractibus & stipulationibus quotiescunque plures anni una conceptione in stipulationem deducuntur, vel promittuntur, in annos certos & limitatos, unica est stipulatio, inquit Pomponius. *c* Secunda, quia si pro locatione facta ad certos annos datus est fidejussor, pro omnibus annis datus censetur, & tanquam una fidejussio, ad unam solam obligationem refertur, ut disertè annuit Caius, *d* his verbis : *Si à colono stipulatus, fidejussorem acceperit, una stipulatio est plurium pensionum* : & hic textus pro hac locationis quæstione est expressissimus, ideoque de judicato ambigi non potest.

c In L. Si Stichum. §. 1. de ver. oblig.

d In L. Si à colono. ff. de fid. instr.

Cependant on le jugea non recevable, & je croy avec justice par plusieurs raisons ; Premierement, parce que dans les Contrats & les stipulations quand on met plusieurs années en gros, ou qu'on stipule quelque chose payable par années limitées, cela n'est reputé faire qu'une seule & même stipulation, dit le Jurisconsulte Pomponius, & la Loy *Si stichum* D. *de verbo obl.* 2. Parce que si pour un Bail à ferme fait pour certaines années on a donné une Caution, cette Caution est reputée avoir esté donnée pour toutes les années du Bail, & ce n'est qu'un seul cautionnement pour raison d'une seule Obligation, comme dit en termes exprés le Jurisconsulte Caius, lequel texte est tres-précis sur cette Question, & ainsi il ne doit y avoir aucune difficulté qu'il n'ait esté bien jugé.

6 Tous les argumens que Titius opposoit estoient inutiles; car quand on stipulé plusieurs choses, ou pour plusieurs années, ce sont autant de differentes stipulations; il en est de même des demandes faites en jugement, leur nombre marque qu'il y a plusieurs Obligations: mais dans les legs annuels on ne peut faire une estimation certaine des alimens, sinon à l'égard de la premiere année, mais à l'égard des années suivantes, cette estimation est incertaine, parce qu'on ne peut sçavoir, si le Legataire vivra. Ainsi on s'arreste à l'estimation de la premiere année qui paroist certaine, au lieu que celle des autres années, est conditionnée, & par consequent incertaine, & c'est ainsi que la Loy les a distinguées; aussi Justinien, comme s'estoit apperceu qu'il y avoit eu autrefois quelque antinomie entre les Loix cy-dessus citées, les a ce semble voulu concilier quand il a distingué à l'égard de l'insinuation des Donations d'une quantité certaine; car, dit-il, s'il a esté fait plusieurs Donations en differens temps de diverses sommes; elles seront reputées comme autant de Donations separées, que si en même temps & dans le même moment on a donné une certaine somme à recevoir annuellement, & que le nombre des années soit indéfini, comme lors que l'on donne à une personne tant qu'elle vivra, alors on ne fait l'estimation

Nec obstant Titii argumenta: nam in stipulationibus plurium rerum, vel plurium annorum, videntur plures conceptiones, & plures stipulationes: & idem in diversis petitionibus in jure factis, cùm diversa & multiplex enumeratio, arguat obligationum pluralitatem: in annuis verò legatis, fieri non potest certa æstimatio alimentorum, nisi unius primi anni, sequentium autem annorum, incerta est æstimatio, cùm nesciatur an postea vivat legatarius, ideoque statur primi tantùm anni æstimationi, cùm pura & omnino certa videatur, & reliquæ conditionales, & incertæ; & ita distinguit eleganter Jurisconsultus. *a* Et quia nonnihil antinomiæ animadverti poterat in his diversis juribus antiquitùs variatis, videtur quòd omnino sit conciliata contra itas illa per Justinianum; *b* cùm de insinuandis certarum quantitatum donationibus distinguit: Nam (inquit) si diversis temporibus diversæ summæ donatæ fuerint, plures donationes factæ censebuntur, si verò eodem tempore, & momento, certa summa annuatim data est, si quidem anni indeterminati fuerint, ut pote, cùm donatur ad vitam, tunc primi anni tantùm fit æstimatio: Nam in primi anni principio debet fieri pro alimentis solutio: *c* cæteri verò anni fortuiti sunt, & incerti: Si verò anni ita determinati fuerint, ut appareat quantis annis debeat fieri præstatio donatario, vel ejus hæredi adjectio: tunc unica censebitur donatio, vel stipulatio, & omnium annorum

a L. Si in singulos. ff. de ann. legat.

b L. Sancimus. C. de donat.

c Dict. L. Si in singulos ff. de an. leg.

præscriptorum fiet unica æstimatio, idque propter certitudinem annorum rei stipulatæ : *a* ita intelligendum puto Pauli responsum *b*, quo assignatur differentia, inter stipulationem, etiam mortis causa factam, in certos singulos annos, & annua legata, cùm unum sit certum, & alterum incertum : Atqui locatio in triennium est certissima, nec morte conductoris finitur, cùm transeat ad hæredes, *c* igitur trium annorum unica facienda fuit æstimatio : quæ cùm centenam libram excedat, huic Constitutioni meritò subjici debuit.

a Dict. L. Sancimus. §. ultim. C. de donat.
b L. Senatus. §. ult. de donat.

c L. penult. C. de locat.

que de la premiere année, car on doit payer cette premiere année par avance, à cause qu'il s'agit d'alimens, & non pas les autres années suivantes, qui sont incertaines & fortuites ; que si le Donateur a fixé le nombre des années pendant lesquelles il veut que cette somme soit donnée au Donataire, ou à son heritier, alors cela est consideré comme une seule & unique Donation ou stipulation, & on ne fait qu'une estimation en gros de toutes les sommes données ou stipulées, à cause que le nombre est fixé & limité ; & c'est ainsi je croy qu'il faut entendre la Decision du Jurisconsulte Paulus en la Loy *Sancimus*, dans laquelle il parle de la difference entre la stipulation faite à cause de mort, d'une somme payable pendant un certain nombre d'années limité, d'avec les legs annuels ; parce que la somme dans le premier cas est certaine, & dans l'autre elle est incertaine ; mais dans l'espece dont il s'agit, le terme de Bail pour trois années est certain, & ne finit point par la mort du Locataire, puisqu'il passe à l'heritier, donc on a eu raison de ne faire qu'une seule estimation du prix du Bail des trois années ensemble, laquelle estimation excedant la somme de cent livres, estoit par consequent sujette à l'Ordonnance de Moulins, qui en deffend la preuve par témoins.

Sed quid de contractu emphyteutico, vel censuali, seu libellario : nam absque dubio contractus ille scriptis confici debet, tam Jure Civili vulgato, *d* (& hac fortè etiam ratione libellarius olim dicebatur secundùm Bald.) *e* quàm hac Regia dispositione, quæ vult de his omnibus quæ inter homines fieri solent, contractum scriptis confici debere, ideoque qui contractum emphyteuticum, vel censualem, seu

d L. 1. C. de jur. emph.

e Sup. rub. C. de jur. emph. num. 4.

7 Mais que faut-il dire à l'égard du Bail emphyteutique ou du Bail à cens ou à rente, car il est certain en Droit & par cette Ordonnance, qu'il doit estre redigé par écrit, & c'est pourquoy Balde dit qu'il a esté appellé *Libellarius*, c'est-à-dire libellé ou redigé par écrit, c'est pourquoy si on prétend qu'il y a eu Bail emphyteutique ou Bail à rente d'une somme au dessus de cent livres, si le fond qui a esté

baillé à emphiteose ou à rente, excede la valeur de cent livres, l'Ordonnance de Moulins a lieu, mais on demande s'il faut conclure de là que la Maxime de Droit, suivant laquelle la prestation annuelle pendant dix années, induit un titre, & fait preuve que la rente est deuë, a lieu parmy nous; & si au cas que cette prestation soit déniée, on ne pourra la prouver que par écrit, parce que cette Ordonnance rejette la preuve par témoins. Je répons qu'en ce cas, la preuve par témoins doit estre receuë, non pas à l'effet de prouver qu'il y a eu un Contrat verbal, ou Bail emphyteutique arresté entre les Parties; mais à l'effet de prouver seulement ce fait de prestation annuelle durant dix ans, qui renferme une espece de prescription, & cette prescription n'est point comprise dans l'Ordonnance, qui ne regarde que les Contrats & les Conventions expresses, parce qu'elle ne dépend point de la Convention de l'homme, mais qu'elle s'accomplit par le seul laps de temps; c'est pourquoy ce qui s'acquiert par la prescription, n'est pas censé estre acquis par une Convention expresse, mais par une Convention tacite qui resulte de ce que le Proprietaire a souffert pendant un long espace de temps qu'un autre jouït de ce qui luy appartient, & ainsi ne peut estre compris dans cette Ordonnance, parce qu'il est inoüi en Droit que la prescription

reddituarium quemcunque allegaverit, si supra centenam libram æstimetur fundus, in emphyteusim datus, huic Legi subjicietur. Sed nunquid ob hoc abrogata sit vulgaris illa theorica, quæ vult ex decennali continuata præstatione, redditum annuum posse probari, ut passim in Jure colligitur: *a* Nunquid si decennalis illa præstatio denegetur, non nisi scriptis probari debebit, rejecta per hanc Legem testium probatione? Respondeo, testium probationem admitti debere, non quidem pro contractu, vel pacto, emphyteutico inter partes sine scriptis celebrato, sed pro decennali tantùm præstatione, quæ præscriptionis speciem habet: atqui præscriptio inter expressa hominum pacta, & conventiones hac Lege Regia comprehensas computari non potest: cùm non hominum pactionibus, sed solo temporis cursu conficiatur & impleatur. *b* Ideoque quod per præscriptionem acquiritur, non pacto convento, sed magis pacto tacito ex longæva temporis & hominis patientia quæsitum videtur, & ideo sub hac Lege comprehendi non poterit: cùm in Jure inauditum sit, præscriptionem non nisi scriptis fieri debere, imò & testibus, & omni genere probationis probari semper possit. *c* Concludo ergo, quod quamvis contractus emphyteuseos expressus, non nisi scriptis probari possit, decennalem tamen præstationem testibus probari posse : ex qua decennali præstatione, redditus creationem præcessisse præsumitur, quæ etiam pro titulo habe-

a L. Si certis annis. C. de pact. & in l. Cum de in rem verso. ff. de usur.

b L. 3. ff. de usucapionib.

c Not. in L. 1. de reb. alie. non alie. C. & ibi Bald.

^a Ex Accurs. & Bart. in dict. l. Si certis annis. Cod. de pact.

bitur, Idcirco, inter tacita pacta, huic Regiæ Constitutioni non obnoxia, casum istum referri debere censeo: & idem in similibus aliis tacitis pactis, eandem naturam cum supradictis referentibus.

ne se puisse prouver que par écrit, puisqu'au contraire la Loy veut qu'elle se puisse prouver, non seulement par témoins, mais par toute autre sorte de preuve, Je conclus donc que quoy que le Bail emphyteutique fait par une Convention expresse, ne se puisse prouver que par écrit, la prestation annuelle se peut neanmoins prouver par témoins, laquelle estant prouvée, l'on pourra induire ensuite qu'il y a eu originairement un Contrat de Constitution qui a précédé, & cette prestation en ce cas, sera reputée un Titre valable. C'est pourquoy j'estime qu'il faut excepter ce cas de l'Ordonnance, parce que c'est un Pacte tacite, ce qui se doit entendre aussi de tous les autres Pactes tacites qui luy ressemblent.

ADDITIONS SUR LE XIV. CHAPITRE.

SOMMAIRE.

1. Du Bail emphiteutique, de la prestation annuelle durant dix ans.
2. A l'égard du Bail verbal, il ne se peut prouver par témoins, mais la joüissance seulement.
3. Le possesseur, quoy qu'injuste, est maintenu jusqu'à ce que le Proprietaire ait justifié par écrit son Titre de proprieté.
4. Du privilege sur les meubles en cas de reconduction.
5. Le prix de tout le temps du Bail, ne se peut diviser.
6. Même Question agitée par Anselmo sur l'Edit perpetuel.
7. Raisons & autoritez pour prouver que chaque année de loyer, est une dette particuliere.
8. Raisons & autoritez pour l'opinion contraire.
9. Exemple dans le cas d'appel d'une Sentence.
10. Decision que la preuve par témoins est deffenduë en ce cas.
11. Sur la Question des legs annuels, on cite seulement les Docteurs qui en ont parlé.
12. Si quand une personne demande par un même Exploit plusieurs sommes au dessous de cent livres, la preuve par témoins est permise.

13. Raison

13. *Raison de l'article 5. de l'Ordonnance de 1667. qui a decidé cette Question.*
14. *Si celuy à qui il est deu plus de cent livres, peut se restraindre à cette somme pour obtenir la preuve par témoins.*
15. *Bail à rente, à cens & emphyteutique, ne se peuvent prouver par témoins.*
16. *Quant à la prestation annuelle, il y a deux Questions. 1. Si elle fait présumer un Titre. 2. Si elle se peut prouver par témoins.*
17. *Raisons de ceux qui disent que cette prestation ne peut induire une Obligation de payer à l'avenir.*
18. *Que cette prestation fait du moins présumer un Titre.*
19. *Espece de la Loy* de in rem verso ff. de usuris.
20. *Explication de cette Loy par Monsieur Cujas.*
21. *Sentiment de Perezius sur la Loy 28. C. de Pactis.*
22. *Sentiment de Maistre Charles du Moulin qui fait quatre restrictions sur la Loy* de in rem verso.
23. *Autres reflexions sur la prestation annuelle.*
24. *Quid, si cette prestation a duré trente ans.*
25. *Sentiment de Charondas sur la seconde Question touchant la prestation annuelle.*
26. *Autre Question si le debiteur qui a payé durant dix années, intente action pour repeter ce qu'il a payé.*
27. *Decision de cette Question.*

1 CE Chapitre est la suite du précedent, dans lequel Boiceau n'avoit parlé des Pactes tacites qu'en general ; il parle dans celuy-ci de quelques autres Conventions tacites en particulier; sçavoir du Bail tacite verbal, de la reconduction, du Bail emphyteutique, du Bail à cens & à rente non redigé par écrit, & de la prestation annuelle durant dix années ; il faut parler de toutes ces choses suivant ce même ordre.

2 Pour ce qui est du Bail tacite, il est vray qu'il ne se peut prouver par témoins, puisque c'est un Contrat qui doit par consequent estre redigé par écrit : mais l'occupation des lieux & la joüissance sont des choses de fait qui se peuvent prouver par témoins. La Loy *officium. D. de rei vindicatione*, que Boiceau cite en cet endroit, a lieu contre toutes sortes de possesseurs. Le Grand sur la Coutume de Troyes, article 164. est aussi de cet avis, & Charondas en ses Réponces chapitre 52.

en rapporte un Arrest du 13. Juillet 1573. Aussi le Proprietaire a droit de proceder par voye de gagerie sur les meubles des Locataires qui occupent sa maison, suivant l'article 161. & 162. de la Coutume de Paris, même sur ceux des sous-locataires, quoy qu'il n'y ait aucun Bail par écrit, lequel est présumé par la simple demeure du Locataire.

Il en est de même de celuy qui a perçû les fruits d'une Terre dont il a usurpé la possession ; le Proprietaire peut prouver ce fait par témoins, que si ce possesseur articule qu'il est luy-même le Proprietaire, ou qu'il articule simplement qu'il a prescrit en vertu de sa possession, en ce cas le veritable Proprietaire est tenu de rapporter son Titre de proprieté, & jusque-là ce possesseur, quoy qu'injuste, est maintenu par provision, parce que la présomption de la Loy est pour luy, si ce n'est que l'usurpation fut manifeste, ou que le Proprietaire articulast possession contraire.

Pour ce qui est de l'espece que Boiceau propose de la reconduction tacite d'une maison, moyennant cinquante livres par an, pour sçavoir si la preuve par témoins en devoit estre admise. Il est constant que le même privilege sur les meubles a lieu en ce cas au profit du Proprietaire, par induction de la Loy *Labeo. D. l.2.T.14. de Pactis*, & que suivant la Loy au Digeste *locati conducti*, si le Fermier a continué d'exploiter les fruits de la Ferme aprés son Bail expiré, non seulement il est censé avoir renouvellé le Bail, mais les gages qu'il a donné pour seureté du premier Bail, demeurent encore obligez pour la seureté du second, & du Moulin sur le Conseil 27. d'Alexandre, decide que le second Bail est censé avoir esté renouvellé sous les mêmes conditions que le premier, ce qui est observé suivant nos mœurs ; ainsi la Decision que Boiceau donne dans cette espece est juridique, parce que le prix de ces trois années du Bail ne se peut diviser, ce n'est qu'une même stipulation, l'hypoteque & le privilege du Proprietaire sont indivisibles, & quoy que le payement se divise à proportion de chaque année, c'est neanmoins toûjours le prix d'une seule chose limité & fixé à une seule somme.

Antonius Anselmo §. 11. sur l'article 19. de l'Edit perpetuel, agite la même Question que celle de Boiceau dans ce Chapitre touchant la preuve par témoins d'une dette au dessus de trois cens Florins qui a esté créé, non par un seul Acte, mais

Etiamsi nihil nominatim convenerit & si quis impleto conductionis tempore fructus percipit, non solum reconduxisse videtur, sed etiam pignorum obligatio durare dicitur.

en Matiere Civile.

par succession de temps, comme pour loyers du Bail d'une maison. Il dit d'abord qu'il semble que chaque année de loyer écheuë soit une dette particuliere, laquelle (supposant qu'elle soit au dessous de trois cens Florins), peut par consequent estre prouvée par témoins; il cite pour cette opinion la Loy *Stichum* §. *stipulatio ff. de verbo obligat. L. Senatus final. ff. de Donat. causa mortis. l. 5. in annis ff. de ann. legat. l. 1. ff. quando dies usuf. cedat.* D'où vient, dit-il, que pour prescrire l'action qui est acquise au Proprietaire pour chaque année du loyer, il faut des temps separez & une prescription particuliere, suivant la Glose *in l. 5. notissim. §. in his C. de præsc. 30. vel 40. an.* & le sentiment de Bartole: *Quod ubi unum est debitum, jure præscriptionis tollitur. Sed quando est annuum, tunc quia multiplex est, tot requiruntur præscriptiones quot sunt anni* ; il cite par cette opinion; Valascus *Consult. 49.* Cravetta *de ant. temp. part. 4. n. 34.* Grivellius *Dec. Dola. 124. n. 5.* Guy pap. *dec. 406.* Tholosa. *Decis. 342.* Mynsinger *Cent. 3. Observ. 17.* & Monsieur Loüet *l. C. ch. 12.* la pluspart des Docteurs, dit-il, enseignent qu'il faut autant de prescriptions qu'il y a d'années écheuës, c'est-à-dire que chaque prescription ne commence à courir que du premier jour de chaque année, & non pas du jour de la passation du Bail.

8 Mais tous les autres Docteurs estiment au contraire que dans cette espece la preuve par témoins n'est pas recevable, parce que le prix du loyer n'est deu qu'en vertu d'un seul Titre qui est le Bail, & n'est demandé qu'en vertu d'une action unique qui en derive, suivant la Loy *si idem 11. ff. de jurisdictione jud.* de telle sorte que toutes ces années de loyers escheuës ne composent qu'une seule & même dette; c'est par cette raison, dit-
9 il, que si une personne a interjetté appel d'une Sentence qui le condamne au payement de diverses sommes, dont chacune prise separément, soit moindre que celle au dessus de laquelle la Loy du Païs deffend de mettre la Sentence à execution, & que jointes ensemble, elles excedent cette somme, en ce cas, si toutes ses sommes ne sont deuës par le deffendeur que pour une même cause, on ne pourra executer la Sentence contre luy, & elle pourra au contraire estre executée si ces Sentences proviennent de diverses causes, & qu'elles ayent esté demandées par des actions differentes, suivant la Loy *qui separatim 10. §. 1. ff. de appell.* Gail *l. 1. obser. 123.* Mynsinger *Cent. 5.*

R r ij

Obfer. 83. n. 9. ainfi conclut Anfelmo. L'Article 19. de l'Edit perpetuel deffend au Proprietaire la preuve par témoins dans le cas du loyer, dont il a efté parlé cy-deffus : *Sibi enim imputare debet*, ajoûte-t'il, *quod tot annos decurrere paffus fit aut quod aliter fibi non providerit*. C'eft auffi le fentiment de Romelius §. 47. qui cite Alexandre Conf. 50. v. l. 5.

M. Cujas ad l. 6. Cod. T. 52 quar- do dies lega- ti vel fideic. cedit. La Loy fi quis legata D. de cond. & demonft. & l. 35. cod T. La Loy in annalibus legatis Cod. l. 6. T. 37. de legatis. Le §. fi quis de la Loy fan. imus. C. l. 8. & du Moulin T. 2. des Cenfives. gl. 1. in ver- bo rachapt. n. 11.

A l'égard des legs annuels dont parle Boiceau, cette Queftion n'eft pas de ce Traité, ce qu'il en dit par rapport à l'Ordonnance de Moulins eft fort jufte, & ceux qui voudront examiner davantage cette matiere, peuvent voir les Auteurs qui ont écrit fur les Loix qu'il cite.

Pour ce qui eft des demandes que fait une perfonne en Juftice pour caufes feparées devant un même Juge & par un même Exploit, fi toutes enfemble elles excedent la fomme de cent livres, il ne peut en demander la preuve par témoins, quand il n'en a point de Titre par écrit, quoy que chacune de fes demandes foient pour une fomme au deffous de cent livres même, quoy qu'elles viennent de differentes caufes, & foient de differentes dattes, fuivant qu'il eft decidé expreffement par l'article 5. du Titre 20. de l'Ordonnance de 1667. car l'Ordonnance a regardé toutes ces demandes comme ne faifant qu'un feul Chef de conteftation, & toutes font cenfées comme ne compofant qu'une feule dette par rapport au même debiteur ; fi ce n'eft ajoûte-t'elle, *que les droits procedaffent par fucceffion, donation ou autrement de perfonnes differentes* ; car en cas, on ne peut confiderer ces differentes fommes comme ne faifant qu'une feule dette, parce que le Titre en eftant different, elles forment effectivement autant de conteftations differentes, lefquelles fe decident par des moyens differens ; ainfi ce que dit le Grand article 164. de la Coutume de Troyes n. 28. au contraire, doit s'entendre quand le Creancier fait des demandes, feparément de fomme au deffous de cent livres, qu'il a preftées en differens temps au debiteur, & qu'il donne differens Exploits pour chaque fomme particuliere ; car en ce cas la preuve par témoins eft receuë parce que chaque demande fait une conteftation feparée, ainfi l'Arreft rapporté par Vrevin au chap. 9. de fes Obfervations fur l'article 54. de l'Ordonnance de Moulins qui admit la preuve par témoins, parce que le demandeur avoit conclu par fon Exploit de demande au payement de plufieurs fommes au deffous de cent livres, pour raifon de livraifons par luy prétenduës faites au debiteur de plusieurs pieces de vin à diverses fois (quoy que conforme à la disposition des Loix 24. *ff. de verb. & 29. §. ex causâ ff. de min.* & au sentiment des Docteurs sur cette Loy,) ne peut plus faire aucun préjugé après la decision formelle de l'Ordonnance de 1667. Il est à noter aussi que dans cette espece, la veuve du debiteur avoit confessé la verité de cette dette de la Communauté, dont elle s'étoit soûmise de payer la moitié, laquelle reconnoissance pouvoit, dit Vrevin, tenir lieu de commencement de preuve par écrit, au préjudice des heritiers du mari; à l'effet de faire admettre la preuve par témoins des livraisons en question; dautant, ajoûte-t'il, que en haine de l'Ordonnance de Moulins, qui restraint la preuve à une seule espece, le moindre commencement de preuve par écrit suffit pour faire admettre la preuve par témoins, ce qui n'est pas neanmoins une Maxime certaine, comme il sera montré cy-aprés dans la seconde Partie de ce Commentaire, en expliquant ce qui peut passer pour un commencement de preuve par écrit.

14 On demande sur ce sujet si celuy à qui il est deu par une personne une somme au dessus de cent livres, dont il n'a point de Titre ny de commencement de preuve par écrit, peut se restraindre à celle de cent livres pour obtenir la permission de le prouver par témoins. Le Grand sur la Coutume de Troyes article 164. n. 28. decide qu'elle ne doit pas estre accordée en ce cas pour obvier aux fraudes, & que cela a esté ainsi jugé par Arrest des Grands Jours à Troye, du 22. Septembre 1583. rapporté par Mornac *ad l. contra. 29. D. de legibus & sanctis*, & par Vrevin chap. 20. de ses Observations sur l'article 54. de l'Ordonnance de Moulins; cependant il semble que le demandeur à qui il est deu plus de cent livres, peut se restraindre à cette somme, & il n'y a en cela nulle fraude, parce que s'il luy est deu plus, il perd le surplus par sa restriction, & s'il ne luy est deu qu'au dessous de cent livres, l'Ordonnance luy permet la preuve par témoins. Bardet l. 7. chap. 46. rapporte Arrest du 17. Decembre 1638. qui jugea que la preuve par témoins ayant esté admise en Cause principale, pour une somme excedante cent livres, il n'est plus libre en Cause d'appel de se restraindre à celle de cent livres pour obtenir cette preuve, parce que c'est la demande principale qui doit servir de regle pour obtenir cette preuve en ce rencontre, & il faut observer sur ce sujet que cette restriction

doit estre faite avant contestation en Cause, au lieu qu'à l'égard de la demande qui excede le premier Chef de l'Edit, on peut se restraindre en tout estat de Cause, comme dit Monsieur Lange en sa Pratique.

Au reste, il est indubitable que le Bail emphyteotique, le Bail à cens, & le Bail à rente estant des Contrats, on n'est pas receu à les prouver par témoins, non plus que les clauses que l'on soûtient en faire partie, il faut qu'elles soient redigées par écrit.

Mais quant à la prestation annuelle, soit d'une rente ou canon emphyteutique, ou de quelqu'autre redevance pendant dix années consecutives. Il y a deux Questions à examiner; la premiere, sçavoir si elle fait présumer un Titre, & si elle oblige celuy qui a payé durant dix ans, de continuer le même payement à l'avenir; la seconde, si cette prestation de dix années se peut prouver par témoins par le Creancier quand le debiteur la dénie.

Quant à la premiere Question, qui est la plus contestée, & dont je ne parleray qu'en passant, parce qu'elle n'est pas absolument de ce Traité. Ceux qui soûtiennent que regulierement cette prestation ne peut suffire, pour induire une obligation de payer à l'avenir; disent que le temps n'est pas un des moyens introduits par la Loy pour contracter une Obligation, quand il n'y a point de Titre, celuy qui paye parce qu'il a crû qu'il y en avoit un, est dans l'erreur, & il a l'action de condiction. Enfin on ne peut pas, dit-on, prescrire la proprieté d'une chose qui ne subsiste point, il faut qu'il y ait un principal de rente ou d'obligation pour produire des arrerages ou des interests. Il est constant neanmoins que la prestation uniforme durant dix années des arrerages d'une rente, ou autre prestation annuelle, fait du moins présumer qu'il y a eu un Titre originaire de constitution de cette rente, laquelle présomption jointe à l'allegation d'un Titre par le Creancier, suffit pour faire condamner le debiteur pour l'avenir. C'est ce qui resulte de la disposition de la Loy *de in rem verso ff. usuris*, qui decide que le Pere ayant payé pendant long-temps les interests d'une Obligation à un Creancier, quoy que la stipulation d'interest ne soit pas rapportée, il faut présumer qu'il y en a eu une, & qu'ainsi le Fils, heritier du Pere doit continuer le payement. Monsieur Cujas sur cette Loy, qui est de Papinien, soûtient que cette

Tempus non est modus inducendæ obligationis.

Imperator Antoninus idea solvendas usuras judicavit quod eas ipse pater longo tempore præstitisset. Et dicendû longam præ-

seule prestation n'induit pas une Obligation : mais il ajoûte
qu'elle fait du moins présumer qu'il y a eu un Titre, & que
cette présomption suffit pour déterminer le Juge à condamner
le debiteur à payer. Il dit enfin que le troisiéme effet qui suit
de cette prestation, est que s'il est constant qu'il y ait eu autrefois un Titre, elle oblige celuy qui a payé de continuer à
payer à l'avenir, & il remarque que c'est au debiteur à prouver qu'il n'y en a point eu, & qu'il ne doit rien.

stationé sortis vel usuariû non cõstituere obligationē quæ non fuit initiis, consuetudine pensitationis indebitæ, nõ constituere debitum, ut

qui præstitit ante & deinceps post præstare cogatur quasi obligatus.
In dubio igitur non inducit obligationem sed præsumptionem obligationis quæ sufficiat judici, ut & Imperatori, in hac specie.
Ubi præsumptio pro me facit, tibi incumbit probatio, idest debitori, in quâ si deficis, vincit præsumptio.

La Loy 28. C. de Pactis. decide aussi que si quelqu'un a payé
pendant quelques années une certaine somme en vertu d'un
simple Pacte, cela ne l'oblige pas de continuer à l'avenir ce
payement, s'il n'y a eu une stipulation qui ait suivi ; parce
qu'en Droit un simple Pacte ne donnoit aucune action ; Perezius sur cette Loy ajoûte que ce payement ainsi fait par année, a une cause limitée à chaque année, en ce que celuy
qui paye, ne paye que ce qu'il doit pour cette année, & n'a
pas dessein de s'obliger par ce payement à payer la même chose
l'année qui suit. Mais il a oublié, ce semble, d'ajoûter en cet
endroit, comme a fait Monsieur Cujas, que cette prestation, si
elle a duré dix ans, est du moins une présomption du Titre,
ce qui suffit.

Nam cum ex annuo debito quid quam solvitur, habet solutio causam limitatam, tã ratione rei, quam temporis, solvit enim paciscens id tantũ quod debibat illo anno: unde non recipit illa solutio extensionem in futurum, quoniam solutio unius debiti non inducit in alio obligationem & concepta in aliud tempus dispositio, ad aliud nos extenditur.

Maistre Charles du Moulin T. des Fiefs §. 12. n. 19. en refutant les Docteurs qui soûtenoient qu'une personne ayant joüi
pendant dix ans d'un Fief en qualité de Vassal, n'estoit plus
obligé de rapporter le titre d'investiture, & qui se fondoient sur
la disposition des deux Loix cy-dessus citées; dit 1. que la Loy
de in rem verso, ne doit s'entendre que des Obligations personnelles & non pas des matieres réelles, telles que sont les
prescriptions. 2. Qu'elle n'a lieu que contre celuy qui agit,
c'est-à-dire contre le debiteur, qui demandoit à l'Empereur dans
cette Loy d'estre déchargé du payement des interests que son
Pere avoit payez, dont la stipulation n'estoit point rapportée, &
qui fut neanmoins condamné à continuer ces interests, comme
estant tenu du fait de son Pere, aux droit duquel il estoit, &
lequel ayant payé ses interests pendant plusieurs années, avoit
luy-même consommé la prescription que le Creancier luy op-

Coras. l. 3. Miscell. ch. 13.
L. si certis annis. C. de Pactis. L. de in rem verso. D. de usuris.

posoit. 3. Que cette Loy requiert une prestation continuelle durant dix années consecutives, & par chacun an separément des interests en question, le payement de plusieurs années a une seule fois, ne faisant aucune présomption d'un Titre. 4. Que cette Loy n'a lieu que quand le Creancier allegue un Titre onereux comme une vente, & non pas lors qu'il allegue une Donation, laquelle ne se présume point. Mais il faut remarquer que cette présomption d'un Titre ne subsiste que tant que le debiteur ne prouve pas qu'il ne doit rien. La prescription n'estant qu'une exception pour se deffendre, & non pas pour agir. Il faut enfin observer que dans les Quittances, du moins dans la premiere, le Titre de la prestation doit estre exprimé; Par exemple, il faut qu'il soit dit, que c'est pour raison d'une certaine Rente ou Obligation portant interest, que le debiteur paye; ce qui est censé estre repeté dans les subsequentes Quittances, quand cela n'y seroit pas exprimé: & dans le cas ou toutes ces choses se rencontrent, le Creancier aprés avoir prouvé par témoins la prestation annuelle durant dix années, doit faire condamner le debiteur à continuer la rente à l'avenir, suivant la Loy *cum de in rem in verso*, cy-dessus citée; à plus forte raison si cette prestation a continué durant trente ans, elle vaut Titre, & n'est necessaire en ce cas de l'alleguer dans la Coutume de Paris, ainsi que prouve Charondas sur l'article 118. ny d'obtenir Sentence du Juge, ce qui s'entend si cette prestation est certaine.

Pour ce qui regarde la seconde Question, on demande si le Creancier est receu à prouver par témoins cette prestation annuelle durant dix années consecutives, quand il n'en a point de preuve par écrit, & qu'il ne rapporte point de contre-quittance, appellée en Droit *antapocha*, qui est une reconnoissance du debiteur, par laquelle il reconnoist que le Creancier luy a donné une Quittance de la dette qu'il luy a payée.

Charondas sur l'art. 116. Coutume de Paris, des Prescriptions, decide que la preuve de cette prestation ne peut estre empeschée par l'Ordonnance de Moulins, qui deffend la preuve par témoins au dessus de cent livres, parce qu'en cette occasion il n'est pas question d'une Convention, mais d'un fait de joüissance & de la cause de cette joüissance, ce qui n'est pas le cas de l'Ordonnance; outre que, comme dit Boiceau sur la fin de ce Chapitre, la prescription ne dépend point de la stipulation

des

des hommes, mais du temps, c'est pourquoy la preuve par écrit n'y est pas requise.

De tout cela il s'enfuit que si le debiteur qui a payé durant dix années, intente l'action contre le Creancier pour repeter de luy ce qu'il luy a payé, comme ne luy estant pas deu, & qu'il produise seulement des Quittances du Creancier ou la cause du payement ne soit pas exprimée, en ce cas l'un & l'autre peut prendre droit par ces Quittances, & soûtenir qu'elles leurs tiennent lieu à chacun de commencement de preuve par écrit; & ainsi l'un & l'autre peuvent demander la preuve par témoins, le Creancier pour justifier la prestation annuelle de dix années, qui fait présumer un Titre en sa faveur, sur le fondement de ces Quittances, quoy que le Titre de la dette n'y soit pas exprimé, & le debiteur pour justifier que n'y ayant point de cause exprimée dans ces Quittances, & le Creancier, ne rapportant point de Titre de la dette, il a droit de repeter ce qu'il luy a payé, comme ne luy estant point deu.

Anselmo §. 12. sur l'Edit perpetuel, demande si on peut en Flandres faire la preuve par témoins d'une Convention au dessus de trois cens Florins, en ne demandant pas toute cette somme à la fois, mais par parties, à l'effet de s'en faire payer à plusieurs fois par ce moyen. Quelques-uns, dit-il, ont estimé, suivant la Loy *Sancimus C. de Don.* que la preuve pouvoit estre receuë en ce cas, d'autant plus que l'article 19. de l'Edit perpetuel, n'a point deffendu de faire cette preuve, quand la demande est au dessous de trois cens florins, mais parce que, dit-il, ce seroit contrevenir à l'esprit & à l'intention de la Loy, puisque par ce moyen ce seroit retomber dans le même inconvenient de la subornation des témoins que cet Edit a voulu éviter. Il seroit dangereux, de soûtenir cette opinion, qui iroit à exposer le debiteur à plusieurs frais; aussi, ajoûte-t'il, Automne rapporte un Arrest du 22. Septembre 1583. *ad l. contra legem ff. de legibus*, par lequel un Creancier ayant demandé d'abord une somme au dessus de cent livres à son debiteur, & ensuite s'estant voulu restraindre à une somme au dessous de cent livres, pour avoir permission d'en faire la preuve par témoins, il fut declaré non recevable, par la raison de cette Loy. Et suivant nostre usage, si le Creancier auquel il est deu plus de cent livres, & qui n'a point de preuve par écrit, se restraint à cent livres, il est receu à en faire la preuve par témoins, pourveu qu'il fasse cette restriction avant contestation en Cause, mais en ce cas il perd le surplus de ce qu'il prétend luy estre deu.

CHAPITRE XV.

Des Titres perdus & consommez par le temps.

1. *Si quand les Titres & Contrats sont perdus, ou effacez par leur antiquité, la preuve par témoins est recevable.*
2. *Raisons pour la negative.*
3. *Décision au contraire, & que l'on doit en ce cas permettre la preuve de la perte du Titre, & non pas de la teneur du Titre.*
4. *Espece sur ce sujet dans un Contrat de vente, perdu pendant la guerre, ou autre cas fortuit.*
5. *Le principal point de la déposition des témoins, doit estre du fait de la perte du Contrat, & ils doivent déposer aussi de la teneur.*
6. *Exemple dans un Testament solemnel qui a esté perdu, la preuve de cette perte se peut faire par deux témoins seulement.*
7. *Il faut dire la même chose des Titres effacez, ou rongez des Rats.*
8. *Forme de la déposition des témoins en l'un & en l'autre cas.*

Tertius articulus ad hanc Legis partem pertinens, est de quæstionibus, quæ quotidie oriuntur, pro instrumentorum amissione, vel eorum temporis injuria, consumptione, deletione, abrasione, ita ut amplius legi non possint: nunquid his omnibus casibus, probatio pactorum in instrumentis contentorum, testibus permitti debeat? Et videtur quod non: ne sub specie allegatæ perditionis instrumenti, per indirectum incidatur in rationem Legis istius, scilicet, colore & prætextu amissi instrumenti, inducantur testes subornati, & corrupti, ad probanda ejusmodi pacta, quæ directò per

LE troisiéme Article qui regarde cette Ordonnance, concerne les Questions qui naissent tous les jours au sujet de la perte des Titres & Papiers, ou de ce qu'ils sont usez & effacez par le temps, en telle sorte qu'on ne peut plus les lire, sera-t'il permis en ce cas de prouver par témoins les Conventions qui y sont contenuës, & il semble que cette preuve ne doit pas estre receuë, de crainte que sous ce prétexte, que le Titre est perdu, on ne trouve un moyen indirect de contrevenir à l'esprit de l'Ordonnance, en prouvant par des témoins subornez & corrompus, des Conventions, lesquelles directement ne se peuvent prouver par témoins, & qu'ainsi on ne fasse fraude à la Loy, quoy qu'il soit des Maximes, que ce qui n'est pas permis directement, ne peut l'estre indirectement.

3. Cependant nonobstant ces raisons, j'estime que cette preuve peut estre permise en ce cas, & il a esté souvent jugé ainsi ; en telle sorte neanmoins qu'on permet de prouver seulement par témoins que le Titre a esté perdu, & non pas de prouver ce qui est contenu dans ce Titre. 4. Par exemple, si Caius allegue dans le cours d'un Procés, que Titius luy a vendu un heritage cent écus, & qu'il en a esté fait un Contrat de vente par écrit, mais que durant les guerres, ou pendant la Peste, la Grosse de ce Contrat, ou la Minute originale, ayant esté déposées en un endroit avec d'autres Papiers, ou donnée en garde à quelqu'un, a esté brûlée dans un incendie, ou s'est perduë durant la guerre, ou par quelque accident imprévû, & qu'il demande à faire preuve de toutes ces choses par témoins. Personne ne doute que la preuve de ces faits par témoins ne doive estre admise, parce que c'est un cas fortuit, qui ne tombe point sous la Convention, & qui ne peut estre préveu, & lequel par consequent n'est point sujet à l'Ordonnance.

5. Mais il faut en ce cas, ne recevoir qu'avec beaucoup de prudence la déposition des témoins qui ne doit faire foy qu'en ce

testes probare non licebat, & ita fraus huic Legi facillimè fiat: cùm tamen per indirectum licere non debeat, quod directò non permittitur. *a*

His tamen nonobstantibus, puto (& ita sæpè judicatum scio) testium probationem admittendam esse : ita tamen ut de amissione instrumentorum tantùm probatio concedatur, & non simpliciter de instrumentorum tenore. Exempli gratia : Caius allegat in lite : Titium certum fundum centum aureis sibi vendidisse, & ex ea venditione instrumentum confectum fuisse : sed cùm bellorum, aut pestis injuria, instrumentum illud, vel instrumenti protocollum, in aliquo loco, vel domo, cum multis aliis depositum, seu custodiæ datum fuisset, incendio, bello, aut alio quovis fortuito casu ablatum, amissum, vel consumptum dicit, & hæc omnia testibus probare contendit. Nemini certè dubium est hanc probationem recipi debere, cùm sit casus fortuitus, qui extra hominum pacta semper versatur, nec ab hominibus prævideri potest, *b* ideoque huic Legi non subjicitur.

Sed cautè dijudicanda est in isto casu testium depositio, cujus præcipua vis consistere debet in amissionis testificatione : nam si di-

a l. Contra. ff. de L c. & ibi A cuj. l. Non dubium. C. eodem.

b l. Quæ fortuitis. C. de pig. act. & l. Contractus. de Reg Jur.

ceret tantum, se olim adfuisse contractus celebrationi, & ejus pacta diserte enumeraret: vel asseret se vidisse & legisse multoties instrumentum, omnesque ejus conventiones, de amissione autem instrumenti nihil diceret, aut saltem subobscurè de hac loqueretur, adeo ut nihil concluderet ad instrumenti amissionem, non est dubium tale testimonium nullius fore momenti, obstante hac Lege Regia. Itaque qui dolosè prætexunt instrumenti amissionem, ut testibus instrumenti tenorem probare possint, nihil agunt, cùm fraudulenter in Legem istam committant. *a* Debet ergo testis disertè de casu amissionis testificari, nec tamen tenorem instrumenti testificando omittere, ut certò liqueat cujus instrumenti amissio & perditio facta fuerit: & ita conjungere debet casum fortuitum, cum tenore instrumenti. Nec tunc obstabit Theorica illa, quod directò non licet, nec per indirectum permittitur: nam quod hic directò permittitur, casus est fortuitus, qui à Legibus, probasi testibus conceditur. *b* Deinde tenor instrumenti tam accessorius est ad casum amissionis, imò tam necessarius, ut uno dato, & aliud concedi necesse sit, quod aliàs cessante primo casu non concederetur, ut sæpè Juris æquitate introductum est: *c* ut ecce, in testamento amisso, à sure subtracto: nam quamvis testium solemnitas nonnisi septem testibus directò probari possit, *d* tamen furtum, vel subreptionem testamenti, duobus testibus probare potero: qui duo, de tenore &

a Dict. L. Contra. ff. de Legibus.

b L. Quæ fortuitis C. de pignor. L. Sicut iniquum junct. L. seq. C. de fid. instr.

c L. Testiū facilitatem in fin. C. de testib.

d L. Hac consultissima. C. de testam.

qu'ils déposent de la perte du Titre en question ; car si le témoin dépose seulement qu'il a autrefois assisté à la passation du Contrat, & qu'il en rapporte disertement les clauses & les Conventions, ou s'il assure qu'il a veu plusieurs fois ce Titre, & en a leu les Conventions qui y sont inserées, & qu'il ne parle point du fait qui concerne la perte de ce Contrat, ou qu'il n'en parle qu'en termes vagues & generaux, il n'y a point de doute que sa déposition ne soit de nulle consideration, à cause de la prohibition de cette Ordonnance ; c'est pourquoy ceux qui prétextent la perte d'un Titre par fraude pour avoir occasion d'en prouver la teneur par témoins, ne doivent pas estre écoutez, parce qu'ils contreviennent à cette Ordonnance, il faut donc que le témoin dépose precisément de la perte du Titre, & qu'en même temps il dépose de ce qui y estoit contenu ; en telle sorte qu'il paroisse évidemment quel estoit ce Titre qui a esté perdu : & ainsi il doit déposer conjointement du cas fortuit qui a causé la perte, & de la teneur de l'instrument, & alors on ne pourra opposer la Maxime que *ce qui n'est pas permis directement, ne le doit pas estre indirectement* ; car ce que l'on permet directement en ce rencontre, est la preuve par témoins du cas fortuit, & par consequence seulement la preuve de la teneur du Titre, qui n'est qu'accessoire du fait de la perte, lesquels deux faits sont tellement inseparables, que du moment qu'on a permis la preuve de l'un, il faut necessairement permettre la preuve de l'autre, qui autrement ne seroit pas permise, comme on le permet souvent en Droit par une espece d'équité; 6 ainsi est-il dans le cas de la perte d'un Testament, qui a esté perdu & soustrait par quelqu'un : car quoy qu'en Païs de Droit écrit pour la forme d'un Testament solemnel le nombre de sept témoins soit requis, neanmoins pour prouver la soustraction & le vol de ce Testament, il suffira de la déposition de deux témoins, lesquels deux témoins en déposant de la teneur & de la solemnité du Testament, prouveront indirectement qu'il a esté signé des sept témoins qui y sont requis. Qu'il demeure donc pour constant en ce cas que la perte d'un Titre se peut prouver par témoins, & par consequent la teneur du Titre, en observant ce qui a esté dit cy-dessus, & non autrement; & quand on dit que la perte d'un Titre peut estre prouvée par témoins, cela doit s'entendre de tous les cas fortuits, ou lors qu'il y a force majeure, soit que cette perte soit arrivée, par incendie, naufrage, guerre, incursion de voleurs, pillage de Maisons, & autres cas impréveus.

7 J'estime qu'il faut dire la même chose à l'égard des Titres effacez & corrompus par le temps, par l'humidité des lieux où ils ont esté serrez en temps de guerre, ou en quelque necessité pressante, ou qui ont esté mangez des Rats, ou autres Vermines, & autres cas dont il est parlé en Droit, desquels Titres ainsi effacez, la verification se doit faire en les representant devant le Juge ordinaire; car je croy

solemnitate testamenti testificantes per indirectum, probabunt septem testium testificationem. a *Sit ergo expeditus casus iste, testibus nimirum probari posse amissionem, & per consequens tenorem instrumenti, observatis tamen his quæ jam dicta sunt, aliàs non. Et sub verbo amissionis, intelligo omnes casus fortuitos, omnemque vim majorem, ut incendia, naufragia, bella, incursus latronum, deprædationes, expilationes domorum, & alia ejusmodi ad casus fortuitos pertinentia.* b

Idemque judicandum censeo de obliterationibus & deletionibus, quæ aut vetustate, aut injuria temporis, aut locorum humiditate, quibus instrumenta sæpè reconduntur, aut propter metum bellorum, aliarumve necessitatum, aut erosione à blattis muribusque facta contingunt, aliisque similibus instrumentorum consumptionibus fortuitis, de quibus, multis Juribus fit mentio, c *& quorum verificatio co-*

a L. N si idcirco, eod. l.1. §. Sufficit. ff. de bon. possess. secund. tabul.

b Tota fere L. 1. ff. de testof.

c In Cap. Licet.ext.de crim.falf. l. si unus. C. de test. l. penult. ff. de his quæ in testa.delent. Cap. cum venerabilis. extr.de religios. dom. Specul.in §. Restat. de instr.edit.

ram judice ordinario fieri folet: nam de his omnibus, probationem teftibus facere licere, eadem æquitatis ratione, puto, fi modò teftes fe inftrumentum integrum aliàs vidiffe, & legiffe, aut lectum audiviffe, tenorem ipfius recenfentes, deponant : *b* & idem inftrumentum poftea erafum, obliteratum, & confumptum injuria temporis, vidiffe fe teftificentur, ac ratiocinentur concluſivè unum & idem effe corpus inftrumenti, quod olim legebatur, nunc verò legi non poteft.

Sed qualiter probari debeat inftrumenti amiffio, & an teftes deponere debeant in fpecie, fe vidiffe inftrumentum, de quo agitur, fubripi, cremari, aut dilacerari à prædonibus, aliifve hujufmodi hominibus: an verò fufficiat in genere, de inftrumentorum omnium amiffione teftificari? Refpondeo, probationis iftius formam à Cyno, *c* Bartol. *d* & doctoribus *e* optimè traditam effe, non ut in fpecie inftrumentum, de quo agitur, fubreptum effe, neceffe fit dicere, fed fufficiet, fi teftis dicat fe olim vidiffe inftrumentum, & ejus tenorem legiffe, audiviffe, aut percepiffe, & fcire, quo loco dominus inftrumenti, omnia fua inftrumenta condere folebat, ac nuper vidiffe domum, & locum, in quo erant inftrumenta, incendio flagrantem, vel à prædonibus aut belligeris domum captam & deprædatam fuiffe, locumque inftrumentorum effractum, & inftrumenta capta, fracta, difperfa, aut flammis tradita, ita ut verifimile fit inftrumen-

a Cap. Inter dilectos. & cap.fin. extr. de fid. inftrum.

b Accurf. in L. Sicut in verbo facile. C. eod. & d.l.Teftium. C. de teftib.

c In dict.l. Teftium. & in l. fi de poffeffione. C.de probat.
d In d. L. Sicut iniquum. C. de fid. inft. & in l. Quoties.de naufrag. lib. 11. C.
e In auth. Si quis in aliquo.C. de edend. & in l. Emancipatione. Cod. de fid. inftrum.

que dans tous ces cas la preuve par témoins eſt admiſſible, par la même raiſon d'équité, pourveu que les témoins dépoſent qu'ils ont autrefois veu, leu, ou entendu lire le Titre en queſtion, qu'ils ſe ſouviennent de ce qu'il contient, & que depuis ils ont veu ce Titre s'effacer & s'uſer par le temps, & qu'ils affirment que celuy qui leur eſt repréſenté, eſt le même qu'ils ont autrefois veu, leu, ou entendu lire, & lequel on ne peut plus lire alors.

Mais on demande comment ſe 8 doit faire cette preuve de la perte d'un Titre; ſçavoir s'il faut preciſément que les témoins dépoſent qu'ils ont eſté preſens lors que le Titre en queſtion a eſté pris, ou lors qu'il a eſté brûlé par l'incendie qui eſt arrivé, ou lors qu'il a eſté déchiré par les voleurs ou autres perſonnes, ou s'il ſuffit qu'ils dépoſent en termes generaux de la perte qui en eſt arrivée. Je répons que la maniere de faire cette preuve a eſté fort bien expliquée par Cynus, par Bartole, & par les autres Docteurs, qui diſent qu'il n'eſt pas neceſſaire que le témoin dépoſe preciſément de la maniere en laquelle la perte eſt arrivée, mais qu'il ſuffira qu'il dépoſe qu'il a autrefois veu le Titre en queſtion, & qu'il en a leu ou entendu lire le contenu, & qu'il a appris & ſçait le lieu où celuy au profit duquel il eſtoit, avoit coutume de ſerrer ſes autres Papiers, & que depuis il a veu la Maison où estoient ces Papiers perir par un incendie, ou qu'il l'a veu piller par gens de guerre, ou par des voleurs, & que l'endroit où estoient ces Papiers a esté forcé, & les Papiers pris, dispersez, déchirez ou brûlez, ensorte qu'il est vray-semblable que le Titre dont il s'agit, qui estoit avec les autres Titres dans ce lieu-là, a aussi esté pris, déchiré ou brûlé avec les autres. Voilà quelle doit

tum, de quo agitur, & quod dominus eodem loco condere solebat, cum cæteris deperditum fuisse. Hæc est probatio, quæ necessariò concludit instrumenti amissionem, ex his videlicet duobus extremis, scientia loci, in quo instrumentum recondi solebat, & visu incendii vel deprædationis domus seu loci instrumenta continentis. Et ita ab omnibus Judicibus semper observatum fuit.

estre la preuve qui peut faire foy de la perte du Titre, qui resulte de deux faits ; sçavoir de ce que le témoin dépose connoistre le lieu où celuy qui allegue cette perte, avoit coutume de serrer ses Papiers, & de ce qu'il a veu l'incendie ou le pillage qui a esté fait de cette Maison où estoient ces Titres, & c'est par là que les Juges ont accoûtumé de se déterminer en ces rencontres.

ADDITIONS SUR LE XV. CHAPITRE.

SOMMAIRE.

1. *Une seule Question dans ce Chapitre touchant la perte des Titres par cas imprévens, ou par l'antiquité.*

2. *La décision de Boiceau est conforme aux deux T. du D. & du Code sur ce sujet. Raison de cette Jurisprudence renduë par Perezius.*

3. *De quelle maniere les témoins doivent déposer en ce cás, suivant Bartole & Paul de Castre.*

4. *Ce qu'il faut faire quand les témoins manquent.*

5. *Dans les Questions d'Etat, la perte du Titre ne peut nuire.*

6. *Avis de Perezius quand les Titres commencement à s'user par le temps.*

7. *Quel est nostre usage quand un Titre est perdu.*

8. *Distinction de M. Cujas pour sçavoir quand la preuve par témoins est requise ou non.*

9. *Explication de la Loy C. de fide instrum.*

10. *La preuve de la perte du Titre ne suffit pas, si l'on ne prou-*

ve la teneur du Titre.
11. Explication de ce que dit M. Cujas en cet endroit.
12. Declaration d'Henry III. sur la perte des Titres des Ecclesiastiques, étenduë à toutes sortes de personnes par la verification qui en fut faite en Parlement. Et la preuve par témoins permise en ce cas.
13. Cette Jurisprudence observée même dés le commencement de la Monarchie, suivant ce qui est rapporté dans les Formules de Marculphe.
14. Arrests qui ont jugé que cette preuve ne devoit avoir lieu que quand on articuloit que la perte estoit arrivée par ruine, incendie, naufrage.
15. Cette preuve doit estre admise dans le cas de soustraction de Pieces.
16. Arrests contraires sur ce sujet.
17. Quand on a conclu à la restitution d'un dépost, on ne peut ensuite articuler la soustraction pour obtenir la preuve.
18. Question sur l'article 455. & 588. de la Coutume de Normandie, traitée par Basnage au sujet de la perte d'un Titre de propriété.
19. Si la perte du Titre d'une Communauté d'Habitans de droits d'usage, peut estre prouvée par témoins.
20. Il n'est necessaire en ce cas de justifier la teneur du Titre, parce que la possession vaut Titre.

21. Arrest dans le cas de la perte d'une contrelettre.
22. On est dispensé à present de rapporter le Titre de l'inseodation des dixmes.
23. Si quand les Registres de Baptême sont perdus, on peut se servir de la preuve par témoins, idem des Extraits Mortuaires, & Actes de Celebration de Mariage.
24. Preuve par témoins de la perte du Titre est de Droit.
25. Cette preuve est aussi permise en Flandres au Demandeur.
26. De la soustraction d'une Piece, & si on est obligé d'en prouver la teneur.
27. Carpanus prétend que Napodanus, Commentateur de la Coutume de Naples, a erré sur la Question de sçavoir si à Naples cette preuve est permise à l'égard d'un Contrat de Mariage qui a esté perdu.
28. Explication de l'opinion de Napodanus.
29. Lequel admet la preuve par témoins dans le cas de la perte d'un Contrat de Mariage.
30. Vincentius Brilla dit qu'elle a lieu aussi pour la preuve de la reception des Ordres Sacrez.
31. De Sesse admet aussi la preuve par témoins de la perte des Contrats de Mariage en Portugal.
32. Statut de Bologne concernant la même Question.
33. De la perte arrivée par cas fortuit.

Boiceau

1 BOICEAU examine une seule Question dans ce Chapitre touchant la perte des Titres, soit par cas fortuit, soit par la longueur du temps qui les use & les consomme.

2 Les deux Titres du Digeste & du Code *de fide instrum. & amissione rerum*, decident, comme dit Boiceau, que la preuve est receuë par témoins quand l'Acte a esté perdu par cas fortuit; & cette perte ne doit pas nuire à celuy qui l'allegue, parce que, comme dit fort bien Perezius, sur ce titre au Code l. 4. L'écriture n'est pas de l'essence de la Convention, mais on redige les Conventions par écrit, afin qu'il soit plus aisé 3 de prouver qu'elles ont esté faites. Bartole & Paul de Castres sur la Loy 5. au Code *de fide instrum*. decident que quand on allegue la perte d'un Titre, il faut que les témoins déposent de ce que contenoit ce Titre, qu'ils l'ont veu & leu, & qu'il 4 estoit en bonne forme; mais si les témoins manquent, il faut avoir recours à d'autres conjectures, dit Perezius *ibid. n.* 29. suivant la Loy 4. de ce même Titre, qui dit que si le debiteur du fisc a payé, & a perdu sa Quittance, il doit avoir recours aux Registres du Fermier des deniers publics, dans lesquels le payement doit estre énoncé, & que ce Fermier est tenu de luy communiquer. Ce qui a lieu à plus forte raison quand ce Fermier n'a pas coutume de donner des Quittances, mais seulement d'écrire ce qu'il reçoit sur son Livre.

Page 159. Non instrumentis res geritur, sed ideo conficiuntur instrumenta, ut res gesta facilius probetur.

5 La Loy six *ibidem*, decide aussi que quoy qu'une personne ait perdu les Titres qui pouvoient établir son état, il n'en souffre aucun préjudice, pourveu qu'il puisse le prouver par quelqu'autre maniere que ce soit, car la perte des Actes ne peut nuire à la verité: *Actorum namque interitu veritas convelli non solet*; ainsi l'état d'une personne n'est point sujet à aucune prescription, quand la verité paroist au contraire.

6 Perezius au même endroit conseille lors que les Titres viennent à s'user & à se corrompre par le temps, d'en faire faire des Coppies, & de les faire Collationner par le Juge pour servir d'Originaux, mais le Juge ne le doit faire qu'aprés qu'ils luy auront esté représentez, & aprés avoir veu qu'ils se gastent. Suivant 7 nostre usage, si l'Acte qui a esté perdu est passé devant Notaire, on ne peut en lever une seconde expedition sans appeller la Partie interessée, suivant l'article 178. de l'Ordonnance de 1539. Masuer T. 18. n. 17. dit aussi que les instrumens (qu'il

Joa. Constant. sur cet art. 178. de l'Ordonn-

appelle perpetuels) peuvent estre regrossoyez de l'Ordonnance du Juge, s'il y a legitime occasion, & que celuy à qui elles appartiennent, affirme par serment les avoir perduës. Monsieur Cujas sur le T. 21. Code *de fide instrum.* distingue pour sçavoir quand la preuve par témoins est requise ou non en ce cas. Si, dit il, dans l'affaire dont il s'agit, il n'estoit pas necessaire de faire aucun Acte par écrit, il n'est pas necessaire de prouver que l'Acte a esté perdu, s'il y a d'autres preuves suffisantes du fait, suivant la Loy 5. de ce Titre ; car cette Loy ne dit pas qu'il faut prouver que le Titre a esté perdu : mais que les Creanciers doivent se plaindre de cette perte, & prouver par d'autres conjectures le fait dont il s'agit, mais dans le cas où l'écriture n'estoit pas necessaire, si neanmoins il a esté fait un Acte par écrit, & que cet Acte ait esté perdu, quoy que la perte en soit prouvée, ce ne sera encore rien faire, s'il n'y a d'autres preuves de tout ce qui a esté convenu dans cet Acte ; ce qui est confirmé, dit-il, par la Loy 3. de ce Titre, qui marque expressement, que quoy qu'il y ait preuve. que le Titre a esté perdu, cette preuve est inutile, si ceux qui en déposent n'ont point connoissance de la teneur de l'Acte. Monsieur Cujas ajoûte ensuite qu'il suffit de prouver que la chose en question a esté faite, quoy que l'on n'ait pas prouvé que l'Acte en ait esté perdu : mais il n'entend parler en cet endroit que des cas où l'écriture n'est pas necessaire pour prouver le fait dont il s'agit ; car il dit un peu aprés, que quand l'écriture est necessaire, si l'Acte en est perdu, il faut prouver cette perte, & la teneur tout ensemble.

Monsieur le Prestre Cent. 1. ch. 60. cite à ce sujet l'Edit de 1580. article 29. par lequel sur la plainte faite par les Ecclesiastiques à Henry III. de la perte de leurs Titres, soit par l'injure des temps, soit par les guerres, il leur fut permis de justifier à l'avenir leurs droits par l'exhibition des anciens Baux, Comptes & autres Pieces, & par Informations faites, Parties appellées, sans que les detenteurs de leurs biens pussent alleguer autre prescription que celle de Droit, non compris le temps des troubles survenus en 1561. il remarque, que la Cour en verifiant cet Edit, étendit sa disposition à toutes sortes de personnes, & que par consequent la preuve par témoins est receuë en ce cas, suivant la Loy *Testium fragilitatem.* C. *de Testibus,* nonobstant l'Ordonnance de Moulins, parce qu'autre chose

ce, dit que si le Notaire a perdu sa Minute, aprés en avoir délivré une expedition, il peut assigner la partie à laquelle il l'a délivrée, pour en tirer une Copie qui luy tiendra lieu de Minute, & suivant l'opinion de Balde, tantam fidem facit tale assumptum, quantum originale.

est de prouver qu'une telle somme nous est deuë ; autre chose est de prouver que le Titre par lequel elle nous est deuë, s'est perdu (ce qui est un fait) & en ce cas, il dit que le témoin doit déposer de la perte du Titre, & de ce qu'il contient.

13 On peut ajoûter que cette Jurisprudence a esté observée en France de tout temps, car dans les Formules de Marculfe il s'en trouve une qui s'intitule : *Præceptum quorum ab hostibus vel alio modo instrumenta incensa*, cette Formule marque qu'en ce temps-là l'on prenoit des Lettres du Roy, *Quæ erant omnium instar*, dit Monsieur Bignon, & que ce n'estoit pas assez de prouver que le Titre estoit perdu, mais qu'il falloit prouver ce qui estoit contenu dans ce Titre.

14 Cependant il y a des Arrests qui ont jugé indistinctement, que quand on n'articule pas que la perte du Titre est arrivée par cas fortuit, comme par ruïne, incendie ou naufrage, la preuve par témoins n'en est pas recevable : mais ce seroit suivre la Loy trop à la lettre dans une matiere d'équité, si cette Jurisprudence estoit observée si exactement, & quoy qu'il soit vray que ce n'est que dans ces cas où la Loy *Sicut iniquum est*, admet la preuve, & qu'elle ne parle que de l'incendie, cette Loy a neanmoins esté étenduë à tous les cas fortuits qui peuvent arriver, suivant la Loy *Quæ fortuitis. C. de pigneratitia actione.* Il est certain aussi qu'en cas de soustraction de Pieces, on ne peut se deffendre d'ad-

15 mettre cette preuve, parce qu'on présume que cette soustraction ne s'est pû faire que par violence ou par dol, qui sont exceptez de l'Ordonnance, parce que le dol & la violence approchent de la nature des crimes. Soefve Cent. 3. chap. 57.

16 rapporte pourtant un Arrest du 17. Janvier 1651. à ce sujet, qui deboutta de la preuve par témoins qu'on demandoit permission de faire de la soustraction d'un Testament : mais cet Arrest peut avoir eu pour motif des circonstances particulieres, & il y en a peu sur cette matiere qui puissent faire une Maxime generale, à cause de la diversité des faits sur lesquels ils ont esté rendus. Les Loix Romaines 1. D. l. 37. T. 11. & l. 35. *de Dolo*, sont précises au contraire, l'Arrest rapporté par Bardet Tome premier chap. 120. au sujet de la perte d'une contre-lettre passée entre deux Freres, lequel n'eust point d'égard à l'Enqueste faite sur une pareille demande est singulier, & fut rendu sur ce que la Partie qu'on accusoit de la soustraction, avoüoit elle-même que le Contrat de vente à elle fait des

Boniface T. 1. Part. 1. l. 8. ch. 8.

droits successifs de son Frere, estoit simulé en partie, en ce qu'il n'avoit pas payé, comme il y estoit marqué, toutes les sommes qui y estoient exprimées; aussi la Cour jugea le fonds, & cassa ce Contrat de vente comme nul, en ordonnant le partage de la succession, comme s'il n'y avoit eu aucun Acte.

Le même Bardet l. 1. ch. 60. rapporte un autre Arrest du 17 Juin 1619. sur les Conclusions de Monsieur le Bret, par lequel il fut jugé, qu'après avoir conclu par la voye civile à la restitution d'un dépost, on n'estoit plus recevable (pour prévenir la fin de non recevoir de l'Ordonnance) à changer de Conclusions, & articuler que la Piece avoit esté soustraite, ce qui est une Maxime certaine.

Basnage sur l'article 455. de Normandie, parlant de la perte des Titres; infere de l'article 588. de cette Coutume, qui permet au Proprietaire d'un fond, de prouver que son Contrat de Proprieté a esté veu, leu & tenu; que l'acquereur doit aussi estre receu dans cette Coutume à faire la même preuve, il rapporte pourtant des Arrests du Parlement de Rouen, contraires sur ce sujet, des 24. Novembre 1618. & Janvier 1623. En effet, puisque la Coutume de Normandie n'a parlé que du vendeur, on peut dire qu'elle a tacitement exclus l'acquereur, suivant la Maxime *Expressio unius est exclusio alterius*, les Coutumes estant de Droit étroit, & le vendeur estant d'ailleurs plus favorable que l'acquereur. Le Grand Coutume de Troyes article 168. T. 10. n. 9. observe que la perte d'un Titre d'une Communauté d'Habitans, touchant des droits d'usage dans un Pâturage en la Justice d'autruy, peut aussi estre prouvé par témoins, parce que nonobstant cette perte, il faut toûjours en revenir à la verité, & il n'est pas necessaire en ce cas de prouver la teneur du Titre, il suffit d'en prouver la perte, car cette preuve jointe à la possession vaut Titre; mais dans un autre cas cette preuve, dit-il, ne doit pas estre admise si aisément, comme à l'égard d'un Testament & d'un Contrat de Mariage. Il y a même certains Actes dont regulierement la preuve, quand ils ne sont point rapportez, ne doit pas estre permise, à l'effet de détruire ce qui est porté dans un autre, en Basnage sur la Coutume de Normandie, T. du Douaire, rapporte un Arrest du 6. May 1661. du Parlement de Rouen, qui refusa par cette raison la preuve d'une contre-lettre, par laquelle on prétendoit détruire les Clauses d'un Contrat de Mariage.

Non tollit substantiam veritatis.

en *Matiere Civile.*

22 Quant à l'infeodation des dixmes Ecclesiastiques possedées par un Laïque, elle ne se peut prouver par témoins, on est dispensé d'en rapporter le Titre, en alleguant l'infeodation avant le Concile de Latran, & justifiant la possession immemoriale, par aveus & dénombremens, ou par des Baux à Ferme. Il en est de même de l'union de deux Benefices, on n'est plus obligé de rapporter le Titre d'union, pourveu qu'on allegue qu'elle a esté faite avant le Concile de Constance tenu en 1414. il suffit de prouver qu'on a joüi des revenus des deux Benefices confusément, par des Baux ou autres Actes autentiques. Enfin quand on
23 ne rapporte pas l'Extrait Baptistaire ou Mortuaire, & l'Acte de Celebration du Mariage en forme, suivant l'art. 14. du T. 20. de l'Ordonnance de 1667. il faut articuler la perte des Registres, & cette perte se peut aussi prouver par témoins ; ce qui sera examiné dans la suite, en expliquant l'art. 55. de l'Ordonnance de Moulins.

L'article 21. de l'Edit perpetuel, qui concerne aussi la preuve de la Tonsure, du vœu Monachal & de la reception aux Ordres Sacrez, permet en Flandres d'en faire la preuve par témoins dans les cas de la perte des Registres.

24 Ant. Anselmo sur cet article §. 17. dit que cette preuve de la perte d'un Titre par témoins est de droit, il cite *Lanfrancus de oriano cap. quoniam n. 10. de probat.* & les Docteurs sur la Loy *Sicut & l. emancipatione C. de fide instr.* & sur le chapitre *Olim. 10. de Privil. & l. si quis ex argentarii §. penul. ff. de*
25 *edendo,* ce qui a lieu aussi quand le Demandeur a perdu quelque Acte & intenté action sur ce fondement, car c'est à luy à prouver qu'il a effectivement fait cette perte.

26 Et §. 20. il ajoûte que quand il s'agit de la soustraction d'une Piece, en ce cas celuy qui l'articule, est seulement tenu de prouver qu'elle luy a esté soustraite, sans estre obligé d'en prouver la teneur, & cite *Zazius l. 1. Consil. 9. n. 19. l. de possessione C. de probat.* & *Cynus & Salicet & Balde in l. qui accusare C. de edendo.*

Carpanus sur le Statut 88. de Milan, dit aussi que la preuve par témoins y est receuë, nonobstant ce Statut, quand les Actes ont esté perdus, & cite Innocent *C. cum olim n. 2. de excess. Prælat. &c.*

27 Il observe ensuite que Napodanus sur le T. 12. *de instr.* des Coûtumes de Naples semble insinuer, que la preuve par témoins n'est pas permise quand le Titre de la Constitution

de Dot est perdu; & il est vray que cet Auteur T. *de jure quar-* 28
tæ, decide que s'il n'y a point eu de Contrat de Mariage, &
que la veuve demande à prouver que son mari a reconnu avoir
receu une dot, & a promis de la luy restituer, & obligé tous
ses biens à cet effet, qu'elle n'y est point recevable, parce que
quoy qu'elle ne demande point sa dot precisément, mais seulement qu'il luy soit permis de faire preuve que son mari a hypotequé son bien à cette restitution; & qu'elle a un hypoteque sur ces biens, neanmoins parce que l'hypoteque n'est qu'un accessoire du principal, qui est la constitution de la dot, il s'ensuit que puisque suivant la Coutume de Naples, elle ne peut prouver par témoins la constitution de dot, elle ne peut aussi prouver par la même voye qu'elle a hypoteque pour cette dot, mais dans l'espece dont il parle, il ne s'agissoit point de la perte du Titre de la constitution de la dot, parce qu'il n'y en avoit jamais eu.

Le même Napodanus au même Titre, *De jure quartæ in fine,* 29
dit que *si introductum*, c'est-à-dire le Contrat de Mariage autentique, est perdu, la preuve par témoins en est permise, nonobstant le Statut qui demande un Acte par écrit en ce cas, ce qu'il prouve par l'exemple d'une autre espece où cette preuve a lieu; sçavoir, quand les Provisions d'un Benefice données par le Pape ont esté perduës; car en ce cas, quoy que le Pape ordonne aux Juges de suivre la teneur de ses premieres Provisions, neanmoins si elles sont perduës, on en peut prouver la teneur par la déposition des témoins, qui ont veu & leu les Provisions en leur entier, c'est-à-dire ny cancellées ny raturées.

C'est aussi le sentiment de Vincentius Brilla sur ce Statut de 30
Naples §. 19. lequel cite Flaminius, &c. & Mascard. *de Probat.*
Concl. 845. ce qui a lieu aussi, dit-il, même quand il s'agit
de prouver la reception des Ordres Sacrez, lesquels se doivent
prouver par l'Acte même, suivant le Concile de Trente Session
23. Chapitre 6.

De Sesse *loco citato*, cite aussi plusieurs Auteurs qui ad- 31
mettent la preuve par témoins dans le cas de la perte du Contrat de Mariage, suivant les Docteurs sur la Loy *Edicto in verb.*
dispositione C. de edicto Divi Adriani tollendo, il cite aussi Napodanus sur la Coutume de Naples T. 9. *vers. Don. & vers.*
instrumenta D. talis n. 109. Bald. *Cons.* 286. *n.* 7. *& Mathæus de*
Afflictis Decis. 274.

Le Statut de Bologne concernant la preuve des payemens, per- 32 met la preuve par trois témoins à l'égard de la dot, *Sub casu de quo vel quibus debeat solvi gabella vel cujus cognitio spectaret ad Dominos de Gabella*; Et ajoûte: *Si tale instrumentum Notarium amisisse probaretur, eo casu absolutio vel debitum probari potest per tres testes omni exceptione majores.* Monterentius sur le mot *probaretur*, observe qu'il n'est permis qu'à ceux qui ont fait cette perte, & qui sont parties dans l'Acte de faire cette preuve, ce qui ne seroit point permis, dit-il, au Notaire: *Quia testes debent produci per partem allegantem casum & verbum, probaretur, Referendum est ad partem.* Il ajoûte aussi, *in verbo amisisse*, que 33 cette preuve n'a lieu que quand on allegue que la perte du Titre est arrivée par un cas fortuit, suivant la Loy *Testium C. de Testibus*, & que si cette perte est arrivée par le fait de la Partie qui l'a souftraite en ce cas il suffit de prouver ce fait, suivant la L. *Si de Possessione, C. de Probationibus*, sans estre obligé d'en prouver la teneur.

CHAPITRE XVI.

Des Testamens, Codiciles, Donations à cause de mort, & autres Actes de derniere volonté.

SOMMAIRE.

1. *Les Testamens & dispositions de derniere volonté, semblent n'estre point compris dans l'Ordonnance de Moulins, qui ne parle que des Contrats.*
2. *Decision, qu'ils y doivent estre compris, parce qu'il y a même raison, notamment dans les Testamens nuncupatifs.*
3. *Exemple d'une fausseté insigne dans un Testament rapporté par Justinien.*
4. *Boiceau dit neanmoins qu'il faut attendre la decision des Arrests sur ce sujet.*
5. *Si dans la Coutume de Poitou l'Ordonnance doit avoir lieu pour les Testamens.*
6. *Formalitez à observer dans cette Coutume pour tester, par lesquelles le Testament nuncupatif est exclus, aussi bien que le Testament solemnel des Romains.*
7. *L'Ordonnance doit avoir lieu dans les legs & autres dispositions de derniere volonté.*
8. *Exemple d'un legs fait verba-*

lement, dont la preuve fut rejettée.

9. *Sentiment de Boiceau que cette decision doit avoir lieu dans toutes les Coutumes où il y a de certaines formalitez prescrites pour les Testamens.*

10. *Trois exceptions de cette Maxime où Boiceau admet le Testament nuncupatif; sçavoir s'il est fait en temps de Peste, en temps de guerre, ou s'il n'y a aucun Notaire ny Curé dans le lieu où le Testateur est malade.*

11. *Et à l'égard des soldats, tant qu'ils sont à l'armée.*

12. *Que le Testateur doit protester en ces cas, que c'est par necessité qu'il est reduit à faire un Testament nuncupatif.*

13. *Que cela a lieu pour les Donations à cause de mort, Codicilles & Legs particuliers.*

Quartus articulus, de quo pro hac Lege Molinæa dubitari possèt, est de testamentis, aliisque ultimis voluntatibus: nempe cùm dicat Constitutio hæc de omnibus rebus contractum fieri debere : videretur quod ad testamenta & ultimas voluntates extendi non deberet, cùm appellatione contractuum testamenta venire non soleant: *a* imò diversum omnino tractatum in Jure habeant, ac longe favorabiliora censeantur, quàm pacta, contractus & conventiones, ad ultimam hominum voluntatem nullomodo pertinentes : ideoque diverso omnino Jure censeri debeant.

a *L. Verba contraxerunt. ff. de verb. signif.*

LE quatriéme Article qui peut faire difficulté au sujet de l'Ordonnance de Moulins, concerne les Testamens, & toutes les autres dispositions de derniere volonté; car comme cette Ordonnance dit seulement que de toutes choses il faut faire un Acte par écrit, il semble qu'elle ne devroit pas estre étenduë aux Testamens & aux dispositions de derniere volonté, parce que sous le nom de Contrat, les Testamens ne sont point compris, le Droit même en traite separément, & ils sont beaucoup plus favorables que les Pactes, les Contrats & les Conventions, lesquels ne concernent point en aucune maniere les dispositions de derniere volonté; c'est pourquoi ils se doivent regler par des Maximes toutes differentes.

Nihilominus tamen existimo rationem istius Constitutionis ad ipsas ultimas voluntates, in nonnullis Provinciis Municipali Lege utentibus, extendi debere : imò in his arctius observandam esse, cùm majus sit periculum, *b* de subornandis testibus, in mo-

b *Cap. Ubi periculū de elect. in 6.*

Nonobstant cela, neanmoins j'estime, suivant l'esprit de cette Ordonnance, que dans certaines Provinces de Païs Coutumier, elle doit estre étenduë aux Testamens, & y doit même estre observée plus exactement, à cause que la subornation des

des témoins est plus à craindre à l'égard des dernieres volontez des hommes, que dans les Contrats passez durant leur vie, parce que comme dit le Proverbe, *un homme mort, ne mord plus.* Car le deffunt ne peut objecter aucun reproche contre un faux témoin, & la connoissance de la verité du fait, meurt en quelque sorte avec luy, l'heritier ignore ce que le deffunt a fait, & ne peut rendre raison de ses actions ; que pourra donc opposer l'heritier à un faux témoin qui affirmera hardiment avec d'autres témoins aussi effrontez que luy, qu'il estoit present lors que le Testateur a disposé de tous ses biens par un Testament nuncupatif ou verbal, en faveur d'un étranger, par le moyen duquel Testament, l'heritier se trouve entierement exheredé de ses propres paternels, ou de ceux qui venoient de ses Ancestres, sans qu'il luy reste aucun moyen de découvrir la supposition de cette derniere volonté du deffunt.

rientium voluntatibus, quàm in pactis viventium: nempe (ut ait proverbium) *Homo mortuus non mordet amplius:* mortuus enim in falsum testem nihil objicere potest, & veritatis notio unà cum ipso mortua videtur: hæres ejus ignorantiæ causam habet, & defuncti actiones explicare nequit. *a* Quid ergo faciet in falsissimum, & perfrictæ frontis testem, qui audacter, cum cæteris ejusdem fabricationis testibus, testificabitur se adfuisse nuncupativo seu verbali testamento defuncti : quo, omnia sua, de quibus disponere poterat, cuidam extraneo donavit seu legavit, adeo ut hæres præsumptus, hac falsa subornatione, omnium bonorum paternorum vel avitorum exhæres fiat, omnino nesciens quibus technis & artibus hujuscemodi falsam voluntatis suppositionem detegat?

a *L. Qui in alterius. ff. de Reg. Jur.*

3 Et à ce sujet Justinien *in authentica de Testibus*, rapporte une espece arrivée en Bithynie de certains faux témoins, qui tenant la main de la Testatrice déja décedée, faisoient semblant qu'elle avoit marqué sur le Papier une Croix, comme si elle eust signé. Par ces raisons, j'estimerois que cette Ordonnance doit estre observée plus étroitement à l'égard des Testamens, qu'à l'égard des Contrats, parce que le peril de la subornation y est plus à craindre : neanmoins comme cette decision generale touchant

4

Et ad hæc refert Justinianus *b* exemplum de quibusdam falsis testibus in Bithynia, quia manum cujusdam jam defunctæ, in lecto tenentes, fingebant eam signaculum crucis facere. His rationibus putarem, sanctiùs hanc Legis dispositionem pro testamentis observari debere, cùm in his majus versetur periculum, quàm in contractibus. Quia tamen decisio hujus quæstionis, pro generali testamentorum in hoc Regno determinatione, & maximè pro patria Juris scripti, nimis varia esse potest, supremorum Senatuum suprema judicia

b *In Auth. de testib. in princip.*

pro universali decisione expectanda esse arbitro : quorum Arresta definient, an hæc Lex Regia ad omnia testamenta, in quacunque patria pertinere debeat. Itaque in præsentia mihi sufficiet hæc disputatio, an locum sibi vindicare debeat hæc Lex, in nostra Pictonum Provincia : cujus Lex Municipalis, *a* expressam testandi formam nobis præscripsit, eamque tam facilem, ut nulla alia verbalis testandi forma facilior & commodior videri possit. Nam Lex nostra Municipalis ait testamentum, ut consistere possit, una ex his formis conficiendum esse : nempe quod aut propria manu testatoris scriptum sit, & signatum, aut sit per testatorem dictatum, & subsignatum præsentibus duobus testibus : aut à Notariis duobus receptum : aut per Notarium unicum, cùm duobus testibus, confectum : aut, si ruri degat testator, vel testatrix, ubi nulla sit Notariorum copia, coram Parocho, aut ejus Vicario, cum duobus testibus, ordinatum sit. Ex quibus formis, hac Lege Municipali præscriptis, videntur exclusæ nuncupativæ testationes : Idque duabus potissimùm rationibus : Prima, quia Consuetudo illa dicit testamentum antequam valere possit, una ex his quinque formis prædictis fieri debere, in his verbis, *Avant qu'un Testament soit reputé bon & vallable, faut qu'il soit écrit, &c.* tradendo quinque formas lévissimas, unde omnes alias formas rejicere videtur : cùm in formis à Lege limitativè introductis & coarctatis, præscriptio unius, om-

a Artic. Consuet. 268. & sequent.

les Testamens pourroit estre receuë diversement, notamment dans le Païs de Droit écrit; J'estime qu'il faut attendre que les Arrests l'ayent décidée, pour sçavoir si cette Ordonnance a lieu en toute sorte de Païs : c'est pourquoy quant à present il me suffira d'examiner si elle a lieu en nostre Province de Poitou, qui prescrit une forme certaine de tester si facile & si simple que celle du Testament nuncupatif & verbal ne peut estre plus facile ny plus commode; car elle dit que pour tester valablement, il faut que le Testament soit fait de l'une de ces trois manieres; c'est à sçavoir qu'il soit écrit de la propre main du Testateur, & signé ou dicté par luy, & signé de luy en presence de deux témoins, ou receu pardevant deux Notaires, ou un Notaire & deux témoins; où si ce Testateur est aux Champs où il n'y ait point de Notaire, qu'il doit estre passé devant le Curé ou le Vicaire, & deux témoins, desquelles formalitez il resulte que le Testament nuncupatif n'y est point receu, & cela par deux raisons principales. La premiere par ce que la Coutume dit, *qu'avant qu'un Testament soit reputé bon & valable, il faut qu'il soit écrit,* & ensuite elle explique les cinq manieres suivant lesquelles il peut estre fait, & par consequent elle rejette toute autre forme de Testament ; car en ayant determiné une certaine, elle est censée avoir exclus toutes les autres, & quiconque en choisit une qu'elle n'a pas prescrit, est censé disposer au préjudice de la formalité établie par la Loy, & ainsi c'est comme s'il n'avoit rien fait. La seconde, parce que cette Coutume a abrogé l'ancienne maniere de tester du Droit Romain si difficile, par laquelle il falloit appeller sept témoins Citoyens Romains, puberes, capables de tester, lesquels fussent presens, & qui souscrivissent le Testament, masles non suspects, & à ce appellez, & non pas rencontrez fortuitement; ensuite ce Testament devoit estre scellé du Sceau du Testateur & témoins, s'ils avoient un Cachet, sinon ils pouvoient se servir tous du Sceau de l'un d'entr'eux, aprés quoy le Testament devoit estre fermé, & aprés la mort du Testateur, il devoit estre ouvert devant le Magistrat, que l'on appelloit *Magister Census*, & les signatures & cachets des témoins reconnus, même dans le Testament imparfait, qui estoit valable entre le Pere & les Enfans, il falloit pourtant un certain nombre de témoins, & que les enfans y eussent souscrit, & toutes ces formalitez ont paru si difficiles à observer aux Redacteurs de nostre Coutume, qu'ils les ont abolies, & en ont prescrit de plus faciles, & même de si faciles, que le Testateur ne peut avoir aucune excuse valable, s'il n'a pas choisi l'une ou l'autre de ces manieres de tester, puisque soit qu'il soit aux Champs ou à la

nes alias excludat : *a* & contra Legem testari dicatur *b* is, qui aliam sibi formam elegit, ideoque nihil facere videatur : Secunda, quòd hæc Municipalis introductio abrogaverit omnino difficilem illam Juris scripti testamentorum formam, quæ nonnisi cum septem testibus, *c* civibus Romanis, puberibus, testamenti capacibus, *d* præsentibus, subscribentibus, *e* masculis, *f* non suspectis, rogatis, *g* non fortuitis, fieri debebat : & deinde sigillo testatoris, & testium, si haberent sigilla, *h* (alias sigillo alieno uti poterant) testamentum obcludi, & post mortem testatoris, coram magistro Census aperiri, *i* testiumque signa & sigilla recognosci : imò in imperfectâ testandi factione, quæ inter liberos valebat, nonnullus tamen testium numerus requirebatur, ipsorumque liberorum subscriptio. *k* Hæc tamen omnia, cùm Consuetudinis nostræ conditoribus nimium difficilia visa essent, idcirco, tantis solemnitatibus remissis, leviores, imò levissimas admodum introduxit : adeo ut testator justam aliquam excusationis causam habere non possit, si alteram ex istis formis non elegerit, aut in urbe, aut ruri, cùm ubique adsit, aut Notariorum copia, aut scribendi facultas, aut Parochi seu Vicarii evocandi licentia. Committit ergo in Legem, qui nuncupatione, vocali aut scripta, testamentum condere nititur : imò cùm tale testamentum nuncupativum allegatur, falsi suspicione non caret, quòd secundum Legem non sit factum, *l* ideoque

a L. Cum Prætor. ff. de Jurisd.
b L. Nemo potest. de Legat. 1.

c L. Hac consultissima C. de testam.
d L. 1. cod.
e L. Cum antiquitas. & l. Jubemus. cod.
f L. Qui testamento §. Eum qui ff. eodem.
g Auth Rogati. C. de testib. l. Hæredes. §. fin. ff. eod. & l. fin. C. de cond. indeb.
h L. Si unus. C. de test.
i L. 1. Quemadmodum. test. apriant.
k l Hac consul issima §. ult. C. de testam.

l Arg. l. Non dubiâ. C. de Leg.

Ville, il peut trouver par tout des Notaires, son Curé ou son Vicaire, pour recevoir son Testament. Celuy donc qui fait un Testament nuncupatif ou de vive voix, qu'il fait rediger par écrit, contrevient à la Coutume ; bien plus si on rapporte un pareil Testament dans cette Coutume, il est suspect de fraude, parce qu'il n'est pas fait suivant sa disposition, & ainsi est sujet à l'Ordonnance de Moulins, qui n'a esté faite que pour prévenir la subornation des témoins, & éviter la multiplicité des reproches qu'on peut proposer contr'eux, & cette involution de faits qui en est la suite ; ainsi il faut imputer au Testateur de n'avoir pas fait son Testament suivant la Loy de son Païs.

in rationem hujus Legis Molinææ incidere videtur, quæ in testium subornationes, objectiones, & factorum involutiones facta fuit : imputandumque est ipsi testatori, quare secundùm suæ Regionis Legem testatus non sit.

Et idem judicandum putarem in omnibus aliis ultimis dispositionibus, ut in codicillis, mortis causâ donationibus, legatis, seu relictis particularibus : sæpenumero enim vidi allegari hæc omnia verbaliter facta, coram nonnullis testibus, ut plurimùm corruptis, & falsò introductis, quæ ideo mihi semper suspecta fuere. Et certè, scio de hoc aliquando judicatum in quodam particulari legato, quòd hæres quidam contendebat sibi factum fuisse à testatore, qui cùm antea testamentum scriptis condidisset, & cuidam prædilecto hæredi quæstus & mobilia prælegasset : superveniens ille secundus hæres, ita egit cum eo, ut coram duobus aut tribus testibus rogatis, quædam debita ei donaret, seu remitteret, de præcedenti testamento nonnulla adimens, sed verbaliter tantùm, & sine scriptis : quo testatore mortuo, orta est, in hac Pictavensi civitate, quæstio de hoc ultimo prælega-

Et je croy qu'il faut dire la même chose de toute autre sorte de disposition de derniere volonté, comme d'un Codicile, Donation à cause de mort, ou legs particulier ; car j'ay veu alleguer souvent tels Actes en Justice, qu'on disoit avoir esté faits verbalement par le Testateur en présence de témoins, qui d'ordinaire estoient subornez & corrompus, lesquels Actes m'ont toûjours paru fort suspects, & je sçay même que cela fut jugé ainsi à l'occasion d'un legs particulier qu'un certain heritier disoit qui luy avoit esté fait par le Testateur, lequel ayant fait d'abord son Testament par écrit, & legué à un heritier qu'il aimoit, ses acquests & ses meubles ; ce second heritier estant survenu, avoit fait ensorte auprés de ce Testateur, qu'il avoit declaré en presence de deux ou trois témoins, qu'il luy remettoit une certaine somme qu'il luy devoit, &

avoit retranché verbalement quelque chose de sa premiere disposition, ce qui fit naistre un Procés à Poitiers aprés la mort de ce Testateur pour raison de ce dernier legs, contre lequel le premier legataire opposoit le Testament fait suivant toutes les formalitez prescrites par les Coutumes, & il soûtenoit qu'il n'avoit point esté valablement revoqué par cette disposition verbale faite sans aucune des solemnitez requises, & il fut jugé ainsi par le sieur de Lauzon, Docteur en Droit Canon & en Droit Civil, & Conservateur des Privileges de cette Université, ce qui fut confirmé par Arrest de la Cour du Parlement de Paris.

to. Contra quod primus prælegatarius objiciebat, primum testamentum scriptis factum fuisse, & Municipali solemnitate omni ex parte munitum, & idcirco nova illa vocali tautùm ademptione non esse revocatum, deficiente præscripta Legis solemnitate : & ita judicatum fuit à doctissimo D. F. Lauzonio, J. U. Doctore, & privilegiorum Universitatis hujus Conservatore, & à supremo Senatu confirmatum. *a*

a Arrestum lat. an. 1571. die 17. Jul.

9 Ainsi par ces raisons, j'estime que toute autre maniere de disposition que les cinq prescrites par la Coutume, les dispositions de vive voix & nuncupatives doivent estre rejettées, suivant cette Ordonnance, & que la même chose doit avoir lieu aussi en autres Coutumes, qui ont des dispositions précises qui reglent la solemnité des Testamens; comme celles de Paris, Tours, Mets, Soissons, Chartres, Angoulesme & autres semblables; car je croy qu'il n'est pas permis de se dispenser de la forme prescrite par la Loy en ces mots : *Avant qu'un Testament, &c.* si ce n'est qu'il y eust quelque usage contraire dans ces Provinces, ou que les Arrests l'eussent autrement jugé.

Prædictis rationibus, putarem ab his quinque testandi formis, inter Pictones, recedi non posse, & omnem vocalem dispositionem, seu nuncupativam, rejiciendam esse, ex ratione istius Sanctionis. Et ita judicandum existimarem in omnibus aliis Regionibus, in quibus est præscripta certa & expressa testandi forma : ut in Consuetudine Parisiensi, *b* Turonensi, *c* Meldensi, *d* Senonensi, *e* Carnutensi, *f* & Angolismensi, *g* cæterisque similibus, certam testandi formam præscribentibus : Ab illa enim forma à Lege coarctata, sub his verbis, *Avant qu'un Testament, &c.* recedere illicitum puto : *h* Nisi modo utendi non scripto, aliter usurpatum & judicatum sit in dictis Provinciis, aut nonnullis earum.

b Art. Consuet. 96. c Art Consuetud. 322. d Art. Consuetud. 91. e Art. Consuetud. 82. f Art. Consuet. 194. g Art. Consuetud. 112. h L. Si quæ à C. de inoffic. test. L. Nemo potest. de Legat. 1.

10 J'estime neanmoins que cette Maxime n'a point lieu en trois cas; La premiere, quand le Testament est fait en temps de Peste; La se-

Hanc tamen nostram Regulam fallere arbitrarer in tribus casibus. Primo, in necessitate pestis; secundo, in periculo belli : tertio, in testatore vel testatrice ægrotante in loco vel Parœcia, in qua nullus est Notarius, nullus Parochus, & nullus Vicarius, vel Sacrificus, quemadmodum hodie nonnullæ sunt, quæ his omnibus carent. His enim casibus, si nimirum peste ægrotans, Notariis & Presbyteris, propter imminens pestis periculum, careat: si, inquam, præsentibus testibus, ad id expressè rogatis, de rebus suis disponat, & de Notariorum & Curionis defectu protestetur, hujusmodi dispositionem recipi debere arbitror: cùm tales necessitates à Lege soleant excusari. *a* Et idem dicendum in eo qui militat in castris : cui propter urgentem belli necessitatem, Lex Civilis solemnitatum rigorem remittebat. *b* Idem quoque in tertio casu, quando scilicet deficit Tabellionum & sacrificorum omnis copia. In his enim omnibus, antiquæ leges, & maximè Canones, exactam Juris solemnitatem temperarunt, ut modica observatione contenti viderentur, quemadmodum Jure Canonico vulgatum est. *b* Satiùs tamen fecerint ægrotantes, in hac necessitate constituti, si, ut suprà dixi, coram iisdem testibus protestentur verbaliter, se, deficiente omni Tabellionum & Presbyterorum copia, testari. Hac enim animi sui declaratione ostendent, se non in contemptum Legis Municipalis, sed potiùs ob necessitatem, ita testatos esse : quæ attestatio declaratoria voluntatis, multùm prodesse solet : *d* & de hac protestatione testificari poterunt testes ita rogati & adhibiti, cùm sit accessoria ad testa-

a L. Cum antiquitas. C. de test. & not. per Jas. post Cyn. & Alber. in L. Hac consultissima. §. per nuncupationem. eod.

b L. 1 & 2. de milit. test.

c Cap. Indicante. cap. Cum eff. 1. cap. Relat. ext. de test.

d Arg. l. Nesennius. ff. de negot. gest.

conde, quand il est fait en temps de guerre; La troisiéme, quand le Testateur decede dans un lieu où il n'y a ny Curé ny Vicaire, ny même un seul Prestre, ainsi qu'il y a plusieurs endroits à present où il ne s'en trouve point ; car dans ces cas, comme si en temps de peste un homme qui en est frappé ne peut trouver un Notaire, à cause du peril qu'il y a de l'approcher, fait un Testament devant des témoins, à ce exprés appellez, & proteste que c'est par le deffaut de Curé, Vicaire ou Notaire, ce Testament doit estre receu, parce que la Loy dispence des solemnitez dans ces sortes de necessitez publiques. Et il faut dire le même de celuy qui est dans un Camp ou à l'Armée, lequel la Loy Civile dispence aussi de la rigueur des solemnitez ordinaires à cause de la necessité pressante de la guerre. Il en est aussi de même dans le troisiéme cas, quand il ne se trouve ny Curé, ny Vicaire, ny Notaire, car dans tous ces cas les Loix, & sur tout les Canons, se sont relâchez des solemnitez qu'ils ont prescrites, & se sont contentez qu'on en observast de plus faciles, comme il est vulgaire en Droit Canon, mais ceux qui se trouveront reduits à cette necessité, feront plus à propos, si, comme j'ay dit cy-dessus, ils protestent devant les témoins qu'ils font ainsi leur Testament sans solemnité, faute de Curé, de Vicaire ou de Notaire, parce que par cette protestation ils feront connoistre que ce n'est point par mépris de la Coutume, mais par necessité qu'ils ont esté obligez de tester ainsi, laquelle protestation qui marque la volonté de celuy qui l'a fait, est d'ordinaire de grands poids, & les témoins qui auront esté appellez exprés à cet effet, pourront déposer de la verité de cette protestation, parce qu'elle est accessoire, & est reputée de même nature que le Testament. Ce qui vient d'estre dit touchant le Testament, doit avoir lieu aussi à l'égard des Codiciles, des Donations à cause de mort & legs particuliers, mentum, & ideo ejusdem naturæ censenda. Quod verò de testamentis dictum est, idem de codicillis, mortis causa donationibus, legatis particularibus, aliisque ultimis dispositionibus (salvo tamen in his omnibus meliori judicio) putarem observandum. Ex his ergo concludo, nuncupativum testamentum, in hac patria consuetudinaria, & similibus, locum non habere, sed secundùm formam Lege Municipali præscriptam, fieri debere, & per Notarios in proprio suo territorio : ut Arresto a judicatum fuisse supra retulimus. sauf toutefois meilleur avis. De tout cela je conclus que les Testamens nuncupatifs n'ont point lieu en cette Coutume, ny dans les autres Païs Coutumiers, & que le Testament y doit estre fait en la forme prescrite par la Loy Municipale & par les Notaires, chacun en leur Territoire, comme nous avons dit cy-dessus, qu'il a esté jugé par Arrest.

a *An.* 1595. *die* 28. *Apr.*

ADDITIONS SUR LE XVI. CHAPITRE.

SOMMAIRE.

1. *Ordonnance de Moulins étenduë aux Testamens par les Arrests.*
2. *Ordre & division de ces Additions sur les Testamens en trois Parties.*
3. *Premiere Partie des Testamens parfaits.*
4. *De la reconnoissance faite par le Testateur qu'il est debiteur d'une personne.*
5. *Difficulté quand cette reconnoissance est au profit d'une personne suspecte, & que la cause de la dette est exprimée.*
6. *Quelle estoit la Jurisprudence Romaine en ce cas.*
7. *Arrest du Païs de Droit écrit touchant la reconnoissance du Testateur, de ce que sa femme luy avoit apporté en dot.*
8. *Sentiment de Monsieur Ri-*

card sur cette Question.
9. Arrest rapporté par Maynard, qui admit la preuve.
10. Si cette declaration faite par le Testateur peut estre par luy revoquée dans la suite.
11. Si le premier Testament, quoy que revoqué par un second, peut servir de commencement de preuve par écrit?
12. Si quand cette declaration a esté faite par un motif de conscience, elle peut estre revoquée dans un second Testament, & si ce premier Testament peut servir de commencement de preuve par écrit?
13. Si le Testateur revient en santé & dénie la declaration qu'il a faite.
14. Espece particuliere sur ce sujet.
15. Distinctions sur cette difficulté.
16. De la declaration du Testateur en faveur de la liberation d'un tiers.
17. Si la preuve par témoins de la capacité du Testateur est permise, quand le Notaire a exprimé dans le Testament que le Testateur estoit sain d'entendement, ou qu'il a obmis de l'exprimer.
18. Reflexion generale sur cette Question.
19. Raisons & autoritez des Docteurs pour prouver que la preuve par témoins n'est point admissible sur la Question cy-dessus proposée.
20. Sentiment contraire de Balde.
21. Expression du Notaire que le Testateur est sain d'entendement, est non seulement sujette à erreur, mais indifferente.
22. Sentiment conforme de Benedictus & autres Docteurs touchant cette expression du Notaire.
23. Autorité d'Hieronymus Gratus sur ce sujet, à l'occasion du Testament d'Alexandre d'Imola.
24. Sentiment de Monsieur Ricard.
25. Arrests sur cette Question, qui ont admis la preuve par témoins.
26. Raisons sur lesquelles est fondée cette Jurisprudence.
27. Si quand la disposition du Testateur est sage & raisonnable, la preuve de la démence peut estre recevable.
28. Cette preuve peut estre quelquefois admise en ce cas.
29. Raisons de cette exception de la Maxime generale sur l'incertitude qu'il y a de connoître ce que l'on appelle bons intervalles.
30. La sagesse apparente d'un furieux ou d'un insensé est comparée à un cas fortuit.
31. Tout ce qu'on appelle bon intervalle, ne suffit pas pour donner au Testateur la capacité requise pour tester, suivant le sentiment de Denis Godefroy, de Menochius, de Zachias sur ce sujet.

32. Sentiment

32. Sentiment de Goneanus sur le Testament de Tuditanus, dont parle Valere Maxime.
33. Espece de la Loy qui permet la preuve par témoins de la sagesse, nonobstant les termes du Testament, qui marquent la demence du Testateur.
34. Sentiment de Bartole sur cette Loy.
35. La preuve que le Testateur a fait quelqu'autre disposition que celle contenuë en son Testament, n'est pas recevable.
36. Il n'est pas permis de prouver par témoins que les solemnitez qui ne sont pas marquées dans le Testament, y ont esté observées.
37. Du Testament du Pere entre Enfans.
38. Sentiment de Monsieur Ricard opposé à celuy de Monsieur Cujas sur les solemnitez requises dans les Testamens, par la Novelle 107.
39. Arrests rapportez par Maynard.
40. Preuve par témoins du Testament nuncupatif du Pere entre Enfans n'est recevable.
41. Du Testament nuncupatif, Arrest de Reglement pour le Païs de Droit écrit.
42. Dispositions des Coutumes.
43. Sentiment de Coquille & de Maistre Charles du Moulin.
44. Distinction de Constant, petit-neveu de Boiceau.

45. Même en Païs de Droit écrit, l'écriture est necessaire pour faire foy du Testament nuncupatif.
46. Arrests.
47. La preuve par témoins des dispositions verbales du Testateur, a esté quelquefois admise par les Arrests.
48. Arrests qui l'ont rejettée.
49. En Païs de Droit écrit, la Loy Romaine l'a emporté sur l'Ordonnance au sujet de la preuve des dispositions verbales.
50. Raisons de Despeisses, & de Maynard, pour autoriser cet usage abusif.
51. Réponse à ces raisons.
52. Arrests qui ont adjugé les legs contenus dans un Testament nul.
53. Arrests qui ont jugé le contraire.
54. Du Testament fait en temps de Peste.
55. La preuve par témoins n'est pas receuë de la volonté du Testateur en ce cas.
56. Raisons & autoritez sur cette question.
57. Arrests en Païs Coutumier.
58. Jurisprudence du Païs de Droit écrit.
59. Du Testament mystique.
60. Du Testament militaire.
61. Arrests.
62. Arrest rapporté par Monsieur Loüet, contredit par Constant sur la Coutume de Poitou.

63. Autre Arrest de Monsieur Loüet.

64. Distinction de Monsieur Ricard.

65. Du Testament militaire en la Coutume de Normandie.

66. Des Testamens militaires en Païs de Droit écrit.

67. Si la preuve par témoins est admise de la suppression d'un Titre.

68. Monsieur Ricard dit que cette question est problematique.

69. Basnage soûtient contre Monsieur Ricard que la preuve n'est admissible en ce cas.

70. Réponse de Basnage aux restrictions de Monsieur Ricard.

71. Autre reflexion de le Grand sur cette question.

72. Arrests rapportez par Soefue sur ce sujet.

73. Sentiment de Boniface, qui prétend que cette preuve n'est receuë que dans les cas fortuits.

74. Cas où la preuve seroit admissible.

75. La preuve de la soustraction d'un Titre n'est point contraire à l'Ordonnance de Moulins.

76. Si la preuve est admissible pour prouver que l'on a empêché le Testateur de tester.

77. On peut empescher le Testateur, ou par la voye de la seduction, ou par voye de fait.

78. De la captation ou suggestion.

79. Erreur des Interpretes Grecs sur la Loy Captatorias.

80. Definition d'une disposition captatoire par Monsieur Cujas.

81. Sentiment de Duaren.

82. Exemple des institutions captatoires tirez d'Harmenopule.

83. Autre exemple rapporté par Charondas.

84. Sentiment de Monsieur Ricard sur les institutions d'heritiers conceuës pour le passé.

85. Si la preuve par témoins est permise des suggestions : Opinion de Monsieur Ricard.

86. Explication de ce que c'est que suggestion, par Monsieur Dargentré.

87. Deux distinctions qu'il faut faire entre le fait de suggestion arrivé avant ou lors du Testament.

88. Ce que les Loix ont entendu quand elles ont dit qu'il estoit permis de provoquer un legs en sa faveur.

89. Explication des Loix sur ce sujet par M. Charles du Moulin.

90. Premiere limitation de du Moulin, tirée d'une Regle proposée par Angelus.

91. Raisons & autoritez des Jurisconsultes, rapportées par Peckius pour détruire cette Regle.

92. Sentiment de Brunemannus.

93. Sentiment de Cujas & de Coquille.

94. Sentiment de M. Ricard.

95. *Conclusion pour sçavoir quand la preuve par témoins est admissible en cas de suggestion.*
96. *Autre espece rapportée par du Moulin, pour expliquer ce que l'on doit entendre par ces mots Blanditiæ dolosæ.*
97. *Autre espece sur ce sujet rapportée par Peckius.*
98. *Reflexions sur ces deux especes.*
99. *Des caresses & importunitez faites à un moribond pour extorquer de luy un legs.*
100. *Si les prieres reïterées sont capables de forcer la volonté du Testateur.*
101. *Seconde limitation de du Moulin aux deux Loix dernieres du ff. & du C. si quis aliq. Test. proh. touchant les legs ou institutions extorquez par crainte.*
102. *Reflexion de Peckius au sujet de la crainte que le mary peut imprimer sur l'esprit de sa femme.*
103. *Quand la preuve par témoins est permise dans les cas cy-dessus.*
104. *Faits qu'il faut articuler suivant du Moulin, pour prouver que le Testateur a esté empêché de tester.*
105. *Quatre faits qu'il faut articuler, suivant l'opinion de Peckius.*
106. *Ce que c'est qu'empêcher le Testateur de faire son Testament.*
107. *Deux limitations aux Maximes cy-dessus, ajoûtées par Brodeau.*
108. *Arrests sur ce sujet.*
109. *Reflexion sur ce que Brodeau requiert un commencement de preuve par écrit.*
110. *Raisons de Monsieur Ricard pour justifier que la preuve que l'on a empêché le Testateur de tester est permise.*
111. *Opinion de Basnage contraire à celle de Monsieur Ricard.*
112. *Reflexions generales par forme de Conclusion sur cette matiere.*
113. *Si quand il y a une Clause dérogatoire dans un premier Testament, qui n'est point repetée dans le second, la preuve par témoins de la suggestion de ce dernier Testament est plus aisément admise?*
114. *Si la preuve par témoins est recevable en Païs Coutumier du fideicommis verbal?*
115. *Si elle est permise en Païs de Droit écrit?*
116. *L'Acte qui contient le fideicommis doit estre signé de cinq témoins en Païs de Droit écrit.*
117. *Si l'on peut prouver par témoins que les legs ou l'institution faite en faveur d'une certaine personne, est un fideicommis au profit d'une autre personne indigne ou incapable.*
118. *La Loy 3. de ju. fisci, requiert une preuve par écrit.*
119. *Arrest qui avoit permis la*

preuve avant l'Ordonnance de Moulins.
120. Deux Arrests qui l'ont permis même aprés l'Ordonnance de Moulins.
121. Decision de cette Question.
122. Disposition du Statut de Bologne concernant les Testamens & les legs pieux.
123. Si le fait de la supposition d'un Testament pour un autre Testament, peut estre prouvée par témoins.
124. Si un Testament imparfait est un commencement de preuve par écrit qui puisse faire admettre la preuve par témoins.

BOICEAU dans ce Chapitre n'a osé donner une decision generale sur la question de sçavoir si l'article 54. de l'Ordonnance de Moulins devoit estre étendu aux Testamens, parce que les Arrests n'avoient point encore de son temps decidé cette difficulté, il conclut seulement qu'y ayant plus de raison d'apprehender la subornation des témoins dans les Testamens que dans les Contrats, parce que le Testateur ne peut plus aprés sa mort rendre raison de la maniere avec laquelle on a surpris ou contrefait sa signature ; au lieu qu'il n'est pas aisé de supposer un Contrat faux à une personne vivante, qui peut se deffendre par elle-même, la disposition de l'Ordonnance y doit estre étenduë, du moins dans les Coutumes qui requierent certaines solemnitez dans les Testamens, & qui ordonnent qu'ils soient redigez par écrit ; il ajoûte trois exceptions. 1. A l'égard des Testamens passez durant la Peste. 2. En temps de guerre. 3. Quand ils ont esté faits dans un lieu écarté, où il n'y avoit ny Curé, ny Vicaire, ny Notaire, pour recevoir la deposition du Testateur; c'est ce qu'il faut examiner, car il est constant que la disposition de l'Ordonnance de Moulins a esté étenduë aux Testamens par les Arrests. Peleus quest. 61. agite la même Question que Boiceau, & cite un Arrest du 6. Juin 1594. Brodeau sur Monsieur Loüet l. T. n. 8. en rapporte plusieurs Arrests; il faut même que le Testament soit rapporté par celuy qui l'allegue, il ne suffit pas qu'il soit énoncé dans un autre Acte, ainsi qu'il a esté jugé par Arrest du 10. Decembre 1598. rapporté par Peleus quest. 63.

Mais parce que la matiere des Testamens est tres-importante & fort étenduë, la preuve par témoins y est aussi necessaire en plusieurs cas; c'est pourquoy avant d'y entrer, il est à propos de marquer quel ordre on suivra pour examiner les principales Questions qui peuvent naistre sur ce sujet.

On divisera donc ces Additions en trois Parties. Dans la premiere on parlera du Testament parfait, c'est-à-dire du Testament olographe & du Testament solemnel.

Dans la seconde, du Testament que l'on prétend pouvoir estre moins parfait, tels sont les Testamens du Pere entre Enfans, le Testament nuncupatif; le Testament *ad pias causas*; le Testament fait en temps de Peste, & le Testament militaire.

Dans la troisiéme, on expliquera les cas dans lesquels il est incertain s'il y a un Testament ou s'il n'y en a point, ou si celuy qui paroist doit subsister ou non. Ainsi on y examinera les Questions qui peuvent naistre lors qu'on soûtient, ou que le Testament a esté supprimé, ou que l'on a empêché le Testateur d'y changer quelque chose, de le revoquer, ou même de tester, ou si l'on articule que le Testament qui est rapporté a esté suggeré, & n'est point l'ouvrage de la volonté du Testateur, ou qu'il contient des dispositions captatoires, ou qu'il est faux, nul, ou imparfait.

3 Quant à la premiere Partie touchant le Testament parfait, il est certain, suivant la Maxime generale, que contre ce qui est écrit dans un Testament olographe, ou dans un Testament solemnel, la preuve par témoins ne peut estre admise, non plus que contre tout autre Acte par écrit. Mais on demande si 4 quand le Testateur dans un Testament olographe, ou solemnel, a reconnu qu'il estoit debiteur envers une personne de quelque somme, cette reconnoissance oblige ses heritiers de payer la dette quand le Creancier ne rapporte point d'autre Titre que cette reconnoissance du Testateur, ou si du moins cette reconnoissance est un commencement de preuve par écrit de cette dette, qui puisse faire admettre la preuve par témoins en sa faveur.

Cette Question a esté fort agitée par les Docteurs. Pour la resoudre en peu de mots, il est certain que dans la regle, la reconnoissance faite volontairement par le debiteur, qu'il doit une somme à une personne, est valable, & l'oblige, & ses heritiers en sont tenus, quand la Cause est exprimée dans l'Acte; parce que personne n'est présumé se reconnoistre debiteur quand il ne l'est pas. Et il est encore certain que cette reconnoissance peut estre portée dans un Testament, ainsi que dit Monsieur Ricard *de Donat.* Part. 3. chap. 2. sect. 11. n. 107. suivant le sentiment de Menochius *ad l. generaliter C. de non num. pecu.* & Fontanon sur Mazuer *T. de Confessis*, dit aussi que le Testateur peut contracter dans son Testament, lequel en ce cas *tient & vaut comme Contrat*, ce sont ces termes, encore que le Testament soit depuis revoqué, & que cette confession fait preuve contre le Testateur, suivant l'opinion de Cynus, sur la Loy *generaliter* cy-dessus.

La difficulté est quand cette reconnoissance est faite au profit d'une personne suspecte, c'est-à-dire lors qu'on peut présumer que le Testateur, sous le nom de dette, a voulu cacher l'avantage qu'il vouloit faire à la personne prohibée, au préjudice de la Loy qui le deffendoit, comme si un mary se reconnoist debiteur envers sa femme, ou envers sa concubine ; car dans ce cas, quoy qu'il y ait une cause de la dette exprimée, il est constant que cette reconnoissance est nulle de plein droit. Charondas en ses Observations *in verbo confession*, en rapporte Arrest du 7. Septembre 1558. suivant le §. de la Loy *cum quis decedens ff. de leg. 3.* qui est dans cette espece, & la Loy *qui Testamentum ff. de probat.* ainsi tout ce qui est laissé à titre de dette (au dessus de ce qu'il est permis de leguer par la Loy à une personne) est présumé une dette supposée : *Videtur enim quod ille plus capere non poterat, in fraudem legis in Testamento adjecisse* ; & en ce cas c'est à la personne prohibée, que le Testateur a reconnu pour sa Creanciere, de prouver la verité de cette dette : *Si Titius supra scripta ex ratione sua ad testationem pervenisse probare potuerit, exiget*, dit la Loy *qui Testam. §. item eidem*. C'est par cette même raison que quand le Donateur a énoncé dans la Donation, qu'il a faite à une personne suspecte, que c'est pour la récompenser des services qu'elle luy a rendus, cette énonciation ne fait pas une preuve, & le Donataire doit justifier qu'il a effectivement rendu ses services au Donateur : *Qui enim non potest donare, confiteri non potest* ; Guy Pap. quest. 95. rapporte les sentimens des Docteurs sur ce sujet, & un Arrest de Grenoble du mois de Decembre 1455. qui le jugea ainsi luy present.

En Droit la reconnoissance par le Testateur dans un Testament qu'il devoit pour prest, à une personne, ne produisoit point l'action *ex mutuo*, mais on la regardoit comme un legs, quand le Creancier estoit personne capable de recevoir ce legs ; ainsi il n'avoit droit de l'exiger qu'en vertu du Testament, c'est pourquoy

en Matiere Civile.

quand même la cause apposée à cette reconnoissance, se fût trouvée fausse, elle ne laissoit pas d'avoir son effet, suivant la Maxime *falsa causa adjecta legato, non vitiat legatum*, parce que, dit Monsieur Cujas, le Testateur estoit présumé avoir voulu en faire une liberalité à cette personne, & avoir prétexté une dette apparente, pour avoir lieu de luy faire un legs: *Quæsitum est, an si non deberentur, actio esset*, dit la Loy 88. *de leg.* 2. §. *quisquis mihi heres erit, respondi si non deberentur, nullam quasi ex debito actionem esse, sed ex fideicommisso*. Neanmoins quand le Testateur avoit declaré avec serment qu'il devoit une certaine somme à quelqu'un dans son Testament, en ce cas cette declaration faisoit preuve entiere contre ses heritiers, suivant la Loy *cum quis decedens* §. *Codicillis ff. de leg.* 3. si ce n'est qu'il parust que le Testateur en exprimant la cause de la dette, se fût visiblement trompé, parce qu'alors on présumoit qu'il n'auroit pas fait cette reconnoissance s'il ne s'estoit pas trompé dans le fait & la preuve qu'il avoit erré dans le fait, seroit permise aux heritiers en ce cas, dit Charondas *ibid. nisi liquido probari possit eum non liberari debitum voluisse, sed errore lapsum solutum sibi pecuniam existimasse*, dit la Loy 1. *C. de falsa causa ad leg.* Autre chose est s'il avoit énoncé sincerement une cause fausse, comme il vient d'estre dit, parce qu'en ce cas le legs ne laissoit pas d'estre deu ; neanmoins, nonobstant cette declaration, il faut toûjours

7 en revenir à la verité. Maynard l. 6. ch. 1. en rapporte un Arrest du Parlement de Toulouze du 27. Octobre 1570. par lequel la Cour reduisit la declaration que le Testateur avoit faite dans son Testament (que sa femme luy avoit apporté deux mille cinq cens livres en dot) à la somme de deux mille livres, parce qu'il fut prouvé par les heritiers qu'elle n'avoit apporté que cette somme par son Contrat de Mariage, ce qui fait voir qu'une telle declaration ne fait point preuve par elle-même.

8 M. Jean Marie Ricard, qui a traité la même Question part. 3. des Donations chap. 2. sect. 2. dit que la difficulté en pareil cas, se reduit principalement à une Question de fait; sçavoir si le Testateur a eu dessein de gratifier celuy en faveur duquel il fait cette declaration dans son Testament, ou de payer une dette legitime, ou d'acquiter sa conscience, en luy restituant ce qui luy appartenoit, & qu'ainsi cela se doit juger par les circonstances, & part. 1. chapitre 3. sect. 16. n. 7. l. 4. il dit que quand la celebration du Testament est accompagnée de quel-

Quia in dubio præsumitur Testator quæsisse prætextum fideicommisso quem non ignorabat esse falsum. Quæres non est cur vitiet fideicommissum. M. Cujas ad l. 13. de inoff. Test. ff quisquis mihi heres erit.

Etiamsi veritas debiti non subsit, falsa demonstratio non perimit legati, & ex Testamento ejus quoque competit actio. l. 2. Co. de falsa causa ad legat Chassanée sur cette Loy ad rescripta. Alexandri Severi répond aux Loix que l'on peut objecter contre cette Constitution.

ques circonstances qui l'appuyent, la preuve par témoins doit estre facilement admise, puisque suivant l'usage, autorisé par les Arrests de la Cour, l'Ordonnance de Moulins reçoit son exception quand il y a un commencement de preuve par écrit.

Il ajoûte Part. 3. chapitre 2. sect. 2. v. 109. que si cette énontiation de dette dans ce Testament n'est faite qu'en passant, elle ne peut valoir que par forme de legs & de disposition gratuite, comme il a esté dit cy-dessus, la présomption estant dans le doute que la reconnoissance est de pareille qualité que l'Acte principal, c'est-à-dire que le Testament, suivant la Loy *Lucius Titius ff. de legat.* 2. cy-dessus citée, & c'est aussi le sentiment de Bartole sur la Loy *Cum quis decedens de leg.* 3. rapporté par Maistre Charles du Moulin en son Conseil 32. n. 23. & de Charondas *loco citato*; ainsi quand le Testament est revoqué, elle est aussi revoquée suivant l'exemple rapporté dans Valere Maxime, l. 8. ch. 2. cité par Maynard, par Automne & par Charondas, & un Arrest qui jugea dans la Coutume de Poitou, en laquelle il est permis à un mary & à une femme de s'avantager par Testament, que la preuve estoit admissible dans l'espece d'une femme laquelle ayant legué à son mary par un premier Testament, pour le dédommager d'un recelé pour lequel son mary avoit intenté action contr'elle, avoit dans la suite revoqué ce premier Testament, & dans le second n'avoit point fait mention de ce legs ny d'un recelé; car le Juge ayant ordonné préalablement que le mary feroit preuve du recelé, la Cour par son Arrest du 26. Juin 1651. confirma la Sentence; la raison, dit M. Ricard, est parce que semblable reconnoissance vaut disposition, du moins par fiction; il ajoûte que quand la cause seroit fausse, le legs ne laisse de valoir, mais que quand cette declaration est faite au profit d'une personne prohibée; il faut outre cette declaration des preuves tres-fortes pour faire ordonner l'execution d'une pareille disposition, ce qui est certain.

Tout ce qui vient d'estre dit a lieu, soit que la declaration du Testateur (qu'il doit à une personne) soit portée dans un Testament olographe, ou dans un Testament solemnel receu devant Notaire, car nous n'avons point receu la distinction des Docteurs, qui font difference en ce cas si cette declaration du Testateur a esté acceptée par celuy au profit de qui elle est faite, ou par un Procureur fondé de sa Procuration, ou si elle ne l'a pas esté; cette distinction est rapportée par Petrus de Ferrariis T. 1. *in praxi*

L. nuda 26. ff. de Donat.

praxi papienſi gloſſ. 7. *n.* 9. qui dit que ſuivant l'opinion de Bartole ſur la Loy 5. *cum quis decedens*, cy-deſſus citée, quand cette declaration eſt faite par le Teſtateur devant Notaire, ou devant la perſonne au profit de qui elle eſt faite, elle ne peut eſtre revoquée par le Teſtateur. Godefroy ſur le §. *quiſquis mihi hæres erit* de la Loy *Lucius Titius ff. de leg.* 2. cy-deſſus citée, ſemble pourtant dire que cette diſtinction eſt receuë ſuivant ce paragraphe, qui parle d'une Obligation & d'un dépoſt, qui ſont des Actes entre-vifs: mais Charondas *ibidem*, atteſte que l'opinion contraire a prévalu, & ajoûte que ſoit que la Partie, ſoit preſente ou abſente, le Teſtateur peut revoquer la declaration qu'il a faite ; ſurquoy on peut dire 1. avec Corſerius, ſur la Queſtion 350. *cap. Tholoſ.* que quand la declaration eſt extrajudiciaire, & qu'elle dépend purement de la volonté de celuy qui l'a faite, en ce cas la préſence de la Partie en faveur de qui elle eſt faite n'eſt point neceſſaire: *Ut ſi quis confiteatur ſe aliquem aluiſſe animo donandi & ex pietate*, ſuivant la Loy *Neſennius ff. de negot. geſtis*, & cette declaration ne ſe peut même revoquer ſi elle eſt faite

Confeſſio in ultima voluntate non probat contractum inter vivos, niſi pars altera fuerit præſens.

11 au profit des enfans du Teſtateur. 2. Suivant l'Arreſt rapporté par M. Ricard cy-deſſus, on peut dire que dans le cas auquel le Teſtateur a revoqué par un ſecond Teſtament la declaration qu'il avoit faite dans le premier ; cette declaration ne laiſſe pas d'eſtre du moins un commencement de preuve par écrit contre ſes heritiers, qui peut ſervir à faire admettre la preuve par témoins en faveur de la perſonne au profit de qui elle eſt faite.

12 Mais ſi cette declaration eſt faite par le Teſtateur expreſſément pour la décharge de ſa conſcience, ou qu'il y ait lieu de préſumer par les circonſtances du fait, qu'elle ait eſté faite par luy dans cet unique deſſein, il eſt certain, même ſuivant l'opinion des Docteurs, qu'elle peut eſtre revoquée par un ſecond Teſtament ; ainſi celuy qui a reconnu par un premier Teſtament qu'il a exigé des intereſts illicites, peut par un ſecond faire une declaration contraire, ou n'en point parler ; & en vertu de ce premier Teſtament on ne pourroit agir contre luy, comme y ayant un commencement de preuve par écrit qu'il a exigé des intereſts uſuraires, parce que diſent les Docteurs, le Teſtament ne fait point preuve en ce cas ; il n'eſt conſideré que comme une derniere diſpoſition, laquelle eſt revocable par une poſterieure : c'eſt ce que rapporte celuy qui a ajoûté des Notes ſur la Pratique de *Petrus de Ferrariis loco citato*, à quoy

Et ſic confeſſio quam quis facit quod uſuras extorſerit, vel quid male abſtulerit in teſ-

on peut ajoûter que depuis le premier Testament, le Testateur peut avoir restitué les interests usuraires, ou satisfait à la personne interessée, & cette présomption jointe à celle qui resulte de son dernier Testament, où il fait une declaration contraire, suffit pour empêcher la preuve par témoins de la verité de celle portée dans le premier.

samente absente parte potest revocari revocatio Testamentū: quia non est species probationis. Ut quis ex eo possit conveniri sed species ultima voluntatis qua potest revocari. Il cite Balde ad Special. T. de Confessis. §. Confessio.

13. Mais que sera-ce? si après avoir fait une pareille declaration dans un Testament olographe ou solemnel, le Testateur revient en santé, & dénie luy-même la declaration qu'il a faite; Mazuer T. 21. des Concessions, fait cette Question n. 7. & renvoye à Cynus sur la Loy *generaliter C. de non numerata pecunia*; Et Vrevin en ses Annotations sur l'art. 54. de l'Ordonnance de Moulins chapitre 27. rapporte une espece à peu prés semblable, où cette 14. difficulté fut jugée. Un Particulier ayant reconnu verbalement devant plusieurs personnes qu'il devoit une certaine somme à son Creancier, qui n'avoit point de Promesse ny d'Obligation de luy, estant revenu en convalescence, & assigné sur le fondement de cette reconnoissance verbale, à la Requête de ce Creancier pour payer cette somme, reconnust par son interrogatoire sur faits & articles, qu'effectivement il avoit fait cette declaration estant à l'extrémité de sa maladie, mais il ajoûta qu'il avoit perdu l'esprit en ce temps-là, & demanda à en faire preuve par témoins, ce qui luy ayant esté accordé & ne l'ayant pû prouver, il fut condamné à payer cette somme, en vertu de cette declaration verbale qu'il avoit faite au profit de son Creancier, par Arrest du mois de Decembre 1637. & Fontanon 15. sur Mazuer en l'endroit cy-dessus cité, decide en general que le Testateur revenu en convalescence ne peut revoquer cette confession qu'il a faite; parce que, dit-il, comme il a déja esté remarqué cy-dessus, le Testateur peut contracter dans son Testament, lequel en ce cas vaut comme Contrat, quoy qu'il soit ensuite revoqué, ce qui ne s'entend que des dispositions de derniere volonté, & non pas en general de toute autre confession verbale, suivant l'opinion de Cynus; & dans ce cas le Testateur seroit aussi recevable à prouver par témoins qu'il ne doit rien, parce qu'il en faut toûjours revenir à la verité, & que ce n'est que par la faveur du Creancier prétendu, que cette declaration qu'il a faite, est regardée comme obligatoire contre luy.

16. Enfin il faut remarquer que tous les Docteurs conviennent que quand il s'agit de la liberation d'un tiers, cette declaration du Testateur dans un Testament, qu'il ne luy est rien deu,

est tres-forte, parce qu'on présume que celuy qui fait cette declaration dans son Testament, où il rend compte à Dieu, au monde & à soy-même de toute sa vie, est sincere & qu'il l'a faite pour la décharge de sa conscience, ce qui n'empesche pas les heritiers de pouvoir prouver le contraire, même par témoins, en articulant que le Testateur s'est trompé dans le fait.

Vesembelius de Conseil ff. n. 10.

17 A l'égard du Testament solemnel, il y a une autre Question importante à examiner; sçavoir si la preuve par témoins est permise de la capacité ou incapacité d'esprit du Testateur lors qu'il a fait son Testament, quand on prétend qu'il n'estoit pas sain d'entendement, comme le requiert l'article 292. de la Coutume de Paris, & plusieurs autres Coutumes qui se servent des mêmes termes, ou qu'il estoit en démence & aliené de son esprit, & que le Notaire a exprimé dans le Testament qu'il estoit sain d'entendement, ou qu'il a obmis de l'exprimer.

Vermandois, Art. 60. Saint Quentin, Ribemont.

18 Pour approfondir cette Question, il seroit necessaire de connoistre, non seulement ce que c'est qu'estre sain d'entendement, mais ce que c'est que ne l'estre pas assez pour avoir la capacité requise pour tester, & pour cela il faudroit examiner avec les Medecins de quelles maladies l'esprit humain est capable, c'est-à-dire combien il y a d'especes de folies, & quelle difference il faut faire entr'elles; car la démence, la fureur, la stupidité, & une infinité d'autres maladies de l'esprit, ont des effets tous differens, qui alterent plus ou moins le temperament, & qui empeschent aussi plus ou moins l'esprit d'agir librement, & avec toute la reflexion dont il est capable; mais comme cette matiere, toute curieuse qu'elle est, n'est pas absolument de ce Traité, & qu'elle meriteroit une Dissertation particuliere, parce qu'aucun des Commentateurs de nos Coutumes ne s'est avisé de l'approfondir, il suffira de toucher ici ce qui peut concerner la preuve par témoins, & de renvoyer le Lecteur qui en voudra sçavoir davantage, à ce que Zachias celebre Medecin d'Italie, a écrit sur cette matiere, dans son Livre intitulé, *Quæstiones Medico legales*, où il a cotté les Auteurs qui en ont traitté, & ausquels il seroit aisé d'en ajoûter plusieurs autres; Or pour revenir à la Question de sçavoir si quand le Notaire a exprimé dans un Testament que le Testateur estoit sain d'entendement; la preuve par témoins de la démence de ce même Testateur, est admissible. Voici les raisons dont on se sert pour prouver qu'elle ne l'est pas.

19

1. Dit-on, suivant la regle generale la preuve testimoniale n'est point admise contre ce qui est écrit, par consequent l'expression du Notaire doit estre creuë dans son entier ; la foy d'un Acte ne se pouvant diviser.

Jason sur la Loy *sanum mente. C. de transactio*, cite les Docteurs qui ont esté d'avis qu'il faut croire absolument cette expression du Notaire, & entr'autre Joa. de Imola. Les raisons de ce Docteur, dit-il, sont 1. Que le Notaire doit estre creu, parce qu'il a fait serment de ne recevoir point d'Acte d'un homme qui ne seroit pas sain d'entendement. 2. Parce que quoy que le Notaire par luy-même ne puisse pas connoistre si le Testateur est en démence ou non, il le peut connoistre par les actions exterieures. 3. Parce que cette attestation du Notaire est soûtenuë par une présomption naturelle, fondée sur ce que chacun est présumé estre sain d'entendement. Jason neanmoins demeure d'accord au même endroit que cette opinion n'est pas receuë, & dit que Balde, Angelus, Dynus, Salicet, & Alexandre Conf. 85. 181. 227. sont d'opinion que cette expression du Notaire ne doit faire aucune foy ; il ajoûte qu'il est aussi de cette opinion, & il se determine par trois autres raisons, qu'il est inutile de rapporter, parce qu'elles paroissent beaucoup moins décisives que celles de Joa. de Imola.

Balde sur la Loy *Unica, C. de Concessis*, parlant du Notaire 20 qui a exprimé dans une Obligation que le Creancier a reconnu avoir receu l'argent du debiteur, quoy qu'il n'ait pas veu compter cet argent en sa presence, demande sçavoir s'il a commis une faussetté, & après avoir decidé que non, il dit qu'il en est de même, si dans un Testament ce Notaire a exprimé que le Testateur estoit sain de corps & d'esprit, quoy que ce fut neanmoins un furieux qui paroissoit ne l'estre pas, ou qu'il eust quelque maladie cachée, ensorte qu'il ne parust aucun signe visible, ny de la fureur, ny de la foiblesse de son esprit, ou de sa maladie ; car en ce cas, dit-il, le Notaire est excusable, parce qu'il a crû dire la verité.

Habemus similitudinē alterius casus nam si Notarius dicit, talis sanus mente & corpore fecit tale Testamntū & ille erat tunc oc ulte furiosus, vel erat infirmus n interioribus puta in intestinis & sic nullum corū erat visibile tabellio ex-

De ce Passage de Balde, on peut conclure que cette expres- 21 sion du Notaire, que le Testateur estoit sain d'esprit, (quoy qu'elle confirme une présomption naturelle) est neanmoins sujete à erreur ; aussi le même Balde insinuë que cette expression du Notaire est en quelque sorte indifferente, sur la Loy *Sanum mente, C. de Transac.* qui dit que la Transaction d'un homme malade est valable, pourveu qu'il soit sain de son esprit ; car après avoir observé que c'est sur le fondement de cette Loy que le Notaire peut inserer dans un Acte, passé par une personne malade, que cette personne est saine d'esprit, il ajoûte que quand même il ne le diroit pas, on ne laisseroit pas de le présumer toûjours ; En effet, cette expression du Notaire est non seulement incertaine d'elle-même, mais indifferente pour la validité de l'Acte, soit à l'égard des Contrats, soit même à l'égard des Testamens ; aussi la Coûtume de Paris dans l'article 292. n'a pas exigé que le Notaire exprimast ces mots, *sain d'entendement*, dans le Testament, comme elle n'eust pas manqué de le faire, si elle eût regardé cette expression comme essentielle aux formalitez de cet Acte lesquelles elle a toute comprise dans cet article, & aucune autre Coûtume n'a aussi regardé cette expression de Notaire comme une énonciation necessaire pour la validité du Testament. Ainsi il ne faut pas s'étonner si enfin les Docteurs se sont déterminez d'admettre la preuve par témoins de la démence du Testateur, nonobstant cette expression du Notaire, il suffira de rapporter l'autorité de quelques-uns.

22 *Benedictus in cap. Raynutius in verbo in extremis esse positum n. 5.* & suivans, établit la Maxime en general, que la preuve par témoins est receuë contre cette declaration du Notaire, & dit formellement qu'on n'ajoûte aucune foy à l'expression qu'il a inserée dans le Testament, que le Testateur estoit sain d'entendement, & que quand il ne le diroit pas, on ne laisseroit pas de le présumer dans le doute ; si ce n'est, continuë-t-il, que l'on prouvast le contraire, laquelle preuve est recevable, & au contraire, dit-il, s'il est écrit dans le Testament que le Testateur estoit en démence, on n'ajoûtera point foy à cette expression, si on ne prouve la démence autrement que par cette expression, laquelle opinion est conforme à la Loy 5. *C. de Codicillis*, qui admet la preuve de la démence contre la présomption naturelle que le Testateur estoit sain d'esprit.

menti & posito quod non diceret, tamen sanitas mentis præsumeretur nisi contrarium probaretur ad quod probandum, pars adversa admittetur. Ut è contra non crederetur instrumento narranti Testatorem non fuisse sanæ mentis. Nisi alias dementia probaretur.

Mascardus de prob. vol. 2. *quomodo dementia probetur Conc.* 503. *n.* 8. dit que l'on n'ajoûte point foy à cette expression du Notaire, parce qu'il n'est pas appellé pour estre le Juge de cette

ejus, & quia nemo minuitur nisi mentiatur animus. Valet transactio hominis ægri sicut sani, dummodo sit sanæ mentis. Super ista lege fundatur intentio Tabellionis dicentis per Dei gratiam sanus mente, licet æger corpore, & licet hoc modo non diceret, tamen sanitas mentis præsumeretur.

Unde sequitur quod hic solum requiratur mentis integritas. De qua non creditur Notario in suo instrumento asserenti Testatorem tempore Testamenti sanæ mentis prout communiter asserunt Notarii in principio instru-

Quonià de sanitate mentis non rogatur Notarius. fanté de l'efprit, mais feulement pour recevoir l'Acte. Menochius *de præfumpt. l. 6. præf.* 45. dit la même chofe.

Mais on ne peut oublier l'autorité d'Hieronymus Gratus, celebre Jurifconfulte de Bologne, fa reputation obligea François I. pour l'attirer en France, de luy donner une Chaire de Profeffeur dans l'Univerfité de Valence en Dauphiné, avec le titre de fon Confeiller, il luy ordonna même de luy dédier fes Confeils, qu'il fit imprimer à Lyon en 1549. & qui font fort eftimez. Voici quels font ces termes en fon Confeil 90. n. 44. dans une conteftation fort celebre fur cette même Queftion: *Item poteſt opponi Teſtatorem fuiſſe infanum quia de dementia non rogatur Notarius, ideo eſt de caſibus qui probantur per teſtes, juxta notata per Baldum in rubrica de fide inſtrumentorum. Et ita alias Ruinus Præceptor meus conſuluit & obtinuit, pro ut eſt conſultum hic Bononiæ in cauſa illa de Uſubertis & adhuc non fere exactis duobus menſibus ego hac Practicani in cauſa heredum Dom. Alexandri Imolenſis de Tartagnis legum fundatoris & omnes Doctores in hoc concordes fuerunt, ideo ulterius non me extendo.* On voit par ces termes que fon fentiment eftoit celuy de Balde, de Ruinus, auffi bien que d'Alexandre de Imola, en la fucceffion duquel il fit juger, que la preuve par témoins eftoit recevable en pareil cas, du confentement univerfel des Docteurs de fon temps. Il fuffira après cela (pour juftifier que tel eft auffi noftre ufage) d'ajoûter l'autorité de Monfieur Ricard T. des Donations part. 3. chap. 1. n. 30. & fuivans, qui attefte que fans infcription de faux, dont on fe fervoit autrefois pour attaquer cette expreffion du Notaire dans un Teftament. La preuve par témoins de la démence eft communément receuë en France par les Juges, il cite un Arreft du Parlement de Tholofe du 13. Janvier 1598. intervenu au rapport de Monfieur de Cambolaos qui le rapporte l. 2. chap. 36. par lequel Arreft il fut jugé que nonobftant que le Notaire eut déclaré dans le Teftament que le Teftateur eftoit voyant & parlant, la preuve du contraire eftoit recevable, fans qu'il fut befoin de s'infcrire en faux. Vrevin fur cet article de l'Ordonnance de Moulins en rapporte un autre Arreft du mois de Decembre 1637. Dolive l. 5. ch. 4. en cite plufieurs du même Parlement de Tholofe; & Boniface To. 1. l. 8. T. 27. chap. 13. quatre de celuy de Provence, il y en a un autre du même Parlement, de l'année 1675. dans la huitiéme Partie du Journal du Palais. Le Factum imprimé cette année dans la Cause illustre pour M. le Prince de Conty, contre Madame la Duchesse de Nemours, fait encore mention de plusieurs autres, page 17. Il y est parlé même d'un article de la Coutume de Neufchastel, qui porte *que le Testament est nul quand on prouve par témoins que la personne testante est imbecille d'esprit.* Il s'agissoit dans cette Cause de prouver en quel temps avoit commencé la démence de deffunt Monsieur l'Abbé d'Orleans, qui étoit d'ailleurs certaine, pour sçavoir s'il avoit pû valablement revoquer un premier Testament par un posterieur. L'Arrest qui est du mois de Janvier 1696. a permis cette preuve à Monsieur le Prince de Conty, ce qui met la Question hors de toute difficulté ; & cet Arrest fait encore voir que dans ces sortes de Questions, le fait principal & décisif est la preuve de l'instant auquel la démence a commencé, parce que l'interdiction estant de plein droit, il faut precisément connoistre si le Testateur estoit capable de tester lors qu'il a fait son Testament.

26 Au reste pour faire voir que cet usage a justement prévalu, il n'y a qu'à suivre les lumieres de la raison sur cette Question. Or 1. Il est des principes, que tout homme est présumé sain d'esprit ; c'est la présomption naturelle, le Notaire, qui écrit dans un Testament que le Testateur est sain d'entendement, se fonde sur cette présomption, il n'entre point en connoissance de cause, il luy suffit que le Testateur luy dicte des dispositions justes & raisonnables, il doit les écrire sans qu'il luy soit permis de s'informer de ce qui ne luy paroist pas, parce qu'il ne doit juger que de ce qui se passe devant luy, d'où il s'ensuit que quand il declare que le Testateur est sain d'entendement, cette expression n'est que de style, & cette présomption sur laquelle elle est appuyée, n'est point constamment du nombre de celles qui n'admettent point de preuve du contraire, parce qu'il est certain que le Notaire peut s'y tromper. 2. Non seulement la folie, est une chose de fait, dont par consequent la preuve n'est point deffenduë par l'Ordonnance. Mais elle dépend de la certitude d'autres faits, qui ne se peuvent prouver que par témoins, car pour en juger il faut connoistre les causes, les signes & les effets de la démence ; Par exemple, il faut sçavoir si elle vient de naissance, ou par quelque accident de maladie, par quels signes elle se manifeste, soit par les actions, soit par les paroles de celuy qui en est attaqué, quels effets elle produit dans son esprit & dans sa memoire, s'il a eu de

bons intervales ou non ; toutes ces choses ne se peuvent prouver que par le rapport du Medecin, ou par le témoignage de ceux qui ont veu le progrés & le cours de la maladie, & de ceux qui ont entendu ses discours insensez, & qui luy ont veu faire des actions de folie ; & ce deffaut de capacité dans celuy qui fait un Contrat, ou qui fait un Testament, ne se peut couvrir. Or la Loy interdit de plein droit celuy qui est en démence, d'agir, de contracter & de tester ; donc la preuve de cette incapacité doit toûjours estre receuë, le temps ne peut suppléer le deffaut de capacité dans celuy qui agit, l'Acte est toûjours nul, & l'expression contraire à la verité inserée dans l'Acte ne peut estre une fin de non recevoir contre cette preuve. 3. On peut dire que le Notaire par cette expression, *sain d'entendement*, suppose pour ainsi dire, une autre personne à la place du Testateur ; puis qu'il est constant que la difference est toute entiere entre celuy qui est sain d'esprit & celuy qui ne l'est pas ; le Testateur n'estant pas libre de son esprit, il n'est pas capable de faire choix de la personne qu'il gratifie, ny de préferer un étranger à son heritier legitime ; En un mot, il n'est pas même en état de vouloir plûtost faire un Testament qu'une Donation, ou toute autre sorte de Contrats ; d'où il s'ensuit que cette expression du Notaire est frauduleuse, car elle induit en erreur, en ce qu'elle rend témoignage non seulement qu'une personne est saine d'entendement, (laquelle ne l'est pas) mais elle suppose que cette personne a fait un Testament, laquelle n'avoit pas une volonté déterminée de le faire, & l'effet de cette fraude retombe sur un tiers, qui n'a pû la prévoir ; sçavoir sur l'heritier *ab intestat*, qui par consequent est recevable à demander de faire la preuve par témoins du contraire, puisqu'il est certain en general qu'un tiers est recevable à cette preuve contre quelque Contrat que ce soit, quand il est frauduleux, & qu'il n'y a point été Partie. Enfin cette expression est fausse, en ce qu'elle atteste contre la verité, la presence du Testateur, c'est-à-dire le jugement de son esprit & le consentement de sa volonté, en quoy consiste cette presence interieure & necessaire de celuy qui agit, & laquelle est seule, à proprement parler, de l'essence de l'Acte, celle du corps ne l'étant que par accident, c'est-à-dire parce que l'ame a besoin des organes du corps pour exprimer sa pensée & sa volonté ; c'est pourquoy la Loy a comparé celuy qui est en démence à l'absent, *per omnia & in omnibus*, dit la Loy *Si ei ff. de jure Codicill.* §. *furiosus*, elle

elle le compare aux enfans au dessus de l'âge de sept ans, à ceux qui dorment, & les Docteurs l'ont comparé aux brutes, aux morts, & aux choses inanimées. Or il est évident que si le Notaire avoit passé un Acte dans lequel il eût exprimé la presence d'une personne qui n'y auroit pas assisté, il commettroit une fausseté, & que l'*Alibi* pourroit se prouver par témoins.

Voy Jean d'Auch. *de Testam.* page 179. & suivante.

Enfin la preuve par témoins est receuë même contre la teneur d'un Contrat, quand on articule la crainte & la violence, quoy que le Notaire ait exprimé que ce Contrat a esté passé librement & sans contrainte, & il n'est pas besoin même de s'inscrire en faux; la raison est parce que le Notaire a pû estre trompé, & l'a esté en effet, quand il a crû que les Parties contractoient librement & volontairement devant luy, ignorant ce qui se passoit dans leur esprit, & ne connoissant pas la violence qu'on leur faisoit; l'inscription de faux n'estant necessaire que quand le Notaire a prevariqué, & que dans les faits qui dépendent de sa connoissance, & qui se passent devant luy, & dont il est par consequent le Juge & le témoin, il énonce dans un Acte quelque chose contre la verité. Cependant dans un Contrat fait par crainte & par violence, quoy que la volonté ne soit pas libre, il y a du moins une demie volonté, que les Docteurs appellent *coactam voluntatem*; mais dans un Testament où le Notaire a exprimé que le Testateur étoit sain d'esprit, quoy qu'il fût en démence, il n'y a nulle volonté de la part du Testateur, qui n'est pas en état de vouloir, c'est-à-dire de discerner si ce qu'il veut, luy convient ou s'il ne luy convient pas, & ce deffaut de volonté étant fondé sur la démence, qui ne se peut prouver que par des faits exterieurs, il s'ensuit que contre cette expression du Notaire, la preuve par témoins doit être necessairement admise.

27 Il y a une seconde Question qui peut faire difficulté sur ce sujet; sçavoir si quand la disposition du Testateur est sage, & qu'il ne paroist aucune marque de folie dans son Testament, la preuve par témoins de sa démence est neanmoins recevable, la raison de douter est que la présomption naturelle est que tout homme est sain d'entendement, & que cette présomption étant prouvée par la teneur du Testament, qui ne contient que des dispositions raisonnables, cette présomption devient une preuve par écrit de la sagesse du Testateur, contre laquelle la preuve par témoins semble n'être pas admissible.

28 Il est neanmoins certain que quoy que le Testament soit une

bonne preuve de la sagesse du Testateur, il ne fait pas toûjours une conviction, parce que tous les Docteurs conviennent que puisqu'il y a de certaines folies qui ont leurs accès, & leurs bons intervales, pendant lesquels l'esprit est libre & capable d'agir; il se peut faire que le Testament d'un insensé paroisse fait librement, & avec toute la capacité d'esprit requise; outre que la Loy luy permet de tester durant les bons intervales: neanmoins c'est une Maxime que celuy qui est furieux est toûjours présumé l'estre jusqu'à sa mort, & ainsi de ce que le Testament paroist sage, il ne s'ensuit pas toûjours qu'il soit valable, s'il est certain que le Testateur étoit furieux avant de le faire. 1. Parce qu'il peut avoir été suggeré, & n'être pas l'ouvrage du Testateur, dont on peut avoir surpris la signature. 2. Parce qu'il arrive souvent qu'un insensé parle de bon sens, & paroist raisonner juste, quoy qu'il ne soit pas même dans un bon intervalle, & que sa folie soit de l'espece de celle qui n'en ont jamais aucuns; c'est ce que la Loy appelle élégamment *adumbratam quietem* ; & les Docteurs disent que cette sagesse apparente est une espece de cas fortuit, c'est-à-dire que ce n'est pas une action purement libre de la part de cet insensé, qui a pensé sagement sans le sçavoir, & par une certaine habitude, de raisonner passablement sur des sujets qui ne sont pas l'objet de sa folie; c'est pourquoy les plus habiles Jurisconsultes ont decidé 1. Que quand il s'agit de sçavoir si le Testament d'un insensé ou d'un furieux est fait durant un bon intervalle, la présomption est au contraire, suivant la Maxime cy-dessus, que le furieux est toûjours présumé perseverer dans sa fureur; & qu'ainsi c'est à celuy qui allegue les bons intervalles à les prouver. 2. Que tout intervalle de fureur ne suffit pas pour rendre au Testateur la capacité requise pour tester, c'est ce qu'a observé Denis Godefroy *in disputa. Argentorati habita an.* 1596. *de succes. ab intest. n.* 129. il dit qu'il faut qu'il paroisse manifestement que le furieux est dans un bon intervalle, parce que l'on y est souvent trompé, & que quoy qu'il paroisse agir avec prudence sa fureur n'est pas cessée pour cela. Menochius *de præsumpt. l.* 6. *præs.* 45. *n.* 59. *& suivans*; veut que cet intervalle soit d'un temps continu; Par exemple, d'une année, ou d'un mois entier, Zachias cy-dessus cité veut encore que ces intervalles soient tres-parfaits, c'est-à-dire que la liberté d'esprit du Testateur soit pleine & entiere, & qu'il

Hoc tamen repeto quod furiosus dilucida & clara aperteque furiosi intervalla habeat, quodque in intervallis manifeste appareat eu ad sanitate mentis rediisse quia plerumque

y ait un temps considerable que l'accés de sa fureur soit cessé,
32 c'est pourquoy, Goveanus *lect. var. Jur. Civil. l. 1. ch. 5.* n'approuve pas avec raison la décision du Senat de Rome, qui, suivant le témoignage de Valere Maxime, confirma le Testament de Tuditanus qui étoit insensé, parce que ce Testament contenoit une disposition sage & raisonnable : *Quia*, dit-il, *vere demens Testamenti factionem non habet adeo ut licet recte ac jure alloquin Testatus sit, ejus tamen non valeat Testamentum. Itaque tanquam rem novam refert Valerius Maximus l. 7. ch. 8. Testamentum Tuditani, hominis notæ, certæque dementia, in quo tamen hæredem filiam scripserat, judicio centumvirali T. longum frustra rescindere conatum & centumviros magis id cogitasse quod scriptum erat in tabulis quam quis eas scripsisset.* Enfin suivant la Loy, la
33 preuve par témoins de la sagesse est receuë contre les termes du Testament, qui marqueroient de la démence dans l'esprit du Testateur. Voici l'espece, un Testateur avoit ordonné par son Testament, que l'on jetteroit ses cendres dans la Mer : *In hoc fatuus præsumebatur*, dit Bartole, parlant de cette Loy en son Traité *Testi*. cependant cette preuve écrite de la démence du Testateur, n'empescha pas la preuve du contraire :
34 *Perspicuis rationibus amoveri potest*, dit Modestinus. Bartole dit qu'on pouvoit en effet prouver que cet homme étoit un Comedien ou un Railleur, ou qu'il avoit mis cette disposition dans son Testament par mépris de soy-même : *Erant quippe hujusmodi perspicuæ rationes & probationes*. Il ajoute enfin que quand on doute si la démence est perpetuelle, c'est-à-dire si elle n'a aucuns bons intervalles, il faut s'en rapporter aux Medecins, & que si elle a duré un an entier, elle est regardée comme perpetuelle : *In tantum enim cerebrum læditur, quantum cura redditur impossibilis.* Ainsi la qualité des dispositions du Testateur, soit qu'elles paroissent sages ou qu'elles ne le paroissent pas, n'est pas toûjours decisive, puisque la preuve du contraire est receuë en l'un & en l'autre cas.

35 Il faut ajoûter à ce qui vient d'estre dit, que l'Ordonnance de Moulins ayant été étenduë aux Testamens, il n'est pas permis de prouver par témoins que le Testateur a fait aucune autre disposition que celle contenuë en son Testament, y ayant du moins parité de raison pour les Testamens & pour les Con-
36 trats, il n'est pas permis aussi de prouver par témoins que les solemnitez qui paroissent avoir esté omises dans le Testa-

decipimur dum satis sumus conspectu tributaque existimamus, suivant la Loy si à furiso 12. ff. si cert. pet. & l. quod meo 18. §. 1. de acquir. poss. licet enim agat aliquid prudenter, furor tamen manet & magis illud casu accidisse vel nos deceptos esse credendum est, qua enim vere sapuisse.

ment, y ont été neanmoins obfervées, parce que les folemnitez eftant de l'effence du Teftament, qui eft un Acte indivifible, il doit eftre entier en fa forme, & faire foy par luy-même, fans le fecours d'une preuve étrangere, joint que, dit Monfieur Loüet, l. T. n. 12. les folemnitez ont été ordonnées comme le feul remede capable de prévenir les fuggeftions aufquelles un Teftateur eft fouvent expofé dans l'extrêmité de la maladie. Il en cite un Arreft rapporté par du Moulin fur l'article 68. de la Coutume de Sens; Brodeau en rapporte un autre au même endroit, du dernier May 1566. qui apparemment eft celuy rapporté par le Veft n. 82. & cité par Monfieur Ricard T. des Don. P. 1. Chap. 5. Sect. 6. qui ajoûte que la Coutume defirant que les folemnitez interviennent dans le Teftament, il n'eft point parfait s'il ne fe reconnoift point par l'Acte même, qu'il eft reveftu de la forme prefcrite par la Loy, en effet fi elles fe pouvoient prouver par témoins, ce feroit admettre la preuve du Teftament nuncupatif, qui n'eft point receu en Païs Coutumier, ainfi qu'il fera prouvé cy-aprés.

Quant à la Seconde Partie de fes Additions, qui concerne les Teftamens, que l'on prétend pouvoir fubfifter avec moins de folemnitez que ceux appellez folemnels, on commencera par le Teftament du Pere entre Enfans.

Surquoy il faut obferver d'abord que la Novelle 107. (qui corrige la Conftitution de Conftantin, qui les a introduit, & qui les avoit difpenfé abfolument de toutes folemnitez, & celle de Theodofe qui avoit étendu le Privilege de la premiere à tous les afcendans de l'un & de l'autre fexe) veut pour rendre la volonté du Pere Teftateur certaine, que s'il fçait écrire, il marque premierement en quel temps il a fait fon Teftament; en fecond lieu qu'il écrive de fa propre main tout au long, & non pas par chiffres, le nom de chacun de fes Enfans & pour quelle portion il les inftituë fes heritiers. Voilà toute la folemnité que demande la Novelle quand le Pere difpofe feulement de fon bien entre fes Enfans. Dans la feconde partie, elle ajoûte que s'il veut laiffer par fon Teftament quelque legs à fa femme, ou à des étrangers, ou affranchir des efclaves, il le doit écrire luy-même, & le déclarer aux témoins.

De plus la Novelle ne fe contente pas en ce cas que le Pere Teftateur ait écrit fes legs de fa propre main, elle veut qu'il reconnoiffe verbalement devant les témoins qu'ils ont efté écrits

Deinde etiã manu propria filiorũ nomina, & infuper uncivili quantitatem in quas ipfos fcribat heredes non notis numerorũ defignatas, fed integris declaratas litteris. Et hæc propria defcripta manu, Teftatores dicant coram teftibus, quod omnis ea difpofitione.

de sa main, & ne demande après cela aucune autre solemnité.

38 Monsieur Ricard T. des Donat. Part. 1. chap. 5. §. 4. n. 1451. soûtient contre l'opinion de Monsieur Cujas *C. de Testam.* que pour faire valoir le Testament d'un Pere entre Enfans, les seules formalitez dont il est parlé dans cette Novelle suffisoient; c'est-à-dire la seule écriture du Testateur, qui rendoit sa volonté certaine, il cite pour son avis Antoine Faber, Fachinæus & Automne, qui dit que cela s'observe ainsi au Parlement de Guyenne. Monsieur Maynard l. 5. chap. 15. rapporte un Arrest du Parlement de Tolose, qui rejetta un Testament, dicté par le Pere Testateur, mais qui n'étoit pas signé de luy. Au sujet duquel

39 Testament on disoit que la Novelle 107. ne se pouvoit entendre, si on ne la joint avec la Novelle 18. & la Constitution de Theodose en la Loy *hac Consultissima*, qu'elle a rappellé dans sa Préface, & laquelle doit s'entendre du Testament imparfait du Pere entre Enfans, soit nuncupatif, soit redigé par écrit.

Le même Maynard l. 8. chap. 8. rapporte une autre espece à ce sujet, sur laquelle y ayant eu partage d'opinions, l'affaire ne fut pas jugée, mais terminée par Transaction, & il soûtient que le Testament du Pere imparfait quant aux solemnitez, ne laisse de subsister s'il est fait devant deux témoins, ce qui n'a pourtant lieu que quand la volonté du Pere est certaine, *ex incompleta enim voluntate nihil debetur.*

40 Sans entrer dans la discussion du sentiment de Monsieur Cujas & de celuy de Monsieur Ricard sur cette difficulté, qui n'est pas de ce Traité, il est constant, comme dit le dernier, que la preuve par témoins du Testament nuncupatif du Pere entre Enfans ne devroit plus estre receuë en Païs de Droit écrit, si l'Ordonnance de Moulins y estoit observée; car quoy qu'elle ne parle que des Contrats, elle n'a été étendue par les Arrests aux Testamens, que parce qu'il y a parité de raison. Pour ce qui est du Païs Coutumier, le Testament nuncupatif n'étant pas même receu, comme il va estre prouvé, celuy du Pere fait verbalement entre Enfans, n'auroit aucun Privilege à cet égard.

41 En effet à l'égard du Testament nuncupatif, M. Ricard au même endroit, n. 1378. & 1379. remarque que l'usage du Païs de Droit écrit, est de le faire rediger par écrit par un Notaire, & rapporte un Arrest de Reglement pour le Païs de Forest, contre cet usage abusif qui rendoit un seul Notaire maistre de la volonté

voluntatequé extrema continentur, & ipsi ordine scripserint & valere velint. Sunto & ipsa firma neutiquam ex hoc infirmanda, quod in chartam descripta videantur. Quæ reliqua Testamentorum observationem non susceperit sed hoc solo liberantur controversia, quod dexteram & linguam habeant, quæ summam chartæ firmitatem prebeat.

du deffunt, par lequel Arrest la Cour fit deffences, à peine de faux, à tous Notaires d'écrire & de recevoir aucun Testament, que premierement le Testateur n'eût en la présence de sept témoins, declaré intelligiblement sa derniere volonté sans aucune suggestion ou induction, & elle ordonna même que le Testament seroit ensuite leu & releu, & qu'il seroit signé du Notaire à la même heure & en présence du Testateur.

Selon la disposition de nos Coutumes, le Testament nuncupatif n'est point receu, elles requierent ou un Testament olographe écrit & signé du Testateur, ou un Testament solemnel. Quelques Coutumes ajoûtent même expressement que les Loix Romaines ne sont point gardées dans les Testamens, comme celle de Chaumont T. 6. art. 84. Troyes T. 6. art. 97. & Vitry T. 6. art. 102. il n'y a que la seule Coutume de Bayonne, qui parle du Testament nuncupatif, encore veut-elle qu'il soit redigé par écrit & signé de deux témoins ; d'où il s'ensuit que la preuve par témoins de la derniere volonté du deffunt n'est point permise, quand il s'agiroit de moins de cent livres pour éviter les fraudes, si faciles à pratiquer en ces occasions ; Coquille dans sa Question 233. expliquant l'art. 13. du chap. 33. de la Coûtume de Nivernois, dit que cet Article marque assez, que la forme essentielle du Testament est, qu'il soit écrit afin d'éviter les inconveniens qui arrivent quand il faut prouver une chose par témoins, suivant l'Ordonnance de Moulins, parce que (comme il dit) *souvent les hommes tiennent plusieurs propos qui ne sont à vraye intention de disposer, qui pourroient estre pris par les témoins pour disposition.* C'est pourquoy, ajoûte-t'il, la Loy *Divus D. de Militari Testamento*, veut que la volonté du soldat (qui peut tester sans solemnité) soit certaine, & cela pour son propre interest, afin que cette volonté ne soit pas prise en un autre sens que celuy qu'il a voulu, c'est pourquoy du Moulin sur ce même article de la Coutume de Nivernois, decide indistinctement qu'en matiere de Testament, quand il seroit même nuncupatif, la preuve par écrit est indispensable. Il n'excepte que le Testament fait en temps de Peste, & le Testament militaire, ce qui sera examiné cy-après, & cette décision de Maistre Charles du Moulin est d'autant plus à remarquer, qu'il a écrit avant l'Ordonnance de Moulins, depuis laquelle cette Maxime ne peut plus estre contestée.

Constant sur l'art. 268. de la Coutume de Poitou (lequel à

intitulé son Commentaire du nom de M. Jean Boiceau son grand Oncle, qui y avoit travaillé avant luy, & dont il rapporte quelques Décisions) demande à ce sujet si le Testament nuncupatif est receu dans cette Coutume, & d'abord il distingue si le Testateur est reduit, dit-il, à une telle extremité qu'il ne puisse trouver ny un Notaire, ny un Vicaire, & que devant des témoins, il declare entierement sa derniere volonté, cette disposition vaudra comme un Testament nuncupatif; ce sera la même chose, ajoûte-t'il, si ayant mandé le Vicaire, ou le Curé, ou le Notaire, il est mort avant qu'ils arrivassent, aprés avoir ainsi declaré sa volonté, parce que celuy qui a choisi de tester suivant une certaine forme, n'est pas censé avoir renoncé à tester en une autre forme, suivant la Loy *Miles D. de Testamento Militari*, parce qu'aprés tout il vaut mieux, continuë-t'il, que la volonté du Testateur ait son execution, suivant l'opinion de Jason, d'Alberic & de Bartole. Que si au contraire le Testateur n'a pas declaré entierement sa volonté, mais a remis à s'en expliquer quand le Vicaire, le Curé ou le Notaire seroient venus pour la rediger par écrit, en ce cas cette disposition est nulle, suivant le sentiment du même Bartole, parce que cette volonté demeure incertaine, il ajoûte que tel a été aussi le sentiment de Boiceau, Auteur de ce Commentaire, il conclut neanmoins, en disant que cette opinion n'a plus lieu, & que suivant l'usage present, les Testamens nuncupatifs ne sont plus receus, comme il a esté jugé par plusieurs Arrests.

Bouteiller en sa Somme Rurale T. 103, atteste la verité de cet ancien usage de la France, de n'y point recevoir le Testament nuncupatif, & dit que la disposition du Droit Canon au Chapitre, *Cum esses*, T. *de Testamentis*, a été receuë parmy nous au préjudice de celle du Droit Civil.

45   Il faut ajoûter que même en Païs de Droit écrit, l'Ecriture est necessaire, *ad fidem rei gestæ*, puisque, comme dit M. Ricard, cy-dessus cité, l'usage est de rediger le Testament par écrit devant Notaire. Aussi Mainard l. 5. chap. 4. dit qu'en ce Païs ce Testament se doit appeller *Testament nuncupatif écrit*, dont parle Accurse, au T. *Quemadmodum Test. aperiantur in verbo. Ta-*
46 *bulas Testamenti.* Il rapporte aussi l'Arrest de Robert l. 2. chap. 10. rendu en Païs Coutumier, lequel rejetta la preuve par témoins d'un Testament nuncupatif, quoy qu'il eût été fait en temps de Peste, parce que, dit Robert, l'art. 83. de l'Ordon-

nance d'Orleans, & l'art. 165. de celle de Blois, ordonnent aux Notaires de faire signer les témoins dans les Contrats & Testamens, & que l'article 54. de l'Ordonnance de Moulins, qui ne parloit que des Contrats, a été enfin étendu aux Testamens, & cet Arrest fut leu & publié pour servir de Loy à l'avenir: mais à Tholose l'art. 165. de l'Ordonnance de Blois n'est point observé, & M. Dolive l. 5. ch. 47. dit que le Testament nuncupatif n'est redigé par écrit en ce Païs, que pour la preuve de l'Acte, & pour exempter les heritiers instituez de faire repeter les témoins après la mort du deffunt, dont le deffaut de signature n'est pas consideré comme essentiel, ainsi que dit Monsieur Ricard des Donat. Part. 1. Chap. 5. Sect. 7. n. 1533.

47. Quelquefois pourtant sur des circonstances particulieres, la Cour a admis la preuve par témoins d'une disposition verbale faite par le Testateur. Monsieur Ricard *ibidem*, Sect. 5. chap. 5. n. 1447. après avoir dit que si cette disposition verbale excede cent livres, la preuve n'en est pas recevable, rapporte un Arrest tiré du Journal des Audiences, l. 6. chap. 56. (qui a été cy-devant cité au Chapitre du Depost) lequel receût la preuve par témoins d'un depost verbal fait par le Testateur au lit de la mort, entre les mains d'une de ses Tantes Religieuse, de la somme de mille livres, & de quelques pierreries pour estre données à ses Nieces quand elles se marieroient.

Basnage Coutume de Normandie T. des Testamens, en rapporte un autre du Parlement de Roüen, qui permit à deux filles naturelles la preuve par témoins, que leur Pere avoit fait un Testament nuncupatif en leur faveur, par lequel il leur avoit legué à chacune cinq cens livres, ce qui n'excedant pas un legs alimentaire (dont le Pere naturel est tenu) a pû donner lieu à l'Arrest: mais ces exceptions, loin de détruire la Regle, la confirment, & ne doivent point être tirées à consequence.

48. Aussi Monsieur Ricard rapporte un Arrest du 28. Mars 1606. de la Troisiéme des Enquestes, au Rapport de Monsieur le Coigneux, qui rejetta la preuve d'un Testament nuncupatif en la Coutume d'Amiens qui les admettoit, & qui n'a été reformée que depuis l'Ordonnance de Moulins.

49. En Païs de Droit écrit, la Loy Romaine l'a emporté sur l'Ordonnance de Moulins, qui devoit l'abroger. Cet usage des Testamens nuncupatifs est rapporté par Expilly chap. 171. pour

le Parlement de Grenoble, par Automne art. 54. de la Coutume de Bourdeaux, pour celuy de Guyenne, & par Mainard l. 5. chap. 23. pour celuy de Tolose, & Monsieur Ricard remarque qu'on a passé plus loin ; car on y reçoit la preuve par témoins des dispositions non comprises dans un Testament, quand elles ne sont pas precisément contraires à celles qui y sont portées. Monsieur Dolive chap. 22. dit qu'à Tolose la preuve par témoins est receuë que le Testateur a chargé verbalement ses heritiers d'un *fideicommis* envers quelqu'un, parce que le *fideicommis* se peut laisser en droit, *solo nutu*, en présence de témoins, & cite un Arrest du 4. May 1628. & même le fait contraire à ce qui est énoncé dans le Testament, a été jugé recevable par témoins, par Arrest du 23. Juillet 1671. mais en ce cas, dit-il, il faut que les témoins même du Testamens en déposent ; ce qui est une interpretation fort dangereuse de la Maxime de Droit, qui ne veut pas qu'on admette la preuve par témoins contre celle par écrit ; cependant les Jurisconsultes de ces Païs-là, osent deffendre un abus si visible.

50   Despeisses en son Traité des Successions Testamentaires T. 1. Sect. 4. n. 282. après avoir remarqué que le Testament nuncupatif a lieu dans les Parlemens de Tolose & de Bourdeaux, n. 283. rapporte un Arrest de ce dernier Parlement, au sujet d'une substitution omise dans un Testament dont on permit la preuve, quoy qu'une substitution ne soit qu'une seconde institution, & que suivant les principes du Droit Romain même, on ne deût avoir aucun égard à l'allegation d'un fait qui détruisoit la premiere institution portée dans ce même Testament. Il en cite encore un autre du même Parlement du premier Decembre 1584. qui declara valable une Clause de substitution écrite en marge du Testament par le Notaire, non signée du Testateur ny des témoins, sur ce que l'on offroit de prouver par les mêmes témoins qui vivoient encore, que telle avoit été la volonté du Testateur, & il prétend que ces Arrests ne sont point contraires à la disposition de l'article 54. de l'Ordonnance de Moulins, parce qu'elle ne parle que des Contrats, & non des Testamens : *Verba enim contraxerunt, gesserunt non pertinent ad Testandi jus.* Ce qui doit estre d'autant plûtost receu, ajoûte-t'il, que les Contrats se font à loisir, & peuvent aisément estre signez des Contractans quand ils veulent, au lieu que les Testamens requierent celerité, parce qu'il arrive d'ordinaire qu'on

L. 20. de verb. signif.

n'est pas en état de remettre à faire son Testament à un autre fois, quand la maladie est pressante. Il ajoûte enfin que l'article 83. de l'Ordonnance d'Orleans, ny l'article 165. de celle de Blois, ne doivent point aussi avoir lieu en ce cas, parce qu'elles ne doivent s'entendre que des Actes receus par un Notaire, & non pas de ceux écrits de main privée, comme un Testament olographe.

Mainard l. 5. chap. 4. essaye aussi de soûtenir ce sentiment contre Charondas, lequel en ses Réponses l. 9. chap. 35. reprend avec Justice ceux du Païs de Droit écrit, de ce qu'ils se sont trop attachez aux Commentaires & aux Décisions des Interpretes du Droit Romain, Maynard ajoûte neanmoins *ibid.* que quoy qu'on doive obeïr aux Loix, il faut examiner auparavant en quels termes elles disposent, & à quelles fins elles sont conceuës, & que quoy que l'Ordonnance de Moulins ne reçoive point d'autre preuve que celle par écrit au dessus de cent livres, cela ne doit point s'entendre des Testamens qui ne sont point compris sous le nom de Contrats, suivant la Loy cy-dessus citée, & que quand le Testateur ne peut signer à cause de l'extrémité où il est reduit, ou qu'il est abandonné de tout le monde, il peut faire son Testament de bouche, puisqu'il ne le peut pas faire autrement. Car, ajoûte-t-il, quoy que l'on dise que cette Ordonnance doive avoir lieu à l'égard du Testament, c'est afin d'exciter chacun à faire son Testament de bonne heure quant il le peut faire seurement, & pour éviter la subornation des témoins, qu'il avouë estre plus dangereuse dans les Testamens que dans les Contrats: mais, ajoûte-t-il, la necessité est maîtresse de la Loy : *Quis enim credat, ejus conditionis esse jura ulla, ut aliquid non liceat & necesse sit*, suivant les termes de Quintilien; aussi, continuë-t-il, n'y ayant rien au dessus de la faveur des Testamens, en Païs de Droit écrit; on permet toûjours cette preuve quand il y a eu une espece d'impossibilité de tester dans les formes. Il est vray pourtant, continuë-t-il, qu'au deffaut de Testament devant Notaire, il doit y avoir ordinairement quelque écriture privée de quelques-uns des assistans, laquelle contienne les principaux Chefs de la disposition, & au chap. 5. *eod. lib.* le même Maynard excuse encore cet usage fondé sur ce qu'à Tolose on ne permet cette preuve par témoins qu'avec une exacte connoissance de Cause, outre qu'on permet aussi aux Parties interessées de reprocher préala-

Declam. 249.

blement les témoins, ce qui rend, à ce qu'il prétend, la chose entierement seure, & suffit pour obvier à la subornation des témoins, que l'Ordonnance de Moulins a eu dessein de prévenir. Monsieur Dolive *ibidem*, observe que la Loy *Contra scriptum testimonium non scriptum non admittitur*, n'est point inserée dans le Corps de Droit de Justinien, que c'est Monsieur Cujas qui l'a prise des Basiliques, & que comme cette Loy n'a lieu que pour les Contrats. L'Ordonnance de Moulins qui a été faite sur cette Loy, ne doit avoir lieu aussi que pour les Contrats & non pas pour les Testamens.

51 Mais il est aisé de répondre à ces raisons de Despeisses & de Maynard, & de Monsieur Dolive. En effet, il est évident que tous ces usages differens du Païs de Droit écrit d'avec les nostres, sont des contraventions formelles aux Ordonnances qui doivent avoir lieu par tout ce Royaume, sur tout à l'égard des Testamens. Cette liberté que l'on s'est conservée en Païs de Droit écrit, de disposer de ses biens suivant les Loix Romaines, paroist si douce à ceux qui les suivent, que quelques sages que puissent estre les Loix qui s'y opposent, ils ne peuvent s'y soûmettre, & s'écrient avec le Declamateur, que cette liberté de tester est inviolable : *Nihil potentius apud nos, nihil Sacratius esse debet*; Il est vray que l'Ordonnance de Moulins parle des Contrats, & n'a point parlé des Testamens, & que la Loy *contra scriptum*, n'est pas inserée dans le Corps du Droit de Justinien, comme dit Monsieur Dolive, mais puis qu'on convient, qu'il y a parité de raison, & que la subornation des témoins, est même plus à craindre dans les Testamens que dans les Contrats, & que par cette raison quand on accorde la preuve par témoins en Païs de Droit écrit à l'occasion d'un Testament, ce n'est qu'avec une connoissance de Cause tres-exacte, & avec toutes les précautions possibles, pour empescher que cet usage n'ait aucune suite fâcheuse, il faut qu'on convienne aussi qu'en gardant cette même précaution, on auroit pû par la même raison se dispenser de recevoir cette Ordonnance en matiere de Contrats, à l'égard desquels elle est neanmoins receuë en ce Païs, parce qu'elle est contraire au Droit commun en ce qu'elle restraint les preuves ; car si on y a trouvé le secret de prévenir l'inconvenient que l'Ordonnance a voulu éviter, sçavoir la subornation des témoins, en n'accordant cette preuve qu'avec des précautions qui en ôtent tout le risque, à ce qu'on prétend,

n'y pourroit-on pas ufer des mêmes précautions dans les Contrats, & pourquoy n'a-t'on pas rejetté cette Ordonnance, pour fe conferver un moyen de prouver la verité, lequel a efté de tout temps en ufage, & qui peut fouvent eftre neceffaire ? que fi au contraire la fubornation des témoins eft encore plus dangereufe dans les Teftamens que dans les Contrats, comme on eft obligé d'en demeurer d'accord, parce que le Teftateur peut avoir l'efprit affoibli par la maladie, & que venant à mourir enfuite, il ne peut fe plaindre ny expliquer de vive voix la fraude qu'on luy a faite (ce qui n'eft point à craindre dans les Actes entre-vifs) il s'enfuit donc évidemment que les Parlemens de Droit écrit ayant verifié, & obfervant cette Ordonnance pour les Contrats, dans la veuë d'éviter par fon fecours la fubornation des témoins ; ils ont deu par une confequence neceffaire l'étendre aux Teftamens, à plus forte raifon, puifque de tous les Actes de la vie, c'eft celuy fouvent que l'on peut dire renfermer moins que tout autre, la veritable volonté du Teftateur, à caufe des mauvais artifices dons on fe fert pour la furprendre ou pour la déguifer aux heritiers legitimes. C'eft pour cela même que la Loy Romaine, n'a rien voulu remettre du nombre des témoins dans un Teftament nuncupatif, quoy que fait en temps de Pefte par un homme qui en eft atteint, fuivant la Loy *Cafus. C. de Teft.* & le fentiment des Docteurs citez par Chopin l. 2. T. 1. C. *de Par. n.* 2. & il eft furprenant que ceux qui fe vantent d'obferver la Loy Romaine avec tant de fcrupule, fefoient difpenfez de recevoir la preuve par témoins d'un Teftament nuncupatif par un moindre nombre de témoins, que celuy qu'elle a prefcrit, & même de la recevoir, d'une difpofition verbale obmife dans un Teftament, telle qu'eft une fubftitution, puifque comme dit cette même Loy, il s'agit en cela de l'intereft du Teftateur, en ce que plus la neceffité eft preffante, plus le peril de la fuggeftion & de la fuppofition du Teftament eft à craindre & difficile à éviter, & par confequent plus il eft indifpenfable d'obferver à la lettre toutes les formalites prefcrites par la Loy dans un Acte qui eft fur le point de devenir irrevocable par le deceds du Teftateur, & qui contenant une difpofition univerfelle de tous fes biens dans un temps fufpect, ne doit au moins luy eftre permis qu'avec toutes les précautions dont elle a pû s'avifer pour en affurer la verité. Voilà à quelle extrémité conduit cette fauffe liberté que l'on *en Matière Civile.*

s'est conservée en Païs de Droit écrit de suivre les maximes & l'esprit du Droit Romain au préjudice de nos Ordonnances, quelques conformes qu'elles soient aux mœurs de nostre siecle, & quelques necessaires qu'elles soient pour en reformer les abus, on s'est fait une raison d'indépendance, par la prévention que l'on a en faveur de ses Loix étrangeres dont on se dispense pourtant quand on veut, & au hazard de s'exposer à des contrarietez évidentes, qu'une raison simple & naturelle feroit éviter, ils se sont fait insensiblement un point d'honneur de juger de la Sagesse des Ordonnances de nos Rois, & s'ils n'osent les condamner ouvertement, ils se font un prétexte des Loix Romaines, pour en renfermer le sens dans des bornes si étroites, qu'en ne recevant que ce qu'il leur plaist de leurs dispositions, ils avoüent d'un costé qu'elles sont justes & necessaires, & ils se privent en même temps du fruit qu'ils en auroient pû tirer, si ils s'y estoient entierement soûmis.

52. Pour ce qui est des Testamens qui contiennent des legs pieux, lesquels on prétend aussi n'estre pas sujets aux solemnitez requises dans les autres Testamens. On a demandé si quand ces solemnitez n'ont pû estre observées, les legs sont deus en vertu du Testament, surquoy il y a diversité d'Arrests. Papon l. 20. de ses Arrests T. 6. en rapporte un du 20. Janvier 1549. qui confirma les legs pieux, quoy que le Testament fût nul par la preterition du fils posthume du Testateur. Maynard l. 5. chap. 17. & chap. 21. en rapporte deux conformes du Parlement de Tolose. Peleus Act. 31. l. 5. en cite un autre du 4. Mars 1602. & Monsieur le Bret l. 3. Part. 1. Decis. 6. & le Journal des Audiences l. 5. chap. 39. en rapporte un du 12. Avril 1649.

53. Lhommeau au contraire dans ses Maximes l. 3. n. 37. prétend que les solemnitez prescrites par la Coutume doivent estre gardées dans les Testamens sans acception de personne, même quoy qu'il s'agisse de legs pieux, & en rapporte un Arrest du 20. Mars 1581. rendu contre l'Hostel-Dieu de Paris, lequel Arrest est aussi rapporté par Montholon chap. 7. dans cette espece le Testateur, qui n'avoit que des meubles, avoit donné aux pauvres tout son bien, situé en la Coutume de Paris, il avoit écrit au bas de ce Testament; *Ce mien Testament a esté écrit par mon Serviteur & je l'ay soufcrit,* ce qui rendoit le Testament nul, parce que quand il est olographe, il doit estre entierement écrit de la

main du Testateur. Quelque temps après il avoit fait un autre Testament, par lequel il avoit changé le lieu de sa sepulture, mais cet Arrest ne jugea point la Question, car on n'ajugea une somme de deux cens écus aux pauvres legataires suivant le premier Testament, qu'en consequence de l'offre faite par les heritiers de leur payer cette somme. Choppin l. 2. *de Morib. Parif. T.* 4. *n.* 19. rapporte aussi un Arrest du 16. Février 1589. qui jugea que les legs pieux mentionnez dans un Testament imparfait n'étoient point deus, mais la Cour par un mouvement d'équité ajugea une somme modique aux pauvres; ainsi (comme remarque Monsieur Ricard *de Donat.* Part. 1. Chap. 5. Sect. 1. n. 1307.) le Testament fait devant deux témoins seulement, suivant le chap. *Relictum de Testamento*, n'est pas valable parmy nous, & si on le dispense quelquefois des formalitez, c'est lors que les legs sont moderez, & qu'ils sont faits aux Hostels-Dieux & Hospitaux Generaux qui embrassent une charité universelle & sans distinction de personne, il est certain aussi que cette faveur ne va point jusqu'à faire admettre en leur faveur la preuve par témoins d'une disposition verbale à leur profit par le Testateur.

Quant à ce qui concerne les Testamens faits en temps de 54 Peste, il est constant en Païs Coutumier, que quoy que la personne qui en est attaquée, n'ait pû trouver un Notaire pour rediger son Testament par écrit, neanmoins la preuve par témoins n'en peut estre receuë. Brodeau sur Loüet l. T. n. 8. en rapporte les Arrests, dont le premier est du 7. Janvier 1595. rapporté aussi par Robert l. 2. chap. 20. ce qui est contraire, comme il a esté dit, à l'opinion de Maistre Charles du Moulin sur l'article 13. de la Coutume de Nivernois, lequel est excusable, dit Brodeau, parce que l'Ordonnance de Moulins n'a esté publiée que quelques jours aprés sa mort ; la Loy *Cafus*, *C. de Testamentis*, a seulement prescrit aux témoins, s'ils sont atteints de cette maladie, de se separer les uns des autres pour oüir le Testament, mais elle n'a point dispensé le Testateur d'y en appeller le même nombre; & M. Cujas, dit Brodeau, qui avoit esté d'avis que les témoins estoient dispensez de signer en temps de Peste en sa Consul. 48. s'est retracté depuis dans ses Posthumes sur le T. au C. *de Test*. Brodeau confirme ensuite cette Maxime par les sentimens des Docteurs, & par l'autorité des Arrests.

Il faut ajoûter que plus le peril est grand, plus on doit craindre que la volonté du Testateur n'ait esté surprise, c'est au 56

Testateur à s'imputer sa faute, dit Brodeau, d'avoir attendu à disposer si tard de son bien: *Lex non subvenit ei qui in necessitate se posuit.* Les Formalitez des Testamens sont de droit public, & par consequent indispensables. Au reste, ce cas de Peste n'a pas esté imprévû par les Coutumes, celles qui en ont parlé, comme Bayonne T. 11. article 2. & celle de la Bourte T. 11. article 5. doivent estre observées, elles demandent deux témoins de bonne vie, gens de foy ; quand ce Testament n'est point redigé par écrit, & la premiere dit que s'il est redigé par écrit, celuy qui l'a écrit est compté pour un témoin ; ainsi la signature du Testateur avec celle d'un témoin suffit en cette Coutume, dans toutes les autres où il n'y a point de pareille disposition, toutes les formalitez necessaires doivent estre observées sans acception de temps ny de personnes ; Peleus Act. 66.

57 Journal des Audiances l. 3. chap. 1. Tronçon sur l'article 298. Coutume de Paris, rapportent les Arrests qui ont cassé des Testamens faits en temps de Peste, parce que le nombre des témoins ne s'y trouvoit pas observé, & Mon*holon ch. 78. en rapporte un qui cassa un Testament imparfait qui rappelloit les heritiers legitimes que le Testateur avoit exclus par un Testament solemnel précedent fait en faveur d'étrangers, quoy qu'on soûtint qu'il l'avoit pû faire, suivant la Loy *Hac consultissima C.* à laquelle on n'eust point d'égard en ce cas. Le même Montholon chap. 86. en rapporte un autre qui cassa un Testament fait par une femme malade de Peste, receu par un Prestre qui n'avoit pas la qualité de Vicaire ; outre qu'un des trois témoins requis par la Coutume, estoit une femme ; cet Arrest de 1598. prononcé à la Pentecoste, est aussi rapporté par Choppin l. 2. T. 4. n. 2. *de Mo. Par.* & par Brodeau sur Loüet l. T. n. 8.

58 Pour le Païs de Droit écrit, Despeisses en son Traité des Successions Sect. 4. n. 223. dit que si le Testateur est sain, quoy que la Peste ait dépeuplé la Ville, il faut sept témoins, suivant la Loy *Cusus C.* & cite Boërius Dec. 228. Papon l. 20. T. 1. de ses Arrests, & Automne *ad L. ult. C. de Testam.* & plusieurs Arrests du Parlement de Bordeaux, il dit au contraire que si le Testateur est attaqué de Peste, il suffit de cinq témoins, & de deux, si la Ville est fort dépeuplée. Or il est constant que deux suffisent en ce Païs-là en temps de Peste, ainsi qu'à remarqué Monsieur Ricard, parce qu'on n'y observe ny l'Ordonnance de Moulins, entant qu'elle a esté étenduë aux Testamens, ny mê-

Voy Pithou sur l'art. 97. C. de Troyes. Servin T. 4. Plaid. 19. Jour. des Aud. T. 1. ch. 36. & l. 3 ch. 47.

me la Loy *Cafus*, & il cite Dolive l. 5. chap. 2. lequel dit qu'à Tholofe on fuit l'opinion de ceux qui requierent cinq témoins en cette occafion, excepté à l'égard des Magiftrats, dans les Teftamens defquels, s'ils meurent en temps de Pefte, en faifant les fonctions de leurs charges, il n'eft requis que deux témoins. Cambolas l. 5. chap. 41. Expilly Plaid. 36. en rapporte aufli des Arrefts, Maynard l. 5. chap. 16. Stephanus pour le Parlement de Provence, & Boërius pour celuy de Bordeaux; furquoy il eft bon de remarquer ici en paffant une diftinction fort judicieufe de Monfieur Bignon Avocat General, rapportée dans le Recüeil des Arrefts de Bardet l. 5. chap. 36. n. 2. au fujet du Teftament nuncupatif & du Teftament myftique en Païs de Droit écrit; il remarqua que l'Ecriture n'étant pas neceffaire dans un Teftament nuncupatif fait en Païs de Droit écrit, il n'eft pas neceffaire aufli qu'il foit figné fur le champ & en préfence du Teftateur par le Notaire & par les témoins, il fuffit que le Teftateur y declare fa volonté devant eux, la foy de ce Teftament refide dans leur bouche, c'eft affez que le Notaire redige enfuite cette difpofition pur écrit, telle qu'elle luy a efté declarée par le Teftateur, il n'eft pas neceffaire aufli que les témoins la fignent, pourveu qu'après la mort du Teftateur ils declarent devant le Juge que telle a efté fa volonté : mais à l'égard du Teftament myftique & fecret, qui a lieu aufli en 59 Païs de Droit écrit, tel qu'il eftoit obfervé en Droit Romain, & lequel doit eftre préfenté clos par le Teftateur aux témoins, comme eftant fon Teftament, il obferva qu'ils doivent le figner en fa préfence, même en temps de Pefte, & la preuve par écrit en eft indifpenfable, celle par témoins ne fuffiroit pas, car il y auroit du danger fans cette fignature des témoins, que l'on ne fuppofât au Teftateur & aux témoins un autre Teftament que celuy qui leur auroit efté prefenté par le Teftateur. Au refte le Teftament nuncupatif, dont il s'agiffoit dans l'efpece de cet Arreft, eftoit fait par un Lyonnois atteint de maladie contagieufe, le Notaire ny les témoins ne l'avoient figné devant le Teftateur, qui n'avoit pas efté interpellé de figner par le Notaire.

Quant aux Teftamens militaires, la Loy 15. C. qui eft de 60 Conftantin, permet aux Soldats de tefter, *Quomodo poffint & quomodo velint*, comme ils peuvent & en la maniere qu'il leur plaift; & ajoûte que fi un Soldat s'eft contenté d'écrire fa derniere nicre volonté avec son sang sur le fourreau de son épée, ou sur son bouclier, ou qu'il l'ait tracée sur la poussiere avec la pointe de son épée, lors qu'il estoit sur le point d'aller à la charge, cette volonté doit estre executée, mais ces Loix ne sont pas receuës si favorablement parmy nous.

61 Monsieur Ricard Part. 1. Sect. 10. Chap. 5. n. 1628. remarque que les Testamens militaires n'ont esté introduits en France qu'en 1409. suivant ce que dit l'Auteur du Grand Coutumier; ils ont esté ensuite autorisez, quoy que non redigez par écrit, par les Ordonnances d'Henry III. de 1576. & 1577. articles 31. & 32. sur la pacification des troubles, ce qui a changé, dit-il, par l'Ordonnance de Moulins, surquoy il rapporte l'Arrest de Monsieur le Bret l. 3. chap. 4.

Loüet en rapporte un autre l. T. n. 8. qui permet la preuve par témoins d'un Testament fait par un Soldat en faveur de sa fille qui n'avoit point esté redigé par écrit ; il avoit esté tué estant en sentinelle sur les murs de la Ville d'Aurillac : mais quoy que Monsieur Loüet soit tres-exact dans les Arrests qu'il 62 rapporte. Constant en ses Additions sur la Coutume de Poitou article 268. dit que cet Arrest prononcé par Monsieur le Premier President du Harlay aux Grands Jours d'Auvergne, jugea ce Testament bon & valable en tout ce qu'il contenoit, encore que le Testateur fut mort avant de le pouvoir finir, suivant le texte de la Loy *Si mater C. de inoff. Testam.* ce qu'il dit avoir appris du sieur Guillot Avocat qui l'avoit entendu prononcer, il fut rendu en 1590. ainsi par cet Arrest on ne permit point la preuve par témoins, comme dit Monsieur Loüet, à ce que Constant prétend, puisque le Testament fut confirmé à 63 l'Audience, quoy qu'imparfait. Le même Monsieur Loüet en rapporte un autre ensuite, rendu à son rapport le 15. May 1592. le Testament estoit fait devant Notaire, lequel avoit obmis une solemnité précrite par la Coutume de Sens, mais il ne dit point ce qui fut jugé. Brodeau aprés avoir cité ceux qui rapportent des Arrests des Parlemens de Droit écrit, où ses Testamens sont receus, dit que si le Testament est fait par le Soldat estant en faction militaire, non écrit, il n'a point lieu, & que la preuve par témoins n'en doit pas estre receuë suivant l'Ordonnance de Moulins, & l'article 83. de celle d'Orleans, mais s'il est par écrit, & que la volonté du Testateur soit constante, encore qu'il manque quelque chose aux solemnitez du Testament, le Privi-

BBb

lege militaire fupplée à ce deffaut, ce qui fe pratique ainfi, dit-il, au Parlement de Paris, fuivant qu'il a efté jugé par les Arrefts, il cite Monfieur le Bret l. 3. Decif. 4. & ajoûte que cela n'a point lieu en faveur de ceux qui portent les Armes contre les deffences du Roy. Mais, dit Monfieur Ricard, quand il ne s'agit que 64 d'un delit militaire, quoy que le Soldat ait efté condamné pour raifon de ce delit, fon Teftament ne laiffe pas d'eftre valable, auffi bien que fon Codicile, fans aucune folemnité. Avant l'Ordonnance de Moulins, le Teftament militaire eftoit valable même *fine fcriptura*, comme dit du Moulin, cité cy-deffus fur l'article 13. du chap. 33. de la Coutume de Nivernois ; Monfieur le Bret dans l'Arreft rapporté par Brodeau, remarque expreffément que nulle Loy en France n'a receu ce Privilege des Soldats Romains, qui leur fut accordé par Jules Cefar, & il eft à noter que le Teftament dont il parle, portoit une fubftitution qui n'avoit pû eftre Publiée ny Regiftrée, fuivant l'article 57. de l'Ordonnance de Moulins, parce que l'on prétendoit qu'elle avoit efté faite verbalement dans un Teftament nuncupatif. Il eft pourtant conftant que l'ufage a receu en France les Teftamens militaires.

C'eft pourquoy Bafnage article 413. de la Coutume de Nor- 65 mandie, dit qu'il faut ajoûter le Teftament militaire aux deux efpeces de Teftamens mentionnez en cette Coutume, & cite deux Arrefts du Parlement de Normandie, qui confirmerent deux Teftamens militaires faits fans folemnitez, parce que la volonté du Teftateur eftoit certaine.

Quant au Païs de Droit écrit, Maynard l. 5. chap. 93. pré- 66 tend que le Privilege du Teftament militaire, eftant compris dans le Corps du Droit, & l'Ordonnance de Moulins n'ayant pas dérogé à ce Privilege, c'eft fuivre le Droit commun en ce Païs-là, que d'y recevoir les Teftamens militaires fans aucune folemnité, & il en rapporte des Arrefts du Parlement de Tholoze, un entr'autre de 1580. qui confirma le Teftament d'un foldat qui avoit dit & declaré fa derniere volonté à fes Compagnons eftant fur le point d'aller à l'affaut de Puylaurens, où il fut tué fur la bréche ; auffi en Païs de Droit écrit on n'obfervoit point autrefois la diftinction de Brodeau, dont il a efté parlé cy-deffus, & quoy que le Teftament du foldat ne fut pas redigé par écrit, il ne laiffoit pas d'eftre executé : *si de voluntate ejus confiaret*, c'eft-à-dire fur le feul témoignage de deux témoins, on se fondoit en ce Païs-là sur ce que l'Ordonnance de Moulins ne parlant point des Testamens, on n'avoit pas crû l'y devoir étendre, comme il a déja esté remarqué. Maynard remarque neanmoins que si celuy qui est substitué à l'heritier par un Testament nuncupatif, tel que peut estre celuy du Soldat, ne l'a point fait repeter devant le Juge, c'est-à-dire n'a point fait entendre les témoins qui l'ont receu, aprés la mort du Testateur, & publier ensuite la substitution; en ce cas aprés les dix ans, la preuve par témoins de ce Testament nuncupatif ne seroit pas même receuë au Parlement de Toloze.

67 Il reste à expliquer la troisiéme Partie de ces Additions, touchant les cas ausquels il est incertain s'il y a un Testament, ou si celuy qui paroist, doit subsister. On demande 1. Si la preuve par témoins de la suppression d'un Testament est recevable, surquoy il faut remarquer que celuy qui demande à faire cette preuve, supposé qu'elle soit recevable, doit y conclure precisément, *in limine litis*, car s'il articule, par exemple, que le Testament a esté déposé entre les mains d'une certaine personne, & qu'il demande ensuite à en faire la preuve par témoins, il n'y sera plus recevable, comme il a esté dit, parce que la preuve par témoins d'un dépost volontaire n'est pas admissible, suivant l'Ordonnance de 1667. & que l'on ne peut estre receu à changer de Conclusions, si ce n'est avant contestation en Cause. Bardet l. 1. chap. 60. en rapporte un Arrest dans l'espece de quatre Promesses soustraites par un des coheritiers lors de l'Inventaire, auquel on en demanda la restitution, comme d'un dépost qui luy avoit esté confié, cet Arrest fut rendu sur les Conclusions de Monsieur le Bret le 11. Juin 1619. & debouta de la preuve par cette raison.

68 Quant à la Question generale, Monsieur Ricard T. des Donat. Part. 3. Chap. 1. n. 6. dit qu'elle est problematique, il conclut neanmoins que la preuve est admissible, si le fait de la suppression est bien circonstantié ; car, dit-il, ce fait n'ayant pû estre préveu, & ne dépendant point de la convention des Parties, puisqu'il est contre leur volonté, il seroit dangereux d'en rejetter la preuve quand il y a des témoins de la verité ; car ce seroit ainsi accorder la liberté à l'heritier de jetter au feu le Testament qui se trouveroit être fait à son préjudice, outre que ce seroit laisser un crime impuni ; mais ce n'est pas assez, ajoûte-t'il, de soûtenir que le Testament a été soustrait, il faut

articuler des faits précis de la suppression. Par exemple, ce n'est pas assez de soûtenir que le Testament a été veu & leu avant le deceds du Testateur, il faut articuler qu'il a été veu & leu depuis son deceds, parce qu'il se peut faire que le Testateur luy-même l'ait supprimé après l'avoir fait, & il faut encore prouver qu'il a été supprimé par le fait de l'heritier *ab intestat*, ou par son ordre, & que cette suppression a été faite par violence & contre la volonté du Testateur, qui étant à l'extrémité, n'a pû en faire sa plainte, il rapporte plusieurs Arrests dont il explique les Décisions differentes, notamment de ceux qui ont admis la preuve, quand les faits de soustraction ont été jugez admissibles. Ils sont tirez de Chopin l. 2. T. 4. n. 5. de Cambolas chap. 41. & de Fevret l. 7. T. de Labus, chap. 12. n. 28. ausquels on peut ajoûter celuy du Journal des Audiences, l. 8. chap. 12. n. 28. qui admit la preuve de la suppression & laceration d'un Testament, quoy que l'on soûtint que ce Testament n'étoit pas parfait, ny signé des Parties, & par consequent nul.

Basnage, T. des Testamens, Coutume de Normandie, page 210. soûtient indéfiniment au contraire, nonobstant l'opinion de Monsieur Ricard, que depuis l'Ordonnance de Moulins, qui est generale, on ne doit plus être receu à prouver par temoins le fait de suppression d'un Testament, parce que si cette preuve n'est pas receuë quand il s'agit d'un fait de suggestion, d'un *fideicommis* tacite, & de revocation d'un Testament. Il y a beaucoup moins d'apparence de recevoir la preuve de l'existence d'un Testament, pour en faire subsister la foy dans la bouche de deux témoins. Il est vray, ajoûte-t'il, que dans le Droit Romain, le fait de suppression d'un Testament étoit un crime, & que par cette raison on pouvoit se pourvoir criminellement en ce cas : mais il y a beaucoup d'autres choses qui passoient pour crimes en Droit, dont l'Ordonnance n'a point receu la preuve, comme l'interversion d'un dépost, ainsi cette preuve seroit d'une trop dangereuse consequence, conclut Basnage ; Et à l'égard de la restriction que fait Monsieur Ricard, lequel veut que dans ce cas, on articule precisément que le Testament a été veu & leu depuis la mort du Testateur ; il soûtient que même cette restriction n'apporte point de remede à la facilité des témoins, que l'Ordonnance a voulu prévenir, que d'ailleurs l'heritier *ab intestat*, qui est l'heritier du sang, étant plus favorable en Païs Coutumier que l'heritier Testamentaire, il ne faut pas exposer à l'avarice de l'un, la fortune de l'autre ; il demeure pourtant d'accord ensuite que la fin de non recevoir, qui resulte de l'Ordonnance de Moulins n'est pas assez forte pour faire rejetter cette preuve absolument, mais il dit que pour la faire recevoir, il faut encore offrir de prouver la teneur de ce Testament par témoins, sans quoy ce fait de suppression demeure inutile : *Frustra enim probatur quod probatum non relevat ;* car il faut sçavoir ce que contenoit ce Testament, & voir s'il étoit au profit de celuy qui articule la suppression, & cette derniere Maxime est indubitable, & doit être suppleé à ce que dit Monsieur Ricard sur cette Question.

71 Le Grand sur la Coutume de Troyes article 168. T. 10. ajoûte à ce que dit Basnage, que quand il y auroit des témoins qui déposassent avoir veu le Testament & ce qu'il contient, le Juge ne doit pas s'arrêter encore à cette preuve, à cause de la subornation des témoins, surquoy il observe que si les heritiers *ab intestat*, étoient accusez de l'avoir supprimé en Droit Romain, la preuve étoit admissible, si l'heritier denioit qu'il y eut eu aucun Testament, & que suivant nos mœurs, cette suppression étant un dol, elle est exceptée de l'Ordonnance de Moulins ; enfin, dit-il, quand il y auroit preuve de la teneur du Testament, il seroit difficile au Juge de prononcer une condamnation certaine contre l'heritier qui a supprimé le Testament, & la condamnation qu'il prononceroit contre luy, ne se pourroit resoudre qu'en dommages & interests. *L. postquam 3. §. si dies D. de legat. & fideic. & l. ult. C. de edendo.*

Mais, dit-il, si c'est un Testament solemnel, il faut que les témoins déposent aussi que les solemnitez y ont été gardées, ce qui est conforme à l'opinion de Basnage, quand il dit qu'il faut en ce cas prouver la teneur du Testament. Il seroit trop long de répondre séparément à ces objections que l'on fait contre le sentiment de Monsieur Ricard, il suffit que l'un & l'autre de ces deux Auteurs conviennent avec luy que la preuve par témoins de la soustraction d'un Testament peut être admise suivant les circonstances, & c'est en effet tout ce qu'on peut raisonnablement decider dans une matiere si obscure & si arbitraire.

72 Soefve Cent. 3. chap. 57. rapporte neanmoins un Arrest du 17. Janvier 1651. qui debouta de la preuve par témoins qu'on demandoit d'une pareille suppression, quoy qu'on articulât que le Testa-

ment avoit été veu aprés la mort du Testateur, on alleguoit la Loy 1. *D. Si tabulæ Test. nul. extabunt.* Et la Loy premiere §. *Semel de bon. poss. secundum tabulas.* On soûtenoit que l'Ordonnance de Moulins avoit été étenduë aux Testamens, & que la soustraction étant un crime, suivant la Loy 35. *de Dolo* ; l'Ordonnance ne parlant que des Conventions des Parties, ne devoit pas avoir lieu dans le cas de soustraction de Pieces. On opposoit au contraire que le Testament nuncupatif n'ayant point lieu en France, ce seroit l'admettre indirectement, que de recevoir la preuve d'un fait de suppression, & de la teneur du Testament par la deposition des témoins, & qu'ainsi ce seroit donner un moyen de supposer souvent un Testament à ceux qui n'en auroient point fait.

Si quis tabulas Testamenti apud se depositas post mortem Testatoris deleverit, vel alio modo corruperit, hæres scriptus habebit adversus eû actionem de dolo, &c.

Boniface l. 8. T. 27. chap. 8. sur cette même Question, prétend que regulierement la preuve de la soustraction ou de la perte d'un Acte, n'est pas receuë, si ce n'est en cas d'incendie, naufrage ou autre cas fortuit, dont il rapporte un Arrest du 5. Février 1646. neanmoins on ne peut conclure sur de pareils Arrests que la preuve par témoins de la suppression d'un Testament, ne doit jamais être receuë qu'en ces occasions, parce qu'il peut y avoir d'autres cas où le fait seroit si bien circonstantié, & soûtenu de présomptions si violentes, que la preuve en seroit indubitablement admise ; Par exemple, si l'on articuloit des causes manifestes de la part du Testateur qui ont pû l'obliger de desheriter son heritier *ab intestat*, si l'on mettoit en fait que cet heritier ayant sceu que le Testateur l'avoit desherité, s'étoit rendu maître de sa maison, de sa personne & de ses domestiques au temps de sa mort ; si l'on ajoûtoit que le Scellé n'ayant point été mis sur les Papiers du Testateur que quelque temps aprés sa mort, cet heritier en avoit emporté une partie. Enfin, si on offroit de prouver que cet heritier depuis la mort du Testateur avoit interverti les effets, qu'il les avoit mis sous des noms empruntez, & qu'en un mot la fraude fut en quelque sorte notoire, la preuve seroit sans doute admissible, quand même il n'y auroit qu'une partie de ses circonstances qui s'y rencontrassent, mais il faut que le Juge se souvienne en cette occasion, que la Maxime du Droit est contre celuy qui demande à faire cette preuve, parce que celuy qui allegue un Acte en Justice, doit le représenter : *Si scripturam authenticam non videmus, aut exemplaria, nihil facere pos-*

famus. La Loy premiere *D. Testam. quemad. aper.* veut à cet effet qu'on communique le Testament à tous ceux qui y ont interest ; d'ailleurs s'agissant d'un dol personnel, qui charge la reputation de l'heritier *ab intestat*, ce fait ne doit pas être allegué en termes vagues & generaux : *Scire enim debet actor, in qua re circumscriptus sit, nec in tanto crimine vagari* ; ainsi il faut que l'heritier Testamentaire ou le Legataire, prouvent de quelle maniere la chose s'est passée, par des preuves indubitables. Monsieur le Prestre Cent. 1. chap. 60. comme il a déja été remarqué, soûtient aussi que cette preuve de la soustraction d'un Titre n'est point contraire à l'esprit de l'Ordonnance de Moulins ; car autre chose est, dit-il, de prouver par témoins qu'une chose nous est deuë, ce qu'elle deffend precisément (parce que cette dette est l'effet d'une Convention qui doit être redigée par écrit) autre chose est de prouver que l'on a perdu le Titre de cette dette, & qu'il nous a été soustrait.

Cap. ult. extravag. de Testament.

Perspicuis judiciis.

76 La seconde chose qu'il faut examiner, regarde le cas auquel le Testateur a été empêché de tester, ce qui peut arriver en plusieurs manieres, ou par le moyen de la suggestion, qui sub-
77 stituë en quelque sorte la volonté d'un étranger à celle du Testateur, ou par voye de fait, quand on luy a osté les moyens de faire son Testament, ou de changer, ou de revoquer celuy qu'il avoit fait. Pour ce qui est de la suggestion, il faut distinguer d'abord ce que c'est qu'une disposition captatoire, en termes de Droit, d'avec la suggestion, parce que la Loy ne s'est point servi du terme de suggestion, mais de celuy de Captation dans les deux Titres du Dig. & du Cod. *Si quis aliq. Test. prohib.*

78 La définition de la Captation est rapportée dans la Loy 70. *ff. de hered. inst.* laquelle est de Papinien. Le Senat, dit cet excellent Jurisconsulte, *n'a pas deffendu comme Captatoires les institutions d'heritier, qui n'ont pour principe & pour motif qu'une affection reciproque entre ceux qui s'instituent mutuellement heritiers, mais il a deffendu les institutions faites sous condition que celuy que nous instituons, nous instituëra aussi son heritier, & lesquelles par consequent dépendent du secret de la volonté d'un autre, c'est-à-dire du Testament qu'il fera.*

Captatorias institutiones non cas Senatus improbavit, quæ mutuis affectionibus judicia provocarerūt sed quarum conditio confertur ad secretum alienæ voluntatis.

79 Monsieur Cujas sur cette Loy, observe qu'il n'y a que les Interpretes Grecs qui l'ayent bien entenduë, & qu'à l'exception de Socinus le Jeune, tous les Interpretes Latins s'y sont trom-

pez, en ce qu'ils ont crû qu'elle devoit s'entendre des dispositions qui dépendent de la volonté d'une autre personne que de celle du Testateur, comme si quelqu'un institué pour son heritier la personne que Titius voudra choisir, or cette institution n'est pas nulle comme captatoire, parce que le Testateur par cette institution, dit Monsieur Cujas, n'engage point Titius à l'instituer son heritier en récompense du choix qu'il luy laisse de luy en nommer un : mais elle est nulle, parce que dépendant entierement de Titius, c'est la volonté de Titius qui fait en ce cas le Testament, & non pas celle du Testateur, ce qui est directement opposé à la definition du Testament. Qu'est-ce donc qu'une disposition captatoire ? c'est une disposition conditionnée qu'on peut appeler, dit Monsieur Cujas, suivant le texte des Basiliques, la récompense d'un bien-fait avant que le bien-fait ait été receu, parce qu'elle dépend de sçavoir si celuy que nous instituons heritier, nous instituera aussi ses heritiers ; d'où il s'ensuit, selon Monsieur Cujas, que si cette disposition est referée au temps passé ; Par exemple, si le Testateur dit, j'institué Titius mon heritier pour la même portion qu'il m'a institué son heritier, elle n'est point captatoire, parce qu'elle n'est pas faite à dessein d'attirer & de meriter une pareille disposition de celuy en faveur duquel elle est faite, mais c'est une recompense de la disposition qu'il a déja faite à nostre profit, ce qui est permis, & la Loy *illæ autem ff. de hered. inst.* y est précise.

Duaren sur le T. *de hered. inst. ff.* dont est tirée la Loy *Captatorias*, reconnoist aussi qu'Accurse & ceux qui l'ont suivi, ont mal expliqué la Loy *Captatorias*, & dit qu'une disposition Captatoire, n'est point celle qui est referée au temps passé, mais au temps futur, laquelle estant contre l'honnesteté publique ; a esté justement prohibée par la Loy, comme contraire au troisième précepte du Droit, & c'est par cette raison d'honnesteté qu'elle est même deffenduë aux Soldats par la Loy 11. *C. de Test. militia*, parce que les Loix de l'honnesteté sont pour eux comme pour tout le monde.

Harmenopule l. 5. T. 8. §. 4. excepte des institutions captatoires celle qui dépendent & qui sont referées au temps passé. Godefroy sur la Loy 11. *C. de Test. mil.* est de même sentiment, & il dit qu'il faut lire *Mutuatis affectionibus*, & non pas *mutuis affectionibus*, dans la Loy 70. *ff. de hered. inst.* Il est certain que suivant nos mœurs, les Arrests ont condamné les institutions

Repensatio beneficii ante beneficiū. Cujas ibid. Et in iisdem exemplis institutiones non gratiam reposcunt ut captatoriæ sed referunt, cum beneficium acceptum consequantur.
Turpis est hæc institutio & pleræque hujusmodi in jure nostro referuntur ad honestatem. Quæ est tertium præceptum juris honeste vivere.
§. 5. Valent tamen quæ in præteritū tempus conferuntur ut quâ exparte me Petrus heres scripsit, ex ea parte mihi Paulus heres esto.

conditionnées

conditionnées, faites en execution des Conventions reciproques de s'instituer heritiers, parce qu'on les a regardé comme captatoires & frauduleuses, suivant la Loy *Captatorias*.

Charondas en ses Réponses l. 8. ch. 60. en rapporte une espece, dans laquelle il avoit écrit; un Particulier avoit institué par son Testament une personne, qui n'étoit ny son Parent ny son Allié; après sa mort on trouva dans ses Papiers une Lettre attachée à la Minute de son Testament, écrite & signée de la main de cet heritier institué, par laquelle il mandoit au deffunt, qu'il l'avoit institué son heritier, ainsi qu'il paroissoit par la copie du Testament dont il luy envoyoit le Projet, & le prioit, suivant la promesse qu'il luy avoit faite, de l'instituer aussi son heritier; à quoy ce Testateur ayant satisfait par ce Testament, les heritiers soûtinrent que cette disposition étoit nulle, comme referée au temps passé, & par Arrest du 4. Février 1559. l'institution fut jugée captatoire, le Téstament declaré nul. Maynard l. 8. ch. 61. en rapporte un autre Arrest presque pareil dans les circonstances, rendu par le Parlement de Toloze au mois de Mars 1574. & il approuve le sentiment & l'Arrest rapporté par Charondas cy-dessus.

84 Neanmoins Monsieur Ricard *a* Tit. des Donat. Part. 3. Chap. 1. n. 65. estime que les institutions conceuës pour le passé, portent bien plus la marque de la captation, que si le Testateur s'étoit expliqué par le futur, parce que dans ce cas de la Loy on peut dire que Titius a fait connoistre son Testament au Testateur, afin de captiver sa volonté, & de le provoquer à faire le semblable à son égard, au lieu que quand la disposition est conceuë pour le temps futur, la disposition de celuy qui l'a faite, n'est point provoquée par celle de celuy en faveur de qui elle est faite, mais elle la provoque seulement.

85 Pour ce qui est des suggestions, Monsieur Ricard *ibidem n. 3. 4. 5. & suivans*, pose pour principe que l'Ordonnance de Moulins, qui deffend la preuve par témoins au dessus de cent livres, n'a point été faite pour favoriser les mauvaises intentions des hommes, & n'a d'application qu'aux cas où l'on peut avoir fait des Contrats ou des Actes par écrit, & qu'ainsi elle n'a pas lieu en matiere de suggestion, dans laquelle il s'agit de la preuve d'un fait arrivé contre la volonté de celuy qui s'en plaint, outre que la suggestion est une espece de crime, suivant la Loy premiere *ff. Si quis al. Test. proh.* & n. 39. il fait voir que le

a On n'entrepréd pas d'examiner ici si M. Ricard a mieux entendu le sés des Loix touchant les legs captatoires que M. Cujas les Testamés mutuels sont licites quád ils se font en même temps, ou que celuy qui teste dernier, dispose librement en faveur du premier, quoy qu'en veuë de le recompenser des legs qu'il luy a fait, mais la Convenció de s'instituer heritier est formellement oposée à la liberté de tester.

Testament fait par suggestion, ne laisse pas d'être une action volontaire, mais faite neanmoins contre l'élection de celuy qui la fait; c'est à-dire que le choix de cette action ne tire pas son origine de l'esprit & de la volonté du Testateur, mais de celuy qui l'a suggeré, soit qu'il y ait force ou contrainte, ou simple persuasion, laquelle est encore plus dangereuse que la force ouverte.

Monsieur Dargentré sur l'article 571. de la Coutume de Bretagne, laquelle conformément au Droit Romain, declare nuls les legs qu'une personne a écrit luy-même en sa faveur dans le Testament d'un autre, dit que suggerer c'est apporter un Testament tout fait au Testateur, ou le dicter, & prévenir sa volonté de telle sorte par ses discours, qu'on le pousse à nous laisser quelque legs, car c'est luy arracher en quelque sorte un present qu'il n'avoit pas dessein de faire.

Monsieur Ricard distingue ensuite au même endroit deux sorte de faits de suggestions, ceux qui se sont passez lors du Testament, & ceux qui se sont passez avant le Testament.

A l'égard des premiers; dans les Testamens où le Notaire a exprimé qu'il a été fait sans suggestion, suivant la Coutume des Lieux qui le requiert; il faut, dit-il, s'inscrire en faux pour être admis à la preuve, parce que l'énonciation du Notaire fait foy.

Mais à l'égard des faits de suggestion arrivez avant le Testament, quoy que ces faits lient aussi la volonté du Testateur, comme s'il y a eu des menaces ou des voyes de fait qui ont précédé, neanmoins comme le Notaire ne peut rendre raison que de ce qui se passe devant luy, quand il auroit exprimé que le Testament a esté fait sans suggestion, neanmoins la preuve du contraire seroit admise en ce cas sans inscription de faux; & à plus forte raison dans les Testamens passez dans l'étenduë des autres Coutumes qui ne requierent pas cette expression. Ainsi pour rendre la preuve de la suggestion plus aisée à admettre, il faut articuler precisément que le Testament a esté dicté au Notaire par celuy en faveur duquel la disposition est faite. D'ailleurs quand on articule des faits de suggestion arrivez avant le Testament, il y en a qui sont décisifs, comme ceux qui sont fondez dans des présomptions de Droit écrites dans l'Ordonnance ou dans la Coutume; Par exemple, lors qu'on articule qu'un Novice à la veille de sa Profession, a disposé en

Eodem causa est eorum qui aliena Testamenta fecerunt, esserunt, dictant. Suggerere vero qui non rogatus, à Testatore ultro voluntatere ejus prævenit verbis & impulit ut sibi aliquid relinqueret quod communi consensu pro nullo haberi volunt, veluti id sit ingerere testanti non cogitatam antea liberalitati & elicuisse judicium non spontaneum. Nec liberæ voluntatis quod maxime in Testamentis exposcunt.

en Matiere Civile. 387

faveur du Monastere où il a esté depuis receu Profez, & autres semblables; car la pluspart des autres faits de suggestion, sont d'ordinaires vagues & incertains, & comme ils ne décident pas, la preuve par consequent en doit estre rejettée.

88 Mais afin d'éclaircir ce que les Loix ont entendu quand elles ont dit qu'il estoit permis de provoquer un legs à son profit, par les bons offices que l'on rend au Testateur, la Loy *Captatorias*, cy-dessus citée, & les deux dernieres Loix des deux T. *Si quis aliq. Test. prohib. ff.* & au Code se servent des termes de *mutuis affectibus, blanditiis, maritali sermone*, qu'il est necessaire de bien entendre.

89 Maistre Charles du Moulin sur ce T. du Code, dit d'abord que quoy que ces deux dernieres Loix ne parlent que du mary, elles sont aussi en faveur de la femme, & que Jason en a même fait une Maxime generale à l'égard de toute sorte de personne; il ajoûte ensuite deux limitations de cette Maxime qu'il faut examiner.

90 La premiere est, que ces bons offices & les caresses permises par la Loy ne doivent point estre accompagnées de dol; car en ce cas le Testament seroit nul. Il est vray, dit-il, que le dol est difficile à découvrir parce qu'il se passe dans l'interieur, & qu'il en faut juger par les circonstances, ou plûtost, dit-il, il faut se servir de la Regle que donne Angelus pour en juger; Par exemple, si les caresses & les bons offices, & autres voyes de douceur dont on s'est servi, sont simplement avantageuses à celuy qui les fait, & ne sont point nuisibles à un autre, en ce cas, suivant le sentiment d'Angelus, elles sont licites: mais si elles sont faites à dessein de nuire à un autre, elles rendent le Testament nul; Par exemple, dit ce Jurisconsulte, un Testateur a institué un Monastere son heritier, si je persuade ensuite le Testateur de revoquer ce Testament sur quelque pretexte, & de m'instituer heritier à la place de ce Monastere; en ce cas les voyes de douceur dont je me suis servi, sont presumées avoir esté mises par moy en usage, plûtost pour nuire à ce Monastere, que pour me procurer cette institution d'heritier, & Angelus assure, comme rapporte du Moulin, que suivant cette Regle, il avoit fait juger dans une espece semblable, que le premier Testament fait au profit du Monastere, devoit valoir au préjudice du second.

Quod primo procedit nisi una cum blanditiis concurreret dolus. Nam ille dolus adhibitus bladitiis, facit ut Testamētum non valeat. Quod quādo blanditiæ mihi qui blādior tantum sunt utiles, & altiri non afferunt damnum; vel incommodū, tunc illæ sūt permissæ. Si autem blanditiæ tenderent in alterius damnū. Tunc vergerent in dolum & ideo faciant actum nullum.

91 Cependant cette Regle d'Angelus n'est pas approuvée de tout

CCc ij

le monde, & nonobstant le sentiment de du Moulin. Peckius, tres-habile Jurisconsulte, qui a fait un Traité *de Test. conjugum*, soûtient, suivant l'autorité de la Glose, de Cynus, de Decius, & de Jason, que cette Regle n'est pas juste. En effet, dit-il, si elle avoit lieu, il s'ensuivroit que jamais la Loy qui a permis à un mari d'engager sa femme par ses bons offices & par ses caresses, de faire un Testament en sa faveur, ne pourroit avoir lieu, parce que jamais il ne le pourroit faire qu'au préjudice de l'heritier *ab intestat*, estant certain que celuy qui se procure un avantage, quoy qu'il nuise à un autre indirectement, n'est pas présumé pourtant avoir eu dessein de nuire à personne; si ce n'est, dit-il, dans le cas auquel, par ses sortes de voyes de douceur, il engageroit un Testateur à revoquer le Testament qu'il avoit fait en faveur d'une personne, pour en faire un second, au profit d'un autre qui luy seroit absolument étranger, & sans autre dessein que de nuire à celuy qui avoit esté institué par le premier Testament; d'où il conclut que cette Regle d'Angelus ne peut estre d'aucun usage.

Il y a même des Jurisconsultes qui ont passé plus avant, Brunemannus *ad T. C. Si quis al. Test. proh.* non seulement exclut le dol en cette occasion, mais il ne veut pas même que le mari, qui essaye par ses discours d'engager sa femme à luy faire un legs, y mesle quelque mensonge pour la tromper: *Si quis mendaciis utatur in persuasionibus, in eo præsumitur dolus*, parce que c'est un dol qui est deffendu par la Loy. Cujas *eod. Tit.* dit que cette Loy exclut la persuasion frauduleuse & la finesse, *Persuasiones dolosas & calliditatem*, qu'il appelle *dolum malum*; & Coquille Question 293. en parlant du Testament fait sur l'interrogation faite au Testateur par un autre, dit que les Jurisconsultes qui soûtiennent qu'il est valable, ne doivent pas argumenter par ce qui est dit dans la Loy derniere *ff. eod. Tit.* parce que dans l'espece de cette Loy & de celle du Cod. *eod. Tit.* le mari essayoit seulement de se remettre bien dans les bonnes graces de sa femme, afin que le ressentiment qu'elle auroit pû avoir contre luy, ne l'empeschast pas de luy leguer quelque chose, mais elles ne disent pas que le mari la sollicitast de luy faire ce legs, & aprés avoir dit que ces suggestions sont d'autant plus à blâmer, qu'elles se pratiquent lors que le Testateur est malade; il ajoûte que le Parlement, à ce qu'on luy avoit dit, avoit jugé contre les legs qui avoient esté suggerez & sollicitez, d'où il

semble qu'on peut conclure qu'il a esté d'avis qu'il n'estoit pas même permis de solliciter un legs en sa faveur, en quelque temps ny en quelque occasion que ce soit, ce qui n'est pourtant pas vray dans la Regle; aussi M. Ricard *ibid.* soûtient que non seulement le
94 legs provoqué par les services du Legataire, n'est pas un legs suggeré, mais que quand le Legataire auroit prié ouvertement le Testateur de luy faire un legs, & quand même ce legs seroit extorqué par mauvais artifice; c'est-à-dire s'il y avoit lieu de présumer que le Legataire en faisant un tel present au Testateur, n'a esté poussé que du dessein sordide d'exiger ce legs. Neanmoins, dit-il, parce que les presens & les caresses ne contiennent rien contre les bonnes mœurs, ce legs ne doit pas estre regardé comme suggeré. Et en effet, la Loy derniere *Code, Si quis al. Test. pro.* decide simplement & en general comme une Maxime, qu'il est permis au mari de solliciter sa femme par tous les *Judicium* discours dont un mari a coutume de se servir pour la persua- *uxoris postremum in* der, de luy laisser quelque chose par son Testament; & ainsi *se provocare* cette Loy paroist plus étenduë que celle du Digeste *eod. Tit.* *maritali* qui semble restrainte dans le cas d'un mari qui avoit irrité *sermone non* sa femme, & qui songeoit seulement à l'appaiser dans la con- *sum.* jonture de sa maladie, ce qui estoit neanmoins la solliciter indirectement de ne pas l'oublier dans son Testament, & de revoquer le Codicille qu'elle avoit fait à son préjudice, aussi cette Loy se contente de deffendre au mari d'employer à cet effet contre elle le dol ou la force, & luy permet par consequent toutes les autres voyes de douceur dont un mari peut s'aviser en ce rencontre. C'est pourquoy du Moulin, comme il a esté remarqué cy-dessus, demeure d'accord avec Jason, que cette permission de la Loy, de provoquer par ses bons offices & par ses discours, un legs en sa faveur, doit estre étenduë à toute sorte de personnes. Il est aisé de conclure de ce qui vient
95 d'estre dit, que dans ce cas, qui est permis par les deux Loix du Digeste & du Code, la preuve par témoins de cette sorte de suggestion, qu'on peut appeller licite, ne seroit pas admise, parce qu'elle seroit inutile, ce qui s'entend pourveu que le Testateur n'eust point disposé au delà de ce que la Loy luy permet.
96 Le même du Moulin *loco citato*, ajoûte une autre espece pour *Quando de-* expliquer ce que c'est que *blanditiæ dolosæ*; Si, dit-il, un mari *tineo uxorē* tient sa femme enfermée chez luy, & ne laisse point approcher *facio copiam* d'elle ses Parens & ses Amis, pour estre presens lors qu'elle *cognatis vel amicis uxo-*

fait son Testament, & que profitant de cet éloignement, il employe toutes sortes de caresses & de paroles de flaterie auprés d'elle pour la porter à l'instituer son heritier à leur préjudice, pendant qu'il les empesche de la voir, soit ouvertement, soit secretement, en faisant agir d'autres personnes à sa place qui les en empeschent. En ce cas, dit du Moulin, ces sortes de voyes de douceur dont il se sert, sont suspectes de dol ; & c'est pourquoy Cinus a fort bien dit, que rarement les caresses & les discours que l'on a coutume d'employer en ce rencontre, sont exempts de dol ; ce qui doit estre remarqué, dit du Moulin, comme une Maxime generale en ces sortes de cas.

97 Peckius en l'endroit cy-dessus cité, ajoûte encore une autre espece de dol ; Si par exemple, dit-il, une femme empesche que le Medecin, ny aucune autre personne, ne vienne au secours de son mari malade, & que faisant l'empressée pour l'assister, elle se serve de ce moyen pour l'engager à faire quelque disposition en sa faveur ; car si le mari fait en ce cas un Testament au profit de sa femme, il y aura lieu de présumer que ce sera plûtost par crainte d'estre entierement abandonné d'elle dans l'extrêmité de sa maladie, qu'il a fait ce Testament, que de croire qu'il a simplement cedé aux caresses & aux discours flateurs de sa femme, ce qui est conforme aux senti-

98 mens des Docteurs sur la Loy *Si medicus de extraord. cog. ff.* & sur la Loy *Archiater 9. Cod.* qui ont deffendu les legs aux Medecins, parce que dit Coquille *loco citato*, le malade est en la puissance de ceux qui le sollicitent de tester en leur faveur, & c'est une espece de violence qu'on exerce sur luy que de le menacer de l'abandonner, d'autant plus qu'à l'égard des Testamens, ainsi que dans les Contrats de Mariage, la volonté doit estre tres-libre, comme du Moulin le prouve sur le Titre C. *Si quis al. Test. proh.*

99 Peckius ajoûte au même endroit, que si ses caresses & ses flateries permises par la Loy 97. quoy qu'innocentes d'elle-même, sont faites à un moribond dans le temps auquel il est entierement accablé de sa maladie, elles luy sont toûjours fâcheuses, & ne font que redoubler son mal, de telle sorte que si le malade paroist y consentir dans son Testament ; il y a lieu de présumer que c'est moins par une volonté déterminée en faveur de la personne au profit de laquelle il dispose, que par l'envie qu'il a de se délivrer de son importunité, & d'obtenir d'elle, qu'elle le laisse mou-

en Matiere Civile.

rir en repos. Ainſi cette conjoncture de l'extrémité de la maladie doit eſtre ſur tout conſiderée par le Juge pour ſe déterminer.

100. Il y a même des Juriſconſultes qui ont ſoûtenu que les prieres reïterées juſqu'à l'importunité, auprés d'un Teſtateur, par celuy au profit duquel il a diſpoſé, rendent la diſpoſition nulle, parce que l'importunité exceſſive eſt ſeule capable de forcer la volonté du Teſtateur, & que rien ne doit eſtre plus libre que la liberalité qu'il fait en mourant. Peckius n. 8. *loco citato*, prouve fort au long cette Maxime par le témoignage d'Innocent & de Felinus, qui dit que les careſſes trop affectées & trop preſſantes, ont autant de force qu'auroient les menaces. Mais il ſeroit dangereux d'en faire une Maxime generale, & parce que cela dépend des circonſtances, il faut que le Juge ſe détermine, ſuivant l'état de la maladie & de l'eſprit du Teſtateur, & ſuivant la qualité de celuy qui eſt inſtitué, & du legs qui luy a eſté fait.

101. La ſeconde limitation que met du Moulin aux deux Loix dernieres du Digeſte & du Code *ſi quis al. Teſt. proh.* eſt que ſi le mari a uſé de menaces envers ſa femme, ou s'il l'a battuë, le Teſtament qu'elle a fait à ſon profit par un motif de crainte, eſt nul, comme decide Bartole ſur la Loy 1. §. *Qui onerande ff. quar. rer. actio non datur.* Il n'eſt pas même neceſſaire, ajoûte du Moulin, que les menaces ayent eſté faites, & les coups donnez dans l'inſtant du Teſtament, c'eſt aſſez qu'il y ajt preuve qu'ils ont précedé, ce qu'il limite à ſix mois auparavant; car ſi dans cet intervalle la femme tombe malade, & que le mari uſe de careſſe & de flaterie pour l'obliger à teſter en ſa faveur, cela ſuffit pour faire préſumer que cette femme a fait ſon Teſtament par un mouvement de crainte, qu'elle a encore des menaces de ſon mari, ou des coups qu'il luy a donné auparavant.

102. Mais Peckius au même endroit dit, que ſi cette crainte que le mari a imprimé dans l'eſprit de ſa femme, eſt atroce, en ce cas on préſume qu'elle ne s'en efface jamais, & qu'elle dure auſſi long-temps que le Mariage; & il ajoûte que la crainte que le ſeul reſpect luy imprime pour ſon mari, ſuffit pour rendre nul le legs qu'elle luy auroit fait par ce motif, ſi ſon mari l'a extorqué d'elle par ſes larmes.

De tout ce qui vient d'eſtre obſervé, on peut conclure que la preuve par témoins eſt recevable, quand on articule que par des voyes de fait, qui ſont toûjours illicites, on a empeſ-

preſſo ad-
libeantur,
cui quan-
tumvis mo-
derata pre-
ces etiam ſi-
bi cariſſimo-
rum moleſta
& odioſa
ſunt, neque
dubiù quin
morbum ag-
gravent,
ideoque Te-
ſtator his
conſentiens
non ex ani-
mi ſententia
ſed ſua ta-
men quietis
gratia feciſ-
ſe præſumi-
tur.

Extorſio
autem &
importuna
flagitatio æ-
quiparan-
tur tum in
eadem cau-
ſa ſint ob-
tenta per
importuni-
tatem & ob-
tenta per
metum.
Blanditiæ in-
ſtantiſſimæ
habent vim
minarum.
Et non tan-
tum ſufficit
ad annulla-
tionem Te-
ſtamenti, ſi
minæ vel
verbera fie-
rent in ipſo
actu Teſta-
menti, ve-
rum etiam
ſufficit ſi
poſſet proba-
ri minas vel
verbera præ-
ceſſiſſe, ne
forte tamen

ché le Testateur de faire son Testament, ou de changer & revoquer celuy qu'il avoit fait.

ante mediū anni tractaveris crudeliter uxorem tuam illa hodie vult mori, tu blandis verbis appellas. Certe ille metus minarum, satis est ut dicatur illa mulier esse in metu.

Nam metus semel per atrocitatem incussus, perpetuus censetur & inter conjuges tamdiu permanet quandiu matrimonium constat, ut si maritus ab ea lachrimabundus misere precibus & obtestationibus legatum impetret ; quia reverentia mariti pro justo metu habetur.

103. Par exemple, si suivant les termes des deux Loix dernieres au Digeste & au Code *Si quis aliq. Test. pro.* on articule que l'on a empesché le Notaire & les témoins d'entrer, & on peut aussi en ce cas prendre la voye de l'action criminelle, parce qu'il y a du crime.

104. Du Moulin *eodem Titulo*, dit qu'il faut articuler deux choses ; La premiere, que le deffunt a voulu faire son Testament ; & la seconde, que dans le temps qu'il le vouloit, quelqu'un l'en a empesché ; mais quand il s'agit de prouver que le Testateur auroit revoqué un premier Testament, & en auroit fait un autre en faveur de celuy qui se plaint du premier, s'il n'en eust esté empesché. Peckius *de Test. conjugum* chap. 13. dit qu'il faut articuler quatre faits & les justifier.

Primo quod Testator voluerit testavi, secundo quod volentem aliquis prohibuerit.

105. 1. Que le deffunt vouloit revoquer son premier Testament. 2. Que dans l'instant qu'il le vouloit revoquer il en a esté empesché par dol ou autrement, car on peut prouver au contraire que c'est par l'accablement de la maladie où estoit reduit le Testateur, qu'il en a esté empesché. 3. Que le deffunt auroit testé en faveur de personne capable de recueillir sa disposition, tel qu'est la personne qui se plaint du premier Testament. 4. Que s'il eust fait ce second Testament, il auroit disposé en faveur de celuy qui articule tous ces faits. Car en ce cas, cet empeschement de tester est un crime public, dit Peckius, parce qu'il importe à tout le monde que la volonté du deffunt soit observée.

Hoc delictū ad vindictā publicā pertinet, quia publicè refert Testamenta defunctorum servari.

Et dicitur satis prohibere aliquis, non tantum si testatorem prohibeat, sed etiam si alia quadā removetur. Quæ requiruntur ad Testamenti factionem.

106. Et ce n'est pas seulement empescher le Testateur, de faire son Testament, que de luy oster, par exemple, la plume des mains quand il veut écrire sa disposition dans un Testament olographe, mais c'est l'empescher de tester, dit M. Charles du Moulin, en l'endroit cy-dessus cité, si on luy oste par fraude les moyens de le faire, comme si on empesche le Notaire & les témoins d'entrer aprés que le Testateur les a envoyé chercher. Il en est de mesme si on refuse de les aller chercher quand il los appelle,

appelle, ou ſi quand ils ſont avertis on les renvoye, ſous prétexte que le Teſtateur n'eſt pas en état de leur parler.

107 Brodeau ſur Loüet l. T. n. 8. aprés avoir dit que ce fait, que le Teſtateur a eſté empeſché de teſter, ne doit pas eſtre vague, mais bien circonſtantié, ajoûte deux limitations conſiderables. 1. Que ce fait ne doit pas eſtre allegué long-temps aprés le deceds du Teſtateur. 2. Il veut qu'il y ait quelque
108 commencement de preuve par écrit, & il cite un Arreſt rendu ſur les Concluſions de Monſieur l'Avocat General Servin, du 9. Juillet 1607. qui permit cette preuve ; & un autre auſſi ſur les mêmes Concluſions de Monſieur Servin, du 20. Janvier 1625. qui jugea le contraire dans un cas où le fait eſtoit allegué long-temps aprés le deceds du Teſtateur, & ou il n'y avoit aucun commencement de preuve par écrit. Automne *ad l. 2. ff. Si quis al. Teſt. pro.* rapporte pourtant un Arreſt du 4. Octobre 1596. lequel vingt-deux ans aprés la mort du Teſtateur, admit les heritiers à faire preuve que le Teſtateur avoit eſté empeſché de faire un autre Teſtament, ce qui fait voir que la Maxime de Brodeau n'eſt pas toûjours obſervée, quoy qu'elle ſoit fort judicieuſe.

Voy Robert l. 2. res Jud. ch. 10. & le Journal des Audiences l. 1. chap. 35.

109 A l'égard du commencement de preuve par écrit qu'il requiert, cette limitation n'eſt pas une exception de la Maxime qui permet la preuve par témoins en ce cas, parce qu'il eſt certain, que quand il y a un commencement de preuve par écrit, la preuve eſt toûjours permiſe, ſuivant l'Ordonnance de 1667. & même quand il n'y en a point, cette preuve eſt admiſſible ſuivant les circonſtances, par les raiſons qui ſuivent, rapportées par Ricard *T. des Don.* Part. 3. Chap. 1.
110 n. 14. lequel aprés avoir rapporté l'Arreſt cité par Choppin *de Mo. Pariſ.* l. 1. T. 4. n. 4. rendu en l'Audience des Grands Jours de Lyon le 14. Octobre 1596. qui appointa à faire preuve du fait, que le deffunt avoit eſté empeſché de teſter de nouveau. n. 15. il dit pour juſtifier que cette preuve eſt recevable, que l'action en eſt permiſe par les T. du Digeſte & du Code *Si quis al. Teſt. proh.* par la Loy unique *D. quibus non competit. bon. poſſeſſ.* & par la Loy 3. Cod. *de inoff. Teſt.* & que l'Ordonnance de Moulins n'a point arreſté le cours de cette action, parce qu'elle ne comprend que le fait ſujet à Convention, & ſuſceptible de Contrat, & ce n'eſt pas, dit-il, introduire par là l'uſage des Teſtamens nuncupatifs (dont la preuve eſt rejettée parmy nous)

parce que, dit-il, il faut rejetter cette preuve lors que le Testateur a eu le pouvoir par quelque moyen que ce soit, de laisser sa derniere volonté par écrit (ce qui est une troisiéme limitation à cette Maxime, outre les deux cy-dessus rapportées par Brodeau) parce que dans nostre Droit François, tout rempli d'équité, on ne doit point laisser de prétention legitime sans action, ce qui arriveroit si on excluoit cette preuve qui ne se peut trouver par écrit. Il cite un Arrest du Parlement de Bourgogne du 17. Juillet 1606. rapporté par Fevret de l'Abus l. 7. chap. 12. Maynard l. 8. ch. 74. en rapporte un du mois d'Avril 1570. rendu au Parlement de Tolose, qui permit aussi cette preuve, & qui jugea que ce fait d'empeschement articulé par un des coheritiers seulement, ne nuisoit point aux autres coheritiers, suivant la Loy *fratris factum*,

L. 2. ff. Si fratri non nocet, & ajugea au fils la part de celuy qui avoit empes-
quis al.
Test preh. ché le Testateur de faire son Testament, cette confiscation ayant lieu en Païs de Droit écrit, suivant le Droit Romain, & non pas en Païs Coutumier. Charondas Resp. l. 7. chap. 63. en rapporte un Arrest du 23. Mars 1559. Il y a eu même des Ar-

M. Ricard part. rests qui ont jugé que dans ce cas, auquel le Testateur est em-
3. cha 1. n. pesché de tester, si en présence de témoins il declare sa der-
28. & sui- niere volonté, ce Testament verbal est valable. Bouchel sur la
vant, fait
une distinc- Coutume de Valois T. des Testamens, en rapporte un Arrest
tion sur ce du 23. Mars 1559. & l'Hommeau l. 3. de ses Maximes n. 8. trait-
sujet, qu'il
est inutile tant expressement de l'explication qu'on doit donner à l'arti-
de rappor- cle 54. de l'Ordonnance de Moulins, dit aussi que si on a em-
ter.
 pesché le Testateur de faire un Testament solemnel, & qu'il
Robert l. 2. ait declaré sa volonté devant des témoins, leur déposition sera receuë.

Basnage Coutume de Normandie, T. des Testamens, dit pourtant que dans le Païs Coutumier où le Testament nuncupatif n'est point receu, la preuve de cet empeschement de Testament ne doit pas estre receuë, mais c'est pousser la Maxime trop loin, estant certain que suivant les circonstances & la qualité des faits elle peut estre admise; quant à la Question si le Testament verbal fait en pareil occasion par le Testateur est valable, elle n'est point de ce Traité.

Il suffit de conclure de tout ce qui vient d'estre dit que le Juge doit faire reflexion sur la difference qu'il y a entre les services, les caresses, les presens, & les autres voyes de douceur dont on peut se servir ouvertement ou indirectement, & par l'interposition d'autre personne, pour provoquer la liberalité du Testateur, & sur le dol & les voyes illicites, que la Loy a deffendu en ce rencontre, car quoy qu'il se puisse faire que les premieres blessent l'honnesteté & même la conscience, & obligent à restitution ceux qui les ont pratiquées, la Loy n'est point entrée dans cet interieur de l'intention, il luy suffit que celuy qui s'en est servi, ait eu l'adresse de gagner & de seduire même la volonté du Testateur, elle présume qu'il a disposé librement; ainsi de semblables faits ne sont pas recevables, & la présomption est pour le Testament. Il y a même des cas ou la preuve du dol n'est pas permise; sçavoir quand ce dol est licite. Du Moulin Code *si quis ol. Test. proh.* en donne une exemple en la personne d'un Frere, qui sçachant que son Frere vouloit tester en faveur de sa Concubine, l'en empescha par dol, & l'obligea de l'instituer son heritier; car en ce cas, dit-il, cela est permis, & la Loy ne deffend point cette sorte de Dol. *Et ut exemplo declarem quod dolus bonus non noceat mihi ; frater meus volebat instituere Concubinam suam, ego per solertiam persuasione faceret, qui dolus est permissus, & ideo nulla lege punitur argument. l. cum pater. ff. de legat. 2.* Enfin il y a d'autres cas où il y a un commencement de preuve par écrit de la suggestion, comme quand il y a un précedent Testament avec Clause dérogatoire, & que cette Clause ne se trouve pas repetée dans le Testament posterieur, accusé de suggestion, en ce cas la preuve de la suggestion est plus facilement admise; aussi cette Clause n'a esté inventée que pour prévenir les suggestions.

114 On demande si on peut prouver par témoins que le Testateur a chargé son heritier d'un *fideicommis* en faveur d'un autre; il est certain qu'en Païs Coutumier, cette preuve ne peut estre receuë quand le *fideicommis* n'est pas porté dans le Testament.

115 En Païs de Droit écrit ce fait pourroit estre receu, quoy qu'il n'y ait pas même de Testament, parce qu'en Droit Romain, un *fideicommis* pouvoit estre laissé, *Solo nutu l. 21. D. de legat. 3. & l. & in Epistola. C. de fideicommissis*, ce qui s'entend pourveu que les Signes soient évidens & certifiez par cinq témoins.

Dolive l. 5. chap. 18. & Maynard l. 5. ch. 6. & 7. & l. 8. ch. 59. citez par Monsieur Ricard Part. 1. Chap. 5. Sect. 4. des Donations, en rapportent des Arrests: Neanmoins en Païs de

Droit écrit, comme dit Monsieur Ricard, le fideicommis n'y est pas receu, si l'Acte qui le contient n'est signé de cinq témoins, suivant la Loy derniere *Cod. de Codicillis & l. in Epistola* 22. *C. de fideicommissis*, si ce n'est dans le cas de la Loy *si fideicommissarius ult. instr. de fideic. hæred. & l. ul. C. de fideicommiss.* quand le fideicommissaire veut bien s'en rapporter au sentiment de l'heritier, qui est chargé de luy restituer le fideicommis, ainsi qu'a remarqué Monsieur Ricard au même endroit: mais si l'heritier le dénie, en ce cas le fideicommis devient caduc, suivant la Loy *ult. institut. de fideic.* & Monsieur Ricard ajoûte que quoy qu'à Tolose & à Bourdeaux on reçoive le fideicommis fait par Signes, cela n'auroit pas lieu à Paris, à cause de l'article 54. de l'Ordonnance de Moulins, ce qui est indubitable.

De cette Question il en naist une autre; sçavoir, si l'on peut prouver par témoins que les legs ou l'institution faite en faveur d'une personne, est un *fideicommis* tacite au profit d'une autre personne indigne ou incapable, comme d'un Bastard, ou de la femme du Testateur, dans les Coutumes où il n'est pas permis au mari de disposer au profit de sa femme.

Et sire eo jā decursum ut fraus legi fieri videatur quoties quis neque Testamento, neque Codicillis rogaretur, sed domestica cautione & chirographo obligaret se ad præstandum. Elle ajoûte ensuite: Tacita autem fideicommissa frequenter sic deteguntur, si proferatur chirographum quo se cavisse, is cujus fides eligitur, quid ad
La Loy 3. *ff. de jure fisci*, dit que la maniere ordinaire de prouver un *fideicommis* tacite, est quand on fait voir qu'il y a eu une Convention par écrit de celuy qui est chargé du *fideicommis* de le rendre à la personne choisie par le Testateur, & elle ajoûte ensuite que la preuve s'en peut faire aussi d'une autre maniere, pourveu que cette preuve soit évidente & manifeste: *Neque enim taciti fideicommissi fides, ex suspicionibus inducitur*, dit la Loy penult. *ff. de hi qui est indignus.*

Peleus l. 6. de ses Actions Forenses Act. 36. rapporte un Arrest du Parlement d'Aix, du 27. Juin 1566. qui avoit permis avant la publication de l'Ordonnance de Moulins en ce Parlement, de prouver par témoins que le Testateur, après avoir fait son Testament, avoit expliqué qu'elle estoit la personne qu'il avoit entendu y appeller, par certains termes inserez dans son Testament, mais ce fait n'eust pas esté admissible si l'Ordonnance eust esté publiée, outre que chacune des Parties avoit fait enqueste de sa part, & l'on prétendoit que le fait dont il avoit esté permis d'informer, estoit conforme aux termes & à l'intention du Testateur, & que le Testament même pouvoit tenir lieu d'un commencement de preuve par écrit de ce fait.

120. Le même Peleus *ibidem* Act. 26. rapporte un autre Arrest du 5. May 1602. qui admit la preuve du fait articulé par les heritiers du Testateur, que le legs porté dans son Testament estoit au profit de son mari, auquel le Legataire, en faveur duquel la disposition paroissoit estre faite, n'avoit fait que prester son nom. Il observe que le mari avoit toûjours joüi du legs, qui estoit du quint des Propres de sa femme, dont le Legataire luy avoit fait une retrocession, comme il estoit vray-semblable; & dans la Question 133. le même Peleus rapporte un autre Arrest, lequel appointa les Parties à informer que l'institution faite par le Testateur au profit d'une certaine personne, estoit un *fideicommis* tacite au profit de son fils naturel; il est marqué dans cet Arrest que depuis le Testament, l'heritier institué, avoit restitué volontairement à ce fils naturel, par une Donation entre-vifs en faveur de Mariage, une partie des biens à luy laissez par le Testament, laquelle Donation pouvoit tenir lieu d'un commencement de preuve par écrit du *fideicommis* executé par cet heritier institué.

et ex bonis defuncti pervenerit restituturũ, sed ex aliis probationibus manifestissimis idem sit.

121. Au reste il est certain que s'agissant de revenir contre ce qui est écrit dans un Testament, il faut un commencement de preuve par écrit pour estre receu à cette preuve, si ce n'est qu'il y ait des faits évidens qui marquent le *fideicommis* tacite, notamment si ces faits ont suivi la mort du Testateur, comme si la personne prohibée a joüi des biens laissez à l'heritier, sans les avoir achetez, & autres circonstances qu'il faut laisser à la prudence du Juge.

122. A l'égard de ce qui s'observe dans les Païs étrangers au sujet des Testamens; on se contentera d'observer que le Statut de Bologne deffend precisément la preuve par témoins, ou autre Ordonnance de derniere volonté de quelque somme qu'il s'agisse, & veut que si la preuve en a esté admise, on n'y ait aucun égard, si ce n'est en faveur des legs pieux, dont la preuve par témoins est permise, si on articule que le legs a esté laissé par un Testament ou par un Codicille, mais si on articule qu'avant la confection du Testament, le Testateur a promis, & est convenu de leguer la chose en question, & qu'ensuite il ait fait son Testament, & que dans ce Testament il ne soit fait aucune mention de ce legs; en ce cas la preuve par témoins n'en peut estre admise; excepté neanmoins s'il a esté passé quelque Acte public qui puisse ser-

vir à fortifier ce fait & à le prouver, car en ce cas la preuve par témoins en est permise, suivant la disposition du Droit.

Voy Monterentis sur cet article.

On demande si le fait de la supposition d'un Testament 123 pour un autre Testament, peut estre prouvée par témoins, & on peut dire qu'elle ne le peut estre, & qu'il faut passer à l'inscription de faux, & soûtenir que le Testament qui paroist, n'est pas le veritable Testament, & en même temps il faut produire le veritable, & prouver que ce l'est effectivement.

Enfin on demande si un Testament imparfait & nul est un 124 commencement de preuve par écrit, qui puisse faire admettre la preuve par témoins des dispositions qu'il contient. Constant sur l'article 384. de la Coutume de Poitou, dit que quoy que cet article deffende aux Notaires Ecclesiastiques de recevoir des Testamens, neanmoins ils en passent, lesquels ne laissent pas de faire preuve, quoy qu'ils demeurent sans execution, *valent ad probandum tantum sed non ad exequendum;* neanmoins ce qui est nul, est nul pour le tout, & ne fait preuve de rien, en effet il seroit inutil d'avoir établi des solemnitez de rigueur à l'égard des Testamens, s'il estoit permis de suppléer cette nullité par la déposition de deux témoins; car ce seroit leur donner lieu de faire un Testament au Testateur même aprés sa mort.

CHAPITRE XVII.

Des qualitez accidentelles des choses qui sont demandées en Justice.

SOMMAIRE.

1. Deux Questions, la premiere, à qui est-ce à prouver la qualité des heritages, comme celle de Noble, ou Roturier, Propre ou Acquest; La seconde, si cette qualité se peut prouver par témoins.
2. Opinion de quelques Avocats, qui ont soûtenu que tous les biens devoient estre reputez acquests.
3. L'opinion contraire a prévalu.
4. Seconde Question de la qualité d'Acquest ou de Propre, dépend de l'arbitrage du Juge.
5. Raisons sur ce sujet.
6. Comment on peut justifier qu'-

une chose est Acquest à une personne, & non pas Propre.
7. L'Ordonnance ne parle que des Contrats, & non pas des qualitez des choses qui peuvent tomber en contestation.
8. Exception.
9. Autre exception à l'égard des choses feodales & roturieres.
10. Tout heritage est reputé Roturier, si on ne prouve qu'il est Noble.
11. En France on estime plus les Fiefs que les heritages roturiers.
12. Ancienne maniere de prouver qu'un heritage estoit un Fief.
13. De quelle maniere ce fait à present cette preuve.
14. Faute de prouver que l'heritage est feodal, s'il est reputé censuel, ou franc-aleu.
15. Un heritage en franc-alleu, n'est pas reputé pour cela heritage noble.
16. Origine du mot Allaudialis, suivant l'opinion de Budée.
17. Exception de la Maxime, que tout heritage est roturier, s'il n'est prouvé qu'il est noble & feodal. Question quand il y a des marques anciennes de Fief noble.
18. Autre Question à l'égard de la preuve la Noblesse des personnes.
19. C'est à celuy qui se dit noble à le prouver.
19. Comment la Noblesse a esté introduite entre les hommes.
20. La Noblesse n'est qu'accidentelle à l'homme.
21. Si la Noblesse se doit prouver par témoins ou par écrit.
22. Definition de la Noblesse de Race.
23. Definition de la Noblesse nouvellement acquise.
24. Noblesse accordée aux Echevins de Poitiers.
25. Noblesse des Conseillers de Cour Souveraine.
26. Les Fiefs n'annoblissent point en France.
27. Question quand il s'agit de la dispense du temps d'étude pour estre pourveu de Benefice par une personne Noble, en vertu de ses degrez.
28. De la preuve de la Noblesse acquise ou annoblissement.
29. Raisons pour montrer qu'elle se doit faire par écrit.
30. Exception dans un cas singulier.

1. LE cinquiéme Article de la premiere Partie de cette Ordonnance, concerne les qualitez & accidens des choses litigieuses, comme s'il s'agit de sçavoir de quelle qualité est le fond ou la rente que

Quintus articulus ad primam istius Sanctionis partem pertinens, est de qualitatibus, seu accidentibus rerum, de quibus litigatur: ut pote, cujus conditionis aut qualitatis sit fundus, aut reditus, qui petitur, aut defenditur : & utrum ejufmodi rei qualitas, vel conditio, teftibus probari poffit, fi res centum libras excedat. Exempli gratia : duo hæredes fuccedunt Caio, unus, fortaffis afcendens, bonis de novo quæfitis, alter verò, forfitan collateralis, rebus antiquis & patrimonialibus tantùm, fuccedit, ut videre licet in multis hujus Regni confuetudinibus: Item, fæpè fiunt donationes de quæftibus, ita ut donatarius omnia quæfititia teftatoris fibi deberi contendat : hæres verò, omnia antiqua. In his cafibus de duobus quæritur : unum, cujus fit probatio : alterum, quo genere probationis uti liceat, & an hæc Lex Regia hic locum habeat.

Quantùm ad primam quæftionem, tam vulgata eft refolutio, ut longiori difcuffione non indigeat : Nam quamvis nonnulli Parifienfes Patroni olim refponderint, omnia dici debere nova, & quæfititia, quæ antiqua & avita effe non probarentur : hac ratione ducti, quòd nudus nafceretur homo, nudus enim (inquit Job) *a* exivi de utero matris meæ, atque ita, quòd omnia per nos poffeffa, quæfititia fuiffe præfumi deberent : obtinuit tamen contraria fententia, omnia fcilicet præfumi antiqua, quæ nova & quæfititia non probarentur : hac Juris ratione, quòd ex præfenti poffeffione, præteritam & antiquam nos habuiffe præfumatur, *b* hoc enim maximè obfervatur in dominio, quod anti-

a *Cap.* 1.

b L. *Sive poffidetis, & ibi Bartol. C. de probat.*

l'on demande en Juftice, à l'effet de connoître fi elle fe peut prouver par témoins, quand le fonds ou la rente excedent cent livres. Par exemple, deux heritiers ont fuccedé à Caius, l'un en ligne afcendante à fes acquefts; l'autre en collaterale à fes propres, fuivant la difpofition de la plufpart des Coutumes de France. De plus, il arrive fouvent qu'une perfonne fait donation de tous fes acquefts à un autre par fon Teftament, lequel les demande Juftice, & l'heritier au contraire demande tous les propres. Dans ces cas, il s'agit de deux chofes; La premiere, lequel des deux eft tenu de faire cette preuve; Et la feconde, fi cette preuve eft permife, fuivant l'Ordonnance.

Quant à la premiere Queftion, la decifion en eft fi aifée, qu'il ne faut pas s'y arrefter, car quoy qu'il y ait eu des Avocats du Parlement de Paris qui ayent autrefois foûtenu que tous les biens que nous poffedons doivent eftre reputez acquefts, quand on ne prouve pas qu'ils nous font propres, fe fondant fur ce que l'homme naift tout nud, comme dit Job ; *Je fuis forti tout nud du ventre de ma mere ;* & qu'ainfi tout ce que nous poffedons depuis, doit eftre préfumé avoir efté par nous acquis. L'opinion contraire a neanmoins prévalu ; c'eft-à-dire que nous avons font reputez propres, fi on ne prouve que nous les avons acquis, ce qui eft

est fondé sur cette raison de Droit, que celuy qui possede est reputé avoir toûjours possedé, laquelle Maxime a lieu particulierement quand il s'agit de juger à qui la proprieté d'une chose appartient, laquelle on presume avoir passé du predecesseur à son heritier ; car, comme disent les Feudistes, on presume qu'une chose est ancienne quand on ne prouve pas qu'elle est nouvelle. Donc suivant la commune opinion, c'est à celuy qui dit qu'un bien est acquest, à le prouver.

4 Il reste l'autre Question ; sçavoir si quand la chose que l'on soûtient estre un acquest, excede la valeur de cent livres, il est permis d'en faire la preuve par témoins, notamment si on dit qu'elle a esté acquise depuis la publication de cette Ordonnance (car il est certain qu'elle n'a lieu que pour l'avenir, & non pas pour le passé) ou si elle se doit seulement faire par écrit. Je réponds que cette Ordonnance ne se peut pratiquer exactement & à la lettre, en cette occasion, mais qu'il faut plûtost laisser à l'arbitrage du Juge de permettre cette preuve, parce qu'il pourra connoistre mieux que personne, par la nature de l'affaire & par les circonstances, de quelle preuve il faudra se 5 servir, car personne n'ignore que les biens, soit meubles ou immeubles, se peuvent non seulement acquerir par des Contrats & Actes par écrit, mais aussi sans écrit & sans Convention, le domaine & la proprieté d'une chose peut non seulement estre prouvé par écrit,

quum & continuatum de prædecessore in hæredem censetur : *a* antiquum quippe præsumitur, quod novum non probatur, maximè in possessore, inquiunt Feudistæ. *b* Ergo communi opinione receptum est, ei incumbere onus probandi, qui bona quæsititia dicit.

Altera superest quæstio, an scilicet testibus, rem quæsititiam esse, probare liceat, si centum libras excedat, & quæsita à tempore hujus Constitutionis dicatur, (hanc enim Legem Regiam, futuris tantùm dare formam negotiis, certi Juris est) *c* an verò scriptis tantùm, ex hac Lege Regia. Respondeo, hanc Legem nostram, in istis exemplis, exactè & ad unguem practicari non posse, sed potiùs arbitrio & æquitati Judicantium relinqui debere probandi facultatem, qui ex natura negotii, & allegationum circunstantiis, magis scire poterunt, quo genere probationis utendum sit. Nemini enim ignotum est, bona tam mobilia, quàm immobilia non tantùm scriptis, sed etiam sine scriptis, & absque hominum pactione, acquiri posse : Proprietatis enim dominium (inquit Imperator) *d* non tantùm instrumentis, sed & testibus probari potest : quærimus enim sine scriptis, & absque ulla conventione. id quod per decennium, aut aliud longius tempus, à nobis præscribitur, cùm præscriptio sit legiti-

a L. Cum hæredes. ff. de acquir. poss.

b Cap. uni. de content. inter me & dom.de port. §. Si vero dominus. de succeff. fratr. vel grad. suc.cap uni. de vassal. decr. atat. in usib feud.

c L. Leges C. de Legib.

d L. proprietatis. C. de probat.l. Instrumentis. C. de f.l. instr.

mus acquirendi modus : *a* & idcirco præscriptio scribi non potest, cùm solo tempore expleatur. *b* Item, res pro derelicto habita, si à novo possessore occupetur, ut sæpè vidi in superficiariis possessionibus, quæ ab uno derelictæ, per alium occupantur, & certo tempore publicè possidentur, vidente, & non contradicente eo qui antea possidebat, *c* ut sæpè fit inter eos qui tabernas, aut officinas, sive ædes superficiarias (ut loquitur Caius) *d* in Palatiis & locis publicis construunt, fisco permittente : Hæc omnia quæsititia sunt: & is qui ea quæsititia esse contendit, hoc modo ratiocinari poterit. Fundus Cornelianus quæsititius erat Titio donatori meo, eo quòd de novo visus est eum possidere, cùm antea possideretur per Sempronium, itaque mutata fuit possessio de Sempronio in Titium, vidente & non contradicente Sempronio, Titiusque in possessione fundi mortuus est : Ergo sequitur, cùm Sempronius, & ejus hæredes de mutata possessione nunquam reclamarint, & Titius de novo liberam tenuerit possessionem, fundum fuisse per eum de novo quæsitum, propter mutatam possessionem, *e* & non avitum, vel hæreditate obventum fundum : Ex istis enim duobus extremis probatis, fundus quæsititius probatus erit, nisi in contrarium aliquid allegetur : atqui, hæ possessionum mutationes absque hominum pactione expressa sæpè fiunt, ex variis occasionibus : Huic igitur Legi subjici non possunt, quæ de expressis hominum

a Tet. tit. de præsc. 30. vel 40. ann § 1. Inst. de usu. L 3 ff. de usucap.

c L. 1. & 1. & tot. tit. ff. pro derel. id. d L. ult ff. de superf.

e L. Si pro fundo C. de transaction.

mais par témoins, dit l'Empereur Justinien ; car nous acquerons le domaine d'un immeuble sans écrit & sans Convention, par une possession de dix années, ou d'un plus long espace de temps, parce que la prescription est un legitime moyen d'acquerir ; cependant la prescription ne se peut rediger par écrit, parce qu'elle s'accomplit par le seul laps de temps. De plus, si une chose est abandonnée par celuy à qui elle appartenoit, & qu'un autre s'en mette en possession, comme j'ay veu souvent arriver à l'égard de ceux qui n'avoient qu'un droit de superficie de certaines choses, lesquelles estant par eux abandonnées, un étranger s'en mettoit en possession, & les possedoit publiquement pendant un certain temps, au veu & sceu de celuy à qui elles avoient appartenu, & sans qu'il l'en empeschast, comme il arrive souvent à ceux qui ont construit des Boutiques, ou des Loges superficiaires (ainsi que les appelle le Jurisconsulte Caius) dans les Palais des Princes, ou dans quelqu'autre lieu public, par permission du fisc ; toutes ces choses sont acquests, & celuy qui soûtient qu'elles sont acquests, pourra raisonner ainsi. Le fond Cornelien estoit *6* acquest à Titius mon donateur, parce qu'il est certain qu'il ne l'a possedé que depuis peu, & qu'avant luy Sempronius en estoit en possession : donc la possession de ce fonds a passé de la personne de Sempronius à celle de Titius, au veu & sceu de Sempronius, & sans qu'il s'y soit opposé, & Titius est mort ensuite en possession de cet heritage; d'où il s'ensuit que puisque Sempronius & ses heritiers n'ont jamais reclamé contre la joüissance qu'en a eu Titius, & que Titius est le dernier qui en a joüi librement, ce fond est un acquest en sa personne par ce changement de possession, & qu'ainsi ce fond n'est pas un propre de Titius, ny un bien ancien de sa Famille qui luy soit écheu par succession ; car ayant prouvé ces deux choses, il aura prouvé par consequent que ce fond est acquest, si ce n'est que l'on prouve le contraire, & ces changemens de possession se forment souvent sans aucune Convention expresse, suivant les differentes occasions ; donc on ne peut y appliquer cette Ordonnance, qui semble ne parler que des Conventions expresses : d'autant plus qu'en ce cas son motif cesse (qui est la subornation des témoins.)

conventionibus duntaxat loqui videtur, cùm in hoc casu cesset ejus ratio.

7 De plus, cette Ordonnance semble ne parler que des Pactes & des Contrats, pour raison desquels on intente une action principale, suivant ces mots : *Sans recevoir aucune preuve de témoins, outre le contenu au Contrat ;* car il semble n'avoir entendu parler que du Contrat ou Convention, qui font le sujet principal de la contestation, & non pas des autres qualitez & accidens qui concernent les choses litigieuses ; parce que ces qualitez & accidens des choses leur arrivent sans écrit & sans Convention, comme il paroist par les exemples qui en ont esté cy-dessus rapportez, & autres semblables, dans lesquels il est de l'équité des Juges de ne pas restraindre les preuves, particulierement si on allegue en general, que le fond dont il s'agit est un acquest, & ils en pourront permettre la preuve en general, parce

Præterea, Constitutio ista videtur loqui de pactis & contractibus, de quibus actio principaliter intentatur, ex his verbis, Sans recevoir aucune preuve de témoins outre le contenu au Contrat: videtur enim de contractu seu pactione, virtute cujus expertum fuerit, principaliter loqui, & non exactè de omnibus aliis qualitatibus, & accidentibus, quæ circa res litigiosas in lite occurrere possent : cùm hæ sæpè absque scriptis, & conventione hominum expressa, contingere soleant: ut in exemplis superioribus, & similibus, in quibus judices pro sua æquitate probationes non coarctabunt, & maximè si in genere allegatum sit, fundum aut reditum de quo agitur, quæsititium esse : at probationes in genere poterunt permittere, cùm infinitis ferè modis, etiam non scriptis, acquiri possit, tam Jure Gentium quàm Jure Civili, ait Caius, a *ut dic-*

a *L. 1 & l. Adeo. ff. de acqu. rer. domin.*

tum est, & tunc huic Legi strictè inhærere non tenebuntur. Si tamen qualitas quæsititia, nonnisi expressa & particulari hominum conventione allegetur, ut ex venditione, permutatione, donatione, & cæteris, quæ contractuum appellatione continentur, *a* nec alia quærendi causa articulis proponatur : tunc hæc Lex fortè locum haberet, & testium probatio recipienda non esset, cùm litigator contractum allegando, probationem suam coarctare voluerit : salvo tamen in his omnibus judicantis arbitrio.

a L. Contractus. C. de fid. instrum.

que l'on peut acquerir en une infinité de manieres, même sans écrit, soit par le droit des gens, soit par le Droit Civil, dit le Jurisconsulte Caius, ainsi qu'il a déja esté remarqué, & en ce cas les Juges ne seront point tenus de suivre exactement cette Ordonnance. Que si on allegue que le fond est un acquest en vertu d'une Convention particuliere, comme si l'on dit qu'il a esté acquis à titre de vente, d'échange, de Donation, & autres Actes qui sont compris sous le nom de Contrats, & qu'on n'allegue point d'autre cause pour justifier que c'est un acquest. En ce cas il semble que cette Ordonnance doit avoir lieu, & la preuve par témoins ne seroit pas recevable, parce que la Partie qui allegue ce Contrat, restraint luy-même la preuve, ce qui dépend neanmoins de la prudence du Juge. 8

Aliud exemplum vidi sæpè oriri in rebus feudalibus, seu nobilibus, & in rebus plebanis : nam prædia & reditus nobiles alio modo dividuntur quàm plebana prædia, diversis hujus Regni Consuetudinibus : at nemini dubium est, omnes res plebanas dici tanquam liberiores, si feudales seu nobiles non probentur, cùm liberum sit prædium, quod servile esse non ostenditur. *b* Et quamvis hac opinione teneantur omnes ferè Galli nostri, ut altioris dignitatis putent esse domos & prædia in feudum seu homagium possessa, (& si majori & arctiori servitute personali gravata sint, & infinitis commissorum & confiscationum causis obnoxia, ut in Legibus Feudalibus videre est) *c* quàm plebana prædia, censibus realibus simpli-

b L. Altius junct. gloss. & l. Si tibi. C. de servit.

c Tit. quib. mod feud. amitt. in us. sib. feudor.

J'ay veu souvent arriver une autre difficulté touchant les choses nobles & feodales, & les choses roturieres; car les fonds nobles & rentes feodales se partagent dans les successions autrement que les fonds roturiers & rentes purement foncieres, suivant les differentes Coutumes de ce Royaume, cependant personne ne doute que tous les biens sont reputez roturiers & libres, si on ne prouve qu'ils sont nobles & feodaux, parce que ce fond là est reputé libre qui n'est point assujetti à aucune charge, & quoy que tous les François estiment davantage les Maisons & Heritages nobles (quoy qu'ils soient plus chargez de servitudes personnelles,& sujets aux droits de commise, & de confiscation en plusieurs cas 9

10

comme il est exprimé dans les Livres des Fiefs) que les heritages roturiers qui ne sont chargez que d'une simple censive, & ne sont tenus d'aucune charge personnelle, si ce n'est que cela soit exprimé dans le Contrat de Bail à cens; neanmoins cette estime qu'ils font des Fiefs vient plûtost de ce qu'ils ont le cœur noble & genereux, que d'aucun profit qui leur en revienne. Or suivant le Droit des Fiefs, la preuve de la 12 feodalité se faisoit d'abord par un Acte public ou par un Brevet & Attestation du Seigneur dominant, ou au defaut de cela, ou quand les Titres estoient perdus, elle se faisoit par le témoignage des Pairs de Cour, & si elle ne se pouvoit faire ainsi, ou qu'ils ignorassent ce qui en estoit, cette preuve se faisoit par le serment du possesseur du Fief, auquel on ajoûtoit le serment de douze témoins, qu'on appelloit Sacramentaux, dont il est souvent parlé au Titre des Fiefs, Toutefois dans ce Royaume, il est d'usage que 13 les hommages des Fiefs & les accensemens ne se prouvent que par écrit, & par des declarations dans lesquelles les heritages sujets à la Censive, sont énoncez en détail; Si donc une personne soûtient que son heritage est un Fief, attendu que l'érection d'un fond en Fief ne se peut faire que par une Convention expresse entre le Seigneur & le Vassal; j'estimerois que cette qualité de Fief ne 14 se peut prouver que par écrit, suivant cette Ordonnance, autrement

citer obligata, personali autem servilique officio nequaquam adstricta, si non expressè in libellariis contractibus id caveatur: Hoc tamen magis ex nobili & generoso Gallorum animo procedere arbitror, quàm ex aliqua utilitatis ratione. Jure autem feudorum scripto, prima feudorum probatio erat per instrumenta publica aut breve testatum: & his deficientibus, vel amissis, per Pares Curiæ, & his adhuc non intervenientibus, vel ignorantibus per sacramentum possessoris, *a* adhibitis tamen aliquando duodecim sacramentalibus testibus: de quibus sæpè in Legibus feudalibus fit mentio. *b* In hoc tamen Regno usitatum est feudorum homagia, seu hominia, nonnisi scriptis fieri ac recipi, & censuales professiones adamussim scriptis explicari ac enumerari. Si quis ergo prædium feudale esse contendat, cùm feudalis concessio, tantùm expressà hominum pactione, *c* & consensu fieri possit: qualitatem hanc scriptis duntaxat probari posse ex hac Lege Regia existimarem, aliàs plebana res & censualis erit, vel allaudialis, quæ sine aliquo censu possidetur: ut in nonnullis Provinciis videre est, maximè in iis quæ Jure scripto utuntur, quæ allaudialis cum plebana, æquo jure dividi solet: nam ex eo quòd allaudialis fuerit, nobilis non putatur: imò, è contrario libertima allaudialis censetur, cùm neminem dominum habeat, quem laudet & idcirco allaudialis dicitur, ut eleganter docet Budæus, *d* à verbo Laudo, quo Jurisconsulti *e*

a Cap. 1. Quid sit investitur. cap. 1. Si de feud. invest. contr. fuer. in usib. feudor.
b Cap. 2. eod. & cap. 2. Si de inenvestitur. inter dom. & vas. lis oriat.
c Cap. 1. Quid sit investitura, in usib. Feud.

d In Annot. in Pand. ad L. Herennius de evictione.
e In L. Tenetur. §. Si tibi iter. de action. impt. & in dict. L. Herennius.

utuntur, pro eo quòd dicimus, accersere authorem ad defensionem nostram, quam vulgò garimentum vocamus. Ex his ergo, omnes qualitates feudales huic Regiæ Sanctioni subjici videntur, nisi quis forsitan exciperc voluerit, castra, & domos ad formam castri antiquitus ædificatas, & omnia nobilitatis insignia præ se ferentes, tanquam bona nobilia inter nobiles personas semper divisa, & cum hac qualitate nobili, longissima præscriptione usurpata fuisse : de quibus tamen cùm scriptis constare non possit, nec instrumentorum amissio probari ex fama notoria, & antiquorum vicinorum testimonio ostendi poterit domum & castrum, forma nobili & possessa & divisa semper fuisse, à superioribusque dominis, & aliis Nobilibus, ita denominata, & à cunctis pro nobilibus recognita. Hanc enim testium probationem recipi posse existimarem, cùm jam constet de insigniis nobilibus castri, seu domus, quæ à Nobilibus semper possessa, & inter Nobiles divisa fuit : nam ex signis prostantibus, res signatas significari docet Jurisconsultus : *a* & maximè, si hæc insignia antiquæ nobilitatis imaginem referant, ut sunt arma, versatiles pontes, turres antiquæ, mœnia loricata, columbaria in terram defossa, leporaria cuniculis referta, & alia similia indicia, antiquam nobilitatem demonstrantia, cùm ocularem probationem habeant, ut in simili arguit Paulus, *b* armis vel nominibus in opere publico ab antiquo impressis. Raro tamen hæc quæstio

a In L.1. §. Si intelligatur. ff. de Ædilit. Edict. arg. L. Stigmata. de fabricens. lib.11.Cod.

b L. Qui liberalitate. & l. final. ff. de operib. publ.

cette Terre sera reputée censuelle & roturiere, ou allodiale, c'est-à-dire en franc-alleu, laquelle n'est chargée d'aucune censive, comme il se voit particulierement en plusieurs Provinces, notamment en Païs de Droit écrit, laquelle Terre en franc-alleu (roturier) se partage comme une Terre roturiere par portions égales entre les copartageans; car de ce qu'une Terre est en franc-alleu, on ne juge pas pour cela qu'elle soit Noble, au contraire de ce qu'elle est allodiale, elle est présumée estre libre, n'ayant point de Seigneur dominant qu'elle soit obligée de reconnoistre, & c'est pour cela qu'elle est nommée allodiale, dit Budée, du Verbe *Laudo*, dont les Jurisconsultes se servent pour dire, *appeller son Auteur à sa deffense*, ce que nous disons (en Poitou) *appeller en gariment*. Donc cette qualité de Fief est sujette à l'Ordonnance de Moulins, si ce n'est que l'on veuille excepter les Chasteaux & Maisons fortes, construits d'antiquité, & qui ont toutes les anciennes marques des Maisons Nobles, qui ont toûjours esté partagées comme Nobles, à l'égard desquelles, si on ne peut prouver cette qualité de Noble par écrit & par Titres, il sera permis de justifier que de notorieté publique & par le témoignage de voisins, ils sont Nobles, & qu'ils ont esté possedez & partagez comme Fiefs, & reconnus tels par le Seigneur dominant, & par tout le monde; car j'estimerois que cette preuve par témoins peut estre receuë en ce cas, parce qu'il paroist déja qu'ils sont Nobles par les marques honorables de Fief qu'on y remarque encore, & parce qu'ils ont toûjours esté possedez par personnes Nobles, & partagez noblement; Car, dit le Jurisconsulte, les choses sont designées par les signes & marques qui y sont appoſées, particulierement si ces anciennes marques dénotent leur ancienne Noblesse, comme sont les Armoiries, les Pont-Levis, les Tours anciennes, les murailles crenelées, les Colombiers à pied, les Garennes, & autres semblables indices, qui marquent une ancienne Noblesse, parce que cette preuve est visible, comme dit le Jurisconsulte Paulus dans un cas semblable, parlant des Noms & des Armes qui se trouvent gravez sur les anciens ouvrages publics. Neanmoins cette Question arrive rarement, parce qu'un Chasteau n'est point d'ordinaire sans Sujets, & sans Territoire qui en releve, & ainsi il ne se peut presque pas faire que l'on ne trouve par écrit quelque preuve de la Jurisdiction qu'il a sur ceux qui relevent de luy, & si la Question arrive, le Juge se déterminera par les circonstances s'il doit admettre la preuve testimoniale ou non.

accidere poterit, cùm castrum ferè sine subditis consistere non possit: atque ita fieri non potest, quin aliquid scriptis reperiri possit de Jurisdictione castri, quæ subditis exhiberi solet. Si tamen ejusmodi casus aliquando eveniat, existimabit bonus Judex an testium probatio sit recipienda, prout æquius esse, ex qualitate rerum & allegationum, videbit.

18 Mais aprés avoir parlé de la difficulté qu'il y a de connoistre la noblesse des choses, on peut dire qu'il n'y en a pas moins pour connoistre la Noblesse des personnes, car cette qualité de Noble leur est souvent disputée; Par exemple, Caius & Titius freres, sont en contestation pour partager l'heritage paternel qui est en Fief pour la plus grande partie. Caius en qualité d'aisné, demande son préciput & droit d'aisnesse dans ce Fief, suivant la pluspart des Coutumes qui donnent aux aînez Nobles une plus grande portion dans les Fiefs,

Sed cùm de rerum nobilitate dictum sit, non minus dubitari poterit de personarum nobilitate: nam in multis hæc nobilitatis qualitas sæpè agitatur: ut ecce, Caius & Titius fratres, contendunt de dividenda hæreditate paterna, cujus maxima pars feudalis est, seu Nobilis : Caius primogenitus, petit jus primogenituræ, secundùm Leges patrias, multis Regionibus consuetas, quibus inter Nobiles primogenito, major debetur portio: Titius verò hanc personarum nobilitatem inficiatur : Quæritur, cui incumbat probatio? & an testibus, vel scriptis tantùm, pro-

Titius nie que Caius soit Noble. On demande auquel des deux ce sera à prouver, & si la preuve est admissible par témoins, ou s'il faut nécessairement une preuve par écrit. Quant à la premiere Question, il est certain d'abord que c'est à celuy qui allegue la Noblesse à la prouver ; car cette qualité de Noble n'est pas naturelle, mais accidentelle & étrangere, tous les hommes depuis Adam sont de même condition, quant à la naissance, & n'ont esté ensuite distinguez que par leur vertu, qui a esté cause que l'un a esté estimé plus Noble que l'autre, ce que quelques-uns disent avoir esté premierement observé à l'égard des trois fils de Noé, dont 19 l'un, nommé Cham, pour n'avoir pas caché la turpitude de son Pere, fut condamné par luy avec beaucoup de justice, à servir ses deux freres, & à travailler à l'agriculture, & les deux autres au contraire receurent sa benediction, ainsi l'origine de leur Noblesse fut la récompense de leur vertu. De plus, 20 il paroist assez que la Noblesse est une qualité accidentelle, en ce qu'elle peut estre & n'estre pas dans une personne, sans que cette personne cesse d'estre, comme dit Bartole, & comme on peut observer à l'égard d'une femme roturiere, qui devient Noble en épousant un homme Noble, & en se remariant à un roturier, cesse d'estre Noble ; de plus un homme Noble peut estre privé de sa noblesse par une condamnation

bare hanc liceat ? Quod ad primum quæsitum, nihil dubitationis habet : nobilitatem, quippe, asserenti incumbit onus probandi, *a* cùm Nobilitatis qualitas sit accidentalis & extrinseca : omnes enim homines ab Adamo, ejusdem conditionis esse, quò ad nativitatem attinet, existimantur, sed ex præstantia morum, virtutis vel sanctitatis distincti sunt, unusque altero dignior & nobilior est habitus. Quod primò factum fuisse putant nonulli, in tribus filiis Noe, quorum unus, Cham nomine, quòd pudorem patris neglexisset, duobus aliis fratribus servire, & sese agriculturæ dedere, æquissimo patris judicio condemnatus est : alii verò duo fratres, Chamo superiores, ab eodem, cum benedictione declarati sunt, quòd verenda patris cum pudore retexissent : *b* & ita ex morum sanctitate orta est eorum nobilitas. Præterea, quòd accidentalis sit, satis patet, ex eo quòd adesse & abesse potest absque subjecti corruptione, ut inquit Bartolus, *c* quemadmodum etiam apparet in fœmina plebeia, quæ Nobili nubens, nobilis efficitur : *d* & secundò juncta plebeio, desinit esse nobilis : *e* Item, homo nobilis, propter criminis condemnationem, nobilitate privari potest, *f* & tamen manet homo, nobilitatique per Principem iterum restitui potest : *g* denique aliis infinitis penè exemplis ostendi posset, nobilitatis qualitatem accidentalem esse & extrinsecam. Qui igitur se nobilem dicit, qualitatem hanc probare debet,

a L. Is qui dicit l. Asseveratio. de probationib. l. Non ignoras. C. de his qui accus. pos.

b Genes. 9.

c In L. 1. C. de dignit.

d L. Famina. C. de Senatoribus.

e L. Mulieres. Cod. de dignitatib. f L. unic. C de infamib. junct. L. Ad tempus. & l. Injuriarū. C. Ex quib. cauf. infam. g L. Quæris & tot. tit. de natal. restit. ff.

damnation pour crime, & neanmoins il ne laisse pas de demeurer homme, & peut même estre rehabilité en sa qualité de Noble comme auparavant. Enfin on pourroit prouver par une infinité d'exemples, que la qualité de Noble est accidentelle & étrangere à l'homme, donc celuy qui se dit Noble doit le prouver.

21. Mais il y a plus de difficulté pour l'autre Question ; sçavoir si cette preuve se peut faire par témoins, nonobstant l'Ordonnance de Moulins, à laquelle je répons que si on fonde sa Noblesse sur quelque Contrat ou Acte qui ait la forme de Contrat, ou qui soit passé en force de Contrat depuis cette Ordonnance, en ce cas il faut la prouver par écrit, suivant ces mots ; *que de toutes choses excedant cent livres, seront passez Contrats.* Que si on fonde sa Noblesse sur la possession immemoriale, en ce cas cette preuve par témoins ne doit pas estre censée avoir esté deffenduë par l'Ordonnance. Et afin de donner plus de jour à cette distinction, il faut distinguer la Noblesse politique en deux especes, suivant l'usage ordinaire de France (car nous ne parlons pas ici de la Noblesse Theologique, laquelle, à l'exemple de Bartole, nous laissons à examiner aux Theologiens) l'une de naissance & ancienne, c'est-à-dire de Race, & la Noblesse acquise ou nouvelle.

22. La Noblesse de Race, est celle qui passe des Ancestres, qui ont acquis leur Noblesse par leur vertu, à leurs descendans, en sorte qu'on appelle Nobles ceux qui sont nez

Alia quæstio majus habet dubium, an scilicet hujusmodi probatio huic Edicto Molinæo subjici debeat ? Ad quam respondeo, quòd si nobilitas allegetur ex aliquo contractu, vel actu speciem contractus referente, aut in naturam contractus incalescente, à tempore hujus Constitutionis : tunc scriptis, non testibus, fieri hanc debere, ex his verbis Constitutionis, *Que de toutes choses excedant cent livres, seront faits Contrats.* Si verò nobilitas non ex actu ejusmodi, vel contractu, sed ex antiqua temporis præscriptione prætendatur : hujus probationem, Legis nostræ rationi non esse subjiciendam. Quæ distinctio, ut pateat clariùs, Nobilitatem politicam sic distinguemus, (quandoquidem de Theologica loqui non intendimus, sed eam, Bartolum *a* sequuti, Theologis relinquimus) eam duplicem ex communiori Gallorum usu facientes : alteram natalem, seu antiquam, alteram verò quæsititiam, seu novam.

a In L. 1 C. de dignit.

Natalis Nobilitas ea est, quæ ab antiquis parentibus genere & claritate morum conspicuis, ad descendentes pervenit : adeo ut nobiles nati dicantur, quia ex parentibus, avita nobilitate fulgentibus, nati sint : cujus meminit Aristotel. *a* cùm ait, Nobilitatem esse Majorum claritatem, & honorem progenierum, quæ attenditur secundùm virtutem generis : de qua etiam loquitur Cassiodorus, *b* affirmans nobilitate seu bonitate cognatorum nos non illustrari, nisi fuerimus nos ipsi boni : cui sententiæ accedit quoque Juvenalis, *c* cùm ait, nihil prodesse, sanguine longo censeri, si deficiat morum probitas. Hæc verò Nobilitas avita verior à Felino *d* & Canonistis existimati videtur, idemque censent Bartolus, *e* & Lucas de Penna : *f* hac ratione forsitan ducti, quòd duplici vinculo stabilita sit, antiqua scilicet claritate & virtute progenitorum excellentiori, à qua originem habuisse præsumitur, & longissimi temporis continuatione, ex qua antiqua Nobilitas in illa familia perpetuata videtur : ideoque cùm duo vincula sint fortiora uno, *g* dignior & conspectior existimatur hæc natalis Nobilitas : quia non solùm virtute, sed etiam longissimo tempore, huic familiæ impressa fuerit.

a Libr. 1. Rhetoricor.

b Libr. 9. Epist. 8.

c Satyra 8.

d In cap. Super eo, de t. sib. & cap. Venerabilis, de præb. ext.

e In L. 1. C. de dignit.

f In L. Mulieres, C. eod.

g §. Sed hodie Inst. de adoption.

Nobilitas verò nova & quæsititia est, quæ vel militia, vel scientia, aut alia virtutis claritate comparata est, ab eo qui nuper plebeius erat, de qua Cicero *h* ait : *Interesse Reipub. clarorum virorum, & de Repub. benè meritorum, memoriam manere* : cujusmodi est in iis, qui strenuitate armorum & Nobilitatem & Equestrem ordinem à

h In orat. pro Sextio.

de parens qui estoient Nobles d'une ancienne Noblesse, c'est de cette Noblesse dont Aristote a parlé quand il a défini la Noblesse une clarté de lignée, qui passe du Pere au Fils, & un honneur attaché à une Famille, laquelle s'est renduë considerable par sa vertu, dont parle aussi Cassiodore, qui dit qu'elle ne nous sert de rien, si nous n'y joignons nostre propre vertu, comme dit aussi Juvenal, qu'il est inutile à nostre gloire de pouvoir compter une longue suite d'Ancestres illustres, si nous n'avons pas la même probité qu'eux. Or Felinus & les Canonistes, Bartole & Lucas de Penna, estiment que cette Noblesse de Race, est la plus veritable, fondez peut-estre sur cette raison, qu'elle est établie sur un double fondement ; c'est-à-dire sur la vertu des Ancestres, dont elle a pris son origine, & sur la possession immemoriale qui a rendu la vertu comme hereditaire dans sa Famille. Or comme deux liens sont plus forts qu'un seul, cette Noblesse de naissance est aussi plus estimée, parce que non seulement elle est fondée sur la vertu, mais sur la possession immemoriale.

A l'égard de la Noblesse nouvelle ou annoblissement, c'est celle qu'une personne roturiere a acquis par sa vertu, ou par sa science, dont parle Ciceron, quand il dit qu'il est de l'interest de la Republique que la memoire des hommes illustres, qui ont bien merité d'elle, soit conservée, comme il arrive à ceux, qui à cause de leurs

23

exploits de guerre sont annoblis & faits Chevaliers par le Prince, & ceux qui par leur science, leur vertu, & leurs bonnes mœurs, sont faits Decurions & Nobles, tels que sont les Decurions & Deffenseurs (ou Eschevins des Villes, qui acquierent la Noblesse avec cette Dignité pour eux & pour leur posterité, du nombre desquels sont les Eschevins de Poitiers, ainsi appellez *Scabini*, ou *Excavini*, du Verbe *Excavio*, qui signifie veiller, & ils sont reputez Nobles en fait de successions, & à l'effet de posseder toutes sortes de Dignitez, comme les Nobles de Race & sans aucune difference ; ainsi que dit la Coutume de Poitou, & qu'il a esté jugé souvent au Parlement (de Paris). Bien plus, non seulement cette Noblesse passe aux enfans qui naissent ensuite, mais même elle rend Nobles ceux nez avant que cette Noblesse fut acquise, comme il est porté expressément dans les Lettres Patentes de Charles V. de 1372. en reconnoissance de la fidelité insigne des Habitans de la Ville de Poitiers, ce qui n'auroit pas lieu, suivant la disposition de Droit, qui ne veut pas que la Dignité du Pere annoblisse les enfans déja nez. Et cette Noblesse nouvelle ou annoblissement, est accordée aussi en faveur de certaines Dignitez par le Prince, comme aux Conseillers de Cour Souveraine, qui par une nouvelle Declaration du Roy ont esté declarez No-

24

25

Principe consequuntur, & in iis qui scientia, virtute, & morum claritate Decuriones & Nobiles in civitate constituuntur : ut sunt Decuriones & defensores civitatum, qui nobilitate simul, cum dignitate adepta, pro se & posteris suis gaudent : *a* quorum in numero sunt Pictavienses nostri Decuriones, qui Scabini vulgò appellantur, & fortè Excavini, à verbo Excaveo, Latinius dici possent. Hi autem tanto Nobilitatis privilegio sunt insigniti, ut ad successiones & cujuscunque generis honores extendatur, nullaque sit inter eos & alios antiquos Nobiles differentia, ut in Municipali Pictonum Lege videre est, *b* & sæpè in supremo Senatu judicatum. Quinimo hæc Nobilitas non tantùm ad postgenitos, sed etiam ad jam natos pertinet, verbis expressis concessi eis olim privilegii, à Rege Carolo V. *c* in præmium invictissimæ fidelitatis Civium Pictaviensium, quod aliter non fieret, repugnante Juris dispositione, *d* quæ vult dignitatem ad filios jam natos non retrotrahi. Quæ etiam nobilitas quæsititia, est in aliis dignitatibus publicis, Nobilitate insignitis ex beneficio Principis, ut in Senatoribus supremæ Curiæ, qui novo Regis Placito, nobiles, cum suis posteris declarati sunt. Dignitates autem à feudis procedentes, hic non comprehendo : cùm in hac nostra Gallia, Feuda plebeis Nobilitatem conferre non soleant, ut notat Lucas de Penna, *e* etiam si sint Comitatus, ut in multis Consuetudinibus cernere est. In his ergo nobilitatibus, sive 11-

a L. 2. per Bartol. ff. de Decurion.

b A lie. Consuet. 238.

c Ann. 1372.

d L. fin. C. de Decur.

e In L. Cum neque. C. de incol.

F F f ij

tiquis, sive novis, si denegentur, concludo, quod pro Nobilitate avita, & ex genere prætensâ, testibus uti poterimus, cùm magis ex præscriptione temporis oriatur, (quæ scribi non solet, sed solo temporis tractu perficitur *a*) quàm ex aliqua hominis pactione vel concessione. Quomodo autem fieri debeat, satis vulgatum est, ex Bartolo, *b,* & aliis, de hac probatione tractantibus, ideoque in his non magis insisto.

a L. 3. ff. de usucap.

b L. 1. C. de dignit. ex not. per Innocent. in cap. De majorit. de præb. & Rebuff. in tract. nom. quæst. 12. num. 28.

bles, eux & leur posterité ; je ne comprends pas ici la Noblesse qui se tire de la possession des Fiefs, parce qu'en France les Fiefs n'annoblissent point les Roturiers, comme remarque Lucas de Penna, quand ce seroit des Comtez; ainsi qu'il est remarqué en plusieurs Coutumes. Si donc la Noblesse, soit de Race ou nouvelle, est contestée, je conclus que pour la premiere, qui est celle de Race, elle se peut prouver par témoins, parce [26]

qu'elle est plûtost fondée sur la prescription des temps, qui ne tire point sa force des Actes par écrit, mais qui s'accomplit par le temps, que sur aucune convention ou concession, & pour sçavoir comment cette preuve se doit faire, cela est assez marqué dans Bartole & autres qui en ont traité; c'est pourquoy je ne m'y arreste pas davantage.

Excipio tamen ab hac testium probatione, pro natali Nobilitate facienda, casum unicum, quo testationis actus scribi debet: cùm scilicet agitur de nominatione ad beneficia, Nobilibus concedenda, ratione gradus, ex triennali studio: tunc enim Nobilitatis actus, certâ solemnitate confectus & conscriptus, necessariò præcedere debet, cum significatione collatoribus factâ, ex Regiis Constitutionibus, & Concordatis inter Regem & Romanum Pontificem habitis : *c* aliter beneficia non consequerentur: Imò lite de beneficio motâ, si hæc solemnis testatio scripta deficiat, & præscripto tempore Quadragesimali insinuata non sit, cadent à lite, nec testes producere ad probandam Nobilitatem, eis licebit, *d* propter præscriptam à Lege formam, à qua ne latum

c Ludovic 12. titul. des graduez simples art. 11. & §. Cum verò de coll. in Concord.

d §. Teneantur. & ibi Rebuffus. de coll. in Conc.

J'excepte neanmoins un seul cas, ou même à l'égard de la preuve de la Noblesse de naissance, il faut une preuve par écrit; sçavoir lors qu'il est question de la nomination aux Benefices d'une personne en qualité de Noble à cause de ses degrez, pour lesquels, il ne luy faut que trois années d'étude; car alors il est requis que le Titre qui justifie sa Noblesse, soit préalablement signifié aux Collateurs des Benefices, suivant les Ordonnances & le Concordat de Leon X. autrement ils ne pourroient point obtenir les Benefices en vertu de leurs degrez, & même si le Benefice leur estoit contesté en Justice, & que cette preuve par écrit de Noblesse manquast & n'eust pas esté insinuée [27] durant le Carême, ils perdroient leur Cause, & il ne leur seroit pas permis de prouver leur Noblesse par témoins à cause de cette Ordonnance, dont il n'est aucunement permis de se départir, parce qu'elle doit estre observée à la lettre.

28 Quant à la Noblesse acquise depuis cette Ordonnance, si elle est contestée; je dis qu'il faut necessairement par deux raisons la prou-
29 ver par écrit : 1. Parce qu'elle est fondée sur la Concession du Prince, ou d'une Ville; or cette Concession ou Donation est une espece de Contrat, & est mise au nombre des Contrats. 2. Parce que cette Grace ou ce Privilege accordé par le Prince ou par une Ville, n'a point coutume d'estre accordé sinon par un Acte par écrit; car il est necessaire qu'un Conseiller, par exemple, ou un Eschevin, soient inscrits dans la Liste que l'on en fait solemnellement, autrement ils ne seroient pas censez estre du Corps des Conseillers & Eschevins, particulierement si c'est depuis peu qu'ils sont élevez à cette Dignité, & qu'ils ne soient point d'ailleurs en possession de cette Noblesse de Pere en Fils, comme il a esté remarqué, à l'égard de la Noblesse de Race. Donc celuy qui se dit Eschevin ou Conseiller, ou Fils d'Eschevin ou de Conseiller, à l'effet de partager noblement une succession, ou de joüir de quelqu'autre Privilege de Noblesse, doit le prouver par écrit, comme par les Provisions obtenuës

quidem unguem recedi potest: cùm hæc in omnibus omnino impleri debeat. *a*

Pro nova verò nobilitate à tempore hujus Constitutionis quæsita, si denegetur, dico necessariò scriptis probandam esse, duplici ratione : Prima, quòd ex sola concessione seu donatione à Principe, vel à Civitate, facta dicatur : atqui concessio vel donatio, contractus speciem habet, *b* & inter contractus numeratur : Secunda, quod Principis vel Civitatis speciale privilegium, nonnisi scriptis concedi soleat: Senatores quippe atque Decuriones solemniter in Albo scribi necesse est, *c* aliàs in ordinem asciti non videbuntur, maximè si recens sit eorum dignitas, & à Majoribus præscriptionem longissimam non habeant, ut de natali Nobilitate dictum est. Qui igitur se Decurionem vel Senatorem, vel filium Decurionis aut Senatoris asserit, ut more Nobilium hæreditatem dividat, vel privilegio Nobilium utatur, scriptò probare debet : ut pote, Principis diplomate, quo Nobilitatus fuerit, vel Senatoriæ dignitatis concessione, in Regesto Civitatis in qua Decurio electus fuerit, scripta, aut similibus testationibus scriptis, præsertim cùm scribi consueverint : quod ideo factum est, ne si per testes probatio in his rebus admitteretur, subornandorum testium præberetur facultas, contra mentem Edicti hujus : cùm in hac nova

a Cap. pluralis. de Reg. Jur. in 6. & ibi Dynus. L. Quoties. Qui satisf: cog. ff.

b L. Contractus. C. de fid. instrum.

c L. 1. & ff. de alb. scrib.

FFF iij

nobilitate non sufficiat simplex & nuda asseveratio, dicentis se nobilem, *a* nec vulgi opinio illud inducere possit, cùm populi vox, ut plurimùm, fallax, vana, *b* & quandoque stulta sit, ut inquit Tullius.

a Argu L. Non solum. C. de præsa.

b L. Decurionum. C. de pæn. l. Divo Marco. C. qui manumit. non poss. l. Si privatus. ff. qui & à quib.

du Prince Regiſtrées en la Cour, par laquelle il a esté annobli, ou par ses Provisions d'Eschevin Regiſtrées au Greffe de la Ville dont il est Eschevin, ou autre semblable preuve par écrit, attendu que ces sortes de choses ont accoutumé d'estre écrites, ce qui a esté ordonné ainsi pour éviter la subornation des témoins qui se pourroit pratiquer en ces occasions contre l'esprit de l'Ordonnance ; car à l'égard de l'annoblissement, il ne suffit pas de se dire Noble, & le bruit public n'est pas une preuve suffisante, parce que ce bruit est d'ordinaire faux, vain, trompeur & sans fondement, comme dit Cicéron.

Unum tamen casum excipiendum esse putarem, scilicet in Equestri ordine, in procinctu bellicæ pugnæ à Principe concesso, ut sæpe visum fuit : cùm Princeps, aciem paratam habens ad conflictum, acie inimicorum instante, & urgente, & ferè manus conserente, stricto ense, plurimos facit Equites, ut eos jam armatos ad pugnam reddat ardentiores. Nemo enim dubitat, hac Equestris ordinis concessione, nobiles fieri : cùm primi ordinis censeantur, post Clarissimatus gradum, inquit Imperator, *c* qui aliàs forsan genere nobiles non erant. Cùm igitur hæc dignitas & nobilitas nunquam scribatur, quando id tantùm literis sanguine rutilantibus scribere tunc intendant, *d* cùm Princeps, tum milites, arbitror hanc Nobilitatem armis & sanguine quæsitam, testibus, aliis scilicet militibus tunc adstantibus, probari posse : cùm tanta sint militantium privilegia, propter eorum simplicitatem, *e* & quoniam arma magis quàm Jura

c L. un. C. de Equestr. dignit.

d L. Milites. C. de test. milit.

e L. I. ff. de milit. test.

J'estimerois pourtant qu'il faut excepter un cas ; sçavoir, lors que quelqu'un est fait Chevalier par le Prince sur le point d'un Combat ; comme il arrive quelquefois que le Prince fait Chevalier des gens lors que les épées sont déja tirées pour se battre, afin de les rendre plus hardis au combat, car personne ne doute qu'ils ne soient annoblis, & Justinien dit qu'ils sont mis dans le premier rang après les personnes appellées *Clarissimes* ; quoy que peut-estre ces personnes ne fussent pas Nobles de naissance, car comme cette Concession de Noblesse ne s'écrit point d'ordinaire, parce que le Prince & le Chevalier ne songent point à en écrire la preuve en ce moment qu'avec leur sang ; en ce cas je crois que cette Concession de Noblesse peut estre prouvée par le témoignage des Soldats presens qui l'ont entendu, ce qui a lieu, attendu les grands Privileges des Soldats, fondez sur ce qu'ils sont d'ordinaire peu versez dans les affaires, & parce qu'ils doivent mieux sçavoir manier les armes que tenir la plume; c'est pourquoy on les a exemptez d'observer les solemnitez des Loix à la rigueur, ajoûtez à cela que ceux qui sont annoblis par le Prince sur le point du Combat, ne doivent pas estre obligez à faire cette preuve par écrit ; dautant qu'ils ont non seulement pour eux la presence du Prince, qui fait plus de foy toute seule que quelque Acte par écrit que ce puisse estre, puisque même elle supplée toutes les solemnitez du Droit, comme il est notoire à l'égard des Testamens faits en presence du Prince, car en cette occasion, non seulement le Prince est present, mais c'est le Prince luy-même, qui de sa main le fait Chevalier; il seroit donc indigne d'y requerir une plus grande solemnité, &, comme dit Justinien, quand il parle des Donations faites par le Prince, ce seroit faire injure à leur liberalité.

scire milites convenit: *a* ita ut strictis Legum solemnitatibus omnino soluti videantur. Adde quòd ea potissimùm ratione hujusmodi Nobiles hac Legis necessitate arctari non debent, quòd ipsissima Principis præsentia, quibuscunque scriptis dignior & probatior sit, & ex ea omnis Juris solemnitas suppleatur, ut dicitur in testamentis coram Principe factis *b*: Hoc enim casu, non tantùm adest Principis præsentia, sed ipsemet Princeps, manu sua propria, dignitatem confert: majorem ergo exquirere solemnitatem, indignissimum videretur, & liberalitati Principis injuriosum, ut loquitur Imperator, cùm de Principis donatione verba facit. *c*

a L. Scimus C. de Jure delibr.

b L. Omnium C. de test.

c L. Sancimus C. de donat. & L. fin. §. fin C. de quadrien. præscript.

Il faudroit dire autre chose de la qualité d'Escuyer, accordée à quelqu'un par le Prince durant la Paix; car à l'égard de ces Chevaliers, ils ne meritent pas autant de faveur, que ceux qui au prix de leur sang & au peril de leur vie, ont acquis la Noblesse. Il faut dire la même chose des Chevaliers de l'Ordre; car si on leur dénie cette qualité, ils doivent la prouver par écrit, parce que d'ordinaire c'est pendant la Paix, & au retour de l'Armée qu'on les créé Chevaliers, & ainsi leur nom se doit trouver inscrit sur le Rôle des Chevaliers de l'Ordre.

Aliud forté diceretur in Equitibus in otio creatis, scilicet extra Castra, cùm illi tanto favore non gaudeant, *d* quanto alii, qui sanguine suo, & vitæ periculo, dignitatem hanc consequuntur. Idem de torquatis militibus, qui vulgò Ordinis Equites dicuntur, puto enim, quòd dignitatem suam, si denegetur, scriptis probare debebunt; cùm in otio, & à Castris redeuntes; ut plurimùm, creati, & in albo ordinis scribi debeant.

d L. Nequidam. C. de milit. test. L. Divus. ff. eod. §. Illis. Inst. eodem.

ADDITIONS SUR LE XVII. CHAPITRE.

SOMMAIRE.

1. 1. Si la preuve par témoins est admissible pour prouver la qualité des biens. 2. Si la qualité des personnes se peut aussi prouver par témoins.
2. De l'opinion de ceux qui ont creu que tout bien devoit estre reputé acquest.
3. L'homme, quoy qu'il naisse tout nud a droit sur toutes les creatures pour conserver son estre.
4. Ainsi tous biens sont présumez Propres, s'il n'est prouvé que se sont acquests.
5. Distinction entre les Propres naturels & les Propres fictifs.
6. Des immeubles fictifs.
7. Le domicile peut estre prouvé par témoins.
8. Des Loges & Boutiques dont parle Boiceau.
9. De la qualité des biens nobles ou roturiers.
10. La preuve par témoins n'est receuë contre la présomption établie par la Coutume.
11. Nulle rente n'est reputée feodale, si le Titre d'infeodation ne paroist.
12. Nul droit insolite, n'est exigible par le Seigneur sans Titre.
13. Comment on présume qu'il y a eu une investiture d'un Fief.
14. De la preuve des dixmes infeodées.
15. De la preuve de l'union des Benefices avant le Concile de Constance en 1514.
16. Boiceau a obmis de distinguer le franc-aleu noble, du franc-aleu roturier, si la preuve est receuë en ce cas.
17. De la preuve de la qualité des Censives.
18. Ancien usage pour la preuve des investitures d'un Fief, par le témoignage des Pairs de Fief.
19. Cet ancien usage aboli, sentiment de Pontanus sur ce sujet.
20. Opinion de Maistre Charles du Moulin sur la maniere d'investir par le Seigneur son nouveau Vassal d'un Fief verbalement.
21. Suivant les Coutumes, le Seigneur & le Vassal sont tenus de se communiquer leurs Titres.
22. De la reünion qui se fait de plein droit au Fief des heritages acquis par le Seigneur en sa Censive.
23. Sentiment de du Moulin touchant

chant les heritages acquis par le Seigneur hors l'étenduë de sa Censive.

24. Autre Question sur ce sujet touchant la destination du Pere de Famille.

25. Toutes les destinations du Pere de Famille doivent estre prouvées par écrit.

26. Si on peut prouver qu'un Chasteau est un Fief, parce qu'il a les anciennes marques d'un Fief.

27. Les inscriptions & monumens publics font preuve en Justice.

28. Sentiment de Perezius, qui dit qu'elles rendent la chose notoire, mais qu'elles ne font pas une pleine foy, s'il n'y a possession.

29. Ce que c'est que Monumentum en Droit, consequence de cette definition.

30. Opinion de Matthæus.

31. Exception, si l'inscription a esté gravée par l'ordre du Magistrat, & neanmoins en ce cas, elle ne font pas toujours preuve.

32. Exemples illustres d'une inscription mise par les Lacedemoniens sur le Tripier de Delphes.

33. Trois Titres du Code sur ce sujet, & ce que l'on y entend par le mot de Titre.

34. Les inscriptions faisoient foy chez les Grecs & les Romains.

35. Si l'inscription faite par l'ordre d'un particulier fait foy.

36. L'inscription fait foy contre celuy qui la fait faire.

37. Si cette inscription tient lieu d'un commencement de preuve par écrit contre un tiers.

38. Seconde Question touchant le droit de Patronage. Sentiment de Monsieur d'Argentré, rapporté par Loyseau, Ordonnance de 1539. pour la Bretagne.

39. Sentiment de Loyseau sur cette Question.

40. La possession de presenter à la Cure est la principale preuve du droit de Patronage.

41. Si la fondation des Chappelles n'estant point prouvée par Titre, la possession peut estre prouvée par témoins.

42. Sentiment de Mareschal sur la preuve du droit de Patronage.

43. La preuve par témoins receuë en ce cas, quand il y a commencement de preuve par écrit, suivant l'opinion des Docteurs.

44. Arrest dans les Memoires du Clergé sur ce sujet.

45. Si quand le Titre du droit de Patronage manque, il suffit d'articuler la possession de ce droit avec les marques exterieures.

46. Arrest rapporté par Dolive.

47. Autre Arrest pour la possession des Litres & Ceintures funebres par le Bas Justicier.

48. Bas & Moyen Justicier ne peuvent s'attribuer les droits

GGg

honorifiques par quelque poffef-
fion que ce foit.

49. *De la qualité de Noble & de Roturier.*

50. *Diftinction des Nobles & des Annoblis. Définition de la Nobleffe de Race.*

51. *Combien de fortes d'Annoblis autrefois.*

52. *Il n'eft pas neceffaire d'eftre Noble pour partager un Fief noblement, comme dit Boiceau.*

53. *Nobleffe de Race fe peut prouver par témoins, & l'annobliffement par écrit.*

54. *Comment fe fait la preuve de la Nobleffe, felon Bacquet; qualité des dépofitions des témoins de l'Enquefte.*

55. *Sentiment de Loyfeau.*

56. *Si une fimple Sentence des Elûs, peut faire preuve de Nobleffe.*

57. *Il faut auffi prouver qu'on n'a point dérogé.*

58. *Si la Nobleffe s'acquiert par poffeffion immemoriale.*

59. *Préfomption de Nobleffe tirée de celle du Pere & de l'Ayeul, n'eft point* juris & de jure.

60. *Annobliffement ne fe peut prefcrire par la poffeffion.*

61. *Invefliture par le Roy d'un Fief de Dignité, annoblit.*

62. *Si cette invefliture peut eftre préfumée par une longue poffeffion d'un Fief de Dignité, quand elle n'eft pas rapportée.*

63. *L'ufage de faire des Chevaliers fur le point du Combat, ne s'obferve plus.*

64. *Rehabilitation fe doit prouver par écrit.*

BOICEAU traite de deux chofes dans ce Chapitre. La premiere, de la preuve de la qualité qui rend les biens Nobles, Allodiaux ou Roturiers. La feconde, de la qualité des perfonnes, foit Nobles, foit Annoblies ; il faut examiner ce qu'il en dit dans le même Ordre.

Quant à la premiere, il parle d'abord de la preuve de la qualité qui rend un fond propre ou acqueft ; il demande laquelle de ces deux qualitez eft naturelle à nos biens, ou étrangere & accidentelle. Brodeau fur Loüet l. P. agite cette Queftion n. 47. & rapporte les differentes fignifications de ce mot, *Propre.* Ceux qui ont crû, que tout bien devoit eftre reputé acqueft, s'il n'eftoit prouvé que ce fût un Propre, fe font fondez, comme dit Boiceau, fur ce que l'homme vient tout nud au monde, mais quoy que cela foit veritable, il eft certain que Dieu par une magnificence digne de luy, ayant créé l'Univers pour noftre ufage, chaque homme naift avec le droit d'ufer de toutes les creatures, pour la confervation de l'eftre qu'il a receu, & si ceux qui sont pauvres toute leur vie, en sont presque entierement privez, & que la Loy même ne leur permette pas de se faire rendre par force cette portion legitime qui semble leur estre deuë en qualité d'hommes. Nostre Religion nous apprend que c'est une suite & une punition du peché de nostre premier Pere, qui a esté cause de ce partage inégal des biens qui auroient esté possedez en commun, s'il estoit demeuré dans l'état d'innocence, & neanmoins les riches ne 'sont en possession de ces biens qu'en qualité d'œconomes, ausquels la Divine Providence en a confié le soin, & qui selon cet ordre, sont chargez de faire subsister ceux qu'elle a dépoüillé, ce semble pour les enrichir. Au reste, c'est le Droit Civil qui a trouvé ces mots *de Propres & d'Acquests*, & si l'on a communément decidé que tout bien est reputé Propre, si l'on ne prouve qu'il est acquest, ce n'est pas par cette raison, que l'homme a de droit naturel & de droit divin, le domaine ou l'usage des choses d'ici-bas, mais parce que, comme dit Boiceau, celuy qui possede est reputé avoir toûjours joüi, suivant les principes des Loix Civiles; ainsi la possession du Pere passe de droit naturel aux enfans; & en un mot, les Loix l'ont continuée depuis le premier des hommes jusqu'à nous par differens moyens. Cela supposé, il est certain que comme il ne s'agit en cela que de la preuve de la qualité des biens, & non pas precisément de la preuve d'une Convention; il n'y a point de doute que cette preuve ne puisse estre faite par témoins, du moins en certains cas, comme Boiceau l'explique dans la suite.

5 J'ajoûte qu'il faut distinguer entre les Propres naturels & les Propres fictifs, dont Boiceau n'a point parlé; car à l'égard des derniers, il faut une preuve par écrit, parce que cette fiction estant contre le droit commun, ne se peut faire que par une Convention, comme par un Contrat de Mariage, ou par une destination speciale, dont il est parlé en l'article 93. de la Coutume de Paris; ainsi elle doit estre redigée par écrit.

6 Quant aux immeubles fictifs, par la seule disposition de la Loy, comme le Poisson qui est en Etang, les ustanciles d'Hôtel qui tiennent à fer & à clou, ou sont scelez en plastre, & mis pour perpetuelle demeure, suivant l'article 99. de la même Coutume, il n'en faut point d'autre preuve que l'état de la chose même, ce qui se juge à l'inspection par le rapport des Experts, si on en disconvient. La qualité des Rentes consti-

tuées, qui font meubles ou immeubles suivant les Coutumes, se regle par le domicile du Creancier, & ce domicile peut estre prouvé par témoins; car cet établissement de demeure en certain lieu n'est point un Contrat, c'est un fait libre qui dé- 7 pend uniquement de la volonté de celuy qui se l'est choisi; (ainsi qu'il sera expliqué plus au long dans le Traité du Domicile, que j'espere donner quelque jour au public) d'où il s'ensuit qu'on peut prouver par témoins indirectement, quelquefois la nature d'une rente constituée, à l'effet de la partager entre les heritiers du Creancier, suivant les Coutumes qui les mettent au rang des meubles ou des immeubles, parce qu'il est permis de prouver par témoins le domicile du Creancier de cette rente.

Quant à ce que dit Boiceau, des Loges & Boutiques que 8 l'on permet de bastir proche les Palais des Princes, la Loy derniere D. l. 43. T. 18. dit que pour ce qui est des Maisons appellées *superficiarias*, c'est-à-dire (qui se peuvent transporter, & qui ne sont point fondées) elles appartiennent à celuy à qui appartient la terre sur laquelle elles sont construites. Monsieur Cujas en ses Paratitles sur ce Titre, dit que celuy-là est Proprietaire de la surface qui a basti sur le fond d'un autre, si le Proprietaire de ce fond y a consenti, moyennant une certaine pension annuelle; & cet homme, dit-il, est quelque chose de plus qu'un Fermier, car il a droit dans la chose, ce qui s'appelle, *jus superficiarium*, & le Preteur luy donne l'action qu'il appelle *superficiariam*, pour se maintenir en la possession de cette surface qu'il a loüée, laquelle surface se peut aussi acquerir par la simple joüissance, quand elle se fait au veu & sceu du Proprietaire du fond, & en ce cas cette possession, qui est de fait, se peut prouver par témoins; autre chose est, s'il y a eu une Convention ou un Bail, car ils doivent estre rapportez par écrit.

Pour ce qui regarde la qualité des biens Roturiers & No- 9 bles, il est certain que tous biens sont reputez Roturiers, s'il n'appert qu'ils sont Nobles; car originairement tous biens estoient Roturiers, & c'est ce qui fait le fondement de cette présomption, aussi les Fiefs ne sont qu'une invention moderne, puisqu'ils n'ont commencé à estre en usage, (du moins si nous en croyons les Auteurs, qui ne remontent point plus haut qu'il ne faut) que depuis le commencement de la Monarchie Françoise, quoy qu'on ne convienne pas precisément de leur origine.

Mais cette decision de Boiceau sur ce sujet, doit estre prise avec distinction, à cause de la diversité des Coutumes, car il y en a où nulle Terre sans Seigneur, & où par consequent toute Terre est présumée estre en Censive; & d'autres au contraire où toute Terre est présumée libre & en franc-aleu, si l'on ne prouve le contraire, comme à Troyes. Or il faut suivre la présomption établie par la Coutume, mais cette présomption n'est pas de celle qu'on appelle *juris & de jure*, on peut prouver le contraire, mais celuy qui l'articule doit le prouver par écrit, quoy qu'il ne s'agisse que de détruire une simple présomption de Droit, parce qu'elle est établie par la Coutume, qui est un Contrat public entre les Habitans d'une Province, ainsi cette présomption passe pour une preuve par écrit, contre laquelle la preuve par témoins n'est pas recevable.

11. Une Rente n'est point aussi reputée feodale, s'il n'apparoist du Titre d'inféodation par le Seigneur, & le Seigneur ne peut exiger aucun droit insolite sur le Fief de son Vassal, soit pour ce qui regarde la prestation de la foy & hommage, soit tout autre droit, qu'il n'ait un Titre par écrit, la preuve par témoins n'en seroit pas receuë, à cause de la faveur de la liberté; ainsi il faut qu'il rapporte le Titre originaire par lequel il prétend que les corvées ont esté établies, s'il prétend les exiger de ses Sujets, parce que toute servitude doit estre fondée sur un Titre, & ne s'établit que par une Convention, c'est-à-dire par le consentement reciproque du Seigneur & du Vassal. Mais il est certain aussi que s'il y a contestation au sujet de l'usage concernant un droit feodal; Par exemple, sur une certaine maniere de rendre la foy & hommage, ou sur le nombre & la qualité des corvées, c'est la possession qui décide quand elle n'est point contestée, & que le Titre ne paroist point, & si elle est contestée, elle se peut prouver par témoins, parce qu'il s'agit de la forme d'une prestation, qui est fondée sur un fait qui établit la possession.

13. Pour ce qui est de la concession & investiture d'un Fief, elle se fait par écrit, mais comme les premieres investitures sont tres-anciennes, & qu'elles se sont perduës dans la suite des temps; on supplée à leur deffaut par les aveus & dénombremens, & autres Titres qui font foy, & jamais par la preuve par témoins; parce que, comme il a esté dit, cette investiture est une Concession & une Convention qui ne se peut prouver que

par écrit : mais s'il y a commencement de preuve par écrit qui ne soit pas suffisante, on peut admettre la preuve par témoins pour justifier que la Terre a toujours esté possedée comme un Fief. Ainsi pour les dixmes infeodées, comme il a esté observé, on n'est plus obligé de rapporter le Titre d'infeodation, mais de l'articuler & soûtenir que l'on est en possession immemoriale de les percevoir, ce que l'on justifie par des Baux, &c. 14

Il en est de même de l'union des Benefices faites avant le Concile de Constance en 1514. ainsi qu'il a esté aussi remarqué. Il est constant aussi, comme a remarqué Vrevin sur l'article 54. de l'Ordonnance de Moulins chap. 11. que les Quittances de lots & ventes, les Actes de prise de saisine, d'investiture, & autres de Justice domaniale, doivent estre redigez par écrit. Il en rapporte un Arrest de 1588. à la prononciation de Noel, & cite Mathæus *de afflicto Decis.* 243. 253. *&* 398. 15

Boiceau a oublié de distinguer en cet endroit le franc-aleu, qui se partage noblement, & celuy qui se partage roturierement, la Coutume de Paris les a distinguez dans l'art. 68. & dit qu'il doit y avoir Justice, Fief ou Censive annexée au franc-aleu pour estre partagé noblement. Or la qualité de franc-aleu, dans les Coutumes de franc-aleu, est une qualité naturelle à l'heritage, ainsi c'est à celuy qui la conteste à prouver le contraire ; mais on peut demander s'il peut le faire par témoins, & il semble que non, car pour prouver qu'il est tenu en Censive, il faut qu'il prouve que cet heritage est chargé de cette Censive ; or cela ne s'est pû faire que par un Bail à cens, qui doit estre redigé par écrit, ou par le Livre Censier dans lequel cette Censive est comprise & acquitée en marge par les possesseurs ; & ainsi elle ne peut estre prouvé que par écrit, attendu que la présomption est au contraire dans ces Coutumes, comme il a esté dit, & que cette présomption tient lieu de preuve par écrit du franc-aleu. 16

Que s'il s'agit de prouver la qualité de la Censive, à laquelle est sujet un certain heritage, cela se peut prouver par témoins, aussi bien que le fait par lequel on articule qu'un certain heritage enclos dans un territoire circonscrit & limité, est sujet à la Censive du Seigneur de ce Territoire, parce que dans ses deux cas, il s'agit plûtost de prouver un fait, qui est la possession, que de prouver le Titre de proprieté de la Censive. 17

A l'égard de la nouvelle investiture des Fiefs, il est constant 18 que dans l'ancien usage des Fiefs, la preuve s'en faisoit par témoins, & ces témoins estoient les Pairs de Fiefs, ou Covassaux relevans du même Seigneur, lesquels estoient par cette raison tenus d'assister à cette investiture, ainsi que les Pairs de France, qui ont esté érigez à leur imitation, sont encore tenus d'assister au Sacre & au Couronnement de nos Rois, & quand il y avoit contestation entre le Seigneur de Fief & le Vassal, au sujet de cette investiture, on avoit recours aussi à leur témoignage, quoy qu'ils ne fussent plus Covassaux du même Seigneur lors de la contestation. Monsieur Cujas observe qu'il falloit que cette investiture se fit devant deux Pairs ou Covassaux, & sur le T. 2. l. 2. *de investitura feudi*, dans lequel il s'agit de sçavoir de qu'elle maniere, quand le Titre d'investiture a esté perdu, ou lors qu'il n'en a point esté fait, il faut prouver qu'il y a eu une investiture de Fief, il decide que le Vassal doit prouver l'investiture qu'il prétend luy avoir esté faite, par un Acte public & autentique, ou par le témoignage des Pairs de Cour ou Covassaux, où s'ils jurent qu'ils ne s'en souviennent point, par le témoignage de deux autres personnes étrangeres ; & si le Vassal, ne peut faire cette preuve, en ce cas le Seigneur jure avec douze autres personnes, qu'il n'a point donné cette investiture du Fief à celuy qui se prétend son Vassal, ou il s'en rapporte au serment de ce Vassal, & s'il ne veut pas l'accepter, le Seigneur est sur le champ déchargé de sa prétention.

Maistre Charles du Moulin des Fiefs, §. 43. Gloss. 1. n. 66. dit aussi que dans ce cas de la commise du Fief, le Seigneur n'a pas besoin du témoignage de cinq témoins pour prouver l'ingratitude de son Vassal, comme il est requis dans le Livre des Fiefs, mais que deux témoins suffisent.

19 Mais cette preuve par témoins est abolie à cet égard. Pontanus sur l'article 54. de la Coutume de Blois l'a observé, n'y ayant plus de Seigneur de Fief en France qui ayent des Pairs, si ce n'est le Roy, *Alia igitur forma introducta est, ut scilicet præstetur fidelitas in præsentia Notarii unius adhibitis testibus aut citra præsentiam testium, vocatis duobus Notariis*. L'usage est donc à présent que l'Acte de foy & hommage, soit receu pardevant Notaire, ce qui s'entend non seulement de celuy qu'on peut appeller un renouvellement de foy par chaque nouveau Vassal, mais du premier serment de fidelité que preste le Vassal au Sei-

Loyseau des Seigneuries, ch. 5. n. 6. Quid enim peccavit qui investituram accepit, si illi quos eo tempore, ut pote idoneos adhibuit postea pares esse desierint T. 19. Feud. l. 2. 2. Ibid. eod. Tit. Igitur domino possidente, si qui investitum se de feudo dicet, adversus dominū experiatur probare debet investituram per publici instrumentum vel per pares vel certe iis deficientibus aut jurantibus se rei gesta nō meminisse aut jurare nolentibus, per extraneos. Quia persōnam & vice pariū ræpræsentāt & iis substituti videntur. Vassallo au-

gneur lors que le Seigneur l'inveſtit du Fief. Pontanus paſſe plus avant au même endroit ; car il ajoûte que cette maniere de prouver l'inveſtiture par un Acte par écrit, eſt de l'eſſence de l'inveſtiture même, en telle ſorte que quand on pourroit la prouver autrement elle ſeroit nulle; & c'eſt avec raiſon, dit-il, que l'on a préferé en cette occaſion la preuve par écrit à celle par témoins, qui eſt ſouvent ſuſpecte, d'où il conclut que s'il n'y a point d'Acte par écrit, l'inveſtiture eſt toûjours déclarée nulle, ou du moins n'eſt pas fort ſeure, à cauſe de ce deffaut en la forme, car il pourroit y avoir telles circonſtances que ſans Acte par écrit, la preuve de cette inveſtiture ſeroit admiſe par témoins. Au reſte, on ne peut oppoſer à ce qui vient d'eſtre obſervé; ce que Maiſtre Charles du Moulin T. 1. des Fiefs §. 1. n. 42. dit que l'inveſtiture n'eſt pas neceſſaire pour ériger une Terre en Fief, & qu'il ſuffit de quelque choſe qui équipolle; Par exemple, dit-il, *Si Dominus alicui coram paribus curiæ dixerit, vade in poſſeſſionem illius fundi, & teneas illum pro feudo, licet enim non interceſſerit inveſtitura, tamen perinde feudum verum & rectum conſtituitur, ac ſi interveniſſet.* Ce qui ſe doit entendre de l'ancien uſage obſervé dans les Fiefs, lequel eſt abrogé parmy nous; & il eſt même de l'intereſt du Seigneur d'avoir un Acte d'inveſtiture qui aſſure ſa qualité de Seigneur, & en vertu duquel il puiſſe exiger les droits honorifiques & utiles qui luy ſont deus. C'eſt pourquoy ſuivant la diſpoſition de nos Coutumes & de l'uſage, quoy qu'on ne ſoit pas obligé de rapporter la premiere inveſtiture du Fief, parce qu'elles ſont trop anciennes & perduës pour la plûpart, neanmoins le Seigneur & le Vaſſal, ſuivant l'article 44. de la Coutume de Paris, ſont tenus également de ſe juſtifier l'un à l'autre, leur qualité de Seigneur & de Vaſſal, par aveus & dénombremens, & autres Titres par écrit, qui prouvent leur poſſeſſion & leur qualité, la preuve par témoins n'eſt pas receuë en ce cas, ſuivant la Coutume qui exige des Titres par écrit, auſſi cette poſſeſſion eſt toûjours établie ſur des Titres, puis qu'à chaque mutation de poſſeſſeur on renouvelle des Actes de foy & hommage, & l'on donne des aveus & dénombremens.

A l'égard des biens roturiers acquis par le Pere de Famille en la Cenſive du Fief dont il eſt Seigneur, leſquels ſont cenſez reünis de plein droit audit Fief, il doit déclarer par écrit qu'il veut les tenir ſeparément & en roture; autrement la preuve par

par témoins du contraire ne feroit pas receuë, parce que cette reünion fe fait de plein droit ; ainfi il faut un Acte par écrit pour l'empefcher, & par lequel on puiffe prouver que telle a efté la volonté du Pere de Famille.

23 Mais pour ce qui eft des heritages roturiers qui n'eftoient pas dans l'étenduë de la Cenfive de celuy qui les a acquis, mais qui eftoient proches de fon Fief. Du Moulin des Fiefs §. 1. n. 20. dit qu'à la verité ces heritages roturiers ainfi acquis, ne font qu'un feul & même fond avec ce Fief auquel ils font unis, en tant que ce Fief eft regardé fimplement comme un fond qui compofe partie du Patrimoine de celuy qui les a acquis; de telle forte que s'il difpofe de ce Fief, par vente, Donation, legs ou autrement, ces heritages roturiers qui y font reünis, y feront compris. Neanmoins, dit-il, ils ne font pas unis au Fief, confideré en qualité de Fief, parce qu'ils ne luy ont pas efté reünis par rapport à cette qualité feodale, même ils n'ont rien de commun avec ce Fief, en ce qui concerne cette qualité : mais ils en font entierement diftincts & feparez, & ne feroient pas compris dans la difpofition que le Seigneur feroit de ce Fief en qualité de Fief & de bien feodal ; Car, ajoûte-t'il, ce qui eft ajoûté à un Fief par le fait & la deftination de l'homme, eft d'une condition toute differente de ce Fief, il faut en prendre poffeffion feparément, on ne peut le prefcrire que feparément, & par confequent avant d'eftre reputé feodal, & de compofer une portion de ce Fief, il faut une infeodation fpeciale qui le reüniffe à ce Fief.

De cette Doctrine de Maiftre Charles du Moulin, naift une Queftion; Sçavoir, fi aprés cette deftination du Pere de Famille, qui a acquis des rotures prés de fon Fief, & qui les a poffedées conjointement avec ce Fief, il vient à faire une Donation de cette Terre fans exprimer le mot de Fief, il eft cenfé avoir auffi donné ces heritages en rotures, par luy acquifes auprés de fon Fief. Du Moulin *ibid. v. 16.* dit que pour prefumer cette deftination, ou reünion, il ne fuffit pas que le Proprietaire du Fief les ait acquis & baillez à Ferme à un même Fermier, car il peut les avoir acquis auprés de fon Fief, & n'en avoir fait qu'un même Bail, à caufe de la commodité de l'exploitation pendant ce Bail là feulement, & on ne peut pas conclure de là, qu'il l'ait fait par neceffité, pour fuppléer & achever ce qui manquoit à fon Fief; car pour établir cette reünion, il ne suffit pas, dit-il, d'une simple possession en commun, & du même temps de ces rotures & de ce Fief, comme il paroist par la Loy *Seia. D. ff. de fundo instructo legato.* Par consequent, ajoûte du Moulin, il faut qu'il paroisse par quelque autre fait que le fond nouvellement acquis, l'a esté dans ce dessein d'en faire une augmentation & une dépendance du même Fief.

Or supposé que l'on alleguast en pareille espece, des faits suffisans pour prouver cette destination du Pere de Famille, il semble qu'ils pourroient estre prouvez par témoins, parce qu'il ne s'agit point d'aucune Convention, mais seulement de prouver qu'elle a esté la volonté du Pere de Famille, qui de son propre mouvement & de sa seule autorité, sans qu'il fut besoin du consentement de personne, a pû reünir à son Fief tout ce qu'il a acquis aux environs, & n'en faire qu'un même Fief, parce qu'il ne s'agit en cela que de son interest particulier, & ce n'est point l'effet d'une Convention, par consequent ce fait n'est pas compris, ce semble, dans l'Ordonnance.

Neanmoins du Moulin (comme il vient d'estre dit) requiert un Acte, ou un fait particulier qui marque évidemment cette destination, à l'effet d'en faire un même Fief; il demande même une infeodation speciale à cet effet, & ainsi suivant son sentiment, il faut conclure que la preuve par témoins ne suffiroit pas, la raison est que pour faire changer de nature à une chose, & d'une roture en faire un Fief, il faut que cela se fasse par quelque Acte autentique qui en fasse foy, afin que ce changement de qualité soit certain & public, & que personne n'y puisse estre trompé; à cause de l'interest qu'un tiers peut y avoir, suivant les occasions, comme le Seigneur Suzerain.

Art. 216. de la Coutume de Paris, & 93. Il faut aussi remarquer qu'à l'égard de toute autre sorte de destination du Pere de Famille, soit pour établir une servitude, pour faire qu'une somme donnée, en dot à une fille, luy demeure Propre, ou qu'un immeuble à elle donné soit ammeubli, & autres semblables, elle doit estre établie & fondée sur des Actes précis & redigez par écrit, & que quelques fortes présomptions qu'on allegue pour obtenir la preuve par témoins, quoy qu'il y allast de l'interest du mineur, elle ne peut estre écoutée contre la disposition de la Coutume, qui veut un Titre pour les Servitudes, & qui a défini ce que c'est que meuble, & ce que c'est qu'immeuble, dont on ne peut changer la nature que par des Actes autentiques; outre que ces fictions estant établies sur des Conventions, ce seroit contrevenir à l'Ordonnance de Moulins, d'en permettre la preuve par témoins.

26. Pour revenir à ce que dit Boiceau des Fiefs, il observe que pour prouver qu'un Chasteau est un Fief, quoy qu'il n'y en ait point de Titre par écrit, on peut le prouver par témoins, si ce Chasteau a toutes les marques de Fief qu'il rapporte, & il avouë que cette Question est rare, ainsi il est inutile de s'y arrester : mais cette Question a beaucoup de connexité avec deux autres, qui sont bien plus frequentes dans l'usage, & par consequent plus utiles. La premiere, sçavoir en general si les inscriptions & monumens publics font preuve en Justice, ou du moins s'ils peuvent tenir lieu de commencement de preuve par écrit, à l'effet de faire admettre la preuve par témoins suivant l'Ordonnance.

La seconde Question au sujet du Droit de Patronage ; sçavoir si quand il n'y a point de Titre, mais des marques anciennes, & des signes muets & insensibles, comme des Tombeaux, des Armes aux Vitres de l'Eglise, sur les Cloches, sur les Fonds Baptismaux, sur les murs & endroits principaux de l'Eglise, & autres semblables ; cela suffit pour faire preuve qu'un Particulier est Fondateur, ou Patron de cette Eglise, ou Haut-Justicier, & si en ce cas du moins la preuve par témoins seroit permise.

27. Quant à la premiere Question, sçavoir si les inscriptions & monumens publics font preuve en Justice. La Loy *monumentum* 6. au Code, dit que si sur un Sepulcre il y a une inscription, de laquelle on puisse inferer qu'il sera permis aux affranchis de la Famille du deffunt qui l'a fait construire, de s'y faire enterrer, neanmoins cette inscription ne leur donne point droit de Sepulture, s'ils n'ont acquis ce droit par une longue prescription, c'est-à-dire parce qu'ils sont en possession de ce droit depuis long-temps, suivant la premiere interpretation que Balde donne à cette Loy, d'où on conclut que les inscriptions ne

28. font donc point de preuve en Justice. Perezius sur cette Loy dit qu'à la verité ces sortes d'inscriptions rendent une chose certaine & notoire, mais que neanmoins elles ne font pas une pleine foy, & qu'il faut y joindre la possession. En effet, sui-

29. vant la Loy 42. D. l. 11. T. 7. on appelle *Monumentum* en general, *Res memoriæ causâ in posterum prodita*, & il semble que tout

Monumentorũ inscriptiones neque sepulcrorũ jura, neque Dominium loci puri ad libertos transferent, præscriptio autẽ longi temporis si justam causam initio habuit vobis proficiet.

Qui libera-litate, non necessitate debita reditus suos interim ad opera finienda concessit munificentia sua fructum de inscriptione nominis sui operibus si qua fecerit, capere per invidiam non prohibetur.

le fruit que peut tirer de ces sortes d'inscriptions celuy qui les a fait faire, n'est que de conserver son Nom à la posterité, suivant la Loy 2. D. *de operib. pub.* & c'est pour cela que cette même Loy ajoûte qu'on ne doit pas inscrire le Nom d'un autre sur un Ouvrage public, au préjudice de celuy qui l'a fait construire par pure liberalité. C'est le sentiment de Mathæus *de Probat.* chap. 2. n. 36. sur la Loy 6. au Code cy-dessus citée, qui dit neanmoins que les inscriptions font preuve quand elles ne font point de préjudice à un tiers, & qu'autrement ce ne sont que des adminicules, des conjectures & des indices, suivant l'esprit de cette même Loy, & il cite Ant. Faber. C. *de Prob. l.* 4. *T.* 14. *Def.* 47. pour son avis, mais il ajoûte une exception considerable. Si ce n'est, dit-il, que cette inscription ait esté gravée par l'ordre du Magistrat pour perpetuelle memoire, dont il rapporte des exemples; & même en ce cas, ces sortes d'inscriptions publiques, ne font pas toûjours preuve, parce qu'elles peuvent estre fausses, aussi bien qu'un Contrat, quoy que ce Contrat soit en forme autentique; il en rapporte un exemple illustre dans l'antiquité, au sujet d'une inscription que les Lacedemoniens avoient fait graver sur le Tripier de l'Oracle de Delphes; par laquelle ils s'attribuoient tout l'honneur de la victoire remportée sur les Perses, dans la Bataille de Platée, ce qui ayant excité la jalousie de toute la Grece contre eux, ils furent citez devant les Amphyctions, qui estoit le Tribunal Souverain de tous les Peuples de la Grece, & y furent condamnez de faire rayer cette inscription, & d'ajoûter les noms des Peuples de la Grece qui leur avoient fourni des troupes pour leur aider à remporter cette Victoire.

Quod plerumque faciunt possessores vel dissidelia causa sua, vel adversarii perterrefaciendi aut submovendi gratia, dum iis scilicet quilammodo negant suum esse

On peut rapporter à ce sujet les trois Titres 14. 15. & 16. du Code l. 2. par lesquels il est deffendu à qui que ce soit, de mettre sur son heritage (quand cet heritage est en contestation & litigieux) des Titres, ou les noms de ceux qui sont élevez en dignité au dessus de nous, ou même celuy du Prince, ou de quelqu'autre que ce soit, soient inscrits. Mathæus *de Probat.* c. 2. n. 42. explique ce que la Loy entend en cet endroit par ces mots: *Tituli nihil aliud,* dit-il, *quam inscripta quædam Tabula cum velis purpureis,* ce qui s'entend de *Titulis Principum,* qu'il estoit deffendu de mettre sur ses heritages, à peine de confiscation; car quand quelques heritages avoient esté

confifquez, on y appofoit le nom du Prince, & en ce cas, par- *prædium, &*
ce que cela fe faifoit par autorité du Juge & en connoiffance *afferût ejus*
de Caufe, ces infcriptions faifoient foy comme un Titre au- *effe, quem*
tentique; ainfi que prouve le même Mathæus *eod. cap. n. 67.* *titulus commendat.* D.

34 Il eft certain que de tout temps les infcriptions & monu- M. Cujas
mens publics ont fait foy chez les Grecs & chez les Romains; *in paratit.*
ainfi on écrivoit les noms des profcrits fur des monumens de C. fur le T.
pierre, *Pilæ*, auffi bien que les Traitez d'Alliance en Grece, 14.
pour en conferver la memoire à la pofterité.

35 Suivant nos mœurs, les infcriptions qui ne font point faites
par autorité publique, mais par l'ordre d'un particulier, ne
font pas plus de foy qu'une écriture pure privée, parce qu'en
un mot ce n'eft pas l'antiquité qui rend une infcription plus
autentique, parce qu'elle peut eftre fauffe dans fon énontiation, & ne devient pas plus veritable par la fucceffion des
36 temps, mais on ne peut nier qu'elle ne faffe foy contre celuy
par l'ordre duquel elle eft faite, comme s'il s'agit d'une redevance ou preftation annuelle, à laquelle il paroift qu'il
s'eft obligé par cette infcription envers une certaine Fabri-
que pour la retribution des Services qu'il a fondez pour le
repos de fon ame ou de fes Proches; car en ce cas, cette reconnoiffance eftant infcrite fur fon Epitaphe, fait foy contre
37 fes fucceffeurs, & à l'égard d'un tiers, cette énonciation dans
un monument privé & antique, peut eftre un commencement
de preuve par écrit d'un droit honorifique ou utile, en vertu
de laquelle il pourroit demander à faire preuve de la poffeffion en laquelle il eft de ce même droit, comme il fera prouvé dans la Queftion fuivante, en traitant du Droit de Patronage & des Droits Honorifiques.

38 A l'égard de la feconde Queftion touchant le Droit de Patronage, Loyfeau des Seigneuries chap. 11. des Droits Seigneu-
riaux, cite l'opinion de Dargentré, qui dans fon Confeil
dernier, après avoir prouvé que les honneurs de l'Eglife n'appartiennent qu'au Patron, fuppofé qu'il fe les foit refervez en
fondant l'Eglife, rapporte l'Ordonnance de 1539. article 13. par
François Premier, pour la Bretagne feulement, qui dit *que nul*
ne pourra prétendre Droit de Patronage, s'il n'en peut promp-
tement informer par Lettres & Titres de Fondations, ou par
Sentence & Jugement donnez avec connoiffance de Caufe, &
39 *avec Partie legitime.* Il ajoûte n. 29. que comme les Fonda-

HHh iij

tions des Eglises sont anciennes, & qu'il est malaisé d'en avoir conservé les Titres. La possession paisible y est de grand poids, & remarque qu'il se trouve quelquefois qu'une personne joüit paisiblement des honneurs de l'Eglise, & qu'il ne s'ensuit pas pour cela qu'il soit en possession des Droits en qualité de Patron, car il se peut faire qu'il en joüisse par Droit de bien-seance, par usurpation. Enfin il ajoûte, que la marque univoque & certaine, qui dénote la possession certaine du Droit de Patronage, est quand on est en bonne possession de presenter à la Cure de la Paroisse, laquelle marque cessante, nul ne se peut dire Patron, quand même il justifiroit qu'il a joüi des honneurs de l'Eglise par un temps immemorial, parce que ces honneurs & preseances sont presumez consister plûtost en pure faculté & civilité qu'en un droit établi ; & c'est ainsi, dit-il, qu'il faut entendre cette Ordonnance pour la Bretagne, en ce qu'elle exclut la preuve de la possession.

Num. 81. il dit qu'à l'égard de la Fondation des Chapelles, elle peut estre non-seulement prouvée par Titre, mais aussi par une possession publique & continuelle d'empescher les Etrangers d'y entrer ; principalement si cette possession est soûtenuë par des signes visibles de Fondation, comme d'Armoiries aux Voûtes, au Portail, au Maistre Autel de la Chapelle, & autres endroits.

Mareschal en son Traité des Droits Honorifiques chap. 1. prouve par la Charte de Philippe Auguste, inserée à la fin de la Coutume de Normandie, que la possession du Droit de Patronage se doit prouver par témoins ; sçavoir quatre Prestres & quatre Chevaliers : mais il ne s'ensuit pas, dit-il, de cette Charte, ny de l'Ordonnance de 1539. cy-dessus citée, que l'on soit recevable à prouver par raison les Droits de Patronage & Honorifiques ; car cette Ordonnance de 1539. demande expressement la preuve litterale, & la Declaration sur icelle du 24. Septembre de la même année, n'admet la preuve vocale que pour le passé. Il est vray, ajoûte Mareschal, que par Arrest de la Chambre de l'Edit à Paris, du 13. Mars 1613. il fut jugé que la preuve vocale seroit receuë pour aide & confirmation de la litterale, & de marque visible du Droit de Patronage ; Ce qui, dit-il, se peut soûtenir par l'autorité de Balde, *ad l. certi conditio §. quoniam de reb. cred.* & d'Alexandre l. 4. Conseil 48. & l. 7. Cons. 174. où ils tiennent que si la Loy deffend la preuve par témoins, elle est censée ne la pas deffendre quand elle sert à fortifier celle qui est par écrit, ce qui est conforme à l'Ordonnance de 1667.

si statutum prohibeat probationem per testes nō videtur prohibere jam quæ fieri potest per testes ad cōfirmationem instrumentorum.

44 Dans les Memoires du Clergé To. 1. T. 2. chap. 7. art. 5. il y a un Arrest qui a jugé que pour prouver que l'on est Patron d'une Eglise ; ce n'est pas assez de montrer que les Armes de sa Famille sont gravées sur les Cloches de l'Eglise, il faut avoir un Titre ; neanmoins comme les Titres originaires ne se peuvent souvent rapporter,

45 comme dit Loyseau, en ce cas il faut articuler la possession des Droits de Patron, avec les marques exterieures cy-dessus exprimées, & la meilleure est quand on peut justifier que les Ancestres de la Famille de celuy qui soûtient estre Patron, ont esté inhumez dans le Chœur de l'Eglise, parce que ce Privilege n'est accordé d'ordinaire qu'au Patron. Et cette possession qui est de fait, se peut prouver par témoins, ou par un Procés Verbal de Descente sur les Lieux.

46 M. Dolive l. 1. chap. 3. parlant du Droit de Conferer le Benefice, qui appartient au Patron, rapporte Arrest du 11. Mars 1632. qui a jugé que les heritiers d'un Fondateur se trouvant en possession du Patronage, y devoient estre maintenus, quoy qu'ils ne rapportassent pas le Titre de la Fondation, ce qui est decidé aussi de même dans les Loix de Corbin article 96.

47 Le même Dolive l. 2. chap. 11. rapporte un Arrest qui a jugé qu'un Haut-Justicier articulant la possession des Littres & Ceintures funebres, doit estre admis à la preuve par témoins.

48 Mais les Bas & Moyens Justiciers, qui ne peuvent joüir des Droits honorifiques, ny se les attribuer par quelque possession que ce soit, ne pourroient par consequent demander à faire cette preuve, parce qu'elle leur seroit inutile. Henris Plaid. 16. en rapporte un Arrest du 18. Juillet 1630.

49 Quant à la qualité de Nobles & de Roturiers, dont traite Boiceau sur la fin de ce Chapitre ; il est vray que la Noblesse est une qualité étrangere à l'homme (dit Balde sur la Loy *Non ignoras C. qui accusare non possunt*) qui ne nous est point donnée par la nature, & qui par consequent ne se présume point, si elle n'est prouvée, chacun estant présumé Roturier : mais il faut distinguer les Nobles de ceux qui sont Annoblis.

50 Les Nobles sont ceux qui le sont de Race, & cette Noblesse a esté définie, *Vne clarté de lignée & splendeur des Ancestres,*

avec succession d'Armoiries & d'Images conferées à quelqu'un, & par luy à sa Famille par le Prince, la Loy, ou la Coutume, en récompense des vertus qui servent à l'état & à la société humaine.

A l'égard des Annoblis, il y en avoit autrefois de plusieurs sortes ; sçavoir par Lettres du Roy, par Offices Nobles, par la possession des Fiefs, dit Loysel l. 1. chap. 1. & cette derniere ne subsiste plus, si ce n'est que le Roy ait investy un Roturier d'un Fief de Dignité comme d'une Duché. 51

La Question que propose d'abord Boiceau sur ce sujet, suppose qu'il faut estre Noble pour partager noblement un Fief avec droit d'aînesse, ce qui n'est pas necessaire à present, parce que les Roturiers peuvent posseder des Fiefs, & ils les partagent noblement, non en vertu de leur Noblesse personnelle, mais à cause de la Noblesse du Fief qui est réelle, & qui en est inséparable, & c'est à cause de ce droit qu'ils sont sujets au Droit des Francfiefs. 52

Quant à la Noblesse de Race, qui est une possession immemoriale de la Noblesse, elle se peut prouver par témoins, comme dit Boiceau, & on n'est obligé de prouver l'annoblissement, que parce que chacun estant présumé Roturier, celuy qui se dit Annobli, doit prouver qu'il a cessé d'estre Roturier, & même le prouver par écrit, comme il sera dit cy-après. 53

Bacquet chap. 23. du Droit d'Annoblissement, dit que si celuy duquel le Fief a esté saisi pour le Droit des Francsfiefs, n'est notoirement Noble, & ne fait apparoir par écrit de sa Noblesse, on luy permet de la prouver par une enqueste, ou « preuve testimoniale, & *numero 2. ibid.* il dit qu'en France pour « verifier qu'un homme est Noble, il suffit que les témoins déposent qu'ils ont connu son ayeul & son Pere, qu'ils les ont veu « vivre noblement, suivre les Armées, avoir esté en Charge à la « guerre, &c. Il ajoûte aussi qu'il faut que les témoins soient « Gentilshommes de Race, Officiers Royaux ou Subalternes, & « autres gens d'honneur & de qualité, & non simples Marchands, « Laboureurs & Artisans, & qu'ils déposent qu'ils ont entendu « dire que le Bisayeul & Trisayeul ont vécu noblement. Il observe que le Certificat des Elûs est encore de grands poids, « s'ils certifient que la personne n'a point esté imposée à la Taille, & a esté notoirement mise au nombre des Nobles. Enfin, « dit-il, il doit faire appeller les Habitans du lieu de sa demeure, pour se faire maintenir dans sa Noblesse, comme y estant « seuls interessez. 54

Le

Le même Baquet *ibidem* chap. 18. aprés avoir prouvé, à l'égard des Annoblis, que le Roy seul a ce droit, rapporte un Titre d'Annoblissement en forme; au Chapitre 19. il marque ceux que les Charges annoblissent en France. Au Chap. 20. il prouve que les Fiefs ny les Justices n'annoblissent point, & au chap. 21. que les annoblissemens doivent estre verifiez en la Chambre des Comptes & Cour des Aydes, même au Parlement; d'où il s'ensuit qu'ils ne peuvent estre prouvez par témoins, & que ce n'est pas assez de rapporter les Lettres d'Annoblissement. Il faut aussi rapporter la verification qui en a esté faite aux Cours Souveraines.

55   Neanmoins Loyseau, Traité des Ordres, chap. 5. n. 41. dit expressément qu'à l'égard de ceux qui veulent fonder leur Noblesse sur la façon de vie de leur Pere & Ayeul, ils en doivent avoir preuve par écrit, sçavoir par les Certificats des Capitaines sous lesquels ils ont servi le Roy, par les Extraits des Rôles des Compagnies ausquels ils ont esté compris, Contrats de Mariage & Partages, où ils ont pris qualité d'Escuyers, & autres semblables Titres probatifs, à quoy la preuve testimoniale ne seroit seule suffisante, bien qu'elle soit admise pour aider la preuve litterale, comme dit aussi Monsieur le Bret Plaid. 36. & tel est en effet l'usage.

Pour ce qui concerne les Privileges attribuez aux Graduez Nobles pour l'obtention des Benefices par le Concordat, §. *Cum vero probatio T. de Collationibus*, & par l'Ordonnance de Louis XII. de 1566. il suffit, dit Loyseau, d'une attestation de quatre témoins pour la dispense du temps d'étude.

56   Quant à ce qu'il dit qu'une simple Sentence des Elûs, non omologuée à la Cour des Aydes, ne suffit pas pour faire preuve de Noblesse. Il est certain que si elle est renduë avec legitime contradicteur, & sur les Conclusions du Procureur du Roy, aprés une Enqueste, & suivie d'une possession publique de la Noblesse, elle fait une preuve par écrit: mais si elle est par deffaut contre ceux qui doivent y estre Parties, elle est absolument inutile.

57   Enfin comme il ne suffit pas de prouver qu'on est Noble, ou qu'on a esté annobly, si on ne prouve qu'on n'a point dérogé & qu'on a vécu noblement depuis, il faut prouver encore cette possession de la Noblesse, soit par Titres, soit par témoins.

Loyseau *ibidem n.* 34. aprés avoir remarqué que les Docteurs estiment que la Noblesse se peut acquerir par prescription, quand elle est fondée sur une possession immemoriale (comme rapporte Tiraqueau chap. 14. *de Nobilit.*) dit que le Reglement des Tailles de 1600. art. 58. suppose que les Predecesseurs estoient Nobles, & se contente seulement de la preuve de la possession de la Noblesse dans la personne du Pere & de l'Ayeul, laquelle fait présumer une possession immemoriale de la Noblesse des Ancestres : mais, dit-il, cette présomption n'est point *juris & de jure*, elle rejette seulement la preuve du contraire sur celuy qui conteste la Noblesse à un autre ; ainsi l'ingenuité est prouvée suffisamment par la possession immemoriale, c'est-à-dire, quand une personne a toûjours passé pour ingenu, & qu'il n'y a nulle preuve au contraire. Au contraire l'annoblissement ne se peut prescrire par la possession, parce qu'il ne peut estre concedé que par le Roy, & qu'il s'agit de son interest & de celuy du public, la Noblesse d'ailleurs n'estant point un bien qui soit dans le commerce : *Nemo enim statum suum usurpare potest.* C'est pourquoy les usurpateurs du Titre de Noblesse sont punis par nos Ordonnances, comme faussaires.

Quand à la Noblesse acquise par la possession des Fiefs de Dignité ; du Moulin T. 1. des Fiefs §. 15. Gl. 3. *in verbo, tenu noblement*, dit que si le Roturier en est investi par le Superieur, c'est-à-dire, par le Roy, qui a seul pouvoir d'annoblir, & qu'il vive noblement, il est annobli par cette possession.

Du Moulin *ibidem*, ajoûte que si les Ancestres d'une personne ont depuis long-temps possedé un Fief Noble, c'est-à-dire un Fief de Dignité ; comme une Chastellenie, & qu'ils ayent esté toûjours reputez Nobles, quoy que l'investiture faite en leur faveur par le Prince, ne soit pas rapportée, neanmoins elle est présumée avoir précedé ; & qu'ainsi en ce cas la preuve par témoins de cette longue possession doit estre receuë ; car l'acquisition d'un Fief même de Dignité n'annoblit pas, parce que ce n'est pas l'heritage qui doit annoblir l'homme, qui vaut mieux que l'heritage, suivant la Loy 44. *D. de ædilit. ædes.*

Justissimè ædiles voluerunt homine ei rei, qui minoris esset, accedere propter dignitatem hominum.

Quant à celuy qui est fait Chevalier par le Prince sur le point du combat, cela s'est pratiqué autrefois, & ne se pratique plus.

Mais il faut remarquer en general que quand celuy qui estoit Noble de Race, ou qui a esté annobly, soit par dignité ou autre-

en Matiere Civile.

ment, a derogé à Noblesse, ou en a esté dégradé, en ce cas il doit prouver par écrit qu'il s'est fait rehabiliter il ne suffiroit pas qu'il eust vécu noblement depuis, il faut de nouvelles Lettres de Noblesse, ou de rehabilitation, obtenuës en connoissance de Cause, la preuve par témoins seroit inutile.

Voy Perezius de Dignitatibus. l. 12. T. 1. n. 22. 23. de la Noblesse réelle & personnelle.

CHAPITRE XVIII.

Des demandes indéfinies, & qui ne sont point fixées à une certaine somme.

SOMMAIRE.

1. Si quand la Convention est pour une somme incertaine, il faut admettre la preuve par écrit, ou celle par témoins.
2. Exemples sur cette Question.
3. C'est au Juge en ce cas à examiner par les circonstances de l'affaire, si la demande, qui est faite, pourra exceder la somme de cent livres.
4. Si elle excede, le demandeur n'est pas recevable à la preuve par témoins.
5. Et le Juge doit l'obliger de se restraindre à cette somme avant contestation en Cause.
6. Exemple à l'égard des Juges Presidiaux.
7. Abus des premiers Juges de ne point ordonner d'abord cette restriction, & de permettre neanmoins la preuve.
8. Si quand cette restriction n'est pas faite avant contestation en Cause, mais après la preuve faite, & seulement pour empescher l'appel par le Demandeur, la Cour ne laisse pas de recevoir cet appel ?
9. Si la demande estant d'une somme au dessous de celle de cent livres, & le Titre de la dette estant pour une somme excedant cent livres, la preuve par témoins est recevable ?
10. Decision pour l'affirmative.
11. Si quand un Exploit contient plusieurs demandes, chacune au dessous de cent livres, & qui toutes ensemble excedent cette somme, la preuve par témoins est admissible ?
12. Decision pour l'affirmative, si ces demandes procedent de differentes Causes.

I i i ij

SExtus articulus ad hanc Conſ-titutionem pertinens, erit de quæſtione, quæ ſæpè contingit: quando ſcilicet pactio facta eſt ſine certa æſtimatione, ita ut incertum ſit, quid petatur, vel quid debeatur, & an ſine certa quantitate judicandum ſit, & deinde in exequutione ſenten-tiæ diſcutiendum, quid, quan-tum; & quale debeatur; ut in Jure ſæpè reperimus : *a* quomo-do & quando in his ſit recipien-da vel rejicienda teſtium proba-tio ? Exempli gratia : Titius con-venit Caium, & concludit con-tra eum, ad damna & intereſſe, quæ Juris & rationis erunt; ob non ædificatam ſibi inſulam ; *b* juxta pactum inter eos conven-tum : vel petit Caius, ut Titius ſecundùm inter eos conventa, cum eximat & liberet ab expen-ſis, damnis, & intereſſe, ob li-tem contra Caium vel Sempro-nium motam, & evictionem ei præſtet : vel proponit Caius, per-mutationem cum Titio factam fuiſſe, de re ad rem mobilem ſeu immobilem, & petit ut per-ficiatur permutatio. *c* In his om-nibus oritur hæc quæſtio, cujus æſtimationis ſit pactio non ſcri-pta : Idemque de omnibus aliis exemplis, in quibus aliquid, per modum intereſſe, incertum pe-titur, certificandum tamen in exitu litis, vel exequutione ju-dicati : ſi pactio propoſita dene-getur, & ſcripta non ſit, an Ju-dex teſtium probationem conce-dere debeat? Reſpondeo, ex na-tura & qualitate petitionis Judi-cem æſtimare poſſe, in promptu, an petitio libram centenam ex-

a In l. Quanquam & in L ſin. C. de ſen-tent. quæ ſin. cer. quant. & in l. unic. de ſent. quæ pro eo quod in-ter.
b L. ſi is qui inſulam, cũ ſimilib ff. de verb. oblig.

c L. Expla-cito. C. de rer. permu-tat.

LE ſixiéme Article qui regar-de cette Ordonnance, ſera touchant une Queſtion, qui arri-ve ſouvent ; ſçavoir, ſi quand on a fait un marché ſans fixer le prix, enſorte qu'il eſt incertain quelle ſomme on doit demander, ny quel-le ſomme peut eſtre deuë, il faut condamner à une ſomme indé-finie, & enſuite, lors qu'on met-tra la Sentence à execution, liqui-der ce qui eſt deu, comme il eſt ſouvent decidé en Droit, & de quel-le maniere en ce cas il faut re-cevoir ou refuſer la preuve par té-moins. Par exemple, Titius aſſigne Caius, & conclut contre luy à des dommages & intereſts, tels qu'il appartiendra, faute par luy d'avoir conſtruit un certain bâtiment, ſui-vant la Convention faite entr'eux; ou bien Caius conclut à ce que Ti-tius, ſuivant cette Convention, le décharge & le garantiſſe des frais, dommages & intereſts, reſultans d'un Procés meu entre luy & Sem-pronius, qui eſt ſon garand, pour raiſon d'une éviction qui luy eſt faite. Ou Caius demande que Ti-tius ſoit tenu d'accomplir un échan-ge de meubles ou immeubles, fai-te & convenuë entr'eux. Dans tous ces cas, il s'agit d'eſtimer & de li-quider à quoy monte cette Con-vention, qui n'eſt point fixée par écrit ; il faut dire la même choſe en ſemblables eſpeces, dans leſ-quelles on demande une ſomme indéfinie par forme de dédommagement, qui doit estre liquidée en fin de Cause pour executer la Sentence. Si la Convention qu'on prétend avoir esté faite, n'a point esté redigée par écrit; sçavoir si le Juge doit en accorder la preuve par témoins. Je répons que le Juge en ces sortes de cas, peut connoistre par la nature & la qualité de la demande, si elle excede cent livres ou non; comme quand il s'agit d'une affaire de peu de consequence, ou de quelque ouvrage, ou entreprise, ou de quelques débourſez & frais qui ne peuvent monter à la somme de cent livres. Or quand la chose qui est demandée est notoirement de vil prix, ce qui se pourra facilement connoistre par la qualité des personnes, des temps & de la chose, comme il y en a plusieurs exemples en Droit, dont Bartole a parlé en plusieurs endroits; en ce cas le Juge peut permettre la preuve par témoins, parce qu'alors l'affaire se peut décider sans entrer dans une plus grande discussion; Et, comme dit Ulpien, *de Plano*. Que si la chose excede cette somme, en ce cas si le Demandeur n'a point eu la précaution de restraindre sa demande, j'estimerois qu'il ne doit pas estre receu à la preuve par témoins contre la disposition de l'Ordonnance, car il pourroit ensuite prouver (par des témoins apostez) que la valeur de ce qu'il demande excede cent livres, & ainsi faire fraude à la Loy; c'est pourquoy le Juge fera mieux au commencement de la Cauſe, ou du moins a-

cedat, necne : ut, quando factum, quod proponitur, consistit in modico negotio, seu vili operatione, & negotiatione, vel expensa, quæ citra libras centum æstimari potest : vel quando res quæ petitur, est notoriè modica, quod ex qualitate personarum, vel temporis, vel rei, de quibus agitur, facilè percipi poterit, ut multis Juribus vulgatum est, *a* & à Bartolo sæpè tractatum. *b* In his enim summariam testium probationem recipere debebit Judex, cùm de re agatur quæ sine strepitu judicii, & altiori indagatione, summariè & de plano discuti debet, ait Ulpianus. *c* Si verò tale sit negotium, quod sui natura & consideratione centesimam libram excedere videatur, tunc si adeo incautus fuerit actor, ut absque certa æstimatione actionem ex pacto convento proposuerit, eum ad testium probationem recipi non debere putarem, obstante hac Constitutione, ne in Legis rationem incidat, producendo testes, qui ultra centum libras pactionem, de qua agitur, æstimare poterunt : & ita per indirectum huic Legi fiat fraus, contra ipsius mentem : *d* Ideoque consultiùs faciet Judex, si in ipso litis ingressu, aut saltem ante contestationem, vel antequam facultatem probandi partibus concedat, actorem cogat ad limitandam, seu coarctandam actionis propositæ æstimationem, ut inde notum habeat, quo genere probationis utendum sit in lite. Dubium autem non est, Judicem ad hujusmodi coarctationem petitores cogere posse,

a L. In rebus. §. pos-sunt ff. Commodat.
b In L. Sed & si susceperit. §. Si libertis. ff. de Jud. & auth. ut hi qui se oblig. perhib. coll. 6.
c In L. 2. ff. de re judic. & l. 3. §. ibidem. ff. ad exh.

d L. Contra ff. de Legib. l. Non dubium C. eodem.

vant contestation en Cause, & avant d'accorder aux Parties la permission de faire cette preuve, d'obliger le Demandeur de restraindre sa demande, afin qu'il connoisse par là si il doit luy en permettre cette preuve ou non, & il n'y a point de doute que le Juge ne puisse l'obliger à faire cette restriction, parce que c'est de cette restriction que dépend de sçavoir si ce qui est en contestation est de sa connoissance; car puisque chaque Juge a un pouvoir limité à un certain genre de Cause, il s'ensuit qu'il a aussi droit de contraindre ceux qui plaident devant luy de restraindre ou d'expliquer leur demande. Or est-il que dans le cas dont il s'agit, le pouvoir du Juge est borné en ce qu'il ne peut recevoir la preuve au dessus de cent livres, donc il luy est permis de contraindre le Demandeur d'expliquer sa demande, car l'un suit de l'autre.

Et nous en avons un exemple dans la Jurisdiction des Presidiaux depuis peu établie, qui ne connoissent que jusqu'à une certaine somme, & ausquels par consequent on a donné ce pouvoir d'obliger les Parties dés le commencement de la Cause, d'expliquer & de restraindre leur demande; & c'est ce qui est fort mal observé, notamment par les premiers Juges, qui ne se mettent pas en peine d'obliger les Parties de restraindre leur demande à une somme, & aprés que le Procés est instruit, & sur le point d'estre jugé, & que l'Enqueste a esté communiquée. Ils essayent de leur faire limiter leur demande, & quelques Parties même aprés la

---

a L. Si idem cum eodem ff. de Jurisd. om. Judic.

b L. Cui Jurisdictio. ff. de Jurisd. om Judic. & L. Ad rem mobilem. ff. de procurat.

c Superiorib. Legib.

cùm illud pendeat à suæ notionis potestate. Nam, quia Judex ad certum genus causarum limitatam habet potestatem, benè sequitur, eum coactionem habere in litigatores, ut actiones suas secundùm Jurisdictionem illius coarctent vel explicent. *a* Atqui in hac Lege Regia, coarctatum est Judicis officium, ne ultra centenam libram testes recipiat, ergo ei concessum est, ut æstimationem litis explicare cogat actorem, cùm uno dato, aliud concessum censeatur sine quo primum expediri non potest, *b* ut sæpè jam diximus.

Cujus rei exemplum habemus in Jurisdictione Judicum Præsidialium, nuper introducta, certis quantitatibus limitata, quibus consequenter *c* data est potestas compellendarum partium, ut rei, cujus nomine experiri volunt, certam faciant æstimationem, ipso litis ingressu: quod malè observatum quotidie videmus, & maximè per Judices Municipales sive secundarios: quibus nihil curæ est de coarctandis litigantium petitionibus: & cùm lis est instructa, actores aliquando in procinctu judicandi, & post didiscita testificata, petitionem limitare conantur, nonnullique post judicium datum, in causa appellationis, idem faciunt, idque dolosè, cautè, &

Sentence donnée en cause d'appel, restraignent leur demande par dol & de dessein prémedité, sçachant que le Jugement, qui n'est pas encore prononcé, leur sera favorable, ce que la Cour a souvent desapprouvé, & a receu l'appel de ces sortes de demandes, que l'on n'avoit point restraint dés le commencement de la Cause, quoy que le Demandeur l'eust restrainte ensuite, c'est-à-dire aprés la Sentence renduë, afin d'oster par cette fraude aux Appellans le moyen d'interjetter appel, qui est une voye de droit que l'équité ouvre à tout le monde, & qui leur estoit acquise, faute par leur Partie d'avoir fait cette restriction avant contestation en cause, parce que l'estimation de ce à quoy cette action devoit se reduire, estoit incertaine, d'autant que les procedures que l'on fait en Justice sont comparées aux Contrats, & c'est pourquoy je ne crois pas que les demandeurs aprés contestation en Cause, & aprés que le Procés est instruit; encore moins en Cause d'appel qu'en Cause principale, puissent restraindre leur demande, afin que l'on ne puisse pas dire qu'ils sont traitez en cela plus favorablement que les Deffendeurs, & qu'au lieu de la faveur qui est deuë aux derniers, il n'y ait que de la rigueur pour eux.

ex industria, videntes forsan judicium eis certum fore: quod tamen suprema Curia sæpe improbavit, ita ut appellationes meritò receperit, de causis incertis, litis ingressu non coarctatis, non-obstante actoris limitatione, non præscripto tempore facta, qua dolosè damnatis præripere putavit futurum appellationis remedium, æquitate naturali omnibus paratum, & quod ab ipsa litis contestatione eis quæsitum erat, propter incertam tunc actionis, cùm in judiciis quasi contrahatur, *a* & propterea actores in præjudicium reorum, post litem contestatam & instructam, & minùs adhuc in causa appellationis, petitiones suas coarctare non posse puto, ne favorabiliores videantur actores quàm rei, *b* & pro favore odium, contra Juris regulam experiantur. *c*

a L. Inter stipulantens. §. 1. ff. de verb. oblig.

b L. Arrianus. ff. de act. & oblig.

c L. Quod favore. C. de Legib.

9 Il y a une autre Question qui naist de la précedente; sçavoir si la preuve par témoins est receuë dans une demande au dessous de cent livres, qui est fondée sur une Convention qui excede cent livres. Par exemple, Caius qui avoit vendu à Titius un Cheval cent écus, intente action contre Titius ou ses heritiers, & ne leur demande que tren-

*Alia quæstio pendet à præcedente, utrum scilicet, proposita actione de summa centum libras non excedente, quæ tamen à pactione ultra centenam libram jam facta oriebatur, testium probatio recipi debeat? Exempli gratia: Caius, qui vendiderat equum Titio, centum aureis, contra Titium, aut ejus hæredem, experitur ad solutionem triginta aute écus qui restent à payer, ce que j'ay veu arriver souvent entre Marchands. Si Titius dénie non seulement de payer les trente écus, mais même qu'il luy ait esté vendu aucun Cheval par Caius, & qu'il n'y en ait eu aucun marché passé par écrit, on demande si l'on recevra en ce cas la preuve par témoins, & je crois qu'elle est recevable, quoy qu'on en ait autrefois douté, mais sans fondement ; parce que pour juger à quoy peut se reduire l'interest d'une Partie dans un Procés : on examine plûtost à quoy monte la demande qu'il fait que ce qui luy est, ou a esté effectivement deu avant cette contestation.

Il y a aussi une autre legere Question qui se presente quelquefois ; sçavoir si quand par le même Exploit on fait plusieurs demandes, qui jointes ensemble, excedent cent livres, la preuve par témoins en sera admise. Je répons qu'elle le doit estre, si ces demandes sont fondées sur differentes Conventions, que si elles ne dépendent que d'une seule, elles sont sujetes à la prohibition de cette Ordonnance, ce qui est conforme à la distinction de Caius & des autres Jurisconsultes, & ce qui est vulgaire entre les Praticiens, c'est pourquoy je ne m'y arresteray pas davantage, & ce que dessus suffira pour la Premiere Partie de l'Ordonnance.

ADDITIONS

ADDITIONS SUR LE XVIII. CHAPITRE

SOMMAIRE.

1. *Trois Questions dans ce Chapitre. La premiere, concernant les demandes en Justice d'une somme incertaine.*
2. *Usage des Presidiaux à ce sujet, suivant l'Ordonnance de 1551.*
3. *Sentiment de Monsieur le Prestre & de Chenu, touchant ce qui est de la connoissance des Presidiaux.*
4. *Restriction se doit faire avant contestation en Cause.*
5. *Seconde Question, si la preuve est recevable quand on demande moins de cent livres, restant d'une somme excedant cent livres.*
6. *Troisiéme Question, touchant plusieurs demandes de sommes au dessous de cent livres, qui excedent cent livres toutes ensemble, decidée par l'Ordonnance de 1667.*
7. *Question à ce sujet proposée par le Grand, decidée par l'Ordonnance de 1667.*

1 CE Chapitre comprend trois Questions, la premiere & la principale, concerne les demandes faites en Justice d'une somme incertaine; La seconde, sçavoir si quand on demande moins de cent livres, restant d'une somme au dessus de cent livres, la preuve par témoins est admissible. La derniere, touchant plusieurs demandes au dessous de cette somme, & qui l'excedent, estant jointes ensemble. Pour ce qui est de la pre-
2 miere, il est certain, comme dit Boiceau, que le Juge est obligé d'ordonner au Demandeur de se restraindre, avant contestation en Cause, à une certaine somme, quand il s'agit d'une chose incertaine, afin qu'il puisse estre toûjours en estat d'accorder ou de refuser la preuve, conformément à l'Ordonnance. C'est par cette raison que les Presidiaux, dont le pouvoir est borné, comme il dit, ne peuvent connoistre d'une demande dont l'estimation est incertaine, comme des dommages & interests; si le Demandeur ne se restraint au premier Chef de l'Edit des Presidiaux de 1551. qui porte que, *si par la demande il n'appert liquidement de la valeur de la chose litigieuse*, les Par-

ties seront interrogées, & selon ce qu'ils en accorderont, & qu'il apparoistra par Baux à Fermes, Actes, Cedules, instrumens authentiques ou autrement, selon que le Demandeur le voudra declarer, & resoudre sa demande à la somme de deux cent cinquante livres tournois pour une fois, & au dessous.

Aussi Monsieur le Prestre Cent. 1. chap. 61. ajoûte que les Presidiaux ne connoissent point des dommages & interests, & Chenu Cent. 1. dit que par cette même raison, ils ne peuvent connoistre des Cens & Rentes, des Causes de l'Eglise, & de celles des Mineurs, Retrait lignager & feodal, matieres Criminelles, de la qualité d'heritier, & de celle de Commune; & à l'égard des Mineurs, le Tuteur ne peut faire cette restriction (s'il leur est deu plus de cent livres) parce que ce seroit une alienation, n'estant plus permis aprés cela de repeter l'excedant, il rapporte aussi un Arrest du 18. Novembre 1577. qui l'a jugé ainsi.

Le même Chenu T. 3. des Sieges Presidiaux chap. 5. observe que cette restriction se doit faire avant la contestation sur l'appel, & avant de plaider & de conclure, quand c'est une appellation verbale. Il faut aussi que les deux Parties fassent cette restriction, quand elles se font des demandes reciproques.

Sur la seconde Question proposée par Boiceau, si on peut demander à prouver par témoins qu'il est deu une somme moindre de cent livres, restant d'une somme qui excede cent livres. Il est certain que la raison pour laquelle on ne doit pas y estre receu, est parce que celuy auquel il est deu plus de cent livres, a deu prendre la précaution d'en passer un Acte par écrit, suivant l'Ordonnance; si cette preuve estoit permise, il s'ensuivroit que contre la disposition expresse de l'Ordonnance, on pourroit prouver par témoins une Convention verbale excedante cent livres.

La troisiéme Question est decidé par l'article 5. du T. 20. de l'Ordonnance de 1667. qui porte que *s'il y a plusieurs demandes intentées par la même personne, & qu'il n'y en ait point de preuve, ou commencement de preuve par écrit, & que jointes ensemble, elles soient au dessus de cent livres, elles ne pourront estre verifiées par témoins, encore que ce soient diverses sommes, qui viennent de differentes Causes, & en differens temps, si ce n'est que les droits procedassent de succession, donation ou autrement, de personnes differentes.* Ainsi cette disposition n'est pas conforme à la décision de Boiceau, ny à la pratique de son temps. L'Ordonnance n'ayant point d'égard à la seule difference des Causes dont les demandes procedent : mais à la difference des personnes dont le demandeur a les droits, parce qu'en effet c'est cette difference qui constituë autant de droits separez & d'actions distinctes, qui n'ont rien de commun ensemble, quoy qu'on en fasse la demande par un même Exploit.

7 Le Grand sur l'art. 164. de la Coûtume de Troyes cy-dessus cité, dit que de ces mots de l'Ordonnance de Moulins, *Excedant la somme ou valeur de cent livres, à une fois payer;* on peut inferer que si une personne a presté à plusieurs fois plusieurs sommes payables à differens termes, chacune desquelles soit moindre de cent livres, & qui jointes ensemble excedent cette somme : il doit estre receu en ce cas à la preuve par témoins de chaque prest qu'il a fait de ces sommes particulieres, parce que suivant la Loy *si idem*, & la Loy *Cum quædam §. ult. de jurisdict. quærendum quantum petatur, non quantum debeatur :* laquelle opinion ne peut plus avoir lieu, si les demandes de toutes ces sommes sont faites par un même Exploit, mais seulement au cas qu'elles fussent faites par plusieurs Exploits, & qu'il eust autant d'instances separément intentées que de demandes, suivant qu'il resulte du Texte de l'Article de l'Ordonnance de 1667. qui vient d'estre cité, lequel doit servir de décision précise pour ce cas particulier.

Fin de la Premiere Partie.

SECONDE PARTIE DE L'ORDONNANCE DE MOULINS.

CHAPITRE PREMIER.

Des Ecritures Privées en general.

SOMMAIRE.

1. *Motif de l'Ordonnance de Moulins.*
2. *Objection contre la Seconde Partie de cette Ordonnance.*
3. *Réponce à cette Objection.*
4. *Du commencement de preuve par écrit.*
5. *Ecriture privée fait foy quand elle est reconnuë.*
6. *Difficultez sur cette Seconde Partie de l'Ordonnance, & division.*

ECUNDA pars istius Regiæ Constitutionis loquitur de privatis instrumentis, seu scripturis, publicam fidem non habentibus, in illis verbis : *En quoy n'entendons exclure les*

A Seconde Partie de l'Ordonnance de Moulins parle des Actes sous seing privé, c'est-à-dire en general de toutes les écritures qui ne font point foy en Justice, en ces

mots : *En quoy n'entendons exclure les preuves des Conventions particulieres, & autres qui seroient faites sous leurs Seings, Seaux & Ecritures privées*, par lesquels termes le Prince semble expliquer par quelle necessité il a esté obligé d'abroger la preuve par témoins ; Sçavoir, parce que dans ce siecle corrompu, la facilité de suborner les témoins estoit venuë jusqu'à un tel point, que le Demandeur & le Deffendeur en trouvoient autant pour l'affirmative que pour la negative, dont les dépositions paroissoient également bien prouvées ; ainsi que nous avons veu arriver souvent dans les Consultations & dans les Jugemens des affaires, ce qui embarassoit fort les Juges, qui sont tenus de juger suivant ce qui leur est allegué & prouvé, & ce qui les obligeoit d'interloquer sur une infinité de faits de reproches alleguez de part & d'autre pour éclaircir leur Religion. C'est donc avec justice que le Prince a voulu que toutes sortes de Conventions fussent redigées par écrit, & que l'on ne s'en rapportast plus à la seule preuve par témoins ; que si neanmoins il se trouve quelque chose écrit de la main des Parties, dont on puisse tirer quelque preuve, il ne veut pas, suivant cette derniere Partie de l'Ordonnance, que les Juges le rejettent, c'est pourquoy il n'a point voulu exclure les actions qui naissent d'une Promesse ou d'une Ecriture privée, laquelle merite quelque foy par elle-même.

2 Cependant il semble que le Legislateur, qui dans la Premiere Partie de cette Ordonnance, a marqué qu'il craignoit la subornation des témoins, s'expose dans cette

preuves des Conventions particulieres, & autres qui seroient faites sous leurs Seings, Seaux, & Ecritures privées : Quibus videtur Princeps explicare qua necessitate ductus fuerit, ad abrogandam testium fidem, quia nimirùm, tanta facilitate, hoc perdito seculo, testes subornari quotidiè viderentur, ut sæpè, ab utroque litigante, affirmativa, & negativa coarctata, æquo pede probatæ reperirentur : quod multoties & in consulendo & in judicando vidimus : atque ita Judices, qui allegata & probata præterire non audent, *a* ad infinitas objectationum probationes, aliasque interloquutiones recurrere cogerentur. Voluit ergo Princeps (& meritò) omnes pactiones scribi, nec solis testibus probari debere. Si quid verò à partibus manu scriptum sit, ex quo nonnulla probatio elici possit, id à Judicibus contemnendum non esse sancivit hac ultima parte : ideoque omnes actiones, quæ vel ex chyrographis, aliisque privatis scripturis, aliquam fidem præ se ferentibus, oriuntur, excludere noluit.

Sed videtur quòd Legislator, qui testium subornationes in prima parte Legis timebat, recidat in hac ultima parte, in majorem subornationum suspicio-

a L. Illicitas. §. Veritas ff. de off. Præsid.

nem : nempe certum est, & communi usu Galliæ receptum, nullam privatam scripturam nullumque chyrographum fidem habere, nisi priùs agnoscatur : *a* quod si denegetur, testibus ex necessitate opus erit, ad probandum signum, vel sigillum, manu scriptum, vel appositum, *b* fuisse ab eo qui denegat scripturam : & sic ad testes semper erit recurrendum, imminebitque periculum & suspicio subornandorum testium : hinc interloquutiones, allegationes, & involutiones innumeræ, ut antea, locum habebunt. Quocirca hæc Lex Regia, hoc respectu, illusoria videbitur, & sibiipsi contraria. Huic objectioni facilis est responsio : nam hæc Lex nostra, omni ex parte testium probationem abrogare non intendit, sed eam solam, quæ aliis adminiculis, vel aliis Juris præsumptionibus jam fulcita non fuerit : ut in his pactionibus, quæ coram testibus tantùm factæ sustinentur : Nam cùm in his expertum sit, testes penè infinitos corruptos fuisse à multis, qui vel vexationis affectu, vel avaritiæ inexplebili desiderio, obligationis causas quotidiè supponebant : *c* vel si veræ fuissent obligationes, debitores falsissimas solutiones, redemptis testibus, adstruebant, ideoque innumerabiles litium anfractus & involutiones hinc oriebantur : itaque necesse habuit Princeps, omnia pacta, testibus tantùm probabilia rejicere.

a L. Exemplo. C. de probat. l Instrumenta. eod.
b L. Comparationes. C. de fid. instr. l. Contra qui propriam. C. de non num. pecun.
c L. Testium facilitatem. C. de testib.

Seconde Partie à ce même inconvenient encore plus dangereusement ; car il est certain, & tel est l'usage commun de la France, que nulle Ecriture privée ny Promesse ne fait foy, qu'elle n'ait esté préalablement reconnuë en Justice, que si elle est déniée, il faudra de necessité recourir à la preuve par témoins pour prouver la verité de la signature ou du Sceau que la Partie a apposée au bas de cette Promesse (ainsi qu'il se pratiquoit autrefois) & par consequent il faudra toûjours avoir recours aux témoins, & il y aura danger qu'ils n'ayent esté subornez ; delà s'ensuivront, comme auparavant, les interlocutoires, les differentes allegations de faits & de reproches, & les mêmes involutions de Procés, ce qui rendra l'execution de cette Ordonnance illusoire, & y fera paroistre une espece de contradiction : mais il est facile de répondre à cette Objection, car cette Ordonnance n'entend pas abroger absolument, & en toutes occasions la preuve par témoins (ensorte qu'elle ne puisse jamais estre admise en aucun cas) mais elle entend seulement rejetter celle qui n'est point soûtenuë par d'autres adminicules ou présomptions de Droit, comme la preuve que l'on demande à faire des Conventions qu'on dit avoir esté arrestées verbalement devant des témoins, parce que l'experience ayant fait connoistre que la plûpart corrompoient des témoins en ces occasions, & que par un esprit de vexation ou d'avarice, plusieurs supposoient de fausses Obligations à ceux qui n'en avoient point fait, ou au contraire lors qu'il y avoit eu veritablement des Obligations passées, les debiteurs produisoient des témoins achetez à prix d'argent, qui affirmoient qu'ils les avoient payées en leur présence, d'où naissoient une infinité de chicanes & de Procés; c'est pourquoy le Prince a esté obligé de rejetter toutes les Conventions & Actes prétendus, dont la certitude n'étoit fondée que sur la déposition des témoins.

4 Mais s'il y a quelques Conventions par écrit entre les Parties, quelque soit cet écrit, & quoy qu'il faille y ajoûter la déposition de quelques témoins; ce Prince reçoit en ce cas cette preuve à cause de la présomption, qui veut que ce qui est écrit passe pour veritable, car la présomption de droit est une espece de preuve écrite, quoy qu'elle n'excluë pas la preuve du contraire; Donc si l'Ecriture privée est déniée, on ne laissera pas de la prouver par témoins & par comparaison d'écritures, nonobstant cette Ordonnance, parce qu'en ce cas la preuve par témoins & la comparaison d'écriture, ne sont qu'accessoires à la preuve principale, laquelle resulte de l'écriture privée dont il s'agit, ce qui fait que la subornation des témoins, n'est pas facilement présumée en ce cas, à cause qu'il y a déja une cause préexistente, & une espece de premiere preuve (écrite) qui n'est point présumée estre fausse, si elle n'est prouvée telle, comme on a coutume de dire, à l'égard de la confession faite en Justice, suivant l'opinion de Bartole;

Si autem aliqua scriptura, qualiscumque fuerit, jam adminiculata sit pactis, tametsi aliquibus testibus sit aliquando juvanda, Princeps hanc probationem recipit, propter Juris præsumptionem, quæ pro scriptura stare videtur: cùm Juris præsumptio, sit quædam scriptæ probationis species, quamvis in contrarium probationem recipiat: *a* ideoque si denegetur privata scriptura, testibus & comparationibus, *b* ritè probabitur, nonobstante hac Regia Constitutione, cùm in his casibus, testium probatio & comparatio, accessoria tantùm videatur, ad id quod jam principaliter probatum est per scripturam: quò fit, ut testium corruptio non facilè hic præsumatur, propter præexistentem causam, & probationis speciem, quæ falsa non præsumitur, nisi probetur: ut dici solet de confessione judiciaria, præexistentem causam habente, secundùm Bartolum. *c* Maneat ergo hæc conclusio: omnes cautiones privatas & manuscriptas, probationem facere, si agnoscantur: *d* & si denegentur, testium probationem ad confirmandam ejusmodi scripturam admitti.

a L. Sive possidetis & ibi Bartol. & Bald. C. de probat.
b L. Comparationes C. de fid. instr.

c In l. uni. C de confess.

d L. Scripturas. C. Qui potior. l Super chirographariis. C. Si cert. pet. L. Qui agnitis. ff. de except.

il doit donc demeurer pour constant que toutes sortes de Promesses & d'écritures privées, font foy quand elles sont reconnuës, & si elles sont déniées, la preuve par témoins en est admissible.

Sed quia circa hujus Legis partem nonnullas etiam quæstiones vidi moveri : hæc quæ sequuntur suo ordine discutere operæ pretium putavi. Primò, an sub his verbis, *Et autres Conventions, qui seroient faites sous les Seings & Seaux des Parties*, comprehendantur omnia manu scripta, & non tantùm Chyrographa, sed etiam Opistographa, Syngtapha, & Olographa ? de quibus doctè & eleganter meminit Alexander ab Alexand. *a* Item chartæ deletitiæ, apochæ, antapochæ, epistolæ, rescriptiones, & omnia alia id genus scripta, quæ nulla Tabellionum vel sigillorum authenticorum publica approbatione muniuntur ? Secundò, quid de scripturis privatis nullam causam habentibus, & utrum deficientem hanc causam testibus probare liceat ? Tertiò, quid de instrumento per Notarios, extra territorium recepto, à parte tamen subsignato, vel rescripto ? & an valeat, saltem, ut privata cautio, sub hac Lege comprehensa ? Quartò, quid de cautione per errorem subscripta, quam subscribens, aliam putabat ? & utrum errorem hunc testibus probare liceat ? Quintò, quid de mutuo civili, & de cautione pro mutuo causata ? utrum, & quomodo, aliam fuisse causam probare permittatur ? Sextò, quid de libris Mercatorum ?

a Genial. dier. lib. 2. cap. 30.

Series præcipuorum capitum, quæ hac secunda parte continentur.

Mais parce que j'ay veu naître quelques difficultez au sujet de ces écritures privées, j'ay creu à propos de les examiner suivant l'ordre cy-aprés. 1. On demande si par ces mots : *Et autres Conventions qui seroient faites sous les Seings & Sceaux des Parties*. On comprend toute sorte d'écriture privée, & non seulement les simples Promesses, appellées *Chirographa*, mais *Olographa*, ce qui est écrit au dos d'une feüille de papier. *Syngrapha*, une Promesse sous seing privé ; *Olographa*, ce qui est écrit entierement de la main d'une même personne, dont a traité fort doctement Alexander *ab Alexandro*, & ce qu'on appelle des Tabletes, *Chartæ deletitiæ*, les Quittances, Contrequittances, Lettres, Rescriptions, & telles autres sortes d'écritures, qui ne sont point signées d'un Notaire, ny autrement autentiques. 2. Sçavoir si à l'égard des Ecritures sous seing privé, qui ne sont point causées, on peut prouver par témoins la cause qui y a donné lieu. 3. Ce que l'on doit juger d'un Contrat ou Acte receu pardevant des Notaires hors leur territoire, & signé neanmoins des Parties, ou écrit de leur main, si en ce cas il doit passer du moins pour une Obligation sous seing privé, qui soit comprise dans cette seconde Partie de l'Ordonnance. 4. Ce qu'il faut juger de l'Obligation souscrite par erreur pour un autre Acte, & si cet erreur se peut prouver par témoins. 5. Du prest Civil, &

& de l'Obligation pour cause de prest, si on peut prouver que ce n'est point un prest, mais une autre cause qui y a donné lieu. 6. Des Livres des Marchands.

ADDITIONS SUR LE I. CHAPITRE.

SOMMAIRE.

1. 1. *Que l'Ecriture privée fait foy par elle-même.* 2. *Que l'Ordonnance de Moulins n'exclut pas entierement la preuve par témoins.*
2. *La Novelle 73. ne fait point de cas de la comparaison d'Ecriture.*
3. *Nulle Loy n'admet la preuve de la comparaison d'Ecriture comme une preuve certaine.*
4. *Exemple du peu de certitude de la comparaison d'Ecriture dans la Novelle 73.*
5. *Ce que c'est qu'un commencement de preuve par écrit.*
6. *Exemple tiré de Baquet.*
7. *Autre exemple tiré de l'usage.*
8. *Autre exemple tiré des Observations de Vrevin sur l'article 54. de l'Ordonnance de Moulins.*
9. *Sentiment de Vrevin, de Mornac, & autres qui prétendent que le moindre commencement de preuve par écrit suffit pour faire admettre celle par témoins.*
10. *Reflexion sur cette decision.*
11. *Explication judicieuse de Monterentius sur ce sujet, & consequence tirée de ce que dit Theveneau sur l'article 54. de l'Ordonnance de Moulins.*
12. *Autres reflexions.*
13. *De quelle qualité doit estre un commencement de preuve par écrit.*
14. *Exemples tirez de Chassanée sur les Rescrits d'Alexandre Severe, & de Loyseau.*
15. *Idée plus précise de ce qui doit passer pour un commencement de preuve par écrit.*
16. *Distinction sur ce sujet, espece recente concernant l'adjudication de la Terre de Cormeilles au sieur Odoüart de Belmont.*
17. *Sentiment d'Anselmo sur l'Edit perpetuel, concernant la preuve mixte, c'est-à-dire par écrit & par témoins tout ensemble.*
18. *En Haynaut l'Ordonnance de 1667. observée.*
19. *Sentiment de Carpanus sur le Statut 88. de Milan.*
20. *Usage de Portugal, & de*

Bologne en Italie, fur le commencement de preuve par écrit.

21. Si ce qui eft écrit par Notes ou par Chiffres, eft une preuve par écrit, ou un commencement de preuve par écrit.

22. Difference entre ces mots, Notæ vel figla, & fingulariæ litteræ. Exemples rapportez par Monfieur Cujas.

23. Exemples tirez des Loix fur ce fujet.

24. Auteurs qui ont écrit fur cette matiere.

25. Decifions oppofées d'Anfelmo & de Joa. Romelius fur cette Queftion.

26. De l'Et cætera des Notaires, en quel cas il peut eftre étendu, Maxime & Arreft fur ce fujet.

27. Confequences tirées de cette Jurifprudence, par rapport à la Queftion concernant les Notes & les Chiffres.

28. Diftinction à l'égard des abreviations.

29. L'Ordonnance de Moulins & celle de 1667. n'excluent point les préfomptions de Droit.

DAns ce Chapitre on peut remarquer deux chofes confiderables à l'égard de cette Seconde Partie de l'Ordonnance de Moulins aprés Boiceau, lequel y propofe fix Queftions, que l'on examinera fuivant le même ordre dans la fuite de cet Ouvrage, auffi bien que les autres qu'il y a ajoûtées, comme à l'égard des Obligations non écrites entre Marchands, que l'on appelle *Tailles & Mereaux*, dont il a traité au Chapitre 9. celles qui concernent l'execution des Obligations & Conventions redigées par écrit au Chapitre 10. & celles qui regardent la preuve des payemens au dernier Chapitre de ce Traité.

La premiere remarque generale eft que l'écriture privée fait foy fouvent toute feule, & par elle-même; quelquefois elle fait feulement un fimple commencement de preuve par écrit.

La feconde remarque generale eft, que l'Ordonnance de Moulins n'exclut pas en toute forte de cas la preuve teftimoniale, mais elle l'exclut quand elle n'eft appuyée d'aucune autre préfomption de Droit.

A l'égard de la premiere Obfervation, l'Ordonnance de Moulins eft en ce point conforme à celle de 1667. quoy qu'elle ne s'exprime pas en mêmes termes, puifqu'elle n'exclut point les Conventions redigées par écrit, quoy que fous fignature privée, & qu'elle les admet comme tenant lieu de preuve, ce qui n'a lieu pourtant que quand l'écriture ou la fignature ne font point conteftées, & qu'elles font reconnuës pour veritables par les Parties; car si celuy de la main de qui on prétend qu'elles sont écrites, soûtient qu'elles ne sont pas de luy, ces écritures privées doivent estre verifiées avant de pouvoir tenir lieu de commencement de preuve par écrit contre luy; & Charondas l. 3. Resp. Chap. 52. cite un Arrest de la Chambre de l'Edit du 2. Juillet 1583. qui jugea que la preuve par témoins n'estoit pas recevable contre la teneur d'une Convention sous seing privé. Or

2 quant à la comparaison d'écritures, il est à remarquer que la Novelle 73. en fait peu de cas; parce que, dit-elle, cette ressemblance d'écriture, dont on tire un argument, est suspecte, en ce qu'une même personne écrit differemment dans les differens âges de sa vie, ou quand il est malade, ou par plusieurs autres causes; c'est pourquoy cette Novelle, après avoir ordonné à ceux qui font un dépost, ou qui prestent de l'argent, de faire signer l'Acte par trois témoins, elle ajoûte que ce n'est pas que la comparaison d'écritures, soit entierement à rejetter, mais parce qu'elle ne suffit pas seule, & qu'elle doit estre appuyée du témoignage de trois témoins, qui certifient avoir veu signer l'Acte. Cette Novelle prefere même la preuve par témoins, toute suspecte qu'elle est, à la preuve par comparaison d'écriture, & veut que celuy qui y a recours, fasse serment que c'est faute d'autre preuve, qu'il se sert de celle-là; mais cette Novelle n'est pas conforme à l'Ordonnance de Moulins, ny à celle de 1667. en ce qu'elle ordonne que les Actes privez, doivent estre signez de trois témoins, & en ce qu'elle ajoûte que si quelqu'un veut faire un Acte sans le rediger par écrit, il peut prouver par témoins que ce Contrat ou Acte a esté fait, ou en déferant le serment à celuy qui nie qu'il ait esté fait.

Non quod penitus rejicienda sit ipsa scriptura per comparationem examinatio. Sed quia sola non sufficit & per accessionem testium confirmanda est. Et is qui hæc fieri desiderat jurato, quod omni alia probatione destitutus, ad instrumentorū inter se cō parationem devenerit.

3 Il est encore certain que nulle Loy n'a receu la comparaison d'écritures comme une preuve autentique, & à laquelle on soit obligé d'ajoûter foy. L'excellente Dissertation faite sur ce sujet par Monsieur le Vahier Avocat, dans la Cause fameuse de Jean Maillard, prouve invinciblement cette verité, & fait voir que la consequence qu'on tire de la comparaison d'écriture n'est qu'un argument *à simili*, qui n'est pas demonstratif, parce que ce n'est pas une maxime certaine que toute écriture qui se ressemble, soit écrite de la même main, non plus qu'il n'est pas certain que toute écriture dissemblable soit d'une main differente; l'une & l'autre pouvant estre l'effet de l'imitation affectée par un faussaire, qui a enfin appris à la contrefaire. Aussi

Justinien dans la Novelle, cy-dessus rapportée sur ce sujet, que de son temps deux écritures jugées fausses par les Experts, furent reconnuës veritables par ceux qui les avoient effectivement écrites.

Mais il faut sçavoir ce que l'Ordonnance de 1667. appelle pre- 5 cisément *un commencement de preuve par écrit*, or il est certain que toute écriture privée de l'un de ceux qui a interest dans le fait qu'il s'agit de prouver, quand cette écriture concerne precisément le fait en question, est un commencement de preuve par écrit, supposé neanmoins qu'on puisse présumer qu'elle a esté écrite avec reflexion. Baquet chapitre 15. Droit de Jus- 6 tice n. 66. en fournit un exemple ; une femme avoit stipulé par son Contrat de Mariage la faculté de reprendre sa dot en cas de renonciation à la Communauté, & elle n'avoit point fait Inventaire des choses qu'elle avoit apporté en dot. Le mari estant malade, declara par Acte devant Notaire qu'elle luy avoit apporté trois cens écus pour partie de sa dot ; on disoit que cette declaration estoit un avantage indirect : on jugea que c'estoit seulement un commencement de preuve par écrit, & on admit la femme à la preuve par témoins.

Voici un autre exemple tiré de l'usage, au dos ou en mar- 7 ge d'une Obligation ou d'une Promesse, le Creancier au profit duquel elles sont conceuës, a écrit qu'il a receu une certaine somme du debiteur sans y apposer sa signature, si le debiteur qui n'a point d'autre Quittance de cette somme qu'il a payée, trouve cette Obligation ou Promesse sur laquelle ce receu est écrit, sous le scellé apposé sur les effets de ce Creancier, ou qu'il les fasse compulser en l'état qu'elles sont entre les mains de ses heritiers, il est certain qu'en faisant verifier cette écriture par Experts (si elle est déniée) elle fera ensuite une preuve contre l'heritier, que le debiteur a payé cette somme, d'autant plus qu'il est de l'usage de mettre de pareils receus sur une Obligation, ou sur une Promesse, sans les signer & sans donner une Quittance separée, si le debiteur fait successivement plusieurs payemens sur l'Obligation ; mais si ces receus se trouvent sur un papier volant, qui n'est point signé du Creancier, & qui est pourtant écrit de sa main ; quoy qu'écrit de sa main, il est constant que si ces receus sont dattez, & que le Creancier y ait rappellé l'Obligation ou la Promesse en question, cet écrit n'est pas une preuve complete du payement, mais c'est ce qui se peut appeller *un commencement de preuve par écrit* en faveur du debiteur, lequel, s'il a connoissance de cet écrit, peut demander en consequence d'estre receu à prouver par témoins que les payemens qui y sont mentionnez, sont veritables. Que si cet écrit privé & non signé, est ambigu, indéfini, & peut ne pas s'entendre de l'Obligation ou Promesse en question, soit qu'elles n'y soient énoncées qu'en termes obscurs, ou autrement; en ce cas cet écrit ne peut passer pour un commencement de preuve par écrit, qui puisse faire admettre la preuve par témoins, parce que ce qui y est énoncé ne faisant aucune preuve de ce dont il s'agit, n'en feroit pas non plus aprés qu'il auroit esté reconnu pour estre écrit de la main de cette personne. Vrevin Chapitre 9. de ses Observations sur l'article 54. de l'Ordonnance de Moulins, rapporte un troisiéme exemple. Magdelaine du Crocq, veuve d'Antoine Vredin, assignée pour se voir condamner à payer à Antoine Coüart, plusieurs sommes pour vente de plusieurs Pieces de Vin qu'il prétendoit avoir livré separément à son mari ; cette Veuve reconnut volontairement, & par écrit, la verité de la dette; on demanda si cette reconnoissance estoit un commencement de preuve par écrit au regard des heritiers de son mari debiteur, assignez pour payer leur part des sommes demandées par Coüart Creancier, & si cela suffisoit pour faire accorder la preuve par témoins. Vrevin dit que cette reconnoissance de la Veuve, tenoit lieu de commencement de preuve par écrit contre les heritiers du mari, & il ajoûte qu'en consequence de cette reconnoissance, le Lieutenant General de Chaulny ayant admis la preuve par témoins, sa Sentence fut confirmée par Arrest. La raison qu'il rapporte est que quoy que cette reconnoissance, ne pût tenir lieu de preuve entiere & parfaite de la dette, au préjudice des heritiers du mari, suivant la maxime ordinaire, *res inter alios acta non nocet.* Cette regle ne doit s'entendre qu'en ce qui concerne le fond de la contestation, & non pas en ce qui ne regarde que la procedure & l'instruction, dans lesquelles on peut dire que la reconnoissance d'un de ceux qui sont assignez pour un même fait, auquel ils ont un égal interest, fait préjudice à l'autre, suivant que l'on peut conclure de la Loy *Si duo ff. de jurejur.* & de la Loy *A Sententia ff.* 49. *de Appellationibus.* Outre, dit-il, qu'il y avoit lieu de présumer que la Veuve avoit connu par la communication que son mari luy avoit faite de ses affaires que cette

In decisoriis non in ordinatoriis.

dette estoit juste. Vrevin conclut delà que cette reconnoissance de la Veuve suffisoit pour adoucir la rigueur de l'Ordonnance de Moulins, en haine de laquelle, ajoûte-t'il, attendu qu'elle restraint la preuve à une seule espece ; le moindre commencement de preuve par écrit suffit pour faire admettre la preuve par témoins. Au sujet de ces derniers mots de Vrevin, on peut ajoûter le sentiment de Mornac *ad l. cert. ff. quoniam de rebus cred.* qui dit aussi que l'Ordonnance de Moulins n'a point deffendu la preuve par témoins au dessus de cent livres, s'il y a la moindre preuve de la chose qui est en contestation, par quelque écrit auquel on puisse ajoûter foy, parce que cette rigueur de l'Ordonnance n'a esté prescrite qu'à cause de la facilité des témoins. Plusieurs autres Jurisconsultes sont aussi de cet avis ; parce que, disent-ils, l'Ordonnance de Moulins est contraire au droit commun, en ce qu'elle restraint les preuves, & c'est sur le fondement de ces decisions generales, que les Juges se sont creus en droit d'admettre la preuve par témoins sur le moindre commencement de preuve par écrit : mais cette decision est tres-dangereuse à suivre dans l'usage, & ceux qui ont parlé ainsi, auroient deu expliquer en même temps en quoy ils font consister ce qu'ils appellent le moindre commencement de preuve par écrit ; car l'Ordonnance de 1667. T. 20. article 3. a dit simplement, *Commencement de preuve par écrit* ; & il n'y a nulle apparence qu'elle ait entendu que le moindre écrit fût suffisant ; au contraire, il y a tout lieu de présumer qu'elle a entendu qu'il falloit que ce fût quelque écrit précis, & auquel il ne manqua plus que la forme pour faire une preuve entiere, autrement ce seroit ouvrir la porte aux fraudes, & rien ne seroit plus aisé que d'éluder la prohibition de l'Ordonnance, puisque si le moindre écrit suffisoit pour faire admettre la preuve par témoins, il s'en trouveroit toûjours de suffisans de la part de ceux qui seroient d'assez mauvaise foy pour demander ce qui ne leur seroit pas deu. C'est ce qui a esté fort bien entendu par Monterentius, qui a commenté les Statuts de la Ville de Bologne la Grasse en Italie, expliquant le Statut qui parle de la preuve des payemens, qui dit que la preuve par témoins d'un payement, n'est pas permise quand l'Obligation est en forme autentique, & qu'il s'agit d'une somme qui excede cinquante livres, monnoye de Bologne, neanmoins la preuve par témoins sera receuë en ce cas, s'il y a un Acte par écrit qui justifie le payement, ou quelqu'autre écriture à laquelle on ait coutume d'ajoûter foy. Cet Auteur sur ce mot *possint*, dit que l'exception admise par ce Statut, que la preuve d'un payement par une écriture privée, soûtenuë & confirmée par la preuve par témoins, a lieu quand cette écriture privée merite quelque foy par elle-même ; ensorte qu'en ce cas la preuve devient mixte, c'est-à-dire elle se fait, tant par cette écriture privée, que par la déposition des témoins ; & c'est pourquoy ce Statut appelle la preuve par témoins en ce cas le secours de la preuve par écrit, *coadjuvatio scripturæ*. Autre chose seroit, dit-il, si cette écriture privée (qui fait mention du payement) ne meritoit aucune preuve par elle-même ; parce qu'en ce cas, dit-il, la preuve ne seroit plus mixte, puis qu'elle dépendroit uniquement de la déposition des témoins, & non point de cette écriture privée ; autrement, continuë-t'il, il seroit fort aisé de commettre des fraudes pour contrevenir au Statut, parce que celuy qui voudroit se ménager les moyens d'obtenir la preuve par témoins en ce cas, pourroit, suivant qu'il aviseroit, faire quelque écriture privée & la produire, en offrant d'en justifier la foy par des témoins (qu'il auroit subornez) ce qui ne peut estre avancé, ainsi que soûtient Alexandre en son Conseil 36. l. 5.

jure vel ex forma Statutorum Civitatis Bononiensis. Fides debeat adhiberi admitti prout alias de jure admittretur.

Procedes quando scriptura producta fidem aliquam facit ita quod probatio sit mixta & hoc statutū dicit, dum loquitur de coadjuvatione scriptura. Secus si privata scriptura nullam faceret probationem quia nunc tota probatio testibus attribueretur, alias de facili posset fraus committi, quia ille qui vellet probare testibus, semper posset facere scripturam privatam illam cum testibus simul producere, quod non est dicendum.

Theveneau sur ces mots *écritures privées*, de l'article 54. de Moulins, dit à peu prés la même chose. Ces termes s'entendent, dit-il, des écritures privées des Parties, & non d'autres ; encore que la Glose du chap. 2. *de fide instrum.* donne pareille efficace aux écritures des autres, si elles ont esté faites par l'ordre de celuy qui y est obligé par ces écritures privées, quoy qu'ils ne les ayent point signées, laquelle Glose est suivie (continuë-t'il) par Imola & Felinus, pourveu que les témoins déposent que cette écriture privée a esté faite en leur presence par l'ordre de cette personne, & Innocent veut qu'en ce cas les témoins ayent signé & souscrit. Or si cela avoit lieu, continuë fort bien Theveneau, ce seroit un moyen d'éluder l'Ordonnance és choses qui excedent cent livres ; car pour étayer une preuve (ce sont ces termes) une tierce personne feroit une écriture, laquelle il seroit facile de verifier par témoins apostez, qu'elle a esté faite par le mandement de la Partie, ce qui seroit de tres-dangereuse consequence, & principalement au siecle où nous vivons, pour à quoy obvier, cette Ordonnance a esté faite, & celle qui veut que les Parties signent ou declarent pardevant Notaires, qu'elles ne sçavent signer, & quoy que Theveneau ne parle point en cet endroit nommément du commencement de preuve par écrit, dont l'Ordonnance de Moulins ne parloit pas precisément, neanmoins on peut dire à plus forte raison aprés luy, que si l'écriture d'un autre, quoy que faite par son ordre, attesté par le témoignage de deux témoins, ne suffiroit pas suivant nos mœurs, pour l'obliger. De même une écriture qui n'est pas de la main de celuy contre lequel on demande à faire la preuve, de quelque maniere quelle soit, & quoy que faite par son ordre, ne doit pas suffire aussi pour tenir lieu contre luy de commencement de preuve par écrit, à l'effet de faire admettre la preuve par témoins, parce que ce seroit donner lieu aux fraudes de ceux qui n'ayant point de preuve par écrit, se ménageroient ainsi un commencement de preuve par écrit sur la déposition de deux témoins apostez, à l'effet d'obtenir ensuite la preuve par témoins d'une Convention fausse & supposée, ce qui seroit contre l'esprit de l'Ordonnance de 1667. En effet, à bien examiner l'esprit de l'Ordonnance de 1667. il semble qu'on peut regarder un commencement de preuve par écrit, au moins comme une demi-preuve, ou une preuve imparfaite du fait dont il s'agit, c'est-à-dire comme quelque chose de plus qu'une simple présomption de Droit, parce qu'une simple présomption de Droit n'est pas un commencement de preuve à proprement parler, ce n'est qu'une conjecture qui peut estre, & qui est souvent fausse, mais qui dit un commencement de preuve, marque déja quelque chose de certain, & sur la verité duquel on peut conter, quoy qu'il n'y en ait pas assez pour se déterminer, c'est pourquoy l'Ordonnance n'a pas permis la preuve par témoins dans les cas où il y a une présomption, ou même lors qu'il y a plusieurs présomptions de la verité d'un certain fait, ce qu'elle auroit pû faire si elle n'eust pas jugé dangereux de s'expliquer ainsi; mais elle a voulu qu'il y eut déja une preuve commencée, & que cette preuve fût par écrit, elle a laissé seulement au Juge à déterminer de quelle qualité devoit estre ce commencement de preuve par écrit, & bien loin que la rigueur de l'Ordonnance doive estre adoucie, comme odieuse, ainsi que disent Vrevin, Mornac, & plusieurs autres, en ce qu'elle restraint la preuve, sa disposition au contraire, est toute favorable, & le sera toûjours tant qu'il y aura à

craindre

craindre de la facilité des témoins. En un mot, ce seroit un abus de croire que sur une simple énonciation, quelle qu'elle soit, parce qu'elle se trouve redigée par écrit, on doive donner atteinte à la disposition de l'Ordonnance, si sage & si utile au public ; il est vray qu'il est difficile de déterminer ce qui doit passer pour un commencement de preuve par écrit, quoy qu'il soit tres-important de le bien sçavoir. Boiceau, ny tous ceux qui ont traité de cette matiere, n'en ont rien dit, parce que l'Ordonnance de Moulins n'en a point parlé precisément. Et sans entreprendre de rien décider sur un point si difficile, parce qu'il est presque entierement arbitraire, il semble 1. Que la raison veut que ce qui doit tenir lieu de commencement de preuve par écrit, soit écrit de la main de quelqu'un de ceux qui ont quelque interest dans la contestation, mais il n'importe qu'il soit écrit, avant lors ou depuis qu'elle est intentée. 2. Cet écrit doit concerner le fait dont il s'agit, ou du moins quelques circonstances décisives y doivent estre énoncées. 3. Il ne doit rien contenir d'opposé & de contraire à l'intention de celuy qui s'en sert, parce que c'est une maxime que celuy qui produit une Piece en sa faveur, est censé l'approuver dans toutes ses parties, & ne peut plus la rejetter. 4. Il doit s'accorder avec les circonstances manifestes du fait, parce que la verité est une & ne se peut diviser ; enfin il ne doit y avoir nulle suspicion qu'il ait esté fabriqué exprés, & aprés coup, par celuy qui s'en sert ou par son ordre, pour se préparer un commencement de preuve par écrit, à l'effet d'obtenir la preuve par témoins. Et pour rendre ces maximes sensibles par un exemple, il y en a un rapporté par Chassanée, dans l'excellent Commentaire qu'il a fait sur les Rescrits de l'Empereur Alexandre Severe, *ad l. si tibi Cod. de testibus*, qui peut servir de modele en pareil cas. Chassanée aprés avoir dit que la preuve par témoins a esté deffenduë par l'Ordonnance de Charles IX. ajoûte que si neanmoins il y a quelque commencement de preuve par écrit, on peut y ajoûter la preuve par témoins; & il ajoûte que luy plaidant pour un Particulier qui avoit déposé une certaine somme d'argent entre les mains d'un autre qui nioit de l'avoir receu, & sa Partie ne rapportant pour toute preuve qu'une Lettre de cette personne, par laquelle elle luy mandoit qu'elle le satisferoit sur ce qu'elle sça-

Sed si tamen aliqua ex scripto adminicula suppetant, possunt testibus argumentis confirmari, & ita ex Senatu consulto

voit bien, sans faire aucune mention qu'elle luy dust aucune chose, ny sans expliquer pourquoy ny pour quelle somme elle luy faisoit cette Promesse, il fit juger par Arrest du Parlement de Paris que cette Lettre estoit un commencement de preuve par écrit, suffisant pour faire admettre sa Partie à la preuve par témoins de la verité de ce depost. Dans cette espece, il faut remarquer 1. Que cette Lettre estoit écrite par le Deffendeur, qui dénioit le depost pour la restitution duquel il estoit assigné. 2. Cette Lettre estoit écrite au Demandeur qui avoit fait le depost. 3. Elle parloit même du depost en termes generaux, quoy qu'obscurs & ambigus. 4. Par ces mots, *Je vous satisferay sur ce que vous sçavez*, il y avoit un fait certain prouvé, sçavoir que le Deffendeur qui l'avoit écrite, devoit une somme, ou estoit engagé de faire quelque chose en faveur du Demandeur, & parce qu'il estoit incertain si c'estoit du depost dont il avoit entendu parler, ou de quelqu'autre dette, ou même parce que ces termes vagues & indéfinis donnoient un juste lieu de soupçonner qu'il avoit affecté de s'expliquer ainsi obscurement pour ne donner pas au Demandeur un Titre contre luy touchant ce depost. Il resultoit de tout cela ce qui s'appelloit *un veritable commencement de preuve par écrit*, & non pas une preuve parfaite du depost, ainsi la preuve par témoins estoit admissible. J'ajoûte que cette preuve auroit aussi deu estre accordée quand cette Lettre ne se seroit pas adressée au Demandeur, mais à quelqu'autre personne ; parce que ce qui faisoit dans cette espece le commencement de preuve par écrit, estoit la reconnoissance tacite du Deffendeur qu'il devoit quelque chose au Demandeur.

Loyseau des Offices l. 1. chap. 11. n. 61. rapporte un autre exemple de commencement de preuve par écrit encore plus précis. Il dit que sous prétexte que le Resignataire d'un Office est nanty de la Procuration pour resigner du Resignant, il ne doit pas temerairement payer le prix de cet Office sans en tirer Quittance ou faire un Compromis par écrit, parce que cette Procuration est revocable jusqu'à ce que le Titulaire soit pourveu. Il ajoûte que neanmoins en ce cas il estime que le Resignataire se trouvant saisi de la Procuration du Resignant, seroit recevable, nonobstant l'Ordonnance de Moulins, a verifier par témoins qu'il a acheté & payé cet Office, parce que

Parisiensi agente me, ea pars cui a litteram depositum certa pecunia repeteret, & solam epistolam adversarii proferret, qua significaverat se satisfacturū in his quae sciret nec debiti tamen mentionem fecisset, aut causam ullā vel summā demonstrasset; ex vi hujus scripturae tenorem sufficere ut de cetero testibus intentio firmari.

cette Procuration est un commencement de preuve par écrit, qui partant se peut parfaire par témoins, (ce sont ces mots) comme on tient en Pratique.

Dans cette espece, la Procuration est un Acte signé du Resignant, elle ne parle point de la vente de l'Office, & encore moins du payement du prix, mais elle a trait à l'un & à l'autre ; car le Titulaire qui passe à un tiers une Procuration pour resigner, est censé en avoir traité avec luy, ou estre sur le point d'en traiter moyennant un certain prix, & quoy que cette Procuration soit revocable, neanmoins tout Acte estant présumé fait à dessein d'estre executé, la présomption est que cette execution a suivi, c'est-à-dire la vente de l'Office & le payement du prix. Or l'execution d'une Convention se peut prouver par témoins, ainsi qu'il sera montré cy-aprés Chapitre 10.

55 Enfin pour donner une idée encore plus précise de ce qu'on doit appeller un commencement de preuve par écrit, il semble qu'on pourroit regarder cette exception de l'Ordonnance de 1667. comme les Jurisconsultes regardent la déposition d'un témoin en Matiere Criminelle, quand elle est unique, ils conviennent tous que cette déposition seule, quelque précise qu'elle soit, ne fait point une preuve entiere, mais ce qu'ils appellent une demie-preuve, & que quand elle est soûtenuë par d'autres présomptions, si elles sont du nombre de celles que l'on appelle *de Droit & autorisées par le Droit*, elles suffisent pour decider. Si au contraire ce sont de simples présomptions, cette déposition ne suffit pas, il faut informer plus amplement, mais du moins cette déposition seule d'un témoin suffit toûjours pour donner lieu au Juge de prononcer un plus amplement informé, quand il n'y auroit même aucune autre présomption, ny d'autre preuve du fait que cette déposition : mais pour cela il faut 1. Que ce témoin parle precisément du fait en question, de telle sorte qu'il y ait lieu de présumer que la chose s'est passée ainsi qu'il la rapporte. 2. Il faut que sa déposition ne soit pas détruite par quelqu'autre circonstance certaine, & manifestement contraire ; enfin il faut que ce témoin ne soit point suspect, & que ce qu'il depose soit vray-semblable, & ne se détruise point luy-même par sa variation ; car quoy que ce qu'il dit, soit obscur, & qu'il ne paroisse pas informé de tout le détail, il suffit que sa déposition laisse entrevoir la verité, pour quelle merite d'estre approfondie ; ainsi est-il du commen-

cement de preuve par écrit, il faut que l'écrit qu'on rapporte parle precisément du fait qu'il s'agit de prouver ; car s'il ne parle que d'un fait étranger, duquel par induction on prétend tirer la verité de celuy dont il s'agit, cela ne suffiroit pas, parce que ce seroit admettre toutes sortes d'écrits vagues & indéfinis, & ouvrir la porte à la multiplicité des faits que le raisonnement pourroit trouver pour faire voir la liaison & la dépendance de ce fait étranger avec celuy qu'il s'agit de prouver, ce qui est precisément contraire à l'Ordonnance de Moulins & à celle de 1667. qui n'ont eu d'autre dessein que de prévenir cette multiplicité de faits. 2. Ce que porte cet écrit ne doit pas estre manifestement contraire aux circonstances certaines du fait ; car comme il ne fait qu'une présomption, & qu'une présomption est aisément détruite par une autre, si cet écrit est contraire à un fait certain & évident, il ne merite plus aucune foy. L'énonciation de cet écrit doit estre aussi vray-semblable, car si elle ne l'est pas, elle ne merite aucune foy ; enfin elle ne doit pas estre suspecte, comme il a esté dit, car s'il y a sujet de croire qu'elle ait esté faite aprés coup, & à dessein d'éluder la prohibition de l'Ordonnance, elle doit estre rejettée. Il ne doit aussi y avoir rien d'opposé dans les termes de cette énonciation, car la verité ne peut se diviser, puis qu'elle ne consiste que dans l'unité du fait, la contrarieté estant une marque certaine du mensonge & de la fausseté : mais quoy que d'ailleurs cet écrit ne parle qu'en termes obscurs, & ne fasse mention que d'une partie du fait ; c'est en cela même qu'il est un commencement de preuve par écrit, & qu'il doit servir à faire admettre la preuve par témoins ; & dans toutes ces occasions, c'est à la prudence du Juge à connoistre quelle foy il doit ajoûter à cet écrit ; il suffit de l'avertir ici qu'en cherchant la verité, il doit prendre garde d'ouvrir une porte aux faux témoins, s'il veut suivre l'esprit de l'Ordonnance, qui n'a eu dessein que de les éviter.

16

Mais il y a encore une distinction importante à faire sur ce sujet qu'il ne faut pas obmettre. C'est qu'il faut faire grande difference entre les cas où il ne s'agit point d'aucune simulation ny d'aucune fraude, mais seulement de découvrir un fait incertain, & le cas auquel on articule precisément le dol & la simulation. Dans le premier cas, si on rapporte un commencement de preuve par écrit du fait dont il s'agit de découvrir la verité, le Juge doit estre plus circonspect à examiner la foy de cet écrit, que dans le second cas auquel on articule la fraude, parce que c'est la foy de cet écrit seul qui doit le déterminer à accorder ou refuser la preuve, & qu'il doit se défier qu'il n'y ait de la fraude de la part de celuy qui le produit, lequel peut s'en servir comme d'un piege contre le Deffendeur, car il y a deux maximes à luy opposer; La premiere, que tout Demandeur devant prouver ce qu'il avance, du moment qu'il n'a pour luy qu'un simple commencement de preuve par écrit, il ne rapporte pas une preuve suffisante, telle que tout Demandeur est obligé de rapporter, & quoy qu'elle le puisse devenir dans la suite, jointe à la déposition des témoins, neanmoins cela est incertain, la présomption jusque-là est donc pour le Deffendeur; La seconde, est que la présomption estant pour la liberation du Deffendeur, lequel ne se trouve obligé par aucun Acte en forme, il s'ensuit que le Juge doit estre plus porté à l'absoudre faute de preuve, qu'à permettre la preuve par témoins contre luy, laquelle a esté rejettée par l'Ordonnance comme suspecte. Au contraire quand il s'agit d'un fait frauduleux objecté par celuy qui demande à faire la preuve, lequel articule des circonstances graves & précises, alors le moindre commencement de preuve par écrit suffit pour l'obtenir, parce qu'il est des maximes qu'en matiere de simulation & de dol, la preuve par témoins est permise; comme il a esté prouvé dans le Chap. 7. des Contrats simulez, & c'est ainsi que l'on peut entendre le sentiment de Mornac, & autres cy-dessus rapportez. Pour expliquer cette distinction par un exemple recent, on rapportera ici une espece jugée par une Sentence des Requestes du Palais du 13. Février 1696. laquelle a esté confirmée par l'Arrest du Parlement du 19. Juin suivant; elle a esté renduë entre Dame Eleonore de Tusseau, Marquise du Fresnoy, Intimée; contre François Odoart, sieur du Hazey, heritier de Philippes Odoart, sieur de Belmont son Oncle, Appellant; & Maistre Jacques Langlois, Receveur des Consignations des Requestes du Palais, intervenant. Par cet Arrest on a confirmé la Sentence qui permettoit à l'Intimée de faire preuve par témoins, que nonobstant l'adjudication faite à Philippe Odoart de la Terre de Cormeilles, située dans le Vexin, par Sentence des Requestes du Palais du 9. Septembre 1693. saisie réellement sur Damoiselle Anne Louise de la Fontaine, la Dame de la Fontaine avoit toûjours joüi de cette Terre sous le nom de Philippe Odoart, & qu'elle en recevoit les fruits & en avoit fait les Baux, que le sieur Odoart luy avoit donné une declaration, par laquelle il reconnoissoit qu'il n'avoit fait que luy prester son Nom pour se faire adjuger cette Terre à vil prix, & que depuis l'adjudication il n'avoit point pris le Nom de Seigneur de cette Terre, que la Dame de la Fontaine peu aprés cette adjudication, avoit esté en pourparler de revendre cette Terre, pour une somme beaucoup plus forte que celle pour laquelle elle avoit esté ajugée au sieur Odoart. Il estoit encore certain dans le fait que la Dame de la Fontaine avoit emprunté solidairement deux sommes de 15000. livres & de 18000. livres, avec le sieur de Belmont, pour employer au prix de l'acquisition de cette Terre, sans en avoir pris de luy aucune indemnité, que le sieur Odoart n'avoit fait aucun Acte de Proprietaire, & qu'estant mort peu aprés, la plûpart de ses heritiers avoient renoncé à sa succession, sur ce qu'on prétendoit que la Dame de la Fontaine leur avoit montré la declaration qu'il avoit passé à son profit de la propriété de cette Terre. Enfin il n'avoit point levé le Decret luy-même, il ne l'avoit esté qu'aprés sa mort par le Procureur de la Dame de la Fontaine, & il s'estoit trouvé cotté de son Nom; or tous ces faits de fraude réünis ensemble ont esté jugez suffisans, & avec Justice, pour faire admettre la preuve par témoins de la simulation de l'adjudication & de celle de la Quittance du prix, quoy que faite au Nom du sieur Philippe Odoart; j'ajoûte que dans cette espece on rapportoit une preuve par écrit de la fraude, & ainsi quoy qu'il s'agist de détruire une adjudication par Decret, & une Quittance expediée au Nom du sieur Odoart, la preuve estoit recevable, parce que ce qui est simulé est nul dans son principe, & quand le conseil de la fraude, & l'évenement ou l'execution de la fraude sont manifestes, comme dans cette espece, la Justice qui a esté trompée par l'interposition des Noms, & par la collusion des Parties, ne manque jamais de casser tout ce qu'elle a fait, parce qu'elle ne peut jamais estre complice de la fraude, quand elle est évidente.

17. On peut ajoûter à ce qui vient d'estre dit touchant le commencement de preuve par écrit, le sentiment d'Ant. Anselmo sur l'article 19. de l'Edit Perpetuel §. 6. il pose pour une Maxime de Droit, que quand il est deffendu par quelque Statut de prouver quelque chose par témoins, cette prohibition n'est pas censée exclure la preuve qui se peut faire par écrit & par témoins conjointement, ny celle qui se fait par témoins pour

confirmer la preuve par écrit, quand elle n'est pas assez forte, il cite *Paris de Puteo de reassumpt. instru. quæst.* 13. n. 28. *& Joseph de Sessé Dec. Arrag.* 202. *n.* 45. car il ne faut pas, dit-il, étendre la disposition de la Loy hors de son cas, & la preuve simple, c'est-à-dire celle par témoins ou celle par écrit, prises separément, ne doivent point comprendre la preuve mixte, ou celle qui se fait par écrit & par témoins tout ensemble ; ainsi que disent Bartole & Paul de Castre, *in l. certi conditio ff. si certum petatur*, & c'est sur ce fondement que Balde Cons. 279. vol. 4. dit que quand il est ordonné que la preuve se fera par écrit, neanmoins quand ce qui est écrit ne se trouve pas faire une preuve assez complete, en ce cas il peut estre confirmé par une preuve par témoins.

Anselmo ajoûte que cette preuve par témoins & par écrit appellée *mixte*, n'est point receuë dans les Païs-Bas, parce que l'Edit Perpetuel n'admet que la preuve par écrit, & exclut precisément celle par témoins, & §. 7. il ajoûte que l'opinion de ceux qui ont creu que c'estoit satisfaire à l'Edit que de prouver la verité d'un Contrat par cinq témoins, n'y est pas aussi receuë, & que même elle a esté condamnée par une Declaration du Roy d'Espagne, du 12. May 1634. qu'il rapporte.

18   Surquoy il faut observer que du moins en Haynault, où l'Ordonnance de 1667. est observée depuis 1689. la preuve par témoins doit estre admise quand il y a un commencement de preuve par écrit.

19   Carpanus sur le Statut 88. de Milan, dit que nonobstant ce Statut qui exclut la preuve par témoins en termes negatifs (*per testes non potest probari*) neanmoins cette preuve par témoins peut estre admise quand il y a une preuve par écrit, parce que, dit-il, *est casus mixtus qui non comprehenditur sub statuto*, & cite Balde *in 6. certi conditio ff. si certum petatur*, Alexandre, Decius, Socinus Senior, Menochius, &c. Ainsi à Milan la preuve par témoins est admise sur un commencement de preuve par écrit.

20   Ce qui est aussi en usage en Portugal, où il y a une Ordonnance qui deffend la preuve par témoins, ainsi que témoigne *Emmanuel Mendez de Castro in Practica Lusita. cap.* 12. *de prob.* Enfin cela a lieu aussi à Bologne en Italie, comme marque Monterentius sur le Statut qui concerne la preuve des Payemens, dont il vient d'estre parlé en rapportant le sentiment de ce

Commentateur, au sujet de ce qui doit passer pour un commencement de preuve par écrit.

Avant de finir ce Chapitre, il y a une Question à examiner touchant le commencement de preuve par écrit & les écritures privées; sçavoir si ce qui est écrit par Notes, par Chiffres, ou par Abbreviations, doit passer pour écriture privée, & s'il peut servir par consequent ou de preuve par écrit, ou de commencement de preuve par écrit.

Pour expliquer cette Question en peu de mots, il faut entendre quelle difference il y a entre ces mots : Notes, Chiffres & Abreviations.

Suivant la Loy *Sed cum Patrono* §. *ult. ff. de bon. possess. notæ non exant litteræ sed signa litterarum;* Justinien *in Epist. ad antecess. de Cod. Enucl.* dit que de son temps elles s'appelloient Σίγλας. Monsieur Cujas *observat. cap. 3.* dit que c'est peut-estre de ce mot que nous avons tiré celuy de *Zifra*, Chiffres & *Observat. l. 12. c. ult.* expliquant cette Lettre de Justinien *ad antecess.* dans laquelle il deffend d'écrire les Loix des Instituts, du Digeste & du Code par Chiffres; il dit que ce mot *sigla*, vient de *singla idest singula;* ainsi on dit *vincla* pour *vincula*, & *secla* pour *sæcula*. Or, ajoûte-t-il, *singula multum distant à notis, notæ enim non sunt litteræ. Singula autem sunt singulariæ litteræ sine coagmentis syllabarum*, comme dit Gellius l. 17. chap. 9. parlant des Lettres en Chiffres que C. Cesar écrivoit à C. Oppius & à Balbus Cornelius, *Verba,* dit-il, *ex litteris nulla confici possunt, erat autem conventum inter eos clandestinum de commutando situ litterarum. Ut in scripto quidem alia aliæ locum & nomen teneret, sed in legendo locus cuique suus & potestas restitueretur.* C'estoient des Lettres meslées sans suite & sans ordre, lesquelles estant rassemblées ensuite, suivant qu'ils en estoient convenus, composoient un discours parfait. Monsieur Cujas *ibidem*, apporte pour exemple de ce qu'il appelle *singulariæ litteræ*, ces quatre Lettres *S. P. Q. R.* & quand on l'écrivoit par Notes, on se servoit de celle-ci ↄ il en rapporte plusieurs autres exemples, surquoy il distingue *Notarios qui scribunt notis,* de ceux qu'il appelle *singularios, qui singulis idest siglis scribebant.*

Duret Hist. des Ligues ch. 19. en rapporte d'autres, & tous les Monumens antiques de Rome, & les Medailles Romaines sont gravées de chiffres. L. 1. Cod. de Off. Præf. Prat. Afric.

Loyseau des Offices l. 2. chap. 5. observe qu'à Rome on faisoit apprendre aux Esclaves cet art d'écrire par Notes, la Loy en donne un exemple: *Lucius Titius Miles Testamentum scribendum notis dictavit, & ante quam litteris scriberetur, vita functus est.*

est. ff. de Testam. Mil. Cette Loy marque l'usage d'écrire par Notes, & qu'il estoit permis aux Soldats de tester ainsi par Lettres abregées, ce qui n'estoit permis à personne qu'à eux.

La Loy *inter eos §. 1. ex quib. causis majores*, dit aussi que ceux *qui Notis scribunt acta præsidum, Reipub. causa non abesse certum est;* c'estoit ceux que l'on appelloit *exceptores*, suivant la Notice de l'Empire chapitre 19. ils écrivoient en minute les expeditions judiciaires sous les Juges & les gardoient. Il y avoit outre cela *Regerendarii*, qui estoient ceux qui mettoient au net ces expeditions, & *Cancellarii*, ceux qui les mettoient en forme, dont il a déja esté parlé. Il faut aussi observer que les Notaires, suivant la Novelle 44. écrivoient d'abord la Minute ou Note du Contrat, laquelle n'estoit point obligatoire, mais on la transcrivoit au net, & ensuite les Parties la signoient.

24 Quant à la maniere d'écrire en Chiffre, c'est-à-dire avec des caracteres dont personne ne puisse penetrer le sens. Pancirole *l. 2. rer. mem. Dep. T. 4.* & Salmut dans ses Notes sur cet Auteur. Joa. Baptista à Porta, & Vigenere, en ont fait des Traitez exprés. Petrus Diaconus a commenté le Livre de Valerius Probus *de Notis Romanis*, & une infinité d'Auteurs ont écrit sur ce sujet. Gomez *l. 2. varia. cap. 9. n. 4.* examine même la Question de sçavoir si un Contrat se peut faire entierement par abreviations.

25 Pour revenir à la Question dont il s'agit, par rapport à la preuve par témoins, Anselmo sur l'article 19. de l'Edit Perpetuel, cy-dessus cité §. 29. decide en general que les écritures en chiffres ne font aucune preuve : *Non enim probant mentem seu intentionem contrahentium*, dit-il, *cum incertæ & dubiæ sint, ac propterea necesse est ut contractus explicatis verbis & integris dictionibus perscribantur*. Joan. Romelius sur le même article de cet Edit §. 51. soûtient au contraire avec les Interpretes sur la Loy *Gallus §. idem credendum de lib. & posthu.* que quand les abreviations & les chiffres ont une signification certaine dans l'usage, il faut les regarder comme ayant la même force que les autres écritures privées, même dans les Actes où la Loy 26 exige l'écriture pour la forme. C'est par cette raison qu'il est permis aux Notaires d'étendre l'*Et cætera* qu'ils écrivent d'abord dans leurs Minutes, parce que cet *Et cætera* a une signification certaine & limitée, c'est-à-dire selon la nature du Contrat, dit Mazuer *T. 18. de instrument. n. 37.* suivant la Loy *Gal-*

Censuerunt Interpretes in l. Gallus. §. idem credendum. ff. de lib. & posthu. notas & cifras usu receptas & quid certi significantes, habere vim scripturæ, etiam in ac-

lus cy-deſſus citée, & les Docteurs ſur cette Loy, & Guy Pape queſt. 129. C'eſt pourquoy M. Charles du Moulin *Tract. Contr. uſur. quæſt. 7. in fine*, demande ſi en vertu de ce mot de la Minute du Notaire, *Renonçant & cætera*, le Notaire peut ajoûter, renonçant au benefice de diviſion & de diſcuſſion, & il répond que non, & dit l'avoir fait juger ainſi, luy plaidant, par un Arreſt du Parlement de Paris ; ſurquoy Charondas Reſp. l. 12. n. 44. rapporte un Arreſt du 5. Juillet 1561. qui declara injurieux l'empriſonnement fait d'un debiteur par ſon Creancier, en vertu d'une Obligation, ſur la Groſſe de laquelle le Notaire avoit étendu le mot *Obligeant*, écrit dans la Minute, à la contrainte par Corps, dont les Parties n'avoient point entendu parler en paſſant cette Obligation, auſſi Monſieur Maynard l. 8. de ſes Queſtions chapitre 31. dit fort bien que cet *Et cætera* ne comprend que ce qui regarde l'execution de l'Acte, ou l'éclairciſſement des Clauſes qui y ſont écrites, mais qu'il ne peut operer aucune autre nouvelle diſpoſition, ou produire aucun autre effet qui excede ce qui a eſté convenu préciſément entre les Parties, & cite un Arreſt du Parlement de Toloſe à ſon Rapport, qui le jugea ainſi en Janvier 1574.

illis exigentibus ſcripturam pro forma & ſolemnitate.

Ces mots, Et cætera, dit-il, de his quæ reſpiciunt executionẽ vel clariorẽ elucidationem dumtaxat, non autem de his quæ diſpoſitionẽ vel novum effectum, qui alias non veniret, inducunt.

27 De ces Maximes qui ſont certaines parmi nous, il reſulte que ſi ce qui eſt écrit en chiffre, a une ſignification certaine, & dont les Parties conviennent, il faut le regarder comme une écriture privée qui peut faire preuve, ou un commencement de preuve par écrit, ſuivant les occaſions ; mais ſi la ſignification des chiffres eſt conteſtée, en ce cas *pro non ſcriptis habentur*, ſuivant la Loy 7. *ff. de regulis juris* §. 3. *& ff. l. 2. eod. T.*

28 A l'égard des abreviations, ſi elles ont une ſignification certaine dans l'uſage courant, il les faut expliquer ſuivant cet uſage. Il y a même des Actes qui ſeroient ſuſpects de faux, s'ils n'eſtoient écrits par abregé, telles ſont les ſignatures de Cour de Rome ; car ſi un mot, qui a coutume d'y eſtre écrit par abregé, s'y trouve étendu & écrit tout au long, il y a lieu de s'inſcrire en faux contre cette ſignature, parce que l'uſage eſt certain, & que cet uſage doit eſtre inviolablement ſuivi.

29 Au reſte il eſt conſtant que l'Ordonnance de Moulins, ny celle de 1667. n'excluent pas les préſomptions de Droit, & autoriſées par le Droit, parce qu'elles tiennent lieu de preuves completes, qui non ſeulement n'ont pas beſoin du ſecours de la preuve par témoins, mais contre leſquelles même la preuve du contraire n'eſt pas admiſe.

CHAPITRE II.

Des Cedules & Promesses.

SOMMAIRE.

1. *L'ordonnance comprend toutes sortes d'écritures privées.*
2. *De ce qui a esté ajoûté aprés la signature d'un Acte.*
3. *Distinction sur ce sujet.*
4. *De Syngrapho, Autographo, Holographo, Apochis, & Antapochis.*
5. *Des Lettres Missives.*
6. *Des Lettres de recommandation.*
7. *Espece sur ce sujet.*

1. Quant au premier Article, sçavoir, si sous le mot de Cedule Privée, sont compris toutes sortes d'écritures privées, cela est certain, pourveu qu'on en puisse tirer quelque éclaircissement, c'est pourquoy comme tout ce qui est écrit de la main d'un seul, ou souscrit d'un seul & de plusieurs, est compris sous le terme de Cedule ; Je ne doute point qu'il ne soit aussi compris dans l'Ordonnance sans aucune distinction, car à l'égard de ce qu'Ulpien appelle *Opistographum*, qui est une feüille de papier écrite des deux costez, comme l'explique Alexander ab Alexandro, soit que l'écriture soit avant ou aprés la signature, si elle est de la même main, il n'y a point de doute qu'elles ne soient comprises dans cette Ordonnance.

2. Neanmoins j'ay veu faire difficulté à l'égard de ce qui est écrit

Quod ad primum articulum: utrum scilicet appellatione cautionum privatarum, veniant omnia privata scripta ? Certissimum est, quod sic, si modò ex eis nonnulla probatio elici possit. Itaque, cùm Chyrographorum appellatione veniant omnia quæ partium manu, vel scripta, vel subscripta, sive ab una parte tantùm, sive à duabus, vel pluribus simul, *a* omnes ejusmodi scripturas sub hac Lege comprehensas esse non dubito, nulla specierum habita differentia: Nam quod ad Opistographum, de quo Ulpianus, *b* quod pro charta utraque facie scripta accipitur, ut explicat idem Alexand. *c* vel fortè, quòd ante & post signum seu sigillum, eadem manu scriptum est, nemo dubitabit sub hac Lege comprehendi debere.

Vidi tamen dubitari de his quæ scripta sunt, post signum ap-

a Notatur in L. Scripturas. C. Qui potior.

b L. Charta. ff. de bon. poss. secund. tabul.

c Cap. 30. lib. 2. genial. dier.

positum, utrum sub signo comprehendantur, ut fidem faciant, quemadmodum ea quæ antè signum scripta sunt ? In qua quæstione, sic putarem esse distinguendum : Aut enim scriptura, post signum, posita est eadem manu, eodem momento, & conjuncta oratione, seu continuata, de eadem re ac materia, de qua, ante signum, scriptum erat, sub his ferè verbis : *Item, sub eodem signo meo, supra apposito, promisi Titio, ultra superiùs scripta, tale quid facere, vel solvere, &c.* aut similibus, quæ superiori parti conjuncta videbuntur, facta tamen præcedentis signi mentione : & tunc putarem ex hujusmodi Opistographo actionem oriri, & sub hac Lege, scripturam illam contineri : cùm videatur unus & idem continuatus sermo, ad idem signum pariter relatus, *a* & inesse priùs factæ obligationi dicatur id, quod incontinenti adjectum est : *b* Aut verò post scripta, ad signum se non referunt, de eoque mentionem non faciunt, neque sunt eadem manu scripta, aut ejusdem materiæ cum scriptura prima : & tunc existimarem, ex hac posteriori scriptura, nihil cautionis elici posse, *c* sed nudam tantùm & imperfectam esse ejusmodi scripturam, & in qua fortassè scribens perseverare noluerit, cùm ei non iterùm subsignaverit : atque ita ex tali imperfecto, agi non posse.

a *L. Continuus. ff. de verb. oblig.*

b *L. Pacta conventa. ff. de contrahen. empt. L. Potens & l. Jurisgentiū. ff. de pactis.*

c *Argum. l. Titia §. 1. de verb. oblig.*

au dessous de la signature; sçavoir s'il est présumé estre compris dans cette signature, ensorte qu'il faille y ajoûter foy, comme à ce qui est écrit auparavant & au dessus de la signature, sur laquelle Question, je crois qu'il faut distinguer ; car ou cette écriture mise sous la signature est de même main, écrite en même temps, & fait une suite de discours avec ce qui est écrit au dessus concernant la même matiere, à peu prés comme il est marqué dans les termes suivans ; *De plus sous mon seing cy-dessus, j'ay promis à Titius faire ou payer telle chose*, & autres termes semblables (qui paroissent ne faire qu'un même sens avec ce qui est écrit auparavant, & lesquels termes rappellent la signature précedente) & je crois qu'en ce cas on peut agir en vertu de cette écriture, & qu'elle est comprise dans l'Ordonnance, parce qu'elle paroist n'estre qu'une seule & même suite du discours qui se rapporte à la signature mise au dessus, parce que ce qui est ainsi ajoûté dans le même instant à une Obligation, est censé en faire partie, ou bien ce qui est écrit ensuite de la signature, ne se rapporte point à cette signature, n'en fait point mention, ou n'est point écrit de la même main, ou ne concerne point la chose dont il est parlé dans ce qui est écrit au dessus, & en ce cas j'estime que cette écriture ne peut point produire aucune Obligation, & que c'est une écriture nuë & imparfaite, de laquelle celuy qui l'a écrite, est présumé s'estre repenti & avoir changé de volonté, parce qu'il ne l'a point souscrit comme la précedente, & ainsi j'estime qu'en vertu de cette écriture on ne peut agir, parce qu'elle est imparfaite.

4 Quant à ce que l'on appelle *Syngraphum*, ou ce qui est écrit sur la même page, & signé de deux ou plusieurs personnes, dont il est parlé dans Plaute; je crois qu'il en faut juger comme des autres Promesses privées. Il faut dire la même chose de ce qui s'appelle *Autographum*, qui est un Acte écrit entierement & signé de la main de la même personne, qui s'appelle aussi *Holographum*, dit saint Jerôme, quoy que quelques-uns estiment que ce mot *Autographum* doit s'entendre d'un Acte ou écrit fait entre-vifs, & *Holographum* de celuy qui est fait par une personne mourante; quoy qu'il en soit, tout cela est compris sous le mot de Promesse & écriture privée, & si l'écriture ou signature en est déniée, elle sera verifiée par témoins, nonobstant la Premiere Partie de cette Ordonnance. Il faut dire aussi la même chose des Quittances & Contrequittances, desquelles on se sert pour prouver qu'une chose nous est deuë, comme il est vulgaire en Droit, car toutes ces choses sont mises au nombre des écritures privées.

Quantum ad Syngraphum, quod à duobus, vel pluribus eadem chartæ facie, conscriptum aut consignatum propriè dicitur, de quo loquitur Plautus, *a* idem censeo judicandum quod de aliis cautionibus privatis. Idemque de Autographo, quod est cautio, non tantùm propria manu subsignata, sed & omnino scripta, quæ etiam Holographum dicitur, teste Hieronymo: *b* quamvis nonnulli Autographum, de re inter vivos acta, & Holographum, de re à morientibus ex integro scripta, intelligant. Utcumque tamen sit, hæc omnia inter privatas cautiones enumerantur, &, si scriptura, vel signum in eis appositum, denegetur, testium probatio recipietur, nonobstante hujus Legis prima parte, ut dictum est. Idem de Apochis, quibus debitum receptum fuisse, privatim recognoscitur, & de Antapochis, quibus aliquid debitum esse ostenditur, ut in Jure vulgatum est. *c* Hæc enim omnia, inter Chirographaria computantur.

a In Asin.

b In tract. contra Rufin.

c L. Plures apochis, C. de fid. instrum. & L. 1. C. de apoch. public.

5 Quant aux Lettres Missives; la question est de sçavoir, si elles produisent une Obligation ou non, surquoy il faut distinguer; car ou cette Lettre contient une reconnoissance pure & simple de la dette, comme celle que rapporte le

Quantum ad Epistolas, an obligationem habeant, necne? distinguitur: Aut enim Epistola absolutam continet recognitionem, ut est apud Paulum, *d* his verbis: *Titius Sempronio salutem. Habere me à vobis auri pondo, plus minùs, decem, &*

d L. Publia; §. final. ff. depos.

discos duos, & saccum signatum, ex quibus mihi debetis decem, quos apud Titium deposuistis: item, quos trophimati, decem: item, ex ratione patris vostri, decem, & quod excurrit: & aliis similibus exemplis, penè infinitis in Jure. *a* Et tunc ex ista recognitione purè & simpliciter facta per Epistolam, quæsita est obligationis probatio, cùm Jure vulgatum sit, per Epistolam obligari nos posse. *b* Aut verò Epistola non habet puram recognitionem & promissionem, sed forsan conditionatam, hoc modo : *Si ex parte tua, tale quid feceris, dabo tibi aureos centum*: Et tunc, ex tali promissione obligatio probari non potest, nisi ostendatur conditionem ab altera parte impletam fuisse : cùm hic agatur de obligatione, do, ut des, do, ut facias, vel, facio, ut facias : pro quibus, nonnisi implemento subsequuto, actio præscriptis verbis, dari potest, ut in Jure notum est *c* Ex his ergo Epistolis rectè agitur secundùm hanc Constitutionem, &, si signum, Epistolæ appositum, non recognoscatur, vel factum, in conditionalem Epistolam deductum, denegetur : hæc omnia vera esse, testibus probare licebit, etiamsi de summa centenam libram excedente agatur, nonobstante hujus Constitutionis prima parte, quæ testium probationem in eo casu rejicere videtur, in quo nihil scriptum est. Cùm enim in istis Epistolarum casibus, jam aliquid scriptum appareat, & ideo contra scribentem aliqua jam sit tacita probatio, meritò excipiendos esse hos

a L. Emptor §. Lucius ff. de pact. L. Creditor. §. Lucius. Mand. L. Lucius Titius. ff. de donationib.
b L. Imperatores. ff. de probat. l. Labeo. ff. de pact. l. 1. de procuratorib. ff.

c L. Naturalis de præscript. verb. ff. l. Ex placito. C. de rer. permut. L. 1. ff. eodem.

Jurisconsulte Paulus en ses mots : *Titius, salut à Sempronius, je vous avertis que j'ay à vous dix livres d'or pesant, un peu plus, un peu moins, & deux plats, & un sac cacheté, dont vous m'en devez dix, que vous avez mis en depost chez Titius ; Plus dix que vous avez donné à Trophimus, plus dix qui restent du compte de vostre Pere, & ce qui est pardessus.* Il y a une infinité d'exemples semblables en Droit, & en ce cas cette reconnoissance pure & simple est une preuve de l'Obligation ; car il est certain en Droit que l'on peut s'obliger par Lettres Missives, ou la Lettre Missive ne porte point une telle Reconnoissance ou Promesse pure & simple, mais elle est conditionnée en ces termes : *Si vous faites cela, je vous donneray cent Louis d'or*, & en ce cas on ne peut inferer de ces mots qu'il y ait une Obligation, si on ne prouve que la condition ait esté accomplie, parce que cette Obligation est du nombre de celles qu'on appelle, *je vous donne afin que vous me donniez, je vous donne afin que vous fassiez, je fais afin que vous fassiez*; en vertu desquelles l'action *præscriptis verbis* n'est point acquise, si l'on ne satisfait à ce à quoy l'on s'est obligé, suivant qu'il est marqué en Droit; donc en ce cas on peut intenter action en Justice, en vertu d'une telle Lettre Missive, suivant l'Ordonnance de Moulins, & si la signature de cette Lettre n'est point reconnuë, ou est déniée, ou que l'on nie le fait exprimé dans cette Lettre qui est conditionnée, il sera permis de prouver toutes ces choses par témoins, quoy qu'il s'agisse de plus de cent livres. Nonobstant la premiere Partie de cette Ordonnance, qui semble rejetter la preuve par témoins, quand il n'y a rien de redigé par écrit, car comme dans les Lettres il y a déja quelque chose d'écrit, & par consequent qu'il y a une preuve tacite contre celuy qui a écrit. C'est avec Justice que le Prince a voulu excepter ce cas de la rigueur de la prohibition portée par la premiere Partie de cette Ordonnance.

casus à rigore superioris partis Legis istius, Princeps censuit.

6   Il y a aussi d'autres Lettres Missives qu'on appelle *de recommandation*, dont Justinien a fait aussi mention qui ne produisent d'ordinaire aucune Obligation. J'ay veu neanmoins faire difficulté à l'occasion d'une certaine Lettre *de recommandation* écrite à un Habitant de Poitiers, par un Pere en faveur de son Fils, qu'il y avoit envoyé pour étudier, elle estoit à peu prés conceuë en ses termes : *J'envoye mon Fils pour faire ses études, je vous supplie d'avoir soin de luy, je vous le recommande, en consideration de l'amitié qu'il y a long-temps qui est entre nous deux* ; car cet Habitant de Poitiers à qui la Lettre estoit adressée, ayant déboursé quelques deniers pour cet Ecolier, ainsi qu'il avoit jugé necessaire, pour luy avoir du linge & des habits. Le Pere estant venu à mourir laissa une Veuve, laquelle fut créé Tutrice à ce Fils mineur, qui dénia qu'il eust fait cette dépence & refusa de la payer, soûtenant que de cette Lettre on ne pouvoit point inferer que le Pere luy eust

7

Aliæ quoque sunt Epistolæ, quæ commendatitiæ tantùm dicuntur, quarum meminit aliquando Justinianus : *a* ex quibus nulla solet oriri obligatio. Vidi tamen quandoque dubitari, de certis Literis commendatitiis, cuidam Civitatis hujus Pictavensis incolæ, rescriptis à quodam patre, pro filio suo, quem ad hanc Civitatem, studiorum gratia, mittebat : quæ his ferè verbis conceptæ erant : *Mitto filium meum, studiorum gratia, quaso, ut eum cura habeas, quem tibi commendo, pro amicitia jampridem inter nos inita.* Cùm enim Civis ille, nonnihil pro Scholari filio impendisset, quod arbitrabatur ei fuisse necessarium, utpote, pro quibusdam libris, & vestimentis : decessit pater, uxore superstite, quæ tutor filii constituta, has studiorum causa factas impensas, Civi, ex Epistola agenti, denegavit, nullumque ex tali Epistola mandatum obligatorium elici posse sustinuit : Civis autem, pecuniam in causam necessitatis impensam fuisse pro filio dixit, atque ideo Epistola etiam cessante, pecuniam repeti posse :

a In L. fin. C. quod cum eo, &c.

cùm sit hic unus ex quinque casibus, pro quibus, in patrem, de impensis pro filio, agi posset, nonobstante Macedoniano. *a* Et ita responsum fuit à nostris Consultoribus veteranis, quomodo & judicatum fuisse audivi. In his igitur commendatitiis Epistolis, si quid ex necessitate & consequentia commendationis, factum fuisse allegetur, Judicantis erit arbitrium, hujusmodi factum admittere, & testium probationem recipere. Quod facilè dijudicabit ex conjunctione personarum, necessitate impensarum pecuniarum, aliisve circunstantiis, quibus æquitas illius suaderi poterit ad recipiendam testium probationem, super ipsis Literis commendatoriis, nonobstante hujus Legis priori parte, ut jam dictum est.

a L. Zenodorus. C. Ad Macedon. & L. Macedoniani. eodem.

donné charge de faire aucune avance pour luy. Cet Habitant répondoit que n'ayant fait qu'une dépence necessaire, quand même il n'y auroit point eu de Lettre, elle devoit luy estre remboursée, parce que cette espece est une des cinq pour lesquelles, nonobstant le Senatusconsulte Macedonien, on peut agir contre le Pere pour la dépence faite en faveur de son Fils, & cela fut ainsi decidé par nos anciens Consultans, & confirmé par Arrest suivant leur avis, comme je l'ay appris depuis. Par consequent si on allegue que sur la foy d'une pareille Lettre *de recommandation*, on a esté obligé de faire quelque chose, il sera à l'arbitrage du Juge d'admettre la preuve par témoins, & c'est ce qu'il jugera aisément, suivant la liaison des personnes qui plaident, la necessité des impenses & des déboursez, leur qualité, & autres circonstances, par lesquelles il sera de son équité de recevoir la preuve par témoins touchant le fait qui resulte de pareilles Lettres *de recommandation*, nonobstant cette premiere Partie de l'Ordonnance, comme il a esté dit.

ADDITIONS SUR LE II. CHAPITRE

SOMMAIRE.

1. *Matieres traitées dans ce Chapitre.*
2. *Question. Si au bas d'une Promesse écrite & signée par le debiteur, il a ajoûté sans préjudice de telle somme.*
3. *Si un Creancier au bas d'une Quittance par luy signée, a ajoûté plusieurs receus d'autres sommes sans les signer.*
4. *Si les receus concernent une autre dette que celle mentionnée*

née en la Quittance, la même décision doit avoir lieu.
5. Si entre les receus, il y en a quelques-uns écrits d'une autre main que celle du Creancier.
6. Autre Question. Quand le debiteur a ajoûté au bas d'une Promesse de deux cent livres, pour trois cent livres.
7. Quand la Quittance & le bordereau ne sont pas conformes.
8. Si les bordereaux de ceux qui tiennent la Quaisse dans les Bureaux publics, doivent faire foy.
9. Sur la Question proposée par Boiceau, si on peut contracter par Lettres Missives.
10. Lettres entre Marchands font une preuve tacite de ce qu'elles contiennent. Circonstances à observer en ce cas.
11. Si quand le Marchand a perdu la Lettre de créance à luy écrite par son Correspondant, la preuve est recevable.
12. Si les Lettres de recommandation peuvent devenir obligatoires, lors qu'en consequence la personne à qui elles ont esté écrites, a fait des avances.

1 CE Chapitre traite de trois choses, des écritures privées en general & en particulier, des Lettres Missives qui contiennent une reconnoissance pure & simple ou conditionnée de quelque dette, & de celles qu'on appelle Lettre de *Recommandation*.

Quant à ce que dit d'abord Boiceau en general, il seroit inutile d'y rien ajoûter : & à l'égard de ce qu'il observe, touchant ce qui est écrit au dessous de la signature d'une Promesse ou de quelqu'autre Acte sous seing privé, la decision qu'il apporte est juridique quand celuy qui a écrit l'Acte y rappelle sa signature; car il est présumé en ce cas l'avoir voulu étendre à ce qu'il a écrit au dessous, & avoir voulu seulement s'épargner la peine de signer une seconde fois, comme ne l'ayant pas jugé necessaire.

2 Mais si le debiteur avoit ajoûté simplement au dessous de la Promesse qu'il a signée; *plus je dois audit Sieur la somme de* .... *ou sans préjudice de la somme de, que je dois audit Sieur.* En ce cas il semble que quoy qu'il ne rappelle point sa signature par ces mots, & qu'il ne souscrive point ce qu'il a ajoûté neanmoins cette reconnoissance (*qu'il doit*) écrite de sa main en cet endroit, est une preuve par écrit contre luy, s'il dénie ensuite devoir cette somme, sans qu'il soit besoin d'admettre la preuve

par témoins en faveur du Creancier ; d'autant plus que toute imparfaite qu'est cette écriture, elle est neanmoins censée faire partie de la Promesse qui est au dessus, & estre comprise sous la signature qui précede; car ces mots, *plus*, ou *sans préjudice*, sont des termes relatifs, qui supposent que le debiteur a confessé devoir une autre somme, & lesquels seuls ne faisant point un sens parfait, marquent évidemment la liaison qu'ils ont avec un autre discours, ce qui joint à la présomption que personne n'est présumé reconnoistre par écrit & volontairement, qu'il est debiteur quand il ne l'est pas, ny écrire une telle reconnoissance sur un papier qu'il laisse entre les mains de son Creancier, doit passer pour une preuve entiere de la dette.

Il faut dire la même chose, si ce Creancier aprés avoir signé 3 la Quittance qu'il a donnée à son debiteur d'une somme, sur & tant moins d'une certaine Obligation qu'il luy doit, a ajoûté de suite plusieurs autres receus de sa main, qu'il n'a point signez; car on doit regarder ses receus comme autant de differentes Quittances de ce qui luy a esté payé à diverses fois sur la somme totale, quoy qu'il n'ait signé que le premier receu, ce qui a même lieu suivant l'usage, quoy que les receus estant ensuite de sa signature, ne soient point dattez, à cause de la faveur de la liberation, & s'il dénioit ses receus, ils seroient preuve contre luy aprés qu'ils auroient esté reconnus avoir esté écrits de sa main.

Et la même chose doit encore avoir lieu quand les receus 4 apposez ensuite du premier, seroient pour raison d'une autre Obligation, pourveu qu'elle y soit exprimée, y ayant même raison, & la premiere signature devant s'étendre à tout ce que le Creancier a écrit luy-même ensuite volontairement.

· Enfin quand il y auroit quelques-uns de ses receus écrits mê- 5 me de la main du debiteur, ce qui arrive peu, s'il s'en trouve d'autres écrits au dessous de la main du Creancier, tous font foy contre luy, car il est présumé avoir approuvé ceux écrits par le debiteur, lors qu'il en a ajoûté d'autres de sa main, ce qui s'entend, quand cet original n'est point sorti des mains du Creancier.

On peut ajoûter une autre Question qui peut arriver quel- 6 quefois, aprés la signature d'une Promesse ou Billet, de la somme de deux cent livres, Par exemple ; le debiteur qui l'a écrite & signée, a ajoûté pour la somme de trois cens livres, au lieu de mettre pour la somme de deux cens livres. Il est évident en ce cas que la signature du debiteur estant le sceau & la perfection de l'Acte, tout ce qui n'est pas sous ce sceau, pour ainsi dire, est étranger à l'Acte, & l'erreur est présumé estre plûtost dans ce qui est ajoûté sans necessité aprés l'Acte que dans le corps de l'Acte même.

Neanmoins il pourroit en ce cas y avoir des présomptions si fortes que l'erreur est effectivement dans l'Acte, que la preuve par témoins pourroit estre admise sur le fondement de cet apostille ajoûté aprés la signature; Par exemple, si ce Billet est conceu pour valeur receuë en certaines Marchandises, & qu'il soit certain que le prix courant de cette Marchandise, est plus conforme à la valeur exprimée dans l'apostille, qu'à celle exprimée dans l'Acte, mais il faudroit que ce prix fût évident, & que la difference fût, pour ainsi dire, énorme, parce qu'en matiere de vente, de Meubles ou Marchandise, il est permis, dit la Loy, de se tromper dans le prix.

7 On peut demander encore si la Quittance & le Bordereau des especes de la somme qui a esté payée, ne sont pas conformes, auquel des deux il faut ajoûter foy ? notamment si le Bordereau a esté paraphé par les Parties, ou qu'il soit fait mention, qu'il est demeuré annexé à la Minute de la Quittance, & en ce cas ce Bordereau ne sert qu'à justifier l'erreur de calcul, qui ne se couvre point, & pour justifier lequel, la preuve par témoins seroit inutile.

8 Mais la difficulté est de sçavoir si dans les Bureaux publics où il se fait un maniement considerable d'argent, un bordereau ou étiquette d'un sac, doit faire foy des especes qui s'y doivent trouver, quoy que ce bordereau ne soit point signé, ny même écrit de la main de celuy qui a donné le sac en payement d'une certaine somme, quand cette somme mentionnée dans ce bordereau ou étiquette ne s'y trouve pas, ce qui dépend uniquement des circonstances ; car si sur la foy de ce bordereau ou étiquette, celuy qui a receu, a pris les sacs (sans compter l'argent) pour la somme qui y estoit marquée, il est en bonne foy, & s'il rapporte sur le champ le sac au Quaissier de qui il l'a receu, & qu'il affirme qu'il ne l'a point confié à d'autres. On peut luy accorder la preuve par témoins à l'effet de justifier que le compte ne s'y est pas trouvé quand il l'a compté aprés l'avoir receu. Mais le Quaissier de sa part peut soûtenir

que celuy qui a pris le sac sans compter, a suivi sa foy ; & ainsi qu'en affirmant par luy qu'il a compté l'argent avant de luy donner le sac, il en doit estre creu, notamment s'il a serment à Justice, ce qui est certain, s'il n'y a des circonstances de fraude évidentes de sa part, parce que celuy qui reçoit de l'argent de luy, a la liberté de compter cet argent en sa présence, & s'il ne l'a pas fait, il est censé avoir suivi sa foy.

9. La seconde Question, dont parle Boiceau en ce Chapitre, est de sçavoir quand on est censé avoir contracté par Lettres Missives. Monsieur Cujas sur la Loy 6. *Depositi, l.* 16. *D. ff.* cy-dessus citée, après en avoir rapporté l'espece, dit qu'à la verité, à parler regulierement, on ne peut contracter une Obligation par cette voye, mais que cette Lettre dont parle cette Loy, pouvoit servir de preuve des choses que Titius avoit en dépost appartenantes à Sempronius, & que ces choses ainsi énoncées sont la cause & la matiere d'une Obligation, & non pas une Obligation ; en telle sorte que par cette Lettre Titius n'est pas reputé debiteur de Sempronius, cela est vray, seulement au cas que Sempronius prouve que les choses énoncées dans cette Lettre luy ont esté déposées entre les mains ; si ce n'est, dit Monsieur Cujas, que cette Lettre soit écrite à une personne presente sur les lieux, laquelle n'estant pas proprement une Lettre, est regardée comme une stipulation entre presens.

Neanmoins la Loy 24. *de constituta pecunia*, dit qu'entre absens on peut contracter par Lettres & par Messager, & Monsieur Cujas dans son Commentaire sur cette Loy, cite le §. *Ideo* des Instituts, *de obligat. ex consensu*, qui dit la même chose, & sur la Loy 48. *D. de aquirenda, vel amittenda possessione.* Il dit même qu'on peut faire une Donation par une Lettre, mais qu'elle ne peut pourtant recevoir son accomplissement, si elle n'est ensuite acceptée.

Charondas dans ses Observations *in verbo Lettre*, cite un Arrest à ce sujet du 8. Avril 1559. qui condamna aux dommages & interest celuy qui avoit écrit une Lettre par laquelle il mandoit contre la verité à un autre, que certain heritage qu'il vouloit acheter, n'estoit chargé d'aucune rente, parce qu'on jugea qu'il y avoit du dol de sa part ; cette Lettre estant une preuve par écrit de sa fraude, & la preuve par témoins auroit esté accordée si on l'eust demandée, sur le fondement de cette Lettre.

L. quod venditor 37. de dolo ff.

10. Le même Charondas au même endroit, remarque qu'entre

Marchands la Lettre de Créance, par laquelle un Marchand prie un autre Marchand son Correspondant, de donner à quelqu'un tout l'argent & toutes les Marchandises qu'il luy demandera. Quand elle est rapportée par le Correspondant, est une preuve tacite qu'il a donné cet argent, ou livré ces Marchandises, parce que tel est l'usage de contracter entre Marchands par le moyen de ces sortes de Lettres : mais si ce Correspondant n'a pas eu la précaution de tirer une reconnoissance de la personne à laquelle il a livré l'argent ou fourni les Marchandises, & s'il s'est contenté de garder seulement la Lettre de Creance ; on demande si cette Lettre sera un commencement de preuve par écrit suffisant pour obtenir la preuve par témoins de cette livraison, & il y doit estre receu suivant ce qui a esté dit cy-dessus, à cause de la bonne-foy du commerce, & qu'il y a lieu de présumer que puisqu'il rapporte cette Lettre de Creance, il a satisfait à ce qui y est contenu, notamment s'il en a chargé son Livre Journal. Que si cette Lettre estoit adressée à un autre qu'à luy, lequel ne l'ait pas voulu acquitter & que celuy qui la rapporte, qui n'estoit point son Correspondant, & qui n'avoit par conséquent point de fonds à luy entre ses mains, ait bien voulu y satisfaire & le payer, sans avoir aussi eu la précaution de tirer une Quittance de celuy à qui il l'a payée, ou qu'en ayant tiré une, il l'ait ensuite perduë, il semble qu'il y a plus de difficulté ; car la présomption semble estre contre luy, en ce qu'il n'avoit aucun fond à celuy pour lequel il a payé, & qu'ainsi il n'estoit point tenu la payer. Cependant du moment qu'il a entre ses mains cette Lettre de Creance, elle fait cesser toute autre présomption, & luy tient lieu du moins de commencement de preuve par écrit du payement qu'il en a fait, en conséquence duquel on ne peut luy refuser la preuve par témoins.

12 Il reste à parler des Lettres de Recommandation, dont Boiceau rapporte une espece sur la fin de ce Chapitre. Pour decider la difficulté qu'il y propose, il n'y a qu'à rapporter ce que M. Cujas dit sur ce sujet sur le T. *ad Senatusconsultum Maced. ff.* il decide que si quelqu'un a avancé de l'argent à un Fils de Famille pendant l'absence de son Pere, soit pour ses Etudes, ou à cause d'une Ambassade où il avoit esté envoyé, si cet argent n'excede point la somme que son Pere avoit coutume de luy fournir, il doit en estre remboursé ; mais il remarque qu'il ne

suffit pas que cet argent ait esté avancé à ce Fils pour des choses qui luy estoient necessaires, si le Pere n'avoit pas coutume de les luy fournir, parce qu'un Pere n'est pas toûjours en état de donner à ses enfans tout ce qui leur est necessaire, luy estant permis d'examiner s'il est en état de faire cette dépence, par rapport à son bien & à l'état present de ses affaires, & il faut même que cet argent ainsi avancé ait esté effectivement employé en choses absolument necessaires, comme en nourritures, en habits, en linge, & que le Creancier en rapporte la preuve. Que si le Pere estoit absent, & qu'il n'ait point envoyé d'argent à son Fils pour ses besoins, mais qu'il ait prié ce Creancier son ami, par Lettres ou autrement, de luy en avancer; alors quand il n'y auroit pas une preuve complete de ses avances, ny même aucune Lettre du Pere, il seroit recevable à en demander la preuve par témoins, d'autant qu'estant constant que ces avances ont esté par luy faites en faveur du Fils, il n'est pas juste que le Pere, à l'acquit duquel elles ont esté faites, en profite.

CHAPITRE III.

Des Ecritures Privées non Causées.

SOMMAIRE.

1. *Ce que c'est que* Pactum nudum.
2. *Ce qu'il faut observer quand une Promesse n'est point causée.*
3. *De l'action de condiction qu'a celuy qui a payé une Promesse non causée.*
4. *Qui doit faire la preuve en ce cas.*
5. *On présume entre certaines personnes que celuy qui a payé le contenu dans une Promesse non causée, a eu dessein de donner.*
5. *C'est au Demander à prouver qu'il a payé par erreur.*

Quæstio secunda, quæ in hanc posteriorem Legis partem sæpè occurrit, est de scriptura privata, nullam causam ha-

LA seconde Question qui se presente souvent sur cette seconde Partie de l'Ordonnance, est au sujet d'une Promesse sous seing privé, laquelle se trouve n'estre point causée, comme il s'en voit souvent qui sont écrites en ces termes : *Je Caius, confesse devoir cent écus à Titius, que je promets luy payer à sa volonté.* Car il est certain que cette reconnoissance est, comme on dit, *toute nuë*, parce qu'il n'y a aucune cause exprimée, & c'est ainsi que le pact nud & simple est conceu. Quelque chose qu'en ayent dit les Docteurs & Glossateurs de Droit ; car Ulpien appelle une paction nuë, celle qui n'est point causée, & qui ne donne aucune action, & c'est pourquoy j'ay veu souvent alleguer en Justice par forme d'exception contre ces sortes de Promesses sous seing privé, qu'elles estoient nulles, parce qu'elles n'estoient point causées, & sur ce fondement on prenoit des Lettres de Rescision pour les faire declarer nulles, comme faites sans cause, & n'ayant pas même deu estre faites. On demande si le Creancier en ce cas peut estre receu à prouver par témoins qu'elle est la cause de cette Promesse, qui ne s'y trouve point

bente, ut multoties visum est ita scribi : *Ego Caius, fateor me debere Titio aureos centum, quos solvere, cùm voluerit, promitto :* certum est enim talem confessionem omnimodo nudam esse, cùm nullam habeat causam expressam. *a* Et hæc videtur vera pacti nudi diffinitio, quicquid inter Doctores & Glossatores tamdiu disputatum fuerit. Ulpianus *b* enim, pactionem, cui nulla subest causa, nudam appellat, nullamque ex ea actionem concedit : & idcirco sæpe vidi contra hujusmodi scripta privata, excipi in Judicio, de nullitate, propter non expressam causam : atque ob id, nonnulli rescripto restiturorio uti solent, ut talis confessio annulletur, tanquam sine causa & indebitè scripta. *c* In his ergo casibus, nunquid creditor causam quæ deficit, & scripta non est, testibus probare poterit ? Puto quòd sic, ex dispositione Constitutionis istius : qua cautum est, privatis scripturis Principem præjudicare non velle, adeo ut, ipsis privatis scriptis uti possint creditores, & ea, si denegentur, testibus probare, ut supra disputavimus.

a L. 1. ff. de condict. sine caus.

b L. Jurisgentium. §. Sed cum nulla. §. quinimo. §. adeo. ff. de pact. L. Petens. C. eod. l. Pacta conventa. ff. de contrah. emp.

c L. Cum & soluta. C. de condic. ind.

exprimée ; ce que j'estime estre permis, suivant cette Ordonnance, qui declare qu'elle n'entend point préjudicier à la foy des écritures privées, ensorte que le Creancier peut se servir de ces sortes d'écritures, & si elles sont déniés, les prouver par témoins, comme nous avons dit cy-dessus.

2   Ainsi par la même raison, quand dans une Cedule sous seing privé, on a obmis par inadvertance d'exprimer la cause de la dette, comme il arrive souvent entre Marchands

Eadem ergo ratione, cùm in Chirographo manuscripto, per incuriam fortè, aut oblivionem, aut ineptiam scribentis, omissa est causa, ut sæpè fit inter Mercatores nonnullos, rufticos & ineptos, iniquiffimum putarem, cùm de fcripto jam conftet, quod, non levem præ fe fert præfumptionem, fi cauſæ allegatio & probatio denegaretur: maximè, fi aliqua fit inter fcribentes converfatio, & negotiatio, ut inter Mercatores, focios, cohæredes, familiares, & alios, quibufcum negotiati confuetum eſt, *a* & id videtur fentire Paulus: *b* quod & Jure Canonico *c* certiffimum eft. Superiores autem circumſtantiæ, pro Judicantis arbitrio diligentiùs confiderari poterunt.

a Ut not. in L. Si quis ex argentariis. §. Rationem. ff. de edend.
b In l. Cum de indebito. ff. de probat.
c In cap. Si cautio. ubi Canoniſt. extr. de fid. inſtrument.

ou entre perfonnes ruſtiques & fimples; j'eſtime qu'il feroit injuſte de refuſer la preuve par témoins, fi on dénie que la Promeſſe ait eu aucune cauſe, puis qu'il y a déja un commencement de preuve par écrit dans cet Acte, qui ne fait pas une legere préſomption qu'il y en a eu une, qui y a donné lieu, notamment s'il y a quelque liaiſon de commerce ou d'affaires entre les Parties, comme entre Marchands, Aſſociez, Coheritiers, Amis & autres, avec leſquels on a coutume d'avoir quelque relation d'affaires, & c'eſt ce que ſemble dire le Juriſconſulte Paulus, & ce qui eſt auſſi tres-certain, fuivant le Droit Canon: mais c'eſt au Juge à examiner les circonſtances dont il vient d'eſtre parlé.

Idem judicandum eſt, in alia quæſtione, quæ à præcedenti pendet, ſi nempe is qui ex chirographo, cauſam non habente, ſolvit, tanquàm indebitam hanc pecuniam repetere contendat, ut videtur Jure cautum: *d* nam cùm nuda, diceret actor, fuerit in hoc caſu promiſſio, & ex qua nulla erat actio, imò condicenda obligatio, *e* indebita ergo fuit ſolutio: Sed quia reus excipere poſſet, quòd quamvis nuda ſit pactio, & ad agendum ineſticax videatur, ad excipiendum tamen eam pro ſe utilem eſſe: *f* atque ita, cùm ipſe reus, ex ea obligatione non cauſata, pecuniam receperit, contra prætenſam repetitionem, legitimam ſibi competere exceptionem, niſi evidens ignorantia ſolventis probetur, quæreret forſan aliquis, an cauſa debiti, teſtibus probari poſſit, & cujus fit pro-

d L. Cum & ſoluta. junct. gloſſ. C. de condic. In deb.
e L. 1. ff. de condict. ſine cauſ.
f L. Juriſgentium. §. adeo. ff. de pacta. l. Pacta conventa. ff. de cont. empt.

Il faut juger la même choſe dans une autre Queſtion qui dépend de cette premiere. Si par exemple celuy qui a payé une ſomme en vertu d'une Cedule non cauſée, la peut repeter, comme l'ayant payée indeuëment, ainſi qu'il eſt permis en Droit; car dira le debiteur, puiſque c'eſtoit une Convention nuë, c'eſt-à-dire ſans cauſe, & qui ne produiſoit aucune action, il eſtoit même en droit de ſe faire rendre l'Obligation, comme non deuë; donc le payement n'en devoit pas eſtre fait: mais parce que le Creancier pourra repliquer, que quoy que ce fût une Convention nuë, qui ne produiſoit point d'action, elle produiſoit pourtant en ſa faveur une exception utile, & qu'ainſi ayant receu l'argent en vertu de cette Promeſſe, quoy que non cauſée,

sée, il n'a pas laissé d'acquerir une legitime exception contre le debiteur, pour s'empescher de luy rendre cette somme, si le debiteur ne prouve évidemment que c'est par ignorance & par erreur de fait qu'il luy a payé cette Promesse. Quelqu'un demandera peut-estre si la preuve par témoins peut estre accordée en ce cas, & lequel des deux sera chargé de la faire, ou celuy qui allegue que la Promesse a eu une cause effective, & qui demande à le prouver, ou celuy qui dit que c'est par erreur de fait & par ignorance qu'il a payé, ou enfin si cette preuve doit estre accordée à l'un & à l'autre.

batio ? utrum rei, causam allegantis, an actoris, ignorantiam & errorem seu injustam causam asseverantis, an utriusque ?

4. Quant à la premiere difficulté, il a déja esté dit que l'on peut prouver par témoins la cause qui n'a point esté exprimée dans la Promesse. Quant à la seconde, je crois que l'un & l'autre doit estre admis à faire cette preuve, & non pas le seul Deffendeur ou Creancier, qui en ce cas a deux présomptions en sa faveur. La premiere qui resulte de ce qu'il a entre ses mains la Promesse signée du debiteur; Et la seconde, qui resulte du payement volontaire qui luy en a esté fait par ce debiteur, lequel payement tient lieu d'une reconnoissance geminée, qui doit faire présumer que la Promesse n'a point esté faite par simplicité, ny par erreur. A quoy il faut ajoûter que le debiteur ayant payé gratuitement, & sans cause, il est présumé avoir eu une cause qui l'a obligé de donner & d'exercer par là sa liberalité, puis qu'il l'a fait sans y estre tenu par aucune obligation de Droit, particulierement si la chose s'est passée entre per-

Quo ad primum, jam dictum est, causam in obligationibus deficientem, testibus probari posse. Quo ad secundum, puto quòd utrisque incumbat probatio, non autem soli reo, qui in hoc casu, bina præsumptione fultus est : Prima, quòd jam scriptura subsignata penès se reperta fuerit : Altera, quòd quamvis causata non esset, tamen spontanea solutione firmata sit, atque ita iterata adsit recognitio, & confessio, ex qua debitum, vel obligationem, nec facilitate, nec levitate, nec errore factam fuisse Jure præsumitur. *a* Hoc etiam addito, quòd cùm liberali animo, hujuscemodi debitum solverit debitor, causam donandi seu liberalitatem exercendi habuisse videtur, cùm nullo Jure cogente id fecerit, *b* maximè, si conjunctæ personæ sint, aut alio affectionis, aut necessitudinis vinculo sibi invicem devinctæ, *c* ut pater & filius, proximi parentes, socii, & amici non levi notitia conjuncti, ut loquitur Paulus, *d* aliique similes. Item causa sufficiens forsan præsumetur inter Mercatores

a *L. Si mulier.* 1 *C. Ad Velleian.* L. unic. *C. de plus petitio.* l. *In contractibus.* §. 1. junct. gloss. *C. de non num. pecun.* l *Cum novissimi.* §. *Sed & si quiv C. de præsc.* 30. vel 40. an.
b *Vulgat. L. Campanus ff. de oper. liberit. l. Sed etsi* §. final. ff. *Si quis cautionib.*
c *L. Affectionis. ff. de donationib.* l. 1. ff. *de tutel. & ratio. dist.*
d *In l. Latæ* §. *Amicos. ff. de verb. sign.*

simul negotiari consuetos, in certo genere negotiationis, ut inter artifices simul habitantes, aut seorsum, ad mutuam tamen ejusdem mercaturæ negotiationem. In his enim facilè conjicitur tales Chirographos, causa nudos, tantum favorem ex communi artificio habere, ut ad causam inter eos proximam, *a* magis quàm ad nullitatem, facti esse censeantur, ut docent Bartol. & Bald. *b* Et idem in fratribus commilitonibus, *c* ob chariorem inter eos amicitiam. Ex his ergo, in hac proposita quæstione, sequitur, actorem de pecunia repetenda certantem, probatione oneratum esse, quòd errore, vel ignorantia, vel sine causa soluta fuerit, idque testibus cum probare posse, supradictis rationibus: quod si nihil omnino probaverit, putarem reum absolvendum, tanquam in dubio favorabiliorem: *d* & quia in pari causa melior est conditio possidentis. *e*

a Arg. L. Socium §. fin. ff. pro soc.

b In suis tractatib. de duob. fra'r.

c Not. in l Cum allegas. C. de castr. pecul.

d L. Arrianus. ff. de act. & oblig. L. Favorabiliores. de Reg. Jur.

e L. 2. C. de condict. ob turp. cauf. L. Ea quæ C. de donatio ante nupt.

sonnes conjointes par parenté, ou unies d'amitié, comme entre un Pere & un Fils, entre proches Parens ou Amis intimes, & autres semblables personnes, dont parle le Jurisconsulte Paulus. De plus, on présumera de même qu'il y a une cause legitime de la Promesse, si c'est entre Marchands qui ont accoutumé de trafiquer ensemble dans un certain genre de negoce, plûtost que de présumer qu'elle soit nulle, comme disent Bartole & Balde. Il faut decider la même chose si c'est entre soldats de même Compagnie, à cause de l'étroite amitié qui est entr'eux. De ce que dessus, il s'ensuit donc que le Demandeur qui plaide pour la restitution de ce qu'il a payé, est chargé de prouver que c'est par erreur, par ignorance, & sans cause, qu'il a payé cette Promesse, & il est recevable à en faire la preuve par témoins; que s'il ne le prouve pas, il faut décharger le Deffendeur qui est Creancier, parce qu'en concurrence de causes, celle de celuy qui possede ou qui a receu, est la meilleure.

ADDITIONS SUR LE III. CHAPITRE.

SOMMAIRE.

1. *Une Promesse, quoy que non causée, ne laisse pas d'estre une présomption de la dette.*
2. *Cette présomption ne rejette point la preuve sur le debiteur, mais sur le Creancier.*
3. *Ce que c'est que* Pactum nudum *en Droit, lequel ne produit qu'une simple exception, & non pas une action.*

4. On y ajoûtoit en Droit une stipulation verbale, afin qu'il produisît l'action ex stipulatu.

5. Le Pacte par écrit parmi nous produit une action.

6. Autre Question au sujet des blancs signez.

7. Quid, si dans la Promesse il y a, je reconnois devoir, ou je promets faire compter, ou je promets payer?

8. Si la Quittance est de plus grande somme que celle que le Creancier a receuë?

9. Si la Promesse exprime une cause legitime, & que celuy qui l'a faite, demande à prouver qu'il y a une autre cause illegitime qui y a donné lieu?

10. Si le debiteur promet payer trois cens, par exemple, & a oublié d'ajoûter livres ou écus, sçavoir si la preuve est recevable, & lequel du debiteur ou du Creancier, sera tenu de la faire?

11. Quid, si la somme mentionnée en la Promesse, est effacée, ou se peut lire diversement?

1 IL y a deux Questions traitées dans ce Chapitre qui regardent les Promesses & Obligations non causées. Boiceau en examine toutes les circonstances, il n'y a qu'à les suivre, & on ajoûtera ensuite quelques autres Questions sur ce sujet, dont il n'a point parlé. Il faut observer d'abord sur la Question en general, que quoy qu'une Promesse ne soit point causée, neanmoins elle tient lieu de présomption tacite, que celuy qui l'a faite, est debiteur de la somme qui y est exprimée; car personne n'est présumé s'obliger sans cause. On ne s'avise pas de signer serieusement une Promesse sans en avoir receu la somme, & gratuitement, sous l'esperance de la faire declarer nulle 2 quand on voudra, comme n'estant point causée. Ce qu'il y a de particulier est que cette présomption ne rejette point la preuve sur le debiteur, qui n'est point chargé de prouver qu'il n'a rien receu (ce qui est une proposition negative qui ne se peut prouver) mais c'est au Creancier, quoy qu'il ait un Titre en main (sçavoir la Promesse non causée) à prouver qu'il a effectivement donné de l'argent, & que cette Promesse a eu une cause, son Titre estant nul sans cela.

3 Or une Promesse sans cause, est ce que les Jurisconsultes appellent, comme dit Boiceau, une Convention nuë, *Nudum Pactum*; c'est-à-dire un Pacte qui n'a point passé les bornes d'une simple Convention, parce que n'ayant nulle cause, il est censé

n'avoir eu aucun effet ny aucune execution, n'ayant rien esté donné, ny rien fait en consequence de cette Convention, ainsi que l'explique Monsieur Colombet en ses Paratitles, & c'est ce qui le distingue entierement des Contrats qui ont un nom certain.

Or il est constant en Droit que cette Convention nuë ou verbale ne produit aucune action, mais une simple exception, la raison qu'en rend Gudelinus *de jure noviss. l. 3. chap. 5.* c'est qu'à l'égard des simples Promesses verbales, on les fait legerement & sans reflexion pour l'ordinaire, ce qui a esté cause que les anciens Legislateurs Romains n'ont point voulu donner action en ce cas, quoy qu'il soit de la justice de garder la parole qu'on a donnée, afin que personne ne se trouvast surpris à l'occasion de ce qu'il auroit promis sans y penser, & pour éviter ainsi plusieurs Procés.

Car il faut remarquer qu'en Droit ce qu'on appelloit *Nudum Pactum*, estoit une Promesse verbale, & que pour la faire valoir, on y ajoûtoit une stipulation reciproque qui estoit verbale aussi, & laquelle avoit la vertu de faire de ce Pacte, une veritable Obligation, laquelle produisoit ensuite l'action *ex stipulatu*, ce qui n'a nul rapport avec l'espece dont il s'agit dans ce Chapitre, dans lequel il est question d'une Promesse redigée par écrit, en laquelle la cause n'est point exprimée, & laquelle ne peut estre appellée un Pacte nud qu'improprement; Or parmi nous il est certain, dit Gudelinus au même endroit, que l'on donne action en vertu d'un simple Pacte par écrit, comme on la donnoit à Rome en vertu d'un simple Pacte, quand il estoit suivi d'une stipulation verbale, lesquelles n'ont point lieu suivant nos mœurs, si elles excedent cent livres, la preuve n'en estant pas receuë par témoins.

On peut ajoûter encore sur cette Question generale, que les termes de la Promesse sont souvent decisifs, parce qu'ils peuvent faire présumer une cause effective de la Promesse, quoy qu'elle n'y soit pas disertement exprimée ; ainsi ce mot *devoir* est un terme general qui suppose une cause legitime de la Promesse, & suffit seul pour faire condamner le debiteur au payement. Autre chose est si la Promesse est conceuë en ces mots : *Je promets faire compter à Titius la somme de mille livres à sa volonté*, ou *luy livrer une certaine chose*; car ces termes, *compter*, *livrer* ; n'induisent pas necessairement que celuy qui a fait la Promesse soit debiteur, puis qu'on peut dire que s'il s'est obligé de compter une somme à un autrre, c'est à la charge qu'elle luy sera par luy renduë dans la suite; ce n'est pas une preuve qu'il ait receu pour luy cette somme avant d'avoir signé cette Promesse, & s'il a promis de livrer une chose, cela peut s'entendre, à la charge qu'on luy en payera le prix, & non pas qu'il en ait déja receu la valeur: mais s'il y avoit simplement ces mots, *je promets payer*, quelques-uns en font difficulté, & soûtiennent que ce mot *payer*, est la même chose que s'il avoit écrit: Je reconnois *devoir*, ce qui est obligatoire, comme il vient d'estre dit, & j'estime que du moins en ce cas, comme dans les precedens, une telle Promesse est un commencement de preuve par écrit, qui peut faire admettre la preuve par écrit de la cause de cette Promesse en faveur du Demandeur.

Quant à ce que dit Boiceau de l'action de condiction qu'a celuy qui a payé une Promesse non causée, il n'y a rien à ajoûter à ce qu'il en dit: mais s'il arrive que le Creancier ait don-
7 né Quittance de plus grande somme que celle qu'il a receuë, il n'est pas receu à le prouver par témoins, parce que sa signature est une preuve par écrit du contraire, qui ne se peut détruire par une preuve par témoins, si ce n'est qu'il y ait erreur de calcul, lequel soit justifié ou par le bordereau des especes qu'il a comptées, si le debiteur en convient, ou de quelqu'autre maniere que ce soit.

8 On demande si la Promesse ou Obligation exprime une cause legitime, mais que le debiteur soûtienne que ce n'est pas cette cause qui y a donné lieu, mais qu'elle a esté faite ; par exemple, pour argent perdu au jeu, la preuve en est recevable par témoins, ce qui ne se peut dire entre majeurs ; car outre qu'il n'est pas permis d'alleguer sa propre turpitude pour se faire restituer contre un Acte qu'on a passé, & qu'en matiere de choses illicites, la condition de celuy qui possede est la meilleure, ce seroit retomber dans l'inconvenient de l'Ordonnance de Moulins, qui est la subornation des témoins, & donner
9 un moyen indirect de détruire la foy des Actes par écrit ou passez devant Notaire, si cela estoit admis; il faut dire la même chose quand on articule que sur un blanc signé donné à une personne pour luy servir de Procuration, elle y a écrit ou fait écrire une Promesse ou une vente, ce fait n'est pas non plus recevable à prouver par témoins, il faut passer à l'inscription de faux, s'il n'y avoit preuve par écrit qu'il y a eu des blancs signez donnez, pour servir de Procuration seulement.

Enfin on demande si dans la Promesse écrite & signée de la main du debiteur, il a promis payer *trois cens* (sans adjoûter, *livres*, *écus*, *ou pistoles*) la preuve par témoins est recevable en sa faveur, à l'effet de prouver qu'il n'a receu que *trois cens livres*, & non pas *trois cens écus*, comme soûtient le Creancier, & il semble que l'un & l'autre doivent estre receus à prouver par témoins ce qu'ils alleguent, parce que l'un & l'autre a pour luy un commencement de preuve par écrit dans ces termes: *Trois cens*, lesquels sont indéfinis, & ne designent aucune somme speciale. Il est constant dans les Regles, que quand il y a de l'obscurité dans un Contrat, il faut se déterminer en faveur du debiteur; l'ambiguité est la faute du Creancier, *qui potuit rem apertius dicere*, outre la faveur de la liberation, & l'usage qui est de compter *par livres*, plûtost que *par écus* ou *par pistoles*, aussi la présomption est que le debiteur a voulu mettre trois cens livres: neanmoins cette présomption n'estant qu'une *simple présomption de Droit*, la preuve par témoins du contraire pourroit estre admise, s'il y avoit des présomptions évidentes du contraire.

Que si la somme pour laquelle la Promesse est conceuë, se trouve effacée, & qu'elle ne se puisse lire absolument, si on soûtient que cette écriture a esté effacée aprés coup, il faut appeller des Experts pour la verifier ou s'inscrire en faux, & si elle se peut lire diversement, il faut la lire dans le sens qui charge moins le debiteur, & la preuve par témoins peut même estre accordée en ce cas, si elle est jugée necessaire, suivant les circonstances.

CHAPITRE IV.

Des Contrats receus par un Notaire qui a instrumenté hors son ressort.

SOMMAIRE.

1. *L'Acte passé par un Notaire hors son ressort, n'oblige point les Parties.*

2. *Quid, si dans cet Acte une des Parties a reconnu avoir receu une somme.*

3. *Un billet sous seing privé, ne laisse pas de donner une action, quoy qu'il ne soit pas signé de trois ou cinq témoins, comme il est requis par la Novelle.*

4. *La nullité de l'Acte ne préjudicie point à la verité de ce qui y est énoncé.*

LA troisiéme Question est touchant un Titre obligatoire passé par un Notaire qui a instrumenté hors son ressort, & lequel est neanmoins signé de la main du debiteur; car il est certain que ce Titre ne fait nulle foy en Justice, parce que ce Notaire est une personne pure privée, aussi bien que le Juge, quand il est hors de son territoire. On demande donc si le Creancier peut se servir de cet Acte comme d'une Promesse, à l'effet de pouvoir assigner le debiteur en cette maniere; je demande que Titius soit tenu de venir reconnoistre sa signature apposée au bas de cet Acte, par lequel il a reconnu me devoir cent écus, & lequel il a signé, & qu'après cette reconnoissance faite, il soit contraint de me payer cette somme, & j'estime que cette action n'est pas hors de raison, non pas à cause que cet Acte est passé par-devant Notaire, mais à cause qu'il est souscrit par le debiteur, & qu'il est indigne d'un homme d'honneur de dénier sa signature, laquelle s'il la dénie, il est permis de verifier par témoins, quoy qu'il s'agisse d'une somme qui excede cent livres, même en ce cas les Notaires qui ont receu l'Acte pourront, (comme témoins) appellez à cet Acte,

TErtia quæstio est, de instrumento obligatorio, per Notarios extra territorium confecto, manu tamen debitoris subsignato: nam certum est, tale instrumentum nullam publicam fidem habere, cùm Tabelliones, extra territorium, omnino privati censeantur, sicut & Judices: [a] Nunquid ergo ex tali scripto, tanquam chirographo privato, creditor uti poterit in debitorem? hoc modo: Peto à Titio, ut signum suum agnoscat, tali instrumento appositum, quo fassus est, se mihi debere centum, eique hoc nomine subscripsit, ut agnitione facta, solvere compellatur. Puto quod hæc actio inepta non esset, non quidem virtute & authoritate Notariorum, sed virtute solius subscriptionis, factæ per debitorem, cujus agnitionem denegare, viro probo indignum erit, & quam denegatam testibus probare conceditur, etiamsi de summa centum libras excedente agatur: Imo ipsi Notarii tanquam privati, & ad illud negotium rogati, [b] testes, & digniores, si nihil suspecti in eos objiciatur, ritè in testimonium adhiberi poterunt, probatoque ab eis signo, condemnationi locus erit: cùm nulla sit diversitatis ratio, inter signum, simplici chirographo appositum, & signum, instrumento, quod publicum putabatur, subscriptum, & per consequens idem

[a] *L. Extra territorium. ff. de Jurisdict. omn. Judic.*

[b] *Arg. authent. Rogati C. de testib.*

a L.2.§.1.
de administ-
ter. ad civit.
pertin. vulg.
l. Illud. ff. ad
Leg. Aquil.

jus statuendum sit : *a* Nam actio ex simplici signo seu subscriptione debitoris datur, cùm nulla inveniri possit probationis species, in illis privatis scriptis, præter signaculum, propria manu scriptum : quod procedit etiamsi non adfuerint huic chirographo tres testes, ut desiderabat antiqua Justiniani sanctio, *b* sive etiam quinque, qui ex Novella requirebantur. *c* His etenim Constitutionibus Gallia nostra non utitur, sed ex solo signo recognito, vel probato, debiti obligationem admittit. Cùm ergo pendeat actio à sola subscriptione, idem debet operari signum instrumento, quod publicum putabatur, subscriptum, quod operatur signum, simplici scripto appositum. Nec verò objici potest nullitas, quæ inest instrumento, respectu Notariorum, nam hæc nullitas, veritati subscriptionis privatæ non præjudicat, quominùs ex ea sola agi possit, tanquam ex privata scriptura subscripta, cùm eadem subsit ratio & veritas, utileque per inutile vitiari non soleat, *d* maximè in contractibus & licitis pactionibus : & ita vidi aliquando practicari & consuli.

b L. Super chirographarii. C. si cert. petat.
c Auth. Sed novo Jure Cod. & in auth. de inst. cautel. & sd. §. Oportet. coll. 6.

d L. Certi condictio. §. Quoniam. ff. Si cert. pet. l. 1. in fin. ff. de verb. oblig.

& dont le témoignage merite une particuliere consideration (s'il n'y a point de suspicion contr'eux) estre entendus aprés que leur signature aura esté reconnuë, & le debiteur doit estre condamné ensuite à payer, parce qu'il n'y a point de difference à faire entre cette signature apposée au bas d'un Acte qu'on a creu autentique, & celle qui seroit apposée au bas d'une écriture privée, & par consequent l'une & l'autre signature doivent avoir une égale force. Or il est certain qu'il y a action en vertu de la signature seule du debiteur, parce qu'il n'y a point d'autre maniere de prouver la verité d'une écriture privée que par cette signature, qui fait foy suivant nos mœurs, quoy qu'elle ne soit pas accompagnée de celle de trois témoins, ou de cinq, comme requeroit la Novelle de Justinien, parce que ces Constitutions ne sont d'aucun usage en France, où l'on reçoit la preuve de la Promesse par la verification de la signature seule du debiteur. Donc puisque c'est en vertu de sa seule signature que la Loy donne action, cette signature doit operer le même effet, soit qu'elle se trouve apposée au bas d'un Acte autentique, ou au bas d'un Acte privé, & on ne peut objecter que ce Contrat receu par des Notaires hors leur ressort, est nul par rapport aux Notaires, car cette nullité ne préjudicie point à la verité de la signature privée, en telle sorte qu'on ne puisse agir en vertu de cette seule signature, comme d'une écriture privée, parce qu'il y a parité de raison, & qu'elle est également veritable, & que ce qui est bon en soy, n'est point détruit par ce qui est nul & vitieux, particulierement en matiere de Contrats

&

& de Conventions licites, & je l'ay veu ainsi pratiquer dans l'usage, & décider dans les Consultations.

ADDITIONS SUR LE IV. CHAPITRE.

SOMMAIRE.

1. *Sentiment de Brodeau sur l'Acte passé par un Notaire hors son ressort, ou par un Notaire interdit.*
2. *De la déposition des témoins dans une Enqueste nulle.*
3. *De la Promesse ou Obligation du Mineur, passée sans l'autorité de son Tuteur.*
4. *Des Obligations passées au profit des absens, le Notaire stipulant pour eux.*
5. *Si quand le debiteur s'est obligé pour moins qu'il ne doit en l'absence du Creancier, cette Obligation peut servir de commencement de preuve par écrit qu'il doit une somme plus considerable?*
6. *Si quand un des Contractans refuse de signer, la Partie peut prouver par témoins qu'il avoit promis de signer.*

BOICEAU traite uniquement dans ce Chapitre la difficulté de sçavoir si l'Acte passé par un Notaire hors son ressort, est tellement nul, que quoy qu'il soit signé du debiteur, il ne produise aucune action ; à quoy il faut joindre ce qu'il a dit dans le Chapitre 8. de la Premiere Partie, touchant les Contrats nuls dans la forme, où il examine s'ils peuvent au moins servir de commencement de preuve par écrit. Brodeau sur Loüet l. N. n. 10. après avoir prouvé que l'Acte passé par un Notaire hors son ressort, est nul, dit qu'il est nul seulement, quant à l'hypoteque, mais qu'il vaut pour écriture privée, dautant que l'essence d'une Convention ne consiste que dans le consentement reciproque des Parties, qui est du Droit des Gens ; ainsi le debiteur ne laisse pas d'estre obligé, quoy que cet Acte n'ait point d'execution parée, & il cite en cet endroit un Arrest du mois de Mars 1614. qui l'a ainsi jugé. Cette decision, qui est certaine, peut estre étenduë à l'Acte signé du debiteur, & passé par un Notaire interdit, car le debiteur ayant reconnu devoir, ne peut alleguer l'interdiction du Notaire pour profiter indirectement de l'argent qu'il a receu, en faisant declarer l'Acte nul.

Neanmoins la déposition d'un témoin faite dans une Enqueste, nulle par deffaut de formalité, ne fait nulle foy en Justice, & n'est pas même un commencement de preuve par écrit, parce que le témoin peut se retracter en Matiere Civile, sans estre declaré faux témoin, & non pas en Matiere Criminelle aprés le recollement.

On demande si le Creancier qui a presté de l'argent à un Mineur, en l'absence & sans l'autorité de son Tuteur, peut demander en consequence de l'Obligation qu'il a passée avec luy (quoy que nulle) à prouver par témoins que le Mineur a fait un employ utile de son argent, & qu'ainsi il est tenu de luy restituer, on répond que cela ne doit pas luy estre permis, parce que la Loy deffendant de prester de l'argent au Mineur sans l'autorité de son Tuteur; celuy qui ne laisse pas de le faire, suit entierement la foy du Mineur, & ne doit estre admis à la preuve par témoins, qui est un secours que la Loy ne doit pas accorder à celuy qui a méprisé ses deffences. Outre qu'il y va de la seureté du Mineur, que l'on exposeroit par ce moyen à une ruïne évidente, par le témoignage des témoins que l'on pourroit suborner; ainsi il est juste d'obliger le Creancier à rapporter la preuve par écrit, que le Mineur a profité & employé utilement son argent en des choses necessaires, & telles que peuvent estre celles que son Tuteur eust esté obligé de luy fournir.

Il peut naistre une autre Question au sujet des Obligations passées par un debiteur au profit du Creancier absent, le Notaire stipulant pour luy; car cet usage qui avoit lieu à Rome, est passé jusqu'à nous, dit Monsieur Pasquier l. 4. de ses Recherches Chapitre 14. ce qui est confirmé par plusieurs Arrests rapportez par Monsieur Loüet & Brodeau l. D. n. 51.

Or si le debiteur a passé une semblable Obligation au profit d'un Creancier absent pour une somme moindre que celle qu'il luy devoit effectivement, & qu'il soit ensuite decedé; On demande si ce Creancier, qui n'a point d'autre reconnoissance de sa dette que cette Obligation, peut aprés avoir soûtenu qu'elle devoit estre conceuë pour une somme plus considerable, s'en servir comme d'un commencement de preuve par écrit pour obtenir la permission, de prouver par témoins que cette personne luy devoit une plus grande somme, & il est constant qu'il ne le peut ; car il ne luy est pas permis de diviser la reconnoissance qu'il a de son debiteur, laquelle fait son unique Titre, il doit ou l'approuver, ou la rejetter pour le tout ; outre que ce seroit ouvrir une porte à la fraude & à la subornation des témoins, & revenir contre un Acte par écrit par une preuve par témoins, ce qui ne se peut.

6 On demande si au cas qu'un Notaire ait obmis de faire signer une Apostille ou un Renvoy dans un Acte, à l'un des Contractans, avant d'en délivrer une Expedition, l'autre Partie peut faire assigner cette personne pour signer cette Apostille ou ce Renvoy, & demander à faire preuve par témoins qu'elle estoit convenuë de les signer en sa presence, & de ceux qui ont esté témoins dans l'Acte : mais parce que ce seroit prouver par témoins une Convention que le Notaire a deu faire signer, suivant l'article 84. de l'Ordonnance d'Orleans, & l'article 165. de celle de Blois, & dont l'Ordonnance de Moulins deffend la preuve, cela ne doit pas luy estre permis.

CHAPITRE V.

De la verification des Ecritures.

SOMMAIRE.

1. Premiere Maniere en laquelle se doit faire la comparaison d'Ecritures.
2. Seconde Maniere, par la deposition des témoins, qui n'ont point veu signer l'Acte.
3. Troisiéme Maniere, par le rapport des Experts ?
4. Des Pieces de comparaison.
5. Si la comparaison d'Ecriture, fait une pleine preuve.
6. Distinction sur cette Question.

1 Tous les habiles Practiciens sçavent la maniere en laquelle se doivent verifier les écritures privées, que l'Empereur Leon ap-

Quomodo autem debeat verificari signum in chirographis, seu ἰδιόχειρον, ut loquitur Leo Imperator, a vel in instru- *a In l. Scripturas. C. qui potior.*

mentis publicis appositum, bonis pragmaticis non est ignotum : nam altero de tribus modis, per testes fieri debet. Aut enim asserunt testes, se præsentes fuisse, cùm chirographus vel contractus conderetur, & subsignaretur, & aiunt se vidisse signum vel subscriptionem fieri propria manu illius, de cujus signaculo quæritur. Et tunc hujusmodi probatio erit indubitata, tanquam ocularis, & præsentiâ testium firmata, & alia testationis ratione non indigens, cùm in solo sensu corporali consistat, secundùm Accurs. & Doctores, *a* ideoque hujusmodi depositio per se satis clara, literarum comparatione non indiget. *b* Aut dicunt testes, se non quidem vidisse scribi, aut signari, sed affirmant sibi planè cognitum esse signaculum defuncti, aut illius de quo quæritur, ut quia viderunt eum sæpe sæpiùs signantem, & subscribentem, & forsitan cum eo aliquando consignaverunt, ut faciunt Contabelliones : & propterea testantur signum controversum, manu illius factum esse, quia eisdem semper usus est figuris & characteribus, quibus factum est signum, de quo agitur. Hæc enim testificatio concludere videtur, secundùm Bartolum, *c* Bald. Paul. & Alberic. *d* Satiùs tamen fecerint Judices, si huic probationi, tertium modum verificandi adjiciant, scilicet comparationem literarum : quæ comparatio, non testibus, qui viderint scribi, fieri solet, ut superioribus casibus, sed artis scriptoriæ peritis, & expertis, ad hanc rem convocatis, *e* ac juramento

a In L. Solam. C. de testib.

b Vt not. per Accurs. in Authen. Sed novo jure. C. si cert. petat. & per text. in §. Oportet. in authen. de instrum. caut. & fid. coll. 6.

c In L. Comparationes. C. de fid. instr.

d Dict. L Comparationes.

e L. Semel de re m l. lib. 12. C. §. Quod au tem in auth. de non alienand. reb. Ecclesia.col. 1. & l. 1. ff devent.insp.

pelle ἰδιόχειροις, ou la signature mise au bas d'un Acte public, ce qui se doit faire par témoins, de l'une de ces trois manieres ; car ou les témoins affirment qu'ils estoient presens lors que l'écrit sous seing privé, ou le Contrat a esté passé & souscrit, & ils déposent qu'ils l'ont veu signer ou souscrire de la main de la personne dont on prétend qu'est la signature, & en ce cas la déposition des témoins est une preuve indubitable, parce qu'ils déposent de ce qu'ils ont veu faire devant leurs yeux, & en leur presence ; & elle n'a point besoin d'autre preuve, parce qu'elle est appuyée sur la foy d'un sens corporel, qui ne se trompe point, selon Accurse & les Docteurs ; ainsi cette déposition estant claire & évidente d'elle-même, n'a pas besoin d'estre verifiée par comparaison d'écritures. Ou les témoins disent, qu'à la verité ils n'ont point veu écrire & signer l'Acte dont il s'agit : mais ils affirment qu'ils connoissent fort bien la signature du deffunt, ou de la personne dont on verifie l'écriture, pour l'avoir veu écrire & signer plusieurs fois, & même pour avoir souscrit le même Acte avec luy, comme un Notaire qui a signé souvent avec un autre Notaire dans plusieurs Actes, & par cette raison ils soustiennent que la signature dont est question, a esté faite de la main de cette personne, parce qu'il s'est toûjours servi de la même sorte d'écriture,

& des mêmes traits & caracteres de Lettres, dont est composée celle qu'il s'agit de verifier, car cette déposition paroist concluante, dit Bartole, Balde, Paul de Castres & Alberic. Les Juges feront neantmoins plus à propos s'ils ajoûtent à cette preuve par témoins la 3 troisiéme, qui est la comparaison d'écriture, laquelle comparaison d'écriture se fait, non par témoins qui déposent avoir veu écrire, comme dans les cas cy-dessus, mais par Gens experts dans l'Ecriture, nommez à cet effet, & qui prêtent le serment, ausquels il faudra representer la Piece, afin qu'ils jugent suivant les regles de leur art, si la signature est la même, & si les traits & caracteres des lettres ressemblent à la signature & à l'écriture de la même personne, mise dans un autre Acte dont les Parties seront convenuës pour Pieces de comparaison, & s'il est manifeste que ce soit la même signature & la même écriture; car nous ne suivons pas entierement la Novelle de Justinien, qui vouloit que la comparaison d'écriture ne se pût faire que sur un Acte tiré des Archives publics, ou sur un Acte sous signature privée de la même personne, qui devoit estre souscrit par trois témoins, afin qu'on pût y ajoûter foy: mais il suffit que les 4 viennent d'Actes privez ou publics,

tis, facienda erit scripturarum, de quibus quæstio est, inspectio, & inter eos, secundùm eorum artem, dijudicatio, an simile sit signum, & iisdem literis & characteribus factum, quibus sunt signacula ad comparationem producta, & de quibus inter partes convenit, & utrum notorium sit hæc esse signa ejus, qui priùs ea denegavit. Non enim omnino Justiniani Novellas *a* sequimur, quæ volebant, nonnisi ex instrumentis ab archivo publico depromptis, vel ex chirographis privatis, trium testium subscriptionem habentibus, comparationem fieri posse, ut ei fides haberetur: sed sufficit quod litigantes conveniant de signis vel instrumentis, ex quibus fieri debet comparatio, & consentiant, ea quæ, in lite, sunt ad comparationem exhibita scripta fuisse manu ejus qui signaculum denegavit, cujuscumque ea sint generis, secundum Baldum: *b* vel partibus in id non consentientibus, si de illis instrumentis facta sit notorietas, aut sigilli publici appensione, *c* aut alia probatione: secus enim, manca erit comparatio, & ignotiorum collatione, minus nota manebit scriptura controversa, quod cavere debent Judices. *d* Et quia omnia quæ ad comparationes exiguntur, adamussim tractavit Baldus, *e* ulterius non insisto.

Parties qui plaident, conviennent d'Actes privez ou publics, sur lesquels la preuve par comparaison se peut faire, & qu'ils conviennent que les écritures qui ont esté produites pour servir de Pieces de comparaison, ont esté écrites de la main de celuy dont on dénie la si-

a Auth. Ad hæc & aut. At si contractus. C. de fid. instrument.

b In L. Comparationes. C. de fid. instr.

c Cap Cum P. Tabellio. extr. de fid. instrum.

d In auth. de testib. § si verò ignoti. coll. 7.

e In d. L. Comparationes. quæst. 6. num. 17.

gnature, de quelque genre que soient ces Actes, suivant l'opinion de Balde, ou si les Parties n'en sont pas convenuës, il suffit que les Pieces de comparaison soient des instrumens publics dont l'écriture soit autentique, parce qu'ils sont scellez du Sceau public, ou de quelqu'autre maniere que ce soit, car autrement la comparaison d'écriture ne se pourroit faire; & si on se servoit pour Pieces de comparaison, d'Actes dont l'écriture ne fut pas connuë & certaine, on ne pourroit juger par ces sortes de Pieces, si l'écriture en question est celle de la personne dont il s'agit, à quoy les Juges doivent prendre garde soigneusement, & parce que Balde a traité fort au long tout ce qui regarde la comparaison d'écriture, je n'en diray rien davantage.

Aliam tamen quæstionem, in qua multi falluntur, non omittam, an scilicet sola comparatio, plenam faciat probationem ? Nam, cum deficiant duæ priores verificationes, nempe testium oculatorum, pro signo, de quo quæritur, & testium, qui similiter scribere deneganti viderunt, existimaverunt nonnulli homines eruditi, comparationem eo casu, sufficientem habere probationem. In quo tamen, ita distinguendum esse puto: Aut enim agitur de instrumento publico, & publicam formam, seu figuram præ se ferente, ut quia sigillum habet Authenticum: aut nomen subscribentis, vel subscribentium, notorium est in Provincia, aut in civitate, in qua sit comparatio: & tunc, propter publicam fidem aliorum instrumentorum, quorum eadem figura jam prostat, in instrumento de quo quæritur, peritorum judicium, plenam facit probationem: Si verò agatur de simplici chirographo, & simplici scriptura privata, sola comparatio non plenè probat, si non aliis juve-

Je n'obmettray pourtant pas une Question en laquelle plusieurs se trompent d'ordinaire, qui est de sçavoir si la seule comparaison d'écriture fait une pleine preuve en Justice, car lors que les deux premieres manquent; sçavoir la déposition des témoins qui ont veu signer l'Acte en leur presence, ou de ceux qui déposent qu'ils connoissent la signature de la personne qui la dénie. Quelques habiles Gens ont creu qu'en ce cas la comparaison d'écriture estoit une preuve suffisante, sur quoy je crois pourtant qu'il faut distinguer; car ou il s'agit d'un Acte public ou autentique, comme d'un Acte où le Sceau est apposé, où le nom de celuy ou ceux qui ont souscrit l'Acte contesté, & leur signature est notoire & connuë de tout le monde dans la Province, ou dans la Ville où se fait la comparaison d'écriture, & en ce cas, à cause de la foy publique de ces Actes, dont la signature est la même que celle apposée dans l'Acte contesté ; la comparaison d'écriture faite par Experts, fait une preuve entière, & complete, que s'il s'agit d'une simple Promesse ou Ecrit sous seing privé, la comparaison d'écriture ne fait point une preuve parfaite, si elle n'est soûtenuë d'autres adminicules, parce que la comparaison d'écriture est elle-même sujette à erreur, parce que la maniere d'écrire d'une personne change avec le temps, ou par l'âge, la maladie, & autres accidens. Et voilà qu'elle est la plus saine décision de tous ceux qui ont écrit sur cette Matiere, & particulierement d'Accurse, de Paul de Castres & d'Alberic, & j'ay veu suivre cette décision par les Juges en leurs Sentences, & par les Avocats dans leurs Consultations.

tur adminiculis, ex eo quòd, fallax est comparatio, propter diversitatem scribendi, quæ, tempore, ætate, morbo, valetudine, aliisque accidentibus, ut plurimùm, variari solet. *a* Et hæc est pulchra resolutio, omnium ferè scribentium, & maximè Accurtii, *a* Bartoli, Baldi, Pauli de Castro, & Alberici. *a* Sicque judicando & consulendo, vidi observari.

a In auth. de inst. cand. & fid.
b In auth. At si contractus. ad verb. Soli. C. de fid. instrum.
c In L. Comparationes. C. eodem.

ADDITIONS SUR LE V. CHAPITRE.

SOMMAIRE.

1. *Les Loix Romaines font peu de cas de la preuve par comparaison d'écritures.*
2. *Elle est receuë en cas de fausseté, & pourquoy.*
3. *Quelles Ordonnances l'ont admises en Matiere Civile ?*
4. *Sentiment de du Moulin au sujet des Coppies Collationnées par les Notaires.*

1 CE Chapitre traite deux choses, comment se fait la comparaison d'écriture, & sçavoir si elle fait une preuve complete. Boiceau decide ces deux questions par plusieurs distinctions, il y a peu de choses à y ajoûter. 1. On peut remarquer que la Novelle 73. qui parle de la comparaison d'écriture (aussi bien que la Loy *Comparationes* C. l. 4. T. 21. & la Novelle 42.) en fait peu de cas ; aussi veut-elle que l'Acte qui sert de Piece de comparaison soit signé de trois témoins, ou d'un Notaire & de deux témoins, ou que du moins il ait esté fait en presence de trois témoins dignes de foy, qui déposent qu'ils

l'ont veu écrire en leur presence. Dans nostre usage la comparaison d'écritures, sert de preuve faute d'autre, notamment en cas de fausseté. Constantin l'a receuë en ce cas suivant le Titre de la Loy *Cornelia de falsis*, & le Code Justinien l. 22. parce qu'il est presque impossible de trouver des témoins qui ayent veu faire la fausseté : mais il semble qu'elle ne doit point faire de preuve en Matiere Criminelle, comme il a esté remarqué dans le Traité de la Comparaison d'Ecriture, dont il a esté parlé cy-dessus; aussi ce n'est qu'en Matiere Civile, que les Ordonnances d'Orleans article 145. celle de 1539. article 92. celle de Charles IX. à Paris en Janvier 1565. l'ont admise, aussi bien que l'Ordonnance de 1667. & aucune ne l'a admise en Matiere Criminelle.

Du Moulin n. 63. sur le §. 5. de la nouvelle Coutume, Gloss. *in verbo*, dénombrement ; ajoûte au sujet de la reconnoissance des écritures, que quand quatre Notaires auroient collationné une Coppie sur l'Original, quoy qu'ils certifient que c'est le veritable Original, pour l'avoir bien veu & examiné. Toutefois leur Coppie Collationnée ne fait pas une pleine foy, sans la representation de cet Original ; car, dit-il, des témoins tels que sont les Notaires en cette occasion, ne peuvent déposer que de ce qu'ils voyent, & comme ils n'ont point veu faire l'Original, ils ne peuvent avoir aussi une certitude qui vienne de leur propre sens. Aussi la preuve que fait la comparaison d'écriture, dépend de la connoissance de l'Art, (c'est pourquoy on nomme des Experts pour la faire) & elle ne dépend pas de la nature seule ; ce n'est tout au plus qu'un argument *à simili & verisimili*, dit Balde, & Salicet a raison d'appeller la déposition des Experts en ce rencontre, un Jugement plûtost qu'un témoignage, mais ce Jugement estant fondé sur des regles incertaines, n'a aucune certitude par luy-même. C'est pourquoy Monsieur Cujas *ad l. in C. de rebus creditis*, dit que *Comparatio litterarum per se sola fidem non facit*. Et la Novelle 73. dit que quand le rapport des Experts se trouve opposé à l'attestation des témoins qui ont signé, ou veu signer l'Acte, les témoins doivent toûjours estre creus préferablement au rapport des Experts : au reste cette matiere est si sçavamment expliquée dans le Traité de la Comparaison d'Ecriture, fait par Monsieur le Vahier, dont il a déja esté parlé, que ce seroit estre temeraire d'entreprendre d'y rien ajoûter.

CHAPITRE

CHAPITRE VI.

Des Promesses soussignées par erreur.

SOMMAIRE.

1. La question touchant les Contrats souscrits par erreur, traitée au Chapitre 7. de la premiere Partie.
2. Difficulté quand un des Contractans croit signer un certain Acte, & que l'autre Contractant croit en signer un autre.
3. Raisons de douter si la preuve par témoins est admise en ce cas.
4. Distinction sur ce sujet.
5. Cas auquel on allegue que l'Acte est faux.
6. Espece sur ce sujet.
7. Difference entre ce qui est simulé, & ce qui est faux.
8. Question sur la numeration des deniers.
9. Si quand on allegue le fait de fraude & de simulation seulement, la preuve est receuë.
10. Numeration de deniers requise dans les Contrats de Constitution.
11. Contrat de Constitution passé par un Gentilhomme à un Marchand, sans numeration de deniers, est suspect d'usure.
12. Arrest sur ce sujet.
13. L'usure se peut prouver par témoins.
14. Acte sous seing privé, souscrit par erreur.
15. Ou par ignorance de fait ou de droit.

1. LA quatriéme Question concerne les Promesses soussigneés par erreur, lors que par exemple, une personne croyant signer un Acte concernant une certaine chose, en signe un autre sur la foy d'autruy sans le lire; on demande, sçavoir s'il peut prouver par témoins qu'il a signé cet Acte pour un autre Acte. Il me semble que nous avons déja agité cette Question, en parlant des Contrats simu-

Quarta quæstio est, de chirographo per errorem subscripto, quando scilicet subscribens, putans pro una causa subscribere, pro alia, fidem alterius secutus, subscripsit, non legens fortasse chirographum, *a* utrum errorem suum testibus probare ei liceat? Hoc dubium jam à nobis videtur discussum superius, in quæstione simulatorum contractuum; Quo loco distinximus contractus, per errorem Juris aut

a Ut in L. final. C. plus valer. quod agit.

RRr

facti subscriptos, ab aliis contractibus vel pactionibus, quæ ante, vel post, aut præter contractum adjectæ & non scriptæ contenduntur, & quibus casibus possit fieri testium probatio, nonobstante hac Constitutione, latè disseruimus. Itaque cùm hæc omnia, meo quidem judicio, locum habeant in subscriptionibus chirographorum, & privatarum cautionum, propter eandem æquitatis rationem, *a* ideo quæ pro contractibus solemniter receptis diximus, & distinximus, hîc repetenda non esse arbitror. Unum tamen addendum puto, quod forsan non satis tactum videri posset, scilicet de diverso partium consensu in subscribendo: utpote, Caius locationem facere Titio intendebat, Titius autem sibi donari gratis existimabat, & ideo donationis instrumentum protulit Caio, qui, putans locationem esse, huic instrumento, non lecto, subscripsit. Certum est hujusmodi actum, neque donationem, neque locationem esse, propter diversum, dissonum, & erroneum partium consensum, ut multis Legibus decisum est. *b* Ideoque si casus ille contigerit, & conveniant partes se dissonum consensum habuisse, quia una locationem putabat, altera donationem, clara erit decisio: nam nihil penitùs actum fuisse, dijudicabitur, propter mutuum errorem. *c* Sed nunquid error iste, seu erronea subscriptio, instrumento publico, vel simplici, apposita, si ab una partium denegetur, testibus probari poterit ? Utpote, cùm chirographus vel instrumentum

a *L. Illud ff. Ad L. Aq.*

b *L. in venditionibus ff. de contr. empt. l. Empti fides C. eod. l. cum Aquiliana. ff. de transact. l. Nec ignorans. C. de donation.*

c *l. final. C. plus vales, quod agit.*

lez, où nous avons distingué les Contrats souscrits par erreur de fait, ou par erreur de droit, des autres Contrats ou Conventions qu'on prétend avoir esté ajoûtées avant, lors ou depuis l'Acte passé, & qui n'avoient point esté redigées par écrit, & nous avons discouru amplement quand la preuve par témoins estoit admise en ces cas, nonobstant l'Ordonnance de Moulins. Or comme la même chose a lieu, à mon avis, pour les Promesses ou Actes souscrits par erreur, que pour les Contrats & Actes autentiques, par la même raison d'équité ; je ne crois pas qu'il faille ici en rien repeter, il faut pourtant ajoûter une chose qui n'a pas esté traitée assez au long, qui regarde la diversité du consentement des Parties en souscrivant un Acte ; Par exemple, Caius croyoit faire un Bail à Titius, Titius a crû au contraire que Caius luy faisoit une Donation de sa Maison, & par cette raison il luy a presenté une Donation à signer : Caius qui croyoit que c'estoit un Bail, a souscrit cette Donation sans la lire, il est certain que cet Acte n'est ny une Donation ny un Bail, parce que le consentement des Parties n'est pas reciproque, mais different & opposé l'un à l'autre, ce qui est decidé par plusieurs Loix ; donc si ce cas arrive, & que les Parties conviennent qu'elles ont eu une intention differente, parce que l'un croyoit faire un Bail, & l'autre une Donation, on jugera qu'il n'y a eu rien de fait entr'eux à cause de l'erreur reciproque où ils estoient; il est indubitable que cet Acte sera absolument nul. Mais on demande si cette erreur se rencontrant dans un Acte public ou privé, & que l'une des Parties soûtienne n'avoir point eu dessein de signer un tel Acte, l'autre pourra prouver par témoins le contraire, attendu que cet Acte privé ou public, contient une Donation, & que la Partie adverse soûtient qu'elle doit contenir seulement un Bail, & que ce terme de Donation y a esté inseré par erreur.

habeat scriptam donationem, pars autem adversa locationem tantùm fuisse contendat, ideoque donationem errore appositam asseveret: quæritur utrum testibus probare id liceat?

3 Cette Question n'est pas sans difficulté, car si l'Acte est public & autentique, comment pourroit-on admettre la preuve du contraire par témoins? car quoy que Pierre, Cynus, & aprés eux Bartole, ayent soûtenu qu'un Contrat pouvoit estre détruit par la déposition des témoins. Je ne vois pas pourtant que cela se puisse par la voye Civile; car suivant la pratique de ce Royaume, il n'a jamais esté en usage de recevoir la preuve contre ce qui est contenu expressément dans un Titre autentique, si ce n'est par la voye de l'inscription de faux; c'est-à-dire par la voye criminelle, comme il estoit licite en Droit Romain, & ce n'est pas sans raison que l'on en a toûjours usé ainsi parmi nous; car autrement il n'y auroit point de seureté dans les Contrats autentiques, s'il estoit permis de revenir par la preuve par témoins & par la voye Civile contre ce qui y est contenu. Mais personne ne doute que par l'inscription de faux, on ne puisse prou-

Hæc quæstio disputatione non caret: Si enim instrumentum solemniter confectum sit, qui fieri poterit, ut contra authenticum instrumentum probatio per testes admittatur? Nam quamvis Petrus, Cynus, & post eos Bartolus, latè disseruerint, quòd testes instrumentum subvertere possint, *a* non video tamen, illud via Civili tentari posse. Nam ex communi hujus Regni usu forensi, nunquam solitum fuit contra authenticum instrumentum ex diametro probationem recipere, nisi per viam falsi, idque criminaliter, & inscriptione præposita, *b* non autem simplici via Civili, ut Jure scripto licebat: *c* Quod non sine maxima ratione & æquitate inter nos semper usurpatum est: cùm alioqui nulla esset contractuum authenticorum securitas, si contra eorum tenorem, testibus pugnare liceret, actione Civili: at verò per inscriptionem falsi, nemini dubium est, quin liceat falsitatem testibus probare, cùm tunc de crimine agatur. Itaque distinguendum puto circa hunc articulum, hoc modo: Aut enim

a In L. in excretu. dis. C. de fid. instr.

b L Libellorum ff. de accus. & inscript. l. ubi. C. de fals.

c L Damus licentiam L. si docueris. l. Si lis. C. de fals.

ver une fausseté par témoins, parce qu'alors il s'agit de prouver un crime. Ainsi je crois qu'il faut distinguer sur cette Question; car ou il s'agit d'admettre la preuve contre un Acte autentique ou contre une Promesse sous seing privé : au premier cas il faut encore distinguer, car ou on allegue contre cet Acte autentique un fait qui n'est pas simplement fondé sur l'erreur (car l'erreur produit plûtost la diversité du consentement, que la fausseté de l'Acte) mais on oppose un fait qui y est directement contraire, & ainsi on prétend que cet Acte est manifestement faux; & en ce cas on ne peut recevoir la preuve par témoins que par le moyen de l'inscription de faux, afin que la foy des Actes publics ne demeure pas toûjours en suspens, Comme j'ay veu agiter la Question l'année derniere au sujet d'un certain Contrat passé entre un Gentilhomme d'une part, & une Veuve d'autre ; car ce Gentilhomme avoit vendu & constitué sur luy & sur tous ses biens, cinquante livres de rente annuelle, rachetable à toûjours, moyennant six cens écus, qui luy avoient esté nombrez, délivrez en présence du Notaire, & par luy receus, suivant les propres termes du Contrat ; suivant laquelle expression, toute exception d'argent non compté, est exclue. Peu aprés ce Gentilhomme (qui estoit le debiteur) vint à mourir, & la Veuve ensuite (qui estoit la Crean-

agitur de probatione facienda contra instrumentum authenticum, aut contra chirographum privatum : Primo casu, iterum subdistinguendum est : nam, aut contra authenticum contractum, allegatur factum, non erroneum simpliciter (error nempe potiùs dissensus quàm falsitas dicitur) **a** *sed factum ex diametro contrarium, & sic evidenter falsum prætenditur ; quo casu nonnisi via falsi, per inscriptionem & accusationem, recipi usquam potest testium probatio, ne perpetuò anceps, dubia, & incerta sit instrumentorum publica fides : ut superiori anno vidi disputari, de quodam contractu, celebrato inter quemdam Nobilem, una ex parte, & viduam quamdam, ex altera : Nobilis enim vendiderat, & super omnibus suis bonis constituerat quinquaginta aureos annui reditus, perpetuò redemptivi, pro sexcentis aureis, realiter & in præsentia Tabellionum numeratis, & per Nobilem, tunc, manualiter receptis : (hæc enim sunt verba contractus, quibus naturalis actus numerationis, omnem non numeratæ pecuniæ exceptionem excludit.)* **b** *Paulò post decessit iste Nobilis debitor, decessit & ipsa vidua creditrix, cujus hæredes à debitoris hæredibus annuum reditum petunt : objiciunt debitoris hæredes, contractum fœneratitium esse, & reprobatum, eò quòd multoties, ante contractum, vidua, & ejus maritus, vir togatus, & non mercator (quod est notandum) Nobili pecuniam mutuassent, quotannisque ex mutuo, fœnus seu*

a *L. 1. L. Error. ff. de jur. & fact. ignor. l. N*c *exemplum. C. de fals.*

b *In L. Cum fidem. C. de non num. pec.*

ciere) ſes heritiers demanderent le payement d'une année d'arrerages de cette rente aux heritiers du Gentilhomme, leſquels objecterent que ce Contrat eſtoit uſuraire & illicite, & ils articulerent que cette veuve & ſon mari, qui n'eſtoit pas un Marchand, mais un homme de Palais (ce qui eſt à remarquer) avoit preſté durant ſa vie à pluſieurs fois, de l'argent à ce Gentilhomme, & en avoit receu les intereſts tous les ans, & parce que lors de ce Contrat de Conſtitution, toute cette ſomme preſtée n'avoit pas encore eſté acquitée, & qu'il reſtoit des intereſts à payer par le Gentilhomme ; cette Veuve confondant ces intereſts avec les ſommes principales, dont elle ne fit *qu'un capital*, avoit extorqué de luy une Conſtitution du total, & ainſi ils ſoutenoient qu'il y avoit *anatociſme*, ou intereſt d'intereſt, ce qui eſt deffendu, ſuivant ce que du Moulin explique fort au long. De plus, ils rapportoient encore pluſieurs Promeſſes de ce Gentilhomme paſſées avant ce Contrat de Conſtitution, qui eſtoient Cancellées, & demandoient par conſequent que le Contrat fut caſſé, & qu'il ne fut pas permis aux heritiers de cette Veuve d'exiger, ſinon le principal des ſommes qui ſe trouveroient avoir eſté effectivement preſtées par elle, & ce nonobſtant la numeration réelle de l'argent exprimée par ce Contrat, qu'ils ſoutenoient eſtre feinte & ſimulée. Au contraire intereſſe exegiſſent : & cùm tempore contractus prædicti, mutua hæc ſoluta non eſſent, adhucque fœnoris reliquiæ reſtarent, vidua reliquias fœnoris cum mutuatis quantitatibus cumulans, unica ſumma compoſita, ſupradictam reditus annui conſtitutionem à debitore extorſiſſet, ideoque excipiebant hæredes, cum anatociſmum improbum contraxiſſe, id eſt, uſurarum uſuras in ſortem computaſſe : de quibus latè Molinæus. *b* Præterea, exhibebant nonnulla chirographa, quibuſdam temporibus ante dictum contractum cancellata: & idcirco petebant, contractum hunc reſcindi, idque ſolùm exigi, quod verè mutuatum eſſet, nonobſtante reali numeratione, in contractu ſcripta, quam fictitiam & ſimulatam, ſeu imaginariam, dicebant. Ex adverſo viduæ hæredes, contractum ex veris factum, & reali numeratione celebratum, tuebantur, & ita fictitium ſeu imaginarium dici non poſſe, cùm pretium realiter numeratum, naturaliter acceſſiſſet, ut infert Ulpianus. *c* Nec obſtabat, inquiebant illi, quod anterioribus temporibus, vidua, vel ejus maritus dum viveret, Nobili, cujus amici erant, ſæpe numerò pecuniam mutuaſſent, cùm hæc pecunia omnis exſoluta præſumeretur : noviſſimè autem Nobilis, pro rebus ſuis, pecuniam deſiderans, & nolens iterum à vidua accipere niſi conſtituto reditu annuo legitimo, hujuſmodi contractum celebraſſet, reali numeratione in conſpectu Tabellionum facta, ideoque anteriora mutua, ſimulatio-

a L. Improbum. C. ex quib. cauſ. infam. irrog.
b In Tract. uſur. num. 44.

c In l. Imaginaria. ff. de Reg. Jur.

nis argumenta non esse, cùm de his amplius non quæreretur : atque ita, nonnisi per falsi accusationem, contractum subverti posse, cùm fictionis & simulationis factum ex diametro contrarium sit facto numerationis realiter factæ : quomodo & judicandum putarem, duplici ratione : una, jam assignata, quòd simulatio, cum rei veritate conquiescere non possit, in eodem subjecto : *a* nam dici non potest, pretium manualiter & oculariter numeratum fuisse, & tamen non fuisse numeratum, quia hæc sunt, ex diametro, opposita, & incompatibilia. Altera, quòd simulatum & falsum, sint longè diversa : nam simulatum dicitur, quod uno modo scribitur, & altero cogitatur, ut videre est in eo qui donat, animo vendendi, utrumque enim est compatibile, cùm scripta esse possit donatio, & cogitata venditio. *b* Sed siquis vellet dicere, se pecuniam, quam realiter accepit, non accepisse, hæc omnimodo essent opposita, ut jam dictum est, atque ita simplici simulatione destrui non possent : nempe simulatio, est præter contractum, aut extra, veritatis tantùm umbram seu imaginem habens : *c* at realis veritas, contractui ita inhæret, ut destrui nunquam posse videatur, nisi per contrariam falsi accusationem, maximè, usu nostro Gallico, supra allegato, quo, nonnisi per accusationem & inscriptionem, adversus contractum, ex diametro agere licere dictum est, nimirùm id quod falsum est, simpliciter, simulata veritas dici non potest, cùm veri-

a L. Nudè ff. de contrah. empt.

b L. Empti fides. C. eod.

c Notat. in L. Emptione. C plus val. quod Ag. quam quod sim. &c. L. Si is qui pro emptore. ff. de usucap.

re les heritiers de cette Veuve soûtenoient que le Contrat de Constitution estoit veritable dans toutes ses Parties, & que la numeration de l'argent estoit effective ; qu'ainsi on avoit tort de l'appeller imaginaire & simulée, puisque cette numeration estoit réelle, comme dit Ulpien, & quoy que le mari de cette Veuve & elle eussent souvent presté de l'argent à ce Gentilhomme, parce qu'il estoit de leurs amis ; il falloit présumer, disoient ces heritiers, que tout cet argent avoit esté par luy acquitté ; & qu'enfin ne voulant plus emprunter de cette Veuve qu'à Constitution, il luy avoit passé le Contrat en question, dont l'argent avoit esté nombré devant le Notaire ; & que par consequent ces premiers emprunts ne pouvoient estre tirez en consequence pour faire preuve que cette Constitution fut simulée, parce qu'il ne s'en agissoit plus, puisqu'ils avoient esté acquittez, & qu'ainsi on ne pouvoit détruire ce Contrat que par la voye de l'inscription de faux, d'autant que ce fait de numeration réelle qui y estoit exprimé, estoit diametralement opposé au fait de simulation qu'on articuloit. Et c'est pourquoy j'estimerois que cela se doit juger ainsi, par deux raisons ; dont la premiere est celle qui vient d'estre dite, que la simulation & la verité ne se peuvent rencontrer ensemble en même sujet ; car on ne peut pas dire que le prix ait esté réellement compté & délivré, & qu'il ne l'ait pas esté : parce que ces deux choses sont diametralement opposées & incompatibles. La seconde raison est qu'il y a beaucoup de difference entre ce qui est simulé & ce qui est faux ; car on appelle simulé, ce qui a esté redigé par écrit d'une maniere & en certains termes, & qui neanmoins est entendu par les Parties tout autrement, comme on peut voir à l'égard de celuy qui fait semblant de donner, quand il a effectivement dessein de vendre, car ces deux choses sont compatibles, parce qu'on peut avoir écrit l'Acte dans les termes propres d'une Donation, & avoir eu en même temps le dessein de faire un Contrat de vente. Mais si une personne soûtenoit qu'il n'a point receu l'argent qu'il a effectivement receu ; ces deux choses seroient toutes opposées, comme il a esté dit, & ainsi ce ne seroit pas assez de dire qu'il y a eu simulation en l'un ou en l'autre pour aneantir le Contrat, car la simulation est hors du Contrat, pour ainsi dire, & n'en fait point partie, & n'a que l'ombre & l'apparence de la verité : mais à l'égard de la verité, elle fait tellement partie du Contrat, qu'elle ne peut estre détruire sans inscription de faux, notamment suivant nos mœurs, qui ne permettent point de revenir contre un Contrat, si ce n'est par inscription de faux, parce que ce qui est faux, ne peut estre appellé une verité déguisée, dautant que la verité & la simulation ne peuvent se rencontrer ensemble.

tas & simulatio simul stare non possint, *a* ut prædixi.

a L. Contractus. ff. de act. & oblig. l. Imaginaria. ff. de Reg. jur.

8 J'estimerois pourtant qu'il faut excepter de cette decision un cas dans une Question qui m'a esté autrefois proposée ; sçavoir quand il y a eu une numeration réelle, comme il est exprimé dans le Contrat, mais qu'il a esté convenu auparavant entre les Parties (qui ne contractoient qu'en apparence) qu'ils compteroient à la verité l'argent en présence du Notaire, mais qu'ensuite aprés que le Notaire & les témoins se seroient retirez, l'argent seroit rendu sur le champ à celuy qui auroit fait semblant de

Unum tamen casum ab hac decisione excipiendum putarem, in quæstione mihi aliquando proposita, quando scilicet realis numeratio, revera facta est, ut apparet ex contractu, sed tamen antea conventum est inter partes, simulatè contrahentes, quòd pecuniam quidem præsente Tabellione numerarent, sed remotis postea Tabellione & testibus, pecunia, brevi manu, reposceretur : & ita pecuniam antea realiter numeratam, brevi momento restitueret, qui acceperat, ut hoc modo contractus fœneratitius, reali numeratione pecuniæ, postea tamen restituendæ, velaretur. Arbitror enim factum istud recipi debere, & hoc casu testium probationem admitti, via Civili, & per simulationis exceptionem, cùm non sit diametricè contra contractum, sed præter, & post contractum: & quamvis maneat numerationis veritas, tamen alia simulationis conventione illuditur. Neque verò est inconveniens unum factum verum manere, & aliud fictitium esse, a quia tametsi ejusmodi conventio de exhibenda pecunia, & postea reposcenda, sit pactio, doli tamen & criminis speciem habet, cùm ex ea fœnus illicitum velari contendatur.

a L. Quod autem §. Si uxor. ff. de donat. inter vir. & uxor.

le compter, afin de déguiser par ce moyen un Contrat usuraire; car je crois qu'en ce cas la preuve par témoins doit estre admise, en articulant que la numeration est simulée, parce qu'elle n'est pas directement contraire au Contrat; mais qu'elle est, pour ainsi parler, *outre & aprés le Contrat*; car quoy que le fait de la numeration soit certain, neanmoins ce fait de la numeration est renduë illusoire par la simulation dont les Parties sont convenuës d'user en ce rencontre, c'est-à-dire par la Convention de le rendre; & il n'y a point d'inconvenient qu'un fait soit veritable, & que l'autre fait soit feint & simulé; parce que quoy que cette Convention de compter l'argent, & de le reprendre ensuite, soit un Pact, c'est neanmoins plûtost un espece de dol & de crime, parce qu'elle renferme une espece de dol, qui sert à couvrir une usure illicite.

Aut verò contra instrumentum allegatur, non falsitas propriè, ex diametro, sed fictio & simulatio inter contrahentes facta, ex certa alia causa, inter eos non scripta, b & tunc si fraudis dolive præsumptionem habeat, puto allegari & probari posse testibus, ut in omnibus contractibus sola confessione celebratis, & non reali numeratione : c nam super his confessionibus, de recepto factis, sæpe numero celebrantur constitutiones redituum annorum, quæ nonnihil nullitatis jam præ se ferunt; secundùm Legem Canonicam, d quæ vult has constitutiones redituum, nonnisi præsenti pecunia fieri; talis enim confessio semper fuit

b L. 1. C. plus val. quod agit. quàm quod, &c.

c L. 1. & l. Si ex cautione. C. de non numer. &c.

d In extravag. Regimini. extr. de empt. & vend.

Que si on allegue contre l'Acte, 9 non pas directement la fausseté, mais qu'il y a eu de la simulation entre les Contractans, pour quelqu'autre cause qui est certaine, mais qui n'a point esté redigée par écrit, alors s'il y a présomption de dol, je crois qu'elle se peut prouver par témoins, comme dans tous les autres Contrats, où les Contractans reconnoissent simplement avoir receu, & où la numeration réelle n'est pas exprimée; car souvent on fait des Contrats de Constitution de rente, dans lesquels on confesse simplement avoir receu l'argent, lesquelles Constitu- 10 tions sont présumées nulles, selon

le

le Droit Canon, qui veut que les Constitutions ne se fassent que moyennant de l'argent comptant; car cette reconnoissance d'avoir receu est toûjours suspecte entre un Creancier & un debiteur, parce que le debiteur pressé par la necessité, se vendroit presque luy-même pour obtenir quelque relâche d'un Creancier impitoyable, & c'est particulierement quand la Constitution est au profit des Marchands, que ces sortes de reconnoissances sont suspectes, parce qu'ils ont coutume de faire credit aux personnes de Qualité, & de leur vendre plus cher, à cause qu'ils n'en sont pas si-tost payez, outre l'interest qu'ils comprennent dans le principal, & quand on ne les paye pas au jour nommé, ils exigent d'autres reconnoissances par le debiteur, par lesquelles supposans qu'ils ont fait compte avec luy, ils obligent le debiteur de reconnoistre par écrit qu'ils leur doit une grande somme, dont pour l'ordinaire la meilleure partie est composée d'interests d'interests, comme il a esté souvent jugé par des Juges éclairez, & recemment par un Arrest du Parlement, entre un Gentilhomme & un Marchand tres-riche de cette Ville, par lequel Arrest la Cour a distingué & démeslé entre plusieurs Obligations passées entr'eux, ce qui composoit le principal, & ce qui composoit les interests, & suivant les reconnoissances reïterées du debiteur, elle reduisit les interests à ce qui en estoit legitimement

suspecta inter creditorem & debitorem, cùm debitor, necessitate coactus, seipsum ferè venderet, ut opem à duro creditore impetraret : maximè verò, respectu Mercatorum, suspectæ sunt ejusmodi confessiones, qui solent merces suas Nobilibus credere, & ob dilatam solutionem, charius vendere, interesse, ut plurimùm, adjecto, & cùm die præscripta non solvitur, alias confessiones exigunt à debitoribus, quibus, computatione inter eos facta, confitentur se maximam summam debere, cujus bona pars, usuras usurarum redolet, ut sæpè judicatum fuit à bonis Judicibus, & nuper supremi Senatus Arresto, discussæ fuerunt plures obligationes de confesso, inter quemdam Nobilem, ex una parte, & quemdam ditissimum hujusce urbis Mercatorem, ex altera : Quo Arresto, Curia subtiliter distinxit & dijudicavit, ex diversis & repetitis confessionibus, summas principales : interesse ad legitimum modum, pro sua æquitate, reducens, secundùm antiquarum Legum sanctionem, *a* ex qualitate personarum, negotiorum, & iteratis confessionibus. Ex his enim, simulationes dijudicari, & testibus probari posse, si denegentur, non dubito, propter præsumptum fœnus illicitum, maximè quando sunt prohibitæ vel suspectæ personæ, vel odiosa, contrahendi, seu disponendi, forma. *b* Et hæc pro instrumentis authenticis dicta sint.

a L. Si ex pactione. L. Cum non frumentum. C. de usur.

b Arg. L. Cum quis decedens. §. Titia. de leg. 2. & in L. Qui testamentum. ff. de prob. In l. Ab Anastasio. l. Per diversas. C. mandat.

deu, suivant ce qu'ordonne la Loy. Ce qu'elle jugea ainsi, en distinguant la qualité des personnes, des affaires qu'elles avoient eu ensemble, & parce qu'il y avoit eu nombre de reconnoissances & d'Obligations reïterées entr'elles ; car je ne fais nulle difficulté qu'en ces occasions où il y a de la simulation, on ne puisse la prouver par témoins, à cause qu'il s'agit d'un gain usuraire, particulierement quand la contestation est entre personnes suspectes, ou que le Contrat est de luy-même odieux, & voilà pour ce qui regarde les Actes autentiques.

13

Aut vero agitur de Chirographis, & privatis cautionibus, quibus per errorem subscriptum est, ex una causa, cùm alia putaretur : Et tunc error iste qui consensum impedit, *a* testibus probari poterit, præsertim si ex dolo & circumventione partis, practicata fuerit hæc subscriptio, ex generali regula, quam in toto hoc tractatu tenuimus : quia scilicet dolum & machinationem, in contractus scriptos, arguere, & testibus comprobare permissum sit, nonobstante hac Constitutione, rationibus supra positis.

a L. Si per errorem. ff. de jurisd. omn. jud. L. 1. ff. d. judic.

Ou il s'agit de Promesses ou Quittances sous seing privé, qui ont esté souscrites par erreur, pensant signer un autre Acte, & en ce cas cet erreur qui empêche le consentement pourra se prouver par témoins, particulierement si cette signature a esté pratiquée par le dol & surprise du Creancier ou du debiteur, suivant la regle generale que nous avons établie dans ce Traité, parce qu'il est permis de prouver par témoins le dol & la surprise qui a esté pratiquée dans les Contrats, nonobstant cette Ordonnance, suivant les raisons cy-dessus.

14

Idem quoque dicendum, si subscriptio, non quidem dolo partis, sed Juris vel facti ignorantia, aut errore perspicuo, apposita fuerit, ab illis potissimùm personis, quibus Juris ignorantia non nocet, *b* aut ab aliis quibus error facti tolerabilis, non imputatur, cùm hic à Lege excusari soleat, ut plurima sunt in Jure exempla : *c* nam in his omnibus casibus, contra subscriptum Chirographum, vel privatam cautionem, cujuscumque generis fuerit, dolum vel errorem, aut ignorantiam allegari, ac testibus probari posse putarem,

b L. Regula ff. de jur. & fact. igner. c L. 1. l. Si à patre l. Si per ignorantiam. L. Fideicommissum. C. de condict. indeb. l. Error. C. ad L. Falc. l Cum quis. C. de jur. & fact. ign. l. Sed addes. §. Si quis eum ff. locat.

Il faut dire la même chose, si ce n'est pas par le dol de la Partie, mais par ignorance de fait ou de droit, ou par une erreur manifeste que cette signature a esté faite, particulierement si c'est par des personnes à qui l'ignorance de droit n'est point imputée, ou par ceux à qui l'erreur de fait peut estre pardonné : parce que la Loy les excuse, comme il y en a plusieurs exemples en Droit ; car dans tous ces cas, je croirois qu'il est permis de prouver la fraude, l'erreur, ou l'ignorance par témoins,

15

sans qu'il soit besoin de passer à l'inscription de faux, parce que ces sortes d'écritures privées, quelles qu'elles soient, ne sont point soûtenuës d'aucune autorité publique, & par consequent la foy qu'elles font n'est pas d'une évidence si certaine, que l'erreur ne se puisse prouver par témoins, car nous voyons tous les jours qu'on dénie la signature d'une Promesse sous seing privé, & que l'on en prouve la verité ou la fausseté par témoins, ou par comparaison d'écritures faites de part & d'autre, sans passer à l'inscription de faux ; je conclus donc qu'en cas de dol, erreur & ignorance, ou de quelqu'autre juste exception, on peut estre receu à la preuve par témoins contre les écritures privées.

etiam citra falsi inscriptionem, cùm nullius publicæ authoritatis privilegio muniantur hæ cautiones privatæ : & idcirco earum fides privata, non tam arcta est & necessaria, ut testibus, in contrarium, convinci uon possit : videmus enim quotidiè, privatas subscriptiones denegari, & testibus, hinc, inde, productis, aut comparationibus, etiam ab utraque parte, factis, hujusmodi signa manualia probari aut reprobari, a etiam non interposita falsi accusatione. Concludo igitur causas doli, erroris, ignorantiæ, aut alterius justæ exceptionis, in privatas cautiones, testibus contendi posse.

a *L. Contra qui propriâ C. de non nu. pecu. L. Comparationes. C. de fid. instr.*

ADDITIONS SUR LE VI. CHAPITRE.

SOMMAIRE.

1. *Observation sur la premiere distinction de Boiceau au sujet d'un Acte public, dont on veut détruire la foy.*
2. *L'erreur de la volonté est interieur, & ne peut estre prouvé par témoins.*
3. *Il faut articuler l'erreur de fait pour détruire la foy d'un Acte.*
4. *Especes sur ce sujet.*
5. *Si le fait contre lequel on demande la preuve, est exprimé dans cet Acte, & qu'il dé-*
pende *du fait du Notaire, comme la numeration de deniers, il faut une inscription de faux.*
6. *Espece d'une numeration simulée difficile à prouver.*
7. *Distinction de Boiceau, qu'il faut articuler que la Quittance est simulée, doit estre rejettée en tout autre cas que celuy d'usure, & pourquoy.*
8. *La voye criminelle est la seule en ce cas.*
9. *Soit qu'il y ait numeration ou non, si on articule qu'il y*

SSs ij

à usure, la preuve est toûjours receuë.
10. Question touchant l'exception pecuniæ non numeratæ, qui n'est receuë en quelques Coutumes de France qu'à certaines restrictions.
11. Origine de cette exception en Droit Romain.
12. A Rome celuy qui empruntoit, signoit l'Obligation avant de recevoir l'argent.
13. Outre cette exception, le debiteur avoit l'action de condiction pour se faire rendre l'Acte qu'il avoit signé.
14. Combien de temps cette exception duroit, & en quels cas elle avoit lieu.
15. Sentiment de Monsieur Cujas, de Rebuffe, & d'Oldendorpius sur ce sujet.
16. Si pendant les deux ans que duroit cette exception, le debiteur estoit obligé envers le Creancier.
17. Pareille exception accordée au Creancier contre la Quittance qu'il avoit donnée avant de recevoir l'argent.
18. Si le debiteur après les deux ans pouvoit alleguer l'exception de dol contre le Creancier qui repetoit de luy la somme qu'il ne luy avoit pas encore délivrée.
19. Sentiment de Joa. Faber sur cette Question.
20. Sentiment de Monsieur d'Argentré.

21. Textes des Coutumes qui font mention de cette exception.
22. Sentiment de Maistre Charles du Moulin sur les Coutumes d'Auvergne & de Berry.
23. Si dans les Coutumes qui admettent cette exception, le debiteur peut déferer le serment au Creancier, ou le faire interroger sur faits & articles.
24. Disposition de la Coutume de Bourbonnois, & le sentiment de Maistre Charles du Moulin sur cette disposition.
25. Disposition singuliere de l'article 280. de la Coutume de Bretagne.
26. Reflexion sur cette disposition.
27. Si l'exception pecuniæ non numeratæ, suivant les restrictions des Coutumes qui la reçoivent, a lieu dans les Coutumes qui n'en ont point parlé.
28. Quelle preuve est receuë en ce cas.
29. Distinction quand il y a une numeration réelle exprimée dans l'Acte, ou seulement une reconnoissance que la somme a esté receuë.
30. Sentiment de du Moulin, de Mazuer, de l'Hoste, de Mascardus, & de Rebuffe.
31. Decision tirée de ce que disent Joa. Faber & Monsieur d'Argentré, au sujet de cette exception.
32. Si dans le cas de cette exception, quand il y a présomption d'usure, la preuve par

témoins de l'usure est recevable.

33. *Opinion de Rebuffe, qu'entre Marchands cette exception ne peut estre opposée.*

34. *Comment le debiteur peut prouver qu'il n'a point receu l'argent qu'il a confessé avoir receu. Sentiment d'Angelus refuté.*

Boiceau sur la Question traitée dans ce Chapitre, des Contrats souscrits par erreur, renvoye à ce qu'il a dit cy-devant touchant les Contrats simulez. Je n'ajoûteray que deux Reflexions à ce qu'il dit, parce que les principes qu'il établit au sujet des Contrats souscrits par erreur, sont incontestables.

1 La premiere Reflexion est au sujet de la distinction que fait Boiceau au commencement de ce Chapitre sur les circonstances du fait; car ce n'est pas assez pour détruire la foy d'un Acte public, d'alleguer le fait d'erreur: mais il faut articuler que l'Acte est faux, ou qu'il contient un fait faux; autrement s'il estoit permis, par exemple, de faire preuve par témoins que l'on a souscrit par erreur un Contrat pour un autre Contrat, il n'y en auroit aucun dont la foy ne pust estre attaquée, par-
2 ce que l'erreur, soit de l'esprit, soit de la volonté, estant une chose qui se passe dans l'interieur, & qui ne dépend point d'un fait sensible, on auroit toûjours occasion de l'alleguer, sans que la Partie avec laquelle on a contracté pût l'empescher, n'ayant point d'autre preuve de la verité de ce consentement interieur de celuy qui contracte avec luy, que sa presence & sa signature dans le Contrat, dont le Notaire doit luy faire lecture, aprés avoir écrit les Conventions qu'il luy a dictées; car aprés tant de marques de ce consentement, attestées par sa signature, & celle du Notaire & des témoins, il ne luy est plus permis de dire qu'il a signé ce Contrat pour un autre. Il
3 faut donc pour qu'on puisse demander la preuve par témoins, qu'il y ait erreur de fait au sujet d'une chose qui est énoncée dans ce Contrat, & que cet erreur ait pû y donner lieu. Par exemple, si Titius croyant qu'une Maison luy appartient en vertu d'un legs à luy fait, en a fait un Bail à un autre, & que ce legs se trouve revoqué par un Codicille, sans qu'il en
4 ait eu connoissance; dans ce cas le Contrat n'est pas faux, mais le consentement du bailleur estant fondé sur une ignorance de fait, le rend nul.
5 Que si le fait dont une des Parties demande la preuve par

témoins pour détruire ce Contrat, est un fait qui y soit exprimé, & qui dépende de la fonction du Notaire ; en ce cas il faut recourir à l'inscription de faux, comme s'il y a exprimé qu'il y a eu numeration de deniers, & qu'il n'y en ait point eu, parce que cette énonciation du Notaire fait foy, & ne peut estre détruite que par la voye de l'inscription de faux, & ce n'est pas assez d'alleguer que cette numeration de deniers est feinte & simulée, comme Boiceau remarque fort bien, il faut soûtenir qu'elle est fausse, suivant le sentiment de Rebuffe, *Tract. de Chirograph. n.* 59. cy-dessus rapporté.

L'exception que Boiceau ajoûte dans l'espece d'une numeration simulée, reciproquement de part & d'autre, est difficile à prouver, quand l'une des deux Parties (qui estoit convenuë, à ce qu'on pretend, de cette numeration simulée, ou n'avoit pas dessein lors d'executer cette Convention secrete qu'il faisoit pour tromper celuy avec lequel il contractoit) s'en est depuis repentie, & soûtient le contraire; & quand Boiceau dit qu'il faut en ce cas articuler que cette Quittance est simulée, parce que la simulation, dit-il, n'est pas diametralement opposée à ce qui est contenu dans le Contrat, cette Convention de rendre l'argent estant *præter & post contractum ;* ensorte que quoy que la numeration soit veritable, neanmoins elle devient illusoire par le moyen de cette Convention de rendre l'argent, laquelle Convention renfermant du dol, contient une espece de crime. Je répons que cette distinction de Boiceau ne peut avoir lieu que dans le cas où il y a suspicion d'usure, suivant l'espece qu'il pose, parce que l'usure ne se peut couvrir par quelque Acte que ce soit; mais dans toute autre rencontre il seroit dangereux d'admettre une pareille preuve testimoniale de cette Convention de rendre l'argent qui auroit esté nombré effectivement & réellement devant les Notaires, lesquels l'auroient exprimé ainsi dans ce Contrat, car ce seroit retomber dans l'inconvenient de l'Ordonnance, qui est la subornation des témoins, outre qu'elle deffend la preuve, non seulement contre ce qui est énoncé au Contrat, mais *de tout ce qui pourroit avoir esté dit ou convenu avant, lors ou depuis*, quand toutes ces choses n'ont point esté inserées dans ce Contrat. Ainsi dans le cas de numeration simulée, quand il y a dol, il semble qu'il faut venir par la voye criminelle de la Plainte & de l'information, & articuler que par dol & mauvaises voyes, le debiteur s'est emparé frauduleusement des deniers qui luy ont esté comptez par le Creancier.

9. Mais soit que dans le Contrat il n'y ait point de numeration exprimée ou qu'il y en ait une, il est certain que si on articule l'usure, & l'anatocisme ou interest d'interest, la preuve par témoins est receuë, ce qui a esté jugé par plusieurs Arrests, l'usure estant un crime prohibé par nos Ordonnances, contre lequel toute sorte de preuve est admise.

10. Cette difficulté touchant la numeration des deniers, a fait naistre une Question celebre entre les Docteurs, touchant l'exception *pecuniæ non numeratæ*, qui avoit lieu en Droit Romain en faveur du debiteur, quoy que la numeration fût exprimée dans le Contrat, laquelle exception se pouvoit proposer par le debiteur dans les deux ans, à compter du jour de l'Obligation, qu'il avoit eu la facilité de signer sans recevoir la somme qui y étoit mentionnée.

Et parce que cette exception (quoy qu'elle ne soit point observée en France en la maniere qu'elle l'estoit en Droit Romain) est neanmoins exprimée dans plusieurs de nos Coutumes, qui ne la rejettent qu'avec certaines restrictions, qui peuvent faire naistre plusieurs difficultez parmi nous, concernant la preuve par témoins.

Il faut examiner ce que c'est que cette exception, son origine & ses effets en Droit Romain, & voir ensuite ce qui s'observe suivant nos mœurs à cet égard.

11. L'origine de cette exception chez les Romains, se peut tirer de l'usage qui s'observoit à l'égard de ceux qui vouloient emprunter de l'argent, ils s'adressoient pour l'ordinaire à ceux que l'on nommoit *argentarii* ou *nummularii*, dont il sera parlé cy-aprés au Chapitre 8. de la Seconde Partie de ce Commentaire, lesquels estoient ceux qui se mesloient de faire valoir l'argent des Particuliers.

12. Celuy qui empruntoit écrivoit son Nom sur le Livre Journal de l'Argentier, (appellé *Calendarium*,) comme ayant receu la somme, quoy qu'elle ne luy eust pas esté encore délivrée, ou quand c'estoit le Creancier luy-même qui prestoit l'argent sans l'entremise de personne, le debiteur signoit la Promesse sur la foy du Creancier, qui luy promettoit de luy en donner, & ainsi *spe futuræ numerationis*, le debiteur s'obligeoit de la rendre, & comme il arrivoit souvent que le Creancier, de qui le debiteur avoit reconnu avoir receu cet argent, avoit la mauvaise foy de ne le pas donner comme il l'avoit promis, & même

de demander le payement de cette Obligation au debiteur, en vertu de cette reconnoissance portée dans le Livre de l'Argentier, laquelle produisoit une Obligation, que Justinien appelle *nominum* ou *litterarum obligatio*, ou en vertu de l'écrit fait entre luy & le debiteur. La Loy pour remedier à cet abus, accorda au debiteur l'exception, *pecuniæ non numeratæ*, contre la demande du Creancier, par laquelle exception elle permit au debiteur de soûtenir qu'il n'avoit point receu cet argent, nonobstant qu'il eust confessé l'avoir receu, & cette exception avoit cela de particulier (contre la maxime ordinaire des exceptions) que ce n'estoit pas au debiteur qui la proposoit, d'en faire la preuve, mais au Creancier, qui estoit chargé de justifier qu'il avoit réellement compté la somme en question au debiteur.

13 La Loy donna encore au debiteur, outre cette exception, une action pour se faire rendre par le Creancier, la Promesse ou l'Obligation qu'il luy avoit faite, quand il n'y avoit pas satisfait, en luy payant la somme qui y estoit exprimée.

Ex cautione non numeratæ pecuniæ, non annis sed quinquennii spatio, desicere nuper censuimus.

14 D'abord cette exception *pecuniæ non numeratæ*, fut perpetuelle, il paroist par une Constitution de Marc Aurele, tirée d'un Fragment du Code Hermogenien, qu'elle avoit esté reduite à un an, & que cet Empereur l'avoit étenduë ensuite jusqu'à cinq ans, mais Justinien de cinq ans la reduisit à deux ans.

Cette exception n'avoit lieu qu'en deux cas, sçavoir dans le Prest, & à l'égard de la Dot ; parce que dit Joan. Faber *instit. de litt. ob.* c'est particulierement dans ces deux occasions que les hommes ont d'ordinaire plus de facilité de confesser qu'ils ont receu ce qui ne leur a pas esté payé : *Propter affectiones quas habent ad pecunias & uxores.*

15 Neanmoins Monsieur Cujas *C. de non num. pec.* prétend que cette exception avoit esté étenduë à tous les autres Contrats qui se consommoient par la Tradition, *ut contra actionem depositi, commodati.* C'est aussi le sentiment d'Oldendorpius, *de usucap.* rapporté par Duret sur la Coutume de Bourbonnois, des Exceptions §. 36. Rebuffe *Tr. de Chirogr. n. 35.* dit que dans les autres Contrats que le Prest & la Dot, *vocatur exceptio rei non traditæ*, avec cette difference qu'elle dure deux ans à l'égard des deux premiers : mais dans tous les autres elle doit estre opposée sur le champ, & celuy qui ne l'oppose pas, *statim sibi prajudicat*, quoy que, dit-il ; s'il prouve, même aprés les deux ans que la chose ne luy a point esté délivrée, il doive

en Matiere Civile.

eftre déchargé de l'Obligation, par laquelle il avoit reconnu l'avoir receu, en obtenant des Lettres pour se faire restituer contre cette reconnoissance ; Et n. 50. il ajoûte que dans le ressort du Parlement de Tolose, il peut aussi agir, suivant qu'il estoit permis en Droit, pour se faire rendre son Obligation, comme estant faite sans cause.

16 La question a esté de sçavoir en Droit, si une telle reconnoissance avant les deux ans, produisoit une Obligation legitime au profit du Creancier, en la personne de celuy qui l'avoit faite, quand il n'avoit point receu du Creancier la chose qu'il luy avoit promise. Mais sans entrer dans cette Question que Joa. Faber agite *loco cit.* Accurse *inst. de litt. obl.* decide que le debiteur estoit obligé civilement durant les deux ans que duroit cette exception, laquelle ne suffisoit pas seule pour le contraindre à payer, & qu'aprés les deux ans elle devenoit une Obligation naturelle, *prima civilis incipit habere vim naturalis & civilis.*

17 Quoy qu'il en soit, il faut observer que cette exception pouvoit estre aussi opposée par le Creancier contre le debiteur dans les trente jours seulement, quand il avoit reconnu dans une Quittance avoir esté payé réellement de la somme qui luy estoit deuë, quoy que cela ne fût pas, & que le debiteur luy eust simplement promis de la luy payer, §. *super cæteris. C. de non nu. pec.*

18 Ce qui a fait le plus de difficulté, a esté de sçavoir si le debiteur ayant obmis de se servir de cette exception dans les deux ans que la Loy luy avoit accordé à cet effet, il estoit encore recevable aprés ce temps d'intenter l'action de dol contre le Creancier, qui avoit la mauvaise foy d'exiger de luy la restitution d'une chose qu'il ne luy avoit pas livrée. La raison de douter estoit, qu'indépendamment du benefice de l'exception *pec. non nu.* que la Loy luy avoit accordé, (laquelle n'avoit pas toûjours esté fixée à deux ans), cette
19 action de dol luy estoit acquise. Joa. Faber *inst. loc. cit.* aprés avoir examiné les raisons des Docteurs de part & d'autre, decide qu'aprés les deux ans l'action de dol estoit aussi éteinte ; sa raison est que quoy que cette action soit perpetuelle quand elle est seule, c'est-à-dire qu'elle dure trente ans, elle est neanmoins en ce cas limitée à deux ans ; parce qu'elle concourt & est confonduë avec cette exception *pecu. non nu.* dont elle prend la

TTt

nature, laquelle ne peut durer que deux ans ; & fur ce qu'on luy oppofoit qu'il y avoit de l'injuftice que le Creancier profitaft aprés les deux ans de l'argent du debiteur, lequel il pouvoit contraindre au payement, quoy qu'il ne luy euft point donné d'argent. Il répond que cette fin de non recevoir acquife au Creancier aprés les deux ans contre le debiteur, n'eft pas moins jufte que la prefcription qui a la force de priver le veritable Proprietaire de fon bien, pour en enrichir un autre qui n'y a aucun droit; joint, dit-il, que cette exception *pec. non nu.* eftoit elle-même injufte à l'égard du Creancier qui avoit un droit acquis par la reconnoiffance du debiteur, & qu'il euft efté contre l'équité, qu'aprés les deux ans ce debiteur euft eu encore une action contre luy, nonobftant fa reconnoiffance.

Monfieur d'Argentré fur l'article 280. de la Coutume de Bretagne, fait voir avec fon éloquence & fa penetration ordinaire, l'injuftice de cette exception; qui, dit-il, eftoit contraire à la bonne-foy, & qui ne fervoit qu'à autorifer la fraude des debiteurs: *Nihil aliud videtur quam fraudes alere publica juris authoritate, & maligna fapientia fovere debitorum perfidiam.*

Il faut venir à prefent à ce qui s'obferve parmi nous, pour fçavoir de quel ufage eft cette exception *pec. non num.* dans les Coutumes qui en parlent expreffement, & fi la preuve par témoins y eft recevable, ce qui ne fe peut expliquer fans rapporter quelques-uns des Textes des Coutumes qui en difpofent.

Auvergne Chapitre 18. article 3. *Celuy qui a baillé Cedule ou Obligation d'aucune fomme de deniers, ne peut alleguer l'exception de deniers non baillez ou nombrez, pour charger le Creancier de prouver le nombrement defdits deniers.*

Article 4. *Mais fi le debiteur le veut prouver, il y fera receu.*

Du Moulin fur cet Article 3. dit qu'il renferme toute noftre Jurifprudence fur cette matiere: *Hic eft verus fenfus cum paragrapho fequenti, & generaliter obfervatur in toto regno.*

La Marche Article 99. Chapitre 44. eft conforme à celle d'Auvergne.

Celle de Berry T. 2. Art. 31. ajoûte: *Et pourra audit cas celuy qui propofera ladite exception, déferer fur icelle le ferment décifoire au Creancier, lequel dit Creancier fera tenu accepter ou referer, s'il n'y a jufte caufe pour recufer la délation.* Maiftre Charles du Moulin en fon Apoftille fur cet Article, limite cette difpofition dans les deux années du jour de l'Obligation : *Sed post biennium non tenetur creditor formale quoddam juramentum subire, satis est quod juret deberi, ergo minus cogi potest ad interrogatoria particularia in quibus non sibi defferretur sed exigeretur juramentum*, ce qui est conforme à la Loy 14. *C. de non num. pec.* §. *illo videlicet.*

Ainsi après les deux ans dans cette Coutume, & dans les Coutumes qui ont admis cette exception, le debiteur ne peut déferer le serment au Creancier sur la verité de la numeration, ny le faire interroger sur faits & articles, pour luy faire avoüer la verité malgré luy.

24 Bourbonnois Chapitre 4. Article 36. *Exception de deniers non nombrez, n'a point de lieu en Cour Laye, sinon que la Partie voulut s'en rapporter au serment du Creancier.* Maistre Charles du Moulin sur cet Article, après avoir marqué que cette exception a lieu aussi en Cour Ecclesiastique (ce qui est contraire au sentiment des Canonistes, attesté par Rebuffe *loc. cit. n.* 5.) ajoûte : *Et etiam hic §. intelligitur ad effectum onerandi creditorem probatione, sed non à nullo genere probationis reus excluditur, potestque petere actorem interrogari non deferendo ei juramentum.*

Cambray T. du Stile & Pratique de Cour Laye, article 15. Montargis Chapitre 21. article 12. Orleans T. 20. article 44. Blois Chapitre 22. article 269. ont à peu prés les mêmes dispositions.

25 Mais celle de Bretagne Article 280. a quelque chose de different : *Celuy qui s'est obligé en espoir d'avoir le Prest, ou la denrée, & n'a eu l'un ne l'autre, peut par action les demander dedans deux ans après l'Obligation, & non plus, sinon que Procés fût meu au dedans desdits deux ans.*

26 Cette Coutume est particuliere. 1. En ce qu'elle donne une action au debiteur pour se faire délivrer *l'argent de la denrée*, pour user de ses termes, qui luy a esté promise, & en ce que cette action ne dure que deux ans, s'il n'y a eu Procés intenté avant les deux ans. Ainsi pendant les deux ans la reconnoissance du debiteur (qu'il a reccu) ne peut luy estre opposée par le Creancier, dit Monsieur d'Argentré, & quoy que la Coutume ne luy donne pas cette exception, il ne laisse pas de l'avoir : *Aut à jure Romano, aut certe ab illa regula, cui damus actionem, multo magis damus exceptionem.*

2. Cette Coutume est singuliere, en ce qu'elle donne cette action au debiteur en toute sorte de Contrats, contre la maxi-

me ordinaire, que la confeſſion ou reconnoiſſance des Contractans dans un Acte, fait foy.

Monſieur d'Argentré au même endroit, ajoûte que même aprés les deux ans, ſi le debiteur offre de prouver qu'il n'a point receu l'argent du Creancier, il y doit eſtre receu nonobſtant la numeration exprimée dans l'Obligation, ſuivant la Regle de Droit, *Quæ temporalia ſunt ad agendum, ſunt perpetua ad exjipiendum*; & en ce cas, dit Bartole, le debiteur doit alleguer l'exception de dol, ſans ſe ſervir de l'exception *pec. non num.* ce qu'il peut faire dans les trente ans. C'eſt auſſi le ſentiment de Rebuffe *loco cit.* qui dit que le debiteur, pour eſtre receu à faire cette preuve, doit prendre des Lettres contre ſon Obligation; quoy que ce ne ſoit pas le ſentiment de Joa. Faber, cy-deſſus cité, & de pluſieurs autres.

27. On peut demander ſi cette exception *pec. non num.* a lieu dans toutes les autres Coutumes de la France, qui n'en ont point parlé, avec les reſtrictions cy-deſſus. Papon l. 2. des Notaires, dit preciſément que cette exception a lieu en France, & qu'elle dure trente ans. Godefroy ſur la Loy 14. *de non num. pec.* dit la même choſe. Rebuffe ſur les Ordonnances *in proc.* eſt de même avis, & dit qu'en ce cas, c'eſt au debiteur à prouver, que l'argent ne luy a pas eſté compté. Mathæus en ſon Traité *de prob.* Chapitre 4. n. 41. ſoûtient que l'exception *pec. non num.* n'eſt point abrogée, *quantum ad rem ipſam & quo ad cauſam principalem*: mais que même avant les deux ans le debiteur eſt chargé de faire cette preuve. Cependant Loyſel l. 5. de ſes Inſtituts T. 2. R. 6. dit indéfiniment qu'*exception d'argent non nombré, n'a point de lieu.* Imbert l. 1. Chapitre 30. de ſa Pratique, dit la même choſe, mais cela doit s'entendre ainſi qu'il vient d'eſtre dit ; c'eſt-à-dire que ce n'eſt point le Creancier qui eſt chargé de faire cette preuve de la numeration durant les deux années ny aprés; c'eſt ainſi que l'explique Charondas en ſes Obſervations *in verbo, exception,* en prenant neanmoins des Lettres par le debiteur, comme il dit; ſuivant le ſentiment de Rebuffe & d'Imbert *loco citato*.

28. Il reſte donc à examiner qu'elle preuve eſt receuë en ce cas. Suivant la Loy *generaliter C. de non num. pec.* la Maxime generale eſt que contre la reconnoiſſance par écrit du debiteur, il faut une preuve par écrit, *per apertiſſima rerum argumenta ſcriptis inſerta* ; mais cette Loy n'eſt point dans le cas du

Prest, ainsi que les Docteurs en conviennent.

Il est constant neanmoins que suivant la disposition de l'article 54. de l'Ordonnance de Moulins & de l'Ordonnance de 1667. qui déroge à toute Coutume contraire, la preuve par témoins n'est point admissible *contre, & outre ce qui est écrit dans un Acte*, soit que cet Acte soit autentique ou sous signature privée ; par consequent on doit conclure que la preuve par témoins doit estre absolument deffenduë en ce cas.

29 Mais on peut faire difficulté au sujet d'une distinction que les Docteurs ont fait sur cette Matiere; sçavoir lors que dans l'Acte il y a une numeration ou tradition réelle exprimée, ou quand il n'y a qu'une simple reconnoissance que le debiteur a receu la chose en question, car ils ont decidé que cette simple reconnoissance ne faisoit aucune foy au préjudice du debiteur, pendant les deux ans que duroit l'exception *pec. non* 30 *num. Quia*, dit M. Charles du Moulin, *Cod. de non num. pec. confessio erronea vel falsa, licet ab aliquo scienter fiat, non præjudicat*; suivant la Loy *Cum falsa C. de juris & facti ignorantia. Quia nos habemus regulam*, ajoûte-t'il, *quod contra omnem confessionem, admittatur probatio in contrarium, l. cum indebito ff. de prob.* C'est pourquoy, dit-il, le Creancier pour prévenir la mauvaise foy du debiteur qui a receu l'argent, doit appeller un Notaire & des témoins, pour estre presens lors de la numeration des deniers, *ut sic, fit instructus contra iniquam exceptionem in probando.* Ce qui marque que dans le cas de numeration exprimée, le Creancier n'a rien à craindre de cette exception, parce que cet Acte autentique fait foy contre le debiteur. C'est pourquoy Mazuer des Obligations T. 29. dit que celuy qui est obligé pour cause de Prest, se peut aider de l'exception *pec. non num.* sinon, dit-il, qu'il fût obligé sous scel autentique, & que les Lettres obligatoires portassent que la somme a esté payée *Reaument & de fait*, ce sont ses termes. L'Hoste sur l'article 11. Coutume de Montargis, fait aussi la même distinction & plusieurs autres. Et le même du Moulin sur l'article 36. de la Coutume de Bourbonnois Chapitre 4. cy-dessus cité, dit indéfiniment que toute sorte de preuve est permise au debiteur : *Sed non à nullo genere probationis reus excluditur.* Mascardus *de probat. conclus.* 361. *n.* 4. cite les Auteurs qui soûtiennent que cette reconnoissance ne fait aucune foy ; entr'autres Balde, Paul de

Caſtres, Socin. &c. ce qu'il confirme n. 45. *ibid. Quando ex tenore inſtrumenti de actuali numeratione conſtat, quia tunc abſque exceptione plene probat dicta confeſſio;* auquel cas, dit-il, l'exception *pec. non num.* n'eſt pas même recevable; c'eſt auſſi le ſentiment d'Accurſe *inſt. de litt. ob. Si autem ita continetur in ſcriptura, noveritis quod talis in præſentia noſtra conſtitutus, numeravit, vel numerare fecit tali. Hic fit mentio preciſè in ſcriptura de numeratione facta, ideo ſcriptura ſtare oportet, quia non poteſt hujuſmodi litteris exceptio non numeratæ pecuniæ opponi.* Rebuffe *T. de Chirogr. n.* 59. dit la même choſe, & ajoûte que cette exception n'eſt receuë que dans le cas d'une ſimple reconnoiſſance du debiteur, *qu'il a receu*, & non pas quand la numeration eſt expreſſe; au ſujet dequoy il avertit les Notaires de ne point inſerer dans l'Acte cette numeration de l'argent, s'ils ne l'ont veu faire en leur preſence; autrement, dit-il, ils ſont coupables de faux : *Quia afferunt teſtimonium, de eo quod non vident*.

Sed in primo caſu, videtur quod nō poſſit refutari quin admittatur ſuper fictione contractus, cum nedum numerationem, imo ſubſtātiā contractus impugnet, quia ſi ſit fictitia contractus. Non valet & iſtud factum eſt poſitivum & affirmativum & ideo debet admitti unde ſi ex conſequentia neget numerationem, non videtur quod debeat retelli.

Ce que dit Joan. Faber, *inſt. de litt. ob.* ſur cette exception, 31 & ce qui a eſté rapporté cy-deſſus de Monſieur d'Argentré, peut ſervir à trouver la deciſion de cette difficulté. Il decide que quand le debiteur ſoûtient poſitivement que l'argent ne luy a point eſté livré, cette exception ne dure que deux ans: mais quand il ſoûtient que l'Obligation eſt ſimulée, en ce cas même aprés les deux ans, il eſt recevable à cette preuve, quoy que cette exception *pec. non num.* ny l'action de dol, ne durent que deux ans; Parce que, dit-il, ce que le debiteur avance touchant la ſimulation de l'Obligation, eſt un fait poſitif & affirmatif qui détruit la ſubſtance de l'Acte; car quand le debiteur ſoûtient que l'Acte eſt ſimulé, il s'enſuit qu'il n'y a point eu de numeration réelle, & ainſi il doit eſtre écouté. Et Monſieur d'Argentré ajoûte qu'aprés les deux ans, le debiteur ne doit plus alleguer l'exception *pec. non num.* mais l'exception de dol, laquelle il peut oppoſer dans les trente ans. D'où on peut inferer que quand il n'y a qu'une ſimple reconnoiſſance d'avoir receu, faite par le debiteur, il peut ſoûtenir que cette reconnoiſſance eſt ſimulée & frauduleuſe, & demander à en faire la preuve par témoins; parce que la ſimulation & le dol détruiſent entierement la ſubſtance de l'Acte, & que l'Ordonnance n'a point defendu la preuve par témoins en ce cas, ainſi qu'il a eſté prouvé cy-deſſus; mais il faut que le debiteur rapporte de fortes préſomptions de cette ſimulation, ſuivant ce qui a eſté marque dans le Chapitre 7. de la premiere Partie, & c'est au Juge à décider si elles suffisent pour le recevoir à cette preuve, ou si elles ne suffisent pas, que si la numeration est exprimée dans une Obligation ou Acte autentique passé devant Notaire & témoins, il faut un commencement de preuve par écrit de la simulation & de la fraude, parce que la Regle de Droit & l'Ordonnance sont contre le debiteur, & que la présomption est que l'énonciation de cette numeration est serieuse & veritable, à cause de la foy publique de l'Acte.

32. Mais s'il y a présomption d'usure, comme si c'est un Contrat de Constitution, dans lequel il soit énoncé seulement que celuy qui a emprunté l'argent, a reconnu l'avoir receu avant la passation du Contrat, la preuve par témoins doit estre permise, parce que l'usure ne se couvre point, & que toute sorte de preuve est admise pour la découvrir. Mascardus *Conclus.* 361.

33. n. 39. & Rebuffe *de chirogr.* decident qu'un Marchand ny un Banquier ne peuvent opposer cette exception *pec. non num.* contre une Lettre de Change qu'ils ont signée, à cause de la bonne-foy du commerce, ce qui est certain, suivant le sentiment des Docteurs & par l'usage.

34. Enfin on demande comment le debiteur pourra prouver que le Creancier ne luy a point nombré l'argent qu'il a reconnu avoir receu, parce que c'est un fait negatif.

Duret sur la Coutume de Bourbonnois *loco citato*, rapporte le sentiment d'Angelus, qui dit que le debiteur doit se renfermer dans des faits positifs; Par exemple, il doit prouver que lors de la passation de cet Acte il estoit absent, ou faire déposer aux témoins qu'ils n'ont point veu faire la numeration, & que cette preuve suffira, n'en pouvant faire une meilleure, mais cette opinion n'est pas juste; car s'il prouve qu'il estoit absent lors de l'Acte, il s'ensuit que l'Acte qui énonce qu'il est present, & qui porte sa signature, est un Acte faux; & ainsi ce n'est plus le cas de la preuve d'une negative, mais d'un fait positif, pour prouver lequel il faudroit, suivant nos mœurs, s'inscrire en faux. Et à l'égard des témoins qui ont parlé dans l'Acte, leur foy est engagée, & leur témoignage seroit rejetté: ainsi cette preuve est très-difficile, si ce n'est par la confession du Creancier, quand il est d'assez bonne foy pour demeurer d'accord de la verité.

CHAPITRE VII.

Du Prest Civil.

SOMMAIRE.

1. *Le Prest Civil est quand on change la cause de la dette.*
2. *Difference du Prest Naturel & du Prest Civil.*
3. *Distinction pour sçavoir quand la preuve par témoins est receuë en ce cas.*
4. *Sentence d'un Juge qui ignoroit ce que c'estoit que le Prest Civil.*
5. *On n'est point receu à prouver par témoins qu'il n'y a point eu d'argent comptant prêté, quand la numeration est exprimée dans le Contrat.*
6. *Avis à ceux qui contractent, d'exprimer dans l'Obligation pour prest, la cause qui y a donné lieu.*
7. *Si le deffendeur articule que la cause de cette Obligation est fausse & supposée, ou usuraire, la preuve est admise.*

EST jam quærendum de mutuo civili, de quo nonnulla sunt Juris exempla, *a* & de cautione unius causæ pro alia, quando, & quomodo in causas scriptas excipere, & testibus exceptionem probare liceat, nonobstante hac Regiâ Constitutione. Exempli gratia, Titius qui ex certis causis, pecuniam debebat Caio, forsan ex negotiorum gestione, *b* aut ex venditione, aut ex impensis, utriusque nomine factis, vel cùm non haberet pecuniam, quam Caio mutuaret, lancem argenteam, vel vestem, vel quid aliud ipsi Caio dedit, *c* ut pignori apud alium creditorem poneret, pecuniamque ab eo acciperet : deinde Caius in-

a L. Si ex pretio. l. Si pro mutuo. C. Si cert. pet.

b L. Qui negotia. ff. mand.

c L. Rogasti. ff. Si cert. pet. l. Petenti. ff. de pig. actione.

IL faut parler presentement du Prest Civil, dont il y a quelques exemples en Droit, & des Promesses ausquelles on a exprimé une autre cause que celle pour laquelle elles sont conceuës, & de qu'elle maniere il est permis, nonobstant cette Ordonnance, de revenir contre la cause qui y est exprimée, & de prouver par témoins qu'elle est celle qui y a donné lieu. Par exemple, Titius qui devoit une somme à Caius pour certaines causes, soit parce qu'il avoit geré ses affaires, ou pour une vente qu'il luy avoit faite, ou pour impenses & avances dans une affaire commune,

commune, ou parce que n'ayant point d'argent pour luy prester, il luy avoit donné de la vaisselle d'argent, des habits, ou autres hardes pour les mettre en gage chez un autre qui devoit prester l'argent sur ces gages, ensuite Caius a passé une Obligation à Titius, par laquelle il a reconnu qu'il luy devoit cent écus pour cause de Prest, qui luy a esté fait réellement, & a confessé avoir receu cette somme, renonçant même à l'exception, *pecuniæ non numeratæ*, personne ne peut nier que ce ne soit là un Prest Civil, ou quasi Civil, pour des causes que l'on a déguisées sous le nom de Prest, ce qui se pratique tous les jours entre Marchands, qui quoy qu'ils negotient pour fait de Marchandise, neanmoins en passent des Obligations pour cause de Prest, & cette sorte de Prest, qui a esté nommé prest Civil par Bartole, & par nos Jurisconsultes, n'a pas moins de force que le Prest Naturel, qui ne s'appelle Naturel que parce qu'il se contracte par la réelle numeration de l'argent, contre laquelle on ne peut proposer l'exception *pecuniæ non numeratæ*. Et on appelle l'autre Prest Civil, parce que ce n'est pas par la numeration de l'argent qu'il a effet, mais une simple reconnoissance de celuy qui *emprunte*, qu'il a receu l'argent.

Mais sera-t'il permis d'articuler contre une semblable Obligation, que jamais il n'a rien esté presté, & que l'Obligation a une autre cause que le Prest, & sera-t'il permis de le prouver par témoins, nonobstant l'Ordonnance; j'ay veu une infinité de Procés sur cette Ques-

strumentum dedit Titio, quo fassus est se eidem Titio centum aureos debere, ex causâ mutui, quod realiter sibi factum fuisse professus est, ob id, exceptioni non numeratæ pecuniæ renuncians. Nemo quidem inficiabitur, istud esse mutuum civile, vel quasi civile, ex unâ, vel pluribus causis, in causam mutui versis, ut quotidie fit inter Mercatores, qui quamvis pro rebus mercalibus inter se negotientur, sæpe tamen causas mercales, in causas mutui transferunt. Et hoc quidem mutuum, quod Civile à Bartolo, *a* & nostris nominatum est, non minorem habet authoritatem, quàm Naturale mutuum, cùm ideo naturale vocetur, quia naturali, corporali, & verâ numeratione pecuniæ, contractum sit, *b* & contra quod, pecuniæ non numeratæ exceptio nusquam allegari potest: *c* Mutuum verò civile idcirco appelletur, quòd non reali pecuniâ, sed simplici confessione de recepto confici soleat. *d*

a In L. Singularia. ff. de reb. cred.

b Ut not. in L. Non omnis. eod. & l. 1 §. Si jusserim. ff. de acq. possess.

c Ut not. in l. Generaliter C. de non num. pecun.

d L. Adversus C. eodem.

Sed nunquid adversus mutuum illud civile, excipi poterit; nunquam mutuatum fuisse, sed ex aliâ causâ causatum? & an hæc omnia testibus probare licebit, nonobstant hac Regia sanctione? Circa hanc quæstionem vidi infinita penè jurgia, & dissidia: ideoque ita distinguendum putarem. Aut enim, contra inftrumentum, habens confeffionem de mutuo, publicum, aut privatum, id tantum allegatur, & excipitur, quòd nunquam mutuata fuerit pecunia, fed quòd fabricatum fit & compofitum inftrumentum ex certis aliis caufis, inter partes non expreffis, & caufam mutui non habentibus: atque ita, objicitur, caufam mutui, inftrumento appofitam, falfam effe, & per confequens, ex ea agi non poffe, cùm mutuum nufquam fuerit contractum: Et dico hanc exceptionem invalidam effe, inftrumentoque, in quo confeffio mutui expreffè appofita eft, non obeffe, fi nihil aliud ultrà dicatur : *a* nam hæc mutui confeffio, tametfi reale mutuum non fit, tamen eft civile mutuum, Legis authoritate comprobatum. *b* Ideoque errant Judices, qui putant, caufam aliam in mutuum verfam, probandam effe, & ex fola debiti confeffione non effe judicandum, quomodo judicatum à quodam fuiffe fcio : cùm enim Actor inftrumentum mutui protuliffet, & Reus fibi factum fuiffe mutuum negaret, Juramento interpellatus Actor, ingenuè faffus eft, pecuniam reverâ à fe numeratam non effe, fed nonnullas alias obligationis caufas inter hos fuiffe, quibus in ære Actoris erat Reus, & ex iis acceptolatis, inftrumentum mutui confectum effe, quamvis ex mutuo nihil prorfus oriretur. Judex, his auditis, ignorans planè, quid effet civile mutuum, abfolvit Reum à mutuo, cum expenfis. Nemo quippe non videt, per-

a Diff. L. Generaliter & diff. l. Adverfus.

b Tot. tit. C. de non num. pecun. & Inftit. de liter. oblig.

tion, c'eft pourquoy je croirois qu'il faut diftinguer ; car ou l'on foûtient contre la teneur de l'Obligation paffée devant Notaire, ou fous fignature Privée, qui contient le Preft, qu'il n'y a jamais eu aucun argent preſté, mais que cette Obligation a eſté faite pour une autre cauſe qui n'y eſt pas exprimée, & qui n'eſtoit pas celle pour Preſt : & ainſi on prétend que la cauſe de l'Obligation eſt fauſſe, & que par conſequent on ne peut agir en vertu de cette cauſe, parce qu'il n'y a jamais eu de Preſt, & je dis qu'en ce cas cette exception eſt nulle, & ne peut préjudicier à la reconnoiſſance contenuë en cette Obligation, dans laquelle on a exprimé la cauſe de Preſt, ſi on n'ajoûte rien davantage ; car quoy que cette reconnoiſſance de Preſt ne ſoit pas un Preſt Naturel, mais un Preſt Civil, ce Preſt eſt neanmoins autoriſé par la Loy, ainſi les Juges qui croyent que l'on eſt obligé de prouver qu'il y a eu une autre cauſe précedente qui a eſté changée en celle de Preſt, & qui prétendent qu'il ne ſuffit pas que cette Obligation contienne une reconnoiſſance de la dette pour condamner le debiteur ſe trompent, comme je ſçay qu'il eſt arrivé à un certain Juge ; car un demandeur ayant conclu devant luy au payement d'une pareille Obligation pour cauſe de Preſt, le Deffendeur ayant ſoûtenu qu'il ne luy avoit jamais rien preſté ; il défera le ferment au Demandeur, lequel avoüa ingenuëment qu'il n'avoit point prêté d'argent, mais que cette Obligation avoit esté contractée pour autre cause, pour raison de laquelle le Deffendeur luy devoit, & que l'en ayant tenu quitte, ils avoient passé une Obligation pour Prest; ce que le Juge, qui ignoroit absolument ce que c'estoit que le Prest Civil, ayant entendu, il debouta le Demandeur de sa demande, & renvoya le Deffendeur absous avec dépens. Personne ne doute que ce Juge ne se trompast manifestement; car il est des Maximes, dit Ulpien, en matiere de dettes, qu'il est permis de faire transport pour cause de Prest à mon Creancier de ce qui m'est deu par un autre, ou que ce que vous me devez pour cause de l'action de mandat, vous m'en fassiez une Obligation pour argent presté; il est permis même de changer une Obligation pour Prest, en une autre aussi pour cause de Prest; car cette reconnoissance qui fait le Prest Civil, se fait par la fiction de la Loy, qui a la même force que si c'estoit un veritable Prest.

5 Je conclus donc que si contre une telle Obligation, le debiteur oppose simplement, qu'il n'a point receu d'argent comptant, il ne faut pas l'admettre à la preuve par témoins de ce fait, tant parce qu'il est presque impossible de prouver une negative, que parce qu'en matiere de Prest Civil, la numeration des deniers n'est pas necessaire, mais il suffit au Creancier de prouver qu'il y a eu une cause precedente de l'Obligation, qui a esté changée en celle de Prest, sans estre obligé de prouver les autres causes qui y ont donné lieu, par-

peram & Juris errore judicatum fuisse. Singularia enim quædam sunt præcepta, (inquit Ulpianus) *a* circa pecuniam creditam, ut quod mihi ab alio debetur, tibi in causam mutui cedere possim, vel quod, ex causa mandati debes, id, in causam crediti acceptum feras: imò, de specie in speciem, fieri potest mutui confessio, *b* veluti de uno contractu, in aliam contractus causam, *c* mutuum enim Legis fictione dicitur: quæ fictio ejusdem virtutis est cum veritate. *d*

Concludo igitur, quod si in tale instrumentum, ex confessione mutui confectum, nihil aliud opponatur, præter quàm, quòd pecunia realiter numerata non fuerit, Reum audiri non debere, & testium probationem, pro confirmanda hac pecuniæ non numeratæ exceptione, non esse recipiendam: tum quia, hæc negativa vix coarctati possit, & sic, per rerum naturam, probationem non admittat: *e* tum quia, ad mutui causam, non sit necessaria realis pecuniæ numeratio, sed sufficiat Actori, si asserat causam aliam, in causam mutui versam esse, nec cogi possit ad

a l.n l. singularia. ff. de reb. cred. si cert.pet.

b L. Eo quod. Cod. si cert.pet.
c L. Certi conditio. §. fin. ff. eodem

d L. Si is qui pro emptore. ff. de usucapionib.

e L. Asseveratio. C. de non numer. pec. l. Actor. C. de probat.

ce que l'Acte suffit pour en faire foy, si on ne l'impugne de faux, comme il a esté dit.

Neanmoins les Creanciers fe-6 roient plus à propos, si dans ces occasions ils marquoient dans le commencement de l'Obligation quelle a esté la cause de celle qui a précedé, & que le debiteur a changé en cause de Prest, en expliquant qu'il a consenti que de ce qu'il devoit pour une ou plusieurs causes, il en fût passé Obligation pour argent presté, comme il se faisoit autrefois à Rome par le moyen de l'acceptilation Aquilienne; car ainsi on eviteroit plusieurs difficultez qui arrivent tous les jours en de pareilles rencontres : mais quoy qu'il en soit, j'estime qu'il faut s'en tenir au Contrat, si on n'allegue point autre chose que le deffaut de numeration.

Que si le debiteur passe plus 7 loin, & qu'il ajoute que non seulement l'argent, n'a point esté nombré, mais que la cause précedente que l'on dit avoir esté changée en cause de Prest, est fausse & supposée, frauduleuse ou usuraire, ou qu'elle n'a esté par luy consentie que dans l'esperance qu'on luy donneroit de l'argent, ce qui n'a pas esté fait, & qu'ainsi il soit arrivé que par la facilité du debiteur, le Creancier ait extorqué de luy une Obligation pour Prest, qui ait une cause fausse ou nulle par elle-même, & que ce debiteur ob-

---

a L. In contradictis. C. de non num. pecun.
b L. Si uteris C. de fid. instr.

aliarum causarum probationem, cùm validum sit instrumentum, *a* nisi de falso per inscriptionem impugnetur, *b* ut superiùs tactum est.

Satius tamen facerent creditores, causam unam in causam mutui vertentes, si de præcedenti causa, nonnihil dicerent, in præfatione instrumenti ; exprimerentque, Reum consensisse, ut ea pecunia, quæ ex præcedenti causa, vel pluribus causis debebatur ab eo, in causam mutui transferretur per acceptilationem, ut olim fiebat in Aquilianis stipulationibus. *c* Nam, hac forma, obviam iretur multis ambagibus, quæ de his confessionibus, ex causa mutui factis, quotidiè oboriuntur. Sed tamen quicquid sit, pro instrumento semper judicandum putarem, si nihil aliud objiciatur, quàm numerationis realis defectus.

c §. Est autem Inst. quib. mod. oblig. toll. L. Aquiliana stipulatio ff. de transact.

Si verò ultrà progrediatur Reus, & opponat, causam illam præcedentem, in causam mutui versam, falsam & supposititiam *d* fuisse, vel dolosam, *e* aut deceptivam, & usurariam, vel alia circumventione compositam, aut spe futuræ numerationis factam, quæ non sequuta fuerit, atque ita, cùm nulla esset vera obligatio, causam mutui callidè prætextam fuisse, & hoc modo facilitate Rei, Actorem ex falsa, vel nulla causa, mutui causam extorsisse, cujus obligationis annullationem petat ipse Reus, impetrata à Principe restitutione, nemo dubitat, quin Reus audi-

d L. Si adversarius. C. de fid. instr.
e L. Et elegantèr. ff. de dol.

tienne des Lettres de Rescision pour la faire declarer nulle, personne ne doute qu'il ne doive estre écouté, & qu'il ne soit recevable à prouver que cette cause est nulle, frauduleuse & supposée, parce qu'il y a en cela du dol, & le dol & la fraude, ou la nullité estant prouvée, il ne restera plus aucune cause de l'Obligation, qui ait pû estre changée en cause de Prest; c'est pourquoy ce premier fondement de l'Obligation ne subsistant plus, celle qui a esté conceuë (seulement) pour Prest, est necessairement détruite, suivant la Maxime vulgaire de Droit, & je l'ay veu ainsi juger & decider dans les Consultations.

ri debeat, atque idcirco probare possit testibus, dolosam fuisse causam, *a* aut nullam, aut suppositiam, vel alia machinatione seu nullitate laborantem, cùm hæc omnia doli, & criminis speciem referant: quibus probatis, nulla subsistet causa, quæ in mutui causam converti potuerit, atque ob id, sublato primo fundamento, causam mutui superædificatam, corrui, erit necesse, vulgato Juris argumento. *b* Et ita vidi semper consuli, & judicari.

a *L. Si dolo. C. de resc. vend.*

b *L. 1. C. de condict. ob cauf. dat & ibi Bald.*

ADDITIONS SUR LE VII. CHAPITRE.

SOMMAIRE.

1. *Explication du Prest Civil par Perezius sur la Loy* Rogasti, *citée par Boiceau.*
2. *Sentiment de Monsieur Cujas sur cette Question.*
3. *Autre Question au sujet d'une Obligation pour Prest, qui a pour cause un reliqua de compte.*
4. *Maxime generale sur ce sujet.*
5. *Du Prest à usage, appellé* Commodatum.
6. *Boiceau estime que la preuve par témoins n'y est pas receuë.*
7. *Raisons pour l'opinion contraire.*
8. *Arrests qui ont admis la preuve.*
9. *Raisons de ces Arrests.*

BOICEAU dans ce Chapitre traite uniquement du Prest Civil, & après avoir expliqué ce que c'est, il decide que si on n'allégue simplement que le deffaut de numeration de l'argent presté contre l'Obligation; elle ne laisse pas de subsister quand elle a une autre cause. C'est ce qu'il faut examiner plus au long.

Perezius sur le Code T. *de mutuo*, explique fort bien ce que c'est que le Prest Civil, & aprés avoir rapporté la Loy *Rogasti ff. de rebus creditis*, citée par Boiceau, voici l'espece qu'il en donne. Quand un Particulier, dit-il, veut emprunter de l'argent d'une personne, & que cette personne n'ayant point d'argent, luy donne des meubles à mettre en gage pour en emprunter, ce n'est pas un veritable Prest, parce que le Creancier n'a point en effet presté d'argent, puisque celuy que le debiteur a receu, n'a jamais appartenu à ce Creancier, neanmoins en ce cas la Loy par un motif d'équité, cache & supprime l'une des actions qui naissent de ce Contrat (c'est-à-dire celle qu'a celuy qui a presté l'argent au debiteur sur les gages, contre celuy à qui les gages appartiennent) & pour éviter ce circuit d'actions, elle feint que le debiteur a effectivement receu l'argent de celuy à qui les gages ont esté mis entre les mains, & elle suppose que ce Creancier a en même temps presté cet argent au debiteur.

Error in causa obligationis non vitiat stipulationē nec impedit novationem, quia aliqua existit obligatio, si non mutui. Ut falso præmissum est, venditionis; qua in stipulationem transfertur.

Monsieur Cujas sur la Loy *si ex pretio* C. l. 4. T. 2. citée aussi par Boiceau, dit que l'erreur ou la fausse expression de la cause de l'Obligation, ne la vitie pas toûjours quand il y a une cause veritable, quoy qu'elle ne soit pas exprimée; ainsi on est souvent obligé d'estimer en argent ce qui nous est deu pour raison d'autre chose. Par exemple, quand on a compté d'une succession ou d'une societé en laquelle on avoit interest, si on se trouve Creancier ou debiteur pour raison de plusieurs causes differentes, on peut les reduire en argent: *Æstimatio rerum quæ mercis numero habentur, in pecunia numerata fieri potest*, l. 12. *de Fidejusso & Mandat.*

Surquoy on doit remarquer que si l'Obligation causée pour Prest, est faite sur un compte aresté entre les Parties, & qu'il y ait des articles dont l'une des Parties croye avoir sujet de se plaindre; s'il est dit que moyennant le reliqua qui y est fixé, le debiteur demeurera déchargé absolument de tout ce que l'autre Partie auroit pû luy demander, en ce cas celuy qui est Creancier du reliqua, ne pourra demander à faire preuve par témoins que la cause veritable de cette Obligation pour Prest, est un Compte, & que dans ce Compte, il a esté lesé; car ce Compte estant par luy-même une juste cause de l'Obligation qui a esté contractée, elle a pû estre changée en celle de Prest; ainsi en demandant à faire preuve que la cause veritable de l'Obligation est un Compte, & non pas un Prest, il doit articuler que dans ce Compte il y a des erreurs de calcul & obmissions de Parties, qui ne se couvrent point, ou qu'il y a des interests usuraires; car s'il articule seulement une lesion du plus au moins, il ne doit pas estre écouté, parce que la somme fixée par l'Obligation causée pour Prest, tient lieu de reliqua, ou pour mieux dire, cette Obligation tient lieu d'une Transaction sur ce Compte, contre laquelle on ne peut prendre des Lettres de Rescision pour cause de lesion. En un mot, il faut attaquer de nullité la cause originaire de l'Obligation ou du Prest Civil, sinon estant autentique, elle fait foy en Justice par elle-même; & cette Maxime de Boiceau a lieu, sur tout dans les Obligations qu'on a obligé un Mineur de passer pour argent perdu au jeu, ou pour une somme dans laquelle on a compris des interests usuraires, & autres cas semblables.

A l'occasion du Prest Civil, il se presente une Question au sujet de l'autre espece de Prest que les Jurisconsultes appellent *commodatum*, ou *Prest à usage*. Boiceau dans le Chapitre 2. de la premiere Partie de ce Commentaire, dit que l'Ordonnance de Moulins en deffend la preuve par témoins, aussi bien que de tous les autres Contrats, qui requierent & qui s'accomplissent par le consentement exprés des Contractans. En effet, il est certain que le *Prest à usage*, est un Contrat qui se consomme par le consentement reciproque & exprés de celuy qui preste & de celuy qui emprunte. Cependant plusieurs soûtiennent que la preuve par témoins y doit estre receuë, parce que quoy que ce soit un Contrat, & qu'ainsi il paroisse compris dans la prohibition de l'Ordonnance; neanmoins il est de notorieté que jamais on ne le redige par écrit, il se fait de bonne-foy entre amis, entre voisins, on n'appelle point de Notaire en cette occasion. L'Obligation se contracte par la Tradition seule de la chose prestée: *Is cui res aliqua utenda datur, id est commodatur, re obligatur* §. 2. *inst. quib. modo re contr. obl.* En effet, il y a un Arrest solemnel rendu à la prononciation de Pasques, rapporté par Charondas Resol. p. 3. T. 6. & par Guenois en sa Conference des Ordonnances sur l'article 54. de l'Ordonnance de Moulins, en date du 11. Avril 1574. qui receut la preuve par témoins d'un *Commodat* ou *Prest de courtoisie*, comme dit Charondas & Vrevin Chapitre 13. de ses Observations sur l'article 54. de l'Ordonnance de Moulins, rapporte un autre Arrest dans l'espece d'une femme, qui avoit presté à sa voisine son Collier de Perles de la valeur de cinq cens écus, elle soûtenoit qu'elle devoit estre admise à en faire la preuve par témoins, nonobstant l'Ordonnance de Moulins, parce que ces sortes d'ornemens se prestent entre femmes, sans en tirer de reconnoissance & sur la bonne-foy; & elle soûtenoit que cela avoit esté jugé ainsi par l'Arrest de 1594. cy-dessus rapporté. Sa Partie soûtenoit au contraire que cette preuve n'estoit pas admissible, parce que l'Ordonnance de Moulins excluoit la preuve par témoins en matiere de Conventions, & que si cette preuve estoit permise, ce seroit le moyen de ruiner une Famille en supposant un Prest de cette valeur. Cependant il intervint Arrest du mois de Mars 1624. prononcé par Monsieur le President Seguier, par lequel aprés que la Demanderesse eust offert de verifier par la déposition de vingt témoins qu'elle avoit presté son Collier à la deffenderesse; la Cour luy permit d'en faire la preuve.

La raison principale de cette decision est, comme il vient 9 d'estre dit, que le Prest à usage est un Contrat de bonne-foy, lequel ne se redige point par écrit, à cause qu'il est trop frequent, quoy que tres-necessaire dans la societé civile, c'est un commerce fondé sur l'humanité; c'est pourquoy si celuy qui preste, confie de bonne-foy ce qui luy appartient à un autre, celuy qui emprunte luy rend d'ordinaire cette chose avec la même bonne-foy, non seulement parce qu'il en est convenu, soit tacitement, soit expressément en l'empruntant, mais parce que personne ne pouvant se passer d'emprunter des autres ce qu'il n'a pas, & de prester aux autres ce qu'il a, chacun a un double interest de conserver la foy aux autres, afin d'estre en estat d'emprunter d'eux une seconde fois, & de ne s'exposer pas soy-même à perdre par la mauvaise foy d'un autre, ce qu'on a presté du sien. Que s'il arrive quelquefois que quelqu'un abuse de cette facilité qu'a eu son ami ou son voisin de luy prester quelque chose, & qu'il ose le dénier, alors il seroit injuste de refuser la preuve par témoins à celuy qui a presté, sous prétexte que le Prest à usage estant un Contrat, doit estre compris dans la prohibition de l'Ordonnance; car 1. Ce Contrat ne s'accomplit pas par le seul consentement, & ne consiste pas dans le seul consentement, la Tradition y est encore requise, & cette Tradition est un fait qui y est joint indispensablement. Or il est

constant

constant que la Tradition regardée en elle-même, & détachée de la Convention, estant un fait, se peut prouver par témoins; de même que la possession qui est de fait, & quoy que dans le Prest à usage, elle soit jointe à une Convention tacite ou expresse, il ne doit pas estre moins permis de la verifier par témoins, à cause de la bonne-foy. De plus dans les autres Contrats dans lesquels il y a Convention & Tradition, comme par exemple dans un Contrat de vente qui porte la Convention du prix & la délivrance de la chose venduë à l'acheteur. Cette énonciation est une preuve par écrit de la Tradition, ce qui fait foy, & la preuve par témoins du contraire ne seroit pas recevable par l'acquereur : mais dans le Prest à usage, estant de notorieté qu'il se fait toûjours sans écrit, celuy qui a presté est en droit d'articuler le fait de la Tradition qu'il a faite, & de le prouver par écrit, parce qu'il n'y a point d'Acte par écrit en ce rencontre qu'on luy puisse opposer, & que n'y en ayant point, il s'ensuit qu'il ne peut le justifier autrement que par témoins; du moins on peut dire que celuy qui a presté, peut articuler que celuy auquel il a presté, est en possession d'une chose qui luy appartient, & qu'il la retient sans cause, & ainsi il peut estre admis à la preuve par témoins de cette possession; que s'il y a du risque de se fier en ce cas à la deposition de deux témoins, ce risque est égal de la part de celuy qui a presté & de celuy que l'on soûtient avoir emprunté: mais la necessité qu'il y a d'admettre la preuve par témoins en ce cas, faute d'autre preuve, doit l'emporter sur la maxime ordinaire, & sur la prohibition de l'Ordonnance, qui n'a parlé que des Contrats qui ont coutume de se rediger par écrit, le Juge neanmoins doit agir avec beaucoup de circonspection, & ne se déterminer que par des faits clairs & précis, & lors que la Partie offre de faire déposer des personnes d'une probité reconnuë.

CHAPITRE VIII.

Des Livres des Marchands.

SOMMAIRE.

1. *Les Livres des Marchands sont des écritures pures privées.*
2. *S'ils tiennent lieu de commencement de preuve par écrit, à l'effet de faire admettre la preuve par témoins.*
3. *Différence entre nos Marchands & ceux qui s'appelloient à Rome* Argentarii, *dont les Livres faisoient foy, parce qu'ils estoient publics.*
4. *L'abus des usures corrigé dés le temps de Constantin le Grand.*
5. *Extravagantes de Martin V. & de Calixte III. qui ont introduit les Contrats de Constitution de Rente.*
6. *Espece d'un Marchand qui auroit vendu à credit des étoffes sans tirer aucune reconnoissance, ny sans faire signer le debiteur sur son Livre.*
7. *Distinction entre les Marchands Jurez, & qui sont du nombre du Corps des Marchands étably dans chaque Ville, d'avec ceux qui n'en sont pas.*
8. *A l'égard des premiers, leurs Livres font demy-preuve.*
9. *Ce qui a lieu à plus forte raison de Marchand à Marchand.*
10. *Espece d'un Apoticaire qui avoit fourni plusieurs drogues à un Gentilhomme.*
11. *Pour ce qui est des autres Marchands, leurs Livres ne font aucune foy, & la preuve par témoins ne leur est accordée quand leur demande excede cent livres.*
12. *Autre Question touchant les Memoires particuliers.*
13. *L'Ostracisme s'écrivoit sur des feuilles d'Olivier.*
14. *Si quelqu'un a écrit sur ses Tablettes qu'il doit quelque chose à un autre, quelle distinction il faut faire ?*
15. *De ce qui se trouve écrit sur un Agenda ou Journal.*
16. *Si on ajoûte foy à ce que les Peres & Meres ont écrit sur leurs Livres domestiques, touchant la naissance & la mort de leurs enfans.*

1 LA sixiéme Question sera de sçavoir si sous ces mots de l'Ordonnance : *En quoy n'entendons exclure les preuves des Conventions particulieres, & autres qui seront faites par les Parties sous leurs seings, Sceaux & écritures privées.* Les Livres des Marchands, qui y écrivent tous les jours ce qu'ils vendent, & ce qu'ils donnent à credit, y sont compris ? Car personne ne doute que ses Livres ne soient mis au nombre des écritures privées, parce que ce sont des Comptes & des Papiers Journaux de leurs affaires domestiques, mais 2 on demande quelle foy on y doit ajoûter, & sçavoir s'ils font preuve contre leurs debiteurs, ou si la preuve par témoins est encore necessaire pour confirmer ce qui s'y trouve écrit ; car si, comme dit Justinien, les *Papiers domestiques & les écritures privées, ou les Notes & Memoires que chacun fait en son particulier sur ses affaires, ne font aucune preuve, s'ils ne font soûtenus par d'autres preuves.* Il s'ensuivroit que nulle foy ne devroit estre ajoûtée aux Livres des Marchands.

Pour bien entendre cette Question, il faut distinguer nos Marchands de ceux qu'on appelloit à Rome *Argentiers, Changeurs*, ou qui prestoient l'argent à usure, lesquels estoient des Officiers publics qui tenoient le Change & la Banque, dont il est souvent fait mention en Droit ;

Quæstio sexta erit, de rationibus Mercatorum, qui Libris suis quotidiè scribunt, quæ per eos vendita, vel in creditum accepta sunt : Nunquid sub hac ultima parte Constitutionis, hæ comprehendentur ? in illis verbis, *En quoy n'entendons exclure les preuves des Conventions particulieres, & autres qui seront faites par les Parties, sous leurs seings, Sceaux & écritures privées.* Nemo quippe dubitat, sub privatarum scripturarum nomine, contineri Mercatorum manuscripta, in Libris mercalibus eorum contenta, cùm hæ rationes sint privatæ tantùm, & domesticæ. a Sed quæ fides ex his elici possit, & utrum in debitores probent, aut in probationis supplementum, testium adminicula requirant, quotidianæ quæstionis est. Nempe, si, ut ait Imperator, b *Instrumenta domestica, seu privata testatio, seu adnotatio, si non aliis quoque adminiculis adjuventur, ad probationem sola non sufficiant*, sequeretur ergo, Libris Mercatorum omnino credendum non esse.

Quod dubium ut planè intelligatur, facienda est differentia nostrorum Mercatorum, ab antiquis illis Argentariis, Trapezitis, & Fœneratoribus, qui publico jure, & publica authoritate mensam nummulariam, ac fœnebrem pecuniam exercebant: de quibus in Jure nostro sæpè fit mentio. c Videtur enim,

a *L. Rationes. C. de probat.*

b *L. Instrumenta. C. eod.*

c *L. Eos C. Si cert. pet. & l. Principalibus. ff. eod. l. Institoris. C. de Instit. act.*

quòd hi conficiendorum Librorum authoritatem publicam habebant, *a* & liberum exercitium dandæ fœnebris pecuniæ: quod munus, Argentariam tunc vocabant, *b* nonnullis, & maximè eis qui officia temporalia administrabant, interdictum. *c* Et quia publica authoritate hæc, tanquam officia, instituta videbantur, hac ratione eorum Libris credebatur, editione facta, tam pro, quàm contra scribentes: quia eorum Libri, Codices rationum publicarum dicebantur, teste Scævola. *d* Publicum autem illud, ante Christianismum, fœnoris vel usurarum exercitium, paulatim, à Christianismo correctum est, ad modum legitimum, & maximè tempore Constantini, *e* ut videre licet tam ex Civilibus Legibus, quàm antiquis Canonibus, *f* & tandem omnino abrogatum, licentia tantùm relicta, pecuniam in annuum reditum collocandi, arbitrio constituentis extinguendum, prout ex duobus Extravagantibus Martini quinti, & Calixti tertii, est satis vulgatum. *g* Secundùm hos igitur nummularios & fœneratores, judicari non possunt, Mercatorum nostrorum Libri, cùm omnino privati videantur.

a Ut not. in l. Si ventri ff. de privil. cred. l. Quædam. §. penult in L Si quis ex argentariis. §. Prator ait. ff. de edendo.
b Not.st. in l. Ait Prætor ff. L. Eos C. Si cert. pet.
c D. L. Eos C. Si cert. pet.
d In l. Filia ff. de solut. & not. in L. Si hominem. ff. depos. per Budæum.
e In L. Eos C. de usur.
f In Extravag. Regimini. de empt. & vendit.
g Extravag. Regimini. 1. & 2. de empt. & vend.

car à leur égard il semble qu'ils avoient droit par l'autorité publique de tenir des Livres de Raison, & de prester à usure, & cette fonction qui s'appelloit *Argentaria*, n'estoit pas permise à certaines personnes, notamment à ceux qui exerçoient des Charges qui ne duroient qu'un certain temps; & parce que c'estoit par autorité publique qu'ils l'exerçoient, on ajoutoit foy à leurs Livres, tant en leur faveur que contr'eux, parce qu'on les regardoit comme des Registres publics, dit le Jurisconsulte Scævola. Dans le Christianisme, cette fonction publique de prester à usure a esté peu à peu changée, & l'usure a esté reduite à un interest legitime, particulierement du temps de Constantin, comme il est aisé de le prouver par les Loix Civiles, & par les anciens Canons, & enfin abrogée entierement. Enfin on a permis seulement de prendre interest de son argent, à la charge que celuy qui emprunte, pourroit rendre le principal à sa volonté & se liberer; ainsi qu'il est porté par les deux Constitutions de Martin V. & de Calixte III. Donc les Livres de nos Marchands ne doivent point estre comparez à ceux des Argentiers & Banquiers de Rome, parce que leurs Livres sont des Livres privez & non pas publics.

Sed nunquid tamen ex his, Mercator agere poterit? Exempli gratia, Titius, probus & fidelis Mercator, & boni nominis in civitate, vendidit Caio,

Mais on demande si les Marchands pourront avoir quelque action en vertu de leurs Livres; Par exemple, Titius Marchand, homme d'honneur, de probité & de bonne reputation dans la Ville, a vendu à Caius son voisin pour son usage journalier, ou autre cause non exprimée, des étoffes de drap ou de soye pour cent Pistoles, dont il n'a pas eu la précaution de prendre une Obligation ou un Billet, ny de le faire signer sur son Livre (ce que les habiles Marchands ne manquent pas de faire aujourd'huy) mais il a seulement écrit sur son Journal par articles tout ce qu'il luy a fourni ; ensuite Caius refusant de le payer, il a intenté action contre luy pour l'y obliger. Caius ou ses heritiers ont nié qu'il deust aucune chose, le Livre de Titius fera-t'il foy en ce cas ? je crois que non, parce que ce Livre n'est point souscrit par Caius, ny par luy reconnu ; que sera-ce, s'il ajoûte qu'il a des témoins qui sçavent que Caius a accoûtumé d'acheter chez luy, des étoffes pour s'habiller, & qu'il luy a fait souvent credit, ou qui luy ont veu porter les habits faits des étoffes qu'il a pris chez luy, & autres faits semblables, la preuve en sera-t'elle recevable par témoins, nonobstant cette Ordonnance ?

7. Pour moy, je crois qu'il faut distinguer ; car où il s'agit d'un Marchand Juré, & qui, entre les Marchands de la Ville, passe pour un de ceux qui a la reputation d'estre honneste homme ; & alors il ne faut pas douter, comme dit

vicino suo, pro usu quotidiano, aliáve ex causa non expressa, pannos laneos, & sericos, pro centum aureis, de quibus, incautus ille & fidelis Mercator, obligationem vel chirographum scriptis non exegit (nam hodie sagaciores Mercatores, chirographum accipiunt, vel subscribi faciunt Libris suis) sed in Libro quotidiano rerum suarum mercalium, inscripsit minutatim ea, quæ Caio vendiderat : deinde, cùm esset Caius ad solutionem morosus, Titius in eum agit, ut solvat, denegat Caius, vel ejus hæres, debitum, nunquid Titius ex Libro suo satis probabit ? Puto quod non, cum à Caio subscriptum non sit, nec ab eo recognitum : quia instrumentum omnino privatum, & ratio domestica, proferenti ex domo sua, non prosit, præfata Juris Theorica. a Sed quid si Mercator dicat se testes habere, quibus probet Caium, solitum esse, vestimentr alia mercalia, pro usu suo, ab eo accipere, & mercari, & sæpè in creditum cum Titio ivisse, vel quibus ostendat Caium vestimenta ex pannis à Titio datis, diu gestasse, aliaque similia, Librum mercalem confirmantia. Nunquid hæc indicia testibus probare licebit ? nonobstante hac Regia Constitutione.

Ego ita distinguendum existimarem. Nam, aut agitur de juratis Mercatoribus, & inter probos & bonæ famæ homines in Civitate jurata morantibus, continuoque mercalem negotiationem exercentibus, & tunc non est dubium, talium Mercatorum

a L. Exemplo. C. de prob. L. Rationes. eod.

Libros, bonam præsumptionem habere, imo semiplenam probationem facere, ut inquit Bartol. *a* post Accurtium, *b* quæ præsumptio vel semiplena probatio, suppleri potest per testes, qui de indiciis supradictis testificati potuerunt, nonobstante hac Regia Constitutione, cùm jam constet de scriptura, quæ tametsi privata sit, nonnullam tamen habet Juris præsumptionem: ideoque de hac loqui videtur hæc Constitutio, cùm de scripturis privatis facit mentionem. Idem dicendum, si mortuus fuerit Mercator, & ejus Libri ordine scripti, in ejus officina reperiantur, & scriptura recognoscatur, vel approbetur. Quibus omnibus indiciis potest etiam addi Juramentum, ad juvandam semiplenam probationem. Ex his ergo omnibus, elici potest perfecta probatio, ex communi Bartol. Baldi, Pauli de Castro, *c* & Alexandri, *d* aliorumque Doctorum recepta sententia.

Et à fortiori ratione, idem sentiendum de Mercatore ad Mercatorem, ut vulgò dici solet: nam eorum Libri nundinales, maximam, inter eos, fidem habere videntur, & maximè, si nonnullis adminiculis juventur, propter præsumptam & consuetam inter eos negotiationem, pro qua solita consuetudine, Lex semper præsumere solet. *e* Item aliud exemplum vidi de quodam Pharmacopola, qui Nobili cuidam ægroto multa pharmaca ministrarat, ultrà libras centum,

a L. Nuda ratio, num. 8. ff. de donat.
b In l. Admonendi, in verb. exacto jurejurando. ff. de Jurejur.

c In l. Admonendi de Jurejur. & in l. Bonæ fidei ff. de reb. cred.
d Consf. 62. lib. 5. num. 1. & Consf. 33 lib. 1. num. 1.

e L. final. C. de fidejuss.

Bartole aprés Accurse, que ces Livres ne fassent une présomption pour luy, & même une demi-preuve, laquelle peut estre fortifiée par celle par témoins, qui pourront rendre témoignage des indices cydessus marquez, nonobstant cette Ordonnance, parce qu'il y a déja un écrit qui est certain, lequel quoy que privé, renferme pourtant une certaine présomption de Droit. Aussi cette Ordonnance semble faire mention de ce cas, quand elle parle d'écriture privée, il faut dire la même chose, si ce Marchand est mort, & que ses heritiers ayans retrouvé ses Livres écrits par articles dans sa Boutique, son écriture ait esté verifiée & reconnuë, & on peut joindre à tous ces indices le serment du debiteur, pour suppléer à ce qui manque à cette demie-preuve. De tout cela donc, disent Bartole, Balde, Paul de Castre, Alexandre, & autres Docteurs, on peut faire une preuve complete.

Et à plus forte raison cela doit avoir lieu de Marchand à Marchand, comme on a coutume de dire, car leurs Livres de Marchandises font une foy entiere entr'eux, particulierement s'il y a quelque adminicule, à cause du commerce mutuel qu'ils ont ensemble, en faveur duquel la Loy présume toûjours. De plus, j'ay veu une autre espece touchant un Apoticaire qui avoit fourni plusieurs drogues au dessus de cent livres à un Gentilhomme malade, dont il demanda le payement après sa mort. La question estoit de sçavoir si le Livre de cet Apoticaire seroit creu, en cas de dénegation, & je crois qu'il doit estre creu, du moins si l'heritier du Gentilhomme demeure d'accord que c'est cet Apoticaire qui l'a pensé, ce qu'il sera même receu à prouver par témoins si on le nie; & quant à la quantité des remedes qu'il a fourni, on ajoûtera foy à son Livre par deux raisons. 1. Par ce que dit Bartole, de ce qu'il est certain qu'il a pensé ce malade, il resulte une présomption, qu'il luy a fourni des remedes, & que le Livre où ils sont mentionnez est veritable; outre que l'Apoticaire est plus favorable que le Marchand, parce qu'il a soin de la santé, & que son ministere estant necessaire, il a pour luy la foy publique, & c'est pourquoy ces remedes estant donnez pour préserver du peril de la mort, ils doivent toûjours estre payez. La seconde raison, parce que l'on donne toûjours une action à celuy qui a geré utilement les affaires d'un autre, comme l'Apoticaire a fait en fournissant des Medicamens au Malade, & ainsi il y a Obligation en vertu d'un quasi Contrat, laquelle n'est pas sujette ny comprise dans la prohibition de l'Ordonnance, comme nous avons dit des quasi Contrats; à quoy il faut

quo mortuo, petiit Pharmacopola, pharmacorum pretium : nunquid, si denegetur, Libro suo credetur ? Puto quod sic, si modo fateatur hæres, ægrotum à Pharmacopola curatum fuisse, quod testibus probare sufficiet, si negatum sit. Cæterum, quantum ad ministrata, Libro credetur, duplici ratione: Una, quod ex cura impensa ægroto, jam adsit præsumptio pro Libro, ut ait Bartolus de Mercatoribus: imò, Pharmacopola favorabilior Mercatore videtur, cùm, ob salutem & necessitatem corporis, publicam fidem habeat, & ideo quæ per eum expensa sunt, in tuitionem corporis, & ad periculum mortis vitandum censeantur irrogata, & ita sint semper repetenda. a Altera, quòd ex negotio utiliter gesto, semper sit actio, b ex impensis, in causam ægroti, & sic ex quasi contractu subsit obligatio, quæ huic sanctioni subjecta non videtur, ut diximus supra in articulo quasi contractuum : hoc addito, quòd Medici, quorum apparitores sunt Pharmacopolæ, ægrotis etiam invitis mederi teneantur, & per consequens ab his etiam invitis, officio Judicis, medicamenta & salaria repetant. c Solet tamen in Pharmacopolis, fieri æstimatio & taxatio de Pharmacis, in Libro scriptis, ab expertis in arte, ut sæpè vidi judicari, cùm de his controversum fuit.

a *Arg. L. si pupilli §. Si Titii servum. ff. de negot. gest.*
b *L. Pomponius. ff. eod. In L. Si servum. C. eod.*

c *Ut not. in Can. Providendum. invit. gloss. 83. dist.*

ajoûter, que les Medecins, dont les Apoticaires ne font qu'executer les Ordonnances, sont tenus malgré eux, d'avoir soin des Malades, & par consequent font en droit de se faire adjuger par le Juge leurs Medicamens & salaires, malgré ceux qui leur refusent: mais on a coutume en ce cas de faire arrester les Parties de l'Apoticaire par d'autres Apoticaires Jurez & Experts en cet Art, comme j'ay veu souvent arriver quand elles sont contestées.

Aut verò agitur de minutulis Mercatoribus, non satis adhuc probatis, & qui in corpus seu collegium Mercatorum nondum annumerati sunt (ut hodie videmus in omnibus ferè Galliæ civitatibus, Mercatorum collegia jussu Principis subsistere, & inter eos, Judices, & Consules Mercatorum creari, ad instar eorum quæ fieri solebant in Italia, de quibus Baldus loquitur) *a* & dico horum Mercatorum, qui de prædicto corpore non fuerunt, Libros vel rationes nullam Juris præsumptionem habere, cùm aliquam fidem à Publico nondum habeant : argumento à contrario sumpto, de his qui jam publici probati sunt. *b* Cùm enim extra collegium vel consortium Mercatorum fuerint, privilegio & authoritate conscriptorum gaudere non debent. *c* Atque ita, putatem concludendum, hos viliores Mercatores ultra Libras centum petentes; testibus juvari non posse, quantumcumque in Libris suis scripserint, cùm nullam omnino fidem habeant. *d*

a In Rub. de const pec. Cod.

b Arg d. L. Quædam §. Nummularios. ff. de edend. l. Nuda ratio ff. de donat. c L. Cessante. C de com. & Mercat.

d D.L. Rationes. C de probat.

Ou il s'agit de petits Marchands qui ne sont pas encore connus, & qui ne sont pas receus dans le Corps des Marchands Jurez, tels que sont ceux que nous voyons en France, dans presque toutes les bonnes Villes où il y a des Corps de Marchands établis par ordre du Prince, qui ont des Juges & Consuls, instituez à l'exemple de ceux qu'on avoit cotume de créer en Italie, dont Balde fait mention, & je dis qu'à l'égard de ces petits Marchands, leurs Livres ne font nulle foy en Justice, & nulle présomption de Droit en leur faveur, parce que le public ne les connoist pas. En argumentant à sens contraire de ceux qui sont déja connus & approuvez du public ; car n'estant pas du Corps des Marchands, ils ne doivent pas joüir des Privileges des Marchands Jurez, ainsi je crois qu'il faut conclure delà que la preuve par témoins ne doit pas estre accordée à ces petits Marchands au dessus de cent livres, quoy qu'ils rapportent leurs Livres, parce qu'ils ne meritent aucune foy.

Ex his quæstionibus alia oritur, de memorialibus scriptis in adversariis, seu diariis domesticis, vel in tabellis pugillaribus, vel etiam in tabellis ligneis, vel æneis, aut, ut ait Ulpianus, *e*

e In L. Librorum ff. de legat. 3.

De ces Questions il en suit une autre, touchant les Memoires, Tablettes, Bordereaux, Papiers Journaux & Domestiques, ou Tablettes de bois ou de cuivre, ou, comme dit Ulpien, de ce qui est écrit

écrit en certain Codicille sur des feüilles d'arbre, de Tilleul, d'Yvoire, ou d'autre matiere, ou même si c'est en temps de guerre ou de peste sur des Tuilles, Ardoises ou feüilles d'arbre, comme on avoit coûtume de faire autrefois en Egypte sur les feüilles de Palmier, suivant ce que Pline rapporte, & ainsi qu'en usoient les Syracusains, qui écrivoient l'Arrest rendu par 13 ce peuple, appellé *Ostracisme*, sur des feüilles d'Olivier, d'où il fut appellé *Petalismus*. On demande si tout ce qu'on a écrit sur de semblables matieres, ne sera point une espece de preuve qui puisse faire admettre celle par témoins? Par exemple, Titius homme privé, qui n'est point un Marchand, a écrit dans son Papier Journal, qu'il doit cent écus à Caius pour cause de Prest, ou bien pendant un temps de Peste, il l'a écrit sur un aix, ou sur une feüille d'arbre, pour la décharge de sa conscience. Je ré-
14 pons avec Bartole qu'il faut distinguer; car ou ce qu'il a écrit est en sa faveur, ou est contre luy, ou c'est une chose qui n'est ny pour ny contre luy. Si c'est contre luy & à son préjudice, je crois que cette écriture fait foy, si elle est souscrite de sa main. Si elle ne l'est pas, mais qu'il l'ait seulement écrite, elle fait quelque présomption, mais non pas une preuve entiere, particulierement si cette écriture le rend debiteur de quelque chose; c'est pourquoy il faut ajoûter

in certo codicillo, Phylira, Tilia, Ebore, aliisve materiebus, vel etiam in casu necessitatis, vel tempore pestis, aut belli, in tegulis, testulis, vel arborum frondibus : ut olim apud Ægyptios scribebatur in palmarum foliis, teste Plinio, *a* & Syracusani Ostracismum in oleæ frondibus scribebant, unde Petalismus dictus : nunquid hæ scripturæ nonnihil probationis habeant, ita ut testibus eas juvare liceat? Puta, Titius privatus, non Mercator, in suis privatis rationibus scripsit se debere centum aureos, ex causa mutui, Caio, vel peste grassante, idem scripsit in tabula, vel arboris folio, ad exonerandam conscientiam. Respondeo ita distinguendum fore cùm Bartolo. *b* Aut enim contra se scripsit, aut pro se, vel indifferenter. Si contra se, puto has domesticas adnotationes fidem facere, si modo subsignatæ fuerint, si verò non subsignatæ, sed tantùm scriptæ, nonnullam facere probationem, sed non plenam, maximè, si factæ sint ad obligandum : ideoque testium adminiculis, aut aliis indiciis causam debiti probari debere, duplici ratione : una, quòd hæc scriptura non subsignata, videatur tantùm incœpta, non autem perfecta, nam cùm subsignare potuerit aliquis, quod jam scripsit, & non subsignavit, pœnituisse videtur, argumento eorum, quæ dicuntur de testatore, qui testamentum reliquit imperfectum, vel delevit, vel cancellavit, aut alio modo ostendit se voluntatem mutasse. *c* Altera, quòd talis confessio, quando ver-

a Cap. 11. Lib 13 Natural. hist.

b In L. Exemplo furniciosam. C. de probat.

c Not. in l. Si uxor. l. testamenti. § Non ideo. L. Nestr. m. C de testam. L 1. § 1. de his quæ in test. delent.

git ad obligandum, extra judicium facta, & parte absente, non satis efficax censeatur ad obligationis effectum : *a* secus enim si talis confessio etiam non subsignata, vergat ad liberandum, cùm favore liberationis ei facilè credatur, *b* & maximè si is qui in adversariis suis hæc scripsit, fuerit, (ut loquitur Paulus) *c* homo diligens, & studiosus paterfamilias, cujus personam incredibile est, in aliquo facilè errasse : solita enim diligentia, erroris præsumptionem excludit. *d* Si verò pro se hanc fecerit scripturam, nullam omninò fidem facere, tanquam testimonium penitùs domesticum, vulgati Juris est : *e* ideoque cum de pactione agatur, tametsi liberatoria fuerit, testibus uti non licebit, cùm nulla scripta Juris præsumptione nitatur.

a L. Certum § Si absente. ff. de confess. l. 1. § final. & l. final. de interrog. act.
b L. Tale pactum. ff. de pact. & L. Publia. §. si ff. de ref.
c L. Cùm de in debito. § fin. ff. de prob.
d l. 1. C. qui & adversf. quos. l. ult. C. arb. t. tutel. l. Quisquis. C. de resc. vend.
e L. Exemplo l. Rationes. C. de prob. l. Inter chartulas. de conveniend. Fisc. debit. lib. 10. C. d.

la preuve par témoins, ou autres adminicules & indices pour prouver que la chose est deuë comme il l'a écrit, & cela par deux raisons ; La premiere, parce que cette écriture qui n'est point souscrite, est regardée comme une écriture commencée, mais qui n'est pas achevée ; car quand une personne a pû souscrire ce qu'il a écrit, & qu'il ne l'a point fait, il est censé s'estre repenti de ce qu'il avoit déja écrit, du moins en argumentant, par rapport à un Testateur qui a laissé son Testament imparfait, ou qui l'a rayé, ou raturé, ou qui a témoigné par quelqu'autre maniere, qu'il avoit changé de volonté. La seconde, qu'une telle reconnoissance, qui va à rendre debiteur la personne, estant faite extrajudiciairement ou sans formalité, & en l'absence de la Partie (qui y a interest) n'est pas censée suffisante pour produire une Obligation. Ce seroit autre chose si cette reconnoissance, quoy que non souscrite (par le Creancier) alloit à la liberation du debiteur, parce qu'on y ajoûte foy aisément, à cause de la faveur de la liberté, & particulierement si (comme parle le Jurisconsulte Paulus) celuy qui a écrit cette reconnoissance sur ses Papiers, est un homme exact & un bon Pere de Famille, lequel on ne peut pas croire s'estre trompé en cela, parce que son exactitude ordinaire exclut cette présomption d'erreur & d'inadvertance. Que si cet homme a écrit quelque chose à sa décharge & en sa faveur, ce témoignage domestique qu'il s'est rendu, ne fait nulle preuve, suivant qu'il est decidé en Droit ; c'est pourquoy comme il s'agit en cela d'un simple Pacte, quoy que ce Pacte aille à la liberation, il ne sera pas permis de le prouver par témoins, parce qu'il n'est fondé sur aucune présomption de Droit.

Quod verò in diariis memorialibus indifferenter scribitur,

Quant aux choses qu'on écrit 15 sur un *Agenda*, qui ne sont souvent ny pour ny contre celuy qui les écrit mais indifferentes, comme font ceux qui écrivent tout ce qui arrive journellement, afin de s'en souvenir, tout cela fait quelque legere présomption, mais non pas une présomption necessaire, ainsi cela doit estre laissé à la prudence du Juge : neanmoins j'en excepte un cas, dans lequel ces sortes de choses ainsi écrites, tiennent lieu de preuves; sçavoir quand le Pere ou la Mere, ou tous les deux, ont écrit dans leurs Livres Journaux & domestiques, ou dans leurs Livres de Prieres, le jour de la naissance de leurs enfans; car je sçais qu'il a esté jugé plusieurs fois, que quand il s'agit de prouver quel âge ont leurs enfans; ces sortes d'écritures font une preuve considerable, parce que c'est le témoignage du Pere & de la Mere, lequel aussi bien que celuy des proches Parens, & des Sages-femmes, est censé hors de tout soupçon, suivant la disposition de Droit, particulierement si cette reconnoissance a esté trouvée dans leurs Papiers aprés leur mort, & qu'il ait esté verifié qu'elle est de leur écriture, parce qu'on ne peut presumer que cette écriture ait esté faite pour tromper personne, particulierement si celuy qui l'a écrite est en reputation d'un honnête homme, & c'est aussi le sentiment de Bartole & de Balde: mais parce que cette Question ne regarde pas absolument l'Ordonnance, qui ne parle que des Conventions, je ne m'y arresteray pas davantage.

16

scilicet, nec pro, nec contrà scribentem, ut sæpenumero faciunt ii, qui omnia quæ privatim, vel publicè accidunt, ad memoriam scribunt, nonnullam fidem vel præsumptionem facit, sed non necessariam, ideoque Judicis arbitrio hæc sunt relinquenda. Unum tamen casum excipio, quo ex his certa probatio elici potest, scilicet cùm pater, vel mater, vel uterque, liberorum suorum dies natales, in Libris suis domesticis, vel precatoriis, manu propria scribunt : nam, si de ætate liberorum quæratur, hanc scripturam agnitam, multùm probationis habere, sæpè judicatum scio, cùm sit patris vel matris professio, quorum testimonium, pro ætate, sicut & proximorum consanguineorum, & obstetricum, certum & irrefragabile censetur. Juris dispositione id suadente : *a* & maximè, si post mortem scribentium, hæc scriptura, in eorum scriniis inveniatur, & agnoscatur : quia non potest præsumi, hanc in alterius fraudem suppositam fuisse, præsertim si bonus & probus homo habeatur is qui scripsit : & ita sentire videntur Bartolus, *b* & Bald. *c* Sed quia hic articulus non proprie ad hoc nostrum Edictum pertinet, in quo de pactis tantùm agitur, non ulteriùs insisto.

a In L. 1. §. Dws ff. de Carbon. edict. & not. in L. de tutela. C de integr. rest. min. & l. Filium ff. de hii qui sunt sui vel alie. & per Bartol. in l. De ætate ff. de minor.
b In L. Admonendi. C. de Jurejur.
c In L. In bona fidei. C. de reb. cred.

ADDITIONS SUR LE VIII. CHAPITRE.

SOMMAIRE.

1. *Differens noms donnez à ceux qui s'appelloient à Rome Argentarii.*
2. *Ce que c'estoit que* Nummularii, *selon Monsieur Cujas.*
3. *Fonction de ceux appellez* Coactores.
4. *Fonction des Argentiers, selon Monsieur Cujas, ce que signifie* Asperatura.
5. *Sentiment de Loyseau sur ce sujet.*
6. *Comment se contractoit ce qui s'appelle en Droit* litterarum obligatio.
7. *Les Registres des Argentiers estoient publics & faisoient foy en Justice. Forme de ses Registres.*
8. *Ils gardoient aussi les deniers provenant de la levée des Tributs.*
9. *L'action* Receptitia *se pouvoit intenter contr'eux, comme Cautions.*
10. *D'où vient le mot* foro cedere, *faire banqueroute; Erreur d'Accurse. Pourquoy les Livres des Argentiers faisoient foy.*
11. *Deux sortes d'Argentiers, selon Everhard, ce qui peut justifier l'opinion d'Accurse.*
12. *Autre explication des fonctions des Argentiers, & de ceux appellez* Nummularii *&* Mensularii.
13. *Le Titre de* Edendo, *& autres semblables, n'ont aucune application aux Livres de nos Marchands.*
14. *Des Banquiers, Agens de Change, Changeurs, de la foy que font leurs Livres, suivant l'Ordonnance de 1669.*
15. *Qu'elle foy doivent faire en Justice les Livres des Marchands, & s'ils font un commencement de preuve par écrit.*
16. *Differentes opinions des Docteurs sur cette Question, rapportées par du Moulin.*
17. *Explication du mot* Rationes.
18. *Erreur de la Glose & des Docteurs, qui ont dit que les Livres des Marchands faisoient une demie-preuve, surquoy fondé.*
19. *Ce que c'estoit proprement que* Nummularii; *suivant du Moulin & Monsieur Cujas.*
20. *Autre erreur de ceux qui ont*

creu que jamais les Livres des Marchands ne faisoient une demie-preuve.
21. Trois Questions à examiner sur ce sujet.
 1. Si les Livres d'un Marchand font foy en sa faveur.
 2. S'ils font foy contre luy.
 3. S'ils font foy à l'égard des tierces personnes.
22. Si ce que nous appellons Rationes, fait foy ?
23. Première exception és choses qui dépendent purement de la volonté ; Espece de la Loy Nesennius D. de neg. gestis.
24. Seconde exception, quand le Marchand est connu pour homme loyal & de probité.
25. Derniere exception, quand il y a de la vray-semblance que ses Livres contiennent la verité.
26. Seconde Question, du Moulin decide que le Livre Journal fait foy contre celuy qui l'a écrit.
27. Idem., contre les Marchands.
28. Première exception de cette Maxime, quand la cause de la dette est exprimée, Quid, si elle ne l'est pas ? Exemple.
29. Seconde exception. Les Papiers & Billets écrits pour Memoires, appellez Adversaria, ne font point de preuve ny de présomption.
30. Derniere exception, quand celuy qui se veut servir de ces Livres, les a d'abord rejettez.
31. Distinction sur la derniere Question. Si celuy qui a écrit sur son Journal, a fonction publique, ou s'il ne l'a pas.
32. Qui sont ceux qui exerçoient une fonction publique, dont du Moulin a entendu parler.
33. Quid ? Quand la Coutume des lieux veut qu'on ajoûte foy aux Livres des Marchands.
34. Derniere reflexion de du Moulin sur cette Question.
35. Les Docteurs conformes à l'avis de du Moulin sur la seconde Question.
36. La derniere Question contestée.
37. Reflexions sur le sentiment de Maistre Charles du Moulin.
38. Le sentiment de Maistre Charles du Moulin n'est pas que ces Livres fassent foy indefiniment.
39. Raison tirée des dispositions de nos Coutumes, qui n'ont point d'égard à ces Livres, quand il s'agit de la fin de non recevoir, qu'elles ont établie contre les Marchands.
40. Disposition de la Coutume d'Orléans art. 264. sur quelle Loy est fondée.
41. Le debiteur ne peut refuser de prester le serment, même

après le temps de la préscription écoulé.

42. Sentiment de Charondas sur l'article 127. de la Coutume de Paris.

43. On peut induire la même decision de nos Ordonnances, sçavoir de celle de 1512. & de celle de 1673. pour le Commerce.

44. Autre chose est entre Marchands associez, ou entre Marchands faisans trafic de la même Marchandise.

45. Raisons de cette Maxime: Sentiment de Brodeau sur l'article 126. de la Coutume de Paris.

46. Distinction de Boiceau, des Marchands Jurez & non Jurez, ne doit estre receuë absolument.

47. Si quand l'année ou les six mois sont écoulez, il faut preuve par écrit.

48. Si quand il s'agit d'une somme moindre de cent livres, la preuve est accordée au Marchand sur la foy de son Livre, s'il est en bonne forme?

49. Réponse aux raisons & autoritez de ceux qui soûtiennent que les Livres des Marchands doivent faire foy indistinctement en toutes sortes d'occasions.

50. Objections recueillies par l'Auteur des Instituts de la Jurisdiction Consulaire.

51. Réponse à ces Objections.

52. Exception, quand le debiteur prend avantage de quelque article du Livre du Marchand. Quid, Entre Associez.

53. Des conditions requises dans les Livres des Marchands.

54. Ce que le Juge doit examiner pour accorder ou refuser la preuve par témoins.

55. Les Livres des Marchands font foy entre Marchands.

56. Idem, entre Marchands Associez.

57. Autre chose est quand il ne s'agit point du negoce, mais de toute autre Convention.

58. Exception de la prohibition de l'article 19. de l'Edit Perpetuel, en faveur des Marchands d'Anvers seulement. Sentiment d'Anselmo, & d'Ant. Mathæus, sur la foy qu'on doit ajoûter aux Livres des Marchands dans les Païs-Bas.

59. Statut singulier en faveur des Livres des Marchands de Milan, & comment il doit s'entendre.

60. Du Privilege des Medecins, Chirurgiens & Apoticaires.

61. Des salaires des Serviteurs.

62. Seconde Question touchant les écritures privées.

63. Enumeration de toutes les matieres sur lesquelles on a écrit jusqu'à present, par l'Auteur du Traité de re diplomatica.

64. Le Parchemin trouvé avant

le Papier d'Egypte. Jusqu'à quel Siecle ce Papier a duré.

65. L'usage de nostre Papier, inconnu il y a cinq cens ans, des Lettres Patentes de nos Rois.

66. Invention du Papier d'Egypte, selon Pline.

67. Le Parchemin estoit en usage chez les Hebreux, & du temps d'Herodote.

68. Sur quelles matieres on écrivoit les Lettres, les Loix, les Livres. Senatusconsulte écrit sur l'Yvoire, libri Lintei.

69. On apprenoit à écrire sur des Tablettes de bois, selon Quintilien.

70. De Cereis pugillaribus, libris, Chartis, Voluminibus, Membranis & Philuris, & du stile dont on se servoit pour écrire au lieu de plume.

71. Decision de Boiceau sur la seconde Question des écritures privées, quand la personne a signé ce qu'il a écrit ou non.

72. Distinction de Monsieur Cujas entre le debiteur & le Creancier.

73. Ce qu'il faut juger de la declaration d'une personne dans son Testament.

74. Sentiment de Maistre Charles du Moulin sur un dénombrement, qui n'est sceellé que du Sceau des Parties, sans estre signé d'elles.

75. Le Sceau seul sans signature ne signifie rien.

76. Ce que les Pere & Mere écrivent sur leurs Livres, de la Naissance, Mort ou Mariages de leurs enfans, fait foy.

CE Chapitre traite de deux choses ; sçavoir de qu'elle foy est en Justice ce qui se trouve écrit sur les Livres des Marchands, & si ce qu'une personne a écrit sur son Journal, sur son *Agenda*, sur ses Tablettes, ou autres Papiers domestiques, peut faire quelque preuve pour luy, ou contre luy. Cette premiere Question m'a engagé de rechercher quels estoient ceux qu'on appelloit à Rome *Argentarii*, dont Boiceau a parlé simplement en passant, & d'examiner ensuite s'il est juste, & s'il est vray, comme quelques-uns ont prétendu, que les Livres des Marchands fassent foy en Justice en leur faveur, & s'ils tiennent lieu du moins de commencement de preuve par écrit contre les debiteurs, dont les noms s'y trouvent écrits. La seconde Question, m'a donné occasion d'examiner les differentes matieres dont on s'est servi autrefois pour écrire, dont Boiceau n'a dit qu'un mot, sans neanmoins entrer trop dans le détail, m'estant contenté de renvoyer aux Auteurs qui se sont donnez la peine de l'approfondir. Voici donc tous les Noms qu'on donnoit à Rome à ceux qui se mesloient du commerce de l'argent, & leurs fonctions; on les appelloit *Argentarii seu Argentariæ mensæ exercitores*, *idest*, *Argenti distractores*, *vel venditores*, *mensarii*, ou *Mensularii*, *Nummularii*, *Fœneratores*, *Trapezitæ*, *Collybistæ*, *Crematistæ*, *Campsores*, *Coactores seu Collectarii*. Pour connoistre la differente signification de tous ces Noms, il faut d'abord distinguer avec Sigonius, ceux qui s'appelloient *Argentarii*, de ceux qu'on nommoit *Mensarii*. Ces derniers, dit-il, estoient ceux qui faisoient valoir l'argent de la Republique, ce qui peut estre confirmé par ce que dit Rosinus Ant. Ro. l. 7. chap. 39. *de quinque viris Mensariis & Triumviris Mensariis*, qui furent établis à Rome en differens temps, pour trouver les moyens de soulager les debiteurs, qui se trouvoient accablez par les interests usuraires de leurs Creanciers. Les Argentiers au contraire, faisoient valoir l'argent des particuliers, on les appelloit *Trapezitas*, *Collybistas*, *Campsores*, c'est-à-dire, Changeurs & *Fœneratores*, parce qu'on leur donnoit de l'argent à usure, *Nummularii*, dit Monsieur Cujas l. 3. *Responf. Papin. ad l. 36. de jure fisci §. Papinianus quoque*, estoient ceux qui faisoient une des moindres fonctions des Argentiers: *Quia erogabant pecuniam per partes*; ils payoient & comptoient l'argent; *Coactores* ou *Collectarii*, estoient ceux qui exerçoient des contraintes contre les debiteurs, ausquels ils avoient presté de l'argent à usure, & qui alloient de porte en porte recevoir l'argent de ceux qui avoient fait des encheres sur les choses qui avoient esté vendües par licitation au Bureau des Argentiers. Sigonius *ibid.* dit aussi qu'ils publioient à haute voix le prix des choses qui estoient à vendre, & qu'ils tenoient Regiftres des encheres que chacun y venoit mettre. Monsieur Cujas *ad l. si unus de Pactis*, dit que les Argentiers en general faisoient un Corps à Rome, que leur fonction estoit publique, *Tabernas & Mensas cum ære in foro positas habebant, apud mensas pecuniæ deponebantur, permutabantur, emebantur, vendebantur, quod Latine est cambire, per eos plerique pecuniam credebant & fœneri occupabant, emebant, vendebant, auctionem & omnia negotia exercebant, & de his rationes conficiebant.*

Le même Monsieur Cujas *ad l. 8. quod Privilegium*, tirée du l. 9. des Questions de Papinien, parlant des Argentiers en general, aprés avoir dit qu'ils avoient leur Bureau, ou Table de Change

De Antiquo Jure Rom. l. 2 ch 11.

1

2

Qui postquà Argentarii pro aliis auctionē fecerunt, ostiatim cogit pecunias sive pretia quæ fecerunt qui licitati sunt. Cujas ibid.

3

Erant præcones qui stabant ad hastā, nunciabantque pretia oblata.

4

en Matière Civile.

Change ouverte à tout le monde dans la Place Publique, ajoûte qu'on s'adreſſoit à eux pour dreſſer des Comptes ; qu'ils ſe connoiſſoient parfaitement à la bonté des eſpeces, & que par cette raiſon on ſe ſervoit d'eux pour compter l'argent, quand il s'agiſſoit de faire un payement, ce qui eſt marqué en la Loy 39. T. *de ſolution. ff. ſi ſoluturus pecuniam tibi juſſu tuo ſignatam apud nummularim, quo ad probaretur, depoſuerim, tuo periculo, eam fore.* Outre cela, dit-il, ils tenoient auſſi le Change, & donnoient de nouvelles eſpeces à la place de celles qui eſtoient uſées, moyennant un droit, appellé en grec *Collybus ſive aſperatura* ; ainſi nommé, dit Turnebe *in adverſariis*, de ce que ceux qui changeoient des eſpeces uſées, en prenoient de neuves, *& pro tritâ pecuniâ, aſperam vellent habere.* On s'adreſſoit auſſi à eux quand on avoit quelque choſe à vendre, ou à acheter ; mais leur principale fonction eſtoit de faire preſter de l'argent à uſure, & on leur donnoit même de l'argent en dépoſt, particulierement ceux qui alloient en voyage. Ils faiſoient un Corps & une Compagnie approuvée dans la Republique, quoy que leur miniſtere ne fût pas honorable, parce qu'ils exerçoient l'uſure, ce qui eſtoit tellement attaché à leur fonction, que les uſures leur eſtoient deuës à huit pour cent, *ex ſola præſcriptione*, & ſans ſtipulation, comme dit la Loy.

L. ſi filii ff. d. ſoluti.

Biſſes uſuræ. l. eos. Cod. de uſurit.

5 Loyſeau des Ordres, Chap. 2. n. 84. diviſe encore les Marchands de Rome en trois eſpeces. Les Marchands ordinaires, qui faiſoient dans Rome toutes ſortes de Marchandiſes en gros, leſquels compoſoient un Corps & une Communauté, ainſi qu'il eſt marqué dans Tite-Live l. 2. Les Banquiers appellez *Argentarii*, qui faiſoient trafic de l'argent, comme il vient d'eſtre dit, & qui en même temps, ajoûte-t'il, faiſoient toutes les affaires des particuliers, recevoient leur revenu & faiſoient leur dépenſe ; ce qui eſtoit neceſſaire en ce temps-là, parce que la Monnoye de Rome n'eſtoit pas portative, ce qui obligeoit les Particuliers de contracter plûtoſt par Lettres de Change par le moyen des Banquiers, que par argent comptant ; & il faut les diſtinguer, dit-il, de ceux appellez *Trapezitæ ſeu Menſarii*, comme dit Sigonius, (qui s'appelloient ainſi, ſuivant Tite-Live, *à diſpenſatione pecuniæ*.) Enfin, dit Loyſeau, il y avoit les Marchands des Provinces, appellez *Negotiateurs* ; parce qu'ils eſtoient les ſimples entremetteurs des Marchands de Rome, auſquels par honneur ils laiſſoient le nom

Sigonius de Ant. jure Rom. l. 2. chap. 11.

ZZz

de Marchand. Au reste suivant la Loy 12. Code l. 12. T. 58. il estoit deffendu à ceux nommez *Trapezita*, de posseder aucune Charge de la Province dans laquelle ils faisoient leur commerce, parce que leur fonction estoit fort décriée en ce temps-là : *Sed etiam cunctos qui diversarum rerum negotiationibus detinentur, trapezitas scilicet, vel gemmarum, argentique, vestiumve venditores, Apothecarios etiam, cæterosque institores aliarum mercium quibuscunque ergasteriis adhærentes, jubemus à Provincialibus Officiis removeri, ut omnis honor atque militia, à contagione hujusmodi segregetur.*

Quant à la forme de contracter avec eux, ceux à qui ils faisoient prester de l'argent, reconnoissoient avoir receu la somme, quoy qu'elle ne leur eust pas encore esté comptée ny délivrée, on écrivoit le Nom du Creancier & du debiteur sur leur Livre, qui s'appelloit *Calendarium*, lequel estoit public & faisoit foy en Justice, & cette simple inscription sur ce Livre estoit ce qu'ils appelloient *litterarum seu nominum obligatio*, laquelle façon de contracter avoit cessé d'estre en usage dés le temps de Justinien, comme il est marqué au commencement du T. 22. *instit. de litter. obl.* Ils estoient obligez de communiquer ces Livres à tous ceux qui y avoient interest, parce que leur ministere estoit public, comme dit Monsieur Cujas, cy-dessus cité, & s'ils le refusoient, ils y estoient contraints, *actione in factum Prætoria*, dit Monsieur Colombet, *in Paratit. ff. de edendo, in id specialiter adversus Argentarios introducta;* & Monsieur Cujas *ad. l. 40. ad l. aquil. l. 3. Pauli ad edict.* dit que si faute par l'Argentier de représenter ses Livres, quelqu'un a perdu son Procés, l'Argentier sera tenu de l'indemniser de la perte de son Procés & des frais, *actione in factum, si probare possit se potuisse vincere.* Et l'Argentier n'estoit tenu que de montrer l'endroit de son Registre qui concernoit cette personne, & non pas tout son Registre ; tout ce que dessus avoit lieu aussi à l'égard de leurs heritiers, quoy qu'ils ne fussent pas Argentiers, surquoy il faut voir le T. au *ff. de edendo*, & la Novelle 136. *de Argentarii contractibus*. La forme unique requise dans ces Livres, estoit que le jour & le Consulat, c'est-à-dire l'année auquel l'affaire s'estoit faite, y fût marquée. Ceux qui leur avoient confié leur argent en dépost, avoient un Privilege sur leurs biens, & non pas ceux qui leur avoient donné pour le faire profiter, & en tirer interest, suivant qu'il est

Ex corum scriptura nascebatur obligatio nominum sine stipulatione, dit M. Cujas, ad l. si unus de Pastu, & ad l. si plures eod Tit.

decidé dans la Loy *si ventri ff. de rebus judicis authorit. possid. aliud enim est, deponere,* dit-elle, *aliud credere.*

8   Guy Pancirol *Var. quæst. l.* 1. *chap.* 31. obferve qu'on donnoit auffi en garde aux Argentiers l'argent de la Republique, qui provenoit de la levée des Tributs, & que le Quefteur recevoit cet argent de leurs mains, & le donnoit au Preteur, qui en faifoit l'employ fuivant les befoins de l'état, ce qu'il confirme par ce Paffage tiré de Ciceron : *Si Prætor dedit pecuniam Civitatis, Quæstor numeravit, Quæstor à mensa publica, mensa autem ex vectigali aut ex tributo.* Il obferve encore qu'ils intervenoient fou-
9   vent Cautions pour les autres, & qu'en ce cas ils eftoient les feuls contre lefquels on pouvoit intenter l'action *Receptitia ;* leur Bureau eftoit une Maifon dans la grande Place Publique, qu'ils tenoient du Fifc à Bail emphyteotique, delà eft venu qu'on a appellé faire Banqueroute, *foro cedere.*

10 Pancirol prétend que fi on ajoûtoit foy à leurs Regiftres, ce n'eftoit pas comme Accurfe a prétendu, parce qu'ils eftoient choifis & nommez par le Peuple, mais parce que leur fonction eftoit d'elle-même toute publique, *& ob publicam causam ;* eftant d'ailleurs permis à tout le monde de l'exercer.

11 Everhard *de fide inftrum. Chap.* 1. *n.* 4. prétend au contraire qu'il y en avoit de deux fortes, ce qui peut fervir à juftifier l'opinion d'Accurfe. Les uns, dit-il, eftoient établis par la Ville en un certain lieu, & chacun pouvoit feurement porter fon argent à leur Bureau, à condition de pouvoir le retirer entierement, ou en partie, quand il vouloit, avec l'intereft, fuivant le temps qu'il y eftoit refté, & on ne prépofoit à ce Bureau que des gens d'une probité connuë ; ce qui eft encore, dit-il, en ufage à Venife, à Gennes & à Barcelonne. Il y en avoit d'autres, continuë-t'il, qui faifoient commerce de leur argent pour leur compte, & non pas au Nom de la Ville ; ce font ceux que les Italiens appellent Banquiers aujourd'huy, & ceux-là font obligez d'obtenir du Magiftrat la permiffion de tenir la Banque. A Rome les Argentiers pouvoient exercer leur commerce par leurs Enfans, & même par leurs Efclaves, fuivant la Loy *Prætor ff. de edendo.* Les Efclaves pouvoient auffi l'exercer en leur Nom, à concurrence de leur Pecule, fuivant le §. *Si fervus eadem lege ;* mais les femmes n'y eftoient pas receuës, fuivant la Loy *fæmina eod. tit.*

12 Enfin Everhard dit que ces Noms, *Argentarii, Nummularii,*

Menfularii, estoient synonimes d'ordinaire, & servoient aussi quelquefois à distinguer leurs emplois; *Argentarii*, dit-il, estoient ceux qui tenoient le Bureau & qui faisoient la principale fonction; *Nummularii*, estoient proprement les Quaissiers. *Menfularii* estoient ceux qui recevoient l'argent & qui payoient. Il y auroit encore beaucoup de choses à éclaircir sur cette matiere, mais comme cette digression iroit trop loin, il suffit de ce qui vient d'estre dit, pour faire voir que nos Marchands 13 n'ont rien de commun avec les Argentiers, & qu'ainsi les Loix Romaines tirées du *T. de edendo ff.* n'ont pas une application juste aux difficultez qui naissent à l'occasion des Livres de nos Marchands.

Nous n'avons en France que les Banquiers, & les Agens de 14 Change, érigez en Titre d'Office en 1539. qui sont personnes publiques, & dont les Livres font foy en Justice, la forme de leurs Livres est reglée par l'Ordonnance de 1673. T. 3. art. 3. Nous avons aussi les Changeurs établis par autorité publique, 15 qui tiennent le Change de l'argent, & lesquels ont un droit pour le Change des especes.

Cela supposé, il reste à examiner la Question que traite Boiceau dans ce Chapitre, au sujet des Livres des Marchands, pour sçavoir quelle foy ils doivent faire en Justice, & s'ils font un commencement de preuve par écrit, sur lequel on puisse admettre la preuve par témoins. Comme cette Question est tres-familiere dans l'usage, & par consequent tres-importante, quoy que d'ailleurs tres-difficile, au sentiment même de Maistre Charles du Moulin, j'ay creu la devoir examiner un peu plus au long que Boiceau n'a fait.

Per difficilem, sur ce Code. l. 4.

Les principaux Auteurs qui l'ont traittée *ex professo*, sont entr'autres Stracha de Mercatura, Scaccia en son Traité *de commerciis*, Menochius, Marquardus *de jure commerciorum singulari*, & Maistre Charles du Moulin sur le Livre 4. du Code Justinien T. 1. Tous ces Auteurs ont ramassé les differens sentimens de ceux qui les ont precedez: mais sans m'arrester à les examiner en détail, pour connoistre par quels principes cette Question se doit decider dans ses differentes circonstances, & les distinctions qu'on y doit apporter, suivant nos mœurs; on commencera par rapporter le sentiment de Maistre Charles du Moulin qui l'a traitée, & on le traduira presque mot à mot, à cause de la consequence de cette matiere, qui regarde toute sor-

en Matière Civile.

te de perfonnes ; on ajoûtera enfuite des raifons particulieres, la plufpart tirées de la difpofition de nos Coutumes & de nos Ordonnances, ou fondées fur les Maximes les plus certaines, & fur l'ufage que nous obfervons dans ces matieres, pour faire voir que les Livres des Marchands ne font point foy, & on répondra enfuite aux raifons de ceux qui foûtiennent indiftinctement, que l'on doit ajoûter une foy entiere à ces fortes de Livres en toutes fortes d'occafions.

16. Les Docteurs, dit Maiftre Charles du Moulin, font partagez entr'eux, pour fçavoir quelle foy on doit ajoûter aux Livres des Marchands. Les uns prétendent, dit-il, qu'on y doit ajoûter foy entierement & indiftinctement en toutes fortes d'occafions ; les autres que ces Livres ne font qu'une demie-preuve, & quelques autres, qu'en aucun cas ces Livres ne doivent faire foy.

17. Il explique enfuite ce qu'il faut entendre par ce mot *Rationes*, qui eftoient les Livres de Raifon & les Regiftres des Argentiers à Rome, & il en tire la definition, de la Loy *Si quis ff. de edendo*. *Rationem autem effe, Labeo ait, ultro citro dandi, accipiendi, credendi, obligandi, folvendi fui caufa negotiationem.* C'eft un Regiftre ou Journal, dans lequel font compris les fommes que l'on doit rendre, & celles que l'on a receuës, les dettes actives & paffives, & les payemens que l'on doit faire, ou ceux qu'on doit recevoir pour raifon de fon negoce.

18. Il fait voir que les Docteurs & la Glofe ont erré quand ils ont pofé pour Maxime que les Livres de tous les Marchands en general faifoient une veritable demie-preuve, laquelle avec l'affirmation du Marchand, devenoit une preuve parfaite, & qu'ils fe font fondez mal-à-propos fur la Loy *quædam §. nummularios ff. de edendo*, qui ne parle que de ceux qui faifoient la moindre & la derniere fonction des Argentiers, appellez

19. *Nummularii*. Monfieur Cujas fur ce §. dit que *erant minuti & infimi Argentariis non abfimiles fed illis adfimiles ------ Collectarii Argentariorum & κολλυϐιϛαί*, c'eft-à-dire ceux qui tenoient le Change parmi eux, & qui tenoient auffi des Regiftres de l'argent qui paffoit par leurs mains.

20. Du Moulin ajoûte, que ceux qui ont creu au contraire que jamais le Regiftre ou le Journal particulier d'une perfonne, ne pourroit faire une demie-preuve contre luy en quelque cas que ce fût, ce font auffi trompez comme Cynus ; car à l'égard de ceux

Et ita arguit gloffa omnibus rationibus Mercatorii veram effe adhibendã femiplenam etiam fidem ita ut cum juramento fcribentis plant tre-bent.

qui se sont fondez sur le §. *Nummularios*, ils n'ont pas deu comparer ceux qui portoient ce Nom à Rome avec nos Marchands ; parce que, dit-il, *Nummulariis antiquitus imponebatur hoc officium publicum ut gererent jurati.* Leur commerce regardoit le public, & ils n'estoient point admis à l'exercer qu'aprés avoir presté serment de s'en acquitter avec fidelité ; au lieu que parmi nous, ajoûte-t'il, chacun exerce la Marchandise librement, & sans prester aucun serment (ce qui n'est pourtant pas veritable à l'égard des Marchands, qui font un Corps distingué) neanmoins comme on ajoûte foy aux Livres de nos Marchands en certaines occasions ; il faut, continuë-t'il, examiner trois Questions sur ce sujet.

La premiere est de sçavoir si ces Livres font foy en faveur du Marchand qui les a écrits. La seconde, si ces Livres font foy contre le Marchand qui les a écrits. La troisiéme, si ils font foy à l'égard de tierces personnes.

Quant à la premiere Question, du Moulin dit que la Maxime generale est que ce que nous appellons *Rationes*, ou Registres & Journaux domestiques ne font point foy en faveur de celuy qui les a écrits ; ce qui est decidé par la Loy *exemplo C. de prob.* & en ce cas l'opinion de Cynus se peut soûtenir. La premiere exception de cette Maxime, dit du Moulin, est à l'égard des choses qui dépendent purement de la volonté, & que l'on peut faire ou ne pas faire ; il cite à ce sujet l'espece de la Loy *Nesennius D. de Neg. gestis*, en laquelle il s'agissoit de sçavoir si une ayeule ou ses heritiers estoient recevables à repeter les alimens qu'elle avoit fourni à son petit-fils, ce que le Jurisconsulte appelle une Question de fait, en laquelle on est obligé de prouver que cette ayeule n'a pas eu dessein de les repeter, & que lors qu'elle a écrit la somme à laquelle reviennent ces alimens dans le Journal de sa dépence, on doit croire qu'elle a eu dessein de les compter à son petit-fils ou à son Tuteur.

Exemplo perniciosum est ut ei scriptura credatur quem unusquisque sibi adnotatione propria debitorem constituit. Unde neque fisco, neque alium quemlibet ex suis subnotationibus debiti probationê præbere oportet.

La seconde exception, ajoûte du Moulin, est quand le Marchand qui produit son Livre est connu pour homme loyal & de probité : *Quem vocamus liberalem aut legalem*, dont la vie est sans reproche ; car, dit-il, quoy que le Livre ne fasse pas une preuve entiere, ny même une demie-preuve, neanmoins il en resulte une présomption, laquelle suffit pour faire recevoir son affirmation, en telle sorte que ce Livre fera foy ensuite. Ces termes de du Moulin sont à remarquer, *Quia rationes ejus quamvis non plenam probationem, nec omnino semiplenam inducant tamen adferunt aliquam præsumptionem, ex qua possit ei deferri juramentum ita ut per se rationes probent.* Il fonde cette decision sur la Loy *Rationes C. de Probati. Rationes defuncti, quæ in bonis ejus inveniuntur ad probationem sibi debitæ quantitatis solas sufficere non posse, sæpe rescriptum est*; d'où il conclut que puisque la Loy ne veut pas que les Papiers ou Registres domestiques fassent foy tous seuls de ce qu'ils contiennent; il s'ensuit par un argument à sens contraire, que cette écriture pure privée fait foy, quand elle est soûtenuë par d'autres preuves (comme le serment).

25 Enfin la derniere exception est, dit-il, quand la vray-semblance s'accorde avec la chose qui est écrite dans ce Livre, soit, eu égard à la somme, ou à la qualité de l'affaire dont il s'agit, de même qu'on a coutume d'en user à l'égard des Tuteurs & Curateurs, quand il paroist manifestement que les alimens qu'ils ont fournis, & les avances qu'ils ont faites pour leur Pupille, peuvent revenir à peu prés à la somme qu'ils ont marqué dans le Journal de leur dépence; car en ce cas il dépendra de la prudence du Juge d'admettre les Livres, comme une demie-preuve de ce dont il s'agit. Bartole même, continuë-t'il, pose pour Maxime generale, que ces sortes de Papiers domestiques font une demie-preuve quand il s'agit d'une petite somme, & que la personne qui les a écrites, est en reputation d'estre un honneste homme, ce qui s'observe particulierement en faveur des Tuteurs & des Curateurs.

26 Pour ce qui est de la seconde Question, sçavoir si un Livre Journal fait foy contre celuy qui l'a écrit, du Moulin decide pour l'affirmative, & ce Livre Journal, dit-il, fait une preuve entiere par luy-même, sans qu'il soit besoin d'avoir recours au serment de celuy qui l'a écrit, ce qui a lieu, quoy que ce Livre soit écrit de la main d'un autre; pourveu que cette personne reconnoisse que ce Livre Journal est celuy dont elle se sert,

27 ce qui a lieu contre les Marchands, quoy que leur Journal soit écrit de la main de leur Facteur; & en un mot ce Livre fait foy contre celuy qui l'a écrit, quoy qu'il dénie l'avoir écrit, ou qu'il soûtienne que ce qui s'y trouve écrit contre luy, y a esté écrit par un autre à son insceu & malgré luy, pourveu qu'il soit constant, comme il a esté dit, que ce soit le Livre Journal

dont il se sert, quand même ce Livre seroit sans date, *sine die & consule*, suivant le sentiment de Panorme.

La premiere exception de cette Maxime, ajoûte du Moulin, est quand la cause de la dette n'est pas exprimée, comme s'il est écrit seulement sur ce Journal : *Je dois à Titius*, sans dire si c'est pour Cause de Prest, ou pour raison d'un Dépost; car on ne pourroit assigner cette personne en vertu d'une telle reconnoissance, parce que l'Ecriture seule ne suffit pas, & n'est pas un moyen pour nous rendre debiteurs : mais quand il y a outre cela une cause exprimée, alors on présume qu'il y a une Obligation veritable, & cette présomption est établie sur ce que cette reconnoissance de la dette, se trouve avoir esté écrite de la main de celuy qui se reconnoist debiteur, suivant le sentiment de Balde, lequel ajoûte que quoy que la Cause de la dette ne soit pas exprimée sur ce Journal, neanmoins elle se peut aisément présumer par conjecture; Par exemple, si c'est un Marchand de Drap, qui a écrit sur son Livre qu'il devoit une certaine somme à Titius aussi Marchand de Drap, sans expliquer pourquoy, il sera aisé de présumer que c'est pour Marchandises de Drap que Titius luy a fournies.

La seconde exception de la Maxime cy-dessus, continuë du Moulin, est que si dans le Livre Journal il se trouve des Papiers volans, ou Billets écrits pour Memoire, que Ciceron appelle *Adversaria*, ils ne font aucune preuve ny aucune présomption contre celuy dans le Journal duquel on les trouve, parce que suivant la définition de ce mot *Ratio*, cy-dessus rapportée, ce qui se trouve écrit de la main d'une personne, ne doit point faire foy contre luy, si l'affaire dont il s'agit n'y est expliquée en son entier, & s'il ne contient en détail un compte de ce qui a esté receu, & de ce qui reste à payer.

Quia ratio debet esse continuata ultro citroque continere accepta.

Enfin cette Maxime, que ce qu'une personne a écrit sur son Regiftre ou Journal, fait foy contre luy, n'a pas lieu quand celuy qui s'en veut servir, n'a pas voulu d'abord y ajoûter foy & l'a rejetté : *Quia nemo debet juvari eo quod expressè antea visus est impugnare.*

La derniere Question est de sçavoir, dit du Moulin, si ce qui se trouve écrit sur le Regiftre ou Journal d'un autre, peut faire foy d'une chose qui s'est passée entre tierces personnes; & en ce cas, dit du Moulin, il faut user de distinction, ainsi qu'il a esté dit cy-devant, car lors ou celuy qui a écrit cette

chose

chose exerce une fonction publique, tels qu'estoient ceux appellez *Nummularii* à Rome, dont il est parlé en la Loy *quædam* §. *Nummularios* (& en ce cas ce qu'ils ont écrit fait foy, même d'une chose qui s'est passée entre tierces personnes) ou cette personne n'a aucune fonction publique, comme sont aujourd'huy nos Marchands, & en ce cas ce qui se trouve écrit sur leurs Livres ne fait point foy entre tierces personnes.

32 Il examine ensuite ceux que l'on peut dire exercer une fonction publique parmi nous; & il dit, parlant par rapport à son Siecle, qu'il n'y a que les Receveurs des Villes, ou ceux qui exercent
33 le Change. Il finit en disant que tout ce qu'il a posé pour Maxime, n'a pas lieu, si la Coutume des lieux est au contraire; car il y en a dit-il, quelques-unes, qui decident que l'on doit ajoûter entierement foy aux Livres des Marchands, & alors il faut suivre
34 cette disposition. Donc, continuë-t'il en pareille occasion, j'examinerois ce qui est le plus vray-semblable, qu'elle est la reputation & la conduite de la personne qui a écrit sur son Journal, si la somme dont il s'agit est mediocre ou considerable, & selon toutes ces conjectures, je determinerois si cette écriture fait une preuve entiere, ou une demie-preuve, ou s'il faut avoir recours encore à d'autres présomptions.

35 La pluspart des Docteurs sont de l'avis de Maistre Charles du Moulin sur la seconde Question, & decident unanimement que les *Livres de Raison* font foy contre celuy qui les a écrits & qui s'en sert. Mascardus dans son Livre *de Jure Mercatorum & Commerciorum singulari l. 3. chap. 9.* où il traite les mêmes Questions que Maistre Charles du Moulin, la décide ainsi à l'égard des Marchands, suivant le sentiment des autres Docteurs.

36 Il ne reste donc plus que la premiere à examiner; car à l'égard de la derniere, sçavoir si les Livres Journaux ou Registres domestiques de ceux qui ne sont point Marchands, font foy contre de tierces personnes, la décision de Maistre Charles du Moulin est indubitable, dautant que la Loy a decidé indistinctement *Exemplo* qu'il seroit de dangereuse consequence d'ajoûter foy à ce qu'u- *perniciosum* ne personne pourroit écrire sur son Papier Journal à son profit, *est.* parce que la consequence en seroit perilleuse, si cela avoit lieu contre un tiers, car ce seroit autoriser manifestement la fraude & la mauvaise foy.

37 Pour venir donc à la premiere Question, sçavoir si les Livres des Marchands font foy en leur faveur, il faut remar-

quer d'abord que Maistre Charles du Moulin n'a point traité, celle, de sçavoir si les Livres des Marchands font du moins un commencement de preuve par écrit, sur lequel on puisse leur accorder la preuve par témoins, & il ne pouvoit pas même faire cette Question, parce que l'Ordonnance de Moulins n'a esté publiée qu'après sa mort, comme il a déja esté remarqué, ainsi la preuve par témoins avoit lieu de son temps en toute sorte de matiere. Il faut encore remarquer qu'il dit precisément que ces Livres ne font point une preuve entiere, ny même une demie-preuve par eux-mêmes, mais une simple présomption. Il ajoûte à la verité que cette présomption jointe à leur affirmation devient une preuve complete, ce qu'il faut entendre pourtant, suivant le sentiment du même du Moulin, quand il y a de la vray-semblance, & que le Marchand est un homme loyal, & en reputation d'homme d'honneur, voilà les dernieres reflexions qu'il fait sur cette Question : mais cette opinion ne seroit pas receuë aujourd'huy (si ce n'est qu'il s'agist d'une somme au dessous de cent livres) c'est ce qu'il faut examiner.

Art. 127. C. de Paris de Ferrieres.

Celuy qui a compilé les decisions de tous les Commentateurs de la Coutume de Paris, a avancé sous l'autorité du même du Moulin, que les Livres des Marchands faisoient foy indéfiniment contre leur debiteur, quand ils avoient les conditions requises par les Docteurs, ce qui est contraire à ce qui vient d'estre rapporté. Il est vray que du Moulin §. 8. n. 20. T. des Fiefs, dit qu'il faut ajoûter foy aux Livres de raison d'un Marchand, quand les articles en sont bien suivis, & conformes pour la plufpart à la verité : *Facit etiam quod in simplici libro Mercatoris, tempore negotiationis suæ tantum recenter capto & confecto, fides adhibetur pro scribente quando in pluribus Capitulis ibi descriptis verificatur & invenitur conformis veritati.* Mais dans cet endroit, il faut observer que du Moulin argumente de la foy que doit faire un dénombrement ou un Papier Terrier entre le Seigneur & le Vassal, ou à l'égard d'un tiers, par rapport à celle que doivent faire les Livres des Marchands entr'eux seulement ; aussi pour oster tout équivoque, du Moulin ajoûte ces mots : *Quod autem dixi de simplici libro Mercatoris, intellige de vero libro rationum, quem quis tenetur etiam contra se edere sive agendo, sive deffendendo in negotiis communibus editionem petente.* Ce mot *Communibus* marque assez qu'il ne parle qu'entre Marchands qui trafiquent ensemble ; c'est pourquoy le même du

Moulin decide encore formellement sur le Titre premier *Cod. de edendo*, que les Livres des Marchands ne font point foy indistinctement contre un tiers, parce que ce ne sont que des écritures privées qui ne font qu'une demie-preuve, suivant l'arbitrage du Juge: *Secus in rationibus mercatoris, quæ sunt scriptura privata, quæ non facit plenam fidem, sed semiplenam, arbitrio judicis*; desquels termes de du Moulin, on ne pourroit conclure à present que lors que ces Livres font une demie-preuve, le Juge doive accorder la preuve par témoins, ou déferer le serment. Voici donc quel est l'esprit de nos Coutumes & de nos Ordonnances sur ce sujet.

1. Il est constant que la pluspart de nos Coutumes, n'ont point eu d'égard à ces Livres, quand la question est entre un Marchand & une tierce personne non Marchand. La Coutume de Troyes qui art. 201. étend la prescription en faveur des Marchands jusqu'à quatre ans, durant lesquels on ne peut leur opposer la fin de non recevoir, fait cette distinction précise, entre les livraisons de Marchand à Marchand, & celles de Marchand à Bourgeois, & dans toutes les autres Coutumes, on doit sous-entendre cette distinction dans les dispositions qu'elles renferment au sujet de cette fin de non recevoir. C'est pourquoy la pluspart, pour empescher qu'elle ait lieu, exigent que le Marchand rapporte une Cedule, une Obligation, un arrest de Compte par écrit, ou du moins une interpellation judiciaire, comme celle de Paris article 127. elle ne dit point que le Marchand pourra assigner son debiteur sur l'extrait de son Livre; & Guenois en sa Conference des Coutumes sur l'article 126. de celle de Paris, dit fort judicieusement que *l'opinion de ceux qui disent que ce Compte* (dont elle parle) *doit estre par écrit, est la plus certaine, afin de retrancher les preuves qui se pourroient forger par faux témoins*. Ce qui se peut colliger, ajoûte-t'il, de l'article 127. de la même Coutume de Paris, qui ajoûte à l'article 126. ces deux mots *par écrit*, & quoy qu'on puisse répondre que ces deux articles ne parlent dans cet endroit que de ce qui est necessaire pour interrompre la prescription, & non pas de ce qui est requis pour établir la verité de la dette. Il resulte neanmoins de ces dispositions, que si la Coutume avoit jugé, que les Livres des Marchands fissent foy par eux-mêmes, ils suffiroient aussi pour interrompre la prescription d'un an & de six mois, puisqu'il tiendroient lieu d'une preuve

écrite de la dette. Guenois rapporte au même endroit les dispositions des autres Coutumes, qui requierent des Obligations, des Cedules ou des reconnoissances par écrit, (ce qui justifie qu'aucune n'a dit que les Livres des Marchands suffisent), comme Meaux Chapitre 10. article 64. Sens Titre 21. article 255. Auxerre Titre 6. article 139. Celle d'Orleans Titre 14. article 264. aprés avoir requis une Obligation ou une Promesse, permet au Marchand Creancier de déferer le serment à celuy qu'il prétend estre son debiteur, *lequel sera tenu de le prester, & s'il ne le veut pas, sera receu le serment du Creancier Marchand, & le debiteur condamné à payer*, ce qui est un temperamment fort judicieux, fondé sur la Loy *manifestæ turpitudinis ff.* & sur la faveur de la liberation. En effet, le debiteur ne peut refuser de prester ce serment, sous prétexte que le temps de la prescription d'un an ou de six mois, introduite contre les Marchands, est écoulé; parce que, comme dit Maistre Charles du Moulin Quest. 22. de son Traité des Usures n. 228. ces sortes de prescriptions si courtes, n'ont esté introduites par les Coutumes contre les Marchands qu'en faveur des debiteurs, qui payent d'ordinaire le Marchand sans témoins & sans en tirer Quittance, & sur tout en faveur des heritiers qui ignorent si le deffunt a payé.

40

41

Illæ brevissimæ præscriptiones introductæ in favorem debitorū qui sine apocha & testibus solverunt & præcipue hæredum eorum.

Charondas sur le même article 127. de la Coutume de Paris, dit aussi, que si cet article a ajoûté ces mots, *Compte par écrit*, c'est afin de retrancher en telle matiere, qui se doivent traiter & juger sommairement, la longueur des Procés, & la preuve par témoins, laquelle toutefois les Juges reçoivent au dessous de cent livres.

42

Pour ce qui est de nos Ordonnances, on en peut induire la même décision; car aucune n'a dit qu'il fallut ajoûter foy aux Livres des Marchands, au contraire l'article 67. de l'Ordonnance de 1512. sur lequel la disposition de la pluspart des Coutumes reformées depuis, sont fondées, ne met point aussi les Livres des Marchands au nombre des preuves qu'il veut qu'ils rapportent de ce qu'ils prétendent leur estre deu.

43

On peut ajoûter l'Edit de 1673. pour le Commerce, lequel dans le Titre trois prescrit la forme des Livres Journaux & Registres de tous Marchands negocians en gros ou en détail, & des Banquiers & Agens de Change; l'article 9. marque les cas où la représentation & communication en peut estre faite ; sçavoir *en cas de succession, Communauté, partage de société & faillite* : & l'article 10. ajoûte qu'au cas qu'*un Negociant ou Marchand voulût se servir de ces Livres Journaux ou Registres, ou que la Partie voulut y ajoûter foy, la représentation en pourra estre ordonnée*, ce qui marque que 1. Ces Registres ne sont point publics ny autentiques par eux-mêmes ; & en second lieu, qu'ils ne font foy que quand la Partie offre d'y ajoûter foy. Et à l'égard

44 des Livres entre Marchands associez, ils sont publics, suivant les dispositions du Titre 4. de la même Ordonnance ; & il est certain qu'entre Marchands faisant trafic de la même Marchandise, chacun doit avoir son Livre particulier, lesquels Livres font foy entr'eux, ce qui n'est pas revoqué en doute ; il suffit qu'on peut inferer des termes de l'Ordonnance, que ces Livres ne font foy qu'entre Marchands ou Associez, & non en faveur d'un Marchand contre un tiers.

Au reste cette decision touchant les Livres des Marchands, est fondée sur la Maxime generale dont il a esté parlé, tirée de la Loy *exemplo*, cy-dessus citée, & de la Loy *Nuda ratio D. de Don. nuda ratio non facit aliquem debitorem ut puta quod donare libero homini volumus, licet referamus in rationes nostras, debere nos tamen nulla ratio intelligitur* ; C'est-à-dire qu'il ne suffit pas même qu'une personne ait écrit sur son Journal qu'il donne une somme à quelqu'un pour qu'il devienne debiteur de cette somme envers cette personne. Aussi n'est-il pas juste que personne se puisse faire un Titre à soy-même, à l'insceu & malgré son debiteur, à qui l'on ne peut imputer de ne l'avoir pas empesché, puisqu'il n'est pas en sa puissance de le faire, outre que ceux qui achetent d'un Marchand, achetent & payent d'ordinaire sans témoins & sans tirer Quittance, ainsi la présomption du payement est en faveur du debiteur, parce qu'il a esté en la liberté du Marchand de vendre à

45 credit ou de ne vendre pas, & comme dit Brodeau sur l'article 126. de la Coutume de Paris, le Marchand est en ce cas bien moins favorable que le debiteur ; car il doit s'imputer de n'avoir pas pris ses seuretez quand il a vendu à credit, estant présumé avoir voulu suivre entierement la foy du debiteur, au serment duquel par consequent il est tenu de se rapporter.

46 Et quoy que la distinction que fait Boiceau dans ce Chapi-

tre entre les Marchands Jurez & ceux qui ne le sont pas, soit tres-judicieuse: neanmoins on ne doit pas l'autoriser indistinctement, en ce qu'elle exclut absolument la foy des Livres des Marchands qui ne sont pas Jurez, parce que si c'est principalement à cause de la probité personnelle du Marchand, que l'on doit ajoûter foy à ses Livres, cette probité se peut rencontrer aussi dans les Marchands non Jurez, ce qui doit estre par consequent laissé à l'arbitrage du Juge. En un mot la consequence seroit trop dangereuse d'accorder en toutes sortes de cas indistinctement la preuve par témoins sur la foy de ces Livres, parce que le Marchand qui auroit eu la mauvaise foy d'écrire sur son *Livre de Raison* ou sur *son Journal*, une livraison de Marchandises qu'il n'auroit pas faite, pourroit aussi avoir assez de mauvaise foy pour supposer de faux témoins qui déposeroient en sa faveur contre la verité. J'ajoûte que quoy que l'Ordonnance de Moulins n'ait point exclus la preuve qui resulte des écritures privées, & que celle de 1667. ait admis la preuve par témoins quand il y a un commencement de preuve par écrit, elles n'ont pourtant point entendu permettre ny autoriser indirectement la fraude de ceux qui pourroient se faire ainsi un Titre à eux-même par une écriture privée. La fraude estant toûjours exceptée, suivant l'esprit de la Loy; & quoy que le Juge ait la faculté d'accorder ou de refuser la preuve, suivant les circonstances, dont les principales resultent, comme dit du Moulin, de la vray-semblance, & de la bonne ou mauvaise reputation du Marchand ou du debiteur: neanmoins on peut dire que le Marchand est en faute de n'avoir pas pris ses seuretez, comme il l'a deu faire regulierement, & que le debiteur en doit estre crû à son affirmation, s'il n'y a des circonstances tres-precises qui marquent qu'il est effectivement debiteur, mais si cette preuve par témoins peut estre permise, quand certaines circonstances de bonne-foy se rencontrent; du moins quand l'année, ou les six mois prescrits par la Coutume sont écoulez, il faut une preuve par écrit de la dette, parce que le Marchand n'a plus d'action aprés ce temps fatal, & ainsi la preuve par témoins luy doit estre refusée; & il faut remarquer, que l'interpellation judiciaire, dont parle l'art. 127. de la Coutume de Paris, si elle a esté faite avant ce temps expiré, ne peut passer ensuite pour un commencement de preuve par écrit de la dette, puis qu'elle n'est manifestement requise que pour empescher le cours de la prescription en faveur d'un Marchand,

en Matiere Civile.

or un commandement de payer, ou une Assignation pour se voir condamner à payer, ne peut jamais devenir une preuve que la chose est deuë. Que s'il s'agit d'une somme moindre de cent livres, la preuve par témoins peut estre accordée au Marchand sur la foy de son Livre, (comme il a esté dit) s'il n'y a aucune présomption de fraude de sa part; car ce Livre estant en bonne forme, il peut passer en ce cas pour un commencement de preuve par écrit.

Il reste à répondre aux raisons & aux autoritez de ceux qui prétendent que les Livres des Marchands devroient faire foy indéfiniment en toutes sortes d'occasions & contre toutes sortes de personnes.

Celuy qui a donné au public des Institutes de la Jurisdiction Consulaire, a ramassé toutes les autoritez & toutes les raisons que les Docteurs alleguent pour cette opinion. Il suffira de refuter les principales; il cite d'abord le sentiment de Balde en son Conseil 198. & 466. qui dit qu'à cause de la fidelité des Marchands, leurs Livres, quoy qu'écritures privées, sont regardez comme autentiques; il cite ensuite Jason & Alexandre, Stracha *de Mercator.* & Mascardus *de probat. l. 3. chap. 9.* qui sont du sentiment de Balde. Ce dernier rapporte même qu'en Allemagne & en Italie, foy entiere est ajoûtée aux Livres des Marchands, suivant les Bulles de Martin V. de Paul III. & de Pie IV. par lesquelles il a esté ordonné que ces Livres feroient foy jusqu'à concurrence de la somme de vingt Ducats, ce qui a esté ensuite augmenté jusqu'à trente, pourveu neanmoins que ce soit pour Prest ou autre chose qui concerne leur Commerce. Il rapporte aussi qu'à Venise en 1521. il fut arresté en la Chambre du Grand Conseil que ces Livres feroient foy pendant cinq ans, comme estant un temps suffisant aux Marchands pour recouvrer leurs effets, & il remarque qu'à Florence, non seulement les Livres des Marchands font foy, mais même ceux des Artisans, que l'on regarde comme des instrumens publics, lesquels emportent hypoteque & donnent execution parée; il conclut delà que la même chose devroit avoir lieu en France, que tel est le sentiment de Coquille sur le Chapitre 29. de la Coutume de Nivernois, & celuy de Boiceau sur cet article 54. de l'Ordonnance de Moulins, tel qu'il vient d'estre rapporté dans ce Chapitre; ce qui a même esté jugé, dit-il, par un Arrest du 14.

Mars 1600. rapporté par Bouvot T. 2. Queſt. 1. il confirme cette opinion par le ſentiment d'Irſon en ſa Methode de tenir des Livres de Raiſon Queſt. 4. Chap. 9. & dit que c'eſt dans ce deſſein que le Roy veut que les Livres des Marchands ſoient écrits ſur du Papier Timbré, il paſſe enfin juſqu'à dire que ces Livres font tellement foy contre tout le monde, que même ils font foy contre le Roy, comme il paroiſt, dit-il, par les Lettres Patentes d'Henry II. du mois de Novembre 1550. qui portent que pour éviter les droits d'Aubaine par les Marchands frequentans les Foires de Lyon pour les Marchandiſes qui ne ſont pas encore arrivées, leurs Lettres Miſſives & leurs Papiers journaux ſeront crus. Il conclut en diſant que ſi l'on n'ajoûtoit point foy aux Livres des Marchands, ils ne preſteroient plus à perſonne, ce qui ruïneroit le Commerce, comme ſoûtiennent Scaccia l. 2. de *Judic. cauſ. civil. cap.* 11. & Maſcardus l. 1. chap. 9. Everhard *loco citato*, après avoir prouvé que les Livres des Argentiers à Rome faiſoient foy, parce qu'il avoient preſté ſerment de garder la fidelité dans leurs Regiſtres, dit auſſi n. 99. que les Docteurs ont decidé, que cela doit eſtre étendu aux Marchands Jurez, parce qu'ils n'ont point d'autre ſeureté que leurs Livres, & que la preuve par témoins eſt ſuſpecte, & ſur l'objection qu'il ſe fait, que même un Notaire ne pourroit pas écrire à ſon profit une Obligation contre un autre en ſon abſence ; il répond que la difference eſt toute entiere en ce qu'un Notaire, *deputatus eſt ut aliena negotia ſcribat*, il ne fait foy que quand il écrit pour les autres, au lieu que l'Argentier écrivoit ſur ſon Livre tant pour luy que pour le debiteur.

Il eſt aiſé de répondre à toutes ces autoritez en peu de mots ; & il eſt conſtant qu'elles n'ont aucune application à 51 nos Marchands François ; Balde, Jaſon, Alexandre, Straccha, Scaccia & Maſcardus, n'ont entendu parler que des Marchands d'Italie, ſur tout de ceux de Rome, de Veniſe, de Florence, & de ceux d'Allemagne, noſtre uſage & nos mœurs ſont notoirement contraires ; & il eſt même à remarquer que les Bulles des Papes ont reſtraint la foy de ces Livres à une ſomme fixe, & ces Bulles eſtant publiques, tout le monde eſt obligé d'en ſuivre les diſpoſitions ; ainſi ceux qui achetent des Marchands à credit en ces lieux-là, & qui les ont payé enſuite ſans en tirer Quittance, doivent s'imputer, s'ils n'ont pas fait

rayer

rayet cette Partie, ou tiré Quittance du Marchand, la préfomption eſtant pour le Marchand, à concurrence de ces ſommes fixées, quand la Partie ne ſe trouve pas rayée ſur ſon Livre. Quant à M. Guy Coquille, il n'a parlé de cette Queſtion que conformément à la Coutume de Nivernois, qui eſt toute ſinguliere. A l'égard du ſentiment de Boiceau, il eſt juſte, en le prenant avec les reſtrictions qu'il y ajoûte, pourveu qu'elles ſoient bien entenduës ; ainſi qu'il a eſté dit ſur la fin de ce Chapitre. L'Arreſt de Bouvot eſt un Arreſt ſolitaire du Parlement de Bourgogne, & ce n'eſt pas un Arreſt de Reglement ; d'ailleurs ſi l'Ordonnance de 1673. a voulu que ces Livres fuſſent écrits ſur du Papier Timbré & Paraphez, ce n'eſt que parce qu'il eſt de l'intereſt du Commerce qu'ils ſoient fideles entre Marchands, entre leſquels ſeuls ils font foy ; enfin le Privilege que le Roy Henry II. à accordé en 1550. aux Marchands frequentans les Foires de Lyon, confirme la Regle, & n'a lieu que dans ce ſeul cas. Bien loin au reſte, que ce ſoit ruïner le Commerce en deffendant d'ajoûter foy à ces Livres, au contraire, c'eſt donner aux Marchands même le moyen de le ſoûtenir, en les obligeant à prendre leurs ſeuretez quand ils ſont reduits à faire credit, ſur tout quand la ſomme excede cent livres, & l'experience juſtifie aſſez que ce n'eſt ſouvent que parce qu'ils font trop de credit, qu'ils ſe ruïnent eux-mêmes, & le Commerce par conſequent. Enfin le ſentiment de Scaccia ne peut faire aucune conſequence, puis qu'il ne parle que des Marchands d'Italie ; & pour celuy de Maſcardus, on pourroit encore y ajoûter ce qu'il dit dans ſon Traité *de jure Mercatorum & Commercium ſingulari l. 3. ch. 9. n. 16.* ou il decide par une autre raiſon que les Livres des Marchands doivent faire foy en leur faveur : *Quia*, dit-il, *qui cum iis contrahunt, ſcire debent mercatores neceſſitate teneri hos libros conficere, nec alias probationes habere quam per ſcripturam proprii codicis rationum, unde videntur qui negotiantur cum iis, mandare ipſis ut data & accepta ſcribant* ; c'eſt-à-dire que ceux qui contractent avec un Marchand, doivent ſçavoir qu'ils ſont obligez de tenir des Livres de Raiſon, & qu'ils n'ont point d'autres preuves de ce qu'ils debitent aux Particuliers à credit, que ces Livres ; & qu'ainſi ceux qui achetent d'eux à credit, ſont préſumez leur laiſſer le ſoin, & même leur donner charge tacitement de tenir Regiſtre des Marchandiſes qu'ils leur ont livrées. Mais cette raiſon, qui ne forme tout au plus qu'une préfomption en faveur des Marchands, n'a nulle folidité, & eft trop dangereufe dans la confequence qu'il en veut tirer; car il n'eft pas vray, fi ce n'eft entre Marchands, que celuy qui écrit fur fon Livre la Marchandife qu'il dit avoir preftée, foit le mandataire de celuy qu'il prétend en eftre le debiteur : car par la même raifon le debiteur, quand il foûtient avoir payé cette Partie, feroit cenfé avoir donné charge à ce Marchand, quand il l'a payé de rayer cette Partie fur fon Livre, & ainfi en doit eftre creu à fon ferment. Tout ce qu'on peut donc dire en faveur de la facilité du Commerce, eft que cette préfomption en faveur du Livre des Marchands, peut avoir lieu parmi nous jufqu'à la fomme de cent livres, mais y ayant une Loy dans le Royaume qui rejette la preuve par témoins au deffus de cette fomme, il s'enfuit que c'eft au Marchand Creancier, à prendre fa feureté par écrit, finon la préfomption eft pour le debiteur, qui eft préfumé avoir payé; du moins le Marchand qui a fuivi abfolument fa foy, doit s'en rapporter à fon ferment, s'il n'y a des préfomptions évidentes de fraude de la part du prétendu debiteur, fondées fur un commencement de preuve par écrit. Quant à ce que dit Everhard, l'opinion de ceux qui ont comparé nos Marchands Jurez aux Argentiers des Romains, a efté cy-deffus refutée; ainfi tout fon raifonnement ne fe peut foûtenir, & regulierement ny le Notaire, ny le Marchand, ny quelqu'autre perfonne que ce foit, ne peuvent fe faire un Titre à eux-mêmes fans la participation & le confentement du debiteur.

Il y a neanmoins une exception à la Maxime cy-deffus établie; fçavoir quand le debiteur, quoy qu'il ne foit point Marchand, fe fert & prend avantage de quelque article de ces Livres, dont il prétend inferer qu'il ne doit rien; car en ce cas il ne peut en divifer la foy; & il doit s'y rapporter entierement, parce que fuivant le fentiment des Docteurs, *in conjunctis Capitulis, qui unum adprobat, aliud reprobare nequit*; ainfi que femble l'infinuer l'article dernier du Titre 3. de l'Ordonnance de 1673. par ces mots : *Au cas neanmoins qu'un Negociant ou un Marchand fe ferve de fes Livres Journaux & Regiftres, ou que la Partie offrift d'y ajoûter foy, la reprefentation pourra eftre ordonnée pour en extraire ce qui concernera le differend* : car ce mot *la Partie*, ne peut s'entendre que d'une perfonne qui n'eft point Marchand, &

du cas auquel cette représentation des Livres du Marchand est demandée par le debiteur; & afin de ne point violer en quelque sorte le secret de ces Livres, la Cour a coutume d'ordonner qu'ils seront remis és mains de quelque notable Marchand, pour en extraire ce qui concerne la contestation, ainsi qu'il fut jugé par Arrest du 2. Juin 1545. rapporté par Papon l. 9. de ses Arrests chapitre 7. n. 4. J'ajoûte que la disposition de cette Ordonnance, sert encore à confirmer la Maxime generale, que ces Livres ne font point foy contre un tiers qui n'est point Marchand, s'il n'offre de s'y rapporter, comme il a déja esté observé, & même s'il en demande la communication, il est censé s'y rapporter, parce qu'il n'y a que dans ce seul cas que l'Ordonnance luy permet de demander la communication de ces Livres, qui ne sont point publics, & qu'il n'est pas permis de compulser, ny de voir malgré ceux à qui ils appartiennent. Il faut ajoûter à ce qui vient d'estre dit, qu'on ne peut diviser la foy qui resulte des differens articles qu'un Marchand a écrit sur ses Livres touchant une même affaire, que cette Maxime a lieu, sur tout entre Marchands & Associez, ce qui s'entend quand ils sont gens de probité connuë, & qu'il n'y a point d'ailleurs de présomption de fraude, car en ce cas le Marchand, qui soûtient qu'on ne peut diviser la foy de son Livre, sur lequel l'emprunt qu'il a fait d'un autre Marchand, se trouve écrit, & ensuite le payement qu'il pretend luy en avoir fait, est recevable à demander à faire la preuve par témoins du payement, s'il est dénié. Charondas Respons. l. 11. chap. 5. en rapporte un Arrest du mois de Février 1599. qui confirma la Sentence du Prevost de Paris, qui avoit receu le Marchand prétendu debiteur, à verifier par témoins qu'il avoit payé la somme qu'on luy demandoit en vertu du Livre du Marchand Creancier sur lequel il estoit fait mention de l'emprunt, & ensuite du payement. La raison de ce Marchand debiteur estoit que *connexorum eadem est natura l. etiam §. 1. ff. de minoribus, l. 1. C. de divers. rescriptis glos. in l. publia §. ult. D. depositi.* Ce qui est conforme au sentiment des Docteurs, *ad l. quædam & l. argentarius ff. de edendo & l. admonendi*, outre qu'entre Marchands on agit de bonne-foy. L'Ordonnance de Moulins ne s'y observe pas à la rigueur. De plus, y ayant en ce cas un commencement de preuve par écrit, elle ne deffend pas la preuve qui resulte des écritures privées, telle qu'eſtoit celle de ce Livre, qui juſtifioit qu'il avoit payé la ſomme qui luy eſtoit demandée.

Il faut ajoûter à tout ce qui vient d'eſtre dit, les conditions qui ſont requiſes par les Docteurs dans les Livres des Marchands, pour qu'on puiſſe les regarder comme faiſant une preuve par écrit contre le debiteur qui n'eſt point Marchand, ce qui doit s'entendre du *Livre de Raiſon* ſeulement, & non des autres Livres des Marchands. Et il ſemble qu'il ſeroit aſſez naturel de requerir auſſi parmi nous les mêmes conditions, quand il s'agit de ſçavoir ſi ils doivent faire foy entre Marchands. Maſcardus *de jure mer. & com. l. 3. chap. 9.* cy-deſſus cité, en rapporte juſqu'au nombre de douze, dont les principales ſont, que le Marchand, qui les produit, ſoit de bonne reputation, ce qui exclut ceux qui ont fait Banqueroute ; leſquels, dit-il, ſont regardez comme s'ils eſtoient morts civilement, d'où on pourroit inferer, ce ſemble, que les Livres de celuy qui eſt mal dans ſes affaires, meritent moins de foy, que ceux des autres qui ſont en reputation d'eſtre riches, ce qui n'eſt pourtant pas toûjours veritable, parce que la pauvreté peut eſtre la marque d'une grande probité. Il faut encore, dit-il, que les Livres ſoient écrits de la propre main du Marchand ou de ſon Commis, que ſes dettes actives & paſſives y ſoient énoncées, que la cauſe du Preſt y ſoit marquée avec la date, qu'elle ſoit vray-ſemblable par rapport à la qualité du debiteur, qu'il n'y ait point de rature dans ce Livre, qu'il ne ſoit point écrit de differentes mains, qu'il ne ſe trouve point faux en aucun de ſes articles, & qu'il ſoit dans la forme ordinaire, requiſe ſuivant la Coutume & les Ordonnances du lieu où le Marchand fait ſon Commerce. Si tout cela ſe rencontre, dit-il, ou du moins une bonne partie, & que ce Marchand ſoit preſt d'affirmer qu'ils contiennent verité, on a coutume d'y ajoûter foy, du moins en Italie, ce qui dépend pourtant encore de l'arbitrage du Juge, ajoûte-t'il enſuite : *Tamen arbitrium & diſcretio judicis accedere debet, cui quando & quatenus hiſce credendum ſit, eſtimandum committitur.* Or comme il ne s'agit pas d'ajoûter foy à ces Livres abſolument, ce qui n'a point lieu parmi nous, ſi ce n'eſt entre Marchands, mais ſeulement de ſçavoir ſi entr'eux ils font un commencement de preuve par écrit, ſur lequel on doive accorder la preuve par témoins de ce qui eſt contenu dans ce Livre, il ne faut pas que le Juge, à la pru-

dence duquel la Loy se rapporte en ce rencontre, exige dans ces Livres toutes ces conditions ensemble, il suffit seulement qu'il ne luy paroisse rien de suspect, soit de la part de la re-
54 putation du Marchand, ou de la qualité du Livre, ou de celle de la livraison qu'il s'agit de prouver ; que si l'on prétend, que la Partie ne se trouvant point rayée sur le Livre, c'est une preuve qu'elle est encore deuë, le debiteur a droit de soûtenir que cela ne suffit pas, parce que si cela avoit lieu, ce seroit ajoûter foy entierement à ces Livres, ce qui ne doit pas estre permis, comme il a esté cy-dessus prouvé, puis que ces Livres ne font pas même une demie-preuve separément par eux-mêmes, à l'égard d'un tiers, comme decide Maître Charles du Moulin.

55 Au reste il est certain que ces Livres font foy entre Marchands, si toutes les conditions requises par l'Ordonnance de 1673. y sont observées, à plus forte raison si toutes celles dont parle Mascardus, s'y rencontrent, ce qui a lieu notamment entre Marchands qui font Commerce ensemble de la même Marchandise, comme ceux qui la vendent en gros & ceux qui la revendent en détail, tels sont un Marchand de Drap & un Tailleur, ou si l'un prépare la marchandise, & que l'autre la vende aprés qu'elle est preparée, comme un Imprimeur & un Libraire. La raison est, qu'il y a une espece de societé tacite entr'eux, qui fait presumer qu'ils se font souvent credit les uns aux autres, & ainsi leurs Livres font foy quand ils sont en bonne forme, ils doivent même en avoir l'un & l'autre, car si le Creancier en a & que le debiteur n'en ait point, il est reputé estre en faute; & en ce cas on ajoûte foy contre luy au Livre que le Creancier rapporte; ainsi qu'il a esté jugé par Arrest du mois de Decembre 1659. rapporté dans le Journal des Audiances l. 2. chap. 46. T. 20.

56 A l'égard des Marchands associez par une Convention expresse, leurs Livres font aussi foy entr'eux ; l'Ordonnance de 1673. en a reglé la forme T. 4. & leur Contrat de Société doit estre Registré au Greffe de la Jurisdiction Consulaire, suivant l'art. 1. de ce Titre, ainsi la preuve par témoins ne doit point estre receuë entr'eux de tout ce qui ne se trouve pas écrit sur leurs Livres de Societé, quand il s'agit de plus de cent livres.

57 Dans tous les autres cas où il n'est point question de livraison de Marchandise, mais d'une simple Convention entre Marchands, pour quelqu'autre affaire que ce soit, il est mani-

telle que l'Ordonnance de Moulins & celle de 1667. y doivent avoir lieu, & il a même esté jugé, que le fait d'un cautionnement verbal entre deux Marchands, ne se pouvoit prouver par témoins, l'Arrest en est rapporté par Bardet l. 1. chap. 48. en date du 29. Novembre 1618. lequel infirma une Sentence des Consuls qui en avoit admis la preuve ; & Brodeau sur l'article 126. de la Coutume de Paris, en rapporte un autre de la Grand'-Chambre du 9. Mars 1593. par lequel il fut jugé, que le fait d'un Compte arresté & d'une Promesse verbale de payer par un Particulier à un Marchand, n'estoit pas aussi recevable par témoins ; la raison est que les Ordonnances de Moulins & de 1667. n'ayant esté faites que pour le bien public, elles ne doivent pas estre retorquées au desavantage des Marchands, & qu'il est de leur interest commun, que plus il y a de bonne-foy dans le Commerce, moins ils soient exposez à la foy de deux témoins qui pourroient estre subornez, si cette preuve estoit receuë contre eux.

A l'égard de ce qui s'observe dans les Païs Etrangers, touchant la foy qu'on doit ajoûter aux Livres des Marchands, Anselmo sur l'article 19. de l'Edit Perpetuel §. 21. observe que la disposition de cet Edit, qui deffend la preuve par témoins, n'a point lieu à Anvers entre Marchands, dans les Contrats qu'ils font entr'eux : *In contractibus, qui ad negotiationem seu mercaturam spectant, & qui in bursa, seu mercatorum conventu celebrantur,* suivant une Declaration particuliere du Roy d'Espagne qu'il rapporte. Il ajoûte que cette Declaration est une disposition locale, qui n'a lieu qu'en faveur des Marchands d'Anvers, & qu'en effet les Marchands de la Ville de Gand ayant demandé pour eux une pareille Declaration, qui les exceptast de la prohibition de l'article 19. de l'Edit Perpetuel, elle leur fut refusée par un Placart du 9. Novembre 1635. ce qui avoit esté aussi refusé aux Marchands de Malines par un autre Placart du 18. Novembre 1627. la raison qu'en rend Anselmo, est que de son temps tout le Commerce se faisant presque dans la Ville d'Anvers, & l'assemblée des Marchands dans le lieu appellé *la Bourse,* ne durant pas plus d'une heure, pendant laquelle il se faisoit une infinité de Contrats concernant le Change, comme des Compensations, des Novations, des Delegations & des Payemens ; il estoit impossible que dans un espace de temps si court on eust pû rediger tant de Conventions par écrit, sans préjudicier au Commerce de cette Ville, qui faisoit lors toute la richesse des Païs-Bas, au lieu qu'à Gand & à Malines, les Marchands avoient tout loisir de rediger leurs Conventions par écrit.

Le même Anselmo sur l'article 21. de l'Edit Perpetuel §. 4. dit que suivant l'usage de la Flandres, les Livres d'un Particulier Marchand, ne font point une pleine preuve contre le debiteur qui en disconvient, mais qu'ils font pourtant une demie-preuve; ainsi qu'il fut attesté par un Acte de notorieté du 6. Aoust 1630. donné par les plus habiles Praticiens de la Ville d'Anvers. Il remarque ensuite que par l'art. 139. de la Coutume de Bruxelles, il est porté que les Livres des Marchands font foy à l'égard de leurs dettes passives, & non pas à l'égard de leurs dettes actives; §. 5. il ajoûte que si le debiteur reconnoist la verité de la dette, dont est fait mention sur le Registre du Marchand, & qu'il ne s'agisse que du plus ou du moins pour le prix, en ce cas les Livres du Marchand font foy, pourveu qu'il ne s'agisse pas d'une grande somme, car alors ces Livres ne font plus foy. Ainsi, dit-il, dans l'Etat du Papé, Paul III. a ordonné qu'ils ne feroient foy que jusqu'à vingt Ducats, ce que la Bulle de Pie IV. a augmenté jusqu'à trente Ducats; ce qui n'a lieu, dit Anselmo §. 6. que quand il s'agit de livraison de Marchandise, car s'il s'agit d'autre chose, & qu'un Marchand, par exemple, ait écrit sur son Livre, que la Maison d'un autre luy appartient : cette énonciation n'est d'aucune consideration ; non plus, continuë-t'il §. 7. que lors qu'il s'agit de Marchandise, & que les Livres ne font point mention de la cause de la dette, c'est-à-dire de la qualité de la Marchandise. §. 8. il observe que *le Papier broüillard*, ou *le Journal* des Marchands ne fait point de foy, même contre le Marchand qui l'a écrit, parce que ce Livre est écrit negligemment, à la haste, & seulement pour ne pas perdre la memoire des affaires qu'ils font à toute heure ; Si ce n'est, dit-il, que ce que le Marchand a livré y soit énoncé & ce qu'il a receu en échange. §. 9. Il dit que le Livre du Marchand appellé *Bilancium*, fait foy, & peut servir au Marchand à rendre ses Comptes, quand il n'est pas en estat de rapporter ses Livres. §. 10. Il parle des Lettres qu'écrivent les Marchands les uns aux autres à leurs Correspondans, ausquelles on ajoûte foy comme aux Actes publics dans les lieux où il y a un grand

<small>Un Statut de Creme 537.p.62. Cremone 223.n.65.</small>

Commerce, ce qu'il explique plus au long §. 11. & 12.

Il faut joindre à ce que dit Anselmo de la Flandre & des Païs-Bas, touchant les Livres des Marchands. Ce que dit Antonius Mathæus en son Livre *de Probationibus*, imprimé en 1678. à Leyde, touchant ce qui se pratique dans les Estats des Provinces-Unies. Dans le Chapitre 4. n. 68. il observe qu'en ce Païs on ajoûte foy aux Livres des Marchands, tant en leur faveur que contre eux, pourveu que cinq choses concourent ensemble: *Si viri sint probi & quorum integra existimatio. Si accepta & expensa, nominatim expressa, diserte etiam adjecto cui, ex qua causa, quid & quantum & quando, id est quo anno & die, si non quæstio de re, de qua vulgo sit instrumentum aut de maxima summa, si non quæstio de re non pertinente ad mercaturam. Et si libros aut morte aut jurisjurando confirment.* De ces derniers mots, il conclut que quand le Marchand Creancier est decedé, ses Livres font foy si les conditions qui sont auparavant expliquées s'y rencontrent, il ajoûte que ces Livres font toûjours foy contre le Marchand qui les a écrit: *Contra ipsos semper, probant, sed pro ipsis non aliter, quam si quinque hæc concurrant*: leurs Livres ne font aussi aucune foy quand il ne s'agit point de Marchandise; de même qu'on n'ajoûtoit point de foy au Livre des Argentiers à Rome: *Si contineret quid diversum ab ejus officio*. Quoy que pour ce qui concernoit leur Commerce ordinaire, leurs Livres fissent pleine foy alors en leur faveur, soit contre eux, soit contre un tiers indistinctement, c'est-à-dire contre celuy qui estant present, avoit fait quelque affaire avec eux; car à l'égard d'un absent, les Livres des Argentiers ne faisoient point foy. Ce qui avoit esté introduit ainsi, dit-il n. 72. parce que leur fonction estoit publique; de plus, dit-il n. 73. les Livres des Marchands font foy entre associez, & le Livre de l'un d'eux, est creu, pourveu qu'il soit écrit par l'Associé, car s'il est écrit de la main d'un autre, il ne fait point foy. Même, dit-il, le Livre d'un seul Associé, fait preuve seulement contre luy seul, & non pas pour luy, quoy qu'un autre des Associez luy ait donné pouvoir d'écrire sur son Livre ce qui s'y trouve écrit, quand un autre des Associez n'y a pas consenti; ainsi, dit-il, pour que le Livre d'un seul Associé fasse foy entre les Associez, il faut que tous les Associez ayent consenti que celuy qui l'a écrit, tienne le Livre de la Societé, & qu'ils l'ayent établi pour Agent de leur Societé, *quasi institor*, suivant le sentiment

ment d'Alexandre *Consif.* 186. *n.* 2. & de Menochius 2. *arbitr.* 2. *caf.* 92. *n.* 2. De plus, il faut encore que ce Livre contienne *data & accepta*, & que ce qui y est énoncé, soit vray-semblable.

A l'égard de la Question de sçavoir si lors, par exemple, que Titius Marchand a écrit sur son Livre qu'il a emprunté trois cens écus de Caius, & que sur une autre Page il a écrit qu'il luy en a rendu cent cinquante, il faut ajoûter foy à ce Livre indistinctement pour les deux articles sans les diviser, il renvoye à Menochius 2. *arbitr.* 1. *caf.* 53. qui dit qu'elle dépend des circonstances & de la prudence du Juge.

Et n. 81. Aprés avoir dit que la faveur du Commerce est la cause pour laquelle on ajoûte tant de foy aux Livres des Marchands qui ont coutume de livrer leurs marchandises à credit sans tirer de Promesse. Il conclut que leurs Livres font foy, s'ils affirment que ce qui y est écrit, leur est legitimement deu, qu'autrement ils ne font qu'une demie-preuve, si ce n'est qu'on y ajoûte la déposition d'un témoin, laquelle estant aussi une demie-preuve, il resulte une preuve entiere de ces deux demie-preuves.

59 Le Statut de Milan *Cap.* 96. est particulier à l'égard des Marchands, il suffira de le rapporter tel qu'il est : *Omnes scripturæ factæ vel subscriptæ per campsores, vel mercatores Mediolani, vel alios quoscunque in debitis suis, & omnia scripta data, vel subscripta manibus eorum alicui suo creditori valeant & teneant, & eis fides adhibeatur cum causâ & sine causa, etsi dicantur esse factæ, vel subscriptæ in absentiâ partis, quantum est in præjudicium eorum scribentium vel subscribentium & Potestas, & ejus judices, & consules justitiæ, Mediolani & Negotiatorum, possint & teneantur eos summarie compellere ad solutionem faciendam sine datione libelli & strepitu & figura judicii.*

Carpanus sur ces mots : *Et eis fides adhibeatur & cum causâ & sine causa*, observe que cette disposition estant absolument opposée au droit commun, suivant lequel personne ne se peut faire un Titre à soy-même. Ce Statut n'a lieu qu'à l'égard des Livres des Marchands qui sont faits à Milan, ou dans l'étenduë du Duché, & non pas ailleurs ; & en ce cas ils font foy même devant tous les autres Juges que ceux du Milanez, soit Seculiers, soit Ecclesiastiques.

60 Pour ce qui est des Apoticaires, Chirurgiens & Medecins, la necessité où ils sont d'avancer leurs Medicamens, & de

Sed libri mercatoris, si accedat jusjurandi, tro iis plene etiam probant, si non accedat, semiplene, imo etsi vera accedat, plenè adhuc tamen probat. Si unius tãtum testis depositio concurrat. Plena enim probatio est ubi duæ sint simiplex, s.l. §. C. de preb. l. qui sententiam 19. C. de pænis cap. 1. &c.

Quo sit ut tunc eo casu adhibeatur fides, si sint confecti Mediolani & in ejus Ducatu, & non alibi ut notat Baldus, &c.

Quæ tum côsisit Mediolani faciunt fidem etiam si alibi producatur. Sic in judicio Seculari, sive Ecclesiastico.

prendre soin des Malades quand ils ont recours à eux, leur ont fait accorder des Privileges particuliers. Loüet & Brodeau l. C. n 29. en parlent assez au long, & je n'ajoûteray rien à ce que Boiceau dit sur ce sujet touchant la preuve par témoins, en laquelle ils sont tres-favorables.

Mais à l'occasion de ce que Boiceau dit des Marchands, & des Apoticaires, Chirurgiens & Medecins, ausquels les Coutumes prescrivent un certain temps pour intenter leur action. Il faut tenir pour Maxime generale que les Serviteurs, & autres compris dans ces dispositions, sont declarez non recevables après le temps, s'il n'y a preuve par écrit de ce qu'ils prétendent leur estre deu. Ainsi un Serviteur doit rapporter un Compte par écrit, ou une sommation faite à son Maistre de le payer, avec Assignation pour s'y voir condamner, donnée avant le temps de la prescription écheu, suivant l'Ordonnance de 1512. article 67. & Guenois sur Imbert l. 1. chap. 35. observe que l'Ordonnance de Moulins a lieu à leur égard, neanmoins elle n'est pas observée à la rigueur dans le Païs de Droit écrit, où l'on admet la preuve par témoins en leur faveur, même après le temps de la prescription écheu, comme a remarqué Automne & Maynard 2. part. l. 2. chap. 87. demeure d'accord que quoy que l'Ordonnance de 1512. ait esté verifiée à Thoulouse, neanmoins il suffit d'alleguer que l'on a fait des diligences pour se faire payer, même à l'égard des Marchands, qui commettent des personnes qu'ils apellent *Exalteurs & Leveurs de dettes*, pour faire le recouvrement de ce qui leur est deu, & il rapporte un Arrest qui confirma une Sentence qui avoit ajugé huit années de gages à des Servantes, qui n'en avoient point de preuve par écrit, & qui avoient intenté leur action dans l'année qu'elles avoient quitté le service de leur Maistresse.

Il ne reste plus à examiner que la seconde Question traitée dans ce Chapitre, au sujet de la preuve qu'on peut tirer de ce qu'une personne a écrit sur son Journal, sur ses Tablettes, ou autre Papier domestique, & avant d'y entrer, Boiceau remarque en passant les differentes matieres dont on s'est servi autrefois pour écrire, ce qui m'a engagé d'en parler un peu plus au long.

L'excellent Auteur du Traité *De re Diplomatica chap.* 8. remarque que l'on s'est servi d'abord des Pierres, des Tuiles, des feüilles d'arbres, & même de celles des Fleurs, de l'écorce interieure des Arbres, dont est dérivé le mot *Libri* de Tablettes de Bois, d'Yvoire, ou enduites de Cire, de Lames de Plomb, du Parchemin, du Papier d'Egypte, & enfin de nostre Papier ordinaire. En un mot, *Omnis materia, quæ picturæ ac celaturæ est apta, versa est ad scripturam*, dit *Hermanus Hugo de prima scribendi origine*. Car on s'est servi même du Bois, des Metaux & des Pierres précieuses.

64 Le Parchemin, *Membrana, ex ovina pelle*, a esté trouvé avant le Papier d'Egypte, or ce Papier se faisoit avec une herbe qui croissoit dans le Nil, l'Auteur cy-dessus cité *de re dipl.* prétend qu'on s'est servi de ce Papier jusqu'au douziéme siecle, & qu'il se trouve encore plusieurs anciennes Patentes de nos Rois qui
65 y sont écrites. On ne sçait pas, dit-il, precisément quand l'usage du Papier, dont nous nous servons à present, s'est introduit, mais on sçait qu'il n'y a pas plus de cinq cens ans, il observe que les anciennes Lettres Patentes de nos Rois sont écrites sur
66 des Chartes faites de Cotton. Quant au Papier d'Egypte, Pline l. 13. de son Histoire Naturelle, chap. 11. dit sur le témoignage de Varron, que l'usage en fut découvert du temps seulement qu'Alexandre le Grand conquist l'Egypte, mais Guillandinus dans son Traité *de Papyro*, & plusieurs autres Auteurs soûtiennent unanimement que l'usage en est beaucoup plus ancien ; & le même Pline chap. 13. 16. dit que les Livres de Numa ayant esté trouvez par Cneus Terentius (ou Lucius Pætilius, suivant Tite-Live) Greffier du Senat, en remuant la terre prés le Janicule à Rome, ils se trouverent écrits sur des Chartes du Papier d'Egypte, qui s'estoient conservées entieres depuis plus de cinq cens ans, ce qui n'est pas conforme à l'opinion de Varron. Le même Pline au même endroit, aprés avoir dit qu'on écrivit d'abord sur des feüilles de Palmier, observe que l'on se servoit de deux sortes de Tablettes, les unes de Papier, sous lequel on colloit du linge pour l'empescher de boire, ou de celles qui estoient enduites de cire. A l'égard du Parchemin, dont l'invention est deuë à ceux de la Ville de Pergame, à ce qu'on prétend ; l'usage, qui en estoit cessé depuis l'invention du Papier d'Egypte appellé *Charte*, fut rétabli par Eumenes, aprés qu'un des Ptolomée Roy d'Egypte, ennemi de la gloire de ses Ancestres, eust rüiné toutes les Librairies, les Bibliotheques, & toutes les Chartes qui se faisoient en ce Païs-là ; &

depuis on s'avisa de faire du Parchemin de differentes couleurs, comme a remarqué Guy Pancirol *l. Variar. lect. l. 1. chap. 28. Primum enim lutei, seu crocei coloris Isidorus factas scribit, sed cum aciem oculorum læderent, Romæ candidas repertas. Dein purpureas, in quibus, aurum & argentum liquescens, patescit in litteras.* Il est pourtant plus juste de croire Josephe qui fait remonter l'origine du Parchemin encore plus loin, quand il dit l. 12. de ses Antiquitez, que la version des Livres Sacrez par les Septantes Interpretes, fut écrite sur des Peaux de Parchemin, & Herodote écrit que de son temps, on se servoit déja de Peaux de Chevres & de Brebis pour écrire.

Je ne m'arresteray point à examiner ici de quelle maniere estoit fait ce Papier qui fut trouvé sous le temps d'Auguste, Pline & d'Alechamp qui l'a commenté, & plusieurs Auteurs en ont parlé.

Il suffit de remarquer avec Cardan l. 17. *de subtilitate*, que les Tablettes de cire servoient d'ordinaire à écrire des Lettres, les Loix & autres écritures publiques qui devoient estre éternelles, se gravoient sur du Cuivre, ou autres Metaux, ou sur l'Yvoire. Aussi Vopiscus *in Tacito*, dit que l'Empereur Tacite fut élû Empereur par un Senatusconsulte écrite sur une Tablette d'Yvoire: *Nam diu hæc Senatusconsulta quæ ad Principes pertinebant, in libris Elephantinis scribebantur.* Les Tablettes de bois servoient quelquefois à écrire des Livres; puisque, selon Gallien, les Livres d'Hypocrate s'y trouverent écrits, & on se servoit aussi de ces Tablettes de bois ou on avoit gravé la figure des lettres de l'Alphabet, pour apprendre aux jeunes gens à écrire: *Cum vero jam ductus sequi cæperit, non inutile erit, eas (litteras) tabellæ quam-primum insculpi, ut per illos velut sulcos ducatur stylus. Nam neque errabit quemadmodum in ceris. Continebitur enim utrinque marginibus, neque extra præscriptum poterit egredi & celerius ac sæpius sequendo certa vestigia, firmabit articulos neque egebit adjutorio manus, sua manu superimposita regentis.*

Pour ce qui est des Tablettes de cire appellées *Cereos*, Hermanus Hugo, en l'endroit cy-dessus cité, en parle en ses termes: *Cerei à cera crusta dicebantur, quintuplices, à numero foliorum dicti, materia vilissimi, sed officio summi. Quando illis solis à Senatu scribebatur ad Imperatores qui, quales ve eis honores decreti pro triumphis.* Ces Tablettes s'effaçoient en mouillant le doigt de sa salive & le passant sur ce qu'on y avoit écrit.

Mais pour revenir à ce que disent sur ce sujet les Loix & les Jurisconsultes Paulus *l. 3. Sentent. T. 6.* parle de presque toutes ces choses, *Libris Legatis Chartæ, Volumina, Membranæ, & Philuræ continentur, Codices quoque debentur, librorum enim appellatione non volumina Chartarum, sed scripturæ modus qui certo fine concluditur, æstimatur.* Ce mot *Philyra* vient du Grec, c'est l'écorce interieure du Tilleul.

v. Loy 52. de Legat. 3. & 76. ibid.

Ductilis autem erat Philyræ liber, adeo ut ex ea Coronæ necterentur.

Volumen dicitur, quia veteres, librum in Cylindri modum complicare solebant, dit Monsieur Cujas sur cette Loy.

Horatius Carminum l. 1. Plin. l. 10.

Il faut aussi remarquer que les Anciens n'écrivoient que sur la premiere page, c'est pourquoi on appelloit les Tablettes, *Adversaria, quia adversa parte scribebantur*; & pour écrire on se servoit d'un stile, qui suivant le témoignage de saint Augustin, rapporté par Pancirole *l. 1. varia. lect. ch. 28.* d'un bout estoit taillé en pointe pour écrire, & de l'autre estoit large pour effacer ce qu'on avoit écrit.

Je n'expliqueray point ici ce que c'estoit que l'*Ostracisme*, dont parle Boiceau, chacun sçait qu'il falloit pour que le bannissement qu'on y ordonnoit de quelqu'un, fut prononcé par le suffrage de six mille de ses Citoyens; on l'envoyoit ensuite dans un certain lieu, qui estoit destiné à cet exil, où il y avoit un Bœuf d'airain, *unde bovem servare dicebantur*, comme remarque Sigonius *de Rep. Ath. l. 2. ch. 4.*

71 Quant à la decision que donne Boiceau sur cette seconde Question des écritures privées, il decide avec raison que quand elles sont signées, & qu'elles font préjudice à celuy qui les a écrites & signées, elles font foy contre luy, parce qu'on ne présume pas qu'il ait écrit fortuitement, & sans dessein de s'obliger : mais s'il a écrit simplement, & qu'il n'ait point signé, cette écriture ne fait qu'une présomption, à laquelle il faut ajoûter la preuve par témoins, qui peut estre accordée en ce cas, si cette écriture se trouve suffisante pour faire un commencement de preuve par écrit, ce qui ne doit pas estre admis legerement, parce que regulierement cette écriture est présumée écrite sans reflexion, plûtost que serieusement, s'il n'y a des circonstances au contraire. M. Cujas sur la Loy 5. Code *de Probationibus T. 19.* ajoûte que cette écriture ne fait point de foy quand le Creancier écrit qu'il luy est deu, mais s'il a

Voy Du Moulin l. 4. Codicis T. 1.

72

écrit, qu'il a receu, quoy qu'il n'ait point signé, le debiteur en tirera une preuve certaine pour sa décharge, suivant la Loy 5. *de edendo* au Code, & il faut decider la même chose du debiteur qui a écrit sur son Registre ou Journal, qu'il devoit une somme à quelqu'un.

Non est no-vi: ni cum à quo patir defecerit in plerare rationes crediteris ut fides veri constare possit.

Que si une personne dans son Testament declare ce qu'il a 73 de bien, ce qu'il doit, ou ce qui luy est deu, & qu'il l'affirme même avec serment, cette declaration ne nuit point aux Creanciers, quand il declare ne leur point devoir, ou leur devoir moins qu'il ne leur doit, mais elle nuit à ses heritiers & profite à ses debiteurs, s'il declare qu'ils ne luy doivent qu'une somme au dessous de celle pour laquelle ils luy sont obligez. Neanmoins, dit Monsieur Cujas *ibidem*, toutes ces écritures privées & Memoires, *Instrumenta domestica*, *privata Testatio, seu adnotatio*, ne sont d'aucune consideration, si elles ne sont soûtenuës de quelqu'autre preuve.

C'est suivant cette Maxime que Maistre Charles du Mou- 74 lin T. des Fiefs §. 8. n. 11. estime qu'un dénombrement qui n'est pas en forme, & qui n'est qu'une écriture privée, ne prouve rien & ne fait aucun préjudice, soit au Seigneur ou au Vassal. Il ajoûte que si ce dénombrement n'est point soûtenu d'autre preuve, il ne fait pas même une simple présomption; mais dit-il, ces sortes d'écritures privées, peuvent estre verifiées par d'autres adminicules.

Il dit même que quand le Sceau des Parties seroit apposé à une pareille écriture privée, ce Sceau ne la rendroit pas plus autentique, parce qu'il n'y a que le Sceau du Prince & celuy des Grands Seigneurs, qui puissent rendre une écriture autentique; neanmoins ce Sceau sert de preuve que l'écriture est veritable, & aide à faire voir que celuy qui a fait cette écriture, ne s'est pas trompé en l'écrivant, & qu'il l'a écrit volontairement. Neanmoins il estime que ce Sceau consideré 75 seul en luy-même, ne signifie rien, si la signature n'y est pas apposée, ou autre chose équipollente, c'est pourquoy Balde l'appelle, *un témoin sourd & muet*. Aussi pour que l'écriture à laquelle un Sceau est apposé fasse foy, il faut exprimer trois choses; De qui est ce Sceau; Par qui il est apposé; Et pourquoy, ou du moins que ces trois choses puissent estre verifiées par d'autres circonstances.

De toute cette doctrine de Maistre Charles du Moulin, on

peut conclure que toute écriture privée ne fait pas preuve, & que souvent même, ce n'est pas un commencement de preuve par écrit, parce que cette écriture non signée, peut avoir esté écrite sans reflexion. Si neanmoins cette écriture est sur un Registre ou Journal, la signature n'est pas necessaire, parce qu'il n'est pas même l'usage de les signer, & cette écriture est du moins un commencement de preuve par écrit, d'autant moins suspect que c'est une reconnoissance faite librement, en l'absence & à l'insceu de celuy au profit duquel elle est faite.

76 Au reste, pour ce qui est de ce que les Peres & Meres ont écrit touchant la Naissance, la Mort, ou le Mariage de leurs Enfans, & autres semblables évenemens arrivez dans leur Famille, ils sont présumez avoir écrit la verité. C'est pourquoy si les Regîtres des Paroisses sont perdus, on ajoûte foy à ceux des Peres & Meres, sur toutes ces choses, suivant l'Ordonnance de 1667. art. 14. & si on est obligé d'avoir recours à la preuve par témoins, la déposition des parens est indispensable, parce que la Loy présume qu'ils doivent estre les mieux informez de ce qui s'est passé entre leurs proches, surquoy il faut voir ce qui est ajoûté cy-aprés sur l'art. 55. de l'Ordonnance de Moulins.

CHAPITRE IX.

Des Obligations qui ne sont point redigées par écrit, & qui se contractent pour raison de choses prises en détail par de certaines marques, appellées vulgairement Coches, Tailles *& Mereaux.*

SOMMAIRE.

1. *Des Tailles, Coches, ou Mereaux, entre Marchands, qui tiennent lieu d'Obligations écrites.*
2. *Espece à ce sujet pour raison d'une vente de Peaux; de laquelle on avoit marqué les différentes livraisons sur une Taille de bois.*
3. *Intervention dans cette même espece d'un Creancier par Obligation devant Notaire.*

4. Deux Questions sur cette espece.

La premiere, Si la preuve de la vente des Peaux faite à credit, estoit recevable par témoins.

5. La seconde, Lequel estoit préferable sur les meubles du debiteur.

6. Raisons de douter.

7. Opinion sur la premiere Question. Que la preuve est recevable.

8. Ce que les Anciens appelloient Tesseræ.

9. Ce que c'est que Mereaux entre Chanoines.

10. Du Poinçon de certains Ouvriers.

11. Opinion sur la seconde Question. Que le vendeur est préferable sur les Peaux qu'il retrouve en nature, au Creancier par Obligation.

12. Du-moins la contribution doit avoir lieu entr'eux.

Ecerunt mihi negotium diversæ quæstiones, de quibus, circa hunc Articulum, sæpè fui interrogatus. Nam quædam sunt obligationes, quæ nec scribuntur, nec coram testibus expressè contrahuntur, & tamen, ex consuetudine inter Mercatores, servari solita, firmam videntur habere fiduciam : Nimirùm, hæ quibusdam notis ligneis, aut plumbeis, vel symbolis, seu tesseris, invicem datis contrahuntur: quas vulgari verbo, *Tailles, Coches, ou Mereaux*, Mercatores, aliive negotiatores, inter se appellant : & Taleas Latinè dici posse Sypontinus arbitratur. *a*

a Apud Mart. Epigr. secund.

détail, appellent entr'eux, *Tailles, Coches*, ou *Mereaux*, Sypontinus appelle en Latin *Taleas*.

Ad cujus rei facilitatem, exemplum adduco de quadam lite mihi proposita, inter quosdam laniones, seu macellarios, qui cùm cuidam Mercatori lorario, seu coriario, pelles omnes ovinas, caprinas, & id genus alias, quas à mactatis per eos anima-

JE me suis souvent trouvé embarassé au sujet de plusieurs Questions, sur lesquelles j'ay esté consulté concernant cet article ; car il y a de certaines Obligations qui ne se redigent point par écrit, qui ne se font point en présence de témoins, lesquelles ne laissent pas neanmoins de s'executer, & qui semblent faire foy par elles-mêmes; Par exemple, celles que l'on contracte en faisant une marque sur du Bois, ou avec des petits morceaux de Plomb, dont l'un des Contractans donne à l'autre un certain nombre ; ce que les Marchands & autres qui font quelque negoce en

Pour rendre la chose plus intelligible, je rapporteray une espece qui m'a esté proposée touchant un Procés d'un Boucher, lequel ayant fait marché avec un Marchand de Peaux, de luy livrer à certain prix toutes les Peaux des Moutons & des

des Chévres qu'il tüeroit pendant l'année, & les luy ayant ensuite livrées sous la foy d'une *Taille*, dont chacun avoit une moitié, qu'ils avoient souvent rapportée & confrontée l'une à l'autre, pour voir si l'un ou l'autre ne s'estoit pas trompé, & sur laquelle Taille on marquoit avec un couteau chaque jour le nombre des Peaux qu'on livroit, chacun ayant la sienne particuliere, comme on avoit coutume d'en user autrefois entre les Hostes, ainsi que rapporte Plaute. Enfin aprés qu'il eust esté livré un grand nombre de Peaux à ce Marchand, il vint à mourir sans avoir payé celles qui luy avoient esté livrées, dont le nombre se trouvoit marqué sur cette Taille commune, & comme on trouva encore plusieurs de ces Peaux entre ses meubles, & les laines qu'il en avoit tiré, & qu'il ne possedoit aucuns immeubles, le Boucher intenta sa demande devant le Juge, à ce que ces Peaux & ces Laines luy fussent renduës, comme ne luy ayant pas esté payées, & dont on s'estoit seulement contenté de marquer le nombre sur la Taille commune, & qu'à cet effet les heritiers de ce Marchand de Peaux, fussent tenus de rapporter la Taille qu'ils avoient de leur part pour la confronter avec la sienne, ce qui fut ordonné par le Juge, & l'on connut par cette représentation, qu'effectivement ce Marchand de Peaux devoit, suivant cette Taille, plus de mille livres au

libus, continuo anni curriculo, collegissent, certa æstimatione conventa, minutatim, & diversis temporibus tradidissent, lignearum tesserarum collatione, ad securitatem sæpius facta: In quibus tesseris, seu taleis, simul junctis, cultello incidebantur numeri pellium, singulis diebus dicto Mercatori traditarum: & suam uterque tesseram habebat, ut olim inter hospites fieri consuetum refert Plautus. *a* Tandem aliquando post maximum numerum pellium coriatio seu ligulario traditarum, decessit iste coriarius Mercator, nondum solutis pellibus per eum acceptis, quarum numerum communis tessera incisum referebat. Et cùm in bonis ejus mobilibus (quoniam nulla immobilia possidebat) repertus esset multarum pellium numerus, atque etiam lana à pellibus abrasa: ea propter, macellarii coram Judice petierunt has pelles & lanas sibi restitui, eò quòd solutæ nondum fuissent, sed tantùm tesseris seu taleis incisæ, & ad hunc finem exhibent tesserulas suas, postulantque ab hæredibus, ut pares tesseras exhibeant, & conferantur cum iis quæ penès defunctum repertæ sunt; quod authore Judice factum est, adeo ut non fuerit dubium, defunctum coriarium, seu ligularium, macellariorum debitorem fuisse, pro his omnibus in utraque tesserula incisis, quæ centum aureos ferè excedebant. Ex adverso, supervenit quidam creditor, instrumentum proferens obligatorium, quo defunctus coriarius, in aureos ducentos ei obligatus

a In Penul.

erat : & petiit has pelles & lanas, ad exolutionem sui debiti distrahi, repulsis macellariis, qui nedum instrumento authentico, imò ne chirographario quidem fulti erant. Macellarii autem consuetum inter eos mercandi morem allegabant, qui inter se, nonnisi his tesseris mutuò obligari consueverant, seque pelles suas non aliàs vendidisse dicebant, quàm sub hac conditione, si exolutæ fuissent : at verò ante solutionem, se semper pellium dominos mansisse, & propterea vindicari has posse, si prædictis Mercatoribus non foret satisfactum, ex quadam conditione commissoria, [a] atque ita, in his pellibus & lanis, se creditoribus omnibus, ex alia causa creditum contendentibus, præferendos esse, propter expressam ad hoc mercandi consuetudinem : quam pro Lege & instrumento authentico accipiendam esse dicebant : ut satis vulgatum est, consuetudinem semper attendi debere : [b] hoc addito, quòd Mercatores, re magis, vel etiam nudo pacto, quàm verborum solemnitate interposita contrahere solerent, secundùm Bartol. [c] E contrario, dicebat creditor, instrumento scripto & authenticè confecto, se pecuniam suam mutuasse, ex qua pecunia defunctus lorarius, seu coriarius, omnes suas merces emerat, suadente id Juris præsumptione, quæ vult pecuniam præsumi versam, in causam quam mutuans profitetur : [d] & idcirco iniquum esse, creditorem, qui authentico nitebatur instrumento, postponi prædictis macella-

[a] L. 2. & 3. ff. de Leg. Commiss.

[b] Auth. de defensor. Civitat. § quia verò coll. 3. & Auth. de sanctiss. Episcop. § Pro consuetudinibus. coll. 9.

[c] In l. Quintus ff. mand.

[d] L. final. §. Sin autem. C. ad Macedon. Bald. ad L. Macedonis ri & dict. l. fin. eodem.

Boucher. Sur cela, il survint un Creancier qui rapporta une Obligation de deux cent écus, que ce Marchand de Peaux luy avoit passée, & demanda que ces Peaux & ces Laines luy fussent ajugées sur son deu, sans avoir égard à la demande du Boucher, qui n'avoit ny Obligation, ny même une Promesse ; le Boucher alleguoit de sa part la Coutume ordinaire entre Marchands, qui ne se servent pas d'autres manieres pour s'obliger respectivement que de ces sortes de Tailles, & que n'ayant vendu ces Peaux qu'à condition d'en estre payé, il en estoit encore le Proprietaire, & avoit droit de les revendiquer en vertu de cette condition resolutive & commissoire de la vente, parce qu'elles ne luy avoient pas esté payées ; qu'ainsi il devoit estre preferé à tout autre Creancier sur les Peaux & Laines, à cause de cet usage notoire de contracter entre Marchands, qu'ils disoient leur devoir tenir lieu d'une Obligation autentique, comme il est des Maximes de se regler toûjours par l'usage ; à quoy ils ajoûtoient qu'entre Marchands on contracte plûtost par la tradition de la Marchandise, ou par une simple Promesse verbale, que par des Tiltres solemnels, suivant ce que dit Bartole. L'autre Creancier au contraire répondoit à cela qu'il avoit presté son argent sous la foy d'une Obligation autentique, que le Marchand de Peaux avec cet argent avoit acheté toutes ces Peaux & Marchandises, suivant la présomption de Droit, que l'argent qui a esté emprunté pour estre employé à l'achat de certaine chose, y a esté effectivement employé, & que par consequent il auroit esté injuste de luy preferer le Boucher, qui n'avoit aucune Obligation ny Promesse, mais une simple Taille pour prouver sa dette.

4 De ce Fait naissent deux Questions; La premiere, si le fait articulé par le Boucher, qu'il n'avoit livré ses Peaux qu'à condition d'en estre payé, & que tel estoit la coutume de vendre & de contracter entre Marchands, pouvoit estre 5 prouvée par témoins. La seconde, si ce Boucher devoit estre preferé à cet autre Creancier sur les Peaux 6 & Laines, ou au contraire. Quant à la premiere Question, cette Ordonnance semble y resister, en ce qu'elle ordonne qu'il soit passé Obligation ou Acte par écrit de tout ce qui excede cent livres, or le prix de ces Laines & Peaux excedoit de beaucoup la somme de cent livres, & il n'y avoit rien de redigé par écrit en faveur du Boucher, mais une simple Taille, & ainsi ce Fait ne paroissoit pas recevable.

7 Neanmoins j'ay creu qu'il falloit decider au contraire ; Premierement, parce que cette Ordonnance ne parle que des cas dans lesquels on a coutume de contracter par écrit ; en quoy le Boucher n'étoit pas en faute ; parce que dans cette sorte de Commerce, qui se fait en détail, on n'a pas coutume

riis, nullam cautionem publicam aut privatam habentibus, sed solis ligni frustulis nitentibus.

Ab hac disputatione duæ oriuntur quæstiones : una, an recipi debeat hoc macellariorum factum, quo asserunt, se non alia lege pelles suas vendidisse, quàm si solverentur, hocque modo fieri solitum inter id genus Mercatores, & an testibus id probare liceat ? Altera quæstio est, an hujusmodi laniones dicto creditori præferri poterunt, aut è contra ? Quoad primam quæstionem, multùm obstare videtur hæc Regia sanctio, quæ de omnibus obligationibus, libras centum excedentibus, jubet contractum scriptis fieri, atqui pretium quod petunt pro pellibus suis & lanis, centenam libram longè excedit, & tamen nihil scriptum, sed simpliciter tesseris signatum ostendunt, videretur itaque, factum illud non esse recipiendum.

Ego tamen contrarium putavi, his rationibus. Prima, quòd hæc Regia sanctio loquatur de rebus de quibus contractus scribi solent, contra quam hi macellarii dolosè commisisse non videntur, eo quòd, in eo genere mercium scriptura non sit necessaria, cùm minutatim recipiantur : nam alioqui, si pro quotidiana pellium receptione, necesse foret contractum scribi, hujusmodi minutuli Mercatores, Notarium semper zona pendulum habere cogerentur : cujus sumptus, commoda longè superarent. Præterea, quælibet particularis pellium receptio, est infrà centesimam libram, quia una die, forsan quatuor pelles recipiuntur, alia, quinque, & sic de singulis diebus : temporis verò tractu, hæc receptio adeo augetur, ut quod in tesseris ligneis incisum est, excedat libras centum. Itaque ipsa principia obligationis non subjiciuntur huic Legi, finis verò ejusdem obligationis nonnisi ipsis tesseris ligneis perficitur, & per consequens, huic legi locum nusquam fuisse dicebam, sicut suprà ostendimus, de acquisitionibus, quæ fiunt temporis tractu. Pro his igitur tessetulis, in judicio recognitis, putarem superiùs factum recipi debere, ac testibus probari : cùm jam nonnulla fides ex hujusmodi taleis eliciatur, ut in Jure novum non est.

d'écrire ; car s'il eust esté necessaire de passer un Acte chaque jour pour chaque Peau qu'il livroit, il faudroit dire que ces petits Marchands devroient, comme on dit, avoir toûjours un Notaire pendu à leur ceinture, ce qui couteroit plus qu'il n'y auroit de profit. De plus, chaque livraison de Peau ne montoit pas à cent livres, parce que de certains jours il n'en avoit donné qu'une, un autre jour quatre, un autre jour cinq, & ainsi des autres ; & cependant à la fin du temps ce qui estoit écrit sur cette Taille, s'estoit trouvé exceder la somme de cent livres. Ainsi si l'on regarde le commencement & l'origine de l'Obligation de mille livres, il n'y avoit pas lieu à l'Ordonnance, parce qu'il ne s'agissoit pas encore de cent livres, & si on regarde la fin, cette Obligation ne monte à cette somme de mille livres que par le moyen de cette Taille, qui marque ce qui a esté livré, & ainsi cette Ordonnance ne

peut avoir lieu, comme j'ay prouvé cy-dessus, en parlant des Obligations qui se contractent par succession de temps. Par consequent, aprés que la reconnoissance de ces Tailles a esté faite en Justice, je serois d'avis que l'on admist la preuve par témoins, parce que cette Taille fait déja un commencement de preuve, comme il est marqué en Droit.

a *In L. Sed & si suscepterit §. Si libertis. ff. de Judic.*
b *In l Mortuo. de leg. 2.*

Antiquitus enim, super quibusdam tesseris, certo modo signatis, Præfectus annonæ, quandam frumenti mensuram militibus largiebatur, quæ & tesseræ frumentariæ dicebantur : quarum meminerunt Ulpian. *a* & Paul. *b* Unde & fuisse olim tesseras Ju-

Car anciennement les Prefets ou Commissionnaires des Vivres à Rome, donnoient à chaque Soldat une certaine mesure de grain, que l'on comptoit sur de certaines marques, appellées *Tessera frumentariæ*, dont les Jurisconsultes Ulpien &

Paul ont parlé, ce qui a donné lieu à Budée de remarquer qu'il y avoit de semblables marques pour les Chevaux, les habits, & les choses qui croissent dans la Campagne. De plus, comme cette sorte de trafic ne se peut faire qu'en détail, & petit à petit, à mesure qu'il y a des Peaux à vendre; il faut de necessité permettre, ce que sans cela l'on ne permettroit pas, & non seulement entre Marchands, mais même entre les Chanoines & Prebendez, on a coutume de se servir de petites marques de plomb, qu'on appelle *Mereaux*, pour marquer les distributions differentes qui leur sont faites, lesquelles ne leur sont deuës que suivant & à mesure qu'ils ont assisté aux Offices de l'Eglise ; car ces Mereaux tiennent lieu d'Obligation à leur profit, en vertu desquels le Receveur du Chapitre est tenu de leur payer les distributions qui leur sont deuës, suivant l'usage ordinaire de l'Eglise, qui tient lieu de Loy parmi eux. Même entre Artisans, ils ont de certaines marques par lesquelles ils font preuve si leur ouvrage est bien ou mal fait, & sont punis s'il n'est pas fait suivant les regles de l'Art, notamment entre Orfévres, lesquels marquent leur Ouvrage au Poinçon ; d'où il s'ensuit, à l'égard de la premiere Question, que la preuve par témoins devoit estre admise en faveur du Boucher, nonobstant l'Ordonnance de Moulins, qui n'a point d'application à cette espece d'O-

mentarias, Vestiarias, & Agrarias, ex Suetonio, *a* refert Budæus. *b* Præterea, cùm solitus hic mercandi modus, aliter fieri non possit, quandoquidem, nonnisi minutatim, & prout eveniunt, hæ pellium merces distribui possint, ergo, necessitate permitti debet, quod alioqui non permitteretur. *c* Imò, non tantùm inter Mercatores his notulis contrahi solet, sed etiam inter alios, ut pote, inter Canonicos & Præbendarios, qui tesserulis plumbeis, quas vulgò *Mereaux* vocant, utuntur in distributione Canonum, ratione officii sibi debitorum: nam his signis plumbeis, aut chartaceis, habent dispensatores Ecclesiæ sibi obligatos, ex communi usu & consuetudine Ecclesiæ, quæ inter eos Legis habet vigorem. *d* Et inter nonnullos artifices solet haberi quorundam signorum communicatio, quibus, suæ artis opera agnoscere solent : ex hisque signis, si qui in opere deliquerint, convincuntur, & puniuntur, maximè inter Aurichalcos. Ex quibus sequitur primæ quæstionis resolutio prædictos nempe lanios, recipi debere ad supradicti facti positionem, ejusdemque probationem testibus faciendam, nonobstante hac Molinæa sanctione, quæ hujusmodi obligationibus aptari non potest, cùm magis tractu temporis, & diversis momentis contractæ sint hæ obligationes, quàm uno solo actu, & ideo scriptis concipi non possint, ut superiùs diximus, cùm præscriptionum probationes allegaremus. *e*

a In Neron.

b Ad d. L. Sed & si susceperit, d. §. Si übertis.

c L. 1 §. sed excipiuntur. ff. de ser. L. Senatusconsulto. §. Siquid. ff. de offic. Præsid. l. Ait Prætor §. Si debitorem. ff. Quæ in fraud. cred.

d Cap cum ad monasterium. ext. de stat. monac. Can. In his. Can. Catholics. dist. 11.

e A. g. L. 50. ff. de usucap.

bligation qui se contracte seulement par succession de temps, & non pas par un seul Acte, & lesquelles ne peuvent estre redigées par écrit, ainsi que nous avons dit en parlant des Prescriptions.

Quantum ad secundam quæstionem : an scilicet probata sua intentione, macellarii præferri debeant creditori, authenticum instrumentum habenti, aut è converso? Tametsi hæc quæstio non sit præsentis Commentarii, obiter tamen referam, quid de hac re mihi videatur. Itaque si probatum sit per hos laniones, se non alia lege vendidisse pelles, quàm si exolverentur, eumque usum esse, & hoc modo solitum esse contrahi inter hujusmodi Mercatores, pro hac specie mercium : æquum putarem, macellatios ad vindicandas pelles admitti debere, ex ratione Ulpiani [a] ita dicentis, *Enimverò si non in creditum abii, quia res vendita, non aliàs desinunt esse mea, quamvis vendidero, nisi ære soluto, vel fidejussore dato, vel aliàs satisfacto, dicendum erit vindicare me posse.* His enim verbis, satis expressum videtur, vindicationem pellium & lanarum, Juri consentaneam fore : maximè si constare possit, easdem pelles esse, quas macellarii dederunt. Et, si hæc ratio non sufficiat, existimarem saltem, hos laniones in tributum vocari, & admitti debere, dato quòd defunctus solvendo non fuerit: nam tametsi inter hypothecarios creditores & simplices Chirographarios soleat haberi differentia, in solutione debitorum, [b] tamen quando de mercibus agitur, quarum est incerta ven-

[a] *In l. Procuratoris. §. Plane. ff. de tributor.*

[b] *L. unic. C. Etiam ob Chirog. pecu.l. Creditor 2. §. Si primut. ff. Qui potior.*

Quant à la seconde Question ; sçavoir si le Boucher, ayant prouvé le Fait par luy articulé cy-dessus, il doit estre preferé au Creancier qui a une Obligation autentique ; quoy que cette Question soit étrangere à ce Traité, je ne laisseray pas d'en dire mon avis en passant. Donc si ce Boucher prouve, qu'il n'a point vendu & livré ses Peaux, qu'à la charge d'en estre payé, & que tel est l'usage de commercer de ces sortes de Marchandises. Je crois qu'il seroit juste de le recevoir à revendiquer ces Peaux & ces Laines, suivant la décision d'Ulpien: *Si je n'ay point fait credit, en ce cas, parce que les choses, quoy que je les aye venduës, ne cessent point de m'appartenir que je n'aye esté payé, ou que l'on ne m'ait donné caution, ou que l'on ne m'ait satisfait de quelqu'autre maniere que ce soit, il faut dire que je les puis revendiquer.* Car par ces mots, il paroist assez qu'il devoit estre permis à ce Boucher de revendiquer ses Peaux & ses Laines qu'il avoit livrées, particulierement s'il paroist que ce sont les mêmes Peaux qu'il a venduës. Que si cette raison ne paroist pas suffisante, je serois d'avis au moins que ces deux Creanciers doivent venir à contribution, si le deffunt ne se trouve pas avoir dequoy payer ; car quoy qu'entre

Creanciers hypotequaires & Creanciers chirographaires, il faille faire grande difference quand il s'agit de les payer; neanmoins quand il s'agit de Marchandises, & que l'on ignore quand elles ont esté vendües, & lequel a hypoteque ou privilege sur elles, on ne fait aucune difference entre ces deux sortes de Creanciers, dans la contribution du prix, quoy que l'un d'eux soûtienne que c'est de ses deniers que la Marchandise a esté achetée, mais on fait une contribution égale entr'eux tous sur le prix à partager, qui leur est distribué à proportion de ce qui leur est deu à chacun, suivant la decision d'Ulpien, & c'est ainsi que je voudrois decider cette contestation, sauf meilleur avis.

ditio, & incerta hypotheca, seu affectatio, non solet fieri discrimen hoc in tributoria, etiamsi unus creditor contendat merces, sua pecunia emptas fuisse, ut sentire videtur idem Ulpian. *a* sed inter omnes creditores fit tributio pro rata ejus, quod cuique debetur, secundùm eundem Ulpianum. *b* Et ita, salvo meliori judicio, putarem, ex æquo & bono judicandum.

a In L. Procuratoris. §. final. junct. l. sequens de tributor.
b In dict. l. Procuratoris. d. § final. & L. final. eod. tit.

ADDITIONS SUR LE IX. CHAPITRE.

SOMMAIRE.

1. *Explication du mot* Tessera, *dont parle Boiceau.*
2. *Differentes significations de ce mot, tirées de differens Auteurs.*
3. Tessera hospitalitatis.
4. *L'Ecriture n'est point essentiellement requise pour contracter.*

1. LA maniere de contracter sans écrit & sans témoins, dont parle Boiceau dans ce Chapitre n'est pas nouvelle, & elle a toûjours esté pratiquée dans l'usage, sur tout entre Marchands en détail; mais avant d'en parler, il faut expliquer ce que signifient le mot *Taille*, & celuy de *Tessera*, dont Boiceau a parlé en passant. Monsieur du Cange en son Glossaire *Mediæ & inf. Latin.* parlant de ce que nous appellons *Taille*, dit qu'en Latin ce mot s'exprime par ceux de *Talea, Talia, Tallia & Tallium.* Voici comme il la définit : *Tessera lignea in duas partes scissa in quarum utraque debitum continetur, transversaria quadam cæsura de-*

romanum. C'estoit une piece de bois, dit-il, fenduë en deux sur laquelle est marquée la dette par une coupure qui s'étend sur les deux parties, dont une moitié demeure au debiteur & l'autre au Creancier, & ces mots *Talea* ou *Talia*, signifient, dit-il, une branche d'arbre qui a esté coupée: *Ramus incisus*.

Quant à ce mot *Tessera*, il signifioit un fort grand nombre de choses toutes differentes.

1. Il signifioit des Dez, *Tesseris ludere*; Dempsterus ad Rosin. Ant. Rom. lib. 5. cap. 1. fait difference, *inter Talos & Tesseras, quod tali, sex angulos habeant, Tesseræ tantum quatuor*. C'étoient des jeux de hazards, ausquels Ciceron compare la fortune: *Quid est enim sors, idem propemodum quod micare, quod Talos jacere, quod Tesseras, quibus in rebus casus & temeritas, non ratio & consilium valet*.

2. Il signifioit certaines marques que l'on donnoit aux Soldats Romains pour se reconnoistre entr'eux, & se distinguer des Ennemis, où estoit écrit le *mot du Guet*; les Tribuns militaires estoient obligez de l'aller prendre du Chef de l'Armée, ils le portoient aux Centurions, qui le donnoient aux Decurions, & ceux-là aux Soldats. Il y avoit même des personnes préposées à cet effet *Tesserarii dicti qui Tesseram per contubernia militum nuntiabant*; & il faut observer que *Tessera erat duplex, vocalis*, c'estoit le mot du Guet que chaque soldat devoit sçavoir: *Vt venus victrix Cæsari*, & *Tessera muta*, qui estoit une certaine marque sur les habits, comme un Aigle, qui servoit à distinguer les Soldats Romains dans le combat.

3. On appelloit *Tesseras* certaines Pieces d'airain, rondes, ou quarrées, selon quelques-uns, sur lesquelles estoit gravé la quantité du blé, du vin, de l'or, de l'argent ou habits, que les Empereurs donnoient aux Soldats par largesse, c'est pourquoy on les appelloit *Annonarias*. Suetone dit qu'Auguste *ne plebs frumentariorum causa frequentius, à negotiis avocaretur ter in annum quaternorum mensium Tesseras dare destinavit, frumentum quoque in annonæ difficultatibus sæpe levissimo; interdum nullo pretio virilem admensus est, Tesserasque nummarias duplicavit*; surquoy on peut voir Pancirol *de notitia imperii* ch. 26. & chap. 5. *de præfecto annonæ*, & le T. au Code *Theodos. de anno civ. & pane gradili*, & ce qu'en a écrit Loyseau des Offices l. 1. chap. 1. Monsieur Cujas ff. *de Judiciis ad l*. 52. dit que chaque mois le Soldat alloit au Prefet des Vivres, luy demander la portion de blé

qui

qui estoit écrite sur cette marque appellée *Tessera*, d'où il conclut en expliquant la Loy 36. *D. de Legatis*, 1. Que, *Quando quis Tesseram fermentariam legavit, quantitatem videtur legisse*. *Covarruvias l. 4. Var. Quest. chap. 1. n. 3.* dit qu'à l'égard de la Loy *Titia Seio*, & la Loy *Mortuo bove de leg. 2.* Ce mot *legatum Tessera*, veut seulement dire en cet endroit, *legatum juris percipiendi largitiones Principum* ; & que ce droit de participer aux largesses publiques du Prince, n'appartenoit qu'aux Citoyens Romains ; aussi *Tribum vel Tesseram emere*, signifioit acheter les droits de Citoyen Romain. Loyseau des Offices l. 1. chap. 1. n. 55. distingue *Tesseras Annonarias* en trois especes ; *Militares*, que l'on donnoit aux Soldats. *Palatinas*, que l'on donnoit aux Officiers du Palais du Prince, & *Civiles*, que l'on distribuoit à chaque Citoyen Romain en particulier. Les premieres, dit-il, estoient comme le Pain de Munition ; Les secondes estoient comme le droit de Bouche à Cour des Officiers ; Les troisièmes estoient un Droit attribué au menu Peuple de Rome sur la fin de l'Etat Populaire, par le moyen duquel chaque Chef de Famille recevoit tous les mois certaine quantité de Froment des greniers publics.

4. *Tesseræ Missiles*, estoient certaines Pieces ou Marques, que les Empereurs jettoient au Peuple dans leur Triomphe, ou en d'autres occasions, quand ils vouloient luy faire largesse, sur lesquelles estoient inscrites la quantité de Pain & de Vin, ou d'argent, qu'ils donnoient à celuy qui les ramassoient.

5. Il y avoit encore *Tessera Belli* & *Tessera Pacis*, c'estoient deux marques differentes, dont le Peuple Romain avoit coutume de donner le choix à ses Ennemis, quand il leur envoyoit denoncer la Guerre, *l. 2. §. deinde Quintus ff. de origine juris*.

6. *Tesseræ Collybisticæ*, estoient ce que nous appellons Lettres de Change ; car ce mot *Collybus* veut dire Change.

7. On appelloit encore de ce Nom certaines figures dont on se servoit à Rome pour orner les habits, qu'on nommoit à cause de cela *Vestes Tessellatas*.

Loyseau des Offices *ibidem*, après avoir remarqué qu'en Guerre, *Tessera* veut dire le mot du Guet ; il ajoûte, comme a observé Boiceau, que les *Mereaux* sont aussi en usage dans les Eglises Collegiales, dans lesquelles on baille des *Mereaux* ou Marques de Plomb aux Chanoines qui ont assisté au Service Divin, sur lesquels ils reçoivent ensuite leur Pain de Chapitre. Quant à ce qu'on appelloit *Tesseras stellatas*, les Sçavans ne conviennent pas précisément ce que c'estoit. Monsieur Cujas sur la Loy 11. Code *de erogat. Milit. anno.* l'explique d'une maniere, plusieurs autres Auteurs l'expliquent d'une autre façon, ce qu'il ne s'agit pas d'éclaircir ici.

Il reste à expliquer ce qui s'appelloit autrefois *Tessera hospitalitatis*, dont plusieurs autres Auteurs ont parlé ; on convient que c'estoit une certaine marque d'alliance & de confederation entre de certaines Villes, dont la Loy *postliminii ff. de captivis* entend parler par ce mot *hospitium*, & même entre des Familles, dont les Chefs avoient esté unis de parenté ou d'amitié, ou entre les Habitans de deux Villes confederées, en consideration de laquelle ils se recevoient reciproquement, *tanquam hospites antiquos*. Le symbole de cette marque représentoit deux Mains droites qui se donnoient la foy, elle servoit à celuy qui alloit en voyage à se faire reconnoistre pour ami, & à se faire recevoir par droit d'hospitalité, par tous ceux qui en signe d'alliance, avoient une même marque que la sienne, & ils le nourrissoient gratuitement un certain temps en memoire de cette alliance. C'est ce qu'explique fort bien *Joa. Adam Schill*, dans son Livre intitulé, *Nomenclator philologus. Ut etiam hospes adveniens jure hospitii utens pro mercede, juste quiescendi, & reficiendi sui causa in aliena republica, Caupona, Taberna, vel hospitio publico vel privato pro pretio, vel ex Tessera hospitalitatis.*

Et il faut remarquer que cette marque estoit divisée en deux, dont chaque Famille retenoit une moitié, & la conservoit soigneusement, parce que ce droit de confederation & d'alliance passoit aux heritiers.

Parmi nous on appelle encore *Tesseram securitatis*, un sauf-conduit ou sauvegarde, & *Tesseras gentilitias*, les Armoiries d'une Famille.

On peut conclure de ce qui vient d'estre dit cy-dessus, que ce n'est pas d'aujourd'huy que l'on a esté obligé de se servir de certaines Marques ou Symboles pour assurer la verité de certaines Conventions qui n'estoient point redigées par écrit, & ces Symboles tenoient lieu d'écriture ; aussi l'écriture n'est-elle point de l'essence du Contrat, elle n'y a esté ajoûtée que pour la seureté de la Convention ; ainsi dans les affaires où il est de l'usage notoire de ne s'en point servir, l'Ordonnance n'a point entendu y obliger ; comme par exemple, dans l'espece dont parle Boiceau, en laquelle ces sortes de marques sont preuve entre ceux qui contractent sous cette unique seureté; mais à l'égard d'une tierce personne, elles ne prouvent rien, & ne sont point autentiques, n'ayant aucun caractere public, mais elles peuvent servir de commencement de preuve, quand il n'y a point de suspicion de dol; En un mot on peut les appeller des témoins sourds & muets de ce qui a esté fait entre deux personnes, il en faut d'autres qui expliquent ce qu'ils ne donnent que lieu de présumer sur tout quand il s'agit de faire préjudice à d'autres.

CHAPITRE X.

De ce qui se fait en execution des Contrats, ou Obligations par écrit.

SOMMAIRE.

1. *D'une Convention certaine, qui dépend, quant à l'execution d'un autre Contrat, comme une Promesse de vendre.*
2. *Si quand il y a Promesse de vendre une chose, redigée par écrit, on peut prouver par témoins que la vente a esté faite.*
3. *Raisons de douter.*
4. *Opinion que la preuve est admissible, & les raisons pourquoy.*
5. *Si le possesseur en vertu de cette Promesse de vendre, est évincé, il a nonseulement l'action* Triticiaria, *mais l'action* Publiciana.
6. *La Promesse de vendre est une veritable vente.*
7. *Opinion que la preuve est admissible en ce cas.*
8. *Espece d'un Marchand qui avoit reconnu par écrit qu'il devoit cinq cens écus à un autre Marchand, pour certain nombre de sacs de Pastel, qui devoient luy estre livrez.*
9. *Opinion que la livraison se pouvoit prouver par témoins.*

1 J'Ay veu une infinité de Questions sur ce sujet; car il y a plusieurs Contrats conceus d'une telle maniere, que quoy qu'ils soient fon-

Vidi de hoc articulo multas quæstiones moveri: nam infiniti sunt contractus, ita concepti, ut quamvis pactionem certam habeant, tamen ab executione contractus, ita pendere videantur, ut alium contractum ex necessitate desiderent. Exempli gratia : Promissio de vendendo, non est venditio, promissio de locando, non est locatio : & ita dicendum de aliis similibus pactis, quæ alium contractum pro eorum executione requirunt : *a* de quibus, multis in locis agitur, *b* & à Baldo, *c* aliisque Doctoribus, sæpè fit mentio: quod & videre est in omnibus contractibus, quorum executio in alterius arbitrium confertur, de quibus infinita sunt in Jure exempla. *d* Atque ita hi ferè omnes contractus alium contractum desiderant. Ut ecce, promitto tibi vendere fundum meum, pro centum aureis : nemini enim dubium est, hanc conventionem scribi debere, ex hac Regia nostra Constitutione, sed postquam scripta fuerit, & fundus penès eum, cui venditio pollicita fuerat, certo post tempore reperiatur, & cùm ab eo vindicaretur, excipiat fundum sibi venditum fuisse pro centum aureis, venditionem tamen scriptam nos habens, numquid testibus probare poterit venditionem sibi factam fuisse, cùm jam habeat promissionem scriptam de vendendo ? Quod prima facie non videretur dicendum, cùm in his promissionibus de vendendo, de locando, de permutando ; & aliis similibus imperfectis conventionibus, pœnitentia, ad perfectum usque contractum, admitti videatur, ex vulgata Justiniani Constitutione, *e* quæ nonnisi contractus in mundum redactos, perfectos existimat.

a L. Silia-
res ff. de act.
empt. l. Nu-
tura vi vi-
lu... ff. de ?
bit.

b L. Si cum
fu... lon. ff.
de pr. t.

c L. Quam-
uis C. de
transact.

d L. final.
C. de con-
trah. empt.
& vend. l.
Si coita. &
l. Societatem
ff. pro socio.
l. Si liber-
tus. 2. ff. de
oper. libert.
L. Si quis
arbitratu ff.
de verb. obli-
gat.

e In l. Con-
tractus. C.
de fid. instr.

dez sur une certaine Convention, ils dépendent neanmoins tellement de l'execution, que de necessité, il faut un autre Contrat pour consommer l'affaire ; ainsi la Promesse de vendre, n'est pas une vente, la promesse de loüer, n'est pas un Bail, & il faut dire le même d'autres semblables Conventions ; dont Balde & plusieurs Docteurs ont parlé ; ce qui est aussi la même chose à l'égard des Contrats dont l'execution en Droit est laissée à l'arbitrage d'un autre ; car tous ces Contrats demandent encore un autre Contrat pour leur entiere execution. Par exemple, je promets de vous vendre mon heritage pour cent pistoles, personne ne doute que cette Convention ne doive estre redigée par écrit, suivant l'Ordonnance : mais aprés qu'elle aura esté redigée par écrit, si celuy à qui on a promis de vendre ce fond, s'en trouve en possession quelque temps aprés, & qu'on veüille le revendiquer d'entre ses mains, s'il répond que ce fonds luy a esté vendu cent pistoles, quoy qu'il n'aye point de Contrat de vente par écrit. On demande s'il pourra prouver cette vente, parce qu'il est déja fondé en Promesse par écrit, ce qui ne semble pas admissible d'abord, parce que dans le cas de telles promesses de vendre, loüer, échanger, il est permis de se repentir jusqu'à ce que le Contrat en soit passé ; suivant la Constitution de Justinien, qui decide qu'un Contrat n'est point parfait, qu'il ne soit entierement expedié & mis au net.

4. Neanmoins j'estime que dans telles occasions, il faut admettre la preuve par témoins par double raison; La premiere, parce que l'acheteur a déja pour luy la promesse qui luy a esté faite de luy vendre cet heritage; ainsi on présume aisément que la propriété luy en a esté livrée à cause de cette Obligation de luy vendre, dont il appert par écrit, laquelle cause ayant précedé, fait que ce qui pouvoit estre revoqué en doute, passe pour veritable, comme decident Accurse & Paul de Castres dans le cas d'une reconnoissance faite hors Jugement, laquelle tient lieu de preuve, si elle a une cause precedente qui soit certaine; ce que l'Empereur semble confirmer par un même motif d'équité, quand il parle d'une reconnoissance qui a une cause précedente. L'autre raison se tire de ce que cette personne, à qui on a promis de vendre, se trouve effectivement en possession de la chose en question; car cette possession fait présumer que la propriété luy en a esté abandonnée, suivant la Constitution d'Antonin, & cette possession de l'acquereur, fait présumer qu'il en est le Proprietaire, dit Ulpien, & rejette la preuve du contraire sur le Demandeur. C'est pourquoy si le Demandeur qui revendique ce fond, veut prouver que cette promesse de vendre a esté revoquée

His tamen nonobstantibus, puto testium probationem, his casibus, admitti debere, duplici ratione: Una, quòd jam scriptam de vendendo promissionem possessor pro se habeat, ideoque, hoc titulo dominium rei penès se translatum fuisse facilè præsumatur, propter præexistentem causam venditionis, de qua jam scriptis constat: quæ quidem causa præexistens, subsistere facit, quod aliàs in dubium revocaretur, ut in simili docent Accursius, *a* & Paulus Castrensis, *b* de confessione partis extra judicium facta, quæ probationem adfert, si præexistentem causam jam probatam habeat. Quod Imperator, *c* ex simili æquitate, confirmare videtur, cùm de confessione causata loquitur. Altera ratio est, ex possessione rei quæ reperitur penès eum, cui pollicitatio facta erat de vendendo: hæc enim possessio inducit præsumptum dominium contra vindicantem, ex Constitutione Antonini: *d* Illa enim possessio, facit præsumi dominium penès eum esse qui possidet, ex ratione Ulpiani, *e* qui reo possidente, in actorem onus probandi dominii transfert: ideoque si actor, qui vindicat fundum, ita possessum, conetur probare forsitan, supradictam promissionem de vendendo, pœnitentia revocatam fuisse, aut aliter ab ea discessum, non est dubium, ipsum possessorem testibus probare posse, venditionem verbaliter completam fuisse, juxta promissa.

a In l. unic. C. de conf.
b In l. 1 ff. eodem.

c In l. Generaliter. C. de non numer. pecun.

d L. Possessiones. C. de probationib.
e In L. Circa Cod. eodem, cum similibus.

par une volonté contraire, où s'il dit que l'acquereur s'en est départi en quelqu'autre maniere; il n'y a point de doute qu'en ce cas le possesseur de ce Fond ne puisse de sa part prouver par témoins que la vente a esté consommée verbalement, ainsi que l'on en estoit convenu.

Imò, ulteriùs dico, quòd si possessor iste à possessione, nomine hujus promissionis cœpta, cadat, non tantùm ad ipsam possessionem convincendam Triticaria [a] admittetur, sed etiam ad quasi dominium vindicandum, Publiciana rectè experietur : [b] & si venditionem probare cogatur, testibus uti poterit, propter Juris præsumptionem, ex hujusmodi promissione scripta, sibi quæsitam.

Je passe plus loin, car si ce possesseur est évincé de la possession qu'il avoit prise en vertu de cette promesse de vendre, non seulement il aura l'action *Triticaria*, pour la recouvrer, mais encore l'action Publicienne, pour se faire reintegrer dans la proprieté, & s'il est reduit à prouver qu'il y a eu une vente en consequence de cette promesse, il pourra la prouver par témoins.

Nec obstat vulgata illa decisio, quæ vult, ex contractu imperfecto, & nondum in mundum redacto, impunè recedere nos posse, [c] & pœnitere : quia hallucinantur ii, qui putant theoricam illam, locum habere in superioribus contractibus, promissionem de vendendo, locando, permutando, & similiter contrahendo, habentibus, atque in his pœnitentiam recipi, hoc enim omnino falsum est : Nam contractus illi, in sua pactione perfecti sunt, tametsi alterius contractus implementum desiderent. Ideoque Bartolus & Baldus [d] vocant illos contractus, innominatos, in quibus pœnitentia non admittitur : quamvis regulariter, contractus innominati, stipulatione non vestiti, pœnitentiam recipiant. [e] Fallit tamen in ista specie contractuum innominatorum, eo quòd conjuncti sunt nominato contractui, cujus execu-

Et quant à la Maxime vulgaire qui dit que l'on peut se départir d'un Contrat qui n'est pas encore parfait, ny mis au net, elle ne peut estre opposée; car ceux-là se trompent qui croyent que cette Maxime a lieu dans les Conventions dont il s'agit, qui portent promesse de vendre, loüer, échanger, & autres semblables, & qu'il est permis de s'en repentir, ce qui est entierement faux : car ces sortes de Contrats, sont parfaits entierement, quoy que pour leur entiere execution, ils requierent un autre Contrat; c'est pourquoy Bartole & Balde les appellent des Contrats innommez, dans lesquels il n'est pas permis de se repentir, quoy que regulierement cela soit permis quand le Contrat innommé n'est pas accompagné d'une stipulation, ce qui a son exception, à

---

[a] l. Sed & si ff. de condit. tritic.
[b] L. 1. & sequent. ff. de public.
[c] In l. Contractus. C. de fid. instr.
[d] In l. Quamvis. C. de transf.
[e] L. Explicito. C. de re. permut. L. Si pecuniam. ff. de condic. caus. dat.

l'égard des Conventions en question, qui parce qu'elles désignent & font partie d'un Contrat certain & qui avoit un nom, comme d'un Contrat de vente, Bail à loyer, dont l'execution est de necessité, quand on en est une fois convenu, ainsi que semble dire le Jurisconsulte Celsus, quand il dit que si l'on n'a fait qu'une promesse de vendre ; c'est parce que l'on avoit une raison de ne point faire un Contrat de vente, c'est pourquoy ce n'est qu'un seul Contrat, quoy qu'il semble qu'il en requiere un autre pour estre entierement parfait ; ainsi le repentir ou changement de volonté n'y peut avoir lieu ; D'où je conclus que la preuve par témoins doit estre aisément admise, quand il s'agit de prouver un Pacte non écrit, qui dépend & qui fait partie de l'execution d'une Convention écrite, parce qu'il y a déja quelque chose d'écrit, si ce n'est qu'il y eût lieu de soupçonner quelque dol, ce que le Juge pourra aisément reconnoistre par la qualité de l'affaire & des personnes.

tro necessaria est, ut videtur sentire Celsus, *a* cùm ait, magis ob causam promissum esse, quàm venditum, ideoque unus contractus, alterius implementum conjuncti desiderare videtur, *b* igitur pœnitentia non admittitur. *c* Ex his concludo, probationem per testes facilè admitti posse, in pactionibus non scriptis, quæ ab executione contractuum jam scriptorum omnino dependent, cùm pro iis jam sit scripta conventio : nisi in contrarium oriatur sinistra suspicio : quod bonus Judex ex negotiorum, vel personarum qualitate, facilè arbitrari poterit.

a In L. fin. ff. eod. Bart. in l. Ex empto. num. 6. ff. de act. empt.
b l. Si sterilis. §. Si tibi de act. empt.
c In L. Labeo scribit. ff. de contrah. empt.

Mais que sera-ce à l'égard de la preuve des choses qui viennent en execution d'une écriture privée, comme dans certaine espece qui m'a esté proposée. Un Marchand de Niort avoit fait un billet à un Marchand de Languedoc en ces termes : *Je confesse devoir à tel Marchand cinq cens écus pour douze sacs de Pastel que je dois recevoir à Niort*. Ce Marchand de Niort qui avoit fait la Promesse vint à mourir. Le Creancier demanda les cinq cens écus à ses heritiers, qui repliquerent que cette Marchandise n'avoit pas esté livrée, &

Sed quid in his quæ pendent ab executione privatarum scripturarum, numquid idem judicandum erit ? Ut ecce exemplum mihi propositum : Mercator quidam Niortensis, cuidam Hoccitano Mercatori hoc chirographum dedit : Confiteor me debere quinquaginta aureos tali Mercatori, pro duodecim saccis, seu ut vulgò dicitur, pastelli, quos apud Niortum recipere debeo : deinde moritur Mercator, petuntur ab ejus hærede quinquaginta aurei, per Mercatorem Hoccitanum : excipit hæres, glastum non fuisse receptum, ideoque chirographum, effectum non habuisse: numquid receptio testibus probari possit? Respondi, posse: tum, quod l receptio, esset dumtaxat promissionis jam scriptæ executio, rationibus supra positis: tum etiam, quia talis executio, etiam sine contractu, perfici poterat per institores, aut nuncium Mercatoris, ut solet fieri inter Mercatores, qui per institores, exercitores, & nuncios, obligare & obligari solent: ut Jure nimis est vulgatum. *a* Et idem puto judicandum in aliis similibus negotiis, executionem conventionis jam scriptæ respicientibus, si modo non videat bonus Judex nonnihil iniquitatis, quod animum suum in contrariam æquitatem dimovere possit.

a In L. Sed & si pupillus. §. Item si plures. & §. fin & toto sere titul. ff. & C. de instit. act.

qu'ainsi la Promesse, n'ayant pas esté executée de la part du Creancier, estoit nulle. On demandoit s'ils pouvoient estre admis à faire la preuve de ce Fait par témoins; j'ay répondu qu'il les falloit admettre, tant parce que cette livraison n'estoit que l'execution de cette Promesse par écrit, suivant les raisons cydessus, que parce que cette livraison se pouvoit faire sans Acte par écrit; sçavoir par ceux qui estoient préposez pour faire le negoce de ce Marchand de Languedoc, ou sur sa simple Lettre, comme on a coutume d'en user entre Marchands qui peuvent contracter, c'est-à-dire obliger les autres & s'obliger eux-mêmes par l'entremise de leurs Institeurs ou Commissionaires, comme il est vulgaire en Droit; & je crois qu'il faut dire la même chose en pareille occasion, lors qu'il s'agit de l'execution d'une Convention écrite, si ce n'est que le Juge ne s'apperçoive de quelque chose qui puisse l'empescher de permettre cette preuve.

9

ADDITIONS SUR LE X. CHAPITRE

SOMMAIRE.

1. *Pincipes du Droit Romain au sujet des Conventions.*
2. *La Promesse verbale ou par écrit de vendre, est une vente.*
3. *Cette Promesse peut devenir nulle, aussi bien que le Contrat de vente, en certains cas.*
4. *Quand la tradition ou la possession ont suivi la Promesse de vendre, on présume la vente en faveur du possesseur.*
5. *Idem, Si avant que le Contrat de vente soit parfait, le vendeur a mis l'acquereur en possession.*
6. *Exception, Si dans la Promesse de vendre, il est stipulé qu'il sera passé un Contrat.*

7. *La*

7. *La preuve par témoins que ce Contrat a esté passé, ne seroit receuë.*

8. *L'execution d'une Convention verbale, oblige comme si elle estoit redigée par écrit.*

9. *Espece rapportée par Vrevin, conforme à celle rapportée par Boiceau.*

1 BOICEAU parle dans ce Chapitre des Conventions qui requierent un autre Acte pour leur perfection, soit que ces Conventions soient redigées dans un Acte public & autentiques, ou dans un Acte sous seing privé. Cette Question dépend des principes du Droit Romain qu'il faut établir. En Droit toute Convention se pouvoit faire sans écrit, & la Loy 17. *C. de Pactis*, dit qu'en ce cas le Pacte verbal se pourra prouver en quelqu'autre maniere que ce soit. Or la promesse de vendre une chose, soit qu'elle soit verbale ou par écrit, est effectivement une vente, car elle est obligatoire de part & d'autre; parce que celuy qui a promis de vendre, est 2 tenu de livrer ce qu'il a vendu; & celuy qui a promis d'acheter, est tenu de le payer: *Quod ab initio sponte scriptum, aut in pollicitatione deductum est, hoc ab invitis compleatur. l. ult. Cod. ad Velleiam.* Il suffit donc que la promesse de vendre, soit parfaite en elle-même, comme si elle est signée du vendeur; nean3moins s'il arrive quelque changement, cette promesse peut devenir nulle, & n'estre point executée, puisque même quand un Contrat de vente est signé, il peut arriver telle chose qu'il sera permis à l'acquereur de s'en départir. Il y en a une espece dans la Loy 18. §. 1. *D. de periculo & comm. rei vend. ante pretium solutum, dominii quæstione mota, pretium emptor solvere non cogetur, nisi fidejussores idonei, à venditore ejus evictionis offerantur.* Le peril prochain de l'éviction estant une juste cause au vendeur de ne point payer le prix que le vendeur ne luy don4ne Caution, faute dequoy le Contrat est resolu. Mais quand aprés une promesse de vendre, redigée par écrit, il y a eu tradition de la part du vendeur, & que l'acquereur se trouve estre en possession, il y a lieu de croire que le Contrat de vente a esté consommé & executé verbalement, & le prix délivré, parce que la présomption est pour celuy qui est en possession. 5 Il en faut juger de même, si avant qu'un Contrat de vente soit parfait, le vendeur a livré la chose qu'il veut vendre, car cette tradition estant faite, parce que le vendeur a effectivement

sine scriptis sive sine scriptis inst. de empt. & vendit.

Neque scripturæ opus st. inst. §. 1. de oblig. ex consensu.

Quid ergo si instrumento emptionis nondum absoluto à venditore restit tradi-

deſſein de le vendre ; cette choſe dés ce moment, appartient à l'acquereur, & eſt à ſes riſques, s'il y arrive quelque dommage, & le Contrat de vente par écrit, ne ſert plus que pour donner une action parée à l'acheteur & au vendeur, parce que cette tradition, emporte une vente.

Si neanmoins il eſt ſtipulé dans la promeſſe de vendre, qu'il ſera paſſé un Contrat de vente ; en ce cas, comme on eſt convenu de paſſer un Contrat par écrit, il faut l'executer, & le fait, qu'il a eſté paſſé, ne ſe peut prouver par témoins contre la prohibition de l'Ordonnance, & au préjudice de la volonté des Parties qui l'ont ſtipulé ; & c'eſt ainſi qu'il faut diſtinguer ce que Boiceau dit dans ce Chapitre.

Pour ce qui eſt de l'eſpece que rapporte Boiceau à la fin de ce Chapitre, ſa deciſion eſt juſte, & Vrevin chap. 17. de ſes Obſervations ſur l'article 54. de l'Ordonnance de Moulins, dit auſſi que quand il y a eu une Convention verbale, & qu'elle a eſté executée, la preuve par témoins eſt permiſe de l'execution de cette Convention. Charondas l. 3. Reſponſ. 52. dit qu'en ce cas l'execution oblige, & qu'il a eſté jugé ainſi à l'égard d'un Fermier, qui avoit joüi en conſequence d'un Bail verbal, par Arreſt du 13. Juillet 1573.

Le même Vrevin Chapitre 26. *ibidem*, rapporte une autre eſpece ſur ce ſujet. Un Marchand de Chaulny avoit donné une Promeſſe à un Marchand de Noyon, conceuë en ces termes : *Je confeſſe devoir cent cinquante livres à tel Marchand, pour cinquante ſeptiers de bled que je dois recevoir à Compiegne.* Quelque temps aprés ce Marchand de Chaulny deceda, celuy de Noyon demanda à ſes heritiers les cinquante écus, les heritiers diſoient pour deffences que le bled n'avoit point eſté livré, & que par conſequent cette promeſſe n'avoit point eu d'execution. Vrevin dit que la preuve de cette livraiſon devoit eſtre admiſe, parce que cette livraiſon n'eſtoit que l'execution de la promeſſe, laquelle livraiſon pouvoit eſtre accomplie même ſans Contrat, par les Facteurs du Marchand qui en eſtoit tenu, ou par un ſimple Voiturier.

CHAPITRE XI.

Des Quittances.

SOMMAIRE.

1. Si la preuve par témoins est receuë d'une Quittance.
2. Raisons des Docteurs.
3. Opinion que l'Ordonnance de Moulins ne doit estre étenduë aux Quittances.
4. Raisons pour ce sentiment tirées de la faveur de sa liberation, qui se peut faire en plusieurs occasions sans écrit.
5. Notamment entre Marchands.
6. Inconveniens si l'on observoit l'Ordonnance à la rigueur sur ce sujet.
7. Distinction : quand on allegue qu'on est quitte en vertu d'une Convention expresse, ou par quelque chose d'équipollent.
8. Au premier cas, la preuve par témoins n'est recevable, mais elle est receuë au second cas.
9. Raisons pour cette opinion.
10. Espece d'un debiteur qui avoit fait plusieurs payemens sans écrit à un Creancier.
11. La preuve par témoins recevable en ce cas.
12. Réponse aux objections contre cette opinion.
13. Decision que la preuve par témoins est recevable pour prouver la liberation, quand on n'allegue point qu'elle soit fondée sur une Convention expresse.

1. LA derniere Question de ce Traité regarde les Quittances & décharges, dont nous avons déja touché quelque chose en general, en parlant des Conventions tacites, mais nous n'avons pas traitté la Question precisément. On demande donc si l'on peut prouver le fait d'une Quittance, qui excede cent livres, par témoins, ce qui peut faire beaucoup de difficulté, car tout le monde sçait quelle est en Droit la faveur de

Postrema quæstio, erit de Liberatoriis, de qua nonnihil attigimus, cùm de pactis tacitis ageremus: sed non specialiter satis. Numquid ergo si liberationes centum libras excedant, testibus probari poterunt? quod sane magna disputatione carere non videtur: nempe, sciunt omnes quantus sit in Jure liberationis favor, *a* sed ex adverso, nemo etiam negabit, ex vulgata Juris regula, nihil esse tam na-

[a] *L. Arrianus. ff. de act. & obligat.*

turale, quàm unum quodque solvi eo ligamine quo colligatum est, *a* Si ergo obligatio contractu scripto celebrata fuerit, videretur quòd nonnisi contractu scripto, liberatio ostendi possit, idque apertè sentire videtur Pomponius, *b* His verbis, *Prout quisque contractus est, ita & solvi debet.* Præterea, ratio hujus Regiæ Constitutionis, eodem modo militare videtur, in liberando, quo, in obligando, ut scilicet obviam eatur litium anfractibus factorum involutionibus, & testium subornationibus: Debitor enim qui liberationem non minus desiderat, quàm creditor obligationis effectum, omnibus artibus, quibus poterit, conabitur se eripere à nexu & molestia creditoris, & inde omnia probandi genera exquirere, contra genuinam istius Legis intentionem. His rationibus, & aliis pluribus, quæ hîc prolixiores essent, videretur indistinctè dicendum, hanc Caroli Sanctionem, ad pacta liberatoria omninò extendi debere, & maximè quia omnes Franciæ Constitutiones, & Consuetudines Municipales, quæ de solemnitatibus contractuum sub certis formis disponunt, non distinguant, quoad formam, & solemnitatem, contractus liberatorios ab obligatoriis, ideoque ab hac Lege distingui non debere viderentur.

a L. Nihil tam naturale. ff. de Reg. Jur.

b In l. Prout ff. de solutionibus.

la liberation, & l'on sçait au contraire la maxime, que rien n'est plus naturel que de la même maniere qu'une Obligation a esté contractée, elle se doit aussi resoudre en la même maniere. Si donc l'Obligation est par écrit, il semble qu'on ne peut prouver que l'on a payé cette Obligation, qu'en rapportant une Quittance par écrit, & c'est ce que veut à dire le Jurisconsulte Pomponius par ces mots : *De la même maniere que le Contrat a esté passé, il faut qu'il soit resolu.* De plus, le motif de cette Ordonnance doit, ce semble, avoir lieu, aussi bien dans le cas où il s'agit de resoudre & de se décharger d'une Obligation qu'on a contracté, que dans le cas où il s'agit de la contracter, parce qu'il y a même raison, sçavoir d'éviter les Procés, & la subornation des témoins ; car un debiteur qui ne desire pas moins de se liberer de l'Obligation qu'il doit, que le Creancier a d'envie de s'en faire payer, ne manquera pas de tenter toute sorte de voyes pour essayer de se mettre à couvert de la prohibition de cette Ordonnance. Ainsi par ces raisons, & autres qu'il seroit trop long de rapporter, il semble qu'il faudroit decider indistinctement que cette Ordonnance doit s'étendre aux Quittances & décharges, notamment parce qu'en France aucune Coutume ny aucune Ordonnance ne fait difference entre la forme & les solemnitez d'un Contrat obligatoire & celle d'une Quittance, & qu'ainsi il n'en faut faire aucune entr'eux, dans le cas de cette Ordonnance.

3. Néanmoins nonobstant cela, je serois d'avis qu'elle ne doit pas estre observée avec tant de rigueur en matiere de Quittances & de décharges qu'en matiere de Contrats, & j'ay entendu dire qu'il a même esté jugé au Parlement de Paris, qu'elle n'avoit pas lieu en matiere de certaines Quittances, ce que je n'oserois pourtant affirmer;

4. mais afin de mieux entendre la Question, il faut examiner combien de Privileges sont accordez en Droit, en faveur de la liberation des debiteurs, & combien en cela les Quittances & Décharges sont differentes de la formalité des Contrats & des Obligations dont l'essence, dit le Jurisconsulte Paulus, consiste non seulement dans les termes du Contrat, & en ce qu'elles font passer à un autre la proprieté d'une chose qui nous appartient, mais particulierement en ce que nous contractons dans l'esprit & dans le dessein de nous obliger une personne, au lieu qu'une Quittance ou Décharge ne requiert point une formalité si exacte, car elle se donne en plusieurs manieres qui n'ont point lieu en matiere d'Obligations, pour laquelle il faut un Acte exprés, au lieu qu'une Quittance se peut donner, ou par une Convention, ou sans aucune Convention; même la Loy admet beaucoup d'autres manieres de se liberer sans Convention expresse, comme par la simple énonciation entre

His tamen nonobstantibus putarem, hanc Sanctionem non tam rigidam existimari debere in liberatoriis, quàm in obligatoriis, imò à nonnullis audivi, in supremo Senatu aliquando judicatum fuisse, hanc Legem in quibusdam liberationibus locum non habere: quod tamen adhuc firmare non ausim. Sed ut quæstio pleniùs distinguatur & intelligatur, consideranda sunt infinita privilegia, quæ liberationibus passim à Jure conceduntur, & quantùm distent à forma & substantia obligationum: quarum substantia, inquit Paulus, *a* non solùm in verbis consistit, & ut certum corpus quod nostrum est, alterius faciamus, sed ut eo animo contrahamus, quo expressè alium nobis obstringamus. Liberationes autem non adeo exactam desiderant Juris formam, & solemnitatem, nam infinitis propè modis fiunt quibus non fieret obligatio: cùm obligatio non nisi per contractum expressum fiat communiter, liberatio autem, ex communi usu inter homines recepto, & per contractum, & sine contractu: imò Lex recipit infinitos alios liberationis modos, sine contractu expresso; ut per enunciationem inter partes factam: *b* item per confessionem extra judicium receptum: imò sine causa, *c* ut sentiunt Bartolus, & sequaces: *d* item per simplicem nuncium, vel epistolam: *e* item ex ratione domestica & privata creditoris, quæ contra eum probare solet: *f* item ex mutatione unius contractus in alterum, quo casu, colligitur liberatio à primo contrac-

a L. Obligationum substantia. ff. de act. & oblig.

b In L. Optimam. C. de contrah. & commit. stipulat.
c L. Tale pactum. ff. de pact.
d L. Creditori. C.
e Inl. Publia § final. ff. dep.sit.
f Ex notatis in L. Nuda ratio. ff. de donat. l. Rationes. & L. Instrumenta. C. de probat.

tu : *a* adde quòd inscius & invitus liberati possunt, non autem obligari : *b* præterea, delegatione, confusione, acceptilatione, compensatione, & tacito pacto, ipso Jure liberatio contingit, *c* & aliis modis propè infinitis : Nam & quotidie inter Mercatores fiunt liberationes verbales, & in libris suis mercalibus cancellatis, & ex literis missilibus inter se mutuò factis, quas *partes versas* inter se vulgò nominant, & de his omnibus supradictis modis liberandi, non solent, bona ex parte, fieri contractus scripti, sicut consuetum est fieri pro obligationibus. Addo, quòd si hæc Regia Lex strictè & rigidè pro liberationibus observaretur sicut pro obligationibus, infinita penè mercimonia & mutua negotia, quæ in hominum societatibus bona fide, & absque controversia usurpantur, & quæ liberè, nudè, & candido animo exerceri solent, infinitis incommodis & liticulis quotidie afficerentur, & sic ex summo Jure, summa injuria, quod absit, *d* nasceretur inter homines, & maximè inter Mercatores, si liberationum probatio sic arctaretur, ut nonnisi scriptis probari posset.

a L. 1. & l. Si Stichum. ff. de novat.
b Dict. l. si Stichum §. fin.
c L. Delegare. ff. de novat. l. Debitori. C. de pact. l. Sicut. ff. de novat. §. Item per acceptilationem. Instit. Quib. mod. toll. obl.

d L. Meminerint. C. und. vi. l. 2. C. de indict. vid. toll. l 1. C. de his qui ven. at imp.

les Parties, par la simple reconnoissance faite hors Jugement par le Creancier, quoy que sans cause, comme dit Bartole & autres Docteurs de son avis. Elle se peut donner aussi par une Lettre, par un Messager, par le Registre & Papier Journal du Creancier, qui fait preuve contre luy par le changement ou novation d'un Contrat en un autre Contrat, qui produit la décharge du premier Contrat. Ajoûtez que même le Creancier peut décharger son debiteur, quoy que ce debiteur n'en sçache rien, & même quoy que ce soit malgré luy, ce qui ne se peut en matiere d'Obligation. De plus, la Loy décharge le debiteur par le moyen de la delegation, de la confusion, de l'acceptilation, de la compensation & de la Convention ou Pacte tacite, & autres manieres; car tous les jours les Marchands se donnent des Quittances verbalement, ou par la seule rature faite sur leur Livre de Raison, ou par Lettres qu'ils s'écrivent, ce qu'ils appellent *Parties virées, ou Parties acquitées ;* & de tout cela on ne fait point d'Acte par écrit comme on a coutume de faire en matiere d'Obligation. J'ajoûte que si cette Ordonnance estoit observée à la rigueur dans cette matiere, ce seroit mettre des obstacles, & faire naistre nombre de petits Procés dans plusieurs affaires qui se finissent tous les jours dans la societé civile, de bonne-foy, librement & simplement, particulierement entre Marchands : en sorte que cette rigueur de l'Ordonnance seroit à charge au public, & particulierement entre Marchands, si l'on restraignoit si fort la preuve des Quittances, qu'elle ne se pût faire que par écrit.

7 Ainsi, sauf meilleur avis, je croirois qu'il faut distinguer; car où le debiteur soûtient qu'il a payé, ou qu'il est quitte, & que ce payement ou décharge est porté dans un Acte par écrit; ou il soûtient qu'il est quitte, sans qu'il y ait eu de Quittance ou Acte par écrit, mais il dit qu'il est déchargé en une des manieres cy-dessus rapportées, qui équipollent à une Quittance & décharge. Au premier cas, 8 s'il allegue une Quittance, il doit la prouver par écrit & la rapporter, parce que cette Ordonnance 9 veut que toute Convention soit redigée par écrit & prouvée par écrit, parce que, comme il a esté dit cy-dessus, celuy qui a choisi cette maniere de contracter doit s'imputer s'il n'a pas en contractant observé les formalitez que la Loy luy prescrit, & il est en mauvaise foy d'avoir méprisé la solemnité prescrite par la Loy, que personne ne doit ignorer. Au second cas, quand il allegue qu'il est quitte, non pas parce qu'il a une Quittance, mais par quelqu'autre maniere du nombre de celles cy-dessus alleguées; je crois qu'alors il doit estre admis à le prouver, non seulement par écrit, soit par Actes publics ou écriture privée, mais aussi par témoins, nonobstant cette Ordonnance, parce que, comme nous avons dit cydessus, de même que lors qu'une écriture privée est déniée, on peut la prouver par témoins & par com-

Ideoque, salvo meliori judicio, putarem ita distinguendum fore: Aut enim quis se solvisse vel liberatum esse contendit, solutionemque aut liberationem contractu expresso factam allegat: Aut non per contractum expressum, sed uno, ex diversis accidentibus supra citatis, aut similibus, ex quibus per æquipollens liberatio colligi & concludi potest. Primo casu, scilicet, si ex contractu expressè facto liberatio allegetur, nonnisi scriptis talem contractum probari posse mihi videtur, ex ratione hujus Constitutionis Regiæ, quæ vult, contractus mutuo consensu factos, nonnisi scriptis probari debere: quia, ut alibi supra dictum est, ei qui viam expressi contractus elegit, imputatur quòd formam contrahendi, à Lege præscriptam, sequutus non fuerit, nec mala fide carere potest, qui formam Legis contempsit, *a* quam ignorare non potuit, eo quòd omnes scire tenentur quod publicum & notorium est. *b* Secundo verò casu, quando liberatio allegatur, non quidem contractu expresso, sed per accidens, & aliquo ex modis liberandi supra allegatis, aut similibus, putarem, quod non tantùm scriptis quibuscunque, vel privatis, vel publicis, sed etiam testibus admitti deberet probatio, non obstante hac Carolina Constitutione: quia, quemadmodum superiùs diximus, scripturas privatas, si denegentur, testibus, & comparatione, aliisque adminiculis adjuvari posse: ita etiam in liberationibus, non expresso contractu factis, omne genus pro-

a L. Nobiliores. C. de commerc. & mere. l. Non dubium. C. de leg.

b L. Lata culpa ff. de verb. signif.

bationum admitti debere existimarem, nec sub rigore istius Sanctionis coarctari : duplici ratione, una, propter liberationis favorem, tantopere à Jure. cum Civili, tum Canonico, *a* commendatum, ut nihil favorabilius inveniri possit : adeo ut rigor, qui in obligando exactè observari consuevit, in liberando, omnino ferè remittatur, ut videre licet in exceptione pecuniæ non numeratæ, quæ, de Jure, si in obligationem competebat, in biennium usque vires habebat, si verò in liberationem, triginta diebus finiebatur. *b*

a Cap. Ex literis extr. de probat.

b L. In contractibus. §. Super cæteris C. de non num. pecun.

Altera, quòd hæc lex Regia, communis Juris correctiva, & probationum restrictiva, contra Jus commune, *c* intra suos contractuum & dispositionum cancellos, contineri debet, nec ad ea extendi, quæ communiter in contractum deduci non solent : Nimirùm Ulpianus, *d* Legem novam, contra Jus commune latam, extendi vetat, & maximè si subsit diversa ratio, ut hîc. Idemque sentit Imperator, *e* cùm ait, Id quod specialiter Lege correctiva expressum non est, antiqua Jura non mutare. Atqui, hæc Lex specialiter facta est, pro omnibus contractibus & actibus obligatoriis, inter homines fieri solitis : quos non scriptos, cùm partes testibus probare niterentur, hinc factorum involutiones, litiumque anfractus, & testium

c L. final. C. de hæret. & manich.

d L. Si verò. §. de viro. ff. solut. mat. quemadm.

e L. Præcipimus. C. de appellat.

paraison d'écritures, & autres indices ; on peut faire aussi la même chose, en matiere de Quittances qui n'ont point esté redigées par écrit, & toute sorte de preuve doit estre admise en ce cas, nonobstant la rigueur de cette Ordonnance, par deux raisons. La premiere, à cause de la faveur de la liberation si souvent recommandée en Droit Civil & en Droit Canon, qu'il n'y a rien de plus favorable, en telle sorte que la rigueur du Droit, qui a lieu quand il s'agit d'une Obligation, est presque entierement remise quand il s'agit de la liberation, comme il est aisé de voir par l'exception de l'argent non compté, qui estoit accordée en ce cas, laquelle duroit deux ans en matiere d'Obligation, & en matiere de liberation & de Quittance, ne pouvoit estre opposée aprés les trente jours.

L'autre raison est, que cette Ordonnance corrigeant le droit commun, & restraignant la preuve contre sa disposition précise, elle doit estre renfermée dans son cas particulier, qui ne regarde que les Contrats, & elle ne doit pas estre étenduë aux choses pour lesquelles on n'a point coutume de passer de Contrats ny d'Actes, car Ulpien ne veut pas qu'on étende une Loy nouvelle contraire au Droit commun, particulierement s'il y a disparité de raison, comme en ce rencontre. C'est aussi la décision de l'Empereur Justinien, quand il dit que ce qui n'a pas esté specialement exprimé par la Loy nouvelle qui corrige le Droit ancien, ne doit point changer ce Droit dans

ces

ces autres dispositions. Or est-il que cette Loy est faite particulierement pour les Contrats & Obligations qui ont accoutumé de se faire entre les hommes, lesquels n'estant point redigez par écrit autrefois, on s'efforçoit de les prouver par témoins, d'où naissoient une infinité de Procés, ce qui donnoit occasion à des subornations de témoins, ce qui a esté cause qu'elle a ordonné que tous les Contrats seroient redigez par écrit. Or nous avons déja fait voir qu'il y avoit grand nombre d'Obligations qui pouvoient estre contractées sans passer un Contrat exprés, comme dans les Pactes tacites; le Mandat en certain cas cy-dessus rapportez, & plusieurs autres affaires semblables, du nombre desquels on doit aussi mettre les Quittances & décharges par identité de raison; parce que nous venons de prouver, qu'elles se peuvent donner même sans Contrat, d'où il s'ensuit que tous les cas où l'on peut décharger un debiteur sans donner de Quittance, sont déja exceptez de cette Ordonnance.

falsificationes, sequebantur: idcirco nullum contractum non nisi scriptis probari posse constituit. At verò jam docuimus, infinitas obligationes inter homines nasci posse, sine conttactu expresso, ut in omnibus pactis tacitis, item in mandato, certis casibus supra deductis, & in aliis pluribus negotiis, in quibus contractus, ut plurimùm, adhiberi non solent: inter quæ si liberationem posuerimus, nihil ab identitate rationis dissentaneum affirmaverimus, cùm sit jam probatum, infinitis propè modis, liberationem fieri posse sine contractu expresso. Unde, omnes casus quibus liberatio sine contractu fieri potest, hac Lege comprehendi non debere, necessariò sequitur.

10 Et afin de rendre la chose plus manifeste, nous proposerons une espece qui est arrivée souvent dans nostre Presidial. Titius devoit à Caius par Obligation cinq cens écus; Caius ou son heritier demandent à Titius le payement de cette Obligation, Titius dit pour deffense qu'il a payé la plus grande partie de cette somme à diverses fois, & entr'autres payemens par luy articulez, il dit que Caius son Creancier a receu de plusieurs de ses debiteurs differentes sommes; sçavoir vingt écus de Sempronius,

Et ut exemplis res fiat manifestior, addemus quæstionem, in palatio nostro sæpè propositam, quæ est hujusmodi: Caius, solemni obligatione, Titium habebat obligatum pro quingentis aureis, hic creditor aut ejus hæres, à Titio debitum petiit, Titius excepit, se diversis solutionibus creditori, majori ex parte, satis fecisse, & inter alias solutiones, allegavit, Caium creditorum, accepisse, nomine suo, à variis creditoribus Titii, diversas pecuniæ summas, nempe viginti aureos à Sempronio, triginta à Lucio, quinquaginta à

GGgg

Cornelio, & denique alias summas, ab aliis minutatim accepisse, item per famulum triginta, aut quadraginta, idque bona fide, & tam scriptis missilibus literis, quàm sine scriptis : præterea, dixit Titius, Caium creditorem, ei, ob aliud negotium, viginti debuisse, quæ in compensationem, verbaliter accepto tulerat : ideoque petiit debitor, mutuum ratiocinium haberi inter eos, offerens, quod reliquum esset, statim persolvere. Caius autem denegavit omnes has ferè solutiones, & institit, nonnisi scriptis hæc probari debere, cum ageretur de quantitate centum libras excedente, quæ tametsi minutis solutionibus exoluta diceretur, tamen omnes hæ solutiones, ab una eademque summa, & una eademque causa, centum libras excedente, pendebant, ideoque non res diversas, sed unicam tantùm esse contendit : Juris dispositione dictante, diversas summas non fuisse quæ ab eadem causa orirentur, *a* nec diversas stipulationes, quæ de eadem re factæ essent particulatim. *b*

a L. Si idem cum eodem. ff. de jurisd om. Jul.
b Arg. L. Scire debemus. ff. de verb.oblig.

Quærebatur numquid omne genus probationum admitti deberet ? Respondi, ex rationibus supra citatis, probationem, & scriptis, & testibus, admitti debere, maximè inter personas simul negotiari solitas, ut inter Mercatores, amicos, cognatos,

trente de Lucius, cinquante de Cornelius, & autres petites sommes, & de plus, qu'il luy a envoyé aussi par son Valet trente ou quarante écus, & cela de bonne-foy, tant sur des Lettres que Caius luy écrivoit, que sans écrit. De plus, Titius soûtient que Caius luy devoit vingt écus pour raison d'une autre affaire, qu'il avoit compensée verbalement avec ce qu'il luy devoit de ladite somme de cinq cens écus, c'est pourquoy il demandoit de venir à compte de toutes ses sommes, & offroit de payer le surplus sur le champ, s'il en estoit deu. Caius de sa part dénioit presque tous ces payemens, & soûtenoit qu'ils se devoient prouver par écrit, parce qu'il s'agissoit d'une somme au dessus de cent livres, que l'on disoit avoir esté acquittée par des payemens au dessous de cette somme, & que tous ces payemens ne faisoient pourtant qu'une même somme, & estoient faits pour la même Cause, & par consequent ne devoient estre considerez que comme une seule & même somme, suivant la disposition de Droit, qui dit que plusieurs sommes payées en vertu du même Titre, n'en composent qu'une seule, & que plusieurs stipulations faites séparément pour une seule chose, ne font qu'une seule stipulation.

On demandoit si toute sorte de preuve devoit estre admise en ce rencontre, j'ay répondu suivant les raisons cy-dessus, qu'elle devoit estre admise, particulierement entre Marchands, ou entre personnes qui ont accoutumé d'avoir plusieurs affaires ensemble, comme entre amis, parens, voisins, qui ont accoutumé de se prester les uns aux autres, quand il n'y a point d'ailleurs de soupçon de fraude, outre que l'on ne disoit point qu'il y eust de Quittance par écrit, mais qu'on alleguoit que la liberation estoit acquise en vertu de plusieurs faits, pour raison desquels on n'a pas accoustumé de passer des Contrats, à cause de la confiance mutuelle qui est entre les Parties, & enfin parce que la liberation se peut acquerir souvent sans Contrat, ainsi qu'il a esté dit cy-dessus. Et quant à la Maxime du Jurisconsulte Paulus, qu'un Contrat se doit resoudre de la même maniere qu'il a esté contracté, cela ne se doit entendre que du consentement necessaire, à l'égard de la chose venduë, ou à l'égard du prix, dont on ne peut se départir, que par un consentement contraire au premier, & en restituant la chose, ou rendant le prix : mais cette Maxime ne se doit pas entendre des formalitez de l'Acte, qui ne sont pas necessaires pour se liberer, comme pour s'obliger ; par la raison qu'il est plus aisé de resoudre un Contrat que de le faire, comme dit dans un cas pareil, le Pape Innocent, quand il distingue ce qui est corporel de ce qui est spirituel. De plus, cette Maxime ne dit pas qu'il faille observer les mêmes solemnitez pour se liberer, que pour contracter, car il seroit absurde quo celuy qui est

12

& vicinos, qui sæpe sæpius in mutuum creditum ire solent, & inter quos sinistra suspicio non aliunde affertur : tum, quia hæ liberationes non expresso contractu factæ allegentur, sed diversis causis & accidentibus, pro quibus contractus expressus fieri non solet, ob mutuam partium fiduciam, qua uti consueverant : tum etiam in gratiam liberationis, quæ multis modis sine contractu nasci potest, ut supra variis exemplis demonstravimus. Nec verò obstat regula, Nihil tam naturale, *a* nec Pauli theorica, quæ vult contractum, prout factus est, eodem modo solvi debere : *b* nam hæc de substantialibus contractus intelligi debent, ut de consensu, re, aut pretio venditionis, à quibus discedi non potest, nisi contrario consensu, re restituta, & pretio refuso : *c* sed non de formis & solemnitatibus, quæ non eodem modo observantur in solvendo, sicut in obligando : hac potissimùm ratione, quòd faciliùs destruatur contractus, quàm construatur : ut in simili loquitur Innocentius Papa, *d* cùm corporalia à spiritualibus distinguit. Adde, quòd hæc regula non docet omninò similem formam observari in dissolvendo, quæ in obligando : nempe absurdum esset, ut is qui ex delicto obligatur, alio delicto liberaretur. Ideoque, sanè intelligendum est, hoc verbum (*dissolvi*) ex actu æquipollenti, quo mutuo consensu discedatur à primo contractu. Non refert enim ex æquipollentibus quid fiat, si partes consentiant : *e* quod satis explicat

a L. Nihil tam naturale ff. de reg. jur.
b In dict. l. Prout. ff. de solution.

c L. 1. Quando liceat ab emp. disc. & l. Ab emptione. ff. de pact.

d In capit. Inter corporalia. extra de translat. Episcop.

e L. 4. & ibi Bartol. ff. Qui potior. in pignor.

Accursius, in regula Pauli *a* qua dicit, *Feré quibuscumque causis obligamur, iisdem nos liberari.* Præterea, quando dissolutio contractus pendet à sola voluntate unius contrahentium, non tanta opus est solemnitate in solvendo, qua in obligando : quia illius solius, cujus interest, voluntate, contractus dissolvitur, & ab eo receditur : ut patet, in eo qui solo animo possidet, solo enim affectu non possidendi, desinit possidere, *b* atqui liberatio ab obligatione, consistit principaliter in affectu & animo solius creditoris, ideoque si facto vel verbo profiteatur debitorem *c* sibi non teneri, non est dubium, ipsum debitorem, etiam nolentem, liberatum esse. *d* Sequitur ergo in liberationibus, non eandem formam observari debere, quæ in obligationibus, cùm à voluntate unius tantùm pendeant liberationes : secus in iis quæ ab utriusque consensu & voluntate dependent : & ita optimè distinguit Albericus, in explicatione dictæ regulæ. *e* Ex his ergo infero, liberationem etiam testibus probari posse, si aliter quàm per contractum expressum facta proponatur, ut in exemplis supra positis, & aliis similibus. Quæ, salvo meliori judicio, dicta sint, & donec sanctiorem sacri Senatus analysim audiverimus.

a l. Fere. ff. de r. g. jur. & Can. Omnis. 17. quæst. 2.

b L. 1. §. In amittenda ff. de acquir. possess.

c L. Tale pactum. ff. de pact.
d L. Si Stichum. §. fin. ff. de novat.

e L. Nihil tam naturale. ff. de reg. Jur.

obligé pour cause de delit, s'en fit décharger en commettant un autre delit. Donc ce mot, *dissoudre*, se doit entendre d'un Acte équipollent, qui marque que l'on s'est départi du premier consentement ; car il n'importe que la chose se fasse par équipollence, pourveu que les Parties y consentent, ce qu'explique assez Accurse sur cette Maxime du Jurisconsulte Paulus : *Nous acquerons la liberation presque par la même maniere par laquelle nous nous obligeons.* De plus, quand la resolution du Contrat dépend de la volonté seule de l'une des deux Parties, il ne faut pas tant de solemnité pour payer & s'acquiter que pour s'obliger, parce que le Contrat est dissous par la volonté seule de celuy qui y a interest ; ainsi qu'il paroist en la personne de celuy qui possede par la seule intention de posseder, lequel cessant d'avoir cette intention de posseder, cesse aussi de posseder, or est-il que la liberation d'une Obligation, consiste particulierement en ce que le Creancier a le dessein & la volonté que le debiteur luy soit obligé. Donc si le Creancier reconnoist par quelque fait ou de parole, qu'il ne veut pas que ce debiteur luy demeure obligé davantage, il n'y a point de doute que ce debiteur ne demeure déchargé, même malgré luy. Il faut donc conclure qu'à l'égard de la liberation, il ne faut pas observer les mêmes formalitez qu'en matiere d'Obligation ; parce que la liberation ne dépend que de la volonté d'une seule personne. Autre chose est dans les cas où est requis le consentement reciproque des deux Parties,

& telle est la distinction judicieuse que fait Alberic sur l'explication de cette Maxime ; d'où j'infere que la preuve par témoins doit estre admise dans le cas de liberation, si on allegue qu'elle est acquise autrement que par un Pacte par écrit, comme il peut arriver en plusieurs manieres cy-dessus expliquées, & autres semblables. Ce que je dis, sauf meilleur avis, & en attendant que les Arrests du Parlement ayent decidé le contraire.

ADDITIONS SUR LE XI. CHAPITRE.

SOMMAIRE.

1. *Disposition de la Loy* Testium facilitatem, *au sujet de la preuve d'un payement articulé sans Quittance quand l'Obligation est redigée par écrit.*
2. *La perte de la Quittance par cas fortuit, se peut prouver par témoins.*
3. *Pourquoy nonobstant la faveur de la liberation, le Droit Romain requeroit tant de conditions en ce cas pour assurer la foy des témoins.*
4. *Les Arrests differens sur cette matiere.*
5. *Opinion de le Grand sur la Coutume de Troyes.*
6. *Distinction de Boiceau sur cette Question, quand on articule qu'il y a eu une Quittance, ou qu'on prétend estre quitte par quelqu'autre moyen.*
7. *Exception a ajouter à cette distinction.*
8. *Quid, en matiere de confusion d'actions.*
9. *Quid, En cas de compensation.*
10. *Exception en ce cas, quand on a payé à l'acquit de celuy qui estoit Creancier sans Convention par écrit. Usage des Marchands.*
11. *Du Pacte tacite qui emporte la liberation.*
12. *Il faut articuler le dol contre un Creancier qui dénie un payement, suivant le conseil de Boiceau.*
13. *Qualité des témoins quand on reçoit la preuve d'un payement.*
14. *Regulierement cette preuve n'est admissible quand il y a un Titre par écrit de la dette.*
15. *Ordonnances & Statuts des Païs Etrangers, concernans la*

preuve des payemens.

16. Le Statut de Bologne admet la preuve par témoins. Reflexion de Monterentius sur ce Statut.

17. De la preuve de la Novation, & de ses differentes especes.

18. De la preuve de l'usure.

19. Preuve par témoins d'une dette, n'est pas receuë à Bolo-gne. Raison de ce Statut rapportée par Monterentius.

20. Ordonnances de Portugal sur la preuve des payemens. Limitations de ces Ordonnances.

21. Statut de Milan sur la preuve des payemens. Reflexion de Carpanus sur ce sujet.

22. Usage des Païs-Bas conforme au nostre.

Testium facilitatem per quos multa veritati contraria perpetrantur, prout possibile est resecare omnibus prædicimus, ut qui in scripta à se debita retulerint non facile audiantur si dicant omnis debiti vel parti solutionē sine scriptis se fecisse, velintque viles & forsan redēptos Testes pro hujusmodi solutione, producere, &c. Cum ad hoc Testes asiſpti sunt vana autem illa & veluti per Transen-nam atque obiter concepta testimonia, nulla ratione obtineant.

LA Question que propose Boiceau dans ce dernier Chapitre, merite d'estre éclaircie, parce qu'elle est frequente dans l'usage, & qu'il la decide contre la prohibition de l'Ordonnance, en y admettant la preuve par témoins.

Suivant le Droit Romain, le fait du payement d'une Obligation par écrit, ne pouvoit regulierement estre prouvé par témoins, *Quia contra scriptum Testimonium, non scriptum non admittitur;* Aussi la Loy *C. de Testibus,* qui a enfin permis cette preuve, demande cinq témoins irreprochables: *Idonei, summæ atque integræ opinionis, cum Sacramenti Religione.* Et s'il y a eu une Quittance par écrit, mais qu'elle ait esté perduë par accident, comme par un incendie; en ce cas, dit la Loy, *Causam peremptionis probantibus,* après avoir prouvé la cause de cette perte; (Par exemple l'incendie,) il leur sera permis de prouver par témoins qu'ils ont effectivement payé la dette.

Et la Novelle 90. ajoûte à la Loy 14. cy-dessus, en ce qu'elle ordonne que les témoins qui déposent d'un payement fait d'une Obligation ou Promesse par écrit, ayent esté appellez exprés par le debiteur pour estre presens au payement qu'il a fait, ce qui marque la difference que fait la Loy à l'égard de cette preuve, quand il s'agit d'un payement, de tout autre cas, puis qu'elle demande un plus grand nombre de témoins, & qu'elle veut qu'ils soient irreprochables, & appellez exprés lors du payement, parce que quoy que la liberation soit tres-favorable en Droit: neanmoins ce seroit une injustice de decider au préjudice du Creancier, quand il rapporte son Obligation ou Promesse, & que le debiteur au contraire, n'oppose que la dépo-

en Matiere Civile.

sition des témoins pour prouver sa décharge, laquelle preuve regulierement ne devroit estre admise en ce cas, suivant la Maxime *Contra scriptum testimonium*, comme a esté dit cy-devant ; à quoy il faut ajoûter, qu'il ne faut pas que la faveur de la liberation nous fasse violer le premier précepte de la Justice, qui est de ne point oster à chacun ce qui luy appartient, en admettant la preuve par témoins, que l'Ordonnance a reprouvée elle-même à l'égard des Conventions. Cette preuve estant aussi perilleuse en matiere de payemens, qu'en matiere de Conventions, ainsi que Boiceau le reconnoist luy-même.

4   Aussi les Arrests intervenus depuis l'Ordonnance de Moulins ont varié sur cette Question suivant les circonstances. Boniface l. 8. T. 27. chap. 3. en rapporte un du 20. Decembre 1640. qui rejetta la preuve testimoniale des payemens qu'on articuloit avoir esté faits à plusieurs fois, quoy que ces payemens fussent au dessous de cent livres, parce qu'on regarda cette demande comme un artifice pour éluder la disposition de l'Ordonnance, aussi si cela estoit permis, il n'y auroit point de debiteur qui ne pût se liberer par la deposition de deux témoins, qui pourroient articuler avoir veu faire differens payemens au dessous de cent livres, ce qui ne doit pas par consequent estre admis.

Le même Boniface Chapitre 4. rapporte un Arrest contraire ; par lequel la preuve par témoins fut receuë du payement d'une somme de 96. livres, sur un Compte de 176. livres que le debiteur devoit par Acte autentique : mais en cette espece il ne s'agissoit que de la preuve du payement d'une somme au dessous de cent livres, outre qu'il y avoit des circonstances particulieres. Et au Chapitre 5. il en rapporte un autre du 18. May 1645. dans l'espece d'un Prest à usage, appellé en Droit *Commodatum*, (pour le distinguer de celuy qui s'appelle *mutuum*, ou Prest simplement,) lequel Arrest receut la preuve d'un payement au dessus de cent livres, à cause qu'il s'agissoit d'un Office d'ami envers un ami, & que la bonne-foy empesche souvent de prendre une Quittance.

Le Journal du Palais l. 8. rapporte un Arrest du mois d'Aoust 1681. qui admit la preuve par témoins du payement d'une Obligation excedant cent livres que le Creancier representoit, c'estoit un Commis, lequel estoit decedé sans en avoir fait aucune poursuite.

Basset rapporte aussi un Arrest du Parlement de Grenoble, T. 1. l. 2. T. 28. chap. 3. qui jugea que l'Ordonnance de Moulins avoit lieu *in distractibus*, c'est-à-dire en matiere de Quittances & de payemens; si ce n'est, dit-il, en Cause favorable, ou quand il y a indice que le payement a esté fait. Berault sur l'article 528. de la Coutume de Normandie, rapporte Arrest du Parlement de Roüen, qui jugea que l'on n'estoit pas recevable à faire preuve qu'une Quittance sous seing privé avoit esté veuë & leuë, parce qu'il est facile de supposer aux témoins une fausse Quittance ; ainsi, dit-il, cette preuve ne doit avoir lieu que quand il s'agit de prouver la perte d'une Quittance devant Notaire.

5 Le Grand sur la Coutume de Troyes, article 164. dit neanmoins que la liberation est favorable, & que le debiteur doit estre receu à verifier les payemens par luy faits de plusieurs sommes particulieres, le temps & la forme de ces payemens, lors qu'ils sont déniez, ce qui a esté jugé par les Arrests du 3. Mars 1573. & 16. Decembre 1577. & 1580. rapportez sur le Code Henry: mais cette Maxime generale ne peut estre receuë indéfiniment (comme il vient d'estre dit) & il avoüe au même endroit que nous ne recevons pas par un commun usage un debiteur à faire preuve des payemens par luy prétendus faits des interests d'une somme qu'il doit par simple Promesse ou par Obligation, encore que chaque payement d'interest, même la somme principale, soit au dessous de cent livres.

6 La distinction que fait Boiceau entre le debiteur qui articule qu'il y a eu une Quittance, & celuy qui articule qu'il est quitte en quelqu'une des manieres dans lesquelles payemens se fait sans écrit, est fort judicieuse; car il est vray que celuy qui articule une Quittance doit la rapporter par écrit, & si elle a esté 7 perduë, la Loy *Testium* cy-dessus citée, permet de prouver cette perte par témoins, ce qui a lieu aussi suivant nos mœurs, comme il a esté cy-dessus observé par Boiceau, au Chapitre qui traite de la perte des Titres.

Mais quand le debiteur n'allegue point qu'il y a eu une Quittance, mais qu'il est quitte de quelqu'autre maniere que ce soit, la preuve par écrit ou la preuve par témoins, doivent estre admises indistinctement, dit-il, à cause de la faveur de la liberation, & parce que l'Ordonnance estant contre le Droit commun

commun, sur ce qu'elle restraint les preuves, & qu'elle ne parle que des Contrats, elle y doit estre uniquement restrainte.

Neanmoins on peut opposer à ce que dit Boiceau, quelques cas ou la preuve par témoins ne seroit pas recevable, même dans celuy auquel le debiteur n'articule pas qu'il y ait eu une Quittance; Par exemple, si le debiteur prétend que le Creancier l'a tenu quitte en Jugement, la preuve par témoins n'en seroit pas receuë, parce qu'il allegue un Acte qui ne se peut prouver que par écrit, c'est-à-dire par la Sentence qui a donné Acte au debiteur de la reconnoissance du Creancier, qu'il le déchargeoit de sa dette; il faut dire la même chose, si le debiteur articule que le Creancier luy a écrit une Lettre, par laquelle il le tient quitte, il faut qu'il rapporte cette Lettre, & qu'il en fasse verifier la signature & l'écriture, si elle est déniée, & il ne luy seroit pas permis de prouver par témoins que cette Lettre luy a esté écrite, & qu'il l'a perduë, mais que plusieurs personnes l'ont veuë, tenuë & leuë.

Il en est de même, si le Creancier a mis la décharge du debiteur sur son Registre, il faut qu'il justifie de ce Registre, & le debiteur en peut demander la représentation, suivant la Loy. Si le debiteur allegue que son Creancier est payé au moyen d'une delegation, qu'il a faite en sa faveur dans le Contrat de vente d'un immeuble à luy appartenant, ou par un transport à luy fait. Ce n'est pas assez que le debiteur justifie du Contrat dans lequel est porté la delegation, ou qu'il rapporte le transport; il faut qu'il justifie par écrit que le Creancier a accepté la delegation & le transport à ses risques, ou qu'il en a esté payé, la preuve par témoins ne doit pas estre receuë en ce cas pour éviter les fraudes qui se pourroient commettre par une delegation ou un transport simulé & illusoire, qui pourroit estre fait à l'insceu & sans le consentement du Creancier.

8 En matiere de confusion d'actions, il faut justifier aussi par écrit, la qualité de Creancier & d'heritier, & l'apprehension de l'heredité faite par celuy qui estoit Creancier du deffunt, au moyen de laquelle confusion d'actions, partie de la dette, ou 9 la dette entiere a esté éteinte. A l'égard de la compensation, si elle se fait d'une dette deuë en vertu d'un Titre par écrit, comme d'une Obligation avec une autre Obligation, il faut rapporter l'un & l'autre Titre : mais si on prétend compenser sur une Obligation, une somme qu'on a payée pour le Crean-

HHhh

cier fans Convention par écrit, & que cette somme excede cent livres, il faut une preuve par écrit, si ce n'est entre Marchands; entre lesquels l'usage est, comme dit Boiceau, de faire ces sortes de décharges & de compensations verbalement, ou en rayant sur leurs Regiftres, reciproquement ce qu'ils se doivent, aprés avoir compté ensemble, comme il se pratique à Lyon sur la Place du Change, & par tout ailleurs. Il est vray que par un Pacte tacite, on peut estre liberé, & prouver ce Pacte tacite par témoins sans articuler de Quittance. Ainsi quand le Locataire est sorti de la Maison qu'il loüoit, au veu & sceu du Proprietaire, qui luy a laissé emporter ses meubles sans faire aucune action contre luy, il est présumé estre quitte des Loyers. Il en est de même du Fermier, & de tout autre à qui on a rendu le gage de sa dette, & ce Fait, qui n'est point une Convention, se peut prouver par témoins, & estant prouvé, il en résultera une présomption du payement, qui n'est pourtant qu'une présomption de Droit, & non pas *juris & de jure*, en sorte que le serment peut toûjours estre déferé au debiteur par le Creancier, lequel est aussi receu à prouver, qu'il n'a pas esté payé, pourveu qu'il le prouve par écrit, parce que s'agissant de la preuve d'une negative, la preuve par témoins en seroit impossible.

Quant à l'espece que propose Boiceau en pareils cas, le plus seur est d'alleguer le dol du Creancier, qui dénie des payemens veritables faits à luy ou à son Agent, ou par son ordre, & il faut demander à prouver simplement qu'il a receû une telle somme, sans parler de l'Obligation ny du Titre de la dette, & agir par voye de condiction, comme Boiceau dit au sujet de celuy qui nioit avoir acheté des Bestiaux d'un autre; ce qui se peut pratiquer pour suivre en quelque sorte l'esprit du Droit Romain, qui demande un plus grand nombre de témoins qu'en aucun autre cas, & il faut que les témoins soient de ceux que la Loy appelle *Idoneos & omni exceptione majores*, c'est-à-dire, *non viles, nec redemptos*, sans reproche & sans suspicion : mais le nombre de cinq n'est point en usage en aucun cas, selon nos mœurs, deux suffisent, pourveu qu'ils déposent avoir veu faire le payement en telles especes & tel jour, s'il se peut; il faloit encore en Droit, suivant la Novelle, que les témoins eussent esté appellez exprés pour estre presens au payement, un témoin fortuit, ou un passant, ne suffisoient pas, ce qui n'est point necessaire parmi nous, puis que dans les Contrats, mêmes les plus solemnels, & dans les Testamens, cette solemnité n'est point pratiquée ; il suffit que les deux témoins soient sans reproches, qu'ils déposent avoir veu faire le payement, & qu'ils circonstantient tellement la chose, qu'on ne puisse douter que le payement dont il parle, n'ait esté fait sur la dette dont il s'agit ; mais regulierement le Juge ne doit pas admettre cette preuve par témoins d'un payement, quand il y a une Obligation, un Contrat ou Promesse par écrit, pour éviter la subornation des témoins, que l'Ordonnance a eu dessein de prévenir en toute occasion, aussi bien en matiere de Conventions que de Quittances.

14

Cujas de fi-de instrumentorum Cod. l. 4. T. 21.

15   Il ne reste plus pour finir ce Chapitre, que de rapporter les Ordonnances & les Statuts des Païs Etrangers, sur la preuve des payemens, & comme ils ont préveu cette difficulté, on peut dire qu'ils ont aussi préveu la pluspart des cas qui peuvent arriver concernant la preuve de la liberation des debiteurs, il sera aisé à ceux qui auront leu ce Traité, de faire l'application de ce qu'ils en disent à nostre usage & à nos Maximes.

16   Le Statut de la Ville de Bologne, dont le texte est imprimé au commencement de cet Ouvrage, est fort ample & fort précis sur cette matiere. Il porte que *quand quelqu'un est debiteur en vertu d'une Obligation en forme, ou même par un écrit sous seing privé, d'une somme ou d'une chose dont la valeur excede cinquante livres, Monnoye de Bologne, il ne peut prouver par témoins qu'il a payé cette somme à son Creancier, ou qu'il luy a donné quelque chose en payement du tout, ou de partie, ny que son Creancier a reconnu (verbalement) qu'il luy a restitué ou payé la somme qu'il luy doit, ou qu'il la luy a remis, donné terme, ou composé de la dette, ny qu'il luy a rendu l'Original de l'Obligation ou de la Promesse, cancellée ou non, ou que c'est le Creancier luy-même qui l'a cancellée.*

Monterentius sur ce Statut, dit que la présomption est contre le debiteur, lequel estant obligé par écrit, demande à prouver autrement que par écrit, qu'il est quitte & qu'il a payé ; parce que, comme disent Balde, Decius & Ancharanus : *Eodem modo quo probetur aliquid deberi, eodem modo resolutio illius (obligationis) debet probari.*

Oritur fi- ni- stra opi rio contra debi- torem asse- rentem dis- solvisse obli- gationē alio modo quam cōtractā sit.

17   Le même Monterentius, entr'autres Questions qu'il traitte à

l'occasion de ce Statut, demande si n'y estant point parlé de la novation de la dette, elle se peut prouver par témoins, & il dit que quelques Jurisconsultes ont estimé qu'elle devoit estre censée comprise dans la prohibition de ce Statut, *à majoritate rationis, sed non audeo*, dit-il, *approbare tam animose*. Ainsi il laisse la Question indécise, & pour la décider en peu de mots, par rapport à nostre usage, il faut distinguer deux sortes de Novations; L'une se fait par le changement de la cause de la dette: *Cum in secundam obligationem itur*, dit le §. *Præterea in fine, instit. l. 3. quib. mod. To. ob.* & en ce cas il faut que la volonté des Contractans soit disertement exprimée, dit le même Paragraphe. Parce que cette Novation est une dérogation & un changement de la premiere Obligation, laquelle est redigée par écrit, d'où il s'ensuit que la preuve de ce changement d'Obligation se doit aussi prouver par écrit, par la Regle generale que la preuve par témoins n'est point recevable contre un Acte par écrit. La seconde espece de Novation est celle qui se fait par le changement du Creancier ou du debiteur; si c'est par le changement du Creancier, comme lors que le Creancier fait un transport de sa dette à un autre, ce transport par la même raison doit aussi estre redigé par écrit, & signifié au debiteur.

Ideo nostra processit constituto, que apertissime definivit, tunc solum novationem prioris obligationis fieri. Quoties hoc ipsum inter contrahentes expressum fuerit quod propter novationem prioris obligationis convenerunt.

Si la Novation se fait par le changement du debiteur: *Veluti si id quod tibi Sejus debebat, à Titio dari stipulatus sis*: parce qu'en ce cas, c'est une Obligation nouvelle, & que la premiere est éteinte, il faut par la même raison une preuve par écrit pour détruire cette premiere Obligation.

Enfin si la Novation consiste dans le changement des conditions portées dans la premiere Obligation: *Si conditio aut dies aut fidejussor adjiciatur aut detrahatur*, il faut aussi une preuve par écrit de ce changement, puisque l'Ordonnance dit expressément que la preuve par témoins ne sera point receuë de ce qui aura esté dit & convenu avant, lors ou depuis l'Acte redigé par écrit.

Mais s'il s'agit d'une Promesse verbale au dessous de cent livres, comme elle se peut prouver par témoins, s'il y a eu depuis quelque Novation dans cette Promesse, elle se pourra aussi prouver par témoins.

A l'égard des Usuriers, dont parle le Statut de Bologne, Monterentius dit que la présomption de la Loy, que le debiteur 18 n'eſt point quitte quand le Creancier rapporte l'Obligation en bonne forme, quelque preuve par témoins que ce debiteur offre faire du prétendu payement qu'il a fait, n'eſt point ſi forte ny ſi concluante que celle que l'on peut opposer au Creancier qui a la reputation d'eſtre un uſurier public; ainſi en ce cas le Statut préſume pour la décharge du debiteur contre le Creancier accuſé d'uſure; & par la même raiſon, ajoûte Monterentius, la preuve par témoins doit eſtre admiſe nonobſtant ce Statut, ſi on articule qu'une perſonne a volé l'argent d'un autre (ſous prétexte de quelque fauſſe Obligation) *Quia*, dit-il en ce cas, *proceditur de jure gentium, jure autem naturali furtum prohibitum eſt. Et ideo omnis conditio degenerat contra furem.* Or, dit-il, un Uſurier & un Voleur ſont la même choſe.

Ratio eſt quia fortior eſt præſumptio contra uſurarium quam côtra debitorem traſumptio autem in ſpecie, tollit præſumptionem in genere.

20. Le même Statut de Bologne ajoûte au contraire que *ſi quelqu'un ſoûtient qu'un autre eſt ſon debiteur d'une ſomme, ou d'une choſe excedant la valeur de cent livres, Monnoye de Bologne, la preuve par témoins ne luy en doit pas eſtre permiſe.*

Monterentius demande pourquoy ce Statut veut qu'on ajoûte foy aux témoins juſqu'à la ſomme de cent livres en faveur d'un Creancier; & qu'à l'égard du debiteur, elle ne luy permette de prouver par témoins qu'il eſt quitte qu'à concurrence de la ſomme de cinquante livres, ce qui ſemble eſtre contre la Regle generale qui favoriſe toûjours le debiteur au préjudice du Creancier. Il répond que la raiſon de ce Statut eſt fondée ſur ce qu'à l'égard du debiteur qui eſt obligé par un Titre par écrit, la préſomption eſt pour le Titre dont la foy doit l'emporter ſur l'allegation du payement, faite par le debiteur. Outre que, dit-il, il eſt de notorieté que les debiteurs ont coutume de dénier toûjours ce qu'ils doivent.

Niſi dixerit contra ipſũ reũ magna eſt præſũptio propter inſtrumentum vel ſcripturam fide digna ex adverſo pugnãtem attento maxime quia reorum vel debitorum eſt ſemper negare.

21. Joſeph de Seſſe *Deciſ.* 28. *Arragon.* aprés avoir parlé de l'Ordonnance qui deffend la preuve par témoins dans ce Royaume contre un Acte par écrit, dit que ſi le debiteur prétend avoir payé le Creancier ſans tirer Quittance, & qu'il offre de le prouver par témoins, à l'effet d'obliger le Creancier de luy donner une Quittance par écrit, comme cela ſe pratique en d'autres Païs, il n'y eſt pas recevable; parce que ce ſeroit donner occaſion aux fraudes, & contrevenir indirectement à cette Ordonnance du Royaume.

Mais il ajoûte une limitation à cette Ordonnance; le debiteur, dit-il, n'a qu'à payer au Creancier ce qu'il luy doit,

Aliter ſierent mille fraudes côtra forum & obſervãtias & una via permiteretur quod alias eſt prohibitum.

Vi scilicet solvatur cū Charta, c'est-à-dire en tirant une Quittance par écrit. Et sic extincta obligatione, cum jam nō agatur contra instrumentum, & resit redacta ad non causam, potero probare per testes alias solutiones, si quas feci, vel tantumdem, nō vero eamdem quantitatem solutam & eas condicere condictione sine causa quia sine causa possidet qui eas habet.

& en tirer Quittance par écrit, & ensuite cette l'Obligation estant éteinte & acquitée, & comme si elle n'avoit jamais esté faite, s'il est vray qu'avant cette Quittance il luy ait payé d'autres sommes sur cette même Obligation, il pourra le prouver par témoins, pourveu qu'il ne demande pas à prouver qu'il luy avoit payé toute la somme entiere pour laquelle elle estoit conceuë, mais seulement plusieurs sommes particulieres, & en ce cas, aprés qu'il aura fait cette preuve, il pourra revendiquer ces sommes par l'action de condiction sans Cause, puisque le Creancier n'en pourra alleguer aucune pour les retenir. Mais cette limitation prétenduë de l'Ordonnance du Royaume d'Arragon, n'est en effet qu'un expedient pour y contrevenir indirectement, & selon les apparences elle est de peu d'usage, y ayant peu de debiteurs, qui aprés avoir payé leur Creancier de bonnefoy, hazardent de le payer encore une fois, sur l'esperance de pouvoir retirer par ce moyen les sommes qu'ils luy ont payées auparavant.

Le même de Sesse en son Traité *de inhibitionibus ch.* 2. *n.* 21. rapporte l'opinion de Martinus Miraveta, Avocat du Roy en Arragon, que quoy que la preuve par témoins y soit deffenduë contre un Acte par écrit, cela ne s'entend pourtant qu'à l'égard des Parties contractantes qui ont passé l'Acte, mais qu'à l'égard de ceux qui n'y ont point parlé, la preuve par témoins leur est permise contre un Acte par écrit : & cette exception a lieu parmi nous dans le cas d'un Acte frauduleux passé au préjudice d'un tiers, comme il a esté expliqué au Chapitre 7. des Contrats simulez ; car si l'Acte est de bonnefoy & autentique, la preuve par témoins n'est permise à personne pour détruire la verité.

Le Statut de Milan *Cap.* 95. dont le texte est rapporté au commencement de ce Traité, porte qu'il n'est pas permis au debiteur au préjudice de l'Obligation autentique par luy passée, de prouver qu'il a payé son Creancier, si ce n'est par la déposition de trois témoins.

Carpanus ajoûte que le debiteur ne peut aussi prouver par trois témoins que le Creancier a promis de le tenir quitte. Il ajoûte plusieurs autres limitations qu'il seroit inutile de rapporter, parce que ce ne sont que des subtilitez des Docteurs pour donner atteinte à ce Statut, lesquelles ne seroient pas receuës parmi nous.

Pour ce qui est des Païs-Bas, Anselmo sur l'Edit Perpetuel decide suivant la Regle generale, qu'une Obligation par écrit ne se peut détruire que par un Acte par écrit : *Ortus enim & interitus eadem sunt in contrarium causæ & quando ad aliquem actum certa solemnitas requiritur, eadem etiam adhibetur in actu solvendo.* Et aprés avoir rapporté le sentiment de plusieurs Docteurs, il conclut que *debitum & solutio à pari procedunt, & quod servatur in uno, etiam in alio servandum est.* Romelius §. 38. de la Dissertation qu'il a faite sur l'Edit Perpetuel, dit aussi que la preuve d'un payement se doit faire par écrit, mais que neanmoins il se peut prouver par la déposition de cinq témoins, quand ils ont esté requis d'y estre presens, & cite la Loy *Testium facilitatem C. de Testibus.*

Boiceau a fini son Commentaire par cette Question, touchant la preuve des payemens. Il n'a rien écrit sur l'article 55. de l'Ordonnance de Moulins, qui concerne aussi la matiere des Preuves, & comme cet Article 55. n'est pas moins important dans l'usage que l'Article 54. qui vient d'estre expliqué, & que l'Ordonnance de 1667. y a beaucoup ajoûté, on a creu à propos d'y faire quelques Observations particulieres.

ARTICLE LV.

De l'Ordonnance de Moulins.

LES preuves des Tonsures & Professions, de Vœu Monachal, seront receuës par Lettres, & non par témoins, comme aussi les Preuves des Jugemens Condamnatoires ou Absolutoires dont on voudra s'aider pour Reproches ou Salvations témoins és matieres ou lesdits témoignages auront lieu: sauf si la perte des Registres estoit alleguée, dont la preuve en ce cas sera receuë.

ARTICLE VII.

Du Titre 20. de l'Ordonnance de 1667.

Les preuves de l'âge, du Mariage, & du temps du deceds, seront receuës par des Registres en bonne forme, qui feront foy & preuve en Justice.

ARTICLE XV.

Sera tenu Registre des Tonsures, des Ordres Mineurs & Sacrez, Vestures, Noviciats & Professions de Vœux, &c.

EDIT PERPETUEL,

Des Archiducs de Flandres.

ARTICLE XX.

Et comme souventes fois surviennent des difficultez sur la preuve

preuve de l'âge, temps du Mariage, & trépas des personnes, soit par Promotion aux Ordres Sacrez, Provision de Benefices, ou Estats Seculiers, restitution en entier & autres cas semblables. Avons ordonné & ordonnons aux Eschevins & autres gens de Loy, tant de Villes que de Villages, que par chacun an ils levent doubles autentiques des Registres de Baptême, Mariages & Sepulture, que chacun Curé desdits lieux aura tenus de ceux avenus en sa Paroisse durant ledit an, que ledit Curé sera tenu leur administrer, & que d'iceux ils en feront seure garde en leurs Archives. Voulant en outre que les Gens de Loy des Villages, fassent faire un double deuxième dudit Registre, & les envoyent aux Greffes des Villes, Bailliages, Chastellenies, Gouvernances, & autres Sieges Superieurs de leur Ressort, pour y estre conservez; le tout à peine arbitraire contre ceux qui en défaillans. Si ordonnons que lesdits Registres & double d'iceux ainsi levez & gardez, soit ajoûtée pleine foy, sans que soit besoin aux Parties d'en faire autre preuve.

ARTICLE XXI.

Comme aussi voulons que les preuves des Tonsures, Vœu Monachal, Reception aux Ordres Sacrez, soient faites par Lettres & non par témoins; pareillement celle des Jugemens & Sentences dont les Parties se voudront aider, ne fut qu'on allegueroit perte de Registres, dont en ce cas sur l'une & l'autre, ce pourra recevoir preuve par témoins.

SOMMAIRE.

1. De l'Article 55. de l'Ordonnance de Moulins.
2. Observations sur la première Partie de cet Article, & sur les Ordonnances qui concernent la preuve de la Naissance, des Mariages, & de la Mort des personnes.
3. Nouveaux Edits en 1691. sur ce sujet.
4. Ancien usage des Romains sur la preuve de la Naissance.
5. Ce que c'estoit que Professio natalium.
6. Toute sorte de preuve de la Naissance & de l'âge permise à Rome.
7. Les Livres Journaux des Pere & Mere font foy en Justice au sujet de la naissance de leurs enfans.
8. Preuve par témoins est aussi

recevable quand celle par écrit vient à manquer.

9. Articles 20. & 21. de l'Edit Perpetuel conformes à nos Ordonnances. Observations d'Anselmo sur ces deux Articles.

10. Les Regiſtres des Baptêmes ne ſont point une preuve certaine de l'état de l'Enfant, ſi cet eſtat eſt conteſté.

11. Des Mineurs qui empruntent de l'argent ſur la foy d'un faux Extrait Baptiſtaire.

12. De la preuve de la Tonſure des Vœux, & des reproches des témoins.

L'Article 55. de l'Ordonnance de Moulins a deux Parties, dans la premiere il ordonne que la preuve *de la Tonſure & Profeſſion des Vœux* dans un Monaſtere, ne ſera point receuë par témoins mais par Lettres, c'eſt-à-dire par écrit. Et dans la ſeconde, il ordonne que dans les cas auquel la preuve par témoins ſera receuë, ſi on propoſe des reproches contre des témoins, & des Salvations contre ces reproches, on ne pourra prouver par témoins la verité des reproches, ſi ce n'eſt en rapportant la preuve par écrit des condamnations qui ont eſté renduës contre les témoins, c'eſt-à-dire les Jugemens mêmes qui les ont condamnez, ou ceux qui les ont renvoyez abſous. Il y a une exception à la fin de cet Article qui ſe rapporte aux deux Parties qui le compoſent ; ſçavoir, qu'en cas que les Regiſtres, que l'on doit tenir *des Tonſures & des Profeſſions des Vœux*, & ceux du Greffe dans leſquels la Minute des Sentences & Arreſts doivent eſtre inſcrits, ſont perdus ; la preuve par témoins en pourra eſtre receuë. On n'ajoûtera rien à l'égard de cette exception de l'Ordonnance de Moulins, parce que cette Queſtion de la preuve par témoins de la perte des Actes, a eſté traitée cy-devant Chapitre 15. de la Premiere Partie du Commentaire de Boiceau.

Quant à la premiere Partie de l'Article 55. de l'Ordonnance de Moulins, il faut obſerver qu'il ne decide rien à l'égard de la preuve de la naiſſance des perſonnes, parce que dés auparavant, l'Ordonnance de 1539. y avoit pourveu par l'article 51. qui ordonnoit en termes generaux, qu'*à l'égard des Baptêmes il en ſeroit fait Regiſtre en forme de preuve, lequel contiendroit le temps & l'heure de la Nativité, par l'Extrait duquel Regiſtre ſe pourroit prouver le temps de la Majorité ou Minorité*, & par l'Article 52. elle avoit ordonné que *ce Regiſtre* pour la forme, *ſeroit ſigné d'un Notaire & du Curé*, ou *de son Vicaire*. Enfin l'Article 53. avoit ordonné que *ce Regiſ-tre ſeroit porté par le Curé, au Greffe du Bailliage le plus prochain*: mais cette Ordonnance n'avoit rien Statué à l'égard des Mariages & des Extraits Mortuaires, ſi ce n'eſt à l'égard des Beneficiers, par les Articles 50. 54. 55. & 56. Ainſi la preuve par témoins eſtoit receuë en ce cas du jour de la mort, & l'Article 181. de l'Ordonnance de Blois en 1579. marque en termes exprés que même encore en ce temps-là, la preuve par témoins eſtoit receuë indiſtinctement touchant la Naiſſance, les Mariages, la Mort & les Enterrement des perſonnes. Et c'eſt pour éviter cette preuve par témoins, qu'elle enjoint *aux Greffiers en Chef de pourſuivre les Curez ou Vicaires de leur reſſort, d'apporter eux-mêmes deux mois aprés la fin de chaque année, les Regiſtres de Baptêmes, Mariages & Sepultures de leur Paroiſſe faits cette année, & de les affirmer veritables judiciairement par eux ou par Procureur ſpecial, fondé de Procuration, à peine de ſaiſie de leur temporel* ; ce qui ſuppoſe que dés avant cette Ordonnance, les Curez eſtoient obligez d'en tenir des Regiſtres, mais apparemment l'ordre qu'ils y tenoient, n'eſtoit pas exact, puiſque nonobſtant ces Regiſtres, on eſtoit obligé d'avoir recours à la preuve par témoins. Enfin les Articles 7. 8. du Titre 20. de l'Ordonnance de 1667. ont préveu & decidé preſque toutes les difficultez qui peuvent naître ſur ce ſujet, en aſſurant la foy de ces Regiſtres, & leur donnant une forme certaine & autentique. Et parce que l'Ordonnance de 1667. eſtoit mal obſervée par les Curez qui n'eſtoient pas exacts à envoyer aux Greffes de la Juriſdiction dont dépendoit leur Paroiſſe, les Regiſtres des Baptêmes, Mariages & Sepultures ; le Roy par un Edit du mois d'Octobre 1691. verifié en Parlement le 21. Novembre ſuivant, a créé en titre d'Office des Greffiers, Gardes & Conſervateurs de ces Regiſtres dans toutes les Villes, qui ſont tenus de fournir aux Curez de leur détroit ces Regiſtres reliez & paraphez, avec la liberté aux Parties de lever des Extraits ſur les Regiſtres des Curez, ou de ceux qui demeureront dépoſez entre les mains de ces Greffiers, ce qui s'execute à preſent.

4 Or cette maniere de verifier par des Regiſtres publics la naiſſance & la mort des hommes n'eſt pas nouvelle, elle s'eſt pratiquée dés les premiers temps de l'Empire Romain, puiſque Servius Tullius ordonna qu'il ſeroit fait des Regiſtres de la naiſſance & de la

mort des Citoyens Romains, & Denis d'Halicarnasse l. 4. observe que les Peres & Meres payoient un certain tribut aux Dieux à la naissance de leurs enfans, lors qu'ils prenoient la robe virile, & quand ils mourroient. Sous la Republique les Preteurs eurent soin de ces Registres ; & sous les Empereurs, cet usage, qui avoit esté discontinué, fut rétabli, par Marc Aurele, suivant la remarque de Julius Capitolinus : *Inter hæc*, dit-il, *liberales causas ita munivit ut primus juberet apud Præfectos ærarii Saturni unumquemque civium natos liberos profiteri, intra tricesimum diem nomine imposito. Per Provincias Tabulariorum publicum usum instituit, apud quos idem de originibus fieret, quod Romæ apud Præfectos ærarii, ut si forte aliquis in Provincia natus causam liberalem diceret, Testationes inde fierent, atque hanc totam Legem de assertionibus firmavit.* Nous avons plusieurs Loix qui confirment cet usage ; c'est cette preuve, qu'elles appellent *professio natalium*, & c'estoit d'ordinaire le Pere, qui alloit faire cette declaration sur ce Registre de la naissance ou de la mort de son enfant, la mere, & même l'ayeule la pouvoient faire, *etiam matris professio filiorum recipitur, sed & avi recipienda est. l. 16. ff. de probat.* Cette preuve de la naissance & de l'âge, se faisoit aussi par les Registres de ceux qui recevoient les Tributs publics, *libris censualibus* ; car suivant la Loy 3. *ff. de censibus*, on y enregistroit l'âge de chaque personne, parce que jusqu'à un certain âge, on estoit exempt de payer les Tributs, lesquels s'imposoient par teste.

Enfin l'âge & la naissance se prouvoient non seulement par écrit, mais encore par toutes autres sortes de preuves, suivant la Loy 2. *de excusat. test. Ætas autem probatur aut ex nativitatis scriptura aut aliis demonstrationibus legitimis*, ces mots, *aut aliis demonstrationibus*, marquent que lors que la preuve par écrit vient à manquer, il falloit d'autres preuves précises de la naissance, & que des présomptions ne suffisoient pas. Il semble même que la Loy ne s'en rapportoit pas toûjours à la Declaration des Peres & Meres, suivant la Loy fameuse *ff. l. 22. de Probat.* qui n'eut point d'égard à la declaration qu'une Mere en colere de ce que son mari l'avoit repudiée, avoit faite devant le Juge, que l'enfant dont elle estoit accouchée peu après son divorce, estoit illegitime ; neanmoins dans cette Loy il ne s'agissoit pas simplement de la preuve de la naissance de cet enfant, mais de son estat, auquel les declarations des Pere & Mere ne peuvent jamais donner atteinte, au lieu qu'à l'égard de la naissance

en Matiere Civile.

7 & de la mort des enfans, les Livres Journaux des Pere & Mere font foy en Justice, comme il est decidé par Boiceau chap. 8. cy-dessus, & par l'art. 14. T. 20. de l'Ordonnance de 1667. quand il n'y a point eu de Registre de Baptême, ou qu'ils ont esté perdus, pourveu que la foy de ces Papiers domestiques ne soit point détruite par d'autres circonstances manifestes, ou d'autres preuves, & non seulement ces Papiers domestiques font foy en ce cas, parce qu'on présume que les Pere & Mere n'ont aucun interest de déguiser la verité en ce rencontre, mais même on est obligé quelquefois (quand toutes ces preuves manquent) 8 d'avoir recours à la preuve par témoins, pour prouver la naissance, comme au témoignage des Sages-femmes, des Parens de l'enfant, ou des voisins des Pere & Mere lors de l'enfantement ; ainsi qu'ont remarqué Monsieur Cujas sur la Loy 8. *de statu hominum*, qui est de Papinien, où il parle de la Loy 3. *ff. de Censibus*, & Godefroy sur la Loy 32. *ff. de Minorib.* parce que c'est une Maxime que dans les choses obscures & douteuses, on est obligé d'avoir recours à toutes sortes de preuves, & de se déterminer par des présomptions & des conjectures.

La Loy Instrumenta domestica Cod. de probat.

9 Les Articles 20. & 21. de l'Edit Perpetuel des Archiducs de Flandres, sont conformes à nos Ordonnances, au sujet des Registres des Baptêmes, Mariages, Sepultures, Tonsures, Vœu Monachal & reception aux Ordres Sacrez. L'Article 20. ajoûte seulement, que *non-seulement le Juge Superieur du Ressort aura un double Registre du Curé, mais que le Juge du lieu sera encore tenu d'en avoir une expedition pour y avoir recours.*

Anselmo sur cet Edit §. 13. observe que ces Registres doivent estre écrits de la propre main du Curé ; lequel, dit-il, n'a pas besoin d'affirmer que ce Registre est veritable : *Est enim persona publica, & Sacerdos, in dignitate constitutus. Prælatus & parvus Episcopus. Cui est credendum in his quæ attinent ad munus suum.* Et si les Ordonnances du Pays ont voulu que les Registres fussent déposez entre les mains des Juges, c'est que les Curez meurent & changent de Benefices ; au lieu que le Greffe est un dépost public ou rien ne se perd.

10 Le même Anselmo §. 14. sur ces deux Articles, observe que quoy que ces Registres fassent foy de la naissance & de la mort, ils ne font pourtant point foy à l'égard de la preuve de la qualité & de l'estat de la personne ; ainsi quand il s'agit de decider si un enfant est fils legitime d'une personne, on ne

suit pas entierement la foy de l'Extrait Baptiſtaire, quoy que les Parains & Maraines ayent declaré que l'enfant eſtoit ſon Fils. Cela ce doit decider par les autres preuves dont la Loy ſe ſert en ce rencontre ; & la raiſon pourquoy, dit Anſelmo, ce Regiſtre ne fait foy qu'à l'égard de la naiſſance & du Baptême, c'eſt que ce Fait, n'intereſſe perſonne : *Ex eo quod aliquis eſt baptizatus nemo præjudicium ſentire poteſt. Sed poſteriore caſu*, lors qu'il s'agit de l'eſtat de la perſonne, parce que cela peut nuire à un tiers. Il faut une autre preuve que le Regiſtre, & même une preuve concluante & deciſive, ce qui eſt certain auſſi parmi nous, mais un Extrait Baptiſtaire d'un enfant ſous le nom d'une perſonne qu'il prétend eſtre ſon Pere dans la ſuite, peut du moins luy ſervir de commencement de preuve par écrit, ſi on conteſte ſon eſtat, & luy faire obtenir la permiſſion d'en faire la preuve par témoins, ce qui dépend neanmoins de la prudence du Juge.

La Queſtion touchant les Mineurs qui ſe diſent Majeurs, 11 ou qui ſuppoſent de faux Extraits Baptiſtaire, ſoit pour emprunter de l'argent avant l'âge de Majorité, ou pour quelqu'autre raiſon, eſt decidée par Monſieur Loüet, & Maiſtre Julien Brodeau l. M. n. 8. rapporte l'Arreſt de Reglement du 9. Mars 1620. qui deffend aux Notaires d'inſerer dans les Contrats & Obligations conceuës pour Preſt, les declarations de Majorité & Extrait Baptiſtaire, ſur peine de nullité, & d'en répondre en leur Nom. Et celuy du 26. Mars 1624. qui deffend de preſter argent aux enfans de Famille, encore qu'ils ſe diſent Majeurs, & qu'ils mettent l'Extrait de leur Baptiſtaire entre les mains de ceux qui leur preſtent, à peine de nullité des Promeſſes, & de confiſcation des choſes preſtées, & même de punition corporelle.

A l'égard de la preuve de la Tonſure & de l'émiſſion des 12. Vœux, dont parle l'article 55. de l'Ordonnance de Moulins, l'article 15. & 16. du Titre 20. de l'Ordonnance de 1667. y ſont conformes, & pour ce qui eſt des reproches des témoins, l'article 2. du T. 23. de la même Ordonnance de 1667. veut qu'ils ſoient juſtifiez par écrit.

TABLE

Des Matieres contenuës dans ce Volume.

A

SI ce qui est écrit par Notes, par Chiffres ou Abbreviations, doit passer pour écriture privée, ou pour commencement de preuve par écrit. page 464

De l'Art d'écrire par Notes & par Chiffres. *ibidem.*

A quelles conditions la Loy donne action à celuy qui a geré les affaires d'un Absent pour repeter ses avances. 225

Si celuy qui s'est immiscé dans les affaires d'un Absent, pour en profiter par de mauvaises voyes, est recevable à demander ses avances. 226

Si quand une personne a continué de gerer les affaires d'un Absent, la preuve par témoins de ses avances est admissible ? 227

Si quand un Absent dénie les avances, la preuve en est permise à celuy qui a geré ses affaires ? *ibid.*

Accidens imprévus exceptez de la prohibition de la preuve par témoins, par l'Ordonnance de 1667. 13

Accusé. *Voy* Interrogatoire.
Acte de celebration. *Voy* Mariage.

Cas ausquels les Loix Romaines requeroient des Actes par écrit. 30

La preuve par témoins n'étoit pas receuë à Rome contre un Acte par écrit. 30

Pourquoy les Interpretes du Droit Romain ont soutenu le contraire. *ibid.*

Ce qui s'appelloit *Completio actus* à Rome en matiere de Contrat. 31

L. in exercendis C. de fide inst. égaloit la foy des témoins à celle des Actes par écrit. *ibid.*

Si l'écriture en Droit estoit de l'essence de l'Acte. *ibid.*

Forme des Actes chez les Romains. *ibid.*

Ce qu'on appelloit à Rome Actes privez. 33

Actes publics. *Voy* Notitia.

Peu d'Actes par écrit au commencement de la Monarchie Françoise. *ibid.*

Forme d'écrire les Actes en plusieurs colomnes sur une même peau de Parchemin observée en France. 36

Forme des Actes dans le onziéme siecle. 37

Actes publics & privez n'étoient point signez autrefois en France. 38. & 39

On apposoit son Cachet avec ses Armes aux Actes. 39

Usage des Sceaux apposez aux Actes, reformé par Philippe le Long. *ibid.*

Disposition des Ordonnances pour la signature des Actes. *ibid.*

Article 166. de l'Ordonnance de Blois pour la signature des Actes. *ibid.*

Quand l'Acte est signé des Notaires & témoins, ils peuvent le détruire par une déposition contraire. 40

Si l'Acte est passé devant Notaire en plein jour; la présomption est qu'il a esté passé librement. 186

Si les Actes qui tirent leur origine du Droit Civil, doivent estre parfaits dans la forme, 200

De la preuve par témoins des Actes qui se font en Justice. 217

Des Actes qui se font hors présence du Juge. 219

Des Actes qui doivent estre redigez par écrit, & de ceux qu'il n'est pas necessaire de rediger par écrit. 221

Actio triticiaria & publiciana. 590

Ce qu'on appelloit à Rome *exceptores Regerendarii, Cancellarii, Actuarii*, pour la réception des Actes. 32

Definition de l'Adminicule. 176

Adversaria, unde dicta, 573

Affirmation. *Voy* Saisie.

Si la Partie Affirme une chose qui n'est pas vray-semblable, le Juge ne doit y ajoûter foy. 55

Si la preuve est receuë aprés l'Affirmation prestée par une Partie sur faits & articles. 57

Agens de Change. 548

Aleatorius Contractus. Voy Contrat.

Alleu. *Voy* Franc-alleu.

Si quand les termes d'un Contrat sont Ambigus, la preuve par témoins de l'intention des Contractans est receuë. 188

Si les menaces & les mauvais traittemens faits à un amy, peuvent faire croire que son amy a esté forcé de signer pour luy un Acte, afin de le tirer du peril. 185

De la preuve de l'Annoblissement. Et de la Noblesse de race. 433

Explication du mot *Antefatum* dans la Coutume de Naples. 151

Explication du mot *Antipherna* à Naples. *ibid.*

De la foy qu'on doit ajoûter aux Livres des Apoticaires. 535

Si quand un des Contractans refuse de signer un renvoy ou un apostille dans un Acte, la Partie peut prouver par témoins qu'elle estoit convenuë de les signer. 491

Fonction des Juges appellez *Arcontes* & *Thesmothetæ* à Athenes.

De ceux nommez *Argentarii* à Rome. 531. 544. *& suivantes.*

Differens noms donnez à ceux appellez à Rome *Argentarii.* 544

Livres des Argentiers à Rome. 546

Asperatura. 545

En Arragon, la preuve par témoins contre les Actes par écrit, n'est deffenduë qu'à l'égard de ceux qui y sont Parties. 59

Quel est l'usage de la Province d'Artois au sujet de la preuve par témoins. 51

Des personnes desquelles on peut présumer qu'elles n'auroient point repeté les avances qu'elles ont faites pour l'absent. 228

De la preuve des avances faites par le Tuteur ou Curateur. 228

Des avances faites par un Protuteur. 229

Des avances par un des Collegataires, ou autres qui ont des effets à partager ensemble. 229

Des avantages indirects. 157

Et que la preuve par témoins en est permise. *ibid.*

L'authentique *ut facta nova Constitutio*, n'a lieu en France. 43

Autographum.

Autographum. 649
Autorité. Voy Force.

B

Bail à Cens. Voy *Censives.*
Des Conventions tacites qui concernent le Bail à loyer. 305
Du Proprietaire qui n'a point fait de Bail. 306. S'il peut prouver la joüissance du Locataire par temoins. *ibid.*
Espece particuliere d'un Bail de cinquante livres par an. 307
De la preuve du Bail emphyteutique & du Bail à cens. 310
Le Bail tacite ne se peut prouver par témoins, mais seulement l'occupation des lieux. 313
Publication des Bans, à quelle fin instituée. 102
La preuve par témoins de la publication des Bans n'est recevable. 102
Idem, De la dispense de se marier devant le propre Curé, & des oppositions à la publication des Bans. 103
Faire Banqueroute. 547
Banquiers. 547. 548
Usage de la Benediction nuptiale en France.
Que les Mariages se contractoient autrefois sans Benediction nuptiale. 101
De la Benediction nuptiale. 100
Si les paroles dont se sert le Curé pour la benediction, peuvent estre changées. 102
Des Blancs-signez falsifiez. 485
Dictum ou *Breviculum*, ce que c'est. 218
Boutiques. Voy *Ædes superficiaria.*

C

Cachet. Voy *Actes.*
Si les Cachets apposez sur une Cassette trouvée sous un Scellé, peuvent passer pour un commencement de preuve par écrit. 75
Calendarium. 546
Explication par du Moulin de ces trois mots : *Calliditas, Fallacia, Machinatio.* 167
Camstores. Voy *Argentarii.*
Cancellarii. Voy *Actuarii.*
Des dispositions Captatoires. 383. & suivantes.
Disposition Captatoire. Voy *Leg. Captatorias.*
Si la preuve par témoins est receuë que le Prince a fait une personne Chevalier sur le point du combat. 4. 14. *Quid*, de la qualité d'Escuyer accordée durant la Paix. 415
Cas fortuit. Voy *Titre.*
Caupones. Voy *Nautæ.*
Ce qui s'appelloit en Droit, *Cautio.* 295
Ce qui est compris sous ce mot, Cedule privée. 467
Reünion de Censives au Fief. Voy *Destination.*
De la preuve de la quotité de la Censive. 422
Charte-partie. 36
Charte. Voy *Indentata.*
Charta paricla, ou *paricula.* 35
Chiffres. Voy *Notes.*
Des Coches, Tailles & Merceaux. 575. Espece sur ce sujet. 576
Le Code ni les Novelles de Justinien ne sont receuës en France & pourquoy. 45
Codicille. Voy *Testament.*
Cognitores. Voy *Quæsitores.*
Collybus. Voy *Asperatura.*

KKkk

Collybista. Voy *Argentarii.*
Des Copies collationnées. 496
Du combat en champ clos. 33
Solemnitez & regles observées dans ce Combat. 34
Question de la representation en ligne directe, decidée par le Combat en Champ clos. 34
Combat permis entre Jarnac & la Chastaigneraye. *ibid.*
Commencement de preuve par écrit receuë par l'Ordonnance de 1667. 13
Du Commencement de preuve par écrit. 445. 447. 452. jusqu'à 463
Commodatum. Voy Prest à usage.
De quel jour la Communauté a lieu suivant les Coutumes. 143
Des Coutumes qui admettent la Communauté aprés l'an & jour. 145
De la Communauté de biens dans la Coutume de Touraine, & quand elle est présumée dans cette Coutume par le meslange des biens. 146
Communauté de biens, si elle est acquise par la demeure de deux personnes ensemble, &c.
De la Comparaison d'écritures. 491. 494. 495.
Du peu de foy qu'on doit ajoûter à la Comparaison d'écriture. 451
De la Condiction d'une somme payée & non deuë. 479. 480. 481. 482.
De la Confession en Jugement. 59
De la Confession verbale faite hors Jugement. 56
Quid, en matiere de Confusion d'actions ou de Compensation. *ibid.*
Definition de la Conjecture. 175
Cas ausquels la Loy se contente d'indices & de conjectures. 7
Usage des Consuls à l'égard de la preuve par témoins, n'a point esté changé par l'Ordonnance de 1667. 11
Contrat. Voy Acte.
Comment se passoient les Contrats chez les Juifs dans l'ancien Testament. 27
De la forme des Contrats chez les Juifs. Exemple tiré du Chap. 31. de Jeremie. 28
Explication de la forme de cet Acte par Vatable, & autres Interpretes de la Bible. 29
Forme de passer les Contrats à Athenes. 30
On publioit à Rome les Contrats *apud acta.* 32
Les Contrats ne faisoient point foy à Rome, avant qu'ils fussent verifiez par témoins. 32
Contrats dans lesquels on doute si la preuve par témoins est admissible. 63
Si la preuve par témoins est abrogée à l'égard de toutes les Obligations qui naissent d'un Contrat. 62
En matiere de Contrats, c'est l'intention des Contractans qui decide, & non pas ce qui est écrit. 169
Difference *inter aleatorios Contractus,* & un Pacte conditionné. 233
Des Contrats simulez. 153
Ce que c'est qu'un Contrat simulé. *ibid.*
Contrat simulé & imaginaire. *idem.* 169
Ce que c'est qu'un Contrat simulé, suivant le sentiment d'Alvarus Valascus. 190. & 191
Regles en matiere de Contrats simulez pour admettre ou refuser la preuve par témoins. 177
Six choses principales à examiner pour découvrir si un Contrat est simulé ou non. 178
La simulation se peut prouver par

DES MATIERES.

conjectures, suivant l'opinion de Monsieur d'Argentré. 178

Combien il faut de présomptions pour accorder la preuve par témoins contre un Contrat simulé. 179

Le nombre & la liaison des présomptions est d'un grand poids pour déterminer le Juge. 179

Auteurs qui rapportent des Arrests qui ont cassé des Contrats simulez. 183

L'Ordonnance de Moulins n'a lieu dans les Contrats simulez. 156

Preuve par témoins qu'un Contrat est simulé, n'est point receu à Naples. 189

Cette preuve est permise en Flandres nonobstant l'Edit perpetuel. 190

Les Contrats qui tirent leur origine du Droit naturel, quoy que nuls en la forme, valent comme écriture privée. 100

Si cela a lieu dans les Contrats de bonne-foy, & dans ceux de Droit étroit. 155

Des Contrats de Constitution suspects d'usure. 505

Opinion de Mascardus au sujet de la preuve par témoins des Conventions qui n'ont point esté redigées par écrit. 191

Du fait de simulation allegué contre un Contrat. 504

Des Contrats de Constitution. 532

Des Contrats signez par force & par crainte. 183

Si le Notaire a exprimé que le Contrat a esté passé librement sans force ny contrainte, la preuve du contraire ne laisse pas d'estre recevable. 186

Si on allegue la force, la crainte, l'erreur, la preuve par témoins est receuë nonobstant le Contrat. 159

L'écriture n'est pas de l'essence du Contrat. 329

Si la preuve par témoins est receuë des Conventions du Mariage. 126. Notamment pour la dot. 127

Distinction de Boiceau sur ce sujet. 127.118

Des Conventions verbales suivies d'execution. 594. Espece sur ce sujet.

Erreur dans les Additions à la Pratique de feu M. Lange, au sujet de la preuve par témoins des Conventions Matrimoniales, arrestées sous seing privé. 134

Preuve de la perte d'une Contrelettre d'un Contrat de Mariage refusée. 332

Creanciers posterieurs en date en vertu d'Actes publics, préferez aux Creanciers en vertu d'Actes privez. 33

Crematista. Voy Argentarii.

Crime. Voy Peine.

Des droits insolites & Corvées. 421

Curateur. Voy Avance.

Ce que l'on appelle à Naples, *instrumenta Curialisca*. 152

Curé. Voy Mariage.

D

SI la Date d'un Contrat qui a esté obmise, se peut prouver par témoins. 214

Degrez. Voy Noblesse.

Démence. Voy Testament.

Si c'est au Demandeur ou au Deffendeur à expliquer le sens d'une Demande faite en Justice. 189

De la preuve par témoins des Demandes de plusieurs sommes portées dans un seul Exploit, quand elles excedent cent livres. 316. 440. 42. 43.

De la preuve par témoins quand la

KKkk ij

somme demandée en Justice est incertaine. 436

Et des restrictions de la Demande en ce cas. 439

De là preuve de la Destination d'un Pere de Famille au sujet de la reunion des Terres en Censive à son Fief. 426

Si la preuve par témoins est recevable d'une somme au dessous de cent livres, quand le titre de la Demande excede cent livres. 439. 441.

De la preuve des Destinations du Pere de Famille pour les propres fictifs & les servitudes. 426

Si la preuve par témoins est permise d'une dette creée par succession de tems, quand elle excede cent livres. 315

La preuve par témoins du Depost volontaire prohibée par l'Ordonnance de 1667. nonobstant le sentiment de M. Cujas. 11

Le Depost necessaire justement excepté par la disposition portée par l'Ordonnance de 1667. l'Ordonnance de Moulins, qui ne l'exceptoit pas, n'étoit pas observée. 12

Depost fait dans une Hostellerie, est un Depost necessaire. ibid.

Arrest de M. Loüet au sujet d'un Depost, qui rejette la preuve par témoins, comme faite au prejudice de l'Ordonnance de Moulins. 45

Loüange des premiers Chrestiens de ne point nier la foy du Depost. 65.

Ce qui changea du tems de Justinien, qui fit une Constitution sur ce sujet. 66

Trois especes de Depost. ibid.

Raisons pour admettre la preuve par témoins à l'égard du Depost. 67

Distinction de Boiceau entre le Depost volontaire & le Depost necessaire. 68

Raisons pour excepter le Depost necessaire de la prohibition de l'Ordonnance. 69

Arrest en 1573. qui interpreta l'article 54. de l'Ordonnance de Moulins au sujet du Depost volontaire. 72

Sentiment d'Harmenopule sur le sujet du Depost. ibid.

Arrest notable au sujet d'un Depost fait entre les mains d'une femme mariée. 73

Si la preuve par témoins est receuë contre la teneur de l'Acte qui fait mention du Depost. 73

Si quand une personne a confié un Depost à quelqu'un pour rendre à un tiers, la preuve par témoins est receuë contre la declaration faite par le depositaire, du Nom de celuy à qui le Depost doit estre rendu. 74

Ce qu'il faut faire quand le Depost appartient à plusieurs heritiers. ibid.

Si le depositaire n'a pas rendu le Depost à celuy à qui il appartenoit. 75

Du Depost fait par un voleur entre les mains d'un tiers, de ce qu'il a volé à un autre. ibid.

Si quand le Depositaire a presté de l'argent sur les hardes qui luy ont esté deposées la preuve par témoins du prest est recevable. 77

Faveur du Depost necessaire. 78

Avant l'Ordonnance de 1667. la preuve par témoins admise au sujet du Depost fait dans une Hostellerie. 80

La preuve par témoins n'est recevable en ce cas à present que quand le Depost est fait par un Voyageur à

un Hôtelier. Arrest sur ce sujet. 80
Dictum d'un Jugement. *Voy* Breviculum.
Dispositions. *Voy* Captatoires.
Division du Commentaire de Boiceau en deux Parties. Dans la premiere, il parle des Actes publics ; & dans la seconde des écritures privées. 23
Ecriture necessaire pour l'Acte du Divorce chez les Juifs. 28
Dixmes. *Voy* Infeodation.
Distinction du Dol bon & du Dol mauvais. 66
Definition du Dol mauvais par Gallus Aquilius. 166. Approuvée par Ciceron. *ibid.*
Autre definition par Labeo. 167. Blâmée par plusieurs Jurisconsultes. *ibid.*
Autre definition du Dol mauvais par Servius Sulpitius. 167
La definition du Dol mauvais defenduë par Ulricus Huberus. 168
Definition du Dol en general. 168
Quand le Dol a donné lieu à un Contrat de bonne-foy, il est nul de Droit. 169
Dol bon, appellé *Solertia*, exemple du Dol licite tiré de la Loy. 170
Preuve par témoins du Dol permis est inutile. 171
Dans le Dol permis appellé *reipsa*, la deception ne peut aller que jusqu'au tiers du prix. 171
Qualitez que doivent avoir les depositions des témoins en ce cas. 180
Preuve du Dol licite n'est pas permise. 395
De l'Acte signé par Dol, par erreur de fait ou de droit. 506
Actes de Justice Domaniale doivent estre redigez par écrit. 411
Domicile. *Voy* Mariage.
Si le Domicile se peut prouver par témoins. 419. 420
Donation. *Voy* Insinuation.
Donation à cause de mort. *Voy* Testament.
Réponce aux objections de ceux qui disent que la preuve par témoins qu'il y a eu une Dot promise, doit estre receuë. 129
Le Pere estoit tenu de Doter en Droit Romain, même la Mere en certain cas. 134
Du Pere debiteur de sa fille, qui luy a promis une Dot. 135
Un simple Pacte en Droit produisoit l'action *ex stipulatu*, en cas de Dot. 135
Si quand une fille avoit des biens à elle propres, le Pere estoit encore tenu de la Doter. *ibid.*
L'ayeul paternel tenu de Doter sa petite-fille en Droit. 136
Pourquoy en France le Pere & la Mere sont tenus de Doter leurs enfans. 136
Distinction au sujet de la Dot deuë ou promise à une fille, & quand la preuve par témoins y est receuë. 137
De la Quittance que le mari donnoit de la Dot, en Droit, *spe futura numerationis*. 137
De l'exception *de Dote causa non numerata*. 138. Explication de la Novelle 100. *ibid.*
Le mari à Rome estoit censé avoir fait une Donation à cause de mort à sa femme de la Dot qu'il avoit reconnu avoir receu, quoy qu'elle ne luy eust pas esté payée. 138
Preuve par témoins recevable en faveur des enfans d'un premier lit, quand le second mari reconnoist avoir receu une Dot excessive de leur Mere. 138
De la présomption que le mari a esté

KKkk iij

payé de la Dot aprés les dix ans. 139
De la Quittance de la Dot par le mari sous seing privé, ou devant Notaire, quand la numeration n'y est pas exprimée. 139
Sentiment de le Grand sur la Quittance de la Dot par le mari. 139
Si l'heritier du mari peut opposer à la femme qui demande son Doüaire, le deffaut du payement de sa Dot. 140
Si la présomption du payement de la Dot, aprés les dix ans, a lieu au préjudice des Creanciers du mari aprés sa mort. 140
Novelle 160. au sujet du payement de la Dot. 141
Les Creanciers du mari sont recevables à prouver que la Quittance de la Dot par le mari sous seing privé, est frauduleuse. 141
Statut à Naples, qui porte que *contra instrumentum Dotale, probatio nulla admittitur*. 152
Preuve par témoins qu'un frere a promis de Doter sa sœur, recevable en Portugal. 153
De la preuve du Titre de la Dot & autres Titres perdus, à Naples. 334. 335
Explication du mot *Dotarium seu Tertiaria*, dans la Coutume de Naples. 151
Si la preuve par témoins est receuë des Droits honorifiques, à l'égard des Seigneurs Hauts-Justiciers. 431
Droits insolites. *Voy* Corvées.
La seule celebration du Mariage acquiert le Doüaire à la femme. 143
Edits contre les Duels. 34. celuy de 1679. les a enfin abolis. 35

E

L'Ordonnance de Moulins & de 1667. doivent estre observées *in foro Ecclesiastico*. 49
Augustinus Beroüs pretend que les Statuts qui deffendent la preuve par témoins au dessus de cent livres, n'ont point lieu à l'égard des Ecclesiastiques. 192
Ecriture. *Voy* Contrat.
De la foy des Ecritures privées dont parle la seconde partie de l'article 54. de l'Ordonnance de Moulins. 444. & 445
De l'Ecriture qui n'est point souscrite par celuy qui l'a faite. 558
Des matieres dont on s'est servi pour Ecrire. 570
Des Ecritures privées non signées. 573
De la preuve des choses qui viennent en execution d'une Ecriture privée. 591
Article 19. de l'Edit perpetuel des Archiducs, tiré de l'article 54. de l'Ordonnance de Moulins. 50
Nulle fin de non recevoir contre la disposition de l'article 19. de l'Edit perpetuel. 51
Article 20. de l'Edit perpetuel. 616
Égalité de biens. *Voy* Mariage.
Emphyteutique. *Voy* Bail.
Enfans de famille. *Voy* Mariage.
Si l'Enonciation dans un Acte nul fait quelque preuve. Exemple au sujet d'un Inventaire des biens aprés le deceds de l'un des conjoints, lequel estoit nul. 102
Si un fait énoncé dans une Enqueste nulle, est un commencement de preuve par écrit. 103
De la déposition des témoins dans une Enqueste nulle. 490
Epreuves des Eaux ameres. 27
De celuy qui a payé à un autre par erreur. 119
Erreur de fait & de droit. *Voy* Dol.
Erreur. *Voy* Volonté.
De l'ignorance & erreur de Droit. 160

Des Promesses soussignées par Erreur. 497. *& suivantes.*
Quand ce n'est pas l'ignorance de fait seule qui a donné lieu au Contrat, la preuve n'est pas admissible. 187. Ou si l'Erreur n'est pas de consequence. *ibid.*
Explication de la Regle *Cujus per errorem dati repetitio est, ejus consulto dati Donatio est.* 300
Eschevins de Poitiers Nobles. 411
Si celuy qui a perdu les Tittes qui justifient son Etat, en peut souffrir du préjudice. 329
Preuve de l'Etat des personnes. 619
Etat. *Voy* Titre.
Si l'Ordonnance de Moulins doit estre observée entre Etrangers. 49
Distinctions & Arrests sur cette Question. *ibid.*
Si le Juge peut suppléer l'exception qui resulte de la prohibition de l'Ordonnance de Moulins & de 1667. que la Partie a obmise d'alleguer. 49
Exceptores. Voy *Actuarii.*
Ce qu'on appelloit *Exploratio* chez les Juifs. 27
Extrait Baptistaire. *Voy* Naissance.

F

Faits & Articles. *Voy* Affirmation.
Fait. *Voy* Voye de Fait.
Trois sortes de Faits notoires, *Facti juris & præsumptionis* 8
Trois sortes de Faits, notoires ou évidens, incertains, & impertinens. *ibid.*
De la multiplicité des Faits qu'il estoit permis d'articuler avant l'Ordonnance de Moulins. 20. & 21
L'Ordonnance de Moulins & celle de 1667. ne deffendent que la preuve des Conventions, & non pas celle des Faits. 46
Sentiment de Monsieur d'Argentré & de Boiceau sur la maniere d'articuler les Faits contre la teneur des Actes, & le danger qu'il y a de contrevenir à l'Ordonnance en s'en servant. 47
Distinction du Fait propre & du Fait étranger. 187
Fallacia. Voy *Calliditas.*
Faux témoin puni de la peine du Talion chez les Juifs. 28
Punition des Faux témoins suivant la Loy des douze Tables. 30
Difference entre ces trois mots, *Faux, Simulé & Frauduleux.* 172
En matiere de Faux, les Experts nommez font l'Office de Juges & de témoins tout ensemble. *ibid.*
Faux. *Voy* Experts.
Si ce qui est énoncé dans un Acte declaré Faux, fait quelque preuve. 203
Lettres en Fermes en la Coutume de Haynault. 37
De la preuve qu'un heritage est un Fief ou une roture. 404
Ancienne marque du Fief. 407
Fiefs n'anoblissent point en France. 412
De la preuve de l'investiture d'un Fief. 421. *& suivantes.*
Si la possession d'un Fief de dignité annoblit. 434
Si en Flandres on peut demander la preuve par témoins d'une partie d'une somme qui excede trois cens florins. 321. Et nostre usage sur cette difficulté.
Des marchez faits durant les Foires. 204
Droit d'établir des Foires, est un Droit Royal. *ibid.*
Expedient pratiqué dans les marchez faits durant les Foires. 208
De l'origine des Foires. 211. Et leurs Privileges. 212
Si un Seigneur qui n'a point les Let-

tres Patentes de l'établissement d'une Foire dans son Fief, peut prouver sa possession par témoins. 213
Fideicommis. Voy Mandat.
De la preuve d'un *Fideicommis*. 395.396

Fœneratores. Voy *Argentarii.*
Ce que doit prouver celuy qui articule qu'il a signé un Contrat par crainte ou par force. 183.& 184
L'autorité d'une personne n'est pas un moyen suffisant pour induire que le Contrat a esté signé par force. 184.185
Des faits de Force & de violence. 247

Forme. *Voy* Acte.
Du Franc-alleu. 422
Fraude. *Voy* Contrats.
La Fraude se peut commettre en plusieurs manieres, selon Mathæus *de afflictis*. 172
Explication de trois sortes de Fraude, *de re ad rem, de persona ad personam, de contractu ad contractum.* 173

G

Reglement pour ceux qui prestent sur Gages. 77
Quid, si le Creancier a rendu au debiteur l'Acte par lequel il luy a déposé un Gage. 295
Gardes des Sceaux aux Contrats, créez en 1568. 38
Du Privilege des Graduez Nobles. 433
Preuve par témoins en matiere Civile & Criminelle receuë chez les Grecs. 29
Charles VIII. separa les Greffes des Notariats. 38
Les Clercs des Juges servoient de Greffiers & de Notaires autrefois en France. *ibid.*

Des Gageures, & si elles estoient licites à Rome. 229
Quand les Gageures estoient obligatoires à Rome. 230
Gageure de Marc-Antoine & de Cleopatre. 231. Celle d'Asclepiades Medecin. *ibid.*
Si l'incertitude de l'évenement est une cause suffisante pour rendre les Gageures obligatoires. 232
Gageure pour cause illicite n'est point obligatoire.
Gageure sur certaines choses deffenduës dans les Païs Etrangers. 233
Arrests qui ont confirmé les Gageures. 234
Premiere Question, quand le prix ou les conditions de la Gageure se peuvent prouver par témoins. 235
Seconde Question, si quand celuy entre les mains duquel le prix de la Gageure a esté deposé, le dénie, la preuve est recevable par témoins. 235

H

SI l'article 19. de l'Edit Perpetuel est observé en Haynault. 50
L'Homme devenu tout different de luy-même par la corruption de ses mœurs. 21.& 22
Holographum. 469
Hostellerie. *Voy* Vol & Depost.
Explication des Loix qui concernent les Hosteliers, & autres personnes qui se chargeoient des hardes des particuliers à Rome. 79
Il suffit que les hardes ou marchandises ayent esté apportées dans l'Hostellerie pour en rendre l'Hôte responsable. 81
Si le vol a esté commis dans une Hostellerie par un Voyageur, l'Hoste ne laisse d'estre responsable. 81
Si l'Hostelier a serré les hardes du Voyageur,

Voyageur, il est responsable. 82
Si l'Hoste a averti le Voyageur de se tenir sur ses gardes, & n'a point voulu se charger de ses hardes. *ibid.*
Exception dans un cas particulier. 83
Il est deffendu en Flandres de tenir des Hostelleries dans des lieux écartez. *ibid.*

I

J Donei. *Voy* Témoins.
Ignorance de Droit. *Voy* Erreur de Droit.
De l'Ignorance de fait ou de Droit qui ont donné lieu au Contrat. 186
L'Ignorance du fait de son Associé, de son Cohetitier, ou Coobligé, n'est point présumée. 187
De l'Ignorance de Droit. 188
A quel Jeu il estoit permis à Rome de joüer de l'argent. 229
Du Jeu. 236. Necessité & utilité du Jeu. *ibid.*
Jeux de hazard deffendus par les Ordonnances. 236
Celuy qui avoit perdu son argent à un Jeu de hazard, avoit action utile pour le repeter à Rome. 237
De la Loy *Titia & Publicia*; & de la Loy *Cornelia, sumptuaria*. *ibid.*
Jeux de hazard deffendus aux Ecclesiastiques, par la Novelle. 123
Si celuy qui a gagné de l'argent à un Jeu de hazard, est obligé à restitution. 138
Sentiment de Perezius sur ce sujet. *ibid.*
Trois sortes de Jeux distinguez par Guymier. 239. Et les cas ausquels on est obligé de restituer l'argent gagné au Jeu. 239
Si celuy qui a presté de l'argent à un autre pour Joüer, peut le repeter. 239
Ordonnances qui ont deffendu les Jeux de hazard, celle de Moulins art. 59. celle de 1629.
Si sous pretexte de Jeu on a volé l'argent d'une personne, la preuve par témoins est recevable. 243
Mineurs restituables contre les Obligations qu'ils ont passées pour cause de Jeu. *ibid.*
Si les Majeurs sont aussi restituables. 244
Comment & par quels témoins la fraude se prouve en ce cas. *ibid.*
Quid, quand il n'y a ni Promesse ny Obligation. *ibid.*
Autres Questions sur le Jeu. 246. & 247.
Du Jeu de Paulme. 247
Imprévûs. *Voy* Accident.
Question au sujet de l'Impuissance notoire du mari. 144
Incertain. *Voy* Fait.
Charta, identata, & identura. 36
Indices. *Voy* Conjecture.
Definition de l'Indice. 175
Preuve par témoins de l'Infeodation des dixmes Ecclesiastiques n'est receuë. 333
Si les Inscriptions & monumens publics font foy en Justice. 427. & *suivantes*.
Des Insinuations dont l'origine ne se trouve pas. 299
Premiere espece sur ce sujet concernant une Donation non Insinuée. 250
Autre espece d'une Donation, dont on ne rapportoit point la minute originale, ny aucune expedition, mais seulement l'Insinuation. 254
De l'Insinuation imparfaite d'une Donation. 258
Quand l'original de la Donation n'est point rapporté, l'Insinuation qui

en a esté faite, ne suffit pas pour la faire présumer. 265.
De l'Infinuation des Donations d'une quantité certaine. 309
Autrefois les Parties & les Avocats interrogeoient les témoins en presence du Juge. 17
Interrogatoire des témoins par l'accusé, permis par le Juge en matiere criminelle. 18
Interrogatoire sur faits & articles permis en Flandres nonobstant l'Édit perpetuel. 58
Quel est l'effet de l'Interrogatoire sur faits & articles. ibid.
Inteſtabiles. Voy Teſtament.
Inſtrumenta. Voy Acte.
Inventaire nul. Voy Enontiation.
Inveſtiture. Voy Fief.
Maxime, que les Regiſtres domeſtiques ou Livres Journaux, ne font point foy, & ſes exceptions. 550. 551.
Si le Livre Journal fait foy contre celuy qui l'a écrit. 551. *Quid*, Entre Marchands. ibid.
Exceptions. 552
Si ce qui ſe trouve écrit ſur le Regiſtre ou Journal d'un autre, peut faire foy d'une choſe entre tierces perſonnes. 552
Les Livres Journaux des Pere & Mere font foy de la naiſſance & de la mort de leurs enfans. 619
Forme de faire Jurer des témoins par l'accuſé pour ſe purger de l'accuſation. 35
Juſtice domaniale. Voy Domaniale.
Haut-Juſticier. Voy Droits honotifiques.
Explication de la Loy *Labeo*, rapportée par Monterentius. 303

L.

TEſtes laudatores. 30
Explication de la Loy *Captato-*

riu. 387. ibid. Du legs qui a eſté provoqué par les bons offices du Legataire. 388. 389. Ce que c'eſt que *blanditiæ doloſæ*. 389. & 390.
Legs Annuels. Voy Bail.
Des Legs annuels. 316.
Des Legs pieux contenus dans un Teſtament nul. 202.
Si les Legs pieux font dûs d'un Teſtament nul. 373.
Lettre. Voy Meſſagers.
Des Lettres Miſſives. 469. 470. 476.
Forme des Lettres Patentes. 37.
Lettres de recommandation. 471. 472. 477.
Pacte de Liberation tacite, s'il peut eſtre prouvé par témoins. 610
Les Loix humaines doivent changer ſuivant la diverſité des tems. 22.

M.

DU Rapport des Maiſtres Ecrivains pour verifier une écriture. 493
De celuy qui a geré les affaires de ſon ami pendant ſon abſence. 216.
Du Mandat. ibid.
Si la preuve par témoins du Mandat eſt admiſſible. 267
Du Pere qui ſoſtient avoir eu charge de ſon fils. 278
Le Mandat ſe doit prouver par écrit dans les Païs-Bas. 280
Idem à Milan. 280
Explication de la Loy *Procula*, dans l'eſpece d'un Frere chargé d'un *Fideicommis* envers ſa ſœur, qui luy avoit payé pluſieurs ſommes ſans luy demander ce *Fideicommis*. 298.
Marchez. Voy Foire.
Du Marché ſous ſeing privé & ſans date entre Marchands; ſçavoir ſi la preuve par témoins en eſt receuë pour juſtifier qu'il eſt paſſé durant

la Foire. 213
Des Livres des Marchands. 530. 533. & suivantes.
Trois especes de Marchands à Rome. 545
Sentiment de la Glose & des Docteurs refuté par du Moulin au sujet des Livres des Marchands. 549
Sentiment de du Moulin sur la Question de sçavoir si les Livres des Marchands doivent faire foy. ibid.
Trois Questions au sujet des Livres des Marchands. La premiere, si ces Livres font foy en faveur du Marchand qui les a écrit. La seconde, si ces Livres font foy contre luy. La troisiéme, s'ils font foy à l'égard des tierces personnes. 550
Si les Livres des Marchands font foy en leur faveur. 553. Sentiment de Maître Charles du Moulin expliqué. Disposition des Coutumes sur ce sujet. 555
Article 126. de la Coutume de Paris expliqué. ibid.
Sentiment de du Moulin au sujet de la prescription de six mois contre les Marchands. 556. Et de Charondas sur l'article 126. de la Coutume de Paris.
Article 67. de l'Ordonnance de 1512. n'admet point pour preuve les Livres des Marchands. 556
Sentiment de Brodeau sur l'article 126. de la Coutume de Paris touchant les Livres des Marchands. 557
Article 9. de l'Edit de 1673. pour le Commerce, en quel cas ordonne la représentation d'un Registre. ibid.
Entre Marchands associez les Livres qu'ils tiennent font foy. ibid.
Aprés l'année ou les six mois de la Coutume écoulez, il faut necessairement une preuve par écrit au Marchand. 558. De l'interpellation judiciaire requise en ce cas, & si elle peut passer pour un commencement de preuve par écrit. ibid. Quid, quand il s'agit de moins de cent livres.
Objections, & Réponse aux Objections de ceux qui soûtiennent que les Livres de Marchands doivent faire foy indéfiniment en toutes sortes d'occasions, & contre toutes sortes de personnes. 559
Sentimens de Balde, de Jason, d'Alexandre, &c. sur la foy que doivent faire les Livres des Marchands. ibid.
Usage d'Allemagne, des Etats du Pape, de Venise & de Florence, où les Livres d'artisans font foy. ibid.
Sentiment d'Everhard sur la foy qu'on doit ajoûter aux Livres des Marchands Jurez; différence qu'il rapporte entre le Marchand & le Notaire. 560. 562
Raison de Mascardus pour justifier que les Livres des Marchands doivent faire foy, refutée. 561
Conclusion de la Question touchant la foy que doivent faire les Livres des Marchands. 562
Si le debiteur prend avantage du Livre du Marchand, ce Livre fait foy contre luy. 562. Article dernier du Titre 3. de l'Ordonnance de 1673. expliqué.
De quellemaniere la Cour ordonne la communication du Registre en ce cas. 563. On ne peut en diviser la foy. ibid.
Conditions requises dans les Livres des Marchands par les Docteurs. 564
Des Livres des Marchands associez. 565

S'il est question d'une Convention, & non de livraison de Marchandises, les Livres de Marchands ne font point foy. *ibid.*

Si les Livres des Marchands font foy en Flandres. 566. Exception pour les Marchands d'Anvers. 567

Papier broüillard, *Bilancium*. Lettre des Marchands à leurs Correspondans. 567

Sentimens d'Antonius Mathæus sur la foy que font les Livres de Marchand dans les Païs-Bas. 568. Il parle des Argentiers, des Livres des Associez. 569

Si le fait articulé par un Marchand qu'il n'a livré sa Marchandise qu'à condition d'estre payé, se peut prouver par témoins. 579

Si le Mari par menaces, a obligé sa femme de tester à son profit. 591

Dispence de se Marier. *Voy* Bancs.

Mariages faits entre Païsans, sans Acte par écrit. 87

Si la preuve par témoins est receuë d'une Promesse de Mariage. 86

Distinction du Mariage fait publiquement ou clandestinement 89

Trois manieres de contracter un Mariage distinguées par Boiceau. *ibid.*

Raisons de Boiceau pour prouver que le Mariage estant d'institution divine, il ne doit pas estre soûmis à l'Ordonnance de Moulins. 90

Tout Jugement rendu contre le fait d'un Mariage, ne passe jamais en force de chose jugée. 91. & 92. Espece particuliere sur ce sujet. 92.& 93.

Maximes de Boiceau touchant la preuve des Mariages ont changé.96

Article 7. de l'Ordonnance de 1639. deffend de recevoir la preuve par témoins des Promesses de Mariages, &c. 96

Mariage contracté en presence du propre Curé, ne se peut prouver que par écrit. *ibid.*

Réponce à ce que dit Boiceau, que le Mariage étant d'institution divine, il ne doit pas estre soûmis aux Loix humaines. 97

Même dans le cas du Mariage solemnel, l'Ordonnance veut un Acte de celebration pour en prouver la verité. 98.& 99

Comment la Jurisdiction Ecclesiastique connoist des causes de Mariage, concurremment avec la Jurisdiction Laïque. 99

De tout tems les Princes ont connu des causes de Mariage. 99. Et pourquoy.

Exception d'un cas ou la preuve par témoins est recevable d'un Mariage. 100. Espece particuliere.

Differentes opinions dans l'Ecole pour sçavoir si les Parties Contractantes sont les Ministres du Sacrement, ou si c'est le Curé. 101

Le Curé témoin necessaire du Mariage. 102

Les termes dont se servent les Parties pour exprimer leur consentement au Mariage, sont arbitraires. 102

L'Acte de celebration du Mariage n'est necessaire que pour la preuve du Mariage. 102

Promesses de Mariage par paroles de futur, ne se peuvent prouver par témoins. 103

Deffences aux Notaires de recevoir des Promesses de Mariages par paroles de present. 103

Ce qui peut servir de commencement de preuve par écrit d'un Mariage, quand l'Acte de celebration n'est point rapporté. *ibid.*

Distinction sur ce sujet. 104

Quelle preuve est requise quand l'un des prétendus conjoints soûtient

DES MATIERES.

qu'il n'y a point eu de Mariage. 105

Si la preuve par témoins du consentement du Pere au Mariage de son fils mineur, est recevable. 106

Avis aux Curez pour empêcher la supposition qu'on peut leur faire des parens des personnes qui se marient. 108

Preuve par témoins du domicile de ceux qui contractent Mariage est admissible. ibid.

Preuve par témoins des Promesses de Mariage receuë en Flandres. 109

Jurisprudence differente des Païs-Bas de celle de France, au sujet des Mariages des fils de Famille, contractez sans le consentement de leur Pere. ibid.

En Artois il faut une preuve par écrit des Promesses de Mariage. 110

Du Mariage clandestin. 110. & 111. Trois sortes de Mariages clandestins. 111. & 112.

Egalité de biens & de conditions dans les Mariages. 115

Autre espece d'un Mariage clandestin. 117

Le Mariage deffendu entre le ravisseur & la personne ravie. 119

Si la preuve du Mariage est admise quand la benediction nuptiale n'a point esté donnée par le propre Curé. 120

Mariages présumez ne sont plus receus en France. ibid.

Arrest notable du Parlement de Paris au sujet d'un Mariage clandestin. 116. 117.

Du Mariage tenu secret pendant la vie des Contractans. 121

De la preuve du Mariage fait *in extremis*. ibid.

Citation devant l'Official *super fœ-*
dere Matrimonii consummati abusive. ibid.

De quelle qualité doit estre la preuve par témoins d'un Mariage, quand elle est admissible. 122

Des marques de la clandestinité des Mariages. 122. 123.

Combien il faut de témoins quand l'Acte de celebration de Mariage ne paroist pas. 123. 124.

Pourquoy il faut quatre témoins en ce cas. 124

Cas auquel la déposition d'un seul témoin suffit pour la preuve d'un Mariage. 125

Du Mariage nul par deffaut de puberté. 145

Preuve par témoins receuë d'un Mariage contracté par crainte ou par force. ibid.

De celuy qui a redigé la Coutume de Naples, & de celuy qui l'a Commentée. Elle contient plusieurs dispositions concernant la preuve par témoins au sujet des Mariages. 150

Les Mariages se contractent à Naples en deux manieres. 152

Si ce qui se trouve écrit par les Pere & Mere sur leur Registre touchant la Naissance, la Mort ou le Mariage de leurs enfans, fait foy. 575

Registres de la naissance & des Mariages en usage à Rome. 619

Tout autre preuve permise à Rome en ce cas. ibid.

Des Memoires, Tabletes, Bordereaux, Papiers Journaux ou domestiques. 536

Menaces & mauvais traitemens. *Voy* Amy.

Quinque viri & Triumviri Mensarii. Voy *Argentarii*.

Qui étoient ceux appellez *Mensarii*. 544

Mereaux. 581. 585
Des Meſſagers & Maiſtres des Coches par eau & par terre. 85
Motif de l'Ordonnance de Moulins, & avec quelle faveur elle a eſté receuë par les Parlemens. 10
Conformitez entre l'article 54. de l'Ordonnance de Moulins, & le T. 20. de l'Ordonnance de 1667. 10
Differences entre l'article 54. de l'Ordonnance de Moulins & les diſpoſitions du T. 20. de l'Ordonnance de 1667. 11. 12. 13
Même Queſtion que celle de Boiceau touchant la faveur de l'Ordonnance de Moulins agitée par Vrevin ſur le même article 54. de cette Ordonnance. 24
Le Parlement de Tholoze a appoſé pluſieurs reſtrictions à l'Ordonnance de Moulins au ſujet des Teſtamens. 40
Diviſion de l'article 54. de l'Ordonnance de Moulins en deux parties. 41
Queſtion pour ſçavoir de quel jour l'article 54. de l'Ordonnance de Moulins a deu eſtre obſervé. 42
A Milan la preuve par cinq ou par trois témoins eſt receuë contre les Actes par écrit. 59
A Milan la preuve par deux témoins qu'un Contrat eſt ſimulé, eſt receuë. 190
Statut de Milan concernant les Livres des Marchands. 569
Des ſalaires des Medecins, Apoticaires, Chirurgiens 59
De la preuve Mixte à Milan. 463. & en Portugal. ibid.
Si celuy qui a preſté à un Mineur ſans l'autorité de ſon Tuteur, peut prouver par témoins que le Mineur a fait un employ utile de ſon argent. 490

Des Mineurs qui empruntent en ſuppoſant un faux Extrait Baptiſtaire. 622
Monumens. Voy Inſcriptions.
Mot du Guet. Voy Teſſera.
Preuve de la Mort. 619
L'Ordonnance de Moulins parut d'abord dure, odieuſe & contraire au Droit Civil, & pourquoy. 14
Explication de ces mots de l'Ordonnance de Moulins, De toutes choſes. 61
L'Ordonnance de Moulins ſemble faire une prohibition generale. 154
Obſervation generale ſur l'article 55. de l'Ordonnance de Moulins. 618

N

Preuve de la Naiſſance. 619
Seconde Partie de l'Edit du Preteur au T. Nauta, Caupones, Stabularii, rétablie par Equinarius Baro. 79
Maximes ſuivant nos mœurs touchant ces ſortes de gens. 80
Trois ſortes de faits Negatifs, de fait, de droit, de qualité. 9
Comment on peut prouver une Negative de fait. ibid.
Negative de droit ſe peut prouver. ibid.
Negotiateurs. 545
Nobleſſe. Voy Annobliſſement.
De la preuve de la Nobleſſe de Race, & de l'annobliſſement. 407. 409. 410.
Origine de la Nobleſſe. 408
Preuve par écrit de la Nobleſſe de Race, eſt requiſe pour l'obtention des degrez. 412
Nobleſſe acquiſe ou annobliſſement ſe doit prouver par écrit. 413
De la preuve de la qualité des biens Nobles ou Roturiers. 420

De la preuve de la qualité de Noble. 431. & suivantes.

Notaire. Voy Tabellion.

Difficulté de connoistre si on doit ajoûter foy a un Acte signé d'un seul Notaire dont on ne connoist pas la signature ou le sceau qui y est apposé. 16

Quels Notaires estoient tenus à Rome d'avoir des Registres. 32

De l'Acte passé par un Notaire hors son territoire, s'il est obligatoire quand il y a eu de l'argent receu. 487. 488. & 89

Des Contrats Nuls en la forme. 192. S'il y a une Numeration du prix exprimée. 193. Espece sur ce sujet. 193. 94. & 95

Autre espece au sujet d'un Testament nul. 196

Maximes de du Moulin sur la Nullité des Stipulations. 199

Distinction au sujet de ces Maximes. 200

Distinction entre le fait de la Numeration & le fait de la Convention, confirmée par le sentiment de M. d'Argentré. 201

De la Numeration des deniers. 503

De la Numeration simulée. 510

De l'exception *pecunia non numeratæ*. 511. & suivantes. Differentes dispositions des Coûtumes au sujet de cette exception. 514. 515. 516

De la Numeration réelle, & de la reconnoissance par le debiteur qu'il a receu l'argent du creancier. 517. & suivantes. & 525

Qui estoient ceux appellez à Rome *Nummularii*. 544. & 549

Si le Notaire a exprimé faussement une Numeration de deniers. 510

Notariats. Voy Greffe.

Actes publics *Notitia publica*, Actes privez *Notitia privata*. 35

Notitiæ privatæ introduites à l'occasion des Donations. 37

Ce qui s'appelloit à Rome *Scheda Nota, prima exceptio, informis præscriptio*, chez les Notaires. 31

Quand l'instruction judiciaire est requise és faits Notoires. 8

Si la preuve est necessaire quand la chose est Notoire. 173. *Notorium facti, juris & præsumptionis*. ibid.

De la preuve de la Novation. 287

O

Obligations. Voy Contrat.

Litterarum seu nominum Obligatio. 546

Des Obligations passées au profit d'un absent. 490

Des Obligations qui ne sont point redigées par écrit. 575

Si un Creancier par Obligation est preferable à un Marchand qui a livré sa marchandise sur la foy d'une *Taille*, & qui n'en a point d'autre preuve. 579

Ordonnance de 1667. doit estre observée preferablement à celle de Moulins en ce qu'elle y a ajoûté. 13

Article 55. de l'Ordonnance de Moulins, & les articles 7. & 15. de l'Ordonnance de 1667. 616

Des Offres. 222

Opistographum. 467

Reception aux Ordres Sacrez, se doit prouver par écrit. 334

De l'Ostracisme. 537

P

Dispute pour sçavoir si les Pactes convenus entre les Parties à l'instant du Contrat, en font Partie, terminée par l'Ordonnance de Moulins. 155

Trois exceptions à l'égard des Pactes non inserez dans le Contrat. 155

Exemple du Pacte conditionnel tiré de la Loy. 131

Des Pactes tacites. 280

Des autres Pactes tacites dont il est fait mention en Droit. 291

Du Pact nud ou simple. 479. Et de la Promesse non causée. 480. 481. 483. 484. 485.

Le Papier & le Parchemin souffrent tour. 20

Parchemin & Papier d'Egypte, & leur origine. 571

Psallia, ce que c'est à Naples. 151

Si on peut alleguer plusieurs payemens au dessous de cent livres, & en faire la preuve par témoins depuis l'Ordonnance de 1667. 10

Si Titius qui a vendu argent comptant, nie qu'il ait esté payé, & revendique sa chose, quand il n'y a point eu d'Acte par écrit. 209

De la présomption du Payement, quand l'Acte se trouve rayé & cancellé. 281

Du Creancier qui a rendu à son debiteur son Obligation. 281

Distinction sur ce sujet. 282

Si le debiteur a la minute originale de son Obligation entre ses mains. 287

Sentiment de Corserius sur la Loy *Labeo*, quand l'Obligation se trouve entre les mains du debiteur. 294

Distinction entre la premiere & la seconde grosse. 294

Du Creancier qui en mourant a rendu au debiteur son Obligation. 295

Quand le titre de la dette se trouve rayé entre les mains du Creancier ou du debiteur. 296

Présomption de Payement des arrérages des rentes constituées après cinq ans. 297. *Idem*, Des autres rentes.

De deux personnes qui ont des comptes à faire ensemble, & qui se font plusieurs payemens. 300

Preuve du Payement par témoins n'est pas receuë à Bologne en Italie. 302

Usage d'Arragon sur la preuve par témoins des payemens. 613

Usage des Païs-Bas sur la preuve du Payement. 615

Statut 95. de Milan sur la preuve par témoins du Payement d'une Obligation. 304. *Quid*, à l'égard de la dot. ibid.

Statut de Bologne sur la preuve des Payemens. 611

De la preuve par témoins du droit de Patronage. 429. 430

On augmente les Peines quand les crimes deviennent plus frequens. 22

La possession injuste se prouve par témoins. 314

Des Titres Perdus & consommez par le temps. 322

Maniere dont on prouve la Perte d'un Titre. 323. 326

Edit de 1580. sur la Perte des Titres du Clergé. 330

Ancien usage de France sur la Perte des Titres. 331

La Loy *Sicut iniquum est*, étenduë à tous les cas fortuits pour la Perte des Titres. 332

Si la Perte d'un Titre se peut prouver par témoins en Flandres. 333. *Quid*, à Milan.

De la Perte du Titre de Constitution de Dot à Naples. 334. & du Contrat de Mariage. ibid.

La Prescription se peut prouver par témoins. 311

Les biens se peuvent acquerir sans Acte par écrit comme par Prescription. 401. 402

Difference

Difference des Présomptions de Droit & autorisées par le Droit, & des simples Présomptions. 5
Exemple de ces deux especes de Présomptions tirées du Droit. *ibid.*
Autre exemple tiré de l'Ordonnance de 1556. 6
Definition de la Présomption *juris & de jure*, tirée d'Alciat. Exemple dans le cas de la Dot. 174
Definition de la simple Présomption de Droit. 174.175
Division de la simple Présomption de Droit en indices, conjectures, signes, suspicion, adminicule. 175
Des Présomptions de l'homme. 176
Présomptions fondées sur la nature, sur l'autorité de la Loy, sur l'honnesteté publique. 176
Des Présomptions legeres. 177
Les Présomptions tenant lieu de témoins, doivent avoir les mêmes qualitez que les dépositions des témoins pour faire foy. 180
La Présomption est toujours pour la verité de l'Acte. 181
Difference entre ceux qui sont Parties dans l'Acte, & ceux qui n'y sont pas Parties. 182
Prêter sur gage. *Voy* Gage.
L'Ordonnance de Moulins a lieu *in Commodato*, ou Prest à usage. 67
Du Prest Civil & du Prest naturel. 520. *& suivantes.* & 525
Du Prest à usage appellé *Commodatum*. 527.28 & 29
De la Prestation annuelle pendant dix ans. 311
Si la Prestation annuelle d'une rente durant dix ans, suffit pour obliger celuy qui l'a payée, à la continuer à l'avenir. 318.319
Si la preuve par témoins d'une Prestation annuelle durant dix ans, est admissible. 320
Definition de la Preuve. 5
Division de la Preuve en vocale, litterale & muette. 5
Deux sortes de Preuves muettes. *ibid.*
Autre division des Preuves, en directe & indirecte ou oblique. 6
Subdivision de la preuve indirecte en celle qui est necessairement veritable, celle qui n'est que vraysemblable, & celle qui ne repugne pas. 7
Frustra probatur, quod probatum non relevat. 9
Preuve par témoins devenuë suspecte dans la suite des temps. 21
Usage de la Preuve par témoins chez les Juifs, en quels cas elle avoit lieu d'abord. 27
Forme observée à Athenes au sujet de la Preuve par témoins. 29
Usage de la Preuve par témoins emprunté des Grecs par les Romains. 30
Preuve par témoins en matiere Civile de grand usage à Rome. 30
Preuves superstiticuses, appellez *Jugemens de Dieu*, sous les deux premieres Races. 33
Usage de la Preuve par écrit en France. 35
Si une Partie peut se soûmettre à la Preuve par témoins, nonobstant la prohibition de l'Ordonnance. 48
Difference entre *inopiam & defectum probationum*; Sentimens des Docteurs sur ce sujet. 53
Deux sortes de Preuves; l'une pleine, l'autre semipleine & imparfaite. 173
Subdivision de la Preuve pleine & entiere en sept especes, & de la Preuve semipleine en quatre autres. 173
La Preuve par témoins n'est pas entierement abrogée par l'Ordonnance de Moulins. 203

MMmm

De la Preuve par témoins en Flandres. 462.463
Preuve par témoins n'est receuë de le reconnoissance du Creancier en Jugement. 609
Preuve par témoins n'est receuë que le Creancier a reconnu en Jugement que le debiteur ne luy devoit rien. ibid.
Usage de Milan sur la preuve par témoins des payemens. 614
De la Preuve des Actes de la procedure. ibid.
Usage d'Arragon pour la Preuve des Actes judiciaires. 248
Usage de Milan sur ce sujet. 249
Preuve par témoins receuë, si les Procedures ont esté perduës par cas fortuit. 219
Peu de Procés chez les Juifs. 18
Du Procureur qui n'a point de charge paar écrit, & qui est desavoué par sa Partie. 266
Difference, selon Boiceau, entre les Procureurs *ad lites*, qui ont serment à Justice & ceux des Jurisdictions inferieures. 268
De la restitution des Pieces par le Procureur *ad lites*. 278
Cas particulier ou la fin de non recevoir de l'Ordonnance de 1597. n'a pas lieu en faveur des Procureurs. 279
Recherche dans l'étude d'un Procureur n'est pas permise. ibid.
Du Procureur *ad lites*, qui a outrepassé le pouvoir de sa Charge. 171
Des Procureurs *ad negotia*. 272
Difference des Procureurs qui postuloient à Rome, & des Procureurs d'apresent. 274
La Procuration ne duroit qu'un an autrefois en France. 274
Tous les Procureurs *ad lites*, ayant serment à Justice, sont presumez avoir eu charge, quand ils ont occupé pour une personne. 275
S'il suffit au Procureur d'avoir l'Exploit & les Pieces. ibid.
Si la Partie est recevable à prouver par témoins qu'elle a chargé un Procureur pour elle. ibid.
Si la Partie soûtient que le Procureur retient ses Pieces par fraude. 276
De deux Procureurs, dont l'un se trouve chargé des Pieces, & l'autre a une Procuration de la Partie. 276
Revocation d'un Procureur se doit prouver par écrit. 177
Procureur *ad negotia*, doit justifier sa Procuration par écrit. 278
Preuve de Promesse de Mariage, quoy que clandestin est recevable ensuite d'une cohabitation entre deux personnes, suivant le sentiment de Boiceau. 113
Espece sur ce sujet. 114
Question quand le debiteur a ajoûté au bas d'une Promesse de deux cens livres, *pour trois cens livres* 474.475
Si on peut prouver par témoins que la cause legitime qui est exprimée dans la Promesse, n'y a point donné lieu, mais qu'elle a eu une cause illegitime. 485
Si une Promesse est conceuë pour la somme de trois cens, sans ajoûter livres ou écus. 486
Si la somme pour laquelle est la Promesse est effacée. ibid.
Si les biens que l'homme possede luy sont reputez Propres ou acquests. 400
Ce que l'on appelloit *Protocolle* à Rome. 32
Explication de la Novelle 44. qui deffend de couper les Protocolles des Actes. ibid.

De la Purgation Vulgaire & Canonique. 33
La Purgation Vulgaire se faisoit en six manieres. ibid.
Purgation Canonique. 35

Q

DEs Qualitez accidentelles des choses qui sont demandées en Justice. 398
De la preuve de la Qualité de Propres & d'acquets. 400
De la preuve par témoins de la Qualité des biens Propres ou acquests. 418. 419
Des Propres & immeubles fictifs. 419
Juges nommez *Quæsitores* & *Cognitores*, qui recevoient à Rome les dépositions des témoins en matiere Criminelle. 30
Des Quasi Contrats & Obligations qui procedent de delit & Quasi delit, & des Actes faits en Jugement & hors Jugement. 214
Un Quasi Contrat ne se redige point par écrit, ainsi l'Ordonnance de Moulins n'y a pas lieu. 215
Le delit & Quasi delit se reglent par mêmes Maximes. 217
De la preuve par témoins des Quasi delits. 235
Ce que c'est que *Quatra* ou *Quarta* à Naples. 151
Des Quittances sans reserve. 297
De celuy qui rapporte Quittance des trois dernieres années des droits publics. 301. Et des dernieres années d'une rente ou cens. ibid.
Si le debiteur rapporte des Quittances du Creancier, & que le Creancier n'y ait point exprimé le titre de la dette. 321
Quid, si le Creancier a mis la décharge du debiteur sur son Registre, ou que le debiteur ait fait une delegation en sa faveur, ou un transport simulé. ibid.
Question, quand la Quittance & le Bordereau ne sont pas conformes. 475
Des Quittances. 595. Si la preuve par témoins en est admissible. Distinctions sur ce sujet. 595
Difference entre le Creancier & le debiteur, à Bologne au sujet de la preuve de l'Obligation ou de la Quittance verbale. 613

R

PRécautions de l'Ordonnance de Blois pour prévenir le crime de Rapt. 106. Reglemens sur ce sujet. 107
Explication du mot *Rationes*. 549
Ravisseur. *Voy* Mariage.
De la preuve des Recelez. ibid.
Du Privilege de la Réconduction. 314
Reconnoissance. *Voy* Testament.
S'il y a reconnoissance par écrit, qu'il est deu des arrerages d'une Rente. 298
Regerendarii. Voy *Actuarii*.
Rehabilitation à la Noblesse se doit prouver par écrit. 434. 435
Des Rentes feodales. 411
Si on peut se Restraindre en Cause d'appel, quand on ne s'est pas Restraint en Cause principale. 317
Si celuy à qui il est deu plus de cent livres, & qui n'en a point de preuve par écrit, peut se Restraindre à cent livres pour obtenir la preuve. 317
Du Retrait lignager simulé. 158
Espece rapportée par Basnage dans le cas d'un Retrait dans la Coutume de Normandie. 261
Differentes Questions sur la preuve

par témoins en cas de Retrait simulé. 161.262.
Si la preuve par témoins est Recevable quand on articule que le Contrat de vente de l'heritage propre n'est point serieux. 263
Si le vendeur est un témoin suffisant de la fraude. ibid.
Si quand la vente de l'heritage propre a esté faite sans écrit, la preuve par témoins du prix est recevable.
Du cas de la repetition ou Retrait en la Coutume d'Anjou & du Maine. 264.
Quid, dans les autres Coutumes qui n'en parlent point. ibid.
Article 384. de la Coutume du Maine au sujet du Retrait. 265
Article 164. de la Coutume de Troye au sujet du Retrait. ibid.
De la preuve de la reünion des Terres en Censive au Fief. 424.425
Revocation. *Voy* Testament.

S.

DEs Salaires des Serviteurs. 570.
Usage du Païs de Droit écrit.
Le Sceau des Parties ne rend point l'écriture autentique. 574.
Scellé. *Voy* Cachet.
Sceaux. *Voy* Acte.
Scheda. *Voy* Nota.
Si le Juge qui a appointé les Parties à faire preuve, peut retracter sa Sentence. 48. Distinction sur ce sujet. ibid.
Si la separation de biens entre conjoints se peut prouver par témoins. 146
La preuve par témoins est necessaire pour faire ordonner entre conjoints la Separation de biens. 147. & la Separation de corps. 148
Le Serment peut estre déferé non

obstant l'article 19. de l'Edit Perpetuel. 51. Suivant deux Declarations du Roy d'Espagne. ibid.
Autoritez rapportez par Anselmo sur ce sujet. 52.
Quand le Serment peut estre déferé par le Juge faute de preuve. ibid.
Perezius opposé à Donellus & à Duarein sur l'explication de ces mots, *Dubiis causis* de la Loy, concernant la delation de Serment. 54.
Si le Serment peut toujours estre déferé quand la preuve n'est pas admissible, comme à l'égard des Marchands aprés un an ou six mois, & à l'égard des salaires ou gages des serviteurs. ibid.
Difference entre le Serment volontaire & le Serment necessaire. ibid.
Si aprés le Serment presté, la preuve par témoins est recevable. Distinctions sur ce sujet. 55
Du Serment *in litem*, déferé par le Juge. 56
Si le Juge aprés avoir déferé le Serment *in litem*, peut ne le pas suivre & décharger le Deffendeur de sa demande. ibid.
Si la preuve par témoins est recevable contre celuy qui a affirmé sur une saisie faite entre ses mains. ibid. Distinctions sur ce sujet. ibid.
Si sur la déposition d'un seul témoin on peut déferer le Serment. 58
Autres Questions concernant le Serment renvoyées au Chap. 11. qui traite du Retrait. ibid.
Le Serment *in litem* déferé au Voyageur. 84. *Quid*, du Messager ? ibid.
Article 264. T. 14. de la Coutume d'Orleans, au sujet du Serment déferé par le Marchand Creancier à son debiteur. 556
Servitude. *Voy* Destination.
De la preuve des Sevices du mari

contre la femme. 236
Signature. *Voy* Actes.
Difference entre *Signa imponere* & *Titulos imponere*. 76
Definition du Signe. 175
Explication de la Maxime, *Cui signum competit, ei & signatum competere*. 76
Si ce qui est écrit au dessous de la signature, y est compris. 468
Simulation. *Voy* Contrat.
Usage de la Province d'Artois au sujet de la preuve des Contrats frauduleux & simulez.
Si une Societé tacite se peut prouver par témoins. 148
Si la preuve par témoins de la dissolution de la Societé est admissible. 149
Des Societez universelles de tous biens. 150
Societé tacite présumée entre Marchands qui se meslent de la même Marchandise. 565
Solertia. Voy Dol.
Souscription. *Voy* Ecriture.
De la preuve de la Soustraction des Titres. 331. Arrests sur ce sujet. *ibid.*
Article 588. de la Coutume de Normandie au sujet de la perte du Titre de proprieté. 332
Ce que l'on appelle *Sponsalitia* à Naples. 151
Ce que c'étoit que *Sponsor judicialis*. 231. Definition de la gageure. *ibid.*
Stabularii. Voy Nauta.
Subornation. *Voy* Testament.
Suggestion. *Voy* Testament.
De la preuve des Suggestions. 385
De la possession des Loges & Boutiques, Superficiaires dans les Palais des Princes ou lieux publics. 402
Des Loges & Boutiques proches les Palais des Princes, appellées *Ædes*

Superficiariæ. 420
Superstites. Voy Testament.
Du fait de Supposition d'un Testament.
Definition de la Suspicion. 176
Syngraphum. 469

T

CReation des Tabellions, & leurs fonctions. 38. Et des Garde-notes. *ibid.*
Des Tabletes de cire. 572. Et de bois.
Talion. *Voy* Faux.
Trapezita. Voy *Argentarii.*
Autorité de la preuve par deux ou trois Témoins, & qu'elle estoit préferée à celle qui resulte des Actes par écrit. 15
Quelle difference le Juge doit faire entre les dépositions des témoins par rapport à leur dignité, leur richesse, &c. 19
Facilité de découvrir la Subornation des Témoins. 20
Justinien s'est plaint de son temps de la même corruption. 22
Du peu d'état qu'on faisoit à Rome du temps de Ciceron, de la déposition des Témoins. 25
Des differens noms & qualitez des témoins. *ibid.*
Testes assidui, proletarii, capite censi diobolares, conducti, redempti, superstites, antistites, idonei, intestabiles, omni exceptione majores. Classici, Coacti, Fortuiti, Advocati Reprobatorii. 25.26.27
Le Témoin doit connoistre la Partie contractante. 39
Preuve par Témoins plus estimée en France que celle par écrit. 40
En Flandres, la preuve par cinq Témoins a esté deffenduë. 59
Expedient dont on use à Naples &

MMmm iij

à Milan pour contrevenir aux Statuts qui deffendent la preuve par Témoins. 60

Tessera frumentaria, vestiaria, agraria. 580. 583

Tessera hospitalitatis. ibid.

Thesmothetæ. Voy *Arcontes.*

Dans les Testamens des Princes, on appofoit le Sceau des témoins en France. 39

Testament. *Voy* Supposition, Suppression, Suggestion.

Testament. *Voy* Legs.

Le Testament estant nul, ne fait aucun degré de preuve. 202

De la preuve de la soustraction d'un Testament. 325

Des Testamens, Codiciles, Donations à cause de mort, & autres Actes de derniere volonté. 335

Subornation plus à craindre dans les Testamens. 337. Exemple singulier. ibid.

Le Testament nuncupatif n'est pas receu en Poitou. 338

Forme du Testament solemnel à Rome. 339

Si le Testament en temps de peste, en temps de guerre, ou quand il est fait en un lieu où il n'y a ny Curé ny Vicaire, est dispensé des solemnitez de la Coutume. 342. 343.

L'article 54. de l'Ordonnance de Moulins a esté étendu aux Testamens par les Arrests. 348

De la reconnoissance portée dans un Testament d'une dette par le Testateur. 349. *Quid*, quand cette reconnoissance est faite au profit d'une personne prohibée. 350. *Quid*, en Droit Romain. ibid.

Sentiment de M. Ricard sur cette Question. 351

Distinction des Docteurs si la declaration par le Testateur qu'il doit, a esté acceptée ou non. 352

Declaration par le Testateur dans son Testament qu'il doit une somme. 574

Si la reconnoissance d'une dette faite par le Testateur pour la décharge de sa conscience, peut estre revoquée par un second Testament. 353

Si le Testateur revenu en santé, dénie & revoque sa propre reconnoissance. 354

De la declaration du Testateur, qui va à la liberation d'un tiers. 354

Si la preuve par témoins de la capacité d'esprit du Testateur est licite. 355. Notamment quand le Notaire a exprimé que le Testateur estoit sain d'entendement.

Sentiment de Jason, de Balde, de Benedictus, Mascardus, Hieronymus Gratus sur cette Question. 356. 57. 58. Reflexions sur cette Question. 359

Si quand le Testament ne contient que des dispositions sages, la preuve par témoins de la démence du Testateur est admissible. 361. Des bons intervales de celuy qui est en démence. Du Testament de *Tuditanus*, rapporté par Valere Maxime, &c. 362. 363

Preuve que les solemnitez qui paroissent obmises dans un Testament, y ont esté observées, n'est pas recevable. 363. & 64

Du Testament du Pere entre ses enfans. 364. Quelles formalitez y sont requises. 365

Du Testament nuncupatif. 365. S'il est receu en Païs Coutumier. 366. *Quid*, en Païs de Droit écrit. 367

Usage & Arrest en Païs de Droit écrit, sur les Testamens nuncupatifs. 369

Des Testamens faits en temps de

Peste. 374.75.76
Des Testamens militaires. 376.377
Si on peut prouver par témoins le fait de suppression d'un Testament. 379. & suivantes.
Si on est receu à prouver que le Testateur a esté empesché de tester. 383
De la suggestion, lors ou avant le Testament. 386
Comment il faut prouver que le Testateur a esté empesché de tester. 391. & suivantes.
A Bologne en Italie, la preuve par témoins d'une disposition de derniere volonté, est deffenduë. 397
Si un Testament nul & imparfait est un commencement de preuve par écrit de la volonté du Testateur. 398
Tituli. Voy *Signa.*
Des Titres effacez & corrompus. 125. & 324
Dans les marchez qui se consomment par la tradition, la preuve par Témoins peut ce semble estre admise. 205. Qu'elle ne doit neanmoins y avoir lieu. 206
Espece particuliere sur ce sujet. 207

V

COmme on doit entendre cette Maxime de Droit, qu'il est permis de se tromper dans les Contrats de Vente. 170 Sentiment de du Moulin. ibid.
Ventes imaginaires en usage à Rome du temps de l'Empereur Gordien. 169

De la promesse de Vendre. 587
Promesse verbale de Vendre, si elle se peut prouver par témoins. 593
Opinion de Joa. Romelius, qui soûtenoit que l'Edit Perpetuel n'avoit point deffendu la preuve des Conventions Verbales, condamnée par deux Placards des Archiducs. 51
Preuve des dispositions Verbales de derniere volonté, ne doit estre receuë. 340
Preuve par témoins d'une disposition Verbale. 368
Verité de principe. 4
Verité de fait. ibid.
Veritas juris ex veritate facti. 181
Difference à Rome, *inter Vinum doliare, & Vinum diffusum.* 76
Violence. *Voy* Force.
Les moindres Voyes de fait sont deffenduës en France. 183
Du simple Voiturier volé dans une Hostellerie. 84
Si les simples Voituriers sont des depositaires necessaires. 85
Voleur. *Voy* Depost.
Si le Vol a esté fait par les domestiques de l'Hoste. 82
Des Marchandises en balots qui ont esté volées. 84
Usure. *Voy* Contrat de Constitution.
Si l'incertitude de l'évenement rend la Convention Usuraire. 233
Si l'erreur de la derniere volonté se peut prouver par témoins. 509
Usures deuës aux Argentiers sans stipulation. 545
De la preuve de l'Usure. 612

Fin de la Table des Matieres.

EXTRAIT DU PRIVILEGE du Roy.

PAr Grace & Privilege du Roy, donné à Paris le 27. May 1695. Signé, LOUVET: Il est permis au sieur DANTY, Avocat en Parlement, de faire imprimer un Livre de sa Composition, intitulé: *Traité de la Preuve par Témoins en Matiere Civile*, pendant le temps & espace de dix années, à compter du jour qu'il sera achevé d'imprimer, avec deffenses à toutes personnes de faire imprimer ledit Livre sans le consentement dudit Sieur, à peine de trois mille livres d'amende, confiscation des Exemplaires, & autres peines portées plus au long par ledit Privilege.

Registré sur le Livre de la Communauté des Libraires & Imprimeurs de Paris, le 27. May 1695.
Signé, P. AUBOUYN, Syndic.

Et ledit sieur DANTY a transporté le Privilege cy-dessus aux sieurs CAVELIER & OSMONT, suivant le Traité fait entr'eux.

Achevé d'imprimer pour la premiere fois, le 24. Janvier 1697.

www.ingramcontent.com/pod-product-compliance
Lightning Source LLC
Chambersburg PA
CBHW052335230426
43664CB00041B/1394